여러분의 합격을 응원하는
해커스공무원의 특별 혜택

FREE 공무원 헌법 **동영상강의**

해커스공무원(gosi.Hackers.com) [교재 무료특강] 클릭

 해커스공무원 온라인 단과강의 **20% 할인쿠폰**

8BB26E2837BF2D32

해커스공무원(gosi.Hackers.com) 접속 후 로그인 ▶ 상단의 [나의 강의실] 클릭 ▶
좌측의 [쿠폰등록] 클릭 ▶ 위 쿠폰번호 입력 후 이용

* 등록 후 7일간 사용 가능(ID당 1회에 한해 등록 가능)

 해커스 회독증강 콘텐츠 **5만원 할인쿠폰**

9CEEF3E6ECDE5ECB

해커스공무원(gosi.Hackers.com) 접속 후 로그인 ▶ 상단의 [나의 강의실] 클릭 ▶
좌측의 [쿠폰등록] 클릭 ▶ 위 쿠폰번호 입력 후 이용

* 등록 후 7일간 사용 가능(ID당 1회에 한해 등록 가능)
* 특별 할인상품 적용 불가
* 월간 학습지 회독증강 행정학/행정법총론 개별상품은 할인쿠폰 대상에서 제외

합격예측 **모의고사 응시권 + 해설강의 수강권**

3FA7B37B79F53E4Z

해커스공무원(gosi.Hackers.com) 접속 후 로그인 ▶ 상단의 [나의 강의실] 클릭 ▶
좌측의 [쿠폰등록] 클릭 ▶ 위 쿠폰번호 입력 후 이용

* ID당 1회에 한해 등록 가능

쿠폰 이용 관련 문의 1588-4055

단기 합격을 위한
해커스 커리큘럼

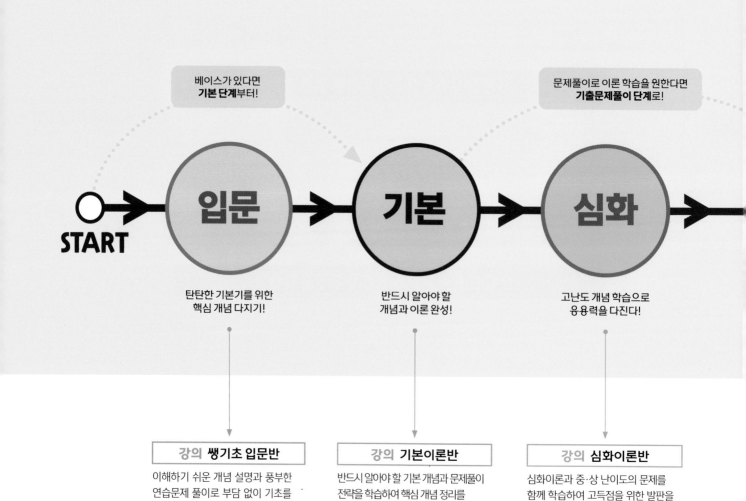

베이스가 있다면 **기본 단계부터!**

문제풀이로 이론 학습을 원한다면 **기출문제풀이 단계로!**

START

입문
탄탄한 기본기를 위한
핵심 개념 다지기!

기본
반드시 알아야 할
개념과 이론 완성!

심화
고난도 개념 학습으로
응용력을 다진다!

강의 **쌩기초 입문반**

이해하기 쉬운 개념 설명과 풍부한
연습문제 풀이로 부담 없이 기초를
다질 수 있는 강의

강의 **기본이론반**

반드시 알아야 할 기본 개념과 문제풀이
전략을 학습하여 핵심 개념 정리를
완성하는 강의

강의 **심화이론반**

심화이론과 중·상 난이도의 문제를
함께 학습하여 고득점을 위한 발판을
마련하는 강의

* 커리큘럼은 과목별·선생님별로 상이할 수 있으며, 자세한 내용은 해커스공무원 사이트에서 확인하세요.

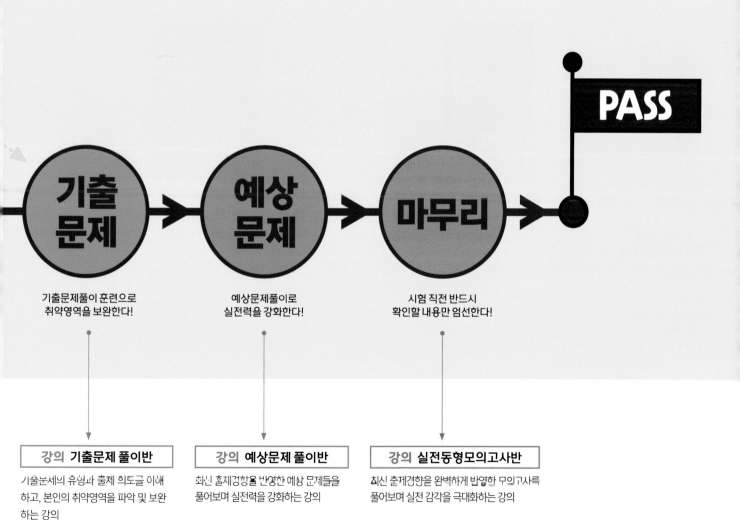

기출문제

기출문제풀이 훈련으로
취약영역을 보완한다!

예상문제

예상문제풀이로
실전력을 강화한다!

마무리

시험 직전 반드시
확인할 내용만 엄선한다!

PASS

강의 기출문제 풀이반

기출문제의 유형과 출제 의도를 이해
하고, 본인의 취약영역을 파악 및 보완
하는 강의

강의 예상문제 풀이반

최신 출제경향을 반영한 예상 문제들을
풀어보며 실전력을 강화하는 강의

강의 실전동형모의고사반

최신 출제경향을 완벽하게 반영한 모의고사를
풀어보며 실전 감각을 극대화하는 강의

강의 봉투모의고사반

시험 직전에 실제 시험과 동일한 형태의
모의고사를 풀어보며 실전력을 완성하는 강의

해커스공무원

황남기
헌법

기본서 | 2권

해커스공무원

황남기

약력

현 | 해커스경찰 헌법 강의
해커스공무원 행정법, 헌법 강의
해커스 황남기 스파르타 학원 대표교수

전 | 동국대 법대 겸임교수
외교부 사무관
윌비스 헌법, 행정법 대표교수
제27회 외무 고등고시 수석합격
2012년 5급 승진시험 출제위원
연세대, 성균관대, 한양대, 이화여대, 중앙대, 전남대,
전북대 사법시험 특강

저서

해커스공무원 황남기 헌법 기본서 1권
해커스공무원 황남기 헌법 기본서 2권
해커스공무원 황남기 헌법 진도별 모의고사 기본권편
해커스공무원 황남기 헌법 진도별 모의고사 통치구조론편
해커스공무원 황남기 헌법족보
해커스공무원 황남기 헌법 최신 판례집
해커스공무원 황남기 행정법총론 기본서
해커스공무원 황남기 행정법각론 기본서
해커스공무원 황남기 행정법총론 문제족보를 밝히다
해커스공무원 황남기 행정법 모의고사 Season 1
해커스공무원 황남기 행정법 모의고사 Season 2
해커스공무원 황남기 행정법총론 최신 판례집
해커스경찰 황남기 경찰헌법 기본서
해커스경찰 황남기 경찰헌법 핵심요약집
해커스경찰 황남기 경찰헌법 Season 1 쟁점별 기출모의고사
해커스경찰 황남기 경찰헌법 Season 2 진도별 모의고사
해커스경찰 황남기 경찰헌법 Season 2 진도별 모의고사 플러스
해커스경찰 황남기 경찰헌법 Season 3 전범위 모의고사 Vol.1 : 1차 대비
해커스경찰 황남기 경찰헌법 Season 3 전범위 모의고사 Vol.2 : 2차 대비
해커스경찰 황남기 경찰헌법 최신 판례집 (2022 하반기)
해커스경찰 황남기 경찰헌법 최신 판례집 (2023 상반기)
황남기 행정법총론 기출문제집, 멘토링
황남기 행정법각론 기출문제집, 멘토링
황남기 경찰헌법 기출총정리, 멘토링

목차

[2권]

제4편 통치구조론

제4편

통치구조론

제1장 / 통치구조의 본질과 근본이념

제1절 민주적 통치구조의 근본이념 [허영]

01 통치권의 민주적 정당성

1. 의의

(1) 민주적 정당성의 개념

민주적 정당성이란 국가기관의 구성과 국가기관의 통치권 행사가 국민의 의사에 근거해야 한다는 원리이다.

(2) 민주적 정당성과 국가기관의 권능관계

통치기관의 권능은 국민의 민주적 정당성의 크기와 비례해야 한다.

2. 현행헌법상 통치권의 민주적 정당성 확보방안

(1) 국민투표

국민투표를 통해 국민은 대통령의 중요정책에 대해 민주적 정당성을 부여할 수 있다.

(2) 선거제도

선거제도는 국민의 의사에 의해 국가기관을 구성하는 제도이다.

(3) 표현의 자유와 청원권 행사

표현의 자유와 청원권 행사는 국민의 의사를 국정에 반영할 수 있도록 하는 역할을 함으로써 국가기관의 의사결정에 민주적 정당성을 부여해 준다.

(4) 국회를 통한 간접적인 민주적 정당성 부여

국회의 국무총리, 헌법재판소장, 대법원장, 감사원장과 대법관 임명에 대한 동의권은 간접적인 민주적 정당성을 부여하는 제도이다.

3. 현행헌법상 통치권의 민주적 정당성의 문제점 [허영]

민주적 정당성 문제	선거와 관련되는 것	대통령 선거의 상대적 다수대표제, 대통령권한대행자로서의 부통령제의 미도입으로 인해 국무총리가 대통령권한대행 1순위인 것, 국민의 심판권을 박탈한 대통령단임제, 평등선거에 반하는 국회의원 지역선거구의 인구편차는 국가기관의 민주적 정당성을 취약하게 할 수 있다.
절차적 정당성 문제	① 법원재판 헌법소원대상 제외 ② 추상적 규범통제가 없는 것	

02 통치권 행사의 절차적 정당성

1. 의의

통치권 행사의 절차적 정당성이란 통치기관의 권한남용을 억제하기 위해 일정한 통제절차를 마련하여 그 통치권 행사방법과 과정의 측면에서 그 정당성을 확보해야 한다는 원리이다. 예를 들면 대통령의 권한 행사 남용을 통제하기 위한 부서제도와 국무회의 심의제도가 있다.

2. 현행헌법상 통치권의 절차적 정당성 확보방법 [허영]

(1) 현행법상 고전적 · 구조적 권력분립에 의한 권력통제방법

① 입법부, 행정부, 사법부 간의 상호견제
② 대통령, 국회의원, 대법관, 헌법재판소 재판관의 임기를 달리하여 권력기반의 독립성 보장
③ 대통령제를 택해 입법부와 행정부 간의 권력융화현상을 피함.

(2) 현행헌법상 기능적 권력통제

① 복수정당제의 보장에 의한 여 · 야 간의 기능적 권력통제
② 직업공무원제도의 보장에 의한 관료조직과 정치세력 간의 권력통제
③ 지방자치제도의 채택에 따른 지방자치단체와 중앙정부 간의 기능적 권력통제
④ 헌법재판을 통한 기능적 권력통제
⑤ 선거관리위원회를 정부 또는 대통령에 대하여 독립적인 기관으로 하여 공정한 선거관리조직을 통한 기능적 권력통제

3. 현행헌법상 권력통제의 실효성이 약한 통치기구

현행헌법이 추상적 규범통제를 채택할 수 없도록 한 것은 다수당에 의한 입법권 남용을 통제하기 어렵게 하여 절차적 정당성 관점에서 문제점이 있다고 지적되고 있다. 또한 법원의 재판을 헌법소원에서 제외하면 사법권을 통제할 수 없다는 것도 절차적 정당성의 문제점으로 지적받고 있다.

제2장 / 통치구조의 구성원리

제1절 대의제의 원리

01 대의제의 의의

1. 개념

대의제란 국민이 국가의사나 국가정책 등을 직접 결정하지 않고 대표자를 선출하여 그 대표를 통하여 간접적으로 국가의사나 정책결정에 참여하는 통치구조의 구성원리이다.

2. 대의제의 연혁

(1) 프랑스

프랑스혁명 이후 루소의 직접민주제와 쉬에스 또는 몽테스키외의 대의제사상이 대립하였으나, 혁명의 지도자들은 대의제(대표제)를 채택하였다.

① **루소**: 루소는 경험적인 국민의사는 언제나 추정적·잠재적 의사와 동일하다고 보고 국민의 의사는 대표될 수 없으므로 국민의 의사에 따라 국가의사결정이 이루어져야 한다고 주장하였다. 국가기관의 국민대표성을 부정하고 국가기관은 대리인에 불과하다고 보았다.

② **쉬에스**: 쉬에스는 국민의 의사는 대표될 수 있다고 보고 국민의 경험적 의사와 추정적·잠재적 의사는 일치하지 않을 수 있다고 보고 국가의사결정에는 추정적·잠재적 의사가 우선되어야 한다고 주장하였다.

(2) 독일

① **바이마르헌법**: 독일적 배경하에서 바이마르헌법은 직접민주제적 요소를 많이 도입하였다.

② **독일기본법**: 바이마르헌법의 직접민주주의를 배제하고 철저한 대의제(초대의제)를 도입하였다.

02 대의제의 이념적 기초

1. 선거를 통한 대표자의 선출

주권자인 국민은 선거를 통해 대표자를 선출한다.

2. 치자와 피치자의 구별

일반국민인 피치자는 직접 정치적인 결정을 내리지 않고 대표를 통해 간접적으로만 의사결정에 참여한다. 따라서 대의제도는 치자와 피치자를 동일시하는 루소와 칼 슈미트의 동일성이론에 입각한 직접민주주의와는 조화되기 어렵다.

3. 국가기관 구성권과 정책결정권의 분리

주권자인 국민은 국가기관 구성권만을 가지고 대표자가 국가의사결정권을 갖는다.

4. 정책결정권의 자유위임과 무기속위임

대표자는 정책결정을 자유롭게 결정할 수 있고, 국민의 의사에 구속당하지 않는다.

5. 국민전체의 대표자

대표자는 지역구 주민의 이익을 대변하는 것이 아니라 국민 전체의 대표자이므로 전체이익을 우선해야 한다.

> **⚖판례**
>
> 지방자치법상의 의회대표제하에서 의회의원과 주민은 엄연히 다른 지위를 지니는 것으로서 의원과는 달리 정치적, 법적으로 아무런 책임을 지지 아니하는 주민이 본회의 또는 위원회의 안건 심의 중 안건에 관하여 발언한다는 것은 선거제도를 통한 대표제원리에 정면으로 위반되는 것으로서 허용될 수 없고, 다만 간접민 주제를 보완하기 위하여 의회대표제의 본질을 해하지 않고 의회의 기능수행을 저해하지 아니하는 범위 내에서 주민이 의회의 기능수행에 참여하는 것(예 공청회에서 발언하거나 본회의, 위원회에서 참고인, 증인, 청원인의 자격으로 발언하는 것)은 허용된다(대판 1993.2.26. 92추109).

6. 추정적 의사우선

대의제는 추정적 의사와 경험적 의사가 충돌할 때 추정적 의사를 우선시한다.

대의제	직접민주주의
쉬에스, 미국 메디슨	루소, 미국 제퍼슨
추정적 의사 우선	경험적 의사 우선
경험적 의사와 추정적 의사는 대립할 수 있음. (치자와 피치자 구별)	경험적 의사와 추정적 의사는 항상 일치함. (치자 = 피치자)
국가기관은 국민과 다른 독자적 의사를 가질 수 있는 대표자	국가기관은 국민의 의사와 다른 독자적 의사를 가질 수 없음.
국민의 의사는 대표될 수 있음.	국민의 의사는 대표될 수 없음.
자유, 무기속위임 ➡ 면책	명령, 기속위임 ➡ 국민소환
국가기관 구성권과 정책결정권 분리	국가기관 구성권과 정책결정권 분리 반대
독일기본법	바이마르헌법(대의제측면도 있었음)

> **⚖판례 ┃ 선거범죄로 당선이 무효로 된 때 비례대표 의석 승계가 이루어지지 않도록 한 공직선거법**
>
> (헌재 2009.6.25. 2007헌마40)
>
> **1. 대의제 민주주의원리에 위배되는지 여부**
>
> 심판대상조항은 선거범죄를 범한 비례대표지방의회의원 당선인 본인의 의원직 박탈로 그치지 아니하고 그로 인하여 궐원된 비례대표지방의회의원 의석에 대하여 소속 정당의 비례대표지방의회의원 후보자명부에 의한 의석 승계를 인정하지 아니함으로써 결과적으로 그 정당에 비례대표지방의회의원 의석을 할당받도록 한 선거권자들의 정치적 의사표명을 무시하고 왜곡하는 결과가 된다. 이는 국민주권의 원리 내지 대의제 민주주의를 근간으로 하는 우리 법체계하에서는 원칙적으로 용인되기 어려운 것이다.

2. 자기책임의 원리에 반하는지 여부

심판대상조항에 의하여 불이익을 당하는 것은 선거범죄를 범하여 당선이 무효가 된 비례대표지방의회의원 당선인이 아니라 그 당선인이 소속된 정당과 심판대상조항이 없었더라면 궐원된 비례대표 의석을 승계하였을 정당의 비례대표지방의회의원 후보자명부상의 차순위 후보자이므로 자기책임의 범위를 벗어나는 제재라고 하지 않을 수 없다.

> **⚖ 판례 | 180일 전 사퇴한 경우 비례대표 의석 승계할 수 없도록 한 공직선거법**
>
> 심판대상조항은 임기만료일 전 180일 이내에 비례대표국회의원에 궐원이 생긴 때에는 정당의 비례대표국회의원 후보자명부에 의한 의석 승계를 인정하지 아니함으로써 결과적으로 그 정당에 비례대표국회의원 의석을 할당받도록 한 선거권자들의 정치적 의사표명을 무시하고 왜곡하는 결과가 된다. 이는 국민주권의 원리 내지 대의제 민주주의를 근간으로 하는 우리 법체계하에서는 원칙적으로 용인되기 어려운 것이다(헌재 2009.6.25. 2008헌마413).

03 현행헌법과 대의제

현행헌법은 대의제를 원칙으로 하여 국민에 의해 선출된 대통령과 의회를 주요 대의기관으로 하고 있다. 헌법 제46조 제2항은 국회의원은 국가이익을 우선하며 양심에 따라 직무를 행한다고 규정하여 국회의원의 자유위임관계를 명백히 하고 있다. 다만, 헌법 제72조와 제130조의 국민투표권을 규정하여 직접민주주의 요소를 부분적으로 도입하고 있다.

> **⚖ 판례**
>
> 직접민주제는 대의제가 안고 있는 문제점과 한계를 극복하기 위하여 예외적으로 도입된 제도라 할 것이므로 헌법적인 차원에서 직접민주제를 직접 헌법에 규정하는 것은 별론으로 하더라도 법률에 의하여 직접민주제를 도입하는 경우에는 기본적으로 대의제와 조화를 이루어야 하고, 대의제의 본질적인 요소나 근본적인 취지를 부정하여서는 아니 된다는 내재적인 한계를 지닌다 할 것이다(헌재 2009.3.26. 2007헌마843).

제2절 권력분립의 원리

01 권력분립의 의의

1. 개념

권력분립이란 국가권력을 여러 국가기관에 분산시킴으로써 권력 상호 간의 견제와 균형을 통하여 국민의 자유와 권리를 보호하려는 통치기관의 구성원리이다.

2. 고전적 권력분립의 특성 [정만희. 현대헌법과 의회주의]

(1) 자유주의적 조직원리

국가적 조직의 원리로서 그것은 시민적 자유의 확보라는 정치적 이념에 봉사하도록 고안된 제도이다.

(2) 소극적 원리

국가활동의 능률을 증진시키기 위한 것이 아니라 권력남용과 전제정치를 방지하기 위한 소극적 원리이므로 효율성을 추구하는 적극적 원리는 아니다.

(3) 중립성의 원리

자유주의적 요청에 따라 국가권력의 절대성을 부정한다는 의미에서 그것은 권력의 중화를 위한 중립성의 원리이다.

(4) 역사적 원리

17~18세기 유럽사회에서 군주와 시민세력 간의 대립에서 군주주권적 절대주의 요소와 민주주의적 요소의 타협적 성격이므로 역사적 원리이다.

(5) 세력균형의 원리

정치집단 간에 세력을 유지하기 위한 세력균형의 원리이다.

(6) 엄격한 기관중심 권력통제

군주는 집행기관을, 시민은 입법기관을 장악하고 상호견제하는 기관중심의 권력통제이다.

3. 고전적 권력분립이론의 전개

(1) 로크

① **기능상 4권, 조직상 2권 분립**: 로크에 따르면 국가작용을 입법, 집행, 동맹, 대권으로 4분하고, 입법은 국회에 귀속되고, 집행권, 동맹권(외교권)은 다른 국가기관에 맡기기 어려우므로 행정부에 귀속된다. 또한 대권은 행정부(국왕)에 귀속된다고 보아 로크는 기능상 4권 분립, 조직상 2권 분립을 주장하였다.

② **입법권 우위**: 로크는 입법권을 집행권보다 우위에 있는 권한으로 보아 권력의 분리를 주장하였으나, 권력의 균형과 견제를 뚜렷이 주장하지는 못하였다는 평가를 받는다.

③ **사법권의 미독립**: 사법권은 당연히 집행권에 포함된다고 보아 사법권의 독립을 주장하지 않았다.

④ **영국의 의원내각제에 영향**: 로크의 권력분립론은 영국의 의원내각제에 영향을 끼쳤다.

(2) 몽테스키외의 권력분립론

① **권력분립의 목적**: 권력의 분리, 권력 간의 상호균형과 견제를 통해 권력남용을 방지하여 시민의 자유를 보장하려 하였으나, 민주주의나 국민주권 실현을 목적으로 하는 것은 아니었다.

② **3권의 균형과 견제**: 몽테스키외는 국가작용을 입법, 집행, 사법으로 나누고, 입법권은 의회가 가지며 의회는 양원으로 구성된다. 집행권은 1명이, 사법권은 국민에 의해 선출된 비상설의 법원이 행사해야 한다고 보았다.

③ **사법권의 소극적 독립**: 몽테스키외는 입법권과 집행권 간의 균형과 견제를 중시하였고 사법권은 법의 작용이며 정치적 작용이 아닌 비정치적 권력이므로 사법권의 적극적 권력통제기능을 무시하였다.

02 고전적 권력분립의 재검토와 새로운 권력분립의 모색

1. 고전적 권력분립 재검토의 원인

(1) 사회국가원리

사회국가원리는 행정부와 입법부의 상호통제보다는 상호협조를 필요로 함으로써 고전적 권력분립 재검토의 원인이 되었다.

(2) 정당의 등장

정당의 등장으로 집행권과 입법권이 한 정당의 수중에 들어가 고전적 권력분립을 재검토하게 되었다.

⚖ 판례 ㅣ 권력분립의 원칙

헌법상 권력분립의 원칙이란 국가권력의 기계적 분립과 엄격한 절연을 의미하는 것이 아니라, 권력 상호 간의 견제와 균형을 통한 국가권력의 통제를 의미하는 것이다. 따라서 특정한 국가기관을 구성함에 있어 입법부, 행정부, 사법부가 그 권한을 나누어 가지거나 **기능적인 분담을 하는 것**은 권력분립의 원칙에 반하는 것이 아니라 권력분립의 원칙을 실현하는 것으로 볼 수 있다(헌재 2008.1.10. 2007헌마468).

---

2. 현대의 실질적 · 기능적 권력통제

(1) 현대의 기능적 권력통제이론의 특징(뢰벤슈타인)

고전적 권력분립	현대적 권력분립
기관중심의 권력통제	기능중심의 권력통제
수평적 권력통제	수평적 + 수직적 권력통제
엄격한 권력분립	권력 간 협조 + 공화 강조

(2) 현대의 실질적 · 기능적 권력통제제도 [허영]

① **연방국가제도의 권력분립적 기능**: 지방정부와 중앙정부 간 상호통제
② **지방자치제도의 권력분립적 기능**: 지방자치단체와 중앙정부 간 상호통제
③ **직업공무원제도의 권력분립적 기능**: 직업관료와 정치권력 간 상호통제
④ **복수정당제도의 권력분립적 기능**: 여 · 야당 간 상호통제
⑤ **헌법재판제도의 권력분립적 기능**: 헌법재판소의 입법, 행정, 사법권 통제
⑥ **기능적 권력분립의 모델로서 국가와 사회의 구별**: 사회압력단체와 여론에 의한 권력통제

⚖ 판례 ㅣ 공수처를 독립기관으로 둔 공수처법의 권력분립원칙 위반 여부 (헌재 2021.1.28. 2020헌마264 등)

1. 수사처가 기존의 행정조직에 소속되어 있지 않다는 사정만으로 고위공직자범죄수사처 설치 및 운영에 관한 법률(이하 '공수처법'이라 한다)상 수사처의 설치가 권력분립원칙에 반한다고 보기 어렵다.

2. 독립성만을 강조하여 명색은 행정부 소속이지만 실질적으로 대통령이나 행정조직으로부터 아무런 통제도 받지 않는다면 이는 곧 우리 헌법이 예정하지 않은, 입법부 · 행정부 · 사법부 어디에도 속하지 않은 기관의 창설과 다르지 않게 되고 우리 헌법이 통치구조로 채택한 대통령제의 틀 자체를 흔드는 것이다.

3. 강력한 독립성만을 부여받고 입법부나 사법부에 의한 통제도 받지 않는다면 이 역시 국민의 기본권 보장에 위협이 되고 결과적으로 권력 상호 간의 견제와 균형을 요체로 하는 권력분립원칙에 반한다. 따라서 수사처에 대하여 그 책임성을 확보하기 위한 각종 장치가 마련되어 독립성과 조화를 이루어야 한다.

4. 수사처의 권한 행사에 대하여는 여러 기관으로부터의 통제가 충실히 이루어질 수 있으므로, 단순히 수사처가 독립된 형태로 설치되었다는 이유만으로 권력분립원칙에 반한다고 볼 수 없다.

5. 수사처장은 검찰총장과 마찬가지로 그 임명에 국회의 동의를 얻어야 하는 것은 아니지만 국회의 인사청문회를 거쳐 임명된다(공수처법 제5조 제1항).

6. 국회는 수사처장에 대하여 탄핵소추를 의결할 수 있다(헌법 제65조 제1항, 공수처법 제14조).

7. 검찰총장과 마찬가지로 수사처장을 해임건의 대상에서 제외하는 것이 더 바람직하다고 할 것이다.

8. 국회는 수사처장에 대하여 국회 출석 및 답변을 요구할 수 있고, 수사처장은 수사나 재판에 영향을 미치지 않는 한 국회에 출석하여 보고하거나 답변하여야 한다(공수처법 제17조 제2항).

9. 수사처에 대한 사법적 통제수단으로서, 법원은 수사처의 명령·규칙·처분에 대한 위헌·위법심사권(헌법 제107조 제2항)의 행사를 통하여, 헌법재판소는 수사처의 공권력 행사 등으로 인한 기본권의 침해가 발생하였을 때 헌법소원심판권의 행사를 통하여 각각 수사처를 통제할 수 있다.

10. 수사처검사가 불기소처분을 한 경우 고소·고발인은 서울고등법원에 재정신청을 하여(공수처법 제29조 제1항), 수사 결과에 대하여 다시 판단을 받을 수 있다.

11. 권력분립원칙은 입법권, 행정권, 사법권의 분할과 이들 간의 견제와 균형의 원리이므로, 설령 수사처의 설치로 말미암아 수사처와 기존의 다른 수사기관과의 관계가 문제된다 하더라도 동일하게 행정부 소속인 수사처와 다른 수사기관 사이의 권한 배분의 문제는 헌법상 권력분립원칙의 문제라고 볼 수 없다.

12. 오늘날 고전적 의미의 3권 분립은 그 의미가 약화되고 통치권을 행사하는 여러 권한과 기능들의 실질적인 분산과 상호 간의 조화를 도모하는 이른바 기능적 권력분립이 중요한 의미를 갖게 되었다(헌재 2014.1.28. 2012헌바216 참조). 기능적 권력분립론은 몽테스키외적인 고전적 권력분립 이념을 존중하면서 국가권력 또는 국가기능의 단순한 기계적·획일적 분리보다는 실질적인 기능적 권력통제에 중점을 둔 이론이라 할 수 있다.

13. 위헌법률심판, 헌법소원심판, 탄핵심판 등과 같은 헌법재판제도와 지방자치제도, 직업공무원제도, 다원적 민주주의에서의 사회단체를 통한 권력분립 등도 기능적 권력분립에 기여하는 제도들로 주창되고 있다.

14. 행정부 내의 법률상 기관에 불과한 수사처와 다른 수사기관 사이에 권한 배분의 문제가 발생한다 하더라도 이를 헌법상의 권력분립원칙의 문제로 볼 수는 없고, 입법정책의 문제일 뿐이다.

📖 판례정리

권력분립 관련

헌법 위반인 것

1. **공소사실과 검사의 의견만을 듣고 결심하여 형을 선고하도록 규정한 반국가행위자의 처벌에 관한 특별조치법**
특정 사안에 있어 법관으로 하여금 증거조사에 의한 사실판단도 하지 말고 최초의 공판기일에 공소사실과 검사의 의견만을 듣고 결심하여 형을 선고하도록 규정한 반국가행위자의 처벌에 관한 특별조치법 조항은 입법에 의해서 사법의 본질적인 중요 부분을 대체시켜 버리는 것이어서 헌법상 권력분립원칙에 반한다(헌재 1996.1.25. 95헌가5).

2. **농업협동조합 등의 조합장의 겸직금지**
권력분립의 원칙을 준수할 필요성 때문에 공무원의 경우는 지방의회의원의 입후보 제한이나 겸직금지가 필요하며 또 그것이 당연하다고 할 것이나, 어느 특정 계층의 자조적 협동체의 임원에 그치는 조합장에게 같은 필요가 있다고는 할 수 없을 것이다. 농업협동조합 등의 조합장의 겸직을 제약하는 입법으로까지 비약시킬 일은 아니다. 이것은 최소한의 제한이 못된다(헌재 1991.3.11. 90헌마28).

1. **공무원, 지방공사직원과 지방의원 겸직을 금지한 지방자치법**
   ① 권력분립의 원리는 인적 측면에서도 입법과 행정의 분리를 요청하고, 만일 행정공무원이 지방입법기관에 서라도 입법에 참여하면 권력분립의 원칙에 배치되게 되는 것으로, 공무원의 경우는 지방의회의원의 입후 보 제한이나 겸직금지가 필요하다(헌재 1991.3.11. 90헌마28).
   ② 지방자치단체의 영향력하에 있는 지방공사의 직원이 지방의회에 진출할 수 있도록 하는 것은 권력분립 내지는 정치적 중립성 보장의 원칙에 위배되고, 결과적으로 주민의 이익과 지역의 균형된 발전을 목적으 로 하는 지방자치의 제도적 취지에도 어긋난다. 이러한 위험성을 배제하기 위해서 입법자가 지방공사의 직원직과 지방의회 의원직의 겸직을 금지하는 규정을 마련하여 청구인들과 같은 지방공사 직원의 공무담 임권을 제한한 것은 공공복리를 위하여 필요한 불가피한 것으로서 헌법적으로 정당화될 수 있다(헌재 2004.12.16. 2002헌마333 등).

2. **방송통신위원회의 정보통신망 이용촉진 및 정보보호 등에 관한 법률상 불법정보에 대한 취급거부 · 정지 · 제한명령**은 행정처분으로서 행정소송을 통한 사법적 사후심사가 보장되어 있고, 그 자체가 법원의 재판이나 고유한 사법작용이 아니므로 사법권을 법원에 둔 권력분립원칙에 위반되지 않는다(헌재 2014.9.25. 2012헌바325).

3. **대법원장은 변호사 중에서 2명의 특별검사후보자를 대통령에게 추천**하는 것에 불과하고 특별검사의 임명은 대통령이 하도록 되어 있으므로 소추기관과 심판기관이 분리되지 않았다거나, 자기 자신의 사건을 스스로 심 판하는 구조라고 볼 수는 없다. 결국 이 사건 법률 제3조에 의한 특별검사의 임명절차가 소추기관과 심판기관 의 분리라는 근대 형사법의 대원칙이나 적법절차원칙 등을 위반하였다고 볼 수 없다(헌재 2008.1.10. 2007헌마1468).

4. **통고처분제도**는 형벌의 비범죄화 정신에 접근하는 제도이다. 이러한 점들을 종합할 때, 통고처분제도의 근거 규정인 도로교통법 제118조 본문이 적법절차원칙이나 사법권을 법원에 둔 권력분립원칙에 위배된다거나, 재 판청구권을 침해하는 것이라 할 수 없다(헌재 2003.10.30. 2002헌마275).

제3장 / 정부형태

☑ **정부형태의 개념**

광의의 의미로 정부형태는 국가권력구조에 있어서 권력분립의 원리가 어떻게 반영되어 있느냐 하는 권력분립 구조적 실현형태를 뜻하고 협의의 의미로는 입법부와 집행부의 관계에 따른 정부분류를 뜻한다.

제1절 의원내각제

01 의원내각제의 의의

1. 개념

의원내각제란 의회에서 선출되고 의회에 대하여 책임을 지는 내각중심으로 국정이 운영되는 정부형태이다.

2. 의원내각제의 유래

대통령제는 이론적 산물의 결과라면, 의원내각제는 영국의 역사와 함께 형성·발전되어 온 역사적 산물이다.

3. 의원내각제의 본질적 요소

(1) 내각의 성립과 존속이 의회에 의존

① 대통령제하에서는 대통령과 국회가 선거를 통하여 구성되므로 민주적 정당성이 이원화되나, 의원내각제에서는 국회만이 선거를 통하여 구성되므로 민주적 정당성이 일원화된다.

② 내각은 의회에 의해 구성되므로 성립과 존속은 의회에 의존하게 된다. 의회는 내각에 정치적 책임을 추궁할 수 있게 된다. 따라서 불신임제도는 의원내각제의 본질적 요소이다.

구분	의원내각제	대통령제
민주적 정당성	一元	二元
내각의 성립	의존성	독립성
의회의 내각에 대한 정치적 책임	○	×
불신임제도	○	×
탄핵제도	○	○
내각과 정부	공화와 협조	견제와 통제
각료의 의원직 겸직	○	×
각료의 의회출석·발언권	○	×
집행부의 구조	二元	一元
정부의 법률안제출권	○	×
정부의 법률안거부권	×	○
각료회의	의결기관	자문기관

③ 내각의 수반인 수상은 반드시 국회의원이어야 하는 것은 아니다. 의회에서 선출되고 형식적으로는 국가원수인 대통령 또는 군주가 임명한다.

(2) 집행부의 2원적 요소

의원내각제의 집행부는 대통령(군주)과 내각의 두 기구로 구성된다. 국가원수는 대통령 또는 군주이고, 집행부의 수반은 수상이므로 집행부는 형식적으로는 이원적 구조를 특징으로 한다.

(3) 내각불신임권과 의회해산권

① **진정한 의원내각제**: R. Redslob는 내각이 의회해산권을 가지고 있는 경우를 진정한 의원내각제라 하고, 의회해산권을 가지고 있지 않는 경우를 부진정한 의원내각제(프랑스의 제3·4공화국)라 한다.

② **직업공무원제도**: 내각불신임과 의회해산으로 정국의 불안정을 가져올 소지가 있으므로 의원내각제가 성공적으로 정착하기 위해서는 정치적으로 중립적 집행업무를 담당할 직업공무원제도가 필수적 요소이다. [허영]

(4) 입법부와 집행부 간의 공화와 협조

내각 구성원인 각료는 반드시 의원이어야 하는 것은 아니고, 각료와 의원은 겸직을 할 수 있다. 각료는 국회출석·발언권을 가지며, 집행부는 법률안제출권을 가진다.

(5) 각료회의의 의결기관성

의원내각제의 각료회의는 필수기관이고 정부의 정책을 결정하는 의결기관이다.

(6) 의원내각제의 장단점

① **장점**: 민주주의이념에 적합, 책임정치구현, 정치적 대립의 신속한 해결, 유능한 인재등용, 정당정치에 유리

② **단점**: 정국불안초래, 의회의 정쟁장소화, 강력한 정치추진에 어려움, 다수의 횡포

☑ **의원내각제의 본질적 요소**

본질적 요소 ○	본질적 요소 ×
① 내각의 성립과 존속의 의회에 의존 ② 집행부의 2원적 구조 ③ 내각불신임권과 의회해산권 ④ 정부의 법률안제출권 ⑤ 정부각료의 의회출석·발언권 ⑥ 각료회의의 의결기관화	① 대통령의 법률안거부권 ② 각료에 대한 의회의 탄핵소추권 ③ 각료와 수상의 동등한 지위 ④ 독립성의 원칙(↔의존성의 원리) ⑤ 양원제 ⑥ 엄격한 권력분립 ⑦ 대통령의 직선제

02 각국의 의원내각제

1. 영국

(1) 상원

① **법안 관련 권한**: 상원은 재정법안을 제외하고는 법안을 제출할 수 있다.

② **사법권**: 상원은 최고법원이고, 상원의장이 대법원장이다. 상원의장은 수상의 지명에 의해 국왕이 임명하고 수상과 진퇴를 같이 하는 내각의 일원이다.

(2) 하원

내각이 하원다수당의 간부회의와 같이 되어 내각이 실질적인 정책결정을 함에 따라 내각책임제라고 불리기도 하며 수상의 권한이 강화되어 수상정부제라고 불리기도 한다.

2. 독일

(1) 바이마르공화국

① 독일헌정사상 최초의 공화국으로 대통령은 국민에 의해 직선되었다.

② 대통령은 수상과 각료에 대한 임면권을 가지고, 군통수권과 국가긴급권을 가지고 있었다. 따라서 바이마르헌법은 순수한 의원내각제가 아니라 이원정부제로 분류된다.

(2) 제2차 세계대전 이후 독일내각책임제

① **대통령**: 의회에서 간선되었다.

② **연방수상**: 연방수상은 연방대통령의 제청으로 연방의회가 토의를 거치지 아니하고 선거한다.

③ **연방수상에 대한 건설적 불신임**

　　㉠ 연방의회는 그 의원의 과반수로 후임자를 선출하고 연방대통령에게 연방수상에 대한 불신임을 건의할 수 있다. 연방대통령은 이 건의에 따라야 하고 당선자를 수상에 임명해야 한다.

　　㉡ 건설적 불신임제도는 강력한 양대 정당이 성립한 경우에는 큰 의미가 없고 군소정당이 난립된 상황에서 큰 의미를 가진다.

　　㉢ 건설적 불신임제도는 의회우위가 아닌 수상우위를 발생시킨다.

④ 수상이 의회를 해산하려고 할 때 의회가 새로운 수상을 선출하면 수상의 의회해산권은 제한을 받는다.

제2절 대통령제

01 대통령제의 의의

1. 의의

대통령제는 의회로부터 독립하고 의회에 정치적 책임을 지지 않는 대통령 중심으로 국정이 운영되고 대통령에 대해서만 정치적 책임을 지는 국무위원에 의해 구체적인 집행업무가 행해지는 정부형태이다.

2. 대통령제의 본질적 요소

(1) 대통령(집행부)과 의회의 상호독립성

대통령제와 의원내각제 정부형태를 구분하는 가장 특징적인 요소이다. 집행부는 국민의 선거로 선출된 대통령에 의해 구성된다. 또한 의회와 집행부 구성원의 겸직이 인정되지 아니한다.

(2) 행정부의 국회에 대한 정치적 무책임

국민의 정치적 지지를 받아 당선된 대통령과 대통령이 구성한 집행부는 의회에 대해 정치적 책임을 지지 않는다. 대통령이 정치적 책임을 국민에게 지기 때문이다. 따라서 정치적 책임을 추궁하는 불신임제도가 없다.

(3) 집행부의 일원적 구조

대통령은 국가원수와 집행부 수반의 지위를 가지므로 집행부는 일원적이다.

(4) 입법부와 집행부의 상호견제와 균형

대통령은 법률안제출권을 가지지는 못하나 법률안거부권을 가진다. 또한 국회는 입법권 독점, 집행부 고위관리 임명에 대한 동의, 국정감사 · 조사, 탄핵소추권으로 집행부를 견제한다. 의원내각제보다는 엄격한 권력분립이 가능하다.

(5) 국무장관회의의 자문기관성

대통령제의 국무장관회의는 임의기관이고 대통령에 대한 자문기관에 불과하다.

3. 대통령제의 장단점

(1) 장점

정국안정, 의회다수파 견제, 능률적인 행정, 국회의 졸속입법방지

(2) 단점

대통령의 독재화, 국회와 정부의 대립시 조정기관 결여, 정치적 엘리트의 훈련의 기회가 적음.

☑ **대통령제의 본질적 요소**

본질적 요소 ○	본질적 요소 ×
① 집행부의 일원적 구조	① 정부의 법률안제출권
② 입법권과 집행권의 상호독립	② 권력의 공화관계
③ 대통령의 법률안거부권	③ 국회의 양원제
④ 대통령의 국회에 대한 정치적 무책임성	④ 대통령의 국회해산권
⑤ 민주적 정당성의 이원성	⑤ 내각의 연대책임
⑥ 의회와 국무위원 간 겸직금지	

02 미국 대통령제

1. 연혁

1787년 미국의 연방헌법이 처음으로 채택한 정부형태이다.

2. 미국 대통령제의 내용

(1) 3권 분립적 조직의 분리와 독립

① **대통령 선출**: 대통령은 4년 임기로 대통령 선거인단에 의해 선출된다.
② **의회의원**

　㉠ 상원은 6년 임기로 인구비율과 관계없이 각 주에서 2명씩 선출된다.
　㉡ 하원은 2년 임기로 각 주의 주민 수에 따라 선출된다.
③ **법원의 구성**: 연방대법원의 법관은 상원의 동의를 얻어 대통령이 임명하고 종신제이다.
④ **부통령**: 부통령은 상원의장직을 겸임하고 투표권은 없으나, 가부동수일 경우 casting vote를 갖는다.

(2) 의회의 집행부 통제권

① 하원은 예산안 및 세입법안의 전심권을 갖는다.
② 탄핵심판의 경우에는 하원이 소추하고, 상원은 이에 대한 심판권을 갖는다.
③ 상원은 전쟁선포권한을 갖는다.

(3) 행정부의 입법부 통제권

① **대통령의 법률안거부권**: 대통령은 의회로부터 법률안의 이송을 받은 날로부터 10일 이내에 재의를 요청할 수 있다. 환부거부가 허용되는 10일 이내에 의회가 회기만료로 폐회하는 경우 대통령은 그 법률안을 그대로 보류시켜 폐기시킬 수 있다.

② **대통령의 입법권고권**: 대통령은 필요하고 적절하다고 판단되는 법안의 심의를 권고할 수 있다.

(4) 법원의 입법부 통제

헌법상 명문규정은 없지만, 법원은 위헌심사권을 갖는다.

☑ 미국 대통령제와 우리나라 대통령제의 비교

구분	미국 대통령제	우리나라 대통령제
행정부의 법률안제출권	×	○
국무위원의 의회발언권	×	○
의원의 국무위원 겸임	×	○
부통령제	○	×
대통령의 법률안 보류거부권	○	×
대통령의 법률안 환부거부권	○ (10일 이내)	○ (15일 이내)
부서제도	×	○
국무회의 성격	자문기관, 임의기관	심의기관, 필수기관
법관 임명	대통령	대통령, 대법원장

☑ 대통령제와 의원내각제의 비교

구분	대통령제	의원내각제
봉쇄조항의 필요성	<	다수 안정세력 필요
공무원의 정치적 중립성, 신분보장 필요성	<	정국불안가능성 크기 때문
의회의 국정통제강도	<	내각불신임권
위원회제도의 의의	>	
예산과 법률의 불일치가능성	> 정부가 예산안제출권을 가졌지만, 법률안제출권은 없기 때문	
탄핵제도의 필요성	> 내각불신임권이 없기 때문	

(5) 우리 헌법 중 의원내각제에 영향을 받은 것

① 정부의 법률안제출권(제52조)
② 국무총리 · 국무위원의 의회 출석 · 발언권(제62조)
③ 국회의 해임건의제(제63조)
④ 부서제도(제82조)
⑤ 국무위원 국정보좌기관(제89조)

참고 국무회의 심의기관화(제88조) ➡ 의원내각제 요소는 아님. 의원내각제는 의결기관임.

제3절 제3유형의 정부형태

01 이원집정부제

1. 개념

의원내각제 요소와 대통령제 요소를 결합한 정부형태로 위기시에 대통령의 행정권 행사가 허용되나, 평상시에는 내각수상이 행정권을 담당하고 의회에 책임을 지는 형태이다.

2. 이원집정부제의 본질적 요소

(1) 대통령

대통령은 국민에 의해 직접 선출되고 비상시 긴급권을 가지며 직접 행정권을 행사한다. 대통령은 의회가 내각에 대한 불신임 결의를 한 경우 의회를 해산할 수 있다. 수상이 실질적으로 행정권을 행사하므로 행정부의 구조는 이원적이다.

(2) 내각

내각은 의회에 책임을 진다.

3. 바이마르헌법의 이원정부제

(1) 대통령 직선

대통령 직선은 의원내각제와 다른 점이다.

(2) 대통령의 권한

국가긴급권, 의회해산권, 의회의결법률의 국민투표부의권을 가졌으며, 국회의 동의 없이 수상을 임명할 수 있었다.

4. 프랑스헌법의 이원정부제

(1) 대통령

① **직선**: 대통령은 직선제로 선출되고 중요한 국가정책을 집행한다.
② **의회해산권**: 대통령은 국민의회를 해산할 수 있고 비상조치권도 가지고 있다.
③ **대통령에 대한 불신임 불가**: 대통령은 직선되어 민주적 정당성을 확보하고 있으므로 의회는 대통령에 대해서는 불신임할 수 없다.
④ **대통령의 의회에 대한 우위**: 의회는 대통령에 대해 불신임할 수 없고 내각에 대해서만 불신임할 수 있으므로 대통령은 내각과 의회에 대해 우월적인 지위를 가지고 있다.

(2) 내각

① 내각 구성원인 각료는 의원직을 겸할 수 없다.
② 수상은 대통령이 임명하는데 국회의 수상에 대한 불신임제도로 인해 여당(대통령 소속 정당)이 소수당이고 야당이 다수당일 때 다수당이 추천하는 자를 수상으로 임명하게 되어 대통령과 수상의 소속 정당이 다른 동거정부가 성립할 수 있다.

(3) 의회

내각에 대한 불신임을 할 수 있다.

(4) 정부형태

① 의원내각제로 운영이 될 수도 있으나 대통령이 직선되고 강력한 권한을 가지고 있어 순수한 의원내각제라고 할 수 없다.

② 이원정부제 또는 제한된 의원내각제, 반대통령제 또는 오를레앙형 의원내각제라고도 한다.

02 회의정부제

1. 개념

집행부의 성립과 존속이 전적으로 의회에 종속되지만 집행부는 의회를 해산 등을 통해 통제할 수 없는 정부형태이다. 뢰벤슈타인은 야누스의 머리와 같이 민주주의와 전체주의체제 모두의 성질을 가질 수 있다고 하였다.

2. 회의정부제의 본질적 요소

(1) 권력체제의 일원화

의회가 모든 국가기관을 지배하므로 권력체계가 일원화된다. 의회는 국민에 대해서만 책임을 진다. 따라서 의회해산제도가 없다.

(2) 집행부

대통령은 연방의회가 연방평의회 구성원 중에서 선출한다.

(3) 루소와 회의정부형태

루소는 국민의 단일한 의사인 일반의사를 법률로 구체화할 의회만은 국민이 직접 구성하고, 의회에 의해 다른 국가기관이 통제된다는 사상을 가졌으므로 루소의 동일성 민주주의에 가장 가까운 정부형태이다.

제4장 / 국회

제1절 의회주의

01 의회주의의 의의

1. 개념

의회주의란 국민이 선출한 의회가 국가의사결정을 함으로써 의회가 국정을 주도적으로 운영해야 한다는 원리이다.

2. 다른 개념과의 구별

의회주의는 정치원리인 반면 의원내각제는 정부형태이므로 양자는 구별된다. 의회주의는 의원내각제와 대통령제 모두 결합될 수 있는 원리이나, 의원내각제가 의회주의 실현에는 이상적인 정부형태라 할 수 있다.

3. 연혁

의회주의의 기원을 등족회의에서 찾는 견해[김철수, 강경근, 성낙인, 허영은 영주회의라고 함]와 영국의 모범의회에서 찾는 견해[홍성방 헌법Ⅱ]가 있다.

4. 의회주의의 기본원리

국민대표의 원리, 공개와 토론의 원리, 다수결의 원리와 의회 내 다수파의 교체를 요구하는 정권교체의 원리가 의회주의의 기본원리이다.

02 의회주의의 위기

1. 위기의 원인 [권영성, 홍성방 헌법Ⅱ]

(1) 국민적·사회적 동질성 상실

① 국민은 전체로서 동질성을 가지는 것이 아니라 진보·보수, 노동자·자본가 등 다양한 이해관계를 가지는 계층으로 분파되었다. 이에 따라 의회의원도 특정한 이해관계를 가지게 되었다.

② 따라서 의회는 전체 국민을 대표할 수 없게 되어 의회중심으로 국정이 운영되는 데 한계가 발생했다.

③ 특정한 이해관계를 가지는 의원들로 구성되는 의회에서 대화와 토론, 관용과 타협이 어렵게 되어 의회중심의 국가운영이 어렵게 되었다.

(2) 정당국가화 현상으로 의회주의 약화

의원의 정당기속의 강화로 정책결정에 있어서 공개와 토론의 원리가 약화되었다.

(3) 선거의 정당지도자에 대한 신임투표적 성격

　선거가 정당지도자에 대한 신임투표적 성격으로 바뀌어 의원의 개인적 능력보다 정당정책, 정당지도자의 인기 등이 중시되고 있다. 이로 인해 개인적 능력, 전문성보다 정당에 대한 충성심 위주로 의원이 선출되어 의원의 전문성과 자질 저하현상이 나타나[권영성] 의회가 중심이 되는 국가운영은 어렵게 되었다.

(4) 의회의 비능률적 의사절차

　① 의회주의는 의원들의 대화와 토론에 따른 의사결정을 중심으로 한다.
　② 의회의 자유토론으로 의사진행이 지나치게 지연되어 의회중심의 국정운영의 문제가 생겼다.

(5) 행정국가화·사회국가화의 경향

　행정국가화에 따른 국가기능의 다양화·전문화로 인하여 정책결정에 전문적인 식견이 필요하게 되어 의회중심이 아니라 행정부 중심의 정책운영이 나타나고 있다.

2. 극복방안

(1) 국민의 동질성 상실에 대비한 대책

　① 국민은 계급의 분화 등으로 다양한 이해관계를 가질 수밖에 없게 되었다.
　② 이런 계급 간의 갈등을 완화시키기 위하여 헌법상의 사회국가원리 등을 통하여 이해관계를 국가가 조정해야 한다.
　③ 다양한 소수자들의 이익을 대변할 수 있는 의원이 필요하고, 이러한 소수자들의 대표를 선출하기에 유리한 비례대표제를 도입할 필요가 있다.

(2) 정당국가화 경향에 대한 대책

　① 정당의 조직과 정당 내부 민주화를 통해 당원의 의사에 의해 후보자를 결정하도록 해야 한다.
　② 자유투표를 보장하여 의원이 당의 이익보다는 전체 국가이익을 우선하여 의사결정을 할 수 있도록 해야 한다.
　③ 정당 중심으로 의회가 운영되므로 야당이 여당을 통제할 수 있는 제도를 도입할 필요가 있다.

(3) 의원의 무능력에 대한 대책

　후보자들의 능력을 검증할 수 있는 청문회제도의 도입과 각 직능의 대표자로서 국회를 구성하기 위해 직능대표제도 도입이 필요하다.

(4) 국회의 비효율적 운영에 대한 대책

　효율적인 국회의사진행을 위해 위원회가 중심이 되어 의안을 심의하고 본회의는 의결을 주로 하는 기능분배가 요구된다.

(5) 의회주의 결함보완

　의회주의는 국민이 정책결정에 참여할 기회를 갖지 못하는 결함이 있으므로, 이를 보완하기 위해 국민투표제와 국민소환제 도입의 필요성이 있다.

제2절 국회의 헌법상 지위

01 의회의 헌법상 지위의 유형

단일국가가 연방국가보다, 연성헌법이 경성헌법보다, 의원내각제가 대통령제보다 의회의 권한이 일반적으로 강력하다.

02 입법기관

행정입법의 확대로 의회의 입법기능은 약화되었다. 행정부, 사법부 등 다른 국가기관의 권한 행사를 감시, 비판하는 것이 국회의 주요한 기능이다. 통치권 행사의 절차적 정당성의 요청이 커짐에 따라 오늘날 국정통제기능은 더욱 강조되고 있다. [허영]

03 국가의 최고기관성

대통령의 비상적 권한 등 보유로 대통령의 상대적 우월성이 보장되어 있어 국회가 국가의 유일한 최고기관이라고 할 수 없다.

제3절 국회의 구성과 조직

01 국회의 구성원리

1. 양원제

(1) 개념

의회가 상·하의원의 합의체로 구성되고 두 합의체가 독립하여 결정한 의사가 일치하는 경우에 의회의 의사로 간주하는 의회제도이다.

(2) 양원제 채택이유

채택이유	① 신분제도 ② 연방제도 ③ 직능대표제 ④ 지방자치제도
채택이유 아닌 것	① 행정국가화 경향 ② 정당국가화 경향

(3) 양원제와 의원내각제

양원제는 귀족의 정치적 쇠퇴와 부르주아의 정치적 상승 사이의 타협을 위하여 구축된 것으로 의원내각제의 법적인 필요요건은 아니다.

(4) 양원제의 장단점

장점	① 의안 심의의 신중을 기함으로써 경솔과 졸속을 방지할 수 있음. ② 일원이 정부와 충돌시 타원이 충돌을 완화시킬 수 있음. ③ 날치기를 방지하는 데 효과적임. ④ 국회의 구성에서 권력분립의 원리를 도입함으로써 의회 다수파의 횡포를 견제할 수 있음. ⑤ 상원에 직능대표제, 지방대표제를 도입하면 특수이익을 보호할 수 있음. ⑥ 양원은 조직을 달리함으로써 단원제에서의 파쟁과 부패를 방지할 수 있음.
단점	① 의안 심의가 지연되고 국비를 낭비함. ② 의회의 책임소재가 불분명함. ③ 의회의 분열시 정부에 대한 의회의 지위가 상대적으로 약화됨. ④ 양원의 의견일치시 상원이 불필요하고, 불일치시 국정혼란이 옴.

2. 단원제

(1) 개념

단원제란 의회가 단일 합의체로 구성되는 의회제도이다.

(2) 이론적 근거

① 양자가 의견을 달리하면 그 존재는 유해할 것이고, 양자의 의사가 동일하면 제2원은 무용지물이 된다(쉬에스). 이에 따라 1791년 프랑스헌법은 최초로 단원제를 채택하였다.
② 루소는 일반의사론에 입각해 국민의 의사가 하나이므로 국회도 단원으로 구성되어야 한다는 입장 이다.
③ 몽테스키외는 양원제에 대해 긍정적이었다.

(2) 우리나라 국회 구성 연혁

① 건국헌법은 단원제였고, 제1차 개정헌법으로 양원제가 헌법상 규정되었으나 실제로 구성되지는 않았다.
② 제3차 개정헌법(제2공화국 헌법)에서 양원제가 구성되었다.
③ 제5차 개정헌법(제3공화국 헌법)에서 단원제를 규정한 이래 줄곧 단원제가 수용되었다.

02 국회의 조직

1. 의장과 부의장 ★★★

(1) 의장과 부의장 선출

> 헌법 제48조 국회는 의장 1인과 부의장 2인을 선출한다.
> 국회법 제15조 【의장·부의장의 선거】① 의장과 부의장은 국회에서 무기명투표로 선거하고 재적의원 과반수의 득표로 당선된다.
> ② 제1항에 따른 **선거는 국회의원 총선거 후 첫 집회일에 실시하며**, 처음 선출된 의장 또는 부의장의 임기가 만료되는 경우에는 그 임기만료일 5일 전에 실시한다. 다만, 그 날이 공휴일인 경우에는 그 다음 날에 실시한다.

헌법은 의장 1명과 부의장 2명을 선출하도록 규정하고 있다. 따라서 국회법 개정으로 의장과 부의장 수를 변경할 수 없다.

(2) 임기
① 의장과 부의장의 임기는 2년이다.
② 보궐선거에 의해 당선된 국회의장의 임기는 전임자의 잔임기간으로 한다.

(3) 국회의장의 신분
① **겸직 제한**: 의장과 부의장은 특별히 법률로 정한 경우를 제외하고 의원 외의 직을 겸할 수 없다. 다른 직을 겸한 의원이 의장이나 부의장으로 당선된 때에는 당선된 날에 그 직에서 해직된 것으로 본다(국회법 제20조). 국회의원은 국무위원이나 행정각부의 장이 될 수 있으나 의장과 부의장은 국무위원이 될 수 없다.
② **국회의장의 당적 보유금지(국회법 제20조의2)**: 현행 국회법은 의장은 당선된 다음 날부터 의장으로 재직하는 동안 당적을 가질 수 없다. 다만, 국회의장이 국회의원 총선거에서 정당 추천후보자로 추천을 받으려는 경우 의원 임기만료일 90일 전부터 당적을 가질 수 있도록 하고 있다. 의장의 임기가 만료되면 당적이 자동으로 복구된다.

(4) 국회의장의 권한
① **국회사무총장 임면권**: 사무총장은 의장이 교섭단체 대표의원과 협의를 거쳐 본회의의 승인을 얻어 임면한다(국회법 제21조).
② **위원회 출석발언권**: 의장은 출석·발언할 수 있다(국회법 제11조).
③ **표결권**: 의장은 위원회에서 표결권도 없고(국회법 제11조), 위원회 위원도 될 수 없다(국회법 제39조 제3항). 그러나 본회의에서는 토론할 수 있고 표결할 수 있다. 현행헌법 제49조 제2문은 가부동수인 때에는 부결된다고 규정하여 국회의장의 결정권을 부정하고 있다.
④ **토론권**: 의장이 토론에 참가할 때에는 의장석에서 물러나야 하며, 그 안건에 대한 표결이 끝날 때까지 의장석으로 돌아갈 수 없다(국회법 제107조).
⑤ **국회의원 사직허가권**: 본회의 개회·휴회 중에는 국회가 국회의원 사직허가권을 가지나, 폐회 중에 한해 의장이 사직허가권을 가진다(국회법 제135조 제1항).
⑥ **국회 경호권**: 의장은 국회의 경호를 위하여 필요할 때에는 국회운영위원회의 동의를 받아 일정한 기간을 정하여 정부에 경찰공무원의 파견을 요구할 수 있다. 경호업무는 의장의 지휘를 받아 수행하되, 경위는 회의장 건물 안에서, 경찰공무원은 회의장 건물 밖에서 경호한다(국회법 제144조).

(5) 국회의장의 직무대리와 대행
① **직무대리**: 의장이 사고가 있을 때 의장이 지정하는 부의장(국회법 제12조 제1항)
② **직무대행**

국회의장이 심신상실 등 부득이한 사유로 의사표시를 할 수 없게 되어 직무대리자를 지정할 수 없는 때	소속 의원 수가 많은 교섭단체 소속 부의장 (국회법 제12조 제2항)
의장과 부의장 모두 사고인 경우	임시의장을 국회 본회의에서 재적 과반수 출석, 다수득표한 자로 선출(국회법 제13조, 제17조)
㉠ 국회의원 총선거 후 의장·부의장이 선출되기 전 ㉡ 의장·부의장의 임기만료일까지 의장·부의장이 선출되지 못한 때 ㉢ 폐회 중에 의장·부의장이 모두 궐위된 경우, 임시회 집회공고에 관하여	국회사무총장
㉠ 국회의원 총선거 후 처음으로 의장과 부의장을 선거할 때 ㉡ 의장·부의장이 모두 궐위되어 보궐선거를 할 때	최다선 의원 ➔ 최다선 의원이 2명 이상인 경우 연장자 (국회법 제18조)

(6) 의장과 부의장의 비교

의장	부의장
당적 보유금지	당적 보유 가능
의원 외의 직 겸직금지	의원 외의 직 겸직금지
상임위원회 위원이 될 수 없음.	상임위원회 위원이 될 수 있음.
사임시 국회의 동의 필요	사임시 국회의 동의 필요

2. 국회위원회의 의의

(1) 국회위원회제도의 의의

국가의 기능 확대로 국회 본회의가 광범위한 영역에 대해 심의하는 것은 비효율적인 것이 되었다. 그래서 각 분야에 전문적 식견을 가진 위원회가 안건에 대해 예비적으로 심의하여 의회의 전문성과 효율성을 높이기 위한 제도이다. 우리나라는 상임위원회 중심주의와 본회의 의결주의를 채택하고 있다.

(2) 위원회의 종류 ★★
① 상임위원회(17개)
② 특별위원회

국회법상 설치		본회의 의결로 설치
상설되어 있는 특별위원회	상설되어 있지 않은 특별위원회	개별적으로 설치
예산결산특별위원회	인사청문특별위원회, 윤리특별위원회	

참고 선거구획정위원회는 국회법이 아니라 공직선거법상 설치된 위원회이다.

(3) 상임위원회의 기능
① 상임위원회는 전문적 식견을 가진 의원들에 의한 의안의 효율적 처리를 가능하게 한다.
② 상임위원회는 행정부와 의회 간의 의사소통의 장으로서의 기능도 한다. 따라서 의원과 내각 구성원의 겸직이 가능한 의원내각제보다는 대통령제하에서 그 제도적 의의가 더욱 크다.
③ 의원내각제인 영국은 약한 위원회제라 할 수 있고, 내각과 의원의 겸직이 허용되지 않는 프랑스, 미국은 강한 위원회제라고 한다.

(4) 위원회의 장단점

장점	① 능률적인 의안 심의 ② 전문적 식견을 가진 의원의 전문적 심의 ③ 신속한 의안 처리 ④ 회의운영의 탄력성 보장
단점	① 본회의의 형식화 ② 국회의 대정부견제기능 약화 ③ 이익집단활동의 매개체 제공 ④ 정당간부의 권한 강화 ⑤ 행정관청의 출장소로 전락

3. 상임위원회

(1) 상임위원회의 구성

① **의원**: 의원은 둘 이상의 상임위원이 될 수 있다.
② **각 교섭단체 대표의원**: 국회운영위원회 위원과 정보위원회 위원이 된다.
③ **국회의장**: 상임위원이 될 수 없다.
④ **국무총리, 국무위원 직을 겸한 의원**: 상임위원을 사임할 수 있다.

(2) 상임위원의 선임

> **국회법 제48조【위원의 선임 및 개선】** ① 상임위원은 교섭단체 소속 의원 수의 비율에 따라 각 교섭단체 대표의원의 요청으로 의장이 선임하거나 개선한다. 이 경우 각 교섭단체 대표의원은 국회의원 총선거 후 첫 임시회의 집회일부터 2일 이내에 의장에게 상임위원 선임을 요청하여야 하고, 처음 선임된 상임위원의 임기가 만료되는 경우에는 그 임기만료일 3일 전까지 의장에게 상임위원 선임을 요청하여야 하며, 이 기한까지 요청이 없을 때에는 의장이 상임위원을 선임할 수 있다.
> ② 어느 교섭단체에도 속하지 아니하는 의원의 상임위원 선임은 의장이 한다.
> ③ 정보위원회의 위원은 의장이 각 교섭단체 대표의원으로부터 해당 교섭단체 소속 의원 중에서 후보를 추천받아 부의장 및 각 교섭단체 대표의원과 협의하여 선임하거나 개선한다. 다만, 각 교섭단체 대표의원은 정보위원회의 위원이 된다.
> ④ 특별위원회의 위원은 제1항과 제2항에 따라 의장이 상임위원 중에서 선임한다. 이 경우 그 선임은 특별위원회 구성결의안이 본회의에서 의결된 날부터 5일 이내에 하여야 한다.
> ⑤ 위원을 선임한 후 교섭단체 소속 의원 수가 변동되었을 때에는 의장은 위원회의 교섭단체별 할당 수를 변경하여 위원을 개선할 수 있다.
> ⑥ 제1항부터 제4항까지에 따라 위원을 개선할 때 임시회의 경우에는 회기 중에 개선될 수 없고, 정기회의 경우에는 선임 또는 개선 후 30일 이내에는 개선될 수 없다. 다만, 위원이 질병 등 부득이한 사유로 의장의 허가를 받은 경우에는 그러하지 아니하다.

(3) 이해충돌 위원의 선임 제한

> **국회법 제48조의2【이해충돌 위원의 선임 제한】** ① 의장과 교섭단체 대표의원은 의원의 이해충돌 여부에 관한 제32조의3 제1항에 따른 윤리심사자문위원회의 의견을 고려하여 의원을 위원회의 위원으로 선임하는 것이 공정을 기할 수 없는 뚜렷한 사유가 있다고 인정할 때에는 그 의원을 해당 위원회의 위원으로 선임하거나 선임을 요청하여서는 아니 된다.
> ② 윤리심사자문위원회는 위원이 소속 위원회 활동과 관련하여 이해충돌이 발생할 우려가 있으면 의장의 요청 또는 직권으로 위원의 이해충돌 여부를 검토하여 의장, 해당 의원 및 소속 교섭단체 대표의원에게 그 의견을 제출할 수 있다.
> ③ 의장과 교섭단체 대표의원은 윤리심사자문위원회로부터 제2항, 제32조의3 제2항 제4호 및 제32조의4 제2항에 따라 위원이 소속 위원회 활동과 관련하여 이해충돌이 발생할 우려가 있다는 의견을 받은 경우 해당 위원이 직무에 공정을 기할 수 없다고 인정하면 해당 위원을 개선하거나 개선하도록 요청할 수 있다.
> ④ 의장과 교섭단체 대표의원은 위원의 선임·선임요청 또는 개선·개선요청과 관련하여 윤리심사자문위원회에 이해충돌 여부에 관하여 자문을 요청할 수 있다.

⚖ 판례

청구인이 주장하는 기본권은 청구인이 **국회 상임위원회에 소속하여 활동할 권리**, 청구인이 무소속 국회의원으로서 교섭단체 소속 국회의원과 동등하게 대우받을 권리라는 것으로서 이는 입법권을 행사하는 국가기관인 국회를 구성하는 국회의원의 지위에서 주장하는 권리일지언정 헌법이 일반국민에게 보장하고 있는 기본권이라고 할 수는 없다. 그러므로 국회의 구성원인 지위에서 공권력작용의 주체가 되어 오히려 국민의 기본권을 보호 내지 실현할 책임과 의무를 지는 국회의원이 위와 같은 권한을 침해당하였다고 하더라도 이는 헌법재판소법 제68조 제1항에서 말하는 기본권의 침해에는 해당하지 않으므로, 이러한 경우 국회의원은 개인의 권리구제수단인 헌법소원을 청구할 수 없다고 할 것이다(헌재 2000.8.31. 2000헌마156).

⚖ 판례 | 사법개혁특별위원회 위원 개선 (헌재 2020.5.27 2019헌라1)

국회의장이 2019.4.25. 사법개혁특별위원회(이하 '사개특위'라 한다)의 바른미래당 소속 위원을 청구인 국회의원 오신환에서 국회의원 채이배로 개선하자 오신환 의원이 권한쟁의심판을 청구하였다.

> **<관련조항>**
> **국회법 제48조【위원의 선임 및 개선】**① 상임위원은 교섭단체 소속 의원 수의 비율에 따라 각 교섭단체 대표의원의 요청으로 의장이 선임하거나 개선한다. 이 경우 각 교섭단체 대표의원은 국회의원 총선거 후 첫 임시회의 집회일부터 2일 이내에 의장에게 상임위원 선임을 요청하여야 하고, 처음 선임된 상임위원의 임기가 만료되는 경우에는 그 임기만료일 3일 전까지 의장에게 상임위원 선임을 요청하여야 하며, 이 기한까지 요청이 없을 때에는 의장이 상임위원을 선임할 수 있다.
> ④ 특별위원회 위원은 제1항과 제2항에 따라 의장이 상임위원 중에서 선임한다. 이 경우 그 선임은 특별위원회 구성결의안이 본회의에서 의결된 날부터 5일 이내에 하여야 한다.
> ⑥ 제1항부터 제4항까지에 따라 위원을 개선할 때 임시회의 경우에는 회기 중에 개선될 수 없고, 정기회의 경우에는 선임 또는 개선 후 30일 이내에는 개선될 수 없다. 다만, 위원이 질병 등 부득이한 사유로 의장의 허가를 받은 경우에는 그러하지 아니하다.

1. **자유위임원칙 위배 여부(이 사건 개선행위의 법적 성격과 자유위임원칙)**
   ① **심사 여부와 기준:** 국회의장이 위원회의 위원을 선임·개선하는 행위는 국회의 자율권에 근거하여 내부적으로 회의체 기관을 구성·조직하는 것으로서 다른 국가기관의 간섭을 받지 아니하고 광범위한 재량에 의하여 자율적으로 정할 수 있는 고유한 영역에 속한다. 따라서 이 사건 개선행위의 권한 침해 여부를 판단할 때 **헌법이나 법률을 명백히 위반한 흠이 있는지를 심사하는 것으로 충분하다.** 헌법은 국회가 다수결원리에 따라 헌법상 권한을 행사하도록 규정하고 있다. 국회의 의사절차와 내부조직을 정할 때, 국회 내 다수형성의 가능성을 높이고 의사결정의 능률성을 보장하는 것은 국회에 관한 헌법 규정들에서 도출되는 중대한 헌법적 이익이다. **자유위임원칙**은 헌법이 추구하는 가치를 보장하고 실현하기 위한 통치구조의 구성원리 중 하나이므로, **다른 헌법적 이익에 언제나 우선하는 것은 아니고, 국회의 기능 수행을 위해서 필요한 범위 내에서 제한될 수 있다.** 이 사건 개선행위의 자유위임원칙 위배 여부는 국회의 기능 수행을 위하여 필요한 정도와 자유위임원칙을 제한하는 정도를 비교형량하여 판단하여야 한다.
   ② **교섭단체 의사에 따른 위원 개선의 필요성:** 사법개혁에 관한 국가정책결정의 가능성을 높이기 위한 측면에서도 사개특위 위원의 선임·개선에서 교섭단체의 의사를 반영할 필요성이 인정된다. 사개특위는 사법개혁과 관련된 안건을 집중적으로 심사하여 본회의에서 의결할 법률안을 도출하기 위하여 구성되었는데, 사개특위에서 각 정당의 의사가 균형있게 반영되지 못하면 사개특위의 심사 내용이 본회의에서 통과되기 어렵다. 결국 이 사건 개선행위는 사개특위의 의사를 원활하게 운영하고, 각 정당의 의사를 반영한 사법개혁안을 도출함으로써 궁극적으로는 사법개혁에 관한 국가정책결정의 가능성을 높이기 위한 것으로서 그 정당성을 인정할 수 있다.

③ **자유위임에 기한 권한의 제한 정도**: 위원의 의사에 반하는 개선을 허용하더라도, 직접 국회의원이 자유위임원칙에 따라 정당이나 교섭단체의 의사와 달리 표결하거나 독자적으로 의안을 발의하거나 발언하는 것까지 금지하게 되는 것은 아니다. 다만 교섭단체 대표의원의 사개특위 위원 개선요청은 정당 또는 교섭단체가 정당의 정책을 의안 심의에서 최대한으로 반영하기 위하여 차기선거의 공천, 당직의 배분 등의 수단을 사용하는 것과 마찬가지로, 국회의원의 권한 행사에 간접적인 영향력을 행사하는 것에 불과하다. 이 사건 개선행위 전 바른미래당 의원총회의 의결이 있었던 점, 이 사건 개선행위 후 바른미래당의 교섭단체 대표의원이 그 직을 사퇴하고 후임으로 선출된 청구인의 개선 요청에 따라 사개특위 위원의 개선이 이루어진 점 등을 고려할 때, 교섭단체의 의사에 따라 위원을 개선하더라도, 곧바로 국회의원이 일방적으로 정당의 결정에 기속되는 결과를 초래하게 된다고 단정하기 어렵다. 청구인은 2018.10.18. 바른미래당의 교섭단체 대표의원의 요청으로 사개특위 위원으로 선임된 후 처음 정해진 사개특위의 활동기한인 2018.12.31.을 넘어서 이 사건 개선행위가 이루어지기 전까지 위원으로서 활동하였고, 이 사건 개선행위 후에도 의원으로서 사개특위 심사절차에 참여할 수 있었다. 그렇다면 이 사건 개선행위로 인하여 청구인의 자유위임에 기한 권한이 제한되는 정도가 크다고 볼 수 없다.

④ **이 사건 개선행위의 자유위임원칙 위배 여부**: 이 사건 개선행위는 사개특위의 의사를 원활하게 운영하고, 사법개혁에 관한 국가정책결정의 가능성을 높이기 위하여 국회가 자율권을 행사한 것으로서, 이 사건 개선행위로 인하여 자유위임원칙이 제한되는 정도가 위와 같은 헌법적 이익을 명백히 넘어선다고 단정하기 어렵다. 따라서 이 사건 개선행위는 자유위임원칙에 위배되지 않는다.

2. 국회법 제48조 제6항 위배 여부

국회법 제48조 제6항의 입법목적은 '위원이 일정 기간 재임하도록 함으로써 위원회의 전문성을 강화'하는 것이므로, 국회법 제48조 제6항은 '위원이 된(선임 또는 보임된) 때'로부터 일정 기간 동안 '위원이 아니게 되는(사임되는) 것'을 금지하는 형태로 규정되어야 한다. 따라서 국회법 제48조 제6항 본문 중 '위원을 개선할 때 **임시회의 경우에는 회기 중에 개선될 수 없고**' 부분은 개선의 대상이 되는 해당 위원이 **'위원이 된(선임 또는 보임된) 임시회의 회기 중'**에 개선되는 것을 금지하는 것이다. 이는 국회법 제48조 제6항 본문 중 "정기회의 경우에는 선임 또는 개선 후 30일 이내에는 개선될 수 없다." 부분이 '선임 또는 개선된 때로부터' '30일' 동안 개선을 금지하는 것과 마찬가지이다. 국회법 제48조 제6항의 입법 당시 김택기 의원이 대표발의한 국회법 중 개정법률안 및 정치개혁특별위원회 국회관계법심사소위원회에서의 심사 내용은 '개선된 동일' 회기 내에는 '다시' 개선할 수 없도록 하는 것이었다. 이후 정치개혁특별위원장이 제안한 국회법 중 개정법률안, 법제사법위원회의 체계·자구심사 결과 및 본회의 상정·가결 법률안 모두 '회기' 앞에 '동일'이라는 문구를 두고 있었으므로, 위와 같은 입법취지를 그대로 유지한 것으로 볼 수 있다. 국회의장의 법률안 정리과정에서 '동일' 부분이 삭제되었으나, '동일' 부분이 삭제된 문언을 기준으로 삼아 본회의에서 의결된 **"임시회의 경우에는 '동일' 회기 중 개선될 수 없고"라는 문언과 달리 해석한다면**, 국회의장의 법률안 정리가 본회의에서 의결된 법률안의 실질적 내용에 변경을 초래한 것이 되므로, 헌법 및 국회법상 입법절차 위배 문제가 발생한다. 이와 같은 해석에 따르면, '선임 또는 개선된 임시회의 회기 중'에는 개선이 금지되었다가, 해당 회기가 종료되면 그 이후에는 폐회 중에는 물론 다시 임시회가 개시되더라도 개선이 가능해진다. 반면, '모든 임시회의 회기 중에 개선하는 것'을 금지한다고 해석하는 견해에 따르면, '선임 또는 개선된 임시회의 회기 중'에는 개선이 금지되었다가, 폐회 중에는 개선이 가능해지고, '후속 임시회'의 회기가 개시되면 다시 개선이 금지된다. 본회의의 개회·폐회 여부와 관계없이 위원회는 상시적으로 활동하고 있는 점을 고려할 때, 본회의의 폐회 중에는 개선이 될 수 있었던 위원에 대하여 다시 임시회가 개회되면 개선을 금지해야 할 이유를 발견하기는 어렵다.

3. 소결

이 사건 개선행위는 자유위임원칙에 위배된다고 보기 어렵고, 국회법 규정에도 위배되지 않으므로, 청구인의 법률안 심의·표결권을 침해하였다고 볼 수 없다.

4. 이 사건 개선행위의 권한 침해확인청구에 대한 반대의견(재판관 이선애, 재판관 이은애, 재판관 이종석, 재판관 이영진) - 인용

① **대의제 민주주의 위반**: 이 사건 개선행위는 사개특위에서 특정 법률안에 대한 신속처리대상안건 지정동의안을 가결시키기 위한 목적으로 이에 반대하는 청구인을 사개특위의 해당 법률안 관련 심의·표결 절차에서 배제시키기 위해 요청됨으로써 청구인의 의사에 반하여 강제로 이루어진 것으로서 청구인의 사개특위에서의 법률안 심의·표결권을 침해한 것이고, 이는 자의적인 강제사임에 해당하여 자유위임에 기초한 국회의원의 자율성과 독립성을 침해한 것이다. 이 사건 개선행위는 교섭단체의 추인의결에 반하는 소속 국회의원의 사개특위 위원 지위를 강제로 박탈함으로써 사개특위에서의 특정 법률안에 대한 심의·표결권의 행사를 사전에 전면적으로 금지하는 결과를 초래하였는데, 이는 정당의 기속성이 자유위임의 원칙을 압도하는 것이다. 정당기속성이라는 정치현실의 이름으로 이것을 허용하는 것은 자유위임에 따른 국가대표성의 구현이라는 대의제 민주주의의 원리를 부정하고 대의제 민주주의의 틀을 뛰어넘는 원칙의 변화를 의미하는 것으로 받아들일 수 없다.

② **이 사건 개선행위의 자유위임원칙 위배 여부**: 따라서 피청구인의 청구인에 대한 이 사건 개선행위는 헌법상 보장되는 자유위임의 원칙을 명백하게 위반하여 국회의원인 청구인이 헌법과 국회법으로 보장받는 법률안에 대한 심의·표결권을 침해하였다고 할 것이다.

③ **국회법 제48조 제6항 위배 여부**: 국회법 제48조 제6항 본문 중 '… 임시회의 경우에는 (동일) 회기 중에 개선될 수 없고 …'의 의미는 법정의견의 해석과는 달리 '국회의장이 위원을 개선할 때 단서에 해당하지 않는 한 임시회의 회기 중에는 개선될 수 없다'는 것으로 해석하여야 하며, 국회법 제48조 제6항 단서에 의하여 예외적으로 개선될 수 있는 것은 해당 위원이 질병 등 부득이한 사유가 있어 국회의장의 허가를 받은 경우에 한한다. 이 사건에서 피청구인의 이 사건 개선행위는 자의적인 강제 개선으로서 헌법규범인 자유위임원칙에 위반되고, 합헌적 법률해석에 따라서 인정되는 국회법 제48조 조항들의 내재적 개선 제한사유인 헌법상 자유위임원칙을 침해하거나 훼손할 수 없다는 한계를 넘은 것으로서 국회법 제48조 조항들을 위반한 것이다. 아울러 청구인의 의사에 반하여 강제로 이루어진 이 사건 개선행위는 국회법 제48조 제6항 본문에서 금지하는 임시회 회기 중의 개선으로서 같은 항 단서의 사유에도 해당하지 않으므로 어느 모로 보나 국회법 제48조 제6항에 명백히 위반된다. 그렇다면, 피청구인의 이 사건 개선행위는 헌법 제46조 제2항에 따른 자유위임원칙 및 위원회 위원의 개선을 제한하는 국회법 제48조 제1항, 제4항, 제6항을 명백히 위반하여 헌법이 보장하는 청구인의 법률안 심의·표결 권한을 침해하였다고 할 것이다.

(4) 상임위원 수

상임위원 정수는 국회규칙으로 정하나, 상임위원회 중 정보위원회의 위원 정수는 국회법이 12명으로 규정하고 있다(국회법 제38조).

(5) 상임위원 임기

상임위원의 임기는 2년으로 하며, 정보위원회 위원의 임기도 2년이다.

(6) 상임위원장과 특별위원회 위원장

① 선출방법

상임위원회 위원장	특별위원회 위원장		
	일반적 특별위원회 위원장	인사청문·윤리 특별위원회 위원장	예산·결산 특별위원회 위원장
본회의 선거	호선 ⬇ 본회의 보고	호선 ⬇ 본회의 보고	본회의 선거

② **위원장 직무대리:** 위원장이 궐위된 때에는 소속 의원 수가 많은 교섭단체 소속 간사의 순으로 위원장의 직무를 대리한다(국회법 제50조 제4항).

(7) 상임위원회 종류와 소관 사항(국회법 제37조)

① 국회운영위원회	② 법제사법위원회
㉠ 국회 운영에 관한 사항 ㉡ 국회법과 국회규칙에 관한 사항 ㉢ 국회사무처 소관에 속하는 사항 ㉣ 국회도서관 소관에 속하는 사항 ㉤ 국회예산정책처 소관에 속하는 사항 ㉥ 국회입법조사처 소관에 속하는 사항 ㉦ 대통령비서실, 국가안보실, 대통령경호처 소관에 속하는 사항 ㉧ 국가인권위원회 소관에 속하는 사항	㉠ 법무부 소관에 속하는 사항 ㉡ 법제처 소관에 속하는 사항 ㉢ 감사원 소관에 속하는 사항 ㉣ 헌법재판소 사무에 관한 사항 ㉤ 법원·군사법원의 사법행정에 관한 사항 ㉥ 탄핵소추에 관한 사항 ㉦ 법률안·국회규칙안의 체계·형식과 자구의 심사에 관한 사항
③ 정무위원회	④ 기획재정위원회
㉠ 국무조정실, 국무총리비서실 소관에 속하는 사항 ㉡ 국가보훈부 소관에 속하는 사항 ㉢ 공정거래위원회 소관에 속하는 사항 ㉣ 금융위원회 소관에 속하는 사항 ㉤ 국민권익위원회 소관에 속하는 사항	㉠ 기획재정부 소관에 속하는 사항 ㉡ 한국은행 소관에 속하는 사항
⑤ 교육위원회	⑥ 과학기술정보방송통신위원회
㉠ 교육부 소관에 속하는 사항 ㉡ 국가교육위원회 소관에 속하는 사항	㉠ 과학기술정보통신부 소관에 속하는 사항 ㉡ 방송통신위원회 소관에 속하는 사항 ㉢ 원자력안전위원회에 관한 사항
⑦ 외교통일위원회	⑧ 국방위원회
㉠ 외교부 소관에 속하는 사항 ㉡ 통일부 소관에 속하는 사항 ㉢ 민주평화통일자문회의 사무에 관한 사항	국방부 소관에 속하는 사항
⑨ 행정안전위원회	⑩ 문화체육관광위원회
㉠ 행정안전부 소관에 속하는 사항 ㉡ 인사혁신처 소관에 속하는 사항 ㉢ 중앙선거관리위원회 소관에 속하는 사항 ㉣ 지방자치단체에 관한 사항	문화체육관광부 소관에 속하는 사항
⑪ 농림축산식품해양수산위원회	⑫ 산업통상자원중소벤처기업위원회
㉠ 농림축산식품부 소관에 속하는 사항 ㉡ 해양수산부 소관에 속하는 사항	㉠ 산업통상자원부 소관에 속하는 사항 ㉡ 중소벤처기업부 소관에 속하는 사항
⑬ 보건복지위원회	⑭ 환경노동위원회
㉠ 보건복지부 소관에 속하는 사항 ㉡ 식품의약품안전처 소관에 속하는 사항	㉠ 환경부 소관에 속하는 사항 ㉡ 고용노동부 소관에 속하는 사항
⑮ 국토교통위원회	⑯ 정보위원회
국토교통부 소관에 속하는 사항	㉠ 국가정보원 소관에 속하는 사항 ㉡ 국가정보원법 제4조 제1항 제5호에 따른 정보 및 보안업무의 기획·조정 대상 부처 소관의 정보 예산안과 결산 심사에 관한 사항

⑰ 여성가족위원회	
여성가족부 소관에 속하는 사항	

(8) 정보위원회

① **정보위원회 회의**: 정보위원회의 회의는 공개하지 아니한다는 국회법 제54조의2 제1항 본문은 위헌결정되었다(헌재 2022.1.27. 2018헌마162 등).

② **정보위원회의 특징**

구분	일반상임위원회	정보위원회
임기	2년	2년
회의공개	공개	비공개였으나 위헌결정으로 효력상실
위원정수	국회규칙에서 정함.	국회법 제38조: 12명
상설소위원회	둘 수 있음.	둘 수 있음.

4. 특별위원회

(1) 종류

① **설치방법**: 국회의 본회의 의결로 설치하는 특별위원회와 국회법에 의해 설치되는 예산결산특별위원회가 있다.

② **예산결산특별위원회**: 국회법에 의해 바로 설치되어 있다.

③ **인사청문특별위원회**: 임명동의안 등이 국회에 제출된 때 구성된다.

> **국회법 제44조【특별위원회】** ① 국회는 둘 이상의 상임위원회와 관련된 안건이거나 특히 필요하다고 인정한 안건을 효율적으로 심사하기 위하여 본회의의 의결로 특별위원회를 둘 수 있다.
> ② 제1항에 따른 특별위원회를 구성할 때에는 그 활동기간을 정하여야 한다. 다만, 본회의 의결로 그 기간을 연장할 수 있다.
> ③ 특별위원회는 활동기한의 종료시까지 존속한다. 다만, 활동기한의 종료시까지 제86조에 따라 법제사법위원회에 체계·자구심사를 의뢰하였거나 제66조에 따라 심사보고서를 제출한 경우에는 해당 안건이 본회의에서 의결될 때까지 존속하는 것으로 본다.

(2) 예산결산특별위원회(국회법 제45조)

① **상설화**: 예산안·기금운용계획안 및 결산을 심사하기 위하여 예산결산특별위원회를 둔다.

② **위원 정수**: 예산결산특별위원회의 위원 수는 50명으로 한다.

③ **임기**: 예산결산특별위원회의 위원의 임기는 1년으로 한다.

④ **위원장 선출**: 예산결산특별위원회의 위원장은 예산결산특별위원회의 위원 중에서 임시의장 선거의 예에 준하여 본회의에서 선거한다.

(3) 윤리특별위원회

① 의원의 자격심사·징계에 관한 사항을 심사하기 위하여 국회법 제44조 제1항에 따라 윤리특별위원회를 구성한다(국회법 제46조 제1항).

② 윤리특별위원회는 의원의 징계에 관한 사항을 심사하기 전에 윤리심사자문위원회의 의견을 청취하여야 한다. 이 경우 윤리특별위원회는 윤리심사자문위원회의 의견을 존중하여야 한다(국회법 제46조 제3항).

(4) 윤리심사자문위원회(국회법 제46조의2)

> 국회법 제46조의2 【윤리심사자문위원회】 ① 다음 각 호의 사무를 수행하기 위하여 국회에 윤리심사자문위원회를 둔다.
> 1. 의원의 겸직, 영리업무 종사와 관련된 의장의 자문
> 2. 의원 징계에 관한 윤리특별위원회의 자문
> 3. 의원의 이해충돌 방지에 관한 사항
> ② 윤리심사자문위원회는 위원장 1명을 포함한 8명의 자문위원으로 구성하며, 자문위원은 각 교섭단체 대표의원의 추천에 따라 의장이 위촉한다.
> ③ 자문위원의 임기는 2년으로 한다.
> ④ 각 교섭단체 대표의원이 추천하는 자문위원 수는 교섭단체 소속 의원 수의 비율에 따른다. 이 경우 소속 의원 수가 가장 많은 교섭단체 대표의원이 추천하는 자문위원 수는 그 밖의 교섭단체 대표의원이 추천하는 자문위원 수와 같아야 한다.
> ⑤ 윤리심사자문위원회 위원장은 자문위원 중에서 호선하되, 위원장이 선출될 때까지는 자문위원 중 연장자가 위원장의 직무를 대행한다.
> ⑥ 의원은 윤리심사자문위원회의 자문위원이 될 수 없다.

☑ 위원회 비교

구분	상설 여부	위원 정수	임기	위원장 선출
예산결산특별위원회	상설	50명	1년	본회의 선출
윤리특별위원회	비상설	국회규칙	존속기간 동안	위원회에서 호선
인사청문특별위원회	비상설	13명	존속시기 동안	위원회에서 호선
상임위원회	상설	국회규칙	2년	본회의 선출
정보위원회	상설	12명	2년	본회의 선출

5. 위원회 운영원칙

(1) 위원회의 개회(국회법 제49조의2 제2항, 제56조)
① **매월 개회**: 위원회(소위원회는 제외한다)는 매월 2회 이상 개회한다. 다만, 다음의 어느 하나에 해당하는 경우에는 그러하지 아니하다
　㉠ 해당 위원회의 국정감사 또는 국정조사 실시기간
　㉡ 그 밖에 회의를 개회하기 어렵다고 의장이 인정하는 기간
② **본회의 개회 중**: 위원회는 본회의 의결이 있거나 의장이 필요하다고 인정하여 각 교섭단체 대표의원과 협의한 경우를 제외하고는 본회의 중에는 개회할 수 없다. 다만, 국회운영위원회는 본회의 개최 중에도 개회할 수 있다.

(2) 정족수(국회법 제52조, 제54조)
① **상임위원회 개회요구정족수**: 재적의원 4분의 1 이상 요구가 있으면 위원회는 개회된다. 의장이나 위원장은 독자적인 판단으로 개회를 요구할 수 있다.
② **의사정족수와 의결정족수**: 재적의원 5분의 1 이상 출석으로 개회하고, 재적위원 과반수의 출석과 출석위원 과반수의 찬성으로 의결한다.

(3) 위원회의 의안제출
위원회는 소관 사항에 관하여 법률안과 그 밖의 의안을 제출할 수 있다. 이 때 제안자는 위원장이 된

다(국회법 제51조). 법률안을 위원회가 제출할 때는 국회법 제79조의 국회의원 10명 이상의 찬성요건은 적용되지 않는다.

(4) 위원회의 심의

① **위원회의 심사대상**: 국회의 권한에 속하는 모든 안건은 심사대상이 될 수 있다. 그러나 법률안거부권 행사에 따른 재의결 등은 통상 위원회의 심사를 거치지 않고 본회의에 바로 부의된다. 따라서 모든 안건이 반드시 위원회의 심사를 거쳐야 하는 것은 아니다.

② **발언청취**: 위원회는 안건에 관하여 위원 아닌 의원의 발언을 들을 수 있다(국회법 제61조).

6. 연석회의

연석회의는 독립된 위원회가 아니라 여러 위원회에 관련된 사항의 의견을 교환하기 위한 회의이며, 표결할 수 없다(국회법 제63조).

7. 전원위원회 ★★

(1) 전원위원회 개회

위원회의 심사를 거치거나 위원회가 제안한 의안 중 정부조직에 관한 법률안, 조세 또는 국민에게 부담을 주는 법률안 등 주요 의안의 본회의 상정 전이나 본회의 상정 후에 재적의원 4분의 1 이상이 요구할 때에는 그 심사를 위하여 의원 전원으로 구성되는 전원위원회를 개회할 수 있다. 다만, 의장이 각 교섭단체 대표의원의 동의를 받아 전원위원회를 개회하지 아니할 수 있다(국회법 제63조의2 제1항).

(2) 수정안제출권한

전원위원회는 위원회 심사를 거친 후 위원회의 의안에 대한 수정안을 제출할 수 있다(국회법 제63조의2 제2항). 전원위원회는 위원회가 제안한 의안을 폐기할 수는 없다.

(3) 위원장

의장이 지명하는 부의장이 위원장이 된다(국회법 제63조의2 제3항).

(4) 정족수

재적위원 5분의 1 이상 출석으로 개회하고, 재적위원 4분의 1 이상의 출석과 출석위원 과반수의 찬성으로 의결한다(국회법 제63조의2 제4항).

8. 소위원회(국회법 제57조)

(1) 설치

① 위원회는 소관 사항을 분담·심사하기 위하여 상설소위원회를 둘 수 있고, 필요한 경우 특정한 안건의 심사를 위하여 소위원회를 둘 수 있다. 이 경우 소위원회에 대하여 국회규칙으로 정하는 바에 따라 필요한 인원 및 예산 등을 지원할 수 있다.

② 상임위원회는 소관 법률안의 심사를 분담하는 둘 이상의 소위원회를 둘 수 있다.

(2) 위원장

소위원회의 위원장은 위원회에서 소위원회의 위원 중에서 선출하고 이를 본회의에 보고하며, 소위원회의 위원장이 사고가 있을 때에는 소위원회의 위원장이 소위원회의 위원 중에서 지정하는 위원이 그 직무를 대리한다.

(3) 활동

소위원회의 활동은 위원회가 의결로 정하는 범위에 한정한다.

(4) 회의

소위원회는 폐회 중에도 활동할 수 있으며, 법률안을 심사하는 소위원회는 매월 3회 이상 개회한다. 다만, 국회운영위원회, 정보위원회 및 여성가족위원회의 법률안을 심사하는 소위원회의 경우에는 소위원장이 개회 횟수를 달리 정할 수 있다.

(5) 회의공개

소위원회의 회의는 공개한다. 다만, 소위원회의 의결로 공개하지 아니할 수 있다.

(6) 서류제출요구, 증인출석요구

소위원회는 그 의결로 의안 심사와 직접 관련된 보고 또는 서류 및 해당 기관이 보유한 사진·영상물의 제출을 정부·행정기관 등에 요구할 수 있고, 증인·감정인·참고인의 출석을 요구할 수 있다. 이 경우 그 요구는 위원장의 명의로 한다.

(7) 분과위원회

예산결산특별위원회는 소위원회 외에 심사를 위하여 필요한 경우에는 이를 여러 개의 분과위원회로 나눌 수 있다.

> **판례 | 권한쟁의 판례: 소위원회 및 소위원회 위원장**
>
> 헌법 제62조는 '국회의 위원회'를 명시하고 있으나 '국회의 소위원회'는 명시하지 않고 있는 점, 국회법 제57조는 위원회로 하여금 소위원회를 둘 수 있도록 하고, 소위원회의 활동을 위원회가 의결로 정하는 범위로 한정하고 있으므로, 소위원회는 위원회의 의결에 따라 그 설치·폐지 및 권한이 결정될 뿐인 위원회의 부분기관에 불과한 점 등을 종합하면, **소위원회 및 그 위원장은 헌법**에 의하여 설치된 국가기관에 해당한다고 볼 수 없다. 소위원회 위원장이 그 소위원회를 설치한 위원회의 위원장과의 관계에서 어떠한 법률상 권한을 가진다고 보기도 어렵다. 또한 위원회와 그 부분기관인 소위원회 사이의 쟁의 또는 위원회 위원장과 소속 소위원회 위원장과의 쟁의가 발생하더라도 이는 위원회에서 해결될 수 있으므로, 이러한 쟁의를 해결할 적당한 기관이나 방법이 없다고 할 수 없다. 이상과 같은 점들을 종합하면, 소위원회 위원장은 헌법 제111조 제1항 제4호 및 헌법재판소법 제62조 제1항 제1호의 '국가기관'에 해당한다고 볼 수 없으므로, 권한쟁의심판에서의 청구인능력이 인정되지 않는다. 이 사건 소위원회 위원장으로서 청구인이 제기한 이 사건 심판청구는 청구인능력이 없는 자가 제기한 것으로서 부적법하다(헌재 2020.5.27. 2019헌라4).

9. 교섭단체

(1) 기능

국회 내 상임위원회의 구성은 교섭단체 소속 의원 수의 비율에 의하여 각 교섭단체 대표의원의 요청으로 의장이 선임 및 개선한다고 규정하고 있어(국회법 제33조 제1항, 제48조 제1항), 국회운영에 있어 교섭단체의 역할을 제도적으로 보장하고 있다. 교섭단체는 정당국가에서 의원의 정당기속을 강화하는 하나의 수단으로 기능할 뿐만 아니라 정당 소속 의원들의 원내 행동 통일을 기함으로써 정당의 정책을 의안 심의에서 최대한으로 반영하기 위한 기능도 갖는다(헌재 2003.10.30. 2002헌라1).

(2) 조직

① 20명 이상의 소속 의원을 가진 정당은 하나의 교섭단체를 구성한다. 따라서 하나의 정당은 두 개의 교섭단체를 구성할 수 없다.

② 그러나 두 개의 정당은 하나의 교섭단체를 구성할 수는 있으므로 교섭단체 구성에 필요한 20명 이상의 의원이 동일 정당 소속일 필요는 없다.

☑ 교섭단체와 정당의 비교

구분	교섭단체	정당
대표	교섭단체 대표의원	정당대표
구성원	국회의원	정당원
법적 성격	국회법상 기관	법인격 없는 사단
기본권 주체, 헌법소원청구능력	×	○
양자의 관계	두개의 정당은 하나의 교섭단체를 구성할 수 있음. 한 교섭단체 의원은 동일 정당 소속일 필요 없음.	하나의 정당은 두 개의 교섭단체를 구성할 수 없음.

⚖️ **판례 | 교섭단체**

1. **교섭단체의 권한쟁의청구**
   국회법 제33조 제1항 본문은 정당이 교섭단체가 될 수 있다고 규정하고 있다. 그러나 **헌법은 권한쟁의심판청구의 당사자로 국회의원들의 모임인 교섭단체에 대해서 규정하고 있지 않다.** 또한 교섭단체의 권한 침해는 교섭단체에 속한 국회의원 개개인의 심의·표결권 등 권한 침해로 이어질 가능성이 높은바, 교섭단체와 국회의장 등 사이에 쟁의가 발생하더라도 국회의원과 국회의장 등 사이의 권한쟁의심판으로 해결할 수 있어, 위와 같은 쟁의를 해결할 적당한 기관이나 방법이 없다고 할 수 없다. 이러한 점을 종합하면, 교섭단체는 그 권한 침해를 이유로 권한쟁의심판을 청구할 수 없다(헌재 2020.5.27. 2019헌라6).

2. **교섭단체를 구성한 정당에게만 정책연구위원을 배정하도록 하는 것**
   국회 입법활동의 활성화와 효율화를 이루기 위하여는 우선적으로 교섭단체의 전문성을 제고시켜야 하므로, 교섭단체에 한하여 정책연구위원을 배정하는 데에는 합리적인 이유가 있다 할 것이다(헌재 2008. 3.27. 2004헌마654).

제4절 국회의 운영과 의사절차

01 국회의 운영

1. 입법기와 회기제

(1) 입법기(의회기)
국회가 통일 의원들로 구성되는 임기개시일로부터 임기만료일 또는 국회해산일까지의 시기를 입법기 또는 의회기라고 한다.

(2) 회기
입법기 내에서 국회가 실제로 활동하는 기간을 말한다. 제4·5공화국 헌법은 국회의 연간회기일수의 제한을 두었으나, 현행헌법은 제한규정을 두고 있지 않다. 따라서 국회의 상설화도 가능하다.

2. 정기회와 임시회 *

> **헌법 제47조** ① 국회의 정기회는 법률이 정하는 바에 의하여 매년 1회 집회되며, 국회의 임시회는 대통령 또는 국회 재적의원 4분의 1 이상의 요구에 의하여 집회된다.
> ② 정기회의 회기는 100일을, 임시회의 회기는 30일을 초과할 수 없다.
> ③ 대통령이 임시회의 집회를 요구할 때에는 기간과 집회요구의 이유를 명시하여야 한다.

(1) 정기회

① 매년 1회 집회하며 회기는 100일을 초과할 수 없다(헌법 제47조).
② 매년 9월 1일에 집회하며, 공휴일인 때에는 그 다음 날에 집회한다(국회법 제4조).

(2) 임시회

① **집회요구**: 대통령 또는 국회 재적의원 4분의 1 이상의 요구에 의해 집회한다(헌법 제47조).
② **회기**: 30일을 초과할 수 없다(헌법 제47조). 국회의 회기는 의결로 정하되, 의결로 연장할 수 있다. 국회의 회기는 집회 후 즉시 정하여야 한다(국회법 제7조).
③ **공고**: 의장이 집회기일 3일 전에 공고한다. 이 경우 둘 이상의 집회요구가 있을 때에는 집회일이 빠른 것을 공고하되, 집회일이 같은 때에는 그 요구서가 먼저 제출된 것을 공고한다. 그러나 내우외환·천재지변, 중대한 재정·경제상 위기, 국가의 안위에 관계되는 중대한 교전상태나 전시·사변 또는 이에 준하는 국가비상사태에 있어서는 집회기일 1일 전에 공고할 수 있다(국회법 제5조 제1항·제2항).
④ **총선거 후 최초의 임시회**: 의원의 임기개시 후 7일에 집회한다.

(3) 연간 국회 운영 기본일정(국회법 제5조의2)

① **일정결정**: 의장은 각 교섭단체 대표의원과 협의를 거쳐 다음 연도의 국회 운영 기본일정을 정해야 한다.
② **임시회**: 2월·3월·4월·5월 및 6월 1일과 8월 16일에 임시회를 집회한다. 다만, 국회의원 총선거가 있는 경우 임시회를 집회하지 아니하며, 집회일이 공휴일인 경우에는 그 다음 날에 집회한다.

(4) 회기(국회법 제7조)

국회의 회기는 의결로 정하되, 의결로 연장할 수 있다. 국회의 회기는 집회 후 즉시 정하여야 한다.

> **⚖ 판례 | 회기를 하루로 결정한 것이 국회법 위반인지 여부** (헌재 2023.3.23. 2022헌라2)
>
> 헌법과 국회법에서 임시회 회기, 특히 회기의 하한에 관한 규정을 두고 있지 않으므로, 회기를 본회의가 개회된 당일로 종료되도록 하거나 단 하루로 정하였다 하더라도 헌법과 국회법을 위반한 회기로 볼 수 없다. 따라서 피청구인 국회의장이 무제한토론이 신청된 본회의 당일로 회기가 종료되거나 당일 하루만 회기로 정하는 회기결정의 건을 가결선포하였다고 하더라도 무제한토론권한을 침해한 것이라고 보기 어렵다.
>
> > **재판관 이선애, 재판관 이은애, 재판관 이종석, 재판관 이영진의 반대의견**
> > 이 사건 본회의에서 의결되어 개정 법률의 내용으로 확정된 법률안은, 법제사법위원회에서 대안으로 제안된 이 사건 개정법률안을 원안으로 하는 각 수정안이다. 이러한 본회의의 이 사건 수정안 의결은 그 원안이 헌법을 중대하게 위반하여 제안된 것으로서 그 부의 및 상정 자체가 헌법 위반에 해당하므로, 더 나아가 살펴볼 필요 없이 헌법에 위반된다.
> > 그러나 본회의 의결 절차에 국한해서 보더라도 피청구인 국회의장의 이 사건 가결선포행위는 회의 주재자의 중립적인 지위와 실질적 토론을 전제로 하는 다수결원칙을 규정한 헌법 제49조와 무제한토론 및 수정동의에 관한 국회법 규정을 위반하였다.

(5) 의사일정의 변경

의원 20명 이상의 연서에 의한 동의로 본회의의 의결이 있거나 의장이 각 교섭단체 대표의원과 협의하여 필요하다고 인정할 때에는 의장은 회기 전체 의사일정의 일부를 변경하거나 당일 의사일정의 안건 추가 및 순서 변경을 할 수 있다. 이 경우 의원의 동의에는 이유서를 첨부하여야 하며, 그 동의에 대하여는 토론을 하지 아니하고 표결한다(국회법 제77조).

02 국회의 의사절차에 관한 원칙

1. 위원회 중심주의와 본회의 중심주의

위원회 중심주의는 위원회에서 의안 심의를 하고 본회의에서는 심의를 생략하거나 간단히 하고 의결을 주로 한다.

> **⚖ 판례 | 위원회 중심주의**
>
> 상임위원회(Standing Committee)를 포함한 위원회는 의원 가운데서 소수의 위원을 선임하여 구성되는 국회의 내부기관인 동시에 본회의의 심의 전에 회부된 안건을 심사하거나 그 소관에 속하는 의안을 입안하는 국회의 합의제기관이다. 위원회의 역할은 국회의 예비적 심사기관으로서 회부된 안건을 심사하고 그 결과를 본회의에 보고하여 본회의의 판단자료를 제공하는 데 있다. 우리나라 국회의 법률안 심의는 본회의 중심주의가 아닌 소관 상임위원회 중심으로 이루어진다. 소관 상임위원회에서 심사·의결된 내용을 본회의에서는 거의 그대로 통과시키는 이른바 '**위원회 중심주의**'를 채택하고 있는 것이다(헌재 2000.2.24. 99헌라1).

2. 의사공개의 원칙 ★★★

> **헌법 제50조【국회회의 공개】** ① 국회의 회의는 공개한다. 다만, 출석의원 과반수의 찬성이 있거나 의장이 **국가의 안전보장**을 위하여 필요하다고 인정할 때에는 공개하지 아니할 수 있다.
> ② 공개하지 아니한 회의 내용의 공표에 관하여는 법률이 정하는 바에 의한다.
> **국회법 제57조【소위원회】** ⑤ 소위원회의 회의는 공개한다. 다만, 소위원회의 의결로 공개하지 아니할 수 있다.

(1) 의사공개원칙의 의의

국민주권과 국회의사결정의 민주적 정당성 부여차원에서 국회의사결정과정은 국민에게 공개해야 한다.

(2) 의사공개원칙의 적용

위원회 회의공개에 관해서는 헌법에 규정이 없으나 위원회 회의에도 적용되고, 국회법은 위원회와 소위원회 회의를 공개하도록 규정하고 있다.

판례 | 소위원회 의사공개원칙

헌법 제50조 제1항 본문에서 천명하고 있는 국회 의사공개의 원칙이 소위원회의 회의에 적용되는 것과 마찬가지로, 출석의원 과반수의 찬성이 있거나 의장이 국가의 안전보장을 위하여 필요하다고 인정할 때에는 국회 회의를 공개하지 아니할 수 있다고 규정한 같은 항 단서 역시 소위원회의 회의에 적용된다. 국회법 제57조 제5항 단서는 헌법 제50조 제1항 단서가 국회의사공개원칙에 대한 예외로서의 비공개요건을 규정한 내용을 소위원회 회의에 관하여 그대로 이어받아 규정한 것에 불과하므로, 헌법 제50조 제1항에 위반하여 국회 회의에 대한 국민의 알 권리를 침해하는 것이라거나 과잉금지의 원칙을 위배하는 위헌적인 규정이라 할 수 없다(헌재 2009.9.24. 2007헌바17).

판례 | 국회정보위원회 회의 비공개를 규정한 국회법 제54조의2 제1항

국회법 역시 의사의 공개에 대하여 구체적으로 규정하고 있다. 국회법 제75조 제1항은 "본회의는 공개한다. 다만, 의장의 제의 또는 의원 10명 이상의 연서에 의한 동의로 본회의 의결이 있거나 의장이 각 교섭단체 대표의원과 협의하여 국가의 안전보장을 위하여 필요하다고 인정할 때에는 공개하지 아니할 수 있다."라고 규정하고 있으며, 위원회 회의의 공개에 대해서는 명문의 규정을 마련하고 있지 아니하나 국회법 제71조에 따라 국회법 제75조 제1항이 위원회의 회의에도 준용된다. 나아가 국회법 제57조 제5항에서 "소위원회의 회의는 공개한다. 다만, 소위원회의 의결로 공개하지 아니할 수 있다."라고 규정하여 소위원회 회의 역시 공개가 원칙임을 명시하고 있다.

심판대상조항은 정보위원회의 회의 일체를 비공개하도록 정함으로써 정보위원회 활동에 대한 국민의 감시와 견제를 사실상 불가능하게 하고 있다. 또한 헌법 제50조 제1항 단서에서 정하고 있는 비공개사유는 각 회의마다 충족되어야 하는 요건으로 입법과정에서 재적의원 과반수의 출석과 출석의원 과반수의 찬성으로 의결되었다는 사실만으로 헌법 제50조 제1항 단서의 '출석위원 과반수의 찬성'이라는 요건이 충족되었다고 볼 수도 없다. 따라서 심판대상조항은 헌법 제50조 제1항에 위배되는 것으로 과잉금지원칙 위배 여부에 대해서는 더 나아가 판단할 필요 없이 청구인들의 알 권리를 침해한다(헌재 2022.1.27. 2018헌마1162 등).

(3) 의사공개원칙의 예외

국회법 제75조【회의의 공개】 ① 본회의는 공개한다. 다만, 의장의 제의 또는 의원 10명 이상의 연서에 의한 동의(動議)로 본회의 의결이 있거나 의장이 각 교섭단체 대표의원과 협의하여 국가의 안전보장을 위하여 필요하다고 인정할 때에는 공개하지 아니할 수 있다.
② 제1항 단서에 따른 제의나 동의에 대해서는 토론을 하지 아니하고 표결한다.

① **사유**: 본회의 의결로 비공개로 하는 경우 사유의 제한은 없으나, 국회의장이 비공개로 할 경우 사유는 국가안전보장으로 한정된다.
② **정족수**: 의장의 제의 또는 의원 10명 이상의 연서에 의한 동의로 본회의 출석 과반수 찬성으로 국회 회의를 비공개로 한다.

(4) 비공개로 한 회의공표 여부

헌법 제50조 제2항은 비공개로 한 국회 회의 공개사유를 규정하지 않고 공표 여부를 법률로 정하도록 하고 있다. 국회법 제118조 제4항은 원칙적으로 공표하지 않으나, 본회의 의결 또는 의장의 결정으로 국가안전보장상의 사유가 소멸되었다고 판단되는 경우 공표할 수 있다고 규정하고 있다.

(5) 의사공개원칙의 제한

① **징계회의 비공개(국회법 제158조):** 국회의원 징계회의는 비공개로 하고 징계 결과는 공개회의에서 공포한다.

② **위원회 방청허가제(국회법 제55조):** 의원은 위원장 허가 없이 방청할 수 있으나, 의원이 아닌 자는 위원장의 허가를 받아 방청할 수 있다.

⚖ 판례 | 국회위원회 방청허가불허행위 (헌재 2000.6.29. 98헌마443 등)

1. 국회법 제55조

국회법 제55조 제1항은 위원회의 **공개원칙을 전제**로 한 것이지, 비공개를 원칙으로 하여 위원장의 자의에 따라 공개 여부를 결정케 한 것이 아닌바, 위원장이라고 하여 아무런 제한 없이 임의로 방청불허결정을 할 수 있는 것이 아니라, 회의장의 장소적 제약으로 불가피한 경우, 회의의 원활한 진행을 위하여 필요한 경우 등 결국 회의의 질서유지를 위하여 필요한 경우에 한하여 방청을 불허할 수 있는 것으로 제한적으로 풀이되며, 이와 같이 이해하는 한, 위 조항은 헌법에 규정된 의사공개의 원칙에 저촉되지 않으면서도 국민의 방청의 자유와 위원회의 원활한 운영 간에 적절한 조화를 꾀하고 있다고 할 것이므로 국민의 기본권을 침해하는 위헌조항이라 할 수 없다.

2. 방청불허의 알 권리 침해 여부(소극)

예산특별위원회의 계수조정위원회가 시민단체회원의 **방청을 불허한 행위**는 국회의 자율권에 속하므로, 명백히 자의적인지 여부를 기준으로 심사해야 하고, 이 사건 방청불허행위는 명백히 자의적인 것으로 볼 수 없으므로 알 권리 침해라고 할 수 없다.

---

(6) 국회에 의한 방송

국회법 제149조【국회에 의한 방송】 ① 국회는 방송채널을 확보하여 본회의 또는 위원회의 회의, 그 밖에 국회 및 의원의 입법활동 등을 음성이나 영상으로 방송하는 제도를 마련하여 운용하여야 한다.
③ 국회는 제1항의 방송제도를 운용하거나 인터넷 등 정보통신망을 통하여 중계방송을 하는 경우 장애인에 대한 원활한 정보 제공을 위하여 국회규칙으로 정하는 바에 따라 한국수어·폐쇄자막·화면해설 등을 제공하여야 한다.
④ 국회운영위원회는 제1항의 방송에 관한 기본원칙의 수립 및 관리 등 필요한 사항을 심의한다.

3. 회기계속의 원칙 ★★

헌법 제51조【의안의 차기계속】 국회에 제출된 법률안 기타의 의안은 회기 중에 의결되지 못한 이유로 폐기되지 아니한다. 다만, 국회의원의 임기가 만료된 때에는 그러하지 아니하다.

(1) 회기계속원칙

① **회기계속원칙의 개념:** 국회는 임기 중에는 동일성을 가지므로 한 회기 내에 처리되지 아니한 안건은 폐기되지 않고 다음 회기에서 계속 심의할 수 있다는 원칙이다.

② **회기계속원칙의 적용기간:** 국회의원의 임기가 만료된 때에는 의결되지 아니한 안건은 폐기되므로 회기계속의 원칙은 한 입법기 내에서 적용된다.

(2) 회기불계속원칙

① **회기불계속원칙의 개념:** 회기불계속원칙은 한 회기에서 완료되지 않은 안건은 다음 회기에서 처리할 수 없고 자동적으로 폐기하는 제도이다. 회기불계속원칙은 매 회기마다 의회는 독립된 의사를 가

지며 전 회기 의사는 다음 회기 의사를 구속하지 못한다는 논리에 따른 것이다.

② **보류거부와 회기불계속원칙의 관계**: 대통령의 법률안거부에서 보류거부는 미국처럼 회기불계속의 원칙에 따라 운영되는 회기제도에서 큰 효력이 있으나, 회기계속의 원칙에 따르는 국회에서는 그 제도적 의의가 없다.

(3) 회기계속원칙과 회기불계속원칙의 비교

구분	회기계속원칙	회기불계속원칙
연혁	제3공화국 헌법에서부터 규정	–
입법례	프랑스	영국·미국
이념	국회는 한 입법기 내에서 동일한 의사를 가짐.	① 국회는 한 회기마다 독립적인 의사를 가짐. ② 전 회기 의사가 다음 회기 의사를 구속하지 못함.
회기 중에 이송된 법률안에 대해 폐회 중 이의가 있는 경우	① 재의요구기간 내 환부거부 ② 재의요구기간 내 환부거부하지 않으면 법률안은 확정됨.	① 보류거부 ② 재의요구기간 내 서명하지 않으면 법률안은 폐기됨.
폐회 중이라도 대통령이 법률안에 대해 이의가 없는 경우	대통령은 공포함.	대통령은 서명·공포함.

4. 일사부재의 ★★★

헌법	• 의사공개원칙 • 회기계속원칙 • 일반의결정족수
국회법	• 일사부재의 • 일반의사정족수

> **국회법 제92조 【일사부재의】** 부결된 안건은 같은 회기 중에 다시 발의하거나 제출할 수 없다.

(1) 의의

일사부재의의 원칙은 의회에서 일단 부결된 의안은 동일 회기 내에서 다시 발의·심의하지 못한다는 원칙이다. 국회법상의 원칙이지 헌법상의 원칙은 아니다.

(2) 위배되는 것

가부동수로 부결된 의안을 회기 내에 다시 발의하는 것

(3) 위배되지 않는 것

① 의결에 이르기 전에 철회된 안건의 발의
② **전 회기에 부결된 안건을 현 회기에서 다시 발의하는 것**: 일사부재의원칙은 한 회기 내에 적용된다. 이에 반해 회기계속의 원칙은 한 입법기 내에 적용된다.
③ 의결된 의안을 회기 내에 수정·발의하는 것
④ 위원회에서 부결시켰다하더라도 본회의에 다시 심의하는 것
⑤ 동일한 의안일지라도 사정변경으로 말미암아 목적·방법·수단이 변경되면 동일 사안으로 보지 않는다.
　　예 동일한 국무위원에 대한 탄핵소추안이 부결된 경우 동일 회기 내 다른 탄핵소추사유가 발생하여 다시 발의할 수 있다.
⑥ 국회의원에 대한 제명안건이 부결된 후 다른 징계안을 제출하는 것

⚖ 판례 | 재적과반수 출석 미달 (헌재 2009.10.29. 2009헌라8 등)

국회의원이 특정 의안에 반대하는 경우 회의장에 출석하여 반대투표하는 방법뿐만 아니라 회의에 불출석하는 방법으로도 의안에 대하여 반대의 의사를 표시할 수 있다. 따라서 '재적의원 과반수의 출석'과 '출석의원 과반수의 찬성'이라는 요건이 국회의 의결에 대하여 가지는 의미나 효력을 달리 할 이유가 없다. '출석정족수 미달에 의한 부결'이 발생하지 않을 것이라는 이유로 '출석정족수의 미달'이 의안에 대한 '부결'이 아닌 '미결(또는 표결불성립)'이라고 볼 수는 없다.

출석의원 과반수의 찬성에 미달한 경우는 물론 재적의원 과반수의 출석에 미달한 경우에도 국회의 의사는 부결로 확정되었다고 볼 수밖에 없다. 결국 방송법 수정안에 대한 1차 투표가 종료되어 재적의원 과반수의 출석에 미달되었음이 확인된 이상, 방송법 수정안에 대한 국회의 의사는 부결로 확정되었다고 보아야 하므로, 피청구인이 이를 무시하고 재표결을 실시하여 그 표결 결과에 따라 방송법안의 가결을 선포한 행위는 일사부재의 원칙(국회법 제92조)에 위배하여 청구인들의 표결권을 침해한 것이다.

반대의견

헌법 제49조 및 국회법 제109조의 '재적의원 과반수의 출석'이라는 의결정족수는 국회의 의결을 유효하게 성립시키기 위한 전제요건인 의결능력에 관한 규정으로서, '출석의원 과반수의 찬성'이라는 다수결원칙을 선언한 의결방법에 관한 규정과는 그 법적 성격이 구분된다. 따라서 의결정족수에 미달한 국회의 의결은 유효하게 성립한 의결로 취급할 수 없다. 따라서 방송법 수정안에 대한 투표가 종료된 결과 재적의원 과반수의 출석이라는 의결정족수에 미달된 이상, 방송법 수정안에 대한 국회의 의결이 유효하게 성립되었다고 할 수 없으므로, 피청구인이 방송법 수정안에 대한 재표결을 실시하여 그 결과에 따라 방송법안의 가결을 선포한 것이 일사부재의의원칙에 위배된다고 할 수 없다.

5. 다수결원칙

헌법 제49조【의결정족수와 의결방법】 국회는 헌법 또는 법률에 특별한 규정이 없는 한 재적의원 과반수의 출석과 출석의원 과반수의 찬성으로 의결한다. 가부동수인 때에는 부결된 것으로 본다.

03 정족수

1. 정족수의 의의

(1) 의사정족수

① 의안을 심의하는 데 필요한 출석자의 법정수이다.

② 국회법은 재적의원 5분의 1 이상을 의사정족수로 규정하고 있다.

③ 의장은 효율적인 의사진행을 위해 필요한 경우를 제외하고는 회의 중 의사정족수에 미달한 경우 회의 중지 또는 산회를 선포해야 하므로(국회법 제73조 제3항), 의사정족수는 회의 개의시뿐만 아니라 회의가 종료될 때까지 유지되어야 한다.

(2) 일반의결정족수

① 의결에 필요한 출석자의 법정수이다.

② 일반의결정족수는 헌법이나 법률에 특별한 규정이 없는 경우의 의결정족수로서 재적의원 과반수 출석과 출석의원 과반수의 찬성이다.

(3) 특별정족수

일반정족수 외에 헌법 또는 법률에 의해 따로 규정되어 있는 정족수이다.

2. 표결

(1) 표결의 선포

의장이 표결을 선포한 후에는 누구든지 그 안건에 관하여 발언할 수 없다(국회법 제110조).

(2) 표결의 참가

표결을 할 때에는 회의장 안에 있지 아니한 의원은 표결에 참가할 수 없다. 그러나 기명·무기명투표에 의하여 표결할 때에는 투표함이 폐쇄될 때까지 표결에 참가할 수 있다. 의원은 표결에 있어서 표시한 의사를 변경할 수 없다(국회법 제111조).

(3) 표결방법(국회법 제112조)

원칙	전자투표
예외	투표기기의 고장 등 특별한 사정이 있을 때에는 기립표결로, 기립표결이 어려운 의원이 있는 경우에는 의장의 허가를 받아 본인의 의사표시를 할 수 있는 방법에 의한 표결로 가부를 결정할 수 있다
본회의 의결 등이 있는 경우	기명·호명·무기명투표
이의가 있는지 물어보는 경우	이의가 없는 경우 가결선포
무기명표결(국회법)	① 대통령으로부터 환부된 법률안 재의결 ② 인사에 관한 안건(국회의원 징계, 국무총리 임명동의안 등) ③ 국회에서 하는 각종 선거(국회의장, 부의장, 임시의장 선거 등) ④ 국무총리 또는 국무위원 해임건의권 ⑤ 탄핵소추 의결 ⑥ 신속처리안건 지정동의 ⑦ 본회의 부의요구 ⑧ 무제한토론 종결의결
기명표결	헌법개정안

3. 정족수

10명 이상	20명 이상
① 회의의 비공개 발의(국회법 제75조) ② 일반의안 발의(국회법 제79조)	① 교섭단체의 성립(국회법 제33조) ② 의사일정의 변경(국회법 제77조) ③ 국무총리, 국무위원, 정부위원에 대한 출석요구·발의(국회법 제121조) ④ 긴급현안질문(국회법 제122조의3) ⑤ 징계요구(국회법 제156조)
30명 이상	**50명 이상**
① 위원회에서 폐기된 법률안 본회의 부의(국회법 제87조) ② 일반의안 수정동의(국회법 제95조) ③ 의원의 자격심사의 청구(국회법 제138조)	예산안에 대한 수정동의(국회법 제95조 단서)
재적 과반수, 다수득표자	**재적 1/5 이상**
① 국회에서 대통령 선출(헌법 제67조) ② 국회 임시의장 선출	① 위원회 의사정족수(국회법 제54조) ② 의사정족수(국회법 제73조)

재적 1/4 이상	재적 1/3 이상
① 의원의 석방요구 발의(국회법 제28조) ② 임시회 소집요구(헌법 제47조) ③ 전원위원회 소집요구(국회법 제63조의2) ④ 국정조사 발의(국정감사 및 조사에 관한 법률 제3조)	① 해임건의 발의(헌법 제63조) ② 일반탄핵소추 발의(헌법 제65조) ③ 무제한토론요구(국회법 제106조의2)
출석 과반수	**재적 과반수, 출석 과반수**
국회 회의 비공개(헌법 제50조)	일반의결정족수(헌법 제49조)
재적 과반수	**재적 3/5 이상**
① 해임건의(헌법 제63조) ② 대통령에 대한 탄핵소추 발의(헌법 제65조) ③ 일반탄핵소추 의결(헌법 제65조) ④ 계엄해제요구(헌법 제77조) ⑤ 헌법개정안 발의(헌법 제128조) ⑥ 의장·부의장 선출(국회법 제15조)	① 신속처리안건 지정동의(국회법 제85조의2) ② 법제사법위원회가 120일 이내 심사를 마치지 못한 경우 본회의 부의요구(국회법 제86조) ③ 무제한토론 종결의결(국회법 제106조의2)
재적 과반수, 출석 2/3 이상	**재적 2/3 이상**
법률안 재의결(헌법 제53조)	① 국회의원 제명(헌법 제64조) ② 대통령에 대한 탄핵소추 의결(헌법 제65조) ③ 헌법개정안 의결(헌법 제130조) ④ 국회의원 자격심사의 무자격결정(국회법 제142조)

제5절 국회의 입법권

01 입법권의 의의

> **헌법 제40조 【입법권】** 입법권은 국회에 속한다.

'입법권은 국회에 속한다'는 것은, 국회가 중심이 되어서 입법을 행한다는 것이지 국회가 입법권을 독점한다는 의미는 아니다. 즉, 국회중심입법원칙이지 국회독점입법 또는 국회단독입법원칙이 아니다. 다만, 형식적 의미의 법률에 대한 의결은 국회만이 할 수 있다.

02 국회의 법률제정에 관한 권한

1. 법률의 의미

법률이란 국회가 헌법이 정하는 입법절차에 따라 심의·의결하고 대통령이 서명·공포함으로써 효력이 발생하는 법규범이다.

2. 입법형성의 자유

입법부는 헌법상 입법의무가 없는 한 입법을 할 것인지 여부에 대해 재량을 가진다. 또한 입법할 의무가 인정되더라도 구체적 내용을 형성할 자유를 가진다. 예를 들면 선거권에 대해 입법할 의무를 의무가 있더라도 선거권 연령을 몇 세로 할 것인지에 대해서는 여전히 재량을 가진다. 헌법재판소는 입법형성의 영역에 있어서는 이를 존중해야 하고 재량의 범위를 명백히 벗어난 경우에 한해 헌법에 위반된다고 판단할 수 있다.

> ## ⚖ 판례
>
> ### 1. 연명치료 중단 입법 여부
> '연명치료 중단에 관한 결정권'을 보장하는 방법으로서 '법원의 재판을 통한 규범의 제시'와 '입법' 중 어떤 방법을 선택할 것인지의 문제는 입법부가 결정할 입법정책적 문제이다(헌재 2009.11.26. 2008헌마385).
>
> ### 2. 선거구 입법의무
> 헌법 제41조 제3항은 국회의원 선거에 있어 필수적인 요소라고 할 수 있는 선거구에 관하여 직접 법률로 정하도록 규정하고 있으므로, 피청구인에게는 국회의원의 선거구를 입법할 명시적인 헌법상 입법의무가 존재한다. 나아가 헌법이 국민주권의 실현 방법으로 대의민주주의를 채택하고 있고 선거구는 이를 구현하기 위한 기초가 된다는 점에 비추어 보면, 헌법해석상으로도 피청구인에게 국회의원의 선거구를 입법할 의무가 인정된다. 따라서 헌법재판소가 입법개선시한을 정하여 헌법불합치결정을 하였음에도 국회가 입법개선시한까지 개선입법을 하지 아니하여 국회의원의 선거구에 관한 법률이 존재하지 아니하게 된 경우, 국회는 이를 입법하여야 할 헌법상 의무가 있다(헌재 2016.4.28. 2015헌마1177 등).
>
> ### 3. 우리 헌법은 공소제기의 주체, 방법, 절차나 사후통제에 관하여 직접적인 규정을 두고 있지 아니하다.
> 따라서 형사소송에서 어떤 절차나 형식에 따라 공소를 제기하고 그에 대한 통제를 할 것인가의 문제는 헌법원리에 위배되지 아니하는 한 입법자가 정하여야 할 입법정책의 문제로서 그의 재량에 맡겨져 있다(헌재 1997.8.21. 94헌바2).
>
> ### 4. 어느 범죄에 대한 **법정형**이 그 범죄의 죄질 및 이에 따른 행위자의 책임에 비하여 지나치게 가혹한 것이어서 현저히 형벌체계상의 균형을 잃고 있다거나 그 범죄에 대한 형벌 본래의 목적과 기능을 달성함에 있어 필요한 정도를 일탈하였다는 등 헌법상의 평등의 원칙 및 비례의 원칙 등에 명백히 위배되는 경우가 아닌 한, 쉽사리 헌법에 위반된다고 단정하여서는 아니 된다(헌재 1995.4.20. 93헌바40).
>
> ### 5. **사립학교 운영의 자유**가 헌법 제10조, 제31조 제1항·제4항에서 도출되는 기본권이기는 하나, 사립학교도 공교육의 일익을 담당한다는 점에서 국·공립학교와 본질적인 차이가 있을 수 없기 때문에 공적인 학교제도를 보장하여야 할 책무를 진 국가가 일정한 범위 안에서 사립학교의 운영을 감독·통제할 권한과 책임을 지는 것 또한 당연하다고 할 것이고, 그 규율의 정도는 그 시대의 사정과 각급 학교의 형편에 따라 다를 수밖에 없는 것이므로, 교육의 본질을 침해하지 않는 한 궁극적으로는 입법자의 형성의 자유에 속하는 것이라고 할 수 있다(헌재 2013.11.28. 2011헌바136 등).
>
> ### 6. 입법자는 일정한 전문분야에 관한 **자격제도**를 마련함에 있어서 그 제도를 마련한 목적을 고려하여 정책적인 판단에 따라 그 내용을 구성할 수 있고, 마련한 자격제도의 내용이 불합리하고 불공정하지 않은 한 입법자의 정책판단은 존중되어야 하며, 자격제도에서 입법자에게는 그 자격요건을 정함에 있어 광범위한 입법재량이 인정되는 만큼, 자격요건에 관한 법률조항은 합리적인 근거 없이 현저히 자의적인 경우에만 헌법에 위반된다(헌재 2006.4.27. 2005헌마997).
>
> ### 7. 헌법 제119조에 규정된 **경제질서조항**의 의미를 충분히 고려하여야 할 것이다. 입법자는 경제현실의 역사와 미래에 대한 전망, 목적 달성에 소요되는 경제적·사회적 비용, 당해 경제문제에 관한 국민 내지 이해관계인의 인식 등 제반 사정을 두루 감안하여 독과점 규제와 공정거래의 보장을 위하여 가능한 여러 정책 중 필요하다고 판단되는 경제정책을 선택할 수 있고, 입법자의 그러한 정책판단과 선택은 그것이 현저히 합리성을 결여한 것이라고 볼 수 없는 한 경제에 관한 국가적 규제·조정권한의 행사로서 존중되어야 한다(헌재 2003.7.24. 2001헌가25).
>
> ### 8. **재판절차진술권**에 관한 헌법 제27조 제5항이 정한 법률유보는 이른바 기본권형성적 법률유보에 해당하므로, 헌법이 보장하는 형사피해자의 재판절차진술권을 어떠한 내용으로 구체화할 것인가에 관하여는 입법자에게 입법형성의 자유가 부여되고 있으며, 다만 그것이 재량의 범위를 넘어 명백히 불합리한 경우에 비로소 위헌의 문제가 생길 수 있다(헌재 2003.9.25. 2002헌마533).

9. 국가가 국민의 **생명·신체의 안전을 보호할 의무**를 진다하더라도 국가의 보호의무를 입법자 또는 그로부터 위임받은 집행자가 어떻게 실현하여야 할 것인가 하는 문제는 원칙적으로 권력분립과 민주주의의 원칙에 따라 국민에 의하여 직접민주적 정당성을 부여받고 자신의 결정에 대하여 정치적 책임을 지는 입법자의 책임범위에 속하므로, 헌법재판소는 단지 제한적으로만 입법자 또는 그로부터 위임받은 집행자에 의한 보호의무의 이행을 심사할 수 있는 것이다(헌재 2009.2.26. 2005헌마764 등).

10. 임용 당시의 **공무원법상의 정년까지 근무할 수 있다는 기대와 신뢰**는 절대적인 권리로서 보호되어야만 하는 것은 아니고 행정조직, 직제의 변경 또는 예산의 감소 등 강한 공익상의 정당한 근거에 의하여 좌우될 수 있는 상대적이고 가변적인 것이라 할 것이므로 입법자에게는 제반 사정을 고려하여 합리적인 범위 내에서 정년을 조정할 입법형성권이 인정된다(헌재 2000.12.14. 99헌마112 등).

11. 입법자는 출입국관리법에 따라 보호된 청구인들에게 전반적인 법체계를 통하여 보호의 원인관계 등에 대한 최종적인 사법적 판단절차와는 별도로 보호 자체에 대한 적법 여부를 다툴 수 있는 기회를 최소한 1회 이상 제공하여야 한다. 다만, 출입국관리행정 중 보호와 같이 **체류자격의 심사 및 퇴거 집행** 등의 구체적 절차에 관한 사항은 광범위한 입법재량의 영역에 있으므로, 그 내용이 현저하게 불합리하지 아니한 이상 헌법에 위반된다고 할 수 없다(헌재 2014.8.28. 2012헌마686).

12. **재심제도의 규범적 형성**에 있어서 입법자는 확정판결을 유지할 수 없을 정도의 중대한 하자가 무엇인지를 구체적으로 가려내어야 하는바, 이는 사법에 의한 권리보호에 관하여 한정된 사법자원의 합리적인 분배의 문제인 동시에 법치주의에 내재된 두 가지의 대립적 이념 즉, 법적 안정성과 정의의 실현이라는 상반된 요청을 어떻게 조화시키느냐의 문제로 돌아가므로, 결국 이는 불가피하게 입법자의 형성적 자유가 넓게 인정되는 영역이라고 할 수 있다(헌재 2009.4.30. 2007헌바121).

13. 헌법상의 평등원칙은 사회보험인 건강보험의 보험료 부과에 있어서 경제적 능력에 따른 부담이 이루어질 것을 요구하나, **건강보험제도나 노인장기요양보험제도**는 전 국민에게 기본적인 의료서비스 및 요양서비스를 제공하기 위한 사회보장제도의 일종으로, 입법자는 이에 관하여 광범위한 입법형성권을 보유한다(헌재 2012.5.31. 2009헌마299).

14. **공무원연금법상의 퇴직연금수급권**은 기본적으로 사회보장적 급여로서의 성격을 가짐과 동시에 공로보상 내지 후불임금으로서의 성격도 함께 가진다고 할 것이고, 이러한 퇴직연금수급권은 경제적 가치 있는 권리로서 헌법 제23조에 의하여 보장되는 재산권으로서의 성격을 가진다고 할 수 있는데, 다만 그 구체적인 급여의 내용, 기여금의 액수 등을 형성하는 데에 있어서는 직업공무원제도나 사회보험원리에 입각한 사회보장적 급여로서의 성격으로 인하여 일반적인 재산권에 비하여 입법자에게 상대적으로 보다 폭넓은 재량이 헌법상 허용된다고 볼 수 있다(헌재 2005.6.30. 2004헌바42).

15. **연금수급권**과 같은 사회적 기본권을 법률로 형성함에 있어 입법자는 광범위한 입법형성의 자유를 누린다. 국가의 재정능력, 국민 전체의 소득 및 생활수준, 기타 여러 가지의 사회적·경제적 여건 등을 종합하여 합리적인 수준에서 결정할 수 있고, 그 결정이 현저히 자의적이거나, 사회적 기본권의 최소한도의 내용마저 보장하지 않는 경우에 한하여 헌법에 위반된다고 할 것이다(헌재 2012.8.23. 2010헌바425).

3. 처분적 법률의 문제

(1) 처분적 법률의 의의

① **개념**: 처분적 법률이란 일반적·추상적 법률과는 달리 개별적·구체적 사항을 규율하는 법률을 말한다. 처분적 법률은 정치적·경제적·사회적·구체적인 목표를 실현하기 위하여 입법자가 특정의 사람이나 특정의 사항을 대상으로 제정된다.

② **유형**: 처분적 법률에는 적용되는 사람이 구체화되어 있는 개별인법률과 적용대상 사건이 구체화되어 있는 개별사건법률과 적용기간이 한정된 법률인 한시법률이 있다.

(2) 처분적 법률과 법치국가

처분적 법률은 시민적 법치국가보다는 사회적 법치국가에서 허용될 여지가 넓다.

(3) 처분적 법률 허용 여부

① **처분적 법률금지이유**: 처분적 법률을 금지하는 명시적 헌법규정은 없으나 권력분립과 평등원칙에 반할 여지가 있으므로 처분적 법률은 금지된다.

② **처분적 법률 허용 여부**: 개별사건법률은 원칙적으로 평등원칙에 위배되는 자의적 규정이라는 강한 의심을 불러일으키는 것이지만, 개별법률금지의 원칙은 법률제정에 있어서 입법자가 평등원칙을 준수할 것을 요구하는 것이기 때문에 특정 규범이 개별사건법률에 해당한다 하여 곧바로 위헌을 뜻하는 것은 아니며, 이러한 차별적 규율이 합리적인 이유로 정당화될 수 있는 경우에는 합헌적일 수 있다(헌재 1996.2.16. 96헌가2 등).

(4) 처분적 법률에 대한 통제

처분적 법률은 법률이므로 위헌법률심판과 헌법소원의 대상이 될 수 있다. 처분적 법률은 집행행위 매개 없이 직접 기본권을 제한하므로 헌법소원심판에서 직접성요건이 바로 충족된다.

☑ **대표적인 처분적 법률**

1. 후임자의 임명으로 공무원의 직위를 상실하도록 한 국가보위입법회의
2. 5·18특별법 제2조
3. 이명박주가조작특별검사법
4. 연합뉴스를 국가기관뉴스사로 하고 국가가 재정지원을 하도록 한 법
5. 세무대학 폐지법률

☑ **처분적 법률이 아닌 것**

1. **보안관찰처분대상자에게 출소 후 신고의무 부과**

   이 사건 조항은 보안관찰처분대상자 모두에게 적용되는 일반적·추상적인 법률규정으로서 법률이 직접 출소 후 신고의무를 부과하고 있다고 하더라도 처분적 법률 내지 개인적 법률에 해당된다고 볼 수 없으므로 권력분립원칙에 위반되지 아니한다고 할 것이다(헌재 2003.6.26. 2001헌가17 등).

2. 친일반민족행위자 재산의 국가귀속에 관한 특별법
3. 신행정수도 후속대책을 위한 연기·공주지역 행정중심복합도시를 위한 특별법

---

4. 법률제정의 절차

헌법 제52조 국회의원과 정부는 법률안을 제출할 수 있다.

제53조 ① 국회에서 의결된 법률안은 정부에 이송되어 15일 이내에 대통령이 공포한다.

② 법률안에 이의가 있을 때에는 대통령은 제1항의 기간 내에 이의서를 붙여 국회로 환부하고, 그 재의를 요구할 수 있다. **국회의 폐회 중에도 또한 같다.**

③ 대통령은 법률안의 일부에 대하여 또는 법률안을 수정하여 재의를 요구할 수 없다.

④ 재의의 요구가 있을 때에는 국회는 재의에 붙이고, 재적의원 과반수의 출석과 출석의원 3분의 2 이상의 찬성으로 **전과 같은 의결**을 하면 그 법률안은 법률로서 **확정된다.**

⑤ 대통령이 제1항의 기간 내에 공포나 재의의 요구를 하지 아니한 때에도 그 법률안은 법률로서 **확정된다.**

⑥ 대통령은 제4항과 제5항의 규정에 의하여 확정된 법률을 지체 없이 공포하여야 한다. 제5항에 의하여 법률이 확정된 후 또는 제4항에 의한 확정법률이 정부에 이송된 후 5일 이내에 대통령이 공포하지 아니할 때에는 국회의장이 이를 공포한다.

⑦ 법률은 특별한 규정이 없는 한 공포한 날로부터 20일을 경과함으로써 효력을 발생한다.

(1) 법률안 제출

① 정부

  ㉠ 정부는 부득이한 경우를 제외하고는 매년 1월 31일까지 해당 연도에 제출할 법률안에 관한 계획을 국회에 통지하여야 한다. 그 계획을 변경한 때에는 분기별로 주요사항을 국회에 통지하여야 한다(국회법 제5조의3).

  ㉡ 정부는 국무회의 심의를 거쳐 법률안을 제출할 수 있다. 정부가 법률안을 제출하는 것은 의원내각제적 요소로 볼 수 있다.

  ㉢ 정부가 예산상 또는 기금상의 조치를 수반하는 의안을 제출하는 경우에는 그 의안의 시행에 수반될 것으로 예상되는 비용에 관한 추계서와 이에 상응하는 재원조달방안에 관한 자료를 의안에 첨부하여야 한다(국회법 제79조의2 제4항).

② **국회의원 10명 이상**: 국회의원 10명 이상의 찬성을 얻어 법률안을 발의할 수 있으며(국회법 제79조) 의원이 예산상 또는 기금상의 조치를 수반하는 의안을 발의하는 경우에는 그 의안의 시행에 수반될 것으로 예상되는 비용에 관한 국회예산정책처의 추계서 또는 국회예산정책처에 대한 추계요구서를 함께 제출하여야 한다(국회법 제79조의2 제1항).

③ **상임위원회 소관 사항과 관련된 법률안 제출**

  ㉠ 위원회가 법률안을 제출할 때에는 국회의원 10명 이상의 찬성을 얻을 필요 없이 위원회의 의결로 결정한다. 이때 위원장이 제안자가 된다(국회법 제51조).

  ㉡ 위원회가 예산상 또는 기금상의 조치를 수반하는 의안을 제안하는 경우에는 그 의안의 시행에 수반될 것으로 예상되는 비용에 관한 국회예산정책처의 추계서를 함께 제출하여야 한다. 다만, 긴급한 사유가 있는 경우 위원회의 의결로 추계서 제출을 생략할 수 있다(국회법 제79조의2 제3항).

④ **특별위원회**: 본회의 의결로 설치되는 특별위원회는 따로 소관이 있는 것이 아니므로 원칙적으로 법률안을 제출할 수 없다. 다만, 본회의 의결로 특정사항에 대한 법률안의 입안을 위해 특별위원회를 구성한 경우에 한해 그 범위 안에서 특별위원회는 법률안을 제출할 수 있다.

(2) 위원회 의안 회부

① 상임위원회 의안 회부(국회법 제81조 제1항)

일반절차	의장 ➔ 본회의 보고 ➔ 소관 상임위원회 회부 ➔ 법제사법위원회 체계 · 자구심사 ➔ 본회의 질의 · 토론 및 의결 ➔ 정부 이송 ➔ 공포 또는 재의요구
폐회 · 휴회 중	의장이 본회의 보고를 생략하고 상임위원회에 회부할 수 있음.

② 안건이 어느 상임위원회의 소관에 속하는지 명백하지 아니한 경우: 의장이 운영위원회와 협의하여 회부하되, 협의가 이루어지지 아니한 경우 의장이 소관 상임위원회를 결정한다(국회법 제81조 제2항).

(3) 입법예고(국회법 제82조의2)

① 위원장은 간사와 협의하여 회부된 법률안(체계 · 자구심사를 위하여 법제사법위원회에 회부된 법률안은 제외한다)에 대하여 그 입법취지와 주요 내용 등을 국회공보 또는 국회 인터넷 홈페이지 등

에 게재하는 방법 등으로 입법예고하여야 한다. 다만, 다음의 어느 하나에 해당하는 경우에는 위원 장이 간사와 협의하여 입법예고를 하지 아니할 수 있다.

　　　㉠ 긴급히 입법을 하여야 하는 경우

　　　㉡ 입법 내용의 성질 또는 그 밖의 사유로 입법예고를 할 필요가 없거나 곤란하다고 판단되는 경우

　　② 입법예고기간은 10일 이상으로 한다. 다만, 특별한 사정이 있는 경우에는 단축할 수 있다.

(4) 공청회 · 청문회 개최

제정법률안, 전부개정법률안	위원회(소위원회 포함)가 공청회 · 청문회 개최해야 함. 다만, 의결로 생략할 수 있음.
일부개정	① 공청회 · 청문회를 열 수 있음. ② 개최요구정족수 ➡ 재적 3분의 1 이상

(5) 안건조정위원회

　① **안건조정위원회 구성요구**: 위원회는 안건(예산안, 기금운용계획안, 임대형 민자사업 한도액안 및 법제사법위원회의 체계 · 자구심사는 제외한다)에 대하여 이견을 조정하기 위하여 재적위원 3분의 1 이상의 요구에 따라 구성한다(국회법 제57조의2).

　② **구성원 수**: 조정위원회는 조정위원회의 위원장 1명을 포함한 6명의 조정위원회의 위원으로 구성한다. 조정위원회를 구성하는 경우에는 소속 의원 수가 가장 많은 교섭단체에 속하는 조정위원의 수와 제1교섭단체에 속하지 아니하는 조정위원의 수를 같게 한다.

　③ **조정안 의결**: 조정안을 재적 조정위원 3분의 2 이상의 찬성으로 의결한다.

　④ **조정안 표결**: 조정위원회에서 조정안을 의결한 안건에 대하여는 소위원회의 심사를 거친 것으로 보며, 위원회는 조정위원회의 조정안이 의결된 날부터 30일 이내에 그 안건을 표결한다.

　⑤ **활동기간**: 조정위원회의 활동기한은 그 구성일부터 90일로 한다. 다만, 위원장은 조정위원회를 구성할 때 간사와 합의하여 90일을 넘지 아니하는 범위에서 활동기한을 따로 정할 수 있다.

⚖ 판례 | 국회 정치개혁특별위원회 안건조정위원회 활동기간 관련 권한쟁의 사건 (헌재 2020.5.27. 2019헌라5)

＜사건개요＞
청구인들은 피청구인 조정위원장이 공직선거법 조정안의 가결을 선포한 행위에 대하여, 청구인 국회의원 장제원은 피청구인 정치개혁특별위원회(이하 '정개특위'라 한다) 위원장이 위원회 심사 법률안의 가결을 선포한 행위에 대하여, 2019.8.30. 국회법상 안건조정위원회의 활동기간이 보장되지 않았다는 등의 이유로 청구인들의 법률안 심의 · 표결권을 침해하여 무효라고 주장하면서 권한쟁의심판을 청구하였다.

1. 피청구인 조정위원장의 가결선포행위에 대한 청구의 적법 여부(소극) *각하결정
국회법 제57조의2에 근거한 안건조정위원회 위원장은 국회법상 소위원회의 위원장으로서 헌법 제111조 제1항 제4호 및 헌법재판소법 제62조 제1항 제1호의 '국가기관'에 해당한다고 볼 수 없으므로, 청구인들의 피청구인 조정위원장의 가결선포행위에 대한 청구는 권한쟁의심판의 당사자가 될 수 없는 피청구인을 대상으로 하는 청구로서 부적법하다.

2. 피청구인 정개특위 위원장의 가결선포행위로 인한 청구인 국회의원 장제원의 권한 침해 및 그 무효 여부(소극) *기각결정
국회법상 안건조정위원회의 활동기한은 그 활동할 수 있는 기간의 상한을 의미한다고 보는 것이 타당하고, 안건조정위원회의 활동기한이 만료되기 전이라고 하더라도 안건조정위원회가 안건에 대한 조정심사를 마치면 조정안을 의결할 수 있다. 이 사건에서 국회법상 90일 또는 신속처리대상안건의 심사기간과

같은 안건조정위원회의 활동기한이 도래하지 않았음에도 피청구인 조정위원장이 이 사건 조정안의 가결을 선포하였다는 사정만으로 이를 국회법에 위배되었다고 볼 수는 없다. 피청구인 조정위원장의 가결선포행위는 위법하지 않으므로, 이 점에서 피청구인 정개특위 위원장이 의결된 조정안을 위원회 심사 법률안으로 가결선포한 행위도 위법하지 않고, 다른 위법사유도 인정되지 않는다. 따라서 피청구인 정개특위 위원장의 가결선포행위는 청구인 국회의원 장제원의 법률안 심의·표결권을 침해하였다고 볼 수 없고, 이에 대한 무효확인청구도 이유 없다.

⚖️ **판례 ㅣ 국회의원과 국회 법제사법위원회 위원장 등 간의 권한쟁의** (헌재 2023.3.23. 2022헌라2)

1. 민형배의원 안건조정위위원회 선임과 가결선포행위

국회의 의사절차를 의안에 대한 실질적 토론 및 이에 기초한 표결을 보장하지 않는 방식으로 형성한다면, 헌법상 다수결의 원칙에 반하게 되어 국회의 자율권의 한계를 벗어난다고 할 것이다.

민형배 위원의 탈당 과정과 피청구인 법제사법위원회(이하 '법사위'라 한다) 위원장의 조정위원 선임과정 및 법사위 위원 구성 등의 사정을 살펴보면, 민형배 위원은 법사위에서 조정위원회가 구성될 경우 비교섭단체 몫의 조정위원으로 선임되어 더불어민주당(이하 '민주당'이라 한다) 소속 조정위원들과 함께 조정위원회의 의결정족수를 충족시킬 의도로 민주당과 협의하여 민주당을 탈당하였고, 같은 당 소속으로 민형배 위원과 함께 그 교섭단체 대표의원이 발의한 법률안에 찬성자로 참여하였던 피청구인 법사위 위원장은 이러한 사정을 알고도 검사의 수사권을 폐지 또는 축소하는 내용의 입법이 민주당의 당론에 따라 신속하게 추진될 수 있도록 하기 위해 민형배 위원을 조정위원으로 선임한 것임을 합리적으로 추단할 수 있다.

이는 제1교섭단체 소속 조정위원 수와 그렇지 않은 조정위원 수를 동수로 구성하도록 한 국회법 제57조의2 제4항을 위반한 것이고, 제1교섭단체인 민주당 소속 조정위원 3명과 민형배 위원만으로 재적 조정위원 6명의 3분의 2인 4명이 충족되도록 함으로써 국회 내 다수세력의 일방적 입법 시도를 저지할 수 있도록 의결정족수를 규정한 국회법 제57조의2 제6항의 기능을 형해화한 것이며, 위원회의 안건심사절차에 관하여 규정한 국회법 제58조도 위반한 것이다. 그뿐만 아니라 피청구인 법사위 위원장은 이를 통해 회의 주재자의 중립적인 지위에서 벗어나 법사위 법안심사에서의 실질적인 토론의 기회를 형해화하였다는 점에서 헌법 제49조도 위반하였다. 따라서 피청구인 법사위 위원장의 이 사건 가결선포행위는 청구인들의 법률안 심의·표결권을 침해한 것이다.

2. 피청구인 법사위 위원장의 이 사건 가결선포행위가 무효인지 여부(소극)

청구인들이 비록 이 사건 조정위원회의 의결 과정과 제4차 법사위 전체회의 표결 과정에서 심의·표결권을 침해받기는 하였으나, 법사위 법안 심사과정에서 전혀 심의·표결권을 행사할 수 없는 등 의회주의 이념에 입각한 국회의 기능이 형해화될 정도의 중대한 헌법 위반이 있었다고 보기 어렵다.

또한 국회법이 위원회 중심주의를 택하고 있으나, 위원회의 역할은 국회의 예비적 심사기관으로서 본회의에 판단자료를 제공하는 데 있으므로, 헌법재판소가 위원회 단계에서 이루어진 의결의 하자만을 기준으로 국회의 정치적 형성권을 존중할 필요가 없다거나 다른 정치적 형성방법을 기대할 수 없다고 평가하는 것은 적절하지 아니하다.

따라서 피청구인 법사위 위원장의 이 사건 가결선포행위가 청구인들의 법률안 심의·표결권을 침해하였다고 확인한 이상, 피청구인 법사위 위원장의 이 사건 가결선포행위에 대한 무효확인청구는 국회의 정치적 형성권을 존중하여 기각하여야 한다.

(6) 의안의 상정

> **국회법 제59조【의안의 상정시기】** 위원회는 의안(예산안, 기금운용계획안 및 임대형 민자사업 한도액안은 제외한다. 이하 이 조에서 같다)이 위원회에 회부된 날부터 다음 각 호의 구분에 따른 기간이 지나지 아니하였을 때에는 그 의안을 상정할 수 없다. 다만, 긴급하고 불가피한 사유로 위원회의 의결이 있는 경우에는 그러하지 아니하다.
> 1. 일부개정법률안: 15일
> 2. 제정법률안, 전부개정법률안 및 폐지법률안: 20일
> 3. 체계·자구심사를 위하여 법제사법위원회에 회부된 법률안: 5일
> 4. 법률안 외의 의안: 20일

(7) 위원회와 소위원회 심사

① 위원회 심사

> **국회법 제58조【위원회의 심사】** ① 위원회는 안건을 심사할 때 먼저 그 취지의 설명과 전문위원의 검토보고를 듣고 대체토론[안건 전체에 대한 문제점과 당부(當否)에 관한 일반적 토론을 말하며 제안자와의 질의·답변을 포함한다]과 축조심사 및 찬반토론을 거쳐 표결한다.
> ② 상임위원회는 안건을 심사할 때 소위원회에 회부하여 이를 심사·보고하도록 한다.
> ③ 위원회는 제1항에 따른 **대체토론이 끝난 후에만 안건을 소위원회에 회부할 수 있다.**

② 소위원회 심사

> **국회법 제57조【소위원회】** ⑥ 소위원회는 폐회 중에도 활동할 수 있으며, 법률안을 심사하는 소위원회는 매월 3회 이상 개회한다. 다만, 국회운영위원회, 정보위원회 및 여성가족위원회에 법률안을 심사하는 소위원회의 경우에는 소위원장이 개회 횟수를 달리 정할 수 있다.
> ⑦ 소위원회는 그 의결로 의안 심사와 직접 관련된 보고 또는 서류 및 해당 기관이 보유한 사진·영상물의 제출을 정부·행정기관 등에 요구할 수 있고, 증인·감정인·참고인의 출석을 요구할 수 있다. 이 경우 그 요구는 위원장의 명의로 한다.

③ 위원회에서의 위원의 발언

> **국회법 제60조【위원의 발언】** ① 위원은 위원회에서 같은 의제(議題)에 대하여 **횟수 및 시간 등에 제한 없이 발언할 수 있다.** 다만, 위원장은 발언을 원하는 위원이 2명 이상일 경우에는 간사와 협의하여 15분의 범위에서 각 위원의 첫 번째 발언시간을 균등하게 정하여야 한다.
> ② 위원회에서의 질의는 일문일답(一問一答)의 방식으로 한다. 다만, 위원회의 의결이 있는 경우 일괄질의의 방식으로 할 수 있다.

④ 헌법재판소 위헌결정에 대한 위원회의 심사

> **국회법 제58조의2【헌법재판소 위헌결정에 대한 위원회의 심사】** ① 헌법재판소는 종국결정이 법률의 제정 또는 개정과 관련이 있으면 그 결정서 등본을 국회로 송부하여야 한다.
> ② 의장은 제1항에 따라 송부된 결정서 등본을 해당 법률의 소관 위원회와 관련 위원회에 송부한다.
> ③ 위원장은 제2항에 따라 송부된 종국결정을 검토하여 소관 법률의 제정 또는 개정이 필요하다고 판단하는 경우 소위원회에 회부하여 이를 심사하도록 한다.

(8) 위원회 심사의 축조심사

① **개념**: 축조심사는 조문을 하나하나 낭독하면서 심사하는 것으로 세부적인 심사를 말한다.

② **축조심사의 생략**

　㉠ **소위원회**: 축조심사를 생략할 수 없다(국회법 제57조 제8항).

　㉡ **위원회**: 의결로 축조심사를 생략할 수 있다. 다만, 위원회는 제정법률안 및 전부개정법률안에 대하여는 반드시 축조심사를 하여야 하므로 의결로 생략할 수 없다(제58조 제5항).

(9) 위원회에서 폐기된 의안(국회법 제87조 제1항)

① **보류함(pigeon hole)**: 위원회에서 본회의에 부의할 필요가 없다고 결정된 의안은 본회의에 부의하지 아니한다. 위원회에 의한 의안의 여과를 보류함이라고 한다.

② **위원회의 해임(discharge of committee)**: 위원회에서 의안이 보류된 경우, 위원회의 결정이 본회의에 보고 된 날로부터 폐회 또는 휴회 중의 기간을 제외한 7일 이내에 의원 30명 이상의 요구가 있을 때에는 그 의안을 본회의에 부의하여야 하며, 요구가 없을 때에는 의안은 폐기된다. 위원회에서 보류된 의안을 본회의에 부의하는 것을 위원회의 해임이라고 한다.

(10) 의안·동의의 철회(국회법 제90조)

① **의원**: 의제가 되기 전에는 자유롭게 철회할 수 있으나, 의제가 된 후에는 본회의 또는 위원회의 동의를 얻어 그가 발의한 의안 또는 동의를 철회할 수 있다.

② **정부**: 본회의 또는 위원회에서 의제가 된 정부 제출의 의안을 수정·철회할 때에는 본회의 또는 위원회의 동의를 얻어야 한다.

(11) 국회 선진화법

① **국회의장의 의안 심사기간 지정 및 의장의 직권상정**: 천재지변의 경우와 전시·사변 또는 이에 준하는 국가비상사태의 경우는 의장의 교섭단체 대표의원과 협의하여, 나머지의 경우에는 각 교섭단체 대표의원과 합의하는 경우 의장이 위원회에 심사기간을 지정할 수 있고 이 기간 내 위원회가 심사를 마치지 아니하였을 때에는 다른 위원회에 회부하거나 바로 본회의에 부의할 수 있다.

국회법 제85조【심사기간】① 의장은 다음 각 호의 어느 하나에 해당하는 경우에는 위원회에 회부하는 안건 또는 회부된 안건에 대하여 심사기간을 지정할 수 있다. 이 경우 **제1호 또는 제2호에 해당할 때에는 의장이 각 교섭단체 대표의원과 협의하여 해당 호와 관련된 안건에 대해서만 심사기간을 지정할 수 있다.**
1. 천재지변의 경우
2. 전시·사변 또는 이에 준하는 국가비상사태의 경우
3. 의장이 각 교섭단체 대표의원과 **합의하는 경우**
② 제1항의 경우 위원회가 이유 없이 지정된 심사기간 내에 심사를 마치지 아니하였을 때에는 의장은 중간보고를 들은 후 다른 위원회에 회부하거나 바로 본회의에 부의할 수 있다.

⚖ 판례 | 국회 선진화법 사건 (헌재 2016.5.26. 2015헌라1) *각하결정

1. 이 사건 표결실시거부행위에 대한 심판청구

이 사건의 경우 소관 위원회 재적위원 과반수의 서명요건을 갖추지 못하였으므로, 이 사건 표결실시거부행위로 인하여 청구인 나○린의 신속처리안건 지정동의에 대한 표결권이 직접 침해당할 가능성은 없다.

2. 이 사건 심사기간 지정거부행위에 대한 심판청구

① **심사기간 지정은 의장의 재량**: 국회법 제85조 제1항의 직권상정권한은 국회의 수장이 국회의 비상적인 헌법적 장애상태를 회복하기 위하여 가지는 권한으로 국회의장의 의사정리권에 속하고, 의안 심사에 관하여 위원회 중심주의를 채택하고 있는 우리 국회에서는 비상적·예외적 의사절차에 해당한다. 국회법 제85조 제1항 각 호의 심사기간 지정사유는 국회의장의 직권상정권한을 제한하는 역할을 할 뿐 국회의원의 법안에 대한 심의·표결권을 제한하는 내용을 담고 있지는 않다. 청구인들의 법안 심의·표결권에 대한 침해위험성은 해당 안건이 본회의에 상정되어야만 비로소 현실화되고 국회법 제85조 제1항의 지정사유가 있다 하더라도 국회의장은 직권상정권한을 행사하지 않을 수 있다. 따라서 이 사건 심사기간 지정거부행위로 말미암아 청구인들의 법률안 심의·표결권이 직접 침해당할 가능성은 없다.

② **국회의원 재적 과반수가 요구한 경우 심사기간을 지정하도록 할 입법의무와 국회의장의 의무가 헌법에서 도출되는지 여부**: 국회법 제85조 제1항에 국회 재적의원 과반수가 의안에 대하여 심사기간 지정을 요청하는 경우 국회의장이 그 의안에 대하여 의무적으로 심사기간을 지정하도록 규정하지 아니한 입법부작위는 '진정입법부작위'에 해당한다. 헌법 실현에 관한 1차적 형성권을 갖고 있는 정치적·민주적 기관인 국회와의 관계에서 헌법재판소가 가지는 기능적 한계에 비추어 보더라도, 헌법재판소가 근거규범도 아닌 이 사건 입법부작위의 위헌 여부에 대한 심사에까지 나아가는 것은 부적절하므로 그 심사를 최대한 자제하여 의사절차에 관한 국회의 자율성을 존중하는 것이 바람직하다. 만일 이 사건 입법부작위의 위헌 여부를 선결문제로 판단하더라도, 헌법의 명문규정이나 해석상 국회 재적의원 과반수의 요구가 있는 경우 국회의장이 심사기간을 지정하고 본회의에 부의해야 한다는 의무는 도출되지 않으므로, 국회법 제85조 제1항에서 이러한 내용을 규정하지 않은 것이 다수결의 원리, 나아가 의회민주주의에 반한다고도 볼 수 없다.

② **안건의 신속처리(국회법 제85조의2)**

㉠ **위원회**: 의원은 재적의원 과반수가 서명한 동의서를 의장 또는 위원장에게 제출하고 의장 또는 위원장은 무기명투표로 표결한다. 의장은 위원회에 회부된 안건에 대하여 재적의원 5분의 3 이상 또는 소관 위원회 재적위원 5분의 3 이상의 요구가 있을 때에는 신속처리대상안건으로 지정하고, 위원회가 법률안을 신속처리대상안건으로 지정한 날부터 180일 이내에 심사를 완료하지 아니한 때에는 법제사법위원회로 회부된 것으로 간주하며, 그 밖의 안건은 바로 본회의에 부의된 것으로 간주한다.

㉡ **법제사법위원회**: 법제사법위원회는 90일 이내에 신속처리안건의 심사를 마쳐야 하고, 그렇지 않은 경우 다음 날에 본회의에 부의된다.

㉢ **본회의**: 신속처리대상안건이 60일 이내에 본회의에 상정되지 아니한 때에는 그 기간이 경과한 후 처음으로 개의되는 본회의에 상정된다.

⚖ 판례 | 신속처리대상안건 지정 (헌재 2020.5.27. 2019헌라3)

1. 피청구인 국회의장이 접수하는 법률안 수리행위 부분에 관한 판단 *각하결정

이 사건 법률안 수리행위에 대한 권한쟁의심판청구가 법률안에 대한 위원회 회부나 안건 상정, 본회의 부의 등과는 별도로 오로지 전자정보시스템으로 제출된 법률안을 접수하는 수리행위만을 대상으로 하는 한, 그러한 법률안 수리행위만으로는 사법개혁특별위원회 및 정치개혁특별위원회 위원인 청구인들의 법률안 심의·표결권이 침해될 가능성이나 위험성이 없다. 이 부분 심판청구는 모두 부적법하다.

2. 피청구인 사법개혁특별위원회(이하 '사개특위'라 한다) 위원장의 신속처리안건 지정동의안 가결선포행위 부분에 관한 판단 *기각결정
① **개회절차상 위법 여부**: 국회법 제49조 제2항이 정하는 위원장과 간사 간 '협의의 대상'은 위원회의 '의사일정'과 '개회일시'이고 이에 관하여 '의견을 교환하고 수렴하는 절차'라는 협의의 의미에 비추어 볼 때, 위원장과 간사 간 협의절차가 준수되었는지 여부는, 위원장이 의사일정으로 상정될 안건 및 개회일시에 대하여 어느 시점에 어떤 방법으로 연락을 하였는지, 그로 인해 소속 위원들이 회의에 참석하지 못하는 등 심의·표결권 행사에 제한이 발생하였는지 등을 고려하여 판단하여야 할 것이다. 이 사건 사개특위의 개회 전 협의는 성질상 다양한 방식으로 할 수 있고 그 종국적 판단과 결정은 사개특위 위원장에게 맡겨져 있으므로, 전화 통화나 문자메시지, 이메일 통보에 의한 이 사건 사개특위의 개회 전 협의의 방식에 위법한 점은 없다.
② **안건 상정의 위법 여부**: 국회의원의 법률안 등 **의안의 발의**는 국회 내부의 의사절차이므로, 그 방식을 어떻게 정하는지는 헌법 제64조 제1항에 따라 법률에 저촉되지 않는 범위 안에서 국회의 규칙으로 정하여 할 수 있는 '의사와 내부 규율', 즉 **국회의 의사자율권의 영역에 있다.**
③ **표결실시 전 질의·토론절차상 위법 여부**: 신속처리안건 지정동의안의 심의는 그 대상이 된 위원회 회부 안건 자체의 심의가 아니라, 이를 신속처리대상안건으로 지정하여 의사절차의 단계별 심사기간을 설정할 것인지 여부를 심의하는 것이다. 국회법 제85조의2 제1항에서 요건을 갖춘 지정동의가 제출된 경우 의장 또는 위원장은 '지체 없이' 무기명투표로 표결하도록 규정하고 있고, 이 밖에 신속처리안건 지정동의안의 표결 전에 국회법상 질의나 토론이 필요하다는 규정은 없다. 이 사건 사개특위의 신속처리안건 지정동의안에 대한 표결 전에 그 대상이 되는 법안의 배포나 **별도의 질의·토론절차를 거치지 않았으므로** 그 표결이 절차상 위법하다는 주장은 더 나아가 살펴볼 필요 없이 이유가 없다.
④ **안건에 대한 의결정족수 충족의 위헌·위법 여부**: 피청구인 국회의장의 오신환, 권은희 의원에 대한 각 개선행위는 명백히 자유위임원칙에 위배된다고 보기 어렵고, 국회법 규정에도 위배되지 않는다(2019헌라1 결정의 법정의견 참조). 피청구인 국회의장의 이 사건 각 개선행위는 헌법 또는 법률에 반하지 않으므로, 이에 따라 개선된 국회의원 채이배, 임재훈은 사개특위의 신속처리안건 지정동의안 표결절차에 적법하게 참여하였다. 이러한 표결의 결과에 따라 피청구인 사개특위 위원장이 안건에 대한 의결정족수 충족을 인정하여 신속처리안건 지정동의안에 대하여 가결을 선포한 행위에는 절차적 위법사유가 인정되지 않으므로, 사개특위 위원인 청구인들의 법률안 심의·표결권도 침해되지 않았다.

3. 피청구인 국회의장의 사개특위 소관 법률안 신속처리대상안건 지정행위 부분에 관한 판단 *기각결정
피청구인 국회의장의 사개특위 소관 법률안 신속처리대상안건 지정행위는 국회법 제85조의2 제2항에 의하여 사개특위에서 신속처리안건 지정동의가 가결된 데에 따라 적법하게 행해진 것으로, 사개특위 위원인 청구인들의 법률안 심의·표결권을 침해하지 않으며, 더 나아가 살펴볼 필요 없이 무효로 볼 수 없다.

4. 피청구인 정치개혁특별위원회(이하 '정개특위'라 한다) 위원장의 신속처리안건 지정동의안 가결선포행위 부분에 관한 판단 *기각결정
① 개회절차상 위법 여부(소극)
② 표결실시 전 질의·토론절차상 위법 여부(소극)

5. 피청구인 국회의장의 정개특위 소관 법률안 신속처리대상안건 지정행위 부분에 관한 판단 *기각결정
피청구인 국회의장의 정개특위 소관 법률안 신속처리대상안건 지정행위는 국회법 제85조의2 제2항에 의하여 정개특위에서 신속처리안건 지정동의가 가결된 데에 따라 적법하게 행해진 것으로, 정개특위 위원인 청구인들의 법률안 심의·표결권을 침해하지 않으며, 더 나아가 살펴볼 필요 없이 무효로 볼 수 없다.

(12) 법제사법위원회의 체계 · 자구심사

국회법 제86조【체계 · 자구의 심사】 ① 위원회에서 법률안의 심사를 마치거나 입안을 하였을 때에는 법제사법위원회에 회부하여 **체계와 자구에 대한 심사를 거쳐야 한다.** 이 경우 법제사법위원회 위원장은 간사와 협의하여 심사에서 제안자의 취지 설명과 토론을 생략할 수 있다.

② 의장은 제1항의 심사에 대하여 제85조 제1항 각 호의 어느 하나에 해당하는 경우에는 심사기간을 지정할 수 있으며, 법제사법위원회가 이유 없이 그 기간 내에 심사를 마치지 아니하였을 때에는 바로 본회의에 부의할 수 있다. 이 경우 제85조 제1항 제1호 또는 제2호에 해당하는 경우에는 의장이 각 교섭단체 대표의원과 협의하여 해당 호와 관련된 안건에 대하여만 심사기간을 지정할 수 있다.

③ 법제사법위원회가 제1항에 따라 회부된 법률안에 대하여 이유 없이 회부된 날부터 **60일 이내에 심사를 마치지 아니하였을 때에는** 심사대상 법률안의 소관 위원회 위원장은 간사와 협의하여 이의가 없는 경우에는 의장에게 그 법률안의 본회의 부의를 서면으로 요구한다. 다만, **이의가 있는 경우에는 그 법률안에 대한 본회의 부의요구 여부를 무기명투표로 표결하되, 해당 위원회 재적위원 5분의 3 이상의 찬성으로 의결한다.**

④ 의장은 제3항에 따른 본회의 부의요구가 있을 때에는 해당 법률안을 각 교섭단체 대표의원과 합의하여 바로 본회의에 부의한다. 다만, 제3항에 따른 본회의 부의요구가 있었던 날부터 30일 이내에 합의가 이루어지지 아니하였을 때에는 그 기간이 지난 후 처음으로 개의되는 본회의에서 해당 법률안에 대한 본회의 부의 여부를 무기명투표로 표결한다.

(13) 수정동의

국회법 제95조【수정동의】 ① 의안에 대한 수정동의(修正動議)는 그 안을 갖추고 이유를 붙여 30명 이상의 찬성 의원과 연서하여 미리 의장에게 제출하여야 한다. 다만, 예산안에 대한 수정동의는 의원 50명 이상의 찬성이 있어야 한다.

② 위원회에서 심사보고한 수정안은 찬성 없이 의제가 된다.

③ 위원회는 소관 사항 외의 안건에 대해서는 수정안을 제출할 수 없다.

④ 의안에 대한 대안은 위원회에서 그 원안을 심사하는 동안에 제출하여야 하며, 의장은 그 대안을 그 위원회에 회부한다.

⑤ 제1항에 따른 수정동의는 원안 또는 위원회에서 심사보고(제51조에 따라 위원회에서 제안하는 경우를 포함한다)한 안의 취지 및 내용과 직접 관련이 있어야 한다. 다만, 의장이 각 교섭단체 대표의원과 합의를 하는 경우에는 그러하지 아니하다.

제96조【수정안의 표결 순서】 ① 같은 의제에 대하여 여러 건의 수정안이 제출되었을 때에는 의장은 다음 각 호의 기준에 따라 표결의 순서를 정한다.

1. 가장 늦게 제출된 수정안부터 먼저 표결한다.
2. 의원의 수정안은 위원회의 수정안보다 먼저 표결한다.
3. 의원의 수정안이 여러 건 있을 때에는 원안과 차이가 많은 것부터 먼저 표결한다.

② 수정안이 전부 부결되었을 때에는 원안을 표결한다.

⚖ 판례 Ⅰ

1. 국회의장이 방위사업청 신설을 내용으로 하는 의안을 복수차관제와 일부청의 차관급 격상을 내용으로 하는 정부조직법 개정안의 수정안으로 보고 처리한 것이 국회법에 위반되는지 여부 (헌재 2006.2.23. 2005헌라6)

① 국회법상 수정안의 범위에 대한 어떠한 제한도 규정되어 있지 않은 점과 국회법 규정에 따른 문언의 의미상 수정이란 원안에 대하여 다른 의사를 가하는 것으로 새로 추가, 삭제, 또는 변경하는 것을 모두 포함하는 개념이라는 점에 비추어, 어떠한 의안으로 인하여 원안이 본래의 취지를 잃고 전혀 다른 의미로 변경되는 정도에까지 이르지 않는다면 이를 국회법상의 수정안에 해당하는 것으로 보아 의안을 처리할 수 있는 것으로 볼 수 있다. 물론 이미 이루어진 것의 잘못된 점을 바로잡는다는 수정의 사전적 의미를 감안하여 원안의 목적 또는 성격을 변경하지 않는 범위 내에서 고치는 것을 전제로 하고 수정안은 원안과 동일성이 인정되는 범위 내에서만 인정될 수 있다는 해석도 가능하기는 하다. 그러나 원안의 목적과 성격을 보는 관점에 따라서는 동일성의 인정범위가 달라질 수 있고 또한 너무 좁게 해석하면 국회법 규정에 따른 수정의 의미를 상실할 수도 있다.

② 국회법 제95조상의 수정의 개념을 폭넓게 보는 해석이 가능하다면 복수차관제와 일부청의 차관급 격상을 내용으로 하는 정부조직법 개정안에 대한 수정안인 국회의장이 방위사업청 신설을 내용으로 하는 의안을 적법한 수정안에 해당하는 것으로 보고 의안을 처리하였다 하더라도 이를 명백히 법률에 위반된다고 할 수는 없다. 게다가 국회속기록에 의하면 피청구인(국회의장)은 국회의 의사절차가 명문의 규정이 없는 경우 과거의 관례에 따르게 되어 있는 점을 전제로 국회사무처로부터 제17대 국회에서 2005.6.29.까지의 수정안 12개 중 10개가 원안에 포함되어 있지 않은 새로운 사항을 규정한 것이라는 자료를 보고받고 이에 근거하여 이 사건 수정안을 표결처리하였고, 당해 국회사무처의 보고자료에서 언급한 의안을 살펴보면 실제로 이와 같이 새로운 사항을 규정한 의안들이 아무런 문제 없이 수정안으로 처리되어왔음을 확인할 수 있다. 따라서 피청구인이 아무런 근거 없이 일방적으로 국회법을 해석하여 수정안의 범위에 대한 입장을 정한 것으로 볼 수도 없다.

③ 국회법상 수정안의 범위에 대한 어떠한 제한도 규정되어 있지 않은 점과 국회법 규정에 따른 문언의 의미상 수정이란 원안에 대하여 다른 의사를 가하는 것으로 새로 추가, 삭제 또는 변경하는 것을 모두 포함하는 개념이라는 점에 비추어, 어떠한 의안으로 인하여 원안이 본래의 취지를 잃고 전혀 다른 의미로 변경되는 정도에까지 이르지 않는다면 이를 국회법상의 수정안에 해당하는 것으로 볼 수 있는 것이다.

④ 방위사업청 신설을 내용으로 하는 의안을 **복수차관제를 내용으로 하는 정부조직법 개정안의 수정안**으로 볼 수 있다. 이를 수정안으로 보고 방위사업청 신설안에 대한 가결을 복수차관제 신설을 내용으로 한 정부조직법 개정안의 처리로 볼 수 있으므로 국회의장의 가결선포행위는 적법하다.

2. 공직선거법 수정안 가결선포 (헌재 2020.5.27. 2019헌라6 등)

① 국회법 제95조 제1항, 제5항 본문에 의한 수정동의는 본회의 심의과정에서 의안을 수정하고자 하는 경우에 안을 갖추고 이유를 붙여 의원 30명 이상(예산안의 경우 50명 이상)의 찬성자가 연서하여 미리 의장에게 제출하는 것으로서, '원안 또는 위원회에서 심사보고(제51조에 따라 위원회에서 제안하는 경우를 포함한다)한 안(이하 '원안'이라 한다)의 취지 및 내용과 직접 관련이 있을 것'을 그 요건으로 한다. 만일 제출하고자 하는 안이 '원안의 취지 및 내용과 직접 관련'이 없다면, 국회법 제95조 제4항에 따라 위원회에서 원안을 심사하는 동안에 대안으로 제출하거나, 국회법 제79조 등에 따라 새로운 의안으로 발의하여야 한다.

② 국회법 제95조 제5항 본문이 문언, 입법취지, 입법경과를 종합적으로 고려하면, 위원회의 심사를 거쳐 본회의에 부의된 법률안의 취지 및 내용과 직접 관련이 있는지 여부는 '원안에서 개정하고자 하는 조문에 관한 추가, 삭제 또는 변경으로서, 원안에 대한 위원회의 심사절차에서 수정안의 내용까지 심사할 수 있었는지 여부'를 기준으로 판단하는 것이 타당하다. 이 사건 원안과 이 사건 수정안의 개정취지는 '사표를 줄이고, 정당득표율과 의석점유율 사이의 불일치를 줄이며, 지역주의 정당체제를 극복'하는

것으로 동일하다. 이 사건 수정안 제21조 제1항은 국회의 의원 정수를 변경하는 내용의 이 사건 원안 제21조 제1항을 당시 공직선거법 그대로 두는 내용으로 수정한 것이다. 이 사건 원안에 대한 위원회 심사절차에서 국회의 의원 정수를 당시 공직선거법 그대로 둘 것인지, 변경할 것인지에 관하여 심사가 이루어질 수 있었다. 앞서 살펴본 내용을 종합하여 보면, 이 사건 수정안은 이 사건 원안의 개정취지에 변화를 초래한 것이 아니고 이 사건 원안이 개정취지 달성을 위해 제시한 여러 입법수단 중 일부만 채택한 것에 불과한 것으로서, 이 사건 원안에 대한 위원회의 심사절차에서 이 사건 수정안의 내용까지 심사할 수도 있었으므로, 이 사건 원안의 취지 및 내용과 직접 관련성이 인정된다. 따라서 이 사건 수정안 가결선포행위는 국회법 제95조 제5항 본문에 위배되지 않는다. 결국 피청구인 국회의장의 이 사건 회기 수정안 가결선포행위는 국회법 제95조 제5항 본문에 위배되지 아니하고, 그 밖의 청구인들의 주장 또한 이유 없으므로, 청구인 국회의원들의 심의·표결권을 침해하지 않는다. 따라서 더 나아가 살펴볼 필요 없이 피청구인 국회의장의 이 사건 수정안 가결선포행위는 무효로 볼 수 없다.

반대의견: 이 사건 수정안 가결선포행위에 대한 권한 침해확인청구에 관한 판단
이 사건 원안이 실현하고자 한 근본목적 중의 하나는 '국회의원 정수를 유지하면서도 비례대표비율을 높여 비례대표국회의원의 의석 수를 증가시킴으로써 투표에서의 사표를 줄이고 이를 통해 선거제도의 국민대표성을 제고하는 것'에 있다. 그런데 이 사건 수정안의 내용인 개정법률조항은 이 사건 원안이 국회의원 정수 300명의 구성을 지역구 225명, 비례대표 75명으로 정하여 비례대표국회의원의 의석 수를 증가시켰던 것을 구 공직선거법과 같이 지역구 253명, 비례대표 47명의 구성으로 되돌려 놓았는데, 이것은 비례대표제 확대를 통한 국민대표성의 제고라는 이 사건 원안의 근본목적의 실현과 반대되는 방향으로 작성된 것으로서 이 사건 원안의 근본목적을 이루기 위한 적절한 수단이 될 수 없다. 따라서 이 부분에 있어서 이 사건 원안의 취지와 이 사건 수정안의 내용 사이의 직접 관련성은 인정되지 않는다. 결국 이 사건 수정안은 본회의 심의단계에서 수정동의를 통해 발의될 수 있는 적법한 수정안으로서 갖추어야 할 국회법 제95조 제5항 본문의 요건을 구비하지 못하였으므로, 이 사건 수정안을 이 사건 원안과 함께 본회의에 상정한 피청구인 국회의장의 행위는 국회법 제95조 제5항을 위반하였다고 할 것이다.

3. 원안에 없던 사법경찰관의 불송치결정에 대한 고발인의 이의신청권을 배제하는 것을 내용으로 한 형사소송법이 수정안인지 여부 (헌재 2023.3.23. 2022헌라2)
피청구인 국회의장은 교섭단체 대표의원과 협의한 뒤 이 사건 검찰청법 개정법률안을 본회의에 상정하였으므로, 국회법 제93조의2를 위반하였다고 볼 수 없다.
이 사건 수정안은 이미 법제사법위원회에서 논의되었던 사항이 포함된 것이므로, 그 원안과의 직접관련성이 인정되는 적법한 수정동의이다. 이처럼 피청구인 국회의장의 이 사건 가결선포행위는 헌법 및 국회법을 위반하였다고 볼 수 없으므로, 청구인들의 법률안 심의·표결권을 침해하였다고 보기 어렵다.

재판관 이선애, 재판관 이은애, 재판관 이종석, 재판관 이영진의 반대의견
이 사건에서 법제사법위원회의 제안으로 본회의에 부의 및 상정된 이 사건 형사소송법 개정법률안은 사법경찰관이 송치한 사건에 대한 검사의 보완수사의 범위에 관한 내용만 포함하고 있을 뿐, 사법경찰관의 송치 여부에 관한 규율로 검사의 소추권을 직접적으로 제한하는 내용을 포함하고 있지 않았다. 그런데 이 사건 형사소송법 수정안에 포함된 사법경찰관의 불송치결정에 대한 고발인의 이의신청권을 배제하는 내용은, 사건의 송치 여부와 관련된 규율로서 검사의 소추권을 직접적으로 제한하는 것이므로, 이러한 수정안은 원안과 '동일한 주제'를 다루는 것이 아니어서 '원안의 내용과 수정안의 내용 사이'에 직접관련성이 없는 경우에 해당하고, 이와 같은 수정동의에 관해 피청구인 국회의장이 각 교섭단체 대표의원과 합의한 사정도 없다. 따라서 피청구인 국회의장이 이 사건 형사소송법 개정법률안에 대한 수정안을 상정하여 표결한 것은 수정동의에 관한 국회법 제95조 제5항에 위배된다.

(14) 본회의절차

① **본회의에서 질의·토론:** 본회의는 안건을 심의할 때 그 안건을 심사한 위원장의 심사보고를 듣고 질의·토론을 거쳐 표결한다. 다만, 위원회의 심사를 거치지 아니한 안건에 대해서는 제안자가 그 취지를 설명하여야 하고, 위원회의 심사를 거친 안건에 대해서는 의결로 질의와 토론을 생략하거나 그중 하나를 생략할 수 있다(국회법 제93조).

⚖ 판례 | 국회의장의 토론절차를 생략한 표결진행 (헌재 2011.8.30. 2009헌라7)

1. '한국정책금융공사법안' 및 '신용정보의 이용 및 보호에 관한 법률 전부개정법률안(대안)'은 위원회의 심사를 거친 안건이지만 청구인으로부터 적법한 반대토론신청이 있었으므로 원칙적으로 피청구인이 그 반대토론절차를 생략하기 위해서는 반드시 본회의 의결을 거쳐야 할 것인데(국회법 제93조 단서), 피청구인은 청구인의 반대토론신청이 적법하게 이루어졌음에도 이를 허가하지 않고 나아가 **토론절차를 생략하기 위한 의결을 거치지도 않은 채** 이 사건 법률안들에 대한 표결절차를 진행하였으므로, 이는 국회법 제93조 단서를 위반하여 청구인의 법률안 심의·표결권을 침해하였다.

2. 국회의 입법과 관련하여 일부 국회의원들의 권한이 침해되었다 하더라도 그것이 다수결의 원칙(헌법 제49조)과 회의공개의 원칙(헌법 제50조)과 같은 입법절차에 관한 헌법의 규정을 명백히 위반한 흠에 해당하는 것이 아니라면 그 법률안의 가결선포행위를 곧바로 무효로 볼 것은 아닌데, 피청구인의 이 사건 법률안들에 대한 가결선포행위는 그것이 입법절차에 관한 헌법규정을 위반하였다는 등 가결선포행위를 취소 또는 무효로 할 정도의 하자에 해당한다고 보기는 어렵다.

---

② **본회의에서 무제한토론(국회법 제106조의2)**

ㄱ 의원은 재적의원 3분의 1 이상의 요구가 있는 경우 본회의 심의 안건에 대하여 시간의 제한을 받지 않고 1인 1회에 한해 무제한토론할 수 있도록 하고, 무제한토론을 실시하는 본회의는 '1일 1차 회의'의 원칙에도 불구하고 무제한토론 종결 선포 전까지 산회하지 아니한다.

ㄴ 무제한토론은 더 이상 토론할 의원이 없거나 재적의원 3분의 1 이상이 제출한 토론 종결동의를 재적의원 5분의 3 이상의 찬성으로 의결한 경우 또는 무제한토론 중 회기가 종료되는 때 종결된다.

ㄷ 무제한토론을 실시하는 중에 해당 회기가 끝나는 경우에는 무제한토론의 종결이 선포된 것으로 본다. 이 경우 해당 안건은 바로 다음 회기에서 지체 없이 표결하여야 한다.

ㄹ 무제한토론의 종결이 선포되었거나 선포된 것으로 보는 안건에 대해서는 무제한토론을 요구할 수 없다.

ㅁ 예산안 등과 국회법 제85조의3 제4항에 따라 지정된 세입예산안 부수 법률안에 대해서는 같은 법 제106조의2 제1항부터 제9항까지를 매년 12월 1일까지 적용하고, 같은 항에 따라 실시 중인 무제한토론, 계속 중인 본회의, 제출된 무제한토론의 종결동의에 대한 심의절차 등은 12월 1일 밤 12시에 종료한다.

⚖ 판례 | 무제한토론 사건 (헌재 2020.5.27. 2019헌라6)

<참고조항>
국회법 제7조【회기】 ① 국회의 회기는 의결로 정하되, 의결로 연장할 수 있다.
② 국회의 회기는 집회 후 즉시 정하여야 한다.

청구인 국회의원들의 피청구인 국회의장의 이 사건 회기 수정안 가결선포행위에 대한 청구에 관한 판단

*기각결정

1. 의사자율권

국회의장의 의사진행에 관한 폭넓은 재량권은 국회의 자율권의 일종이므로, 다른 국가기관은 헌법이나 법률에 명백히 위배되지 않는 한 국회의장의 의사절차 진행행위를 존중하여야 한다. 무제한토론제도의 입법취지는 '소수의견이 개진될 수 있는 기회'를 보장하면서도, 의사절차가 지나치게 지연되거나 안건에 대한 처리 자체가 불가능하게 되는 것을 방지하여 '안건에 대한 효율적인 심의'가 이루어지도록 하는 것이다. 국회법 제7조에 따라 집회 후 즉시 의결로 국회의 회기를 정하는 것이 국회법이 예정하고 있는 국회의 정상적인 운영방식이다. 무제한토론 역시 국회가 집회 후 즉시 의결로 국회의 회기를 정하여 해당 회기의 종기가 정해져 있는 상태에서 실시되는 것을 전제로 하여, 해당 회기의 종기까지만 보장되도록 규정되어 있다(국회법 제106조의2 제8항).

2. 회기결정 건에 무제한토론 실시 여부

'회기결정의 건'은 해당 회기가 종료된 후 소집된 다음 회기에서 표결될 수 없으므로, **'회기결정의 건'이 무제한토론의 대상이 된다고 해석하는 것은 국회법 제106조의2 제8항에도 반한다.** 그렇다면, '회기결정의 건'은 그 본질상 국회법 제106조의2에 따른 무제한토론의 대상이 되지 않는다고 보는 것이 타당하다. 피청구인 국회의장의 이 사건 회기 수정안 가결선포행위는 청구인 국회의원들의 심의·표결권을 침해하지 않으므로, 더 나아가 살펴볼 필요 없이 무효로 볼 수 없다.

③ **법률안의 본회의 상정시기**: 본회의는 위원회가 법률안에 대한 심사를 마치고 의장에게 그 보고서를 제출한 후 1일이 지나지 아니하였을 때에는 그 법률안을 의사일정으로 상정할 수 없다. 다만, 의장이 특별한 사유로 각 교섭단체 대표의원과의 협의를 거쳐 이를 정한 경우에는 그러하지 아니하다 (국회법 제93조의2).

④ **재회부**: 본회의는 위원장의 보고를 받은 후 필요하다고 인정할 때에는 의결로 다시 안건을 같은 위원회 또는 다른 위원회에 회부할 수 있다(국회법 제94조).

⑤ **표결과 국회의장의 가결선포**

⑥ **의안의 정리**: 본회의는 의안이 의결된 후 서로 어긋나는 조항·자구·숫자나 그 밖의 사항에 대한 정리가 필요할 때에는 이를 의장 또는 위원회에 위임할 수 있다(국회법 제97조).

📖 판례 | 국회의장의 의안 정리 (헌재 2009.6.25. 2007헌마451)

1. 입법작용에 적법절차원칙이 적용되는지 여부(적극)

헌법 제12조 제1항 후문과 제3항에 규정된 적법절차의 원칙은 형사절차상의 제한된 범위뿐만 아니라 국가작용으로서 모든 입법 및 행정작용에도 광범위하게 적용된다.

2. 국회의 위임 의결 없어도 국회의장이 법률안 정리를 할 수 있는지 여부(한정 적극)

국회의 위임 의결이 없더라도 국회의장은 국회에서 의결된 법률안의 조문이나 자구·숫자, 법률안의 체계나 형식 등의 정비가 필요한 경우 의결된 내용이나 취지를 변경하지 않는 범위 안에서 이를 정리할 수 있다고 봄이 상당하고, 이렇듯 국회의장이 국회의 위임 없이 법률안을 정리하더라도 그러한 정리가 국회에서 의결된 법률안의 실질적 내용에 변경을 초래하는 것이 아닌 한 헌법이나 국회법상의 입법절차에 위반된다고 볼 수 없다.

---

(15) 국회에서 가결된 후 입법절차(국회법 제91조)

번안이란 이미 가결된 의안을 다시 논의하여 다른 내용으로 의결하는 것으로서 가결 이후의 수정절차이다. 본회의의 번안은 본회의에서 가결되고 그 의안이 정부에 이송되기 전에 재적 과반수 출석, 출석의원 3분의 2 이상의 찬성으로 하고, 정부에 이송된 후에는 할 수 없다.

(16) 대통령의 거부권과 재의결

① 정부 이송과 거부권

㉠ 국회에서 의결된 법률안은 정부에 이송되어 15일 이내에 대통령이 공포하거나 국회에 이의서를 붙여 국회로 환부거부할 수 있다.

㉡ 이송된 날로부터 15일이 경과하도록 공포도 환부거부도 하지 아니한 경우에는 법률안은 법률로서 확정된다(헌법 제53조 제1항·제2항·제5항).

② 거부권 행사의 한계

㉠ 이의서를 붙여야 하므로 이의서를 생략할 수 없다. 환부거부해야 하고 폐회 중에도 환부거부할 수 있다. 다만, 미국 대통령과 달리 우리나라 대통령은 폐회 중 보류거부할 수 없다. 대통령은 일부거부, 수정거부도 할 수 없다(헌법 제53조 제2항·제3항).

㉡ 일부거부·수정거부를 하더라도 거부로서의 효력이 없어 법률안이 처음 이송된 날로부터 15일이 지나면 법률안은 법률로써 확정된다.

③ 국회의 법률안 재의결

㉠ 대통령의 재의요구가 있을 때에는 국회는 재의에 붙이고 재적 과반수 출석과 출석의원 3분의 2 이상의 찬성으로 전과 같은 의결을 하면 그 법률안은 법률로서 확정된다.

㉡ 이 때 국회는 수정의결을 할 수 없으며, 수정의결을 하면 법률안은 법률로서 확정되지 않는다(헌법 제53조 제4항).

㉢ 공포를 효력발생요건으로 하므로 확정되었다고 해서 바로 효력이 발생하는 것은 아니다.

(17) 대통령의 공포

① 공포권자

㉠ 법률안이 법률로써 확정된 법률은 대통령은 지체 없이 공포하여야 한다. 헌법 제53조 제5항에 의하여 법률이 확정된 후 또는 같은 조 제4항에 의한 확정법률이 정부에 이송된 후 5일 이내에는 대통령이, 국무총리와 국무위원은 대통령권한대행자로서, 국회부의장은 국회의장의 직무대행자로서 공포할 권한이 있다.

㉡ 재의결된 법률안이 정부에 이송된 후 5일 이내에 대통령이 공포하지 않으면 국회의장이 공포할 수 있다.

㉢ 공포는 법률의 효력발생요건이므로 대통령이 공포의무에 위반한 경우 탄핵소추사유가 된다(헌법 제53조 제6항). 다만, 국회의장은 탄핵소추의 대상자가 아니므로 공포의무 위반을 이유로 탄핵소추될 수 없다.

② 공포시기

㉠ 현행법상 공포는 관보에 게재됨으로써 한다. 다만, 국회의장의 법률 공포는 서울특별시에서 발행되는 둘 이상의 일간신문에 게재함으로써 한다.

㉡ 관보에 게재된 시기인 공포시점을 일반국민이 관보를 구독할 수 있는 상태에 놓인 최초의 시점으로 보는 최초구독가능시설과 관보 발행일로 보는 견해가 있으나, 최초구독가능시설이 다수설이다.

행정기본법 제7조【법령등 시행일의 기간 계산】 법령등(훈령·예규·고시·지침 등은 포함한다, 이하 이 조에서 같다)의 시행일을 정하거나 계산할 때에는 다음 각 호의 기준에 따른다.

1. 법령등을 공포한 날부터 시행하는 경우에는 공포한 날을 시행일로 한다.
2. 법령등을 공포한 날부터 일정 기간이 경과한 날부터 시행하는 경우 법령등을 공포한 날을 첫날에 산입하지 아니한다.

3. 법령등을 공포한 날부터 일정 기간이 경과한 날부터 시행하는 경우 그 기간의 말일이 토요일 또는 공휴일인 때에는 그 말일로 기간이 만료한다.

(18) 효력발생
① **원칙**: 법률은 특별한 규정이 없는 한 공포한 날로부터 20일을 경과함으로써 효력을 발생한다.
② **법령 등 공포에 관한 법률**: 권리 제한, 의무 부과와 관련된 법률은 특별한 사유가 있는 경우를 제외하고는 공포일로부터 30일이 경과한 날로부터 시행되도록 하여야 한다.
③ **법률에 시행시기에 관한 특별한 규정이 있는 경우**: 법률에 규정된 날에 효력이 발생한다. 다만, 법률에 규정된 시행일(예 2020.3.10.)이 지난 다음 공포한 경우(예 2020.3.15.)에는 시행일에 관한 규정은 효력을 상실하고 공포한 날로부터 20일이 경과한 후 효력이 발생하게 된다.

5. 국회의 법률제정권의 한계

(1) 합헌성의 원칙에 의한 한계
헌법에 위반되는 법률을 제정해서는 안 된다. 또한 법률을 제정함에 있어 재량권의 행사는 적법절차의 원리, 비례와 공평의 원칙, 과잉금지의 원칙, 자의금지의 원칙, 명확성의 원칙 등 헌법상의 일반원칙에 위배되어서는 안 된다.

(2) 국제법상의 일반원칙에 의한 한계
국제법상의 일반원칙에 위배되는 법률을 제정할 수 없다.

6. 입법권에 대한 통제

(1) 통제방법
입법권은 대통령의 법률안거부권, 헌법재판소의 위헌법률심판과 헌법소원심판, 국민의 청원, 언론·시위 등을 통해 통제될 수 있다.

(2) 입법절차상 하자에 대한 통제
법률안 날치기통과와 같은 입법절차상 하자가 있는 경우 헌법소원심판을 청구할 수는 없고, 권한쟁의심판을 청구해야 한다.

제6절 국회의 재정에 관한 권한

01 조세입법권

> 헌법 제59조【조세의 종목과 세율】조세의 종목과 세율은 법률로 정한다.

1. 조세의 개념과 관련 원칙

(1) 조세의 개념

조세란 국가나 지방자치단체 등 공권력의 주체가 재원조달의 목적으로 그 과세권을 발동하여 반대급부 없이 일반국민으로부터 강제적으로 부과·징수하는 과징금을 말한다.

(2) 조세기본원칙

조세의 기본원칙은 헌법 제59조에 근거한 조세법률주의와 헌법 제11조에 근거한 조세평등주의이다. 조세평등주의는 조세법률주의의 일종이 아니라 독립적인 원칙이다.

2. 조세법률주의 ★★

(1) 조세법률주의

① **개념**: 조세법률주의란 조세평등주의와 함께 조세법의 기본원칙으로 법률에 근거 없이 국가는 조세를 부과·징수할 수 없고 국민은 조세의 납부를 요구받지 않는다는 원칙이다. 이러한 조세법률주의는 과세요건법정주의와 과세요건명확주의를 그 핵심적 내용으로 한다(헌재 1989.7.21. 89헌마38).

② **영구세주의**: 일년세주의란 의회가 과세법률을 해마다 새로 제정해야 한다는 원칙이고, 영구세주의는 법률이 개정, 폐지되지 않는 한 계속해서 그 법률에 근거하여 조세를 부과할 수 있다는 원칙이다.

③ **명령에 위임**: 과세요건 등은 법률로 규정해야 하나, 기본적인 사항을 법률로 정하고 구체적 사항은 대통령령 등에 위임할 수 있다.

> ⚖ **판례**
>
> 신의성실의 원칙 내지 금반언의 원칙은 합법성을 희생하여서라도 납세자의 신뢰를 보호함이 정의, 형평에 부합하는 것으로 인정되는 특별한 사정이 있는 경우에 적용되는 것으로서 납세자의 신뢰보호라는 점에 그 법리의 핵심적 요소가 있는 것이므로, 위 요건의 하나인 과세관청의 공적 견해표명이 있었는지의 여부를 판단하는 데 있어 반드시 행정조직상의 형식적인 권한분장에 구애될 것은 아니고 담당자의 조직상의 지위와 임무, 당해 언동을 하게 된 구체적인 경위 및 그에 대한 납세자의 신뢰가능성에 비추어 실질에 의하여 판단하여야 한다(대판 1996.1.23. 95누13746).

④ **조세법률주의 적용**: TV수신료와 건강보험료는 조세가 아니므로 조세법률주의가 적용되지 않는다. 다만, 법률유보원칙은 적용된다.

(2) 과세요건법정주의의 개념

과세요건법정주의는 납세의무자, 과세물건, 과세표준, 과세기간, 세율 등의 과세요건과 조세의 부과·징수절차를 국민의 대표기관인 국회가 제정한 법률로 규정해야 한다는 원칙이다(헌재 1989.7.21. 89헌마38).

⚖ 판례 | 과세요건법정주의 관련

1. 과세요건법정주의 및 과세요건명확주의를 포함하는 조세법률주의가 지배하는 조세법의 영역에서는 경과 규정의 미비라는 명백한 입법의 공백을 방지하고 형평성의 왜곡을 시정하는 것은 원칙적으로 **입법자의 권한이고 책임**이지, 법률조항의 법문의 한계 안에서 법률을 해석·적용하여야 하는 **법원이나 과세관청의 몫**은 아니라 할 것이다. 이미 실효된 법률조항을 유효한 것으로 의제하여 과세의 근거로 삼는 것은 과세근거의 창설을 국회가 제정하는 법률에 맡기고 있는 헌법상의 권력분립원칙과 조세법률주의의 원칙에 근본적으로 반하는 것이다. 이 사건 **전부개정법의 시행에도 불구하고** 이 사건 부칙조항과 관련된 규율을 하지 않음으로써 생긴 입법상의 흠결을 보완하기 위하여 '특별한 사정'을 근거로 이 사건 부칙조항이 실효되지 않은 것으로 해석하는 것은 헌법상의 권력분립원칙과 조세법률주의의 원칙에 위배된다고 할 것이다(헌재 2012.5.31. 2009헌바123 등).

2. 어떤 국세가 이 사건 규정의 당해세 중 우선징수권이 인정되는 '**당해 재산의 소유 그 자체를 과세의 대상으로 하여 부과하는 국세와 가산금**'에 해당되는지 여부에 대한 구체적·세부적인 판단 문제는 개별법령의 해석·적용의 권한을 가진 법원의 영역에 속하므로, 헌법재판소가 가려서 답변할 성질의 것이 아니다(헌재 2001.2.22. 99헌바44).

3. **부가가치세 부담 문제**
   부가가치세를 사실상 누가 부담하며 어떻게 전가시킬 것인가 하는 문제는 거래당사자 간의 약정 또는 거래관행 등에 의하여 결정될 사항이지, 조세법에 따라 결정되는 사항은 아니다(헌재 2000.3.30. 98헌바7 등).

4. 헌법상 조세의 효율성과 타당한 사용에 대한 감시는 국회의 주요책무이자 권한으로 규정되어 있어(헌법 제54조, 제61조), 재정지출의 효율성 또는 타당성과 관련된 문제에 대한 국민의 관여는 선거를 통한 간접적이고 보충적인 것에 한정되며, 재정지출의 합리성과 타당성 판단은 재정분야의 전문성을 필요로 하는 정책판단의 영역으로서 사법적으로 심사하는 데에 어려움이 있을 수 있고, 재정지출에 대한 국민의 직접적 감시권을 기본권으로 인정하게 되면 재정지출을 수반하는 정부의 모든 행위를 개별 국민이 헌법소원으로 다툴 수 있게 되는 문제가 발생할 수 있으므로, **재정사용의 합법성과 타당성을 감시하는 납세자의 권리를 헌법에 의해 보장되는 기본권으로 볼 수 없다**(헌재 2006.3.30. 2005헌마598).

(3) 과세요건명확주의의 개념

과세요건명확주의란 과세요건을 법률로 규정하였다고 하더라도 그 규정 내용이 지나치게 추상적이고 불명확하면 과세관청의 자의적인 해석과 집행을 초래할 염려가 있으므로 그 규정 내용이 명확하고 일의적이어야 한다는 원칙이다.

(4) 소급과세금지의 원칙

소급과세금지의 원칙이란 과세의 대상인 소득·재산 또는 거래에 대하여 그 성립 이후의 새로운 법률에 의하여 소급하여 과세해서는 안 된다는 원칙이다.

⚖ 판례

국세기본법 제26조의2 제1항의 개정규정은 이미 성립한 납세의무의 구체적인 내용을 변경하는 것이 아니라 국세 부과권의 제척기간만을 연장한 것이다. 이 사건 부칙조항은 연장된 제척기간을 개정법 시행 이후 부과 제척기간의 기산일이 도래하는 증여세에 적용한다는 것이고, 이미 제척기간이 진행 중에 있거나 제척기간이 경과한 것에는 적용되지 않으므로, 소급과세금지원칙 등에 반하여 재산권을 침해한다고 할 수 없다(헌재 2012. 12.27. 2011헌바132).

(5) 엄격한 해석의 원칙

조세의 법규의 해석에 있어 유추해석이나 확장해석은 허용되지 아니하고 엄격히 해석해야 한다는 것은 조세법률주의에 비추어 당연한 것이다(헌재 1996.8.29. 95헌바41).

(6) 실질과세의 원칙

과세를 함에 있어 법적 형식과 경제적 실질이 상이한 때에는 경제적 실질에 따라 과세한다는 원칙이다.

(7) 과세요건 입증책임

조세 부과에 있어서 과세요건에 대한 입증책임은 과세관청에 있는 것이 원칙이다.

(8) 조세법률주의에 대한 예외

① **조례에 의한 지방세의 세목규정(지방세기본법 제5조 제1항):** 지방자치단체는 지방세의 세목(稅目), 과세대상, 과세표준, 세율, 그 밖에 부과·징수에 필요한 사항을 정할 때에는 이 법 또는 지방세 관계법에서 정하는 범위에서 조례로 정하여야 한다.

② **긴급재정경제명령에 의한 조세 부과(헌법 제76조 제1항):** 긴급재정경제명령은 법률과 같은 효력이 있으므로 이에 근거한 조세의 부과가 가능하다.

③ **조약에 의한 세율규정:** 외국과의 조약으로 관세에 관한 협정세율 등을 정하는 것은 조세입법권(조세법률주의)에 위배되는 것은 아니다. 왜냐하면 국회의 동의를 얻은 조약은 법률과 같은 효력을 갖기 때문이다.

(9) 조세감면

> ⚖️ **판례**
>
> 1. 조세란 공공경비를 국민에게 강제적으로 배분하는 것으로서 납세의무자 상호 간에는 조세의 전가관계가 있으므로 특정인이나 특정계층에 대하여 정당한 이유 없이 조세감면의 우대조치를 하는 것은 특정한 납세자군이 조세의 부담을 다른 납세자군의 부담으로 떠맡기는 것에 지나지 않아 **조세감면의 근거** 역시 법률로 정하여야만 하는 것이 국민주권주의나 법치주의의 원리에 부응하는 것이다(헌재 1996.6.26. 93헌바2).
> 2. **조세감면의 우대조치**는 조세평등주의에 반하고 국가나 지방자치단체의 재원의 포기이기도 하여 가급적 억제되어야 하고 그 범위를 확대하는 것은 결코 바람직하지 못하므로 특히 정책목표 달성에 필요한 경우에 그 면제혜택을 받는 자의 요건을 엄격히 하여 극히 한정된 범위 내에서 예외적으로 허용되어야 한다(헌재 1996.6.26. 93헌바2).

부담금과 조세

1. 개념

부담금은 재화 또는 용역의 제공과 관계없이 특정 공익사업과 관련한 조세 외의 금전지급의무이다.

2. 조세와의 관계

(1) 반대급부가 없다는 점은 공통요소이다.

① 수질개선부담금은 반대급부 없는 금전납부의무를 부담하게 한다는 점에서는 조세와 유사한 점도 있으나 그 법적 성격, 목적과 기능의 면에서 조세와는 근본적으로 다르다(헌재 2004.7.15. 2002헌바42).

② 부담금의 개념요소에 반드시 반대급부의 보장이 요구되는 것은 아니다. 따라서 부담금의 수입이 **반드시 납부의무자의 집단적 이익을 위하여 사용되어야 한다고는 볼 수 없다**. 그러나 납부의무자의 집단적 이익을 위하여 사용되는 경우에는 부담금 부과의 정당성이 제고됨은 말할 필요가 없다(헌재 2003.1.30. 2002헌바5).

(2) 조세는 일반국민을 그 대상으로 하나, 부담금은 특정공적 과제와 이해관계자를 그 대상으로 한다.

(3) 부담금의 용도

부담금은 특정 사업목적을 위해서 사용되어야 하고 일반적 국가과제를 위해 부담금을 부과해서는 안 된다. 판례에 의하면 국가가 조세저항을 회피하기 위한 수단으로 부담금의 형식을 남용해서는 안 되므로, 부담금을 국가의 일반적 재정수입에 포함시켜 일반적 국가과제를 수행하는 데 사용하는 것은 허용될 수 없다. 따라서 부담금은 조세와 별도로 관리되어야 한다.

판례 **부담금은 조세에 대한 관계에서 어디까지나 예외적으로만 인정되어야 하며, 어떤 공적 과제에 관한 재정조달을 조세로 할 것인지 아니면 부담금으로 할 것인지에 관하여 입법자의 자유로운 선택권을 허용하여서는 안 된다**. 즉, 국가 등의 일반적 재정수입에 포함시켜 일반적 과제를 수행하는 데 사용할 목적이라면 반드시 조세의 형식으로 해야 하지, 거기에 부담금의 형식을 남용해서는 안 되는 것이다(헌재 2004.7.15. 2002헌바42).

3. 조세평등주의

합리적 이유가 있는 경우라면 납세자간의 차별취급도 예외적으로 허용된다. 또한 조세의 면제나 경감도 법률로 정해야 하고 조세평등원칙을 준수해야 한다.

판례 **누진세율을 도입할 의무가 있는지 여부(소극)**

담세능력의 원칙은 소득이 많으면 그에 상응하여 많이 과세되어야 한다는 것, 즉 담세능력이 큰 자는 담세능력이 작은 자에 비하여 더 많은 세금을 낼 것과, 최저생계를 위하여 필요한 경비는 과세로부터 제외되어야 한다는 최저생계를 위한 공제를 요청할 뿐 입법자로 하여금 소득세법에 있어서 반드시 **누진세율**을 도입할 것까지 요구하는 것은 아니다. 소득에 단순비례하여 과세할 것인지 아니면 누진적으로 과세할 것인지는 입법자의 정책적 결정에 맡겨져 있다. 그러므로 이 사건 법률조항이 소득계층에 관계없이 동일한 세율을 적용한다고 하여 담세능력의 원칙에 어긋나는 것이라 할 수 없다(헌재 1999.11.25. 98헌마55).

📖 판례정리

조세 관련

헌법 위반인 것

1. 이혼시 재산분할

이혼시 재산분할에 따른 자산 이전은 부부공동재산을 청산하여 재산 취득자의 지분권을 현재화하는 것에 불과하므로 재산분할에 따른 자산 이전은 무상의 자산 이전인 증여가 아님에도 불구하고 이혼에 따른 재산분할 시 배우자의 인적 공제를 초과한 재산분할 부분을 증여로 보아 증여세를 부과하는 상속세법 제29조의2는 재산권 침해이고 실질적 조세법률주의에 위반된다(헌재 1997.10.30. 96헌바14).

2. 대통령령이 정하는 고급오락장

고급주택, 고급오락장이 무엇인지 하는 것은 취득세 중과세요건의 핵심적 내용을 이루는 본질적이고도 중요한 사항임에도 불구하고 그 기준과 범위를 구체적으로 확정하지도 않고 또 그 최저기준을 설정하지도 않고 단순히 '대통령령으로 정하는 고급주택' 또는 '대통령령으로 정하는 고급오락장'이라고 불명확하고 포괄적으로 규정하였으므로 이 조항들은 헌법상의 조세법률주의, 포괄위임입법금지원칙에 위배된다(헌재 1998.7.16. 96헌바52 등).

헌법 위반 아닌 것

1. 고급오락장 중과세

법에서 1,000분의 50의 중과율이 적용되는 재산세와 종합토지세의 대상을 유흥주점영업장을 비롯한 도박장·특수목욕장 기타 이와 유사한 용도에 사용되는 건축물과 그 부속토지라고 규정하여 그 용도와 유형을 명시하고 있고, 과세대상이 되는 고급오락장용 건축물과 부속토지의 구체적인 규모는 경제사정의 변화나 지역적 사정 등에 따라 그에 맞게 전문적인 집행기관인 행정부에서 대통령령으로 규정하도록 위임할 수 있다고 할 것이고, 그 대통령령에 규정될 사항의 범위도 어느 정도 대강 예측할 수 있다고 볼 수 있을 것이므로, 이 사건 법률조항은 조세법률주의와 포괄위임금지원칙에 어긋난다고 볼 수 없다(헌재 2003.12.18. 2002헌바16).

2. 대통령령이 정하는 **법인의 비업무용 토지** 취득세 중과세(헌재 2001.6.28. 2000헌바48)

3. 대통령령이 정하는 **골프장** 취득세 중과세(헌재 1999.2.25. 96헌바64)

4. 수증자가 증여받은 재산을 증여자에게 반환하는 경우, 증여받은 때부터 1년이 도과한 경우에는 반환에 대하여 증여세를 부과하도록 한 구 상속세법

증여계약의 합의해제에 의하여 당초의 증여자에게 실질적인 재산의 증가가 없다는 것은 사실적 측면에서 본 피상적 결과에 불과하고, 앞에서 살핀 바와 같이 합의해제에 의하여 증여재산을 반환하는 행위는 원래의 증여와는 또 다른 별개의 새로운 증여라고 볼 수밖에 없고, 이는 원래의 증여와 과세대상도 다르다는 점 등의 사정에 비추어 보면, 결국 합의해제에 의한 반환이 이루어진 경우 법률적인 측면은 물론 경제적인 측면에서도 이를 가리켜 당초 증여자의 재산상태에 변동이 없는 것이라고 말할 수는 없으며, 달리 실질적 조세법률주의에 반한다고 볼 만한 사정이 없다(헌재 2002.1.31. 2000헌바35).

5. 양도소득세 실지거래가액기준

이 사건 심판대상규정들에 의하여 실지거래가액 기준으로 양도차익을 산정하는 것은 일반지역보다 훨씬 많은 양도차익이 발생하는 지역에 대하여 소득의 탈루를 방지하고 동시에 부동산의 투기적 거래나 위법적인 거래를 방지하려는 공익을 실현하는 데 있어 매우 중요한 역할을 한다. 따라서 이 사건 심판대상규정들은 그 목적이나 내용이 기본권 보장의 헌법이념과 이를 뒷받침하는 헌법상 요구되는 제 원칙에 합치되지 않는 사정이 엿보이지 않으므로 실질적 조세법률주의에 위배되지 않는다(헌재 2009.3.26. 2007헌바43).

6. 양도소득세 면제범위

투기적 목적이 없는 '1세대 1주택' 양도의 범위를 법률로써 모두 규율하는 것은 불가능하거나 부적당하므로 이 사건 규정이 양도소득세가 면제되는 '1세대 1주택' 양도의 구체적 범위를 대통령령으로 정하도록 위임한 것은 정당하고, 이 사건 규정은 그 입법목적이나 위임배경 등을 참작하여 양도소득세가 면제되는 '1세대 1주택'의 범위만을 구체적으로 정하도록 대통령령에 위임하고 있어서 대통령령으로 정하여질 사항은 주택의 보유기간이나 일시적인 다주택소유의 문제 등 투기적 목적의 인정 여부와 관계되는 사항이 될 것임을 쉽게 예측할 수 있으므로 이 사건 규정이 포괄적 위임에 해당한다고는 볼 수 없다(헌재 1997.2.20. 95헌바27).

판례 근로소득의 범위

구 소득세법 제21조 제1항 제1호 가목은 소득세의 과세대상이 되는 근로소득의 범위에 관하여 '근로의 제공으로 인하여 받는 봉급·급료·보수·세비·임금·상여·수당과 이와 유사한 성질의 급여'라고 규정하고 있다. 위 법률조항은 과세대상으로 삼고자 하는 급여의 범위를 근로의 제공으로 인하여 받는 것에 한정하여 일정한 범위로 제한하면서 동시에 그 대표적이고 전형적인 사례로 근로의 제공으로 인하여 받는 봉급 등 몇 가지를 열거하고 있어 '이와 유사한 성질의 급여' 부분의 의미가 명확하다(헌재 2002.9.19. 2001헌바74 등).

7. '타인의 명의로 재산의 등기 등을 한 경우'가 명의신탁이 조세회피의 목적으로 이용되는 경우에 증여세를 부과하도록 규정한 것

증여를 은폐하는 수단으로 명의신탁을 이용한 경우에 이를 제재하는 하나의 방법으로, 조세회피의 목적이 인정되는 제한적인 범위 내에서, 증여세를 부과하는 것은 조세정의와 조세의 공평을 실현하기 위한 적절한 방법으로서 그 합리성이 인정되므로 실질과세의 원칙에 대한 예외로서 허용할 수 있다(헌재 2005.6.30. 2004헌바40 등).

8. 과세물품을 '휘발유·경유 및 이와 유사한 대체유류'로 정한 교통·에너지·환경세법에서 대체유류에 해당하는 유사석유제품 제조자에게 석유제품 제조자와 마찬가지로 과세표준을 제조량으로 하여 교통·에너지·환경세를 부과한 것

과세물품조항과 납세의무자조항이 유사석유제품 제조자와 석유제품 제조자 모두에게 교통·에너지·환경세를 과세하면서 동일하게 제조량을 과세표준으로 삼은 것은 조세평등주의에 위배되지 아니한다(헌재 2014.7.24. 2013헌바77).

9. 농지 양도소득세 감면요건으로서 경작

농지대토로 인한 양도소득세 감면에 있어 그 감면 여부를 좌우하는 결정적인 관점은 '과연 납세의무자가 해당 농지를 직접 경작하였는가'이므로, 그 직접 경작 여부에 따라 조세감면이란 법적 효과를 동일하게 누리게 할 필요성이 크다. 따라서 심판대상조항이 대토감면제도를 규율함에 있어 국방의 의무 이행에 대한 예외규정을 두지 않았다고 하여 조세평등주의에 위배된다고 할 수 없다(헌재 2015.5.28. 2014헌바261 등).

10. 배우자로부터 증여를 받은 때에 '300만원에 결혼년수를 곱하여 계산한 금액에 3천만원을 합한 금액'을 증여세 과세가액에서 공제하도록 규정한 구 상속세법

이 사건 증여재산공제조항은 결혼년수에 비례한 금액을 공제액으로 인정하여 배우자의 재산형성과정의 기여도를 어느 정도 참작하고 있다. 이 사건 증여재산공제조항은 부부간 증여의 경우 일정한 혜택을 부여한 규정이고, 남녀를 구별하지 않고 적용되는 규정이므로, 헌법상 혼인과 가족생활 보장 및 양성의 평등원칙에 반한다고 할 수도 없다(헌재 2012.12.27. 2011헌바132).

11. 대주주가 상장주식을 양도한 경우에 양도소득세를 부과하는 구 소득세법

'대주주'와 관련된 구 소득세법의 다른 개별규정 등을 아울러 유기적·체계적으로 종합해 보면, 누구라도 이 사건 법률조항으로부터 대통령령에 규정될 '대주주' 범위의 대강을 충분히 예측할 수 있다 할 것이므로 이 사건 법률조항은 조세법률주의 및 포괄위임입법금지원칙에 위배되지 아니한다(헌재 2015.7.30. 2013헌바460).

12. 개발비용으로 계상되는 세액의 범위

개발이익환수에 관한 법률 제12조 제1항은 개발부담금 산정시 개발이익에서 공제하는 개발비용으로 양도소득세를 인정하면서, 부과개시시점 후 개발부담금의 부과 전에 토지 또는 사업의 양도 등으로 인하여 발생한 소득에 대하여 양도소득세가 부과된 경우에는 당해 세액 중 부과개시시점부터 양도 등의 시점까지에 상당하는 세액을 같은 법 제11조의 개발비용에 계상할 수 있다고 규정하고 있고, 같은 법 제12조 제2항은 대통령령으로 위임하는 내용을 '그 개발비용으로 계상되는 세액의 범위 등'이라고 규정하고 있다. 따라서 위와 같은 법률규정으로부터 납부의무자는 대통령령에 규정될 내용이 토지의 양도시기, 즉 부과종료시점 이전인지 이후인지에 따라 개발비용으로 계상되는 양도소득세의 세액범위와, 개발비용으로 계상되는 세액의 산정방법 등이 될 것임을 쉽게 예측할 수 있다고 할 것이므로 법 제12조 제2항이 조세법률주의에 준하는 원칙과 포괄위임입법금지의 원칙에 위반된다고 할 수 없다(헌재 2009.12.29. 2008헌바171).

13. 누구든지 식품등의 명칭·제조방법·성분 등 대통령령으로 정하는 질병의 예방·치료에 효능이 있는 것으로 인식할 우려가 있는 표시 또는 광고를 금지하는 식품 등의 표시·광고에 관한 법률

기술의 발전 및 건강에 대한 관심으로 질병의 예방·치료에 효능이 있는 식품 및 건강기능식품 시장은 빠르게 변화하고, 계속해서 새로운 제품들이 등장하며, 온라인판매 등 식품 판매의 경로가 다변화됨에 따라 표시·광고의 내용과 기법 역시 다양해지고 계속해서 빠르게 변화하고 있다. 이러한 상황을 고려하면, 변화를 신속하게 반영할 수 있도록 금지되는 표시·광고의 구체적인 내용 등을 하위법령에 위임할 필요성이 인정된다. 또한, 입법목적, 각 호에 명시된 부당한 표시·광고의 핵심내용, 예시 등을 고려하면, 금지되는 표시·광고의 대상 및 범위, 내용 등을 충분히 예상할 수 있다. 따라서 이 사건 법률조항은 포괄위임금지원칙에 위반되어 청구인의 직업의 자유 및 표현의 자유를 침해하지 않는다(헌재 2022.12.22. 2019헌마1328).

02 예산 관련 권한

1. 예산의 의의

> **헌법 제54조【예산안 심의·확정, 의결기간 도과시의 조치】** ① 국회는 국가의 예산안을 심의·확정한다.
> ② 정부는 회계연도마다 예산안을 편성하여 회계연도 개시 90일 전까지 국회에 제출하고, 국회는 회계연도 개시 30일 전까지 이를 의결하여야 한다.
> ③ 새로운 회계연도가 개시될 때까지 예산안이 의결되지 못한 때에는 정부는 국회에서 예산안이 의결될 때까지 다음의 목적을 위한 경비는 전년도 예산에 준하여 집행할 수 있다.
> 1. 헌법이나 법률에 의하여 설치된 기관 또는 시설의 유지·운영
> 2. 법률상 지출의무의 이행
> 3. 이미 예산으로 승인된 사업의 계속
>
> **제55조【계속비·예비비】** ① 한 회계연도를 넘어 계속하여 지출할 필요가 있을 때에는 정부는 연한을 정하여 계속비로서 국회의 의결을 얻어야 한다.
> ② 예비비는 총액으로 국회의 의결을 얻어야 한다. 예비비의 지출은 차기국회의 승인을 얻어야 한다.
>
> **제56조【추가경정예산】** 정부는 예산에 변경을 가할 필요가 있을 때에는 추가경정예산안을 편성하여 국회에 제출할 수 있다.
>
> **제57조【지출예산 각 항 증액과 새비목설치금지】** 국회는 정부의 동의 없이 정부가 제출한 지출예산 각 항의 금액을 증가하거나 새 비목을 설치할 수 없다.

(1) 예산의 개념

예산이란 1회계연도에 있어서 국가의 세입·세출의 예산준칙을 정한 것으로서 국회의 의결로 성립되는 법규범의 일종이다.

(2) 예산의 형식

① **종류**: 예산은 법률의 형식으로 의결하는 법률주의와 법률과는 다른 특수한 형식으로 의결하는 비법률주의가 있다. 예산법률주의를 채택하고 있는 나라는 미국, 영국, 독일, 프랑스 등이 있으며, 예산비법률주의(특수의결주의)를 채택하고 있는 나라는 일본, 스위스, 우리나라 등이 있다.

② **우리나라**: 우리 헌법 제54조는 제53조의 법률제정절차와 다르게 예산성립절차를 규정하고 있어 예산비법률주의를 채택하고 있다. 따라서 예산법률주의를 채택하려면 헌법을 개정해야 한다.

(3) 예산의 효력

예산은 국가기관을 법적으로 구속하는 법규범이다. 다만, 일반국민을 구속하지는 못한다. 즉, 예산으로 부터 국민의 금전납부의무 또는 급부를 청구할 권리는 도출되지 않는다. 국민은 예산에 의해 기본권이 침해될 수 없으므로 예산은 헌법소원의 대상이 되지 않는다.

(4) 예산과 법률의 구별 ★★

구분	예산	법률
형식	법률과 별개의 국법형식	입법의 형식
제출시한	회계연도 개시 90일 전까지	제한 없음.
제출권자	정부	국회의원(10명)과 정부
수정	삭감 가능. 그러나 정부의 동의 없는 증액·신설 불가 (수정시 50명 동의)	자유로움. (수정시 30명 동의)
성립요건	국회의결	국회의결
의결정족수	일반정족수	일반정족수
대통령거부권	없음.	있음.
효력발생요건	공포가 효력발생요건 × (관보에 공고만 하면 됨)	공포가 효력발생요건
효력발생시기	새로운 회계연도 개시일	공포한 날로부터 20일
시간적 효력	해당 회계연도만	폐지시까지
장소적 효력	외국공관에서도 효력발생	외국공관에서는 효력발생 ×
구속력	국가기관만	국민과 국가기관
헌법소원대상	×	○

(5) 예산과 법률의 관계 ★★

① **상호불변관계**: 예산비법률주의에서는 예산과 법률은 성립절차와 규율대상이 다르므로 예산으로써 법률을 변경할 수 없고 법률로써 예산을 변경할 수 없다는 점에서 상호불변관계이다.

☑ **예산과 법률의 관계**

세출예산	법률	예산과 법률 불일치와 조정방법
○	×	➡ 예산 지출할 수 없음: 법률제정·개정
×	○	➡ 예산 지출할 수 없음: 추가경정예산, 예비비, 법률 시행 연기

세입예산	법률	조세 부과 여부
×	○	➡ 조세를 부과할 수 있음.
○	×	➡ 조세를 부과할 수 없음.

② **세출예산**: 세출예산이 있는데 지출의 근거가 되는 법률규정이 없는 경우, 정부는 지출할 수 없다. 법률에 규정이 있으나 세출예산에 계상이 되어 있지 않은 경우, 국가는 지출할 수 없다. 이러한 점 에서 상호구속관계에 있다.

③ **세입예산**: 영구세주의에 따라 법률의 근거가 있는 한 세입예산을 초과하거나 예산에 계상되어 있지 않은 항목의 수납도 가능하다. 법률의 근거가 없다면 세입예산을 맞추기 위한 조세 부과는 허용되 지 않는다. 따라서 세입 관련 예산은 세출 관련 예산보다 국가구속력이 약하다.

④ **예산과 법률 불일치 사전예방수단**: 예산안과 근거법령을 동시에 제출하거나 국회에 출석·발언권을 활용하여 사전에 양자의 불일치를 예방해야 한다.

⑤ **예산과 법률의 불일치 사후조정수단**
  ㉠ 예산은 있는데 법률규정이 없는 경우에는 법률제정·개정을 통해 양자를 일치시킨다.
  ㉡ 지출할 법률규정은 있는데 예산이 없는 경우에는 법률시행을 연기하거나 추가경정예산·예비비를 통해 일치시킨다.

2. 예산의 구성과 종류

(1) 계속비

① 한 회계연도를 넘어 계속하여 지출할 필요가 있을 때에는 정부는 반드시 연한을 정하여 계속비로서 국회의 의결을 얻어야 한다.

② 완성에 수년이 필요한 공사나 제조 및 연구개발사업은 그 경비의 총액과 연부액을 정하여 미리 국회의 의결을 얻은 범위 안에서 수년도에 걸쳐서 지출하도록 하는 예산을 계속비라 하고, 지출할 수 있는 연한은 5년 이내로 한다. 다만, 사업규모 및 국가재원 여건을 고려하여 필요한 경우에는 예외적으로 10년 이내로 할 수 있다. 기획재정부장관은 필요하다고 인정하는 때에는 국회의 의결을 거쳐 지출연한을 연장할 수 있다(국가재정법 제23조).

(2) 예비비

① 정부는 예측할 수 없는 예산 외의 지출 또는 예산초과지출에 충당하기 위하여 일반회계 예산총액의 100분의 1 이내의 금액을 예비비로 세입세출예산에 계상할 수 있다(국가재정법 제22조). 따라서 반드시 예비비를 계상해야 하는 것은 아니다.

② 예비비는 총액으로 국회의 의결을 얻고 구체적 지출에 대하여는 차기국회의 승인을 얻어야 한다.

③ 만일 국회의 승인을 얻지 못한 경우 지출행위의 효력에는 영향이 없지만, 정부는 정치적 책임을 진다.

(3) 추가경정예산

① 추가경정예산이란 예산이 성립한 후 발생된 사유에 의하여 예산을 변경할 필요가 있을 때 정부가 추가로 편성·제출하는 예산이다.

② **추가경정예산안의 편성**: 정부는 다음의 어느 하나에 해당하게 되어 이미 확정된 예산에 변경을 가할 필요가 있는 경우에는 추가경정예산안을 편성할 수 있다(국가재정법 제89조 제1항).
  ㉠ 전쟁이나 대규모 재해(재난 및 안전관리 기본법 제3조에서 정의한 자연재난과 사회재난의 발생에 따른 피해를 말한다)가 발생한 경우
  ㉡ 경기침체, 대량실업, 남북관계의 변화, 경제협력과 같은 대내·외 여건에 중대한 변화가 발생하였거나 발생할 우려가 있는 경우
  ㉢ 법령에 따라 국가가 지급하여야 하는 지출이 발생하거나 증가하는 경우

③ 정부는 국회에서 추가경정예산안이 확정되기 전에 이를 미리 배정하거나 집행할 수 없다(국가재정법 제89조 제2항).

(4) 수정예산안

수정예산안은 예산안이 국회에서 의결되기 전에 예산안 내용의 일부를 수정하여 제출하는 예산안이다.

국가재정법 제35조【국회제출 중인 예산안의 수정】정부는 예산안을 국회에 제출한 후 부득이한 사유로 인하여 그 내용의 일부를 수정하고자 하는 때에는 **국무회의의 심의를 거쳐** 대통령의 승인을 얻은 수정예산안을 국회에 제출할 수 있다.

(5) 준예산(임시예산)

헌법 제54조【의결기간 도과시의 조치】③ **새로운 회계연도가 개시될 때까지** 예산안이 의결되지 못한 때에는 정부는 국회에서 예산안이 의결될 때까지 다음의 목적을 위한 경비는 **전년도 예산에 준하여 집행할 수 있다.**
1. 헌법이나 법률에 의하여 설치된 기관 또는 시설의 유지 · 운영
2. 법률상 지출의무의 이행
3. 이미 예산으로 승인된 사업의 계속

☑ 준예산과 가예산의 비교

구분	기간 제한	국회 의결	지출항목	헌정사
준예산	제한 없음.	불필요	한정적	제2공화국 헌법 이후 채택
가예산	1개월	필요	전반적	제1공화국 헌법에서 채택

3. 예산의 성립절차

(1) 예산안의 제출

① 정부는 회계연도 개시 90일 전까지 예산안을 국회에 제출한다(헌법 제54조). 다만, 국가재정법에 따르면 정부는 같은 법 제32조의 규정에 따라 대통령의 승인을 얻은 예산안을 회계연도 개시 120일 전까지 국회에 제출하여야 한다(국가재정법 제33조).

② **독립기관의 예산편성**

국가재정법 제6조【독립기관 및 중앙관서】① 이 법에서 '독립기관'이라 함은 **국회 · 대법원 · 헌법재판소 및 중앙선거관리위원회를** 말한다.

제40조【독립기관의 예산】① 정부는 독립기관의 예산을 편성할 때 해당 독립기관의 장의 의견을 최대한 존중하여야 하며, 국가재정상황 등에 따라 조정이 필요한 때에는 해당 독립기관의 장과 미리 협의하여야 한다.
② 정부는 제1항의 규정에 따른 협의에도 불구하고 독립기관의 세출예산요구액을 감액하고자 할 때에는 국무회의에서 해당 독립기관의 장의 의견을 들어야 하며, 정부가 독립기관의 세출예산요구액을 감액한 때에는 그 규모 및 이유, 감액에 대한 독립기관의 장의 의견을 국회에 제출하여야 한다.

③ **감사원 예산편성**: 정부는 감사원의 세출예산요구액을 감액하고자 할 때에는 국무회의에서 감사원장의 의견을 들어야 한다(국가재정법 제41조).

④ **국회 예산편성**: 국회의장은 국회 소관 예산요구서를 작성하여 국회운영위원회의 심사를 거쳐 정부에 제출한다. 다만, 국가재정법에서 정한 예산요구서 제출기일 전일까지 국회운영위원회가 국회 소관 예산요구서의 심사를 마치지 못한 경우에는 의장은 직접 국회 소관 예산요구서를 정부에 제출할 수 있다(국회법 제23조 제2항).

⑤ 정부는 예산이 여성과 남성에게 미칠 영향을 미리 분석한 보고서를 작성하여야 한다(국가재정법 제26조 제1항).

(2) 국회에서의 예산안 심의와 의결절차

① **절차**: 예산안 소관 상임위원회 회부 및 심사 ➜ 의장에게 보고 ➜ 예산결산특별위원회 회부 및 심사 ➜ 본회의 부의

② **위원회 예산 관련 의안 심의기간**: 위원회는 예산안 · 기금운용계획안 · 임대형 민자사업 한도액안과 세입예산 부수 법률안의 심사를 매년 11월 30일까지 마쳐야 하고, 심사를 마치지 아니한 경우, 해당 의안은 그 다음 날에 본회의에 바로 부의된 것으로 간주한다(국회법 제85조의3).

③ **국회 의결**: 국회는 회계연도 개시 30일 전까지 예산안을 의결하여야 한다. 다만, 국회가 새로운 회계연도까지 예산안을 의결하지 아니한 경우에 정부는 준예산을 집행할 수 있다.

④ **예산안에 대한 대통령의 거부권은 없다**: 대통령은 법률안에 대해서는 거부권을 가지나 예산안에 대해서는 거부권을 가지지 않는다.

⑤ **공고**: 공고는 대통령이 하나, 예산의 효력발생요건은 아니다.

(3) 국회에서의 예산안 수정

① **예산결산특별위원회의 수정**: 소관 상임위원회에서 삭감한 세출예산 각 항의 금액을 증가하거나 새 비목을 설치할 경우 소관 상임위원회의 동의를 얻어야 한다. 소관 상임위원회에 회부된 때부터 72시간 이내에 동의 여부가 통지되지 아니한 경우 소관 상임위원회의 동의가 있는 것으로 본다.

② **정부의 예산안 수정**: 정부는 예산안을 수정하고자 할 때에 수정예산안을 국회에 제출할 수 있다(국가재정법 제35조).

③ **국회 수정**
  ㉠ 예산안에 대해 수정동의하려면 의원 50명 이상의 찬성을 얻어야 한다(국회법 제95조).
  ㉡ 국회는 예산안에 대해서 폐지 · 삭제 · 감액 등 소극적 수정은 가능하다. 그러나 헌법 제57조상 정부의 동의 없이 증액 또는 새로운 비목설치 등 적극적 수정은 할 수 없다.

4. 국회의 예산안 심의의 한계 ★★

(1) 예산안 심의 전면거부 불가

국회가 예산안을 부결하면 그 다음 해의 재정지출이 불가능하기 때문에 예산안에 대해 전면거부를 할 수 없으며 일부수정만이 가능하다.

(2) 조약이나 법률에 예산지출의무가 있는 경우

조약이나 법률로써 확정된 금액과 채무부담행위로서 전년도에 국회의 의결을 얻은 금액은 삭감할 수 없다.

5. 예산의 효력

(1) 시간적 효력

예산은 시간적으로 1년 동안 효력을 지닌다. 따라서 매 회계연도의 세출예산은 다음 연도에 이월하여 사용할 수 없다.

(2) 대인적 효력

① 예산은 법률과 달리 국가기관만을 구속하고 일반국민을 구속하지는 않는다.

② 각 중앙관서의 장은 세출예산이 정한 목적 외에 경비를 사용할 수 없다(국가재정법 제45조). 각 중앙관서의 장은 예산이 정한 각 기관 간 또는 각 장 · 관 · 항 간에 상호이용(移用)할 수 없다(국가재정법 제47조 제1항).

(3) 형식적 효력
① 예산으로써 법률을 변경할 수 없다. 법률로도 예산을 변경할 수 없다.
② 예산의 변경은 추가경정예산으로써 변경할 수 있다. 또한 긴급재정경제명령으로 예산을 변경하는 것은 가능하다.

(4) 세입예산과 세출예산의 효력
① 세입예산은 단순한 예측에 불과하여 법적 구속력이 희박하다.
② 그러나 세출예산은 지출목적, 지출한도, 지출시기를 한정하는 의미를 지니므로 국가의 재정행위를 구속한다.

03 결산심사권

1. 결산심사절차(국가재정법 제59조, 제60조, 제61조)
기획재정부장관 ➡ 국무회의 심의 ➡ 대통령 승인 ➡ 감사원 검사 ➡ 기획재정부장관에 송부 ➡ 정부, 다음 회계연도 5월 31일까지 국회에 제출

2. 국회의 결산 기능 강화

(1) 변상·징계조치요구
국회결산 심사 결과 정부·해당기관의 위법·부당한 사유가 있는 경우 변상·징계조치를 요구할 수 있고, 정부는 지체 없이 처리하여 결과를 국회에 보고해야 한다(국회법 제84조 제2항).

(2) 국회예산정책처 설립
예산결산·기금 및 재정운용조사와 분석을 하는 국회예산정책처를 국회의장 소속하에 둔다. 처장은 국회운영위원회의 동의를 얻어 국회의장이 임면한다(국회법 제22조의2).

04 기타 재정 관련 권한

1. 긴급재정경제처분·명령에 대한 승인권(헌법 제76조 제1항)

2. 예비비지출에 대한 승인권
예비비지출은 차기국회의 승인을 얻어야 한다(헌법 제55조 제2항).

3. 예산 외에 국가의 부담이 될 계약체결에 대한 의결권

> 헌법 제58조 【국채모집 등에 대한 의결권】 국채를 모집하거나 예산 외에 국가의 부담이 될 계약을 체결하려 할 때에는 정부는 **미리 국회의 의결**을 얻어야 한다.

4. 재정적 부담을 지우는 조약의 체결·비준에 대한 동의권

> 헌법 제60조 【조약·선전포고 등에 관한 동의】 ① 국회는 상호원조 또는 안전보장에 관한 조약, 중요한 국제조직에 관한 조약, 우호통상항해조약, 주권의 제약에 관한 조약, 강화조약, 국가나 국민에게 중대한 재정적 부담을 지우는 조약 또는 입법사항에 관한 조약의 체결·비준에 대한 동의권을 가진다.

제7절 국회의 헌법기관 구성의 권한

01 인사청문회

> **국회법 제46조의3【인사청문특별위원회】** ① 국회는 다음 각 호의 임명동의안 또는 의장이 각 교섭단체 대표의원과 협의하여 제출한 선출안 등을 심사하기 위하여 인사청문특별위원회를 둔다. 다만, 대통령직 인수에 관한 법률 제5조 제2항에 따라 대통령당선인이 국무총리 후보자에 대한 인사청문의 실시를 요청하는 경우에 의장은 각 교섭단체 대표의원과 협의하여 그 인사청문을 실시하기 위한 인사청문특별위원회를 둔다.
> 1. 헌법에 따라 그 임명에 국회의 동의가 필요한 대법원장·헌법재판소장·국무총리·감사원장 및 대법관에 대한 임명동의안
> 2. 헌법에 따라 국회에서 선출하는 헌법재판소 재판관 및 중앙선거관리위원회 위원에 대한 선출안
>
> **제65조의2【인사청문회】** ① 제46조의3에 따른 심사 또는 인사청문을 위하여 인사에 관한 청문회(이하 '인사청문회'라 한다)를 연다.
> ② 상임위원회는 다른 법률에 따라 다음 각 호의 어느 하나에 해당하는 공직후보자에 대한 인사청문요청이 있는 경우 인사청문을 실시하기 위하여 각각 인사청문회를 연다.
> 1. 대통령이 임명하는 헌법재판소 재판관, 중앙선거관리위원회 위원, 국무위원, 방송통신위원회 위원장, 국가정보원장, **공정거래위원회 위원장, 금융위원회 위원장, 국가인권위원회 위원장, 고위공직자범죄수사처장**, 국세청장, 검찰총장, 경찰청장, 합동참모의장, 한국은행 총재, 특별감찰관 또는 한국방송공사 사장의 후보자
> 2. 대통령당선인이 대통령직 인수에 관한 법률 제5조 제1항에 따라 지명하는 국무위원 후보자
> 3. 대법원장이 지명하는 헌법재판소 재판관 또는 중앙선거관리위원회 위원의 후보자

1. 인사청문의 대상 ★★★

(1) 국회인사청문특별위원회에서 인사청문하는 후보자

① 대상자

국회 동의를 받는 자	대법원장, 헌법재판소장, 국무총리, 감사원장, 대법관
국회에서 선출되는 자	㉠ 국회에서 선출되는 헌법재판소 재판관 3명 ㉡ 중앙선거관리위원회 위원 3명
대통령당선인으로부터 국무총리 후보자로 인사청문이 요청된 자	

② **재판관 후보자가 헌법재판소장을 겸하는 경우:** 헌법재판소 재판관 후보자가 대통령이 임명하는 자인 경우와 대법원장이 지명하는 자인 경우는 소관 상임위원회에서 인사청문을 실시해야 하나(국회법 제65조의2 제2항), 헌법재판소 재판관 후보자가 헌법재판소장 후보자를 겸하는 경우는 소관 상임위원회가 아닌 별도의 인사청문특별위원회가 인사청문회를 연다.

> **국회법 제65조의2【인사청문회】** ⑤ 헌법재판소 재판관 후보자가 헌법재판소장 후보자를 겸하는 경우에는 제2항 제1호에도 불구하고 제1항에 따른 인사청문특별위원회의 인사청문회를 연다. 이 경우 제2항에 따른 소관 상임위원회의 인사청문회를 겸하는 것으로 본다.

(2) 소관 상임위원회에서 인사청문하는 후보자

① 대법원장이 지명하는 헌법재판소 재판관 3명과 중앙선거관리위원회 위원 3명
② 대통령이 단독으로 임명하는 헌법재판소 재판관 3명과 중앙선거관리위원회 위원 3명

① 국무위원 후보자
② 방송통신위원회 위원장 후보자
③ 대통령당선인이 지명하는 국무위원 후보자

① 국가정보원장
② 국세청장
③ 검찰총장
④ 경찰청장
⑤ 합동참모의장의 후보자
⑥ 공정거래위원회 위원장
⑦ 금융위원회 위원장
⑧ 국가인권위원회 위원장
⑨ 고위공무원범죄수사처장
⑩ 한국은행총재
⑪ 특별감찰관의 후보자
⑫ 한국방송공사 사장의 후보자

(3) 인사청문대상자가 아닌 자

중앙선거관리위원회 위원장은 중앙선거관리위원회 위원으로서는 인사청문을 거치나 위원장은 위원 중에서 호선되므로 별도의 인사청문을 거치지 않는다. 국가인권위원회 위원, 감사위원도 인사청문대상자는 아니다.

2. 인사청문절차와 방법

(1) 인사청문특별위원회의 구성(인사청문회법 제3조)

① 인사청문특별위원회는 국회법에 그 근거가 있고 국회법 규정에 의한 특별위원회는 임명동의안 등이 국회에 제출된 때에 구성된다. 인사청문특별위원회는 임명동의안 등이 본회의에서 의결된 때 또는 인사청문경과가 본회의에 보고될 때까지 존속한다.
② 위원 정수는 13명이며, 교섭단체 대표의원의 요청으로 의장이 선임·개선한다. 어느 교섭단체에도 속하지 아니하는 의원의 위원 선임은 의장이 이를 행한다.
③ 위원장은 위원회에서 호선하고 본회의에 보고한다.

(2) 인사청문회의 기간

① **청문마감시한**: 국회는 임명동의안 등이 제출된 날부터 20일 이내에 심사 또는 청문을 마쳐야 하며(인사청문회법 제6조), 위원회는 임명동의안이 회부된 날부터 15일 이내에 인사청문회를 마쳐야 한다(인사청문회법 제9조).
② **인사청문기간**: 청문회 기간은 3일 이내로 한다. 위원회는 인사청문회를 마친 날부터 3일 이내 보고서를 의장에게 제출한다(인사청문회법 제9조).
③ **기간 내 인사청문회를 마치지 아니한 경우**
　㉠ **국회 동의 또는 선출이 필요한 자**: 국무총리나 대법원장 임명과 같이 국회 동의가 필요한 경우, 위원회에 회부된 때로부터 15일 이내 인사청문회를 마치지 아니한 경우 의장이 본회의에 부의할 수 있다.
　㉡ **국회 동의 또는 선출이 필요 없는 자**: 인사청문경과보고서가 20일 이내에 송부되지 않은 경우 대통령은 10일 이내의 범위에서 송부해 줄 것을 요청할 수 있고, 국회가 송부하지 아니한 경우에는 헌법재판소 재판관 등을 임명할 수 있다.

(3) 인사청문회 절차

① **위원질의**: 위원회에서의 질의는 1문1답의 방식으로 한다. 다만, 위원회의 의결이 있는 경우 일괄질의 등 다른 방식으로 할 수 있다. 위원이 공직후보자에 대하여 질의하고자 하는 경우에는 질의요지서를 구체적으로 작성하여 인사청문회개회 24시간 전까지 위원장에게 제출하여야 한다. 이 경우 위원장은 지체 없이 질의요지서를 공직후보자에게 송부하여야 한다(인사청문회법 제7조 제4항·제5항).

② **증인 등 출석요구**: 위원회가 증인·감정인·참고인의 출석요구를 한 때에는 그 출석요구서가 늦어도 출석요구일 5일 전에 송달되도록 하여야 한다(인사청문회법 제8조).

③ **자료제출요구**: 위원회는 그 의결 또는 재적의원 3분의 1 이상의 요구로 공직후보자의 인사청문과 직접 관련된 자료의 제출을 국가기관·지방자치단체, 기타 기관에 대하여 요구할 수 있다(인사청문회법 제12조 제1항).

④ **인사청문회 공개**: 인사청문회는 공개한다. 다만, 다음의 하나에 해당하는 경우에는 위원회의 의결로 공개하지 아니할 수 있다(인사청문회법 제14조).

  ㉠ 군사·외교 등 국가기밀에 관한 사항으로서 국가의 안전보장을 위하여 필요한 경우

  ㉡ 개인의 명예나 사생활을 부당하게 침해할 우려가 명백한 경우

  ㉢ 기업 및 개인의 적법한 금융 또는 상거래 등에 관한 정보가 누설될 우려가 있는 경우

  ㉣ 계속(繫屬) 중인 재판 또는 수사 중인 사건의 소추에 영향을 미치는 정보가 누설될 우려가 명백한 경우

  ㉤ 기타 다른 법령에 의해 비밀이 유지되어야 하는 경우로서 비공개가 필요하다고 판단되는 경우

⑤ **답변거부**: 공직후보자는 국회에서의 증언·감정 등에 관한 법률 제4조 제1항 단서의 규정에 해당하는 경우에는 답변 또는 자료제출을 거부할 수 있다. 공직후보자는 형사소송법 제148조(형사상 자기나 근친자 불리한 증언거부) 또는 제149조(변호사 등의 업무상 비밀)의 규정에 해당하는 경우에 답변 또는 자료제출을 거부할 수 있다. 이 경우 그 거부이유는 소명하여야 한다(인사청문회법 제16조).

⑥ **공직후보자 지원**: 국가기관은 인사청문회법에 따른 공직후보자에게 인사청문에 필요한 최소한의 행정적 지원을 할 수 있다(인사청문회법 제15조의2).

⑦ **본회의 보고**: 위원장은 위원회에서 심사 또는 인사청문을 마친 임명동의안 등에 대한 위원회의 심사경과 또는 인사청문경과를 본회의에 보고한다. 의장은 국회법 제65조의2 제2항의 규정에 의한 공직후보자에 대한 인사청문경과가 본회의에 보고되면 지체 없이 인사청문경과보고서를 대통령·대통령당선인 또는 대법원장에게 송부하여야 한다. 다만, 인사청문을 마친 후 폐회 또는 휴회 그 밖의 부득이한 사유로 위원장이 인사청문경과를 본회의에 보고할 수 없을 때에는 위원장은 이를 의장에게 보고하고 의장은 인사청문경과보고서를 대통령·대통령당선인 또는 대법원장에게 송부하여야 한다(인사청문회법 제11조).

3. 인사청문 결과가 대통령의 국가기관 임명권을 구속하는지 여부

인사청문의 결과는 대통령을 법적으로 구속하지는 않는다. 다만, 국회가 인사청문 결과 후보자가 그 지위에 적합성이 없다고 결정하였는데도 대통령이 후보자를 임명한 경우 그 민주적 정당성이 약화되고 국회와의 업무협조과정에서 어려움을 겪을 수밖에 없다.

> **판례 | 인사청문의 결과는 대통령을 법적으로 구속하지 않는다.**
>
> 대통령은 그의 지휘·감독을 받는 행정부 구성원을 임명하고 해임할 권한(헌법 제78조)을 가지고 있으므로, 국가정보원장의 임명행위는 헌법상 대통령의 고유권한으로서 법적으로 국회 인사청문회의 견해를 수용해야 할 의무를 지지는 않는다. 따라서 대통령은 국회 인사청문회의 판정을 수용하지 않음으로써 국회의 권한을 침해하거나 헌법상 권력분립원칙에 위배되는 등 헌법에 위반한 바가 없다. 결국 대통령이 국회인사청문회의 결정이나 국회의 해임건의를 수용할 것인지의 문제는 대의기관인 국회의 결정을 정치적으로 존중할 것인지의 문제이지 법적인 문제가 아니다. 따라서 대통령의 이러한 행위는 헌법이 규정하는 권력분립구조 내에서의 대통령의 정당한 권한 행사에 해당하거나 또는 헌법규범에 부합하는 것으로서 헌법이나 법률에 위반되지 아니한다(헌재 2004.5.14. 2004헌나1).

02 국회의 국가기관의 구성권

국회는 국무총리, 대법원장, 헌법재판소장, 감사원장, 대법관 임명에 대한 동의권한을 가지며, 헌법재판소 재판관 3명과 중앙선거관리위원회 위원 3명을 선출할 권한을 가진다.

제8절 국회의 국정통제권한

01 국정통제권의 의의

국정통제권이란 의회가 의회 이외의 국가기관들을 감시·비판·견제할 수 있는 권한을 뜻한다.

02 탄핵소추권 ***

> **헌법 제65조【탄핵소추권과 그 결정의 효력】** ① 대통령·국무총리·국무위원·행정각부의 장·헌법재판소 재판관·법관·**중앙선거관리위원회 위원**·감사원장·**감사위원** 기타 법률이 정한 공무원이 그 직무집행에 있어서 헌법이나 법률을 위배한 때에는 국회는 탄핵의 소추를 의결할 수 있다.
> ② 제1항의 탄핵소추는 국회 재적의원 3분의 1 이상의 발의가 있어야 하며 그 의결은 국회 재적의원 과반수의 찬성이 있어야 한다. 다만, 대통령에 대한 탄핵소추는 국회 재적의원 과반수의 발의와 국회 재적의원 3분의 2 이상의 찬성이 있어야 한다.
> ③ 탄핵소추의 의결을 받은 자는 탄핵심판이 있을 때까지 그 권한 행사가 정지된다.
> ④ 탄핵결정은 공직으로부터 파면함에 그친다. 그러나 이에 의하여 민사상이나 형사상의 책임이 면제되지는 아니한다.

1. 탄핵제도의 개념

(1) 개념

탄핵이란 일반적인 사법절차에 의하여 징계하기가 곤란한 고위공직자나 법관 등 신분이 보장된 공무원이 직무상 중대한 비위를 범한 경우에 의회가 소추하여 처벌 또는 파면하는 제도를 말한다. [권영성]

(2) 탄핵제도의 특징

① 현행헌법상 탄핵제도는 형사재판적 성질이 아니고 미국·독일 등과 마찬가지로 징계적 처벌의 성질을 갖는다.

② 의원내각제에서는 내각불신임제도가 있기 때문에 유명무실한 제도이나 대통령제하에서는 어느 정도 의의가 남아 있다.

(3) 탄핵제도의 연혁

탄핵제도는 그리스에서 연원하나, 근대적 의미의 탄핵제도는 영국의 1805년 Melville 사건에서 시작되었다.

2. 탄핵소추기관과 심판기관의 연혁

구분	탄핵소추 의결	심판기관
제헌헌법	국회의원 재적 3분의 2 출석, 출석 3분의 2 찬성	탄핵재판소
제3차 개정헌법	양원에서 각각 그 재적의원 과반수의 찬성	헌법재판소
제5차 개정헌법	재적의원 과반수 찬성(제6차 개정으로 대통령에 대한 요건 강화)	탄핵심판위원회
제7차 개정헌법	현행헌법과 동일	헌법위원회
제8차 개정헌법		

3. 탄핵소추대상자

(1) 헌법규정상의 탄핵소추대상자

대통령, 국무총리, 국무위원, 행정각부의 장, 헌법재판소 재판관, 법관, 중앙선거관리위원회 위원, 감사원장, 감사위원, 기타 법률이 정한 공무원

(2) 그 밖의 탄핵소추대상자

① 탄핵법이 아직 제정되어 있지 않아 헌법규정대상자가 법률에 의해 구체화되어 있지 않으나, 헌법의 탄핵대상자는 예시적이므로 법률로 추가할 수 있다.

② 개별법에서는 경찰청장과 방송통신위원회 위원장도 탄핵대상자로 규정하고 있다.

③ 고위공직자범죄수사처 처장, 차장, 수사처 검사는 탄핵이나 금고 이상의 형을 선고받은 경우를 제외하고는 파면되지 아니하며, 징계처분에 의하지 아니하고는 해임·면직·정직·감봉·견책 또는 퇴직의 처분을 받지 아니한다(고위공직자범죄수사처 설치 및 운영에 관한 법률 제14조).

④ 검사는 탄핵이나 금고 이상의 형을 선고받은 경우를 제외하고는 파면되지 아니하며, 징계처분이나 적격심사에 의하지 아니하고는 해임·면직·정직·감봉·견책 또는 퇴직의 처분을 받지 아니한다(검찰청법 제37조).

⑤ 각급 선거관리위원회의 위원은 탄핵결정으로 파면될 수 있다(선거관리위원회법 제9조).

(3) 탄핵대상이 되지 않는 자

국회의원

4. 탄핵소추의 사유

(1) 직무집행에 있어서

① **직무관련성의 개념**: 탄핵소추의 사유는 직무집행과 관련된 것이어야 한다. 직무집행과 관계가 없는 사생활은 탄핵의 대상이 될 수 없다.

> **⚖️ 판례**
>
> **직무집행에 있어서의 직무란**, 법제상 소관 직무에 속하는 고유 업무 및 통념상 이와 관련된 업무를 말한다. 따라서 직무상의 행위란, 법령·조례 또는 행정관행·관례에 의하여 그 지위의 성질상 필요로 하거나 수반되는 모든 행위나 활동을 의미한다. 이에 따라 대통령의 직무상 행위는 법령에 근거한 행위뿐만 아니라, 대통령의 지위에서 국정수행과 관련하여 행하는 모든 행위를 포괄하는 개념으로서, 예컨대 각종 단체·산업현

장 등 방문행위, 준공식·공식만찬 등 각종 행사에 참석하는 행위, 대통령이 국민의 이해를 구하고 국가정책을 효율적으로 수행하기 위하여 방송에 출연하여 정부의 정책을 설명하는 행위, 기자회견에 응하는 행위 등을 모두 포함한다(헌재 2004.5.14. 2004헌나1).

② **취임 전 행위**: 취임 전 행위는 탄핵소추의 사유가 되지 아니한다는 견해와 탄핵소추의 사유가 된다는 견해가 대립하고 있다. 헌법재판소는 대통령 당선 후 취임시까지의 기간에 이루어진 대통령 당선자의 행위는 탄핵소추의 사유가 될 수 없다(헌재 2004.5.14. 2004헌나1)고 하여 취임 전 행위는 탄핵소추 사유에 해당하지 않는다는 입장이다.

(2) 헌법이나 법률을 위반한 행위

① **규범적 절차**: 헌법은 탄핵소추사유를 '헌법이나 법률을 위배한 경우'라고 명시하고 헌법재판소가 탄핵심판을 관장하게 함으로써 탄핵절차를 정치적 심판절차가 아닌 규범적 심판절차로 규정하고 있다(헌재 2017.3.10. 2016헌나1).

② **헌법·법률의 범위**: 헌법은 형식적 의미의 헌법뿐 아니라 헌법적 관행도 포함하고 여기에서 법률은 형사법에 한정되지 않고 형식적 의미의 법률뿐 아니라 법률과 동일한 효력을 가지는 국제조약, 일반적으로 승인된 국제법규, 긴급명령 등을 포함한다.

⚖ 판례

탄핵결정은 대상자를 공직으로부터 파면함에 그치고 형사상 책임을 면제하지 아니한다(헌법 제65조 제4항)는 점에서 탄핵심판절차는 형사절차나 일반징계절차와는 성격을 달리한다. 헌법 제65조 제1항이 정하고 있는 탄핵소추사유는 '공무원이 그 직무집행에 있어서 헌법이나 법률을 위배한' 사실이고, 여기에서 법률은 형사법에 한정되지 아니한다(헌재 2017.3.10. 2016헌나1).

③ **부당한 행위 제외**: 헌법이나 법률을 위반한 때에 국한되기 때문에 헌법이나 법률의 해석을 그르친 행위, 위법정도에 이르지 않는 불합리하거나 부당한 정책결정행위, 정치적 무능력으로 야기되는 행위 등은 탄핵의 사유가 되지 아니한다. 헌법재판소는 대통령의 불성실한 직책 수행과 경솔한 국정운영으로 인한 정국의 혼란 및 경제파탄은 헌법이나 법률에 위반한 때에 해당하지 않아 탄핵소추 사유가 될 수 없다고 한다(헌재 2004.5.14. 2004헌나1).

④ **불성실한 직무수행**: 대통령의 '성실한 직책수행의무'는 헌법적 의무에 해당하나, '헌법을 수호해야 할 의무'와는 달리, 규범적으로 그 이행이 관철될 수 있는 성격의 의무가 아니므로, 원칙적으로 사법적 판단의 대상이 될 수 없다고 할 것이다(헌재 2004.5.14. 2004헌나1).

(3) 위반한 때

고의·과실에 의한 위법행위뿐 아니라 법의 무지로 인한 위법행위도 포함된다.

(4) 국회는 탄핵소추 의결을 해야 할 헌법상의 의무를 지지 않는다.

⚖ 판례

국회에게 대통령의 헌법 등 위배행위가 있을 경우에 탄핵소추 의결을 하여야 할 헌법상의 작위의무가 있다거나 청구인에게 탄핵소추 의결을 청구할 헌법상 기본권이 있다고 할 수 없으므로, 국회의 탄핵소추 의결의 부작위는 헌법소원의 대상이 되는 공권력의 불행사에 해당한다고 할 수 없다(헌재 1996.2.29. 93헌마186).

5. 탄핵소추의 발의와 의결

(1) 발의 · 의결정족수

① **일반대상자**: 재적의원 3분의 1 이상 발의, 재적의원 과반수 찬성

② **대통령**: 재적의원 과반수 발의, 재적의원 3분의 2 이상 찬성

(2) 발의 · 의결절차(국회법 제130조, 제131조)

법제사법위원회에 회부하기로 의결 ○	법제사법위원회에 회부하기로 의결 ×
탄핵소추 발의 ↓ 본회의 보고 ↓ 법제사법위원회 회부 ↓ 법제사법위원회 조사 ↓ 본회의 의결	탄핵소추 발의 ↓ 본회의 보고 ↓ 본회의 보고된 때로부터 24~72시간 이내 무기명투표 표결 ↓ 기간 내 표결하지 아니한 때 탄핵소추안 폐기

> **판례 | 국회가 탄핵소추를 할 때, 소추사유에 대한 조사**
>
> 국회가 탄핵소추를 하기 전에 소추사유에 관하여 충분한 조사를 하는 것이 바람직하나, 국회법 제130조 제1항에 의하면 '탄핵소추의 발의가 있은 때에는 … 본회의는 의결로 법제사법위원회에 회부하여 조사하게 할 수 있다'고 하여, 조사의 여부를 국회의 재량으로 규정하고 있으므로, 이 사건에서 국회가 별도의 조사를 하지 않았다 하더라도 헌법이나 법률을 위반하였다고 할 수 없다(헌재 2004.5.14. 2004헌나1).

6. 탄핵소추

> **국회법 제134조【소추의결서의 송달과 효과】** ① 탄핵소추가 의결되었을 때에는 의장은 지체 없이 소추의결서 정본(正本)을 법제사법위원장인 소추위원에게 송달하고, 그 등본(謄本)을 헌법재판소, 소추된 사람과 그 소속 기관의 장에게 송달한다.
> ② 소추의결서가 송달되었을 때에는 소추된 사람의 권한 행사는 정지되며, 임명권자는 소추된 사람의 사직원을 접수하거나 소추된 사람을 해임할 수 없다.
>
> **헌법재판소법 제53조【결정의 내용】** ② 피청구인이 결정 선고 전에 해당 공직에서 파면되었을 때에는 헌법재판소는 심판청구를 기각하여야 한다.

(1) 탄핵소추위원

국회 법제사법위원회 위원장(헌법재판소법 제49조)

(2) 소추절차

① **국회 탄핵소추 의결**: 본회의의 탄핵소추 의결은 소추대상자의 성명 · 직위 및 탄핵소추의 사유를 표시한 문서로 하여야 한다(국회법 제133조).

② **등본 송달**: 의장은 소추의결서 정본을 법제사법위원장에게 송달하고, 그 등본을 헌법재판소, 소추된 사람과 그 소속 기관의 장에게 송달한다(국회법 제134조 제1항).

(3) 소추의결서 송달효과

① **권한 행사 정지시점**: 탄핵소추의결서가 피소추자에게 송달되면 피소추자의 권한 행사는 정지된다. 탄핵소추의 효과로서 권한 행사 정지시기는 탄핵소추 의결시점이 아니라 소추의결서가 피소추자에게 송달된 때이고, 권한행사 정지효력 종료시점은 탄핵결정서의 송달일이 아니라 종국결정일이다.

② **효과**: 임명권자는 소추된 사람의 사직원을 접수하거나 해임할 수 없다(국회법 제134조 제2항). 사직원 접수·해임하더라도 법적 효과가 발생하지 않으므로 탄핵심판을 진행하여 탄핵결정을 할 수 있다.

③ **파면된 경우**: 임명권자는 피소추자를 파면할 수 있으며 파면한 경우에 헌법재판소는 탄핵심판에 대해 기각결정을 해야 한다(헌법재판소법 제53조 제2항). 탄핵심판으로는 피소추자를 파면하는 결정을 할 수 있을 뿐이므로 당사자가 다른 절차에 의해서 파면을 당한 경우에는 심판절차를 더 이상 진행할 필요가 없기 때문이다.

7. 헌법재판소의 탄핵심판절차

(1) 심리방식

> **헌법재판소법 제30조【심리의 방식】** ① 탄핵의 심판, 정당해산의 심판 및 권한쟁의의 심판은 구두변론에 의한다.

(2) 자료제출요구

> **헌법재판소법 제32조【자료제출요구 등】** 재판부는 결정으로 다른 국가기관 또는 공공단체의 기관에 심판에 필요한 사실을 조회하거나, 기록의 송부나 자료의 제출을 요구할 수 있다. 다만, 재판·소추 또는 범죄수사가 진행 중인 사건의 기록에 대하여는 송부를 요구할 수 없다.

(3) 심판공개

> **헌법재판소법 제34조【심판의 공개】** ① 심판의 변론과 결정의 선고는 공개한다. 다만, 서면심리와 평의(評議)는 공개하지 아니한다.

(4) 소추위원

> **헌법재판소법 제49조【소추위원】** ① 탄핵심판에서는 국회 법제사법위원회의 위원장이 소추위원이 된다.
> ② 소추위원은 헌법재판소에 소추의결서의 정본을 제출하여 탄핵심판을 청구하며, 심판의 변론에서 피청구인을 신문할 수 있다.

(5) 심판절차정지

> **헌법재판소법 제51조【심판절차의 정지】** 피청구인에 대한 탄핵심판청구와 동일한 사유로 형사소송이 진행되고 있는 경우에는 재판부는 심판절차를 정지할 수 있다.

(6) 당사자가 불출석한 경우

> **헌법재판소법 제52조【당사자의 불출석】** ① 당사자가 변론기일에 출석하지 아니하면 다시 기일을 정하여야 한다.
> ② 다시 정한 기일에도 당사자가 출석하지 아니하면 그의 출석 없이 심리할 수 있다.

8. 탄핵심판의 결정유형

> **헌법재판소법 제53조【결정의 내용】** ① 탄핵심판청구가 이유 있는 경우에는 헌법재판소는 피청구인을 해당 공직에서 파면하는 결정을 선고한다.

① **정족수**: 적법성요건이 충족되지 못하면 각하결정을 하고 적법성요건이 충족된 경우 본안판단을 한다. 탄핵결정에는 6명 이상 재판관의 찬성이 필요하며 탄핵결정의 정족수에 이르지 못한 경우 기각결정을 한다.
② **탄핵결정사유**: 헌법재판소법 제53조 제1항의 탄핵심판의 이유가 있는 때란 모든 법 위반의 경우가 아니라 공직자의 파면을 정당화할 정도로 중대한 법 위반의 경우를 말한다는 것이 헌법재판소 판례이다. 특히 대통령이 탄핵소추된 경우에는 파면의 결정효과가 지대하기 때문에 파면을 결정하기 위해서는 중대한 법 위반이 존재해야 한다고 하였다.

9. 탄핵결정의 효과

(1) 파면

① 탄핵결정은 피소추자를 공직으로부터 파면시키는 효과가 있다.
② 국회의 탄핵소추 의결은 피소추자의 권한 행사를 정지시키므로 사고에 해당하고, 헌법재판소의 탄핵결정은 파면의 효과가 있으므로 궐위에 해당한다.

(2) 일사부재리 미적용

① 우리나라 탄핵심판은 형사처벌적 성격이 아니라 징계처벌적이므로 탄핵의 결정과 민·형사재판 간에는 일사부재리의 원칙이 적용되지 아니한다.
② 따라서 탄핵결정이 내려진 사안에 대하여 형사재판이나 민사상의 책임을 묻기 위한 소송이 진행될 수도 있다.

(3) 5년간 공직취임금지

탄핵결정에 의하여 파면된 자는 결정선고가 있는 날로부터 5년이 경과하지 아니하면 공무원이 될 수 없다.

(4) 탄핵결정에 대한 사면 불가

① **미국**: 탄핵결정에 대하여 미국헌법 제2조 제1항은 사면이 허용되지 않는다고 규정하고 있다.
② **우리나라**: 우리나라는 규정은 없으나 사면을 허용한다면 헌법재판소의 탄핵결정의 효과로서 5년간 공직취임금지규정과 탄핵결정을 무의미하게 할 수 있으므로 대통령의 사면이 인정되지 아니한다는 것이 다수설이다.

판례 | 대통령 탄핵 사건 ★ (헌재 2004.5.14. 2004헌나1)

1. 탄핵소추 발의시 법제사법위원회로의 부의와 법제사법위원회의 조사는 임의적 절차이다.

2. 한나라당 등이 탄핵소추한 의결에 참여하지 않은 소속 국회의원들을 출당시키겠다고 공언한 것은 국회의원의 정당기속의 범위를 넘어 국회의원의 표결권 행사를 침해하는 것은 아니다. 또한 국회의장이 표결 후 투표용지를 국회직원을 통하여 투표함에 넣은 것은 대리투표에 해당하지 아니한다.

3. 탄핵소추의 경우에 질의와 토론 없이 표결하더라도 자의적인 것은 아니다.

4. 대통령과 국회 간의 탄핵소추절차에는 적법절차원칙이 직접 적용되지 않는다.

5. 탄핵소추위원은 국회의 탄핵소추사유를 추가할 수 없다.

6. 헌법재판소는 원칙적으로 탄핵소추기관인 국회의 탄핵소추의결서에 기재된 소추사유에 구속을 받아 탄핵소추의결서에 기재되지 아니한 소추사유를 판단의 대상으로 삼을 수 없지만, 탄핵소추의결서에서 그 위반을 주장하는 '법규정의 판단'에 관하여는 원칙적으로 구속을 받지 않으므로, 청구인이 그 위반을 주장한 법규정 외에 다른 관련 법규정에 근거하여 탄핵의 원인이 된 사실관계를 판단할 수 있다.

7. 대통령과 지방자치단체장도 선거에서의 중립성의무를 부담한다. 대통령이 기자회견에서 특정 정당을 지지한다고 발언한 것은 **공직선거법 제9조에 위반된다.**

8. 국회의원 후보자가 결정이 안된 상황에서 대통령이 특정 정당이 많은 의석을 차지하기를 바란다고 한 발언은 선거운동에 해당하지 않으므로 **공직선거법 제60조 선거운동금지에 위반되지 않는다.** 전직 청와대 비서관·행정관들과 가진 청와대 오찬의 경우, 우선 모임의 성격이 대통령의 지위에서 가진 모임이라기보다는 사적인 모임의 성격이 짙으므로 **전직 비서관과의 청와대 오찬에서의 발언**은 발언의 상대방, 그 경위와 동기 등을 종합하여 볼 때 정치적 의견표명의 자유를 행사한 것으로서 헌법상 표현의 자유에 의하여 정당화되는 행위이며, 정치적 공무원에게 허용되는 정치적 활동의 한계를 넘지 않은 것이다.

9. 청와대의 입장이 비록 청와대 내부적으로는 수석보좌관회의에서 집약된 의견이라고는 하나, 외부로 표명되는 모든 청와대의 입장은 원칙적으로 대통령의 행위로 귀속되어야 하고, 특히 이 사건의 경우 청와대 비서실은 회의의 결과를 대통령에게 보고하고 승인을 얻어 보좌관 브리핑을 한 사실이 인정되므로, **청와대 홍보수석의 위 발언은 곧 대통령 자신의 행위로 간주되어야 한다.** 청와대 홍보수석이 발표한 위 발언 내용의 취지는, 중앙선거관리위원회의 결정에 대하여 유감을 표명하면서, 현행 선거법을 '관권선거시대의 유물'로 폄하한 것이라 할 수 있다. 중앙선거관리위원회의 선거법 위반결정에 대해 대통령이 유감을 표명하고 현행 선거법을 관권선거시대의 유물로 폄하한 것은 **대통령의 헌법수호의무에 위반된다.**

10. 대통령이 신임을 헌법 제72조의 국민투표에 부의하겠다는 의사표시는 헌법 제72조에 위반된다.

11. 대통령이 국회인사청문회의 결정이나 국회의 해임건의를 수용할 것인지의 문제는 대의기관인 국회의 결정을 정치적으로 존중할 것인지의 문제이지 법적인 문제가 아니다. 따라서 대통령의 이러한 행위는 헌법이 규정하는 권력분립구조 내에서의 대통령의 정당한 권한 행사에 해당하거나 또는 헌법규범에 부합하는 것으로서 헌법이나 법률에 위반되지 아니한다.

12. 대통령 당선 후 취임시까지의 기간에 이루어진 대통령의 행위는 직무집행행위가 아니므로 탄핵소추사유가 될 수 없다.

13. 헌법 제65조 제1항은 탄핵사유를 '헌법이나 법률에 위배한 때'로 제한하고 있고, 헌법재판소의 탄핵심판절차는 법적인 관점에서 단지 탄핵사유의 존부만을 판단하는 것이므로, 이 사건에서 청구인이 주장하는 바와 같은 정치적 무능력이나 정책결정상의 잘못 등 직책수행의 성실성 여부는 그 자체로서 소추사유가 될 수 없어, 탄핵심판절차의 판단대상이 되지 아니한다.

14. 헌법재판소법 제53조 제1항의 '탄핵심판청구가 이유 있는 때'란 모든 법 위반의 경우가 아니라, 단지 공직자의 파면을 정당화할 정도로 '중대한' 법 위반의 경우를 말한다.

15. 대통령은 국가의 원수이자 행정부의 수반이라는 막중한 지위에 있고, 국민의 선거에 의하여 선출되어 직접적인 민주적 정당성을 부여받은 대의기관이라는 점에서 다른 탄핵대상 공무원과는 그 정치적 기능과 비중에

있어서 본질적인 차이가 있으며, 이러한 차이는 '파면의 효과'에 있어서도 근본적인 차이로 나타난다. 대통령을 제외한 다른 공직자의 경우에는 파면결정으로 인한 효과가 일반적으로 적기 때문에 상대적으로 경미한 법 위반행위에 의해서도 파면이 정당화될 가능성이 큰 반면, **대통령의 경우에는 파면결정의 효과가 지대하기 때문에 파면결정을 하기 위해서는 이를 압도할 수 있는 중대한 법 위반이 존재해야 한다.** '대통령을 파면할 정도로 중대한 법 위반이 어떠한 것인지'에 관하여 일반적으로 규정하는 것은 매우 어려운 일이나, 한편으로는 탄핵심판절차가 공직자의 권력남용으로부터 헌법을 수호하기 위한 제도라는 관점과 다른 한편으로는 파면결정이 대통령에게 부여된 국민의 신임을 박탈한다는 관점이 함께 중요한 기준으로 제시될 것이다. 대통령의 파면을 요청할 정도로 '헌법수호의 관점에서 중대한 법 위반'이란, 자유민주적 기본질서를 위협하는 행위로서 법치국가원리와 민주국가원리를 구성하는 기본원칙에 대한 적극적인 위반행위를 뜻하는 것이고, '국민의 신임을 배반한 행위'란 '헌법수호의 관점에서 중대한 법 위반'에 해당하지 않는 그 외의 행위유형까지도 모두 포괄하는 것으로서, 자유민주적 기본질서를 위협하는 행위 외에도, 예컨대, 뇌물수수, 부정부패, 국가의 이익을 명백히 해하는 행위가 그의 전형적인 예라 할 것이다.

[해설] 탄핵심판 당시 헌법재판소법 제36조 제3항은 헌법소원, 위헌법률심판, 권한쟁의심판에서 재판관은 의견을 표시하여야 한다고 규정하여 탄핵심판에서는 소수의견을 표시할 수 없다고 하였는데, 헌법재판소법 개정으로 모든 헌법재판에서 재판에 관여한 재판관은 의견을 표시하여야 한다.

⚖ 판례 | 대통령 탄핵 사건 (헌재 2017.3.10. 2016헌나1)

1. 소추사유의 특정 여부(적극)

탄핵심판은 고위공직자가 권한을 남용하여 헌법이나 법률을 위반하는 경우 그 권한을 박탈함으로써 헌법질서를 지키는 헌법재판이고, 탄핵결정은 대상자를 공직으로부터 파면함에 그치고 형사상 책임을 면제하지 아니한다(헌법 제65조 제4항)는 점에서 탄핵심판절차는 형사절차나 일반징계절차와는 성격을 달리한다. 국회가 탄핵심판을 청구한 뒤 별도의 의결절차 없이 소추사유를 추가하거나 기존의 소추사유와 동일성이 인정되지 않는 정도로 소추사유를 변경하는 것은 허용되지 아니한다. 헌법 제65조 제1항이 정하고 있는 탄핵소추사유는 '공무원이 그 직무집행에 있어서 헌법이나 법률을 위배한' 사실이고, 여기에서 법률은 형사법에 한정되지 아니한다. 탄핵소추사유는 그 대상 사실을 다른 사실과 명백하게 구분할 수 있을 정도의 구체적 사실이 기재되면 충분하다. 이 사건 소추의결서의 헌법 위배행위 부분은 소추사유가 분명하게 유형별로 구분되지 않은 측면이 있지만, 소추사유로 기재된 사실관계는 법률 위배행위 부분과 함께 보면 다른 소추사유와 명백하게 구분할 수 있을 정도로 충분히 구체적으로 기재되어 있다.

2. 국회 의결절차의 위법 여부(소극)

① 국회의 의사절차에 헌법이나 법률을 명백히 위반한 흠이 있는 경우가 아니면 국회 의사절차의 자율권은 권력분립의 원칙상 존중되어야 하고, 국회법 제130조 제1항은 탄핵소추의 발의가 있을 때 그 사유 등에 대한 조사 여부를 국회의 재량으로 규정하고 있으므로, 국회가 탄핵소추사유에 대하여 별도의 조사를 하지 않았다거나 국정조사 결과나 특별검사의 수사 결과를 기다리지 않고 탄핵소추안을 의결하였다고 하여 그 의결이 헌법이나 법률을 위반한 것이라고 볼 수 없다.

② 국회법에 탄핵소추안에 대하여 표결 전에 반드시 토론을 거쳐야 한다는 명문규정은 없다. 또 이 사건 소추의결 당시 토론을 희망한 의원이 없었기 때문에 탄핵소추안에 대한 제안 설명만 듣고 토론 없이 표결이 이루어졌을 뿐, 의장이 토론을 희망하는 의원이 있었는데도 토론을 못하게 하거나 방해한 사실은 없다.

③ 탄핵소추안을 각 소추사유별로 나누어 발의할 것인지, 아니면 여러 소추사유를 포함하여 하나의 안으로 발의할 것인지는 소추안을 발의하는 의원들의 자유로운 의사에 달린 것이고, 표결방법에 관한 어떠한 명문규정도 없다.

④ 탄핵소추절차는 국회와 대통령이라는 헌법기관 사이의 문제이고, 국회의 탄핵소추 의결에 따라 사인으로서 대통령 개인의 기본권이 침해되는 것이 아니다. 국가기관이 국민에 대하여 공권력을 행사할 때 준수하여야 하는 법원칙으로 형성된 적법절차의 원칙을 국가기관에 대하여 헌법을 수호하고자 하는 탄핵소추절차에 직접 적용할 수 없다.

3. 8명 재판관에 의한 탄핵심판결정 가부(적극)

헌법재판은 9명의 재판관으로 구성된 재판부에 의하여 이루어지는 것이 원칙이다. 그러나 현실적으로는 일부 재판관이 재판에 참여할 수 없는 경우가 발생할 수밖에 없다. 이에 헌법과 헌법재판소법은 재판관 중 결원이 발생한 경우에도 헌법재판소의 헌법수호기능이 중단되지 않도록 7명 이상의 재판관이 출석하면 사건을 심리하고 결정할 수 있음을 분명히 하고 있다. 그렇다면 헌법재판관 1명이 결원이 되어 8명의 재판관으로 재판부가 구성되더라도 탄핵심판을 심리하고 결정하는 데 헌법과 법률상 아무런 문제가 없다.

4. 탄핵의 요건

헌법 제65조는 대통령이 '그 직무집행에 있어서 헌법이나 법률을 위배한 때'를 탄핵사유로 규정하고 있다. 여기에서 '직무'란 법제상 소관 직무에 속하는 고유 업무와 사회통념상 이와 관련된 업무를 말하고, 법령에 근거한 행위뿐만 아니라 대통령의 지위에서 국정수행과 관련하여 행하는 모든 행위를 포괄하는 개념이다. 또 '헌법'에는 명문의 헌법규정뿐만 아니라 헌법재판소의 결정에 따라 형성되어 확립된 불문헌법도 포함되고, '법률'에는 형식적 의미의 법률과 이와 동등한 효력을 가지는 국제조약 및 일반적으로 승인된 국제법규 등이 포함된다.

헌법재판소법 제53조 제1항은 '탄핵심판청구가 이유 있는 경우' 피청구인을 파면하는 결정을 선고하도록 규정하고 있다. 대통령을 탄핵하기 위해서는 대통령의 법 위배행위가 헌법질서에 미치는 부정적 영향과 해악이 중대하여 대통령을 파면함으로써 얻는 헌법 수호의 이익이 대통령 파면에 따르는 국가적 손실을 압도할 정도로 커야 한다. 즉, '탄핵심판청구가 이유 있는 경우'란 대통령의 파면을 정당화할 수 있을 정도로 중대한 헌법이나 법률 위배가 있는 때를 말한다.

5. 최○원의 국정개입을 허용하고 권한을 남용한 행위가 공익실현의무에 위배되는지 여부(적극)

피청구인의 이러한 일련의 행위는 최○원 등의 이익을 위해 대통령으로서의 지위와 권한을 남용한 것으로서 공정한 직무수행이라 할 수 없다. 피청구인은 헌법 제7조 제1항, 국가공무원법 제59조, 공직자윤리법 제2조의 2 제3항, 부패방지권익위법 제2조 제4호 가목, 제7조를 위반하였다.

6. 최○원의 국정개입을 허용하고 권한을 남용한 행위가 기업의 자유와 재산권을 침해하는지 여부(적극)

피청구인은 직접 또는 경제수석비서관을 통하여 대기업 임원 등에게 미르와 케이스포츠에 출연할 것을 요구하였다. 대통령의 재정·경제 분야에 대한 광범위한 권한과 영향력, 비정상적 재단설립과정과 운영상황 등을 종합하여 보면, 피청구인의 요구는 임의적 협력을 기대하는 단순한 의견제시나 권고가 아니라 사실상 구속력 있는 행위라고 보아야 한다. 공권력 개입을 정당화할 수 있는 기준과 요건을 법률로 정하지 않고 대통령의 지위를 이용하여 기업으로 하여금 재단법인에 출연하도록 한 피청구인의 행위는 해당 기업의 재산권 및 기업경영의 자유를 침해한 것이다.

7. 최○원의 국정개입을 허용하고 권한을 남용한 행위가 비밀엄수의무에 위배되는지 여부(적극)

피청구인의 지시와 묵인에 따라 최○원에게 많은 문건이 유출되었고, 여기에는 대통령의 일정·외교·인사·정책 등에 관한 내용이 포함되어 있다. 이런 정보는 대통령의 직무와 관련된 것으로, 일반에 알려질 경우 행정 목적을 해할 우려가 있고 실질적으로 비밀로 보호할 가치가 있으므로 직무상 비밀에 해당한다. 피청구인이 최○원에게 위와 같은 문건이 유출되도록 지시 또는 방치한 행위는 국가공무원법 제60조의 비밀엄수의무를 위반한 것이다.

8. 공무원 임면권 남용 여부(소극)

피청구인이 문화체육관광부 소속 공무원인 노○강과 진○수에 대하여 문책성 인사를 하도록 지시한 이유가 이들이 최○원의 사익 추구에 방해가 되기 때문이었다고 볼 증거가 부족하고, 피청구인이 유○룡을 면직한 이유나 대통령비서실장이 1급 공무원 6인으로부터 사직서를 제출받도록 지시한 이유도 분명하지 않다.

9. 언론의 자유 침해 여부(소극)

피청구인의 청와대 문건 유출에 대한 비판 발언 등을 종합하면 피청구인이 세계일보의 정○회 문건 보도에 비판적 입장을 표명하였다고 볼 수 있으나, 이러한 입장 표명만으로 세계일보의 언론의 자유를 침해하였다고 볼 수는 없고, 조○규의 대표이사직 해임에 피청구인이 관여하였다고 인정할 증거가 부족하다.

10. 생명권 보호의무 위반 여부(소극)

피청구인은 행정부의 수반으로서 국가가 국민의 생명과 신체의 안전 보호의무를 충실하게 이행할 수 있도록 권한을 행사하고 직책을 수행하여야 하는 의무를 부담한다. 하지만 국민의 생명이 위협받는 재난상황이 발생하였다고 하여 피청구인이 직접 구조활동에 참여하여야 하는 등 구체적이고 특정한 행위의무까지 바로 발생한다고 보기는 어렵다. 세월호 참사에 대한 피청구인의 대응조치에 미흡하고 부적절한 면이 있었다고 하여 곧바로 피청구인이 생명권 보호의무를 위반하였다고 인정하기는 어렵다.

11. 불성실한 직책수행이 탄핵심판절차의 판단대상이 되는지 여부(소극)

대통령의 '직책을 성실히 수행할 의무'는 헌법적 의무에 해당하지만, '헌법을 수호해야 할 의무'와는 달리 규범적으로 그 이행이 관철될 수 있는 성격의 의무가 아니므로 원칙적으로 사법적 판단의 대상이 되기는 어렵다. 세월호 참사 당일 피청구인이 직책을 성실히 수행하였는지 여부는 그 자체로 소추사유가 될 수 없어, 탄핵심판절차의 판단대상이 되지 아니한다.

12. 피청구인을 파면할 것인지 여부(적극)

피청구인의 이 사건 헌법과 법률 위배행위는 국민의 신임을 배반한 행위로서 헌법수호의 관점에서 용납될 수 없는 중대한 법 위배행위라고 보아야 한다. 그렇다면 피청구인의 법 위배행위가 헌법질서에 미치게 된 부정적 영향과 파급효과가 중대하므로, 피청구인을 파면함으로써 얻는 헌법수호의 이익이 대통령 파면에 따르는 국가적 손실을 압도할 정도로 크다고 인정된다.

※ 재판관 김이수, 재판관 이진성의 보충의견: 피청구인은 생명권 보호의무를 위반하지는 않았지만, 헌법상 성실한 직책수행의무 및 국가공무원법상 성실의무를 위반하였다. 다만 그러한 사실만으로는 파면 사유를 구성하기 어렵다.

※ 재판관 안창호의 보충의견: 이 사건 탄핵심판은 보수와 진보라는 이념의 문제가 아니라 헌법질서를 수호하는 문제로, 정치적 폐습을 청산하기 위하여 파면결정을 할 수밖에 없다.

☄ 판례 | 법관(임성근) 탄핵 사건 (헌재 2021.10.28. 2021헌나1) *각하결정

판시사항

헌법재판소의 탄핵심판 계속 중 피청구인이 임기만료로 퇴직한 경우, 탄핵심판청구가 적법한지 여부(소극)

결정요지

1. 탄핵심판청구의 적법요건으로서 탄핵심판의 이익

① **탄핵심판의 이익**: 탄핵심판청구의 적법요건으로서 탄핵심판의 이익은 헌법 제65조 제4항 전문 및 헌법재판소법 제53조 제1항에서 규정한 바와 같이 '탄핵심판청구가 이유 있는 경우에 피청구인을 해당 공직에서 파면하는 결정을 선고'할 수 있는 가능성을 상정하여 탄핵심판의 본안심리에 들어가서 그 심리를 계속할 이익이다. 이것은 본안판단에 나아가는 것이 탄핵심판절차의 제도적 목적에 기여할 수 있는지 여부에 관한 문제로서 본안판단에서 상정할 수 있는 결정의 내용과 효력을 고려하여 판단되는 탄핵심판의 적법요건이다.

헌법재판소법 제40조 제1항은 원칙적으로 헌법재판의 성질에 반하지 아니하는 한도에서 민사소송에 관한 법령을 준용하되, 탄핵심판의 경우에는 형사소송에 관한 법령을 우선하도록 정하고 있다. 탄핵심판의 이익이 상실된 경우의 주문에 관해 준용할 형사소송에 관한 법령은 없으므로, 민사소송에 관한 법령의 준용에 의지할 수밖에 없다. 민사소송에서는 국가적·공익적 견지에서 무용한 소송제도의 이용을 통제하는 원리로 '소(訴)의 이익'이 없으면 그 소(訴)를 각하한다는 것이 일반법리로 받아들여지고 있다. 따라서 탄핵심판의 이익이 없는 경우 헌법재판소는 탄핵심판의 본안심리를 할 수 없고, 탄핵심판청구를 각하하는 결정을 선고해야 한다.

② **탄핵심판절차의 탄핵사유 판단 구조**: 헌법재판소는 대통령의 경우 파면을 정당화할 수 있는 헌법이나 법률 위배의 중대성을 판단하는 기준을 탄핵심판절차가 헌법을 수호하기 위한 제도라는 관점에서 나오는 '손상된 헌법질서를 회복'한다는 측면과 '국민의 신임, 즉 민주적 정당성을 임기 중 박탈'한다는 측면에서 찾는다. 헌법재판소가 탄핵사유에 대하여 위와 같이 판단하는 것은 '탄핵심판절차의 헌법수호기능'을 법치주의와 민주주의의 구현이라는 관점에서 파악한 데에 따른 것이다. 파면결정을 통해 손상된 헌법질서를 회복하고, 민주적 정당성을 임기 중 박탈함으로써 헌법을 수호·유지하는 기능은 대통령에 대한 탄핵심판절차뿐만 아니라 법관에 대한 탄핵심판절차의 경우에도 동일하게 작용한다.

③ **탄핵심판절차의 심판대상과 결정 주문의 관계**: 헌법재판소는 선례의 탄핵심판에서 심판대상을 '대통령이 직무집행에 있어서 헌법이나 법률에 위반했는지의 여부' 및 '대통령에 대한 파면결정을 선고할 것인지의 여부'로 특정하였으나, 그 양자를 구별하여 각각에 대응하는 주문을 선고하지 않았다. 헌법재판소 역사상 두 번에 걸쳐 대통령에 대한 탄핵심판을 하면서 두 사건 모두 대통령이 직무집행에 있어서 헌법이나 법률에 위반하였다고 판단하였으나, 그 판단에 대응한 '직무집행의 위헌·위법확인' 주문을 별도로 내지 않았다. 단지 '심판청구기각' 또는 '파면' 주문만을 선고하였을 뿐이다. 즉 두 사건 모두 '직무집행에 있어서 헌법 또는 법률에 위반'한 점을 인정하면서도 그것이 '파면을 정당화할 정도의 중대성'이 있는지 여부를 판단하여 그 결론에 따라 하나의 주문으로서 '심판청구기각' 또는 '파면'의 결정을 선고하였을 뿐이다.

④ **탄핵심판의 이익과 탄핵심판절차의 목적과 기능**: 탄핵심판의 이익이 있는지 여부를 판단하는 것은 '탄핵심판청구가 이유 있는 경우에는 피청구인을 해당 공직에서 파면하는 결정'을 선고하기 위해 탄핵심판의 본안심리에 들어가서 심리를 계속할 이익이 있는지 여부를 확정하는 것이다. 그 판단은 헌법 및 헌법재판소법의 명문규정에 부합하여야 함은 물론이고 파면결정을 통하여 손상된 헌법질서를 회복하고, 피청구인에게 그 임기 동안 부여된 민주적 정당성을 임기 중에 박탈함으로써 헌법을 수호하고자 하는 탄핵심판절차의 목적과 기능의 관점에도 부합하여야 한다.

2. 헌법과 헌법재판소법 등 규정에서 본 탄핵심판의 이익

① **헌법과 헌법재판소법 등 규정의 문언**: 헌법 제65조 제4항 전문은 "탄핵결정은 공직으로부터 파면함에 그친다."라고 규정하고, 헌법재판소법 제53조 제1항은 "탄핵심판청구가 이유 있는 경우에는 헌법재판소는 피청구인을 해당 공직에서 파면하는 결정을 선고한다."라고 규정하여 헌법재판소가 탄핵결정을 선고할 때 피청구인이 '해당 공직에 있음'을 전제로 하고 있음이 문언상 명백하다.

탄핵심판에서 피청구인을 '해당 공직'에서 파면하는 결정을 한다고 할 때, 그 공직의 범위는 헌법과 헌법재판소법에 한정적으로 열거되어 있다. 헌법 제65조 제1항 및 헌법재판소법 제48조는 '대통령, 국무총리, 국무위원, 행정각부의 장, 헌법재판소 재판관, 법관, 중앙선거관리위원회 위원, 감사원장, 감사위원, 기타 법률이 정한 공무원'을 탄핵소추의 대상으로 정하고 있는데, 헌법 제65조 제4항 전문과 헌법재판소법 제53조 제1항에 비추어 볼 때, 이러한 공직들은 탄핵심판에 따른 파면결정을 받을 수 있는 현직을 의미한다. 헌법 제106조 제1항 전단은 '법관은 탄핵 또는 금고 이상의 형의 선고에 의하지 아니하고는 파면되지 아니하며'라고 규정하고 있는데, 헌법 제65조 제1항과 제106조 제1항이 정하고 있는 '법관'은 이미 공직을 상실한 전직 법관을 의미하는 것이 아니라, 탄핵심판에 따른 파면결정 선고를 받을 수 있는 현직 법관을 의미하는 것임은 분명하다.

또한 국회법 제134조 제2항은 "소추의결서가 송달되었을 때에는 소추된 사람의 권한 행사는 정지되며, 임명권자는 소추된 사람의 사직원을 접수하거나 소추된 사람을 해임할 수 없다."라고 규정하고 있는데, 이는 탄핵소추의결서 송달 이후에는 사직이나 해임을 통한 피청구인의 탄핵심판 면탈을 방지하여 탄핵심판의 실효성을 보장하기 위한 조항으로서, 탄핵심판에 따른 파면결정을 하기 위해서는 피청구인의 공직 보유가 필수적이라는 것을 당연한 전제로 삼고 있다.

② **헌법 제65조 제4항의 도입취지에 비춰본 탄핵제도의 본질**: 헌법 제65조 제4항 전문은 "탄핵결정은 공직으로부터 파면함에 그친다."라고 규정하는데, 이 규정 내용은 1948년 제정헌법 제47조에서 "탄핵판결은 공직으로부터 파면함에 그친다."라고 규정한 이래 9차례에 걸쳐 헌법개정을 하면서도 현행헌법에 이르기까지 같은 내용으로 유지되어 온 것이다.

국회속기록의 설명에 따르면, 당시 헌법제정권자는 탄핵제도를 도입함에 있어서, 대통령 등 일정한 고위공직자는 그 직을 유지한 채 형사재판 또는 민사재판을 받기 어렵고, 이처럼 중요한 직위에 있는 사람을 그 직을 유지시킨 채 징계하는 것도 부적절하기 때문에, 탄핵제도를 통해 그 직에서 파면하느냐 아니면 파면하지 않느냐를 결정하도록 하는 것이라고 보았음을 알 수 있다. 즉 탄핵제도의 본질은 직무집행에 있어서 중대한 위헌·위법행위를 저지른 고위공직자를 '해당 공직에서 물러나게 하느냐 또는 마느냐'의 문제라는 인식이 "탄핵판결은 공직으로부터 파면함에 그친다."라는 제정헌법규정의 내용을 도출해 낸 것이라고 볼 수 있다.

3. '손상된 헌법질서의 회복'이라는 관점에서 본 탄핵심판의 이익

① **국회의 탄핵소추 의결에 따른 권한 행사의 당연 정지**: 헌법 제65조는 탄핵소추의 사유를 '헌법이나 법률에 대한 위배'로 명시하고 헌법재판소가 탄핵심판을 관장하게 함으로써 탄핵절차를 정치적 심판절차가 아니라 규범적 심판절차로 규정하였고, 이에 따라 탄핵심판절차의 목적은 '정치적 이유가 아니라 법 위반을 이유로 하는' 파면임을 밝히고 있다.

헌법재판소는 국회의 의사절차 자율권 및 국회법 제130조 제1항에서 탄핵사유의 조사 여부를 국회의 재량으로 규정한 점을 근거로, 국회가 탄핵소추를 의결하기 전에 탄핵사유에 대하여 별도의 조사를 하지 않았더라도 헌법이나 법률을 위반하였다고 할 수 없다고 판단하였다. 헌법재판소는 탄핵소추의 의결 전에 질의 또는 토론이 없는 경우에도 국회법 규정의 해석상 그 의결은 적법하다고 보았다. 또한 국회의 탄핵소추 의결에 따라 사인으로서 대통령 개인의 기본권이 침해되는 것은 아니며 국가기관으로서 대통령의 권한 행사가 정지될 뿐이므로, 국가기관이 국민에 대하여 공권력을 행사할 때 준수하여야 하는 법원칙으로 형성된 적법절차의 원칙을 국가기관에 대한 헌법을 수호하고자 하는 탄핵소추절차에 직접 적용할 수 없다고 하였다.

헌법 제65조 제3항은 "탄핵소추의 의결을 받은 자는 탄핵심판이 있을 때까지 그 권한 행사가 정지된다."라고 규정하고 있는데, 권한 행사의 정지가 시작되는 시점은 '소추의결서가 송달되었을 때'(국회법 제134조 제2항)이고, 끝나는 시점은 '헌법재판소의 심판이 있을 때'(헌법재판소법 제50조)이다.

1948년 제정헌법부터 1954년 제2차 개정헌법 당시까지는 헌법에 현행헌법 제65조 제3항과 같은 내용의 규정이 없었다. 국회의 탄핵소추 의결만으로 해당 공직자가 그 권한을 행사하지 못하도록 한 것은 1960년 제3차 개정헌법 제47조 전문에서 "탄핵소추의 결의를 받은 자는 탄핵판결이 있을 때까지 그 권한 행사가 정지된다."라고 규정한 때부터이다. 이러한 탄핵소추 의결에 의한 해당 공직자의 권한 행사 정지는 그에 대한 헌법재판소의 심리나 어떤 예외도 없이 헌법에 근거하여 당연히 이루어진다.

위에서 살펴본 바에 의하면, 국회의 의사절차 자율권이 작동하는 국회의 탄핵소추 의결은 국회가 국가기관으로서의 공직자의 권한 행사를 정지시키는 '국가기관 사이의 권력분립원칙에 따른 견제'의 성격을 가지는 것으로 볼 수 있다. 국회의 소추 의결 이후에 헌법재판소가 담당하는 탄핵심판이 법치주의원리에 따라 해당 공직자가 공무담임권의 제한을 받게 되는지 여부를 결정하는 '규범적 심판절차'인 것과 대비되는 측면이다.

② **헌법재판소의 탄핵심판에 따른 공직의 박탈**: 탄핵심판절차는 헌법재판소가 관장하고(헌법 제111조 제1항 제2호), 그 심리와 판단에 있어 구두변론(헌법재판소법 제30조 제1항), 형사소송에 관한 법령의 우선적 준용(헌법재판소법 제40조) 등 '사법절차'에 의하며, 탄핵심판청구가 이유 있는 경우에 헌법재판소는 피청구인을 해당 공직에서 파면하는 결정을 선고하여(헌법재판소법 제53조 제1항) 공직을 박탈함으로써 '개인의 공무담임권'을 직접 제한하게 된다.

탄핵심판에 따른 파면결정은 직무집행에 있어서 중대한 위헌·위법행위를 한 공직자로부터 해당 공직을 박탈하는 '법 위반에 따른 제재'를 통하여 손상된 헌법질서의 회복에 기여한다. 또한 탄핵심판에 따른 공직 박탈의 제재가 경고됨으로써 공직자의 직무집행상 중대한 위헌·위법행위를 예방하는 역할도 한다. 다만, 탄핵심판을 하기 위해서는 국회의 탄핵소추 의결이 선행되어야 하는데, 헌법 제65조 제1항, 제2항과 헌법재판소법 제48조에 의하면, 탄핵소추를 발의·의결할 것인지는 국회가 재량적으로 판단할 사항일 뿐 **국회에게 탄핵소추를 발의·의결할 의무가 있는 것은 아니므로** 탄핵제도를 법치주의 수호를 위한 통상적 장치로 이해할 수는 없다. 탄핵제도는 일반사법기관에 의한 통상의 사법절차 내지 조직 내부의 징계권 행사로는 공직자의 직무집행상 중대한 위헌·위법행위를 제어할 것이 기대되기 어려울 때에, 국회가 탄핵소추 의결을 하고 헌법재판소가 탄핵심판을 함으로써 통상의 사법절차를 보충하는 법치주의의 특별한 보장자로서의 역할을 수행하는 것이고, 이러한 점에서 탄핵제도는 법치주의 실현을 위해 헌법이 예정해 둔 비상수단이라고 평가할 수 있다.

4. '민주적 정당성의 박탈'이라는 관점에서 본 탄핵심판의 이익
① **국가기관의 민주적 정당성과 탄핵심판절차의 기능**: 대한민국의 주권은 국민에게 있고, 모든 권력은 국민으로부터 나온다(헌법 제1조 제2항). 즉, 모든 국가기관은 국민으로부터 직·간접적으로 민주적 정당성을 부여받아 구성되어야 하고, 이러한 민주적 정당성은 국가기관의 권한 행사의 원천이 된다. 민주적 정당성은 국민이 직접 선출하는 국회의원으로 구성된 국회와 국민이 직접 선출하는 대통령에게만 부여되는 것이 아니라, 이러한 국회와 대통령의 관여로 구성되는 비선출 권력인 사법부나 행정부의 기관에게도 간접적으로 부여된다.
사법부의 경우를 보면, 대법원장은 '국회의 동의'와 '대통령의 임명'(헌법 제104조 제1항), 대법관은 '대법원장의 제청', '국회의 동의'와 '대통령의 임명'(헌법 제104조 제2항)을 통해 간접적으로 민주적 정당성을 부여받으며, 대법원장과 대법관이 아닌 법관의 경우 '대법관회의의 동의'를 얻어 '대법원장이 임명'하는 것도 (헌법 제104조 제3항) 간접적으로 민주적 정당성을 부여받는 것이다.
탄핵심판절차를 통한 파면결정으로 피청구인은 공직에 취임할 때에 부여받은 '민주적 정당성'을 박탈당한다.
탄핵심판 계속 중 피청구인의 공직 임기가 만료하여 해당 공직에서 퇴직한 경우에는 피청구인에게 부여되었던 민주적 정당성이 이미 상실되었을 뿐만 아니라 해당 공직에 새로운 공직자를 취임시킴으로써 민주적 정당성을 회복하는 절차도 이미 예정되어 있고, 이에 따라 국회와 사법부 또는 행정부 사이의 권력 균형도 이루어지게 되므로, 헌법재판소의 탄핵심판을 통해 '민주적 정당성이 훼손된 상태를 회복'하는 기능을 수행할 필요가 없다.
② **국가기관의 임기와 탄핵심판절차의 기능**: 국가기관에 임기를 두는 것은 민주주의원리를 구현하기 위해 민주적 정당성을 부여하는 데에 일정한 주기를 둠과 동시에 그 임기 동안 대의제에 따른 독자적 직무수행을 보장하는 기능을 한다. 국가기관마다 서로 다른 임기를 규정한 것은 법치주의원리를 구현하기 위해 상호 독립된 국가기관들이 각각의 방법으로 '민주적 정당성을 부여받는 주기'를 달리함으로써 국가기관들 사이에 견제와 균형을 달성하여 권력분립원칙을 실현하는 기능이 있다.
헌법 제105조는 제1항에서 "대법원장의 임기는 6년으로 하며, 중임할 수 없다.", 제2항에서 "대법관의 임기는 6년으로 하며, 법률이 정하는 바에 의하여 연임할 수 있다.", 제3항에서 "대법원장과 대법관이 아닌 법관의 임기는 10년으로 하며, 법률이 정하는 바에 의하여 연임할 수 있다."라고 규정하고 있다. 이 중 대법원장과 대법관의 임기에 대해서는 1948년 제정헌법에서는 '법관의 임기'와 별도로 특별한 규정을 두지 않았고, 이후 헌법의 개정과정에서 그 구체적 내용이 여러 차례 변경되었으나, '법관의 임기'를 10년으로 하고 연임할 수 있도록 한 규정은 1948년 제정헌법 제79조에서 "법관의 임기는 10년으로 하되 법률의 정하는 바에 의하여 연임할 수 있다."라고 규정한 이래, 현행헌법 제105조 제3항에 이르기까지 그 내용이 그대로 유지되었다.
국회속기록에 따르면 당시 헌법제정권자는 법관 임기제를 통하여 그 임기 동안 '사법의 독립'을 보장함과 동시에 그 임기만료와 연임제도를 통해 '사법의 책임과 사법 민주화'를 달성할 것으로 생각하였음을 알 수 있다.
법치주의의 특별한 보장자로서 국회와 헌법재판소가 역할을 분담하고 있는 탄핵제도는 '민주적 정당성이 부여되는 주기의 변형'의 결과를 감수하면서도 직무집행상 중대한 위헌·위법행위를 저지른 공직자에게 부여된 민주적 정당성을 박탈함으로써 **헌법을 수호하는 '비상적 수단'의 성격을 가진다.**

5. 이 사건 탄핵심판의 이익에 관한 결론

피청구인이 임기만료 퇴직으로 법관직을 상실함에 따라 이 사건에서 본안심리를 마친다 해도 공직을 박탈하는 파면결정 자체가 불가능한 상태가 되었음이 분명하다. 따라서 탄핵심판절차의 헌법수호기능으로서 손상된 헌법질서의 회복수단인 '공직 박탈'의 관점에서 볼 때 이 사건 탄핵심판의 이익을 인정할 수 없다.

6. 헌법재판소법 제54조 제2항에 관한 청구인의 주장에 대한 판단

① 청구인의 주장에 대한 판단

㉠ **탄핵결정에 의한 파면의 부수적 효력으로서의 공직취임 제한**: 헌법 제65조 제4항 전문은 "탄핵결정은 공직으로부터 파면함에 그친다."라고 규정하고 있다. 그런데 헌법재판소법 제54조 제2항은 "탄핵결정에 의하여 파면된 사람은 결정 선고가 있은 날부터 5년이 지나지 아니하면 공무원이 될 수 없다."라고 하여 '탄핵결정에 의한 파면'의 부수적 효력으로서 '탄핵결정에 의하여 파면된 사람'에 대하여 '5년간의 공직취임 제한'을 법률로써 부가하고 있다. 법원조직법 제43조 제1항 제3호에서도 '탄핵으로 파면된 후 5년이 지나지 아니한 사람'은 법관으로 임용할 수 없는 것으로 규정하고 있는데, 이 역시 헌법 아닌 법률에 규정된 결격사유이다.

탄핵결정에 의하여 파면되어 공직이 박탈된 피청구인에 대한 향후의 공직취임 제한에 관한 법률의 개정 연혁에서 볼 수 있듯이, 이러한 공직취임의 제한 여부, 제한방식, 제한되는 공직의 범위 및 제한기간은 모두 법률이 규정한 바에 따르는 것일 뿐이고, 이러한 사항이 헌법상 탄핵제도의 본질에서 해석을 통해 당연히 도출될 수 있는 것은 아니다.

㉡ **공직취임 제한규정의 도입취지**: 탄핵결정에 의한 제재의 내용은 제재를 받는 공직자의 입장에서 볼 때 '공직취임기회의 자의적인 배제의 금지' 및 '공무원 신분의 부당한 박탈이나 권한(직무)의 부당한 정지의 금지'라는 '공무담임권'의 핵심적 보호영역 안에 있는 사항에 관한 것이다. 헌법에 명문의 근거가 있는 '헌법재판소의 탄핵결정에 의한 파면'은 그 요건과 절차가 준수될 경우 '공직의 부당한 박탈'이 되지 않는다. '국회의 탄핵소추 의결에 의한 권한 행사의 정지'도 국가기관 사이의 권력분립원칙에 따른 견제라는 성격이 있고, 헌법상 명문규정에 의한 것이라는 점에서 '공무원 권한 행사의 부당한 정지'가 될 여지가 없다.

그러나 법률에 비로소 근거가 있는 '공직취임의 제한'은 그 요건과 내용이 합헌적이어야만 공직취임기회의 '자의적인 배제'가 되지 않는다. 무엇보다도 공무담임권은 선거권 및 피선거권, 정당 활동의 자유 등과 마찬가지로 국민이 국정에 참여하는 '정치적 기본권'에 속하므로, 탄핵결정에 의한 파면의 부수적 효력으로서 공직취임의 제한은 "모든 국민은 소급입법에 의하여 참정권의 제한을 받거나 재산권을 박탈당하지 아니한다."라고 규정한 헌법 제13조 제2항의 적용 영역에 있다는 점에서 그 요건과 한계를 엄격하게 해석해야 한다.

㉢ **자격정지형에 준하는 형사적 제재의 성격과 유추해석금지**: 형사적 제재는 최후의 수단으로 필요 최소한의 범위에 그쳐야 하는 것이 원칙이고, 공직취임기회의 자의적 배제금지와 공무원 신분의 부당한 박탈금지는 헌법이 보장한 공무담임권의 핵심적인 보호영역에 해당되는 것이므로, '탄핵결정으로 파면된 사람에 대한 공직취임을 제한하는 법률조항'을 그 문언해석의 범위를 넘어 공무담임권을 자의적으로 배제하거나 부당하게 박탈하는 방향으로 유추해석할 수는 없다.

㉣ **소급입법 및 유추해석금지**: 앞서 본 바와 같이 '탄핵결정으로 파면된 사람'에 대하여 5년 동안 공무원이 될 수 없도록 제한하고 있는 헌법재판소법 제54조 제2항은 '정치적 제재'로서 헌법 제13조 제2항에 의하여 소급입법이 금지되는 참정권의 제한에 해당되므로, 이 영역에서는 입법에 의하더라도 소급적 제재가 헌법상 금지된다. 또한 헌법재판소법 제54조 제2항의 내용은 탄핵결정으로 파면된 사람의 '공무원이 되는 자격을 5년 동안 정지시키는 것'으로서 형법상 '자격정지'의 형벌에 준하는 '형사적 제재'의 성격을 가지고 있으므로, 그 법률조항에서 명문으로 규정하지 않은 부분에까지 제재를 확장하여 공무담임권의 배제와 박탈이 확대되도록 유추해석할 수 없다. 따라서, 헌법재판소법 제54조 제2항에서 정한 공직취임 제한의 제재는 제53조 제1항에 의하여 '해당 공직에서 파면하는 결정'을 선고받은 사람에게만 적용되는 것으로 보아야 한다.

탄핵제도가 위헌·위법행위를 저지른 공직자에 대해 법적 책임을 추궁함으로써 헌법의 규범력을 확보하기 위해 도입된 것이라 하더라도, 일종의 비상수단인 탄핵제도가 남용되는 일이 생기지 않도록, 헌법재판소에서의 탄핵심판은 헌법과 법률이 미리 정한 요건과 효과에 따라 엄격하게 운용되어야 한다. 탄핵심판에서 파면결정을 받았거나 임기만료로 퇴직한 공무원은 모두 더 이상 고위직 공무원이 아니라 일반시민의 지위를 가질 뿐이다. 이러한 경우 의심스러울 때에는 시민의 자유를 우선해야 한다는 (in dubio pro libertate) 근대 입헌주의원칙의 근간은 헌법재판소법 제54조 제2항에서 정한 공직취임 제한의 제재에도 적용되어야 한다.

헌법재판소법 제54조 제2항이 헌법질서 수호·보장을 위한 규정이라는 이유로 파면결정 선고 후 5년 동안 공무원이 되는 자격을 정지시키는 제재의 대상을 확장하기 위해서, 헌법재판소법 제53조 제1항에서 정한 '해당 공직에서 파면하는 결정'을 '임기만료로 퇴직하여 해당 공직에 있지 않은 사람'에 대하여도 할 수 있도록 유추해석하거나, 헌법재판소법 제54조 제2항에서 정한 '탄핵결정에 의하여 파면된 사람' 이외에 '임기만료로 퇴직한 사람에게 탄핵사유가 있었던 것으로 확인되는 경우'에까지 공직취임 제한조항을 적용하도록 유추해석하는 것은 법률조항에서 명문으로 규정되지 않은 범위까지 공직취임이 제한될 수 있는 경우를 확장하여 형사적 제재에 준하는 불이익을 가하는 것이다. 이것은 공무담임권의 자의적 배제 또는 부당한 박탈에 해당될 뿐만 아니라 의심스러울 때에는 국민의 기본권을 우선해야 한다는 입헌주의원칙의 근간을 흔드는 것이다.

② **소결**: 결국 '탄핵심판 계속 중 피청구인이 해당 공직의 임기만료로 퇴직한 경우'에도 헌법재판소법 제54조 제2항이 정한 공직취임 제한이 적용되도록 헌법재판소법 제53조 제1항과 제54조 제2항을 유추해석하는 것은, 헌법 제25조가 보장하는 공무담임권을 침해하는 해석에 해당하므로 허용되지 않는다. 따라서, 이 사건의 경우에 적용될 수 없는 헌법재판소법 제54조 제2항의 취지를 고려하여 탄핵심판의 이익을 인정해야 한다는 청구인의 주장은 이유 없다.

7. 헌법재판소법 제53조 제2항에 관한 청구인의 주장에 대한 판단

헌법재판소법 제53조 제2항은 "피청구인이 결정 선고 전에 해당 공직에서 파면되었을 때에는 헌법재판소는 심판청구를 기각하여야 한다."라고 규정함으로써, '결정 선고 전에 해당 공직에서 파면'이라는 법률요건이 충족된 경우 헌법재판소가 그 심판청구를 기각하도록 정하고 있다.

따라서 헌법재판소의 결정 선고 전 이 사건 피청구인이 임기만료로 퇴직한 경우는 헌법재판소법 제53조 제2항의 적용 영역에 포함되지 않는다. 즉, 헌법재판소법 제53조 제2항은 해당 법률요건이 충족되지 아니한 이 사건에 적용될 법률조항이 아니다.

따라서 탄핵심판 계속 중 피청구인이 임기만료로 법관직에서 퇴직한 이 사건의 경우에 적용될 수 없음이 명백한 헌법재판소법 제53조 제2항의 취지는 고려할 필요가 없다. 결국, 헌법재판소법 제53조 제2항의 취지가 결정 당시까지 피청구인이 재직하고 있는지 여부를 적법요건으로 보지 않고 있는 것이라고 하면서 법관탄핵에 있어서 임기만료 퇴직 후에도 이를 적용해야 한다는 청구인 주장은 이유 없다.

8. 위헌·위법확인에 관한 청구인의 주장에 대한 판단

탄핵심판 계속 중 피청구인이 임기만료로 퇴직한 경우에도 탄핵사유의 유무를 객관적으로 확인하기 위해 탄핵심판의 이익을 인정해야 한다고 주장한다.

기속력은 헌법재판이 지니는 헌법수호라는 객관적 목적의 실현을 보장하기 위해 소송당사자에게 미치는 실질적 확정력을 넘어 법원을 포함하여 모든 국가기관에까지 그 구속력을 확장한 것이다. 헌법재판소는 '위헌법률심판, 헌법소원심판, 권한쟁의심판'의 경우 재판의 전제성이나 주관적 권리보호이익이 없는 경우 또는 권한침해상태가 종료된 이후에도 예외적으로 헌법질서의 수호·유지를 위해 심판의 이익을 인정하여 본안판단에 나아간다. 이것은 위 절차들의 일정한 결정에 헌법재판소법 규정에 의한 '기속력'이 인정되기 때문이다(헌법재판소법 제47조 제1항, 제67조 제1항, 제75조 제1항·제6항). 기속력 있는 인용결정의 가능성을 상정하여 본안판단에 앞서 심판의 이익을 인정하는 것이므로, 본안심리 결과 기각결정이 선고될 수 있다는 이유로 기속력과 심판의 이익의 관련성을 부정할 수 없다. 반면, '탄핵심판절차'는 헌법질서나 법질서의 객관적·합일적 확정을 목적으로 하는 것이 아니라 피청구인에 관한 국회의 파면요구에 대하여 개별적으로 판단하는 절차로서 그 구속력을 확장할 것이 필연적으로 요구되지 않는다. 이에 헌법재판소법은 탄핵심판의 결정에 기속력을 부여하고 있지 않고 있다. 기속력과 심판의 이익의 관련성에서 볼 때, 파면결정을 통한 해당 공직 박탈이 불가능한 상황에서 예외적 심판의 이익을 인정하여 탄핵사유의 유무만을 확인하는 결정을 상정하기 어렵다. 개인의 위법행위에 대하여 법적 제재를 부과하여 책임을 묻는 절차에서는 그 행위의 법 위반 여부와 상관없이 행위주체에게 책임을 물을 수 없는 사유가 인정될 경우 행위의 법 위반 여부만을 별도로 확인하는 심판을 하지 않는 것이 일반적이다. 형사소송법에 규정된 면소판결 및 공소기각의 판결과 결정이 그러하다. 특히 헌법재판소는 대통령에 대한 2건의 탄핵심판 선례에서, 두 사건 모두 피청구인에게 직무집행상 위헌·위법행위가 있었음을 인정하면서도, '심판청구 기각' 또는 '파면'이란 단일주문을 선고하였을 뿐, 위헌·위법확인 여부만을 독립적으로 선고하지 않았다. 만일 헌법재판소가 '파면 여부'와 상관없이 오로지 탄핵사유의 유무에 대한 객관적 해명만을 목적으로 '직무집행상 중대한 위헌·위법이 있는지 여부'를 심리하여 그에 대한 위헌·위법확인결정을 한다면, 이는 실질적으로 국회의 탄핵소추 의결이 그 실체적 요건을 갖추었는지에 대하여 판단하여 결정하는 것이 되어버린다. 즉, 국회의 의결로써 피청구인의 권한 행사를 정지한 것이 적법하였는지에 대해서만 판단하는 것이 되어버려 권한쟁의심판과 같은 내용이 되는데, 이것은 현행헌법과 헌법재판소법의 체계상 허용된다고 보기 어렵다.

이러한 점을 종합할 때, 파면 여부와 상관없이 오로지 탄핵사유의 유무를 확인하기 위한 심판의 이익은 인정되지 않으므로, 이 부분 청구인의 주장도 이유 없다.

재판관 유남석, 재판관 이석태, 재판관 김기영의 인용의견: 법정의견 아님.

1. 피청구인은 이 사건 심판 계속 중인 2021.2.28. 임기가 만료되어 법관직에서 퇴직하였다. 그러나 탄핵심판은 공직의 강제 박탈이라는 주관소송으로서의 성격뿐만 아니라 헌법질서의 회복과 수호를 목적으로 하는 객관소송으로서의 성격도 강하게 가지고 있고, 고위공직자의 임기만료 근접 시기에 이루어진 위헌·위법행위에 대한 헌법적 통제를 통해 탄핵심판제도의 실효성을 확보할 필요성이 크며, 피청구인의 행위가 얼마나 중대한 헌법 또는 법률 위반인지를 규명하는 것은 헌법질서의 수호·유지의 관점에서 파면 여부 그 자체에 대한 판단 못지않게 탄핵심판에서 핵심적인 부분이라는 점을 고려할 필요가 있다. 이 사건은 사법부 내부로부터 발생한 재판의 독립 침해 문제가 탄핵소추 의결에까지 이른 최초의 법관 탄핵 사건으로서, 헌법재판소가 우리 헌법질서 내에서 재판 독립의 의의나 법관의 헌법적 책임 등을 규명하게 된다면 앞으로 발생할 수 있는 법관의 재판상 독립 침해 문제를 사전에 경고하여 이를 미리 예방할 수 있을 것이다. 이와 같은 점에서 이 사건은 헌법적 해명의 필요성이 인정되므로, 심판의 이익을 인정할 수 있다.

2. 피청구인이 직무집행에 있어서 헌법이나 법률을 중대하게 위반하였는지 여부

   (1) 먼저 피청구인의 행위가 '직무집행에 있어서' 한 행위인지 본다.

   피청구인은 서울중앙지방법원 형사수석부장판사의 지위에서 중요사건 보고나 법원 홍보에 관해 공보관을 지휘하는 기회에 탄핵소추사유에 기재된 ○○신문 서울지국장 명예훼손 사건, 야구선수 도박죄 약식명령 사건, 민변 소속 변호사 체포치상 사건과 같이 구체적인 사건에 관하여 담당 재판장이나 주심판사에게 특정한 내용의 소송지휘, 공판절차 회부에 대한 재고, 이미 선고된 판결의 판결서에 대한 이유 수정 등을 요구하였다. 이는 모두 피청구인이 형사수석부장판사로서 사법행정업무를 수행하던 기회에 그 직무와 관련하여 한 행위이므로 '직무집행에 있어서' 한 행위라 할 것이다.

   (2) 다음으로 피청구인의 행위가 헌법에 위반되는지를 살펴본다.

   헌법 제103조는 법관의 재판상 독립을 보장하고 있다. 그러나 법관의 재판상 독립은 법치주의를 실현하고 국민의 공정한 재판을 받을 권리를 보장하기 위한 것이므로, 헌법 제103조는 법관의 재판상 독립 보장과 더불어 법관이 외부의 어떠한 영향도 받지 않고 오로지 법과 양심에 따라 독립하여 심판하여야 한다는 법관의 책임을 인정하는 규정이다.

   그런데 법관이 행하는 사법작용은 국민의 사법에 대한 신뢰로부터 출발하므로, 법관이 대내외적으로 어떠한 영향도 받지 않고 오로지 헌법과 법률에 의하여 그 양심에 따라 독립하여 심판한다는 전제조건이 무너지게 된다면, 국민의 공정한 재판을 받을 권리를 보장하고 법치주의를 실현하기 위해 마련된 사법부 독립의 제도적 기반도 흔들리게 된다. 따라서 헌법 제103조에 의하여 인정되는 법관의 책임 속에는 법관이 재판의 독립과 공정성을 훼손하거나 침해하지 않을 책임뿐만 아니라 재판의 독립과 공정성에 대한 국민의 신뢰를 훼손하지 않을 책임도 포함되어 있다.

그리고 법관이 독립하여 '공정한 재판'을 할 것이라는 신뢰는, 법관 스스로 선입견이나 외부의 영향을 받지 않고 불편부당하게 재판한다는 법관의 주관적인 인식에 대한 신뢰와 이러한 인식을 가진 법관이 구체적으로 형성하는 재판과정이 독립적이고 공정할 것이라는 신뢰에 기반을 두고 있다. 그런데 법관의 주관적인 인식이나 판단의 공정성은 외부에서 확인하거나 검증하기 어렵기 때문에, 결국 재판의 독립과 공정성에 대한 신뢰는 법관이 구체적으로 형성한 재판과정, 즉 재판의 외관에 크게 의존할 수밖에 없게 된다. 그러므로 법관이 다른 법관의 재판과정에 개입하거나 간섭하여 재판의 독립과 공정성에 의심이 드는 외관을 현출하였다면, 이는 재판의 독립과 공정성에 대한 신뢰를 훼손하는 행위에 해당하게 된다.

이 사건 당시 피청구인은 법원장의 지시를 받아 사무분담이나 법관 평정에 관한 초안을 작성하는 업무를 하였으므로, 사실상 법관들의 사무분담이나 평정과 인사에 영향을 미칠 수 있는 지위에 있었다. 피청구인은 이러한 영향력을 가진 지위에 있으면서 ○○신문 서울지국장 명예훼손 사건의 담당 재판장에게 이 사건 기사가 허위인 점이 드러나면 법정에서 밝히라고 요구하거나, 위 사건의 피고인에게 무죄를 선고하더라도 바람직하지 않은 행동임을 분명히 하고 언론의 자유라는 측면에서 법리적으로 부득이 무죄를 선고한다는 취지를 밝혀야 한다고 하거나, 담당 재판장이 보내 준 구술본 말미 파일의 내용을 다른 내용으로 수정하는 등 여러 차례에 걸쳐 재판에 개입하였다. 또한, 야구선수 도박죄 약식명령 사건의 주심판사에게 공판절차 회부에 관하여 재고를 요청하여 결국 공판절차 회부 대신 약식명령으로 종결하도록 하였으며, 민변 소속 변호사 체포치상 사건의 재판장에게도 이미 선고하여 판결의 효력이 발생한 이후에 판결서의 주요 양형이유를 수정하도록 요구하여 판결서 작성에 적극적으로 개입하였다.

위와 같은 피청구인의 행위는 모두 재판의 독립과 공정성에 대한 신뢰를 훼손하였다고 보기에 충분하므로, 헌법 제103조에 위반된다.

(3) 마지막으로 피청구인의 헌법 위반이 중대한지 여부를 살펴본다.

피청구인이 위와 같이 사법부 내의 사법행정체계를 이용하여 구체적인 재판의 진행이나 판결의 내용에 개입한 것은 재판의 독립과 공정성에 대한 국민의 신뢰를 현저히 훼손하여 사법기능에 심각한 장애를 초래한 것이므로, 그 위반이 중대하다.

3. 재판의 독립을 위협함으로써 재판의 독립과 공정성에 대한 신뢰를 실추시킨 위와 같은 행위에 대하여 법관의 강력한 신분보장을 이유로 아무런 조치를 취하지 않고 탄핵심판에서까지 면죄부를 주게 된다면, 재판의 독립을 침해하여 재판의 공정성에 대한 국민의 신뢰를 현저히 추락시킨 행위에 대해 어느 누구도 책임지지 않는 상황을 그대로 용인하게 된다. 사법부 내 고위직이나 정치세력의 재판개입이 재판의 내용과 결과에 영향을 미치고 있다는 부정적 인식을 바로 잡아 재판의 독립과 공정성에 대한 국민의 신뢰를 회복하고 사법 본연의 기능이 제대로 작동하도록 하기 위해서는 재판의 독립을 침해하는 행위에 대하여 강력한 경고와 그에 상응하는 법적 책임을 물을 필요가 있다.

이미 살펴 본 바와 같이 피청구인의 행위는 법관의 재판상 독립을 보장한 헌법 제103조에 위반되는 행위로서 법관에 대한 신분보장의 취지를 감안하더라도 헌법수호의 관점에서 용납될 수 없는 중대한 헌법위반행위이다. 따라서 이 사건 탄핵심판은 탄핵심판청구가 이유 있는 경우에 해당하여 피청구인을 그 직에서 파면하여야 한다.

그런데 피청구인이 2021.2.28. 임기만료로 퇴직하여 그 직에서 파면할 수 없으므로, 피청구인의 행위가 중대한 헌법 위반에 해당함을 확인하는 것에 그칠 수밖에 없다. 이는 피청구인의 행위가 단순한 헌법위반 또는 법률 위반에 그친 것이 아니라 더 나아가 그 위반의 정도가 중대함에도 파면할 직을 유지하고 있지 않아 부득이 파면에는 이르지 못한다는 의미이다. 또한 이는 헌법 위반 또는 법률 위반행위에 해당하더라도 중대한 법 위반에 이르지 않은 경우 청구를 기각하는 판단과는 다른 판단임을 분명하게 밝힌다.

03 국회의 국정감사 · 조사권 ***

> 헌법 제61조【국정에 관한 감사 · 조사권】① 국회는 국정을 감사하거나 특정한 국정사안에 대하여 조사할 수 있으며, 이에 필요한 서류의 제출, 또는 증인의 출석과 증언이나 의견의 진술을 요구할 수 있다.
> ② 국정감사 및 조사에 관한 절차 기타 필요한 사항은 법률로 정한다.

1. 국정감사와 국정조사의 구별

> **국정감사 및 조사에 관한 법률 제2조【국정감사】** ① 국회는 국정 전반에 관하여 소관 상임위원회별로 매년 정기회 집회일 이전에 국정감사(이하 '감사'라 한다) 시작일부터 30일 이내의 기간을 정하여 감사를 실시한다. 다만, 본회의 의결로 정기회 기간 중에 감사를 실시할 수 있다.
> ② 제1항의 감사는 상임위원장이 국회운영위원회와 협의하여 작성한 감사계획서에 따라 한다. 국회운영위원회는 상임위원회 간에 감사대상기관이나 감사일정의 중복 등 특별한 사정이 있는 때에는 이를 조정할 수 있다.
> ④ 제2항에 따른 감사계획서는 매년 처음 집회되는 임시회에서 작성하고 제7조에 따른 감사대상기관에 이를 통지하여야 한다. 다만, 국회의원 총선거가 실시되는 연도에는 국회의원 총선거 후 새로 구성되는 국회의 임시회 또는 정기회에서 감사계획서를 작성·통지할 수 있다.
> ⑤ 제4항에 따른 감사계획서의 감사대상기관이나 감사일정 등을 변경하는 경우에는 그 내용을 감사실시일 7일 전까지 감사대상기관에 통지하여야 한다.
> **제3조【국정조사】** ① 국회는 재적의원 4분의 1 이상의 요구가 있는 때에는 특별위원회 또는 상임위원회로 하여금 국정의 특정사안에 관하여 국정조사(이하 '감사'라 한다)를 하게 한다.
> ② 제1항에 따른 조사요구는 조사의 목적, 조사할 사안의 범위와 조사를 할 위원회 등을 기재하여 요구의원이 연서(連署)한 서면(이하 '조사요구서'라 한다)으로 하여야 한다.
> ③ 의장은 조사요구서가 제출되면 지체 없이 본회의에 보고하고 각 교섭단체 대표의원과 협의하여 조사를 할 특별위원회를 구성하거나 해당 상임위원회(이하 '조사위원회'라 한다)에 회부하여 조사를 할 위원회를 확정한다. 이 경우 국회가 폐회 또는 휴회 중일 때에는 조사요구서에 따라 국회의 집회 또는 재개의 요구가 있는 것으로 본다.
> ④ 조사위원회는 조사의 목적, 조사할 사안의 범위와 조사방법, 조사에 필요한 기간 및 소요경비 등을 기재한 조사계획서를 본회의에 제출하여 승인을 받아 조사를 한다.
> ⑤ 본회의는 제4항의 조사계획서를 검토한 다음 의결로써 이를 승인하거나 반려한다.
> ⑥ 조사위원회는 본회의에서 조사계획서가 반려된 경우에는 이를 그대로 본회의에 다시 제출할 수 없다.

구분	국정감사(제2조)	국정조사(제3조)
사안	국정 전반	특정 사안
시기	① 정기적 ② 매년 정기회 집회일 이전. 다만, 본회의 의결로 정기회 기간 중에 감사를 실시할 수 있음.	재적의원 4분의 1의 요구가 있을 때
기간	① 감사시작일부터 30일 이내 국회 결정 ② 감사시작일부터 30일 이상 변경 불가	의결로 정함.
주체	소관 상임위원회	특별위원회, 상임위원회
계획서	상임위원장이 국회운영위원회와 협의하여 감사계획서 작성	조사위원회가 조사계획서를 본회의에 제출하여 승인
공개	공개, 의결로 비공개 가능	

2. 국정조사권의 연혁

① 국정조사권은 1689년 영국의 의회가 특별위원회를 구성하여 아일랜드 카톨릭교도의 폭동진압에서 있었던 불미스러운 사태와 패전원인을 조사하기 위하여 구성된 것이 그 효시이다.

② 국정조사권이 헌법차원에서 최초로 규정된 것이 바이마르헌법이다.

③ 미연방헌법에는 국정조사권이 규정되어 있지 않다. 그러나 국정조사는 국회의 당연한 권한이므로 헌법에 규정되지 않은 경우에도 행해지고 있다.

☑ 우리나라 헌법의 국정감사 · 조사의 연혁

구분	제헌헌법	제3차	제5차	제7차	제8차	현행헌법
국정감사	○	○	○	×	×	○
국정조사	×	×	×	×	○	○

3. 국정감사 · 조사권의 법적 성격

국정감사 · 조사권의 본질에 관하여 독립적 권한설과 국회의 입법권, 예산권을 효율적으로 행사하기 위해 인정되는 권한이라는 보조적 권한설이 대립하고 있는데, 후자가 다수설이다.

> **⚖ 판례**
>
> 국정감사 · 조사권은 국회의 권한이므로 국회의원은 국정감사권 · 조사권 침해를 이유로 권한쟁의심판을 청구할 수 없다(헌재 2010.7.29. 2010헌라1).

4. 국정감사 · 조사위원회 구성

(1) 국정감사

소관 상임위원회에서 감사한다.

(2) 국정조사

① 상임위원회 또는 특별위원회에서 조사한다.

② 특별위원회는 교섭단체 의원 수의 비율에 따라 구성하여야 한다. 다만, 조사에 참여하기를 거부하는 교섭단체의 의원은 제외할 수 있다. 특별위원회는 위원장 1명과 각 교섭단체별로 간사 1명을 호선하고 본회의에 보고한다. 조사위원회의 위원장이 사고가 있거나 그 직무를 수행하기를 거부 또는 기피하여 조사위원회가 활동하기 어려운 때에는 **위원장이 소속하지 아니하는 교섭단체 소속의 간사 중에서 소속 의원 수가 많은 교섭단체 소속인 간사의 순**으로 위원장의 직무를 대행한다(국정감사 및 조사에 관한 법률 제4조).

(3) 소위원회

위원회는 2명 이상의 소위원회나 반을 구성할 수 있다. 소위원회와 반은 같은 교섭단체 소속의원만으로 구성할 수 없다.

(4) 제척과 회피(국정감사 및 조사에 관한 법률 제13조)

① 의원은 직접 이해관계가 있거나 공정을 기할 수 없는 현저한 사유가 있는 경우에는 그 사안에 한정하여 감사 또는 조사에 참여할 수 없다.

② 위 ①의 사유가 있다고 인정할 때에는 본회의 또는 위원회 의결로 해당 의원의 감사 또는 조사를 중지시키고 다른 의원으로 하여금 감사 또는 조사하게 하여야 한다.

③ 위 ②에 따른 조치에 대하여 해당 의원의 이의가 있는 때에는 본회의가 의결한다.

④ 위 ①의 사유가 있는 의원 또는 국회법 제32조의4 제1항의 신고사항에 해당하여 이해충돌이 발생할 우려가 있다고 판단하는 의원은 소속 위원장에게 회피를 신청하여야 한다. 이 경우 회피신청을 받은 위원장은 간사와 협의하여 회피를 허가할 수 있다.

5. 국정감사 · 조사의 대상

(1) 국정감사의 대상기관(국정감사 및 조사에 관한 법률 제7조)

① 국가기관

② 특별시 · 광역시 · 도(감사범위: 국가위임사무, 국가가 보조금 등 예산을 지원하는 사업)

③ 공공기관, 한국은행, 농업협동조합중앙회, 수산업협동조합중앙회

④ **국회 본회의 의결이 있는 경우 감사대상기관:** 위 ①~③ 외의 지방행정기관, 지방자치단체(시 · 군 · 구), 감사원법에 따른 감사대상기관

(2) 국정조사의 대상 · 기간 · 조사방법

① 조사위원회는 조사의 목적, 조사할 사안의 범위와 조사방법, 조사에 필요한 기간 및 소요경비 등을 기재한 조사계획서를 본회의에 제출하여 승인을 얻어 조사를 시행한다.

② 본회의는 의결로써 조사위원회의 활동기간을 연장할 수 있다.

6. 국정감사 · 조사방법

(1) 청문회

위원회는 중요한 안건의 심사와 국정감사 및 국정조사에 필요한 경우 증인 · 감정인 · 참고인으로부터 증언 · 진술의 청취와 증거의 채택을 위하여 그 의결로 청문회를 열 수 있다(국회법 제65조).

청문회	증인, 참고인, 감정인 의견청취, 증거 채택	동행명령 ○	출석강제, 선서 ○
공청회	전문가 의견수렴	동행명령 ×	출석강제, 선서 ×

(2) 출석요구 및 동행명령

① **출석요구:** 본회의 또는 위원회(국정감사나 국정조사를 위하여 구성된 소위원회 또는 반을 포함한다)가 국회에서의 증언 · 감정 등에 관한 법률에 의한 보고나 서류 등의 제출요구 또는 증인 · 감정인 · 참고인의 출석요구를 할 때에는 본회의의 경우에는 의장이, 위원회의 경우에는 위원장이 해당자나 기관의 장에게 요구서를 발부한다. 요구서는 늦어도 보고 또는 서류 등의 제출요구일이나 증인 등의 출석요구일 7일 전에 송달되어야 한다(국회에서의 증언 · 감정 등에 관한 법률 제5조 제1항 · 제5항).

② **증인 등의 출석의무:** 국회에서 안건 심의 또는 국정감사나 국정조사와 관련하여 보고와 서류 및 해당 기관이 보유한 사진 · 영상물의 제출요구를 받거나, 증인 · 참고인으로서 출석이나 감정의 요구를 받은 때에는 국회에서의 증인 · 감정 등에 관한 법률에 특별한 규정이 있는 경우를 제외하고는 다른 법률에도 불구하고 누구든지 이에 따라야 한다(국회에서의 증언 · 감정 등에 관한 법률 제2조).

③ **동행명령:** 국정감사나 국정조사를 위한 위원회는 증인이 정당한 이유 없이 출석하지 아니하는 때에는 그 의결로 해당 증인에 대하여 지정한 장소까지 동행할 것을 명령할 수 있다. 동행명령장은 위원장이 발부하고, 국회사무처 소속 공무원으로 하여금 이를 집행하도록 한다(국회에서의 증언 · 감정 등에 관한 법률 제6조 제1항 · 제2항 · 제5항).

구분	출석요구	동행명령
대상	① 증인 ② 참고인 ③ 감정인	증인
주체	① 본회의의 경우: 의장 ② 위원회의 경우: 위원장	위원장

(3) 자료요구

본회의, 위원회 또는 소위원회는 그 의결로 안건의 심의 또는 국정감사나 국정조사와 직접 관련된 보고 또는 서류 등의 제출을 정부, 행정기관 등에 요구할 수 있다. 다만, 위원회가 청문회, 국정감사 또는 국정조사와 관련된 서류 등의 제출을 요구하는 경우에는 그 의결 또는 재적위원 3분의 1 이상의 요구로 할 수 있다(국회법 제128조 제1항).

(4) 국회에서의 증언·서류제출(국회에서의 증언·감정 등에 관한 법률 제4조)

① **원칙**: 국회의 증언, 서류제출요구시 직무상 비밀이라는 이유로 증언 또는 서류제출을 거부할 수 없다.

② **예외**: 서류제출 및 출석거부

국회가 주무부장관의 소명을 수락한 경우	주무부장관이 군사·외교·대북관계의 국가기밀에 관한 사항으로서 그 발표로 국가안위에 중대한 영향을 미칠 수 있음이 명백하다고 인정된다는 소명을 5일 이내에 하면 증언 또는 서류제출을 거부할 수 있음.
국회가 주무부장관의 소명을 수락하지 아니한 경우	국회 의결 또는 국회 폐회 중 소관 상임위원회 의결로 국무총리 성명요구 ➡ 국무총리, 7일 이내 성명이 있으면 ➡ 서류제출, 증언거부 가능
	국무총리 성명이 없으면 ➡ 서류제출, 증언거부 불가

③ **증인의 증언거부**: 증인은 형사소송법 제148조 또는 제149조의 규정에 해당하는 경우에 선서·증언 또는 서류 등의 제출을 거부할 수 있다. 감정인은 형사소송법 제148조에 해당하는 경우에 선서 또는 감정을 거부할 수 있다(국회에서의 증언·감정 등에 관한 법률 제3조).

형사소송법 제148조【근친자의 형사책임과 증언거부】 누구든지 자기나 다음 각 호의 어느 하나에 해당하는 자가 형사소추 또는 공소제기를 당하거나 유죄판결을 받을 사실이 드러날 염려가 있는 증언을 거부할 수 있다.
1. 친족이거나 친족이었던 자
2. 법정대리인, 후견감독인

제149조【업무상비밀과 증언거부】 변호사, 변리사, 공증인, 공인회계사, 세무사, 대서업자, 의사, 한의사, 치과의사, 약사, 약종상, 조산사, 간호사, 종교의 직에 있는 자 또는 이러한 직에 있던 자가 그 업무상 위탁을 받은 관계로 알게 된 사실로서 타인의 비밀에 관한 것은 증언을 거부할 수 있다. 단, 본인의 승낙이 있거나 중대한 공익상 필요있는 때에는 예외로 한다.

---

(5) 고발 및 처벌

① **고발**: 본회의 또는 위원회는 증인, 감정인 등이 불출석의 죄, 국회모욕죄, 위증의 죄를 범하였다고 인정될 때에는 고발하여야 한다. 다만, 청문회의 경우에는 재적위원 3분의 1 이상의 연서에 따라 그 위원의 이름으로 고발할 수 있다(국회에서의 증언·감정 등에 관한 법률 제15조).

② **처벌조항**: 불출석의 죄는 3년 이하의 징역 또는 1천만 원 이상 3천만 원 이하의 벌금, 국회모욕죄는 5년 이하의 징역 또는 1천만 원 이상 5천만 원 이하의 벌금, 위증의 죄는 1년 이상 10년 이하의 징역에 처한다(국회에서의 증언·감정 등에 관한 법률 제12조, 제13조, 제14조).

(6) 감사 또는 조사 결과

① **감사 또는 조사 결과 보고**: 감사 또는 조사를 마친 때에는 위원회는 지체 없이 그 감사 또는 조사보고서를 작성하여 의장에게 제출하여야 한다(국정감사 및 조사에 관한 법률 제15조 제1항).

② **감사 또는 조사 결과에 대한 처리**: 국회는 감사 또는 조사 결과 위법하거나 부당한 사항이 있을 때에는 그 정도에 따라 정부 또는 해당 기관에 변상, 징계조치, 제도개선, 예산조정 등 시정을 요구하고, 정부 또는 해당 기관에서 처리함이 타당하다고 인정되는 사항은 정부 또는 해당 기관에 이송한다. 정부 또는 해당 기관은 시정요구를 받거나 이송받은 사항을 지체 없이 처리하고 그 결과를 국회에 보고하여야 한다(국정감사 및 조사에 관한 법률 제16조 제3항·제4항).

(7) 감사원에 대한 감사요구

① **감사원 감사 결과 보고**: 국회는 그 의결로 감사원에 대하여 감사원법에 의한 감사원의 직무범위에 속하는 사항 중 사안을 특정하여 감사를 요구할 수 있다. 이 경우 감사원은 감사요구를 받은 날부터 3개월 이내에 감사 결과를 국회에 보고하여야 한다(국회법 제127조의2 제1항).

② **감사원 기간 연장**: 감사원은 특별한 사유로 위 ①에 따른 기간 내에 감사를 마치지 못하였을 때에는 중간보고를 하고 감사기간의 연장을 요청할 수 있다. 이 경우 의장은 2개월의 범위에서 감사기간을 연장할 수 있다(국회법 제127조의2 제2항).

7. 국정감사·조사의 범위

(1) 입법사항

행정입법이나 조례 등의 위헌·위법성과 타당성, 조약, 대법원, 헌법재판소, 중앙선거관리위원회규칙의 위헌, 위법 여부 등을 조사·감사할 수 있다.

(2) 행정사항

집행부의 행정작용에 대한 적법성은 물론 타당성까지 감사·조사할 수 있다.

(3) 사법사항

재판의 신속한 처리 여부, 법관의 배치 등 사법행정사항 등은 조사·감사할 수 있다.

(4) 국회내부사항

국회의 규칙·운영, 의원의 징계와 자격심사 및 체포에 관한 사항 등을 조사·감사할 수 있다.

8. 국정감사·조사의 한계

(1) 권력분립상의 한계

① **행정**: 국회는 스스로 구체적인 행정처분을 하거나 행정처분의 취소를 명할 수 없다.

② **사법**: 감사 또는 조사는 개인의 사생활을 침해하거나 계속 중인 재판 또는 수사 중인 사건의 소추에 관여할 목적으로 행사되어서는 아니 된다(국정감사 및 조사에 관한 법률 제8조). *헌법조항에서는 삭제됨.

감사·조사 대상 ○	• 재판의 신속한 처리 • 법관배치 • 사법행정사항 • 대법원규칙 • 현재 재판 중인 사건에 대한 정치목적을 위한 조사
감사·조사 대상 ×	• 재판에 관여할 목적으로 하는 국정감사·조사 • 소송절차의 당·부당

㉠ 국감법의 취지상 법원에 계속 중인 사건에 대하여 정치적 압력을 가하거나 재판 내용에 개입하거나 사법상의 문서제출을 요구하는 감사나 조사를 할 수 없다. 그러나 탄핵소추와 해임건의와 같은 정치적 목적과 국정비판의 차원에서 재판에 간섭하는 정도가 아니라면 허용될 수 있다.

　　　　ⓛ **종국판결이 내려진 사건**: 법은 '계속 중인 재판'이라고 표현하였으나 **종국판결이 내려진 사건에 대하여서도** 담당법관을 상대로 재판의 내용을 비판하는 것은 재판권 침해가능성이 크므로 허용되지 않는다.

　　　　ⓒ **소송절차의 당·부당**: 소송절차도 전체로서 재판의 내용을 이루는 것이므로 그 공정성 여부에 대하여 감사·조사할 수 없다.

　　③ **검찰사무**: 검사의 소추에 간섭하는 감사·조사는 허용되지 않는다. 그러나 소추에 관여할 목적이 아닌 탄핵소추나 해임건의 등을 위한 정치적 목적을 위해 수사 중인 사건에 대해서 조사할 수 있다.

　　④ **지방자치단체**: 지방자치단체의 고유사무는 감사·조사할 수 없다.

　　⑤ **감사원**: 감사원의 예산·인사 등은 국정감사의 대상이 되나, 감사원의 준사법적 작용인 변상책임의 판정이나 징계처분과 문책 등의 요구 등은 국정감사·조사의 대상이 되지 아니한다.

(2) 기본권 보장상의 한계

　　① **사생활 관련 사항**: 감사 또는 조사는 개인의 사생활을 침해할 목적으로 행해질 수는 없으나, 사생활에 관한 사항일지라도 국가작용과 관련이 있는 사항에 대해서는 감사·조사할 수 있다. [권영성]

　　② **불리한 진술거부권**: 감사 또는 조사에서 증인 등에게 형사상 불리한 진술을 강요해서는 아니 된다.

04 그 밖의 국정통제권

1. 대통령의 통치권 행사에 대한 국정통제권

국회는 긴급명령 등 승인권, 계엄해제요구권, 조약 등 동의권, 일반사면 동의권 등을 가진다.

2. 대정부출석요구권

> **헌법 제62조【국무총리 등의 국회출석】** ① **국무총리·국무위원** 또는 **정부위원**은 국회나 그 위원회에 출석하여 국정처리상황을 보고하거나 의견을 진술하고 질문에 응답할 수 있다.
> ② 국회나 그 위원회의 요구가 있을 때에는 국무총리·국무위원 또는 정부위원은 출석·답변하여야 하며, 국무총리 또는 국무위원이 출석요구를 받은 때에는 국무위원 또는 정부위원으로 하여금 출석·답변하게 할 수 있다.
>
> **제81조** 대통령은 국회에 출석하여 발언하거나 서한으로 의견을 표시할 수 있다.
>
> **정부조직법 제10조【정부위원】** 국무조정실의 실장 및 차장, 부·처·청의 처장·차관·청장·차장·실장·국장 및 차관보와 제29조 제2항·제34조 제3항 및 제37조 제2항에 따라 과학기술정보통신부·행정안전부 및 산업통상자원부에 두는 본부장은 정부위원이 된다.
>
> **국회법 제121조【국무위원 등의 출석요구】** ① 본회의는 의결로 국무총리, 국무위원 또는 정부위원의 출석을 요구할 수 있다. 이 경우 그 발의는 의원 20명 이상이 이유를 구체적으로 밝힌 서면으로 하여야 한다.
> ② 위원회는 의결로 국무총리, 국무위원 또는 정부위원의 출석을 요구할 수 있다. 이 경우 위원장은 의장에게 그 사실을 보고하여야 한다.
> ④ 제3항에도 불구하고 국무총리나 국무위원은 의장 또는 위원장의 승인을 받아 국무총리는 국무위원으로 하여금, 국무위원은 정부위원으로 하여금 대리하여 출석·답변하게 할 수 있다. 이 경우 의장은 각 교섭단체 대표의원과, 위원장은 간사와 협의하여야 한다.

(1) 출석 · 답변대상자

① **국무총리, 국무위원, 정부위원**: 헌법상 출석 · 발언권한도 있고 출석 · 답변할 의무도 있다.

② **대통령**: 출석 · 발언할 권한은 있으나, 출석 · 답변할 의무는 없다.

③ **대법원장, 헌법재판소장, 중앙선거관리위원회 위원장, 감사원장**: 10명 이상의 발의와 일반의결정족수의 의결로 출석 · 답변을 요구할 수 있고 그 대리인을 출석 · 답변하게 할 수 있다.

(2) 출석 · 답변요구절차

본회의는 20명 이상의 발의와 의결로 출석을 요구할 수 있고, 위원회도 의결로 국무총리 · 국무위원 · 정부위원의 출석을 요구할 수 있다.

3. 질문권

(1) 정부에 대한 서면질문

> **국회법 제122조【정부에 대한 서면질문】** ① 의원이 정부에 서면으로 질문하려고 할 때에는 질문서를 의장에게 제출하여야 한다.
> ② 의장은 제1항의 질문서를 받았을 때에는 지체 없이 이를 정부에 이송한다.
> ③ 정부는 질문서를 받은 날부터 10일 이내에 서면으로 답변하여야 한다. 그 기간 내에 답변하지 못할 때에는 그 이유와 답변할 수 있는 기한을 국회에 통지하여야 한다.

(2) 대정부질문

> **국회법 제122조의2【정부에 대한 질문】** ① 본회의는 회기 중 기간을 정하여 국정 전반 또는 국정의 특정 분야를 대상으로 정부에 대하여 질문(이하 '대정부질문'이라 한다)을 할 수 있다.
> ② 대정부질문은 일문일답의 방식으로 하되, 의원의 질문시간은 20분을 초과할 수 없다. 이 경우 질문시간에 답변시간은 포함되지 아니한다.
> ⑦ 대정부질문을 하려는 의원은 미리 질문의 요지를 적은 질문요지서를 구체적으로 작성하여 의장에게 제출하여야 하며, 의장은 늦어도 질문시간 48시간 전까지 질문요지서가 정부에 도달되도록 송부하여야 한다.

(3) 긴급현안질문

> **국회법 제122조의3【긴급현안질문】** ① 의원은 20명 이상의 찬성으로 회기 중 현안이 되고 있는 중요한 사항을 대상으로 정부에 대하여 질문(이하 이 조에서 '긴급현안질문'이라 한다)을 할 것을 의장에게 요구할 수 있다.
> ② 제1항에 따라 긴급현안질문을 요구하는 의원은 그 이유와 질문 요지 및 출석을 요구하는 국무총리 또는 국무위원을 적은 질문요구서를 본회의 개의 24시간 전까지 의장에게 제출하여야 한다.
> ⑥ 긴급현안질문을 할 때 의원의 질문시간은 10분을 초과할 수 없다. 다만, 보충질문은 5분을 초과할 수 없다.

☑ 질문과 질의의 구별

구분	질문	질의
대상	정부에 대하여 국정에 대한 설명요구	의제된 안건에 관하여 제안자에게 설명요구
범위	국정 전반	의제의 범위
방법	문서 또는 구두(주로 문서)	문서 또는 구두(주로 구두)
시기	질문요지서나 질문서를 제출하여 미리 정부에 송부	의안이 의제된 후

4. 국무총리 · 국무위원의 해임건의권

> **헌법 제63조【국무총리 · 국무위원 해임건의권】** ① 국회는 국무총리 또는 국무위원의 해임을 대통령에게 건의할 수 있다.
> ② 제1항의 해임건의는 국회 재적의원 3분의 1 이상의 발의에 의하여 국회 재적의원 과반수의 찬성이 있어야 한다.

(1) 의의

탄핵제도와 달리 해임건의제는 정부가 의회에 정치적 책임을 지는 제도이므로 의원내각제적 소산의 결과이다.

(2) 연혁

건국헌법	규정 없음.
제1차 개정헌법	국무원에 대한 연대불신임결의권
제2차 개정헌법	개별적 불신임결의권
제3차 개정헌법	불신임결의권
제5차 개정헌법	해임건의권
제7차 개정헌법	개별적 해임의결권
제8차 개정헌법	해임의결권
현행헌법	해임건의권

(3) 해임건의의 사유

① 직무와 무관한 사생활과 법 위반이 아닌 무능력도 해임건의 대상이 된다.
② 해임건의는 직무집행에 있어 헌법 위반 또는 법률 위반이 있는 경우뿐 아니라 정책의 수립과 집행에 있어 중대한 과오를 범한 경우, 부하직원의 과오나 범법행위에 대하여 정치적 책임을 추궁하는 경우, 국무회의 구성원으로서 대통령을 잘못 보좌한 경우도 사유에 해당한다.
③ 따라서 해임건의의 사유는 탄핵소추의 사유보다 광범위하고 포괄적이다.

(4) 해임건의의 대상

탄핵의 대상은 대통령, 국무총리, 국무위원, 법관, 헌법재판소 재판관, 감사원장, 기타 고위공직자이다. 해임건의대상은 국무총리와 국무위원이므로, 대통령, 법관 등은 그 대상이 아니다.

(5) 해임건의의 방법과 절차

해임건의는 국무총리 또는 국무위원에 대하여 개별적으로 또는 일괄적으로 할 수 있고, 해임건의안이 발의되면 그것이 본회의에 보고 된 때로부터 24시간 이후 72시간 이내에 무기명으로 표결한다. 이 기간 내에 표결하지 아니하면 폐기된 것으로 본다.

(6) 해임건의의 효과

해임건의가 있더라도 대통령은 국무총리 또는 국무위원을 해임하여야 할 법적 의무를 지지 않는다. 다만, 해임건의는 정치적 압력수단으로 의미를 갖는다.

☑ **탄핵과 해임의 비교**

구분	탄핵제도		해임건의
특성	법적인 책임 추궁		정치적 책임 추궁
정부형태와 관계	대통령제 > 의원내각제 의원내각제에도 있음.		의원내각제 요소
우리헌법상 연혁	제헌헌법		제1차 개정헌법
대상자	**헌법**	**검찰청법**	① 국무총리 ② 국무위원
	① 대통령 ② 국무총리 ③ 국무위원 ④ 행정각부의 장 ⑤ 헌법재판소 재판관 ⑥ 법관 ⑦ 중앙선거관리위원회 위원 ⑧ 감사원장 ⑨ 감사위원	검사	
직무와 관련성	관련 ○ 사생활, 도덕상 과오대상 ×		관련 × 도덕상 과오도 대상 ○
위법성	헌법이나 법률을 위배한 경우 정책상 과오는 아님.		위법성을 전제로 하지 않음. 정책상 과오는 대상이 됨.
정족수	재적 1/3, 재적 과반수 대통령: 재적 과반수, 재적 2/3 이상		재적 1/3, 재적 과반수
국회투표	무기명, 본회의 보고된 때로부터 24~72시간 이내		무기명, 본회의 보고된 때로부터 24~72시간 이내
국회 의결의 효과	권한 행사 정지됨.		권한 행사 정지되지 않음.
공직취임금지	5년간 금지됨.		5년간 금지되는 것은 아님.

제9절 국회의 자율권

01 국회자율권의 의의

국회의 자율권이란 의회주의 실현을 위하여 국회가 다른 국가기관의 간섭을 받지 아니하고 헌법과 법률 그리고 의회규칙에 따라 의사와 내부사항을 독자적으로 결정할 수 있는 권한을 말한다.

02 규칙제정권

> **헌법 제64조【국회의 자율권】** ① 국회는 **법률에** 저촉되지 아니하는 범위 내에서 의사와 내부규율에 관한 규칙을 제정할 수 있다.

1. 규칙제정권의 의의

(1) 개념

규칙제정권이란 국회가 헌법과 법률에 저촉되지 아니하는 범위 내에서 의사와 내부사항에 대하여 자율적으로 규칙을 정할 수 있는 권리를 말한다.

(2) 절차

국회규칙은 운영위원회에서 마련해서 법제사법위원회의 체계자구심사를 거쳐 국회 의결로 성립한다.

2. 국회규칙의 효력

(1) 형식적 효력

국회규칙은 법률보다 하위의 효력이 있다. 법률의 위임을 요하지는 않으나, 법률우위원칙은 적용된다.

(2) 대인적 효력

국회규칙 중 내부사항을 규율하는 규칙은 국회 구성원에 대해서만 구속력을 가지나, 의사에 관한 국회규칙은 국회법의 시행령으로서 법규명령에 준하는 것이므로 제3자에 대해서도 구속력을 가진다.

(3) 시간적 효력

① 국회규칙은 공포를 요하지 아니하므로 제정·개정으로 바로 효력을 가진다.
② 국회규칙은 폐지 또는 개정될 때까지 효력을 가지며, 국회규칙은 의원의 개선에 의해서도 효력이 중단 또는 소멸되지 아니한다.

(4) 장소적 효력

국회규칙은 제정·개정의 의결과 동시에 효력을 발생하고 국회 내에서만 효력을 가지므로 공포되지 아니한다.

3. 국회규칙의 통제

내부사항을 규율하는 규칙은 심사의 대상이 되지 않으나, 의사에 관한 규칙은 법원의 명령·규칙심사의 대상이 될 수 있다. 또한 국회규칙은 헌법소원의 대상이 될 수 있다.

03 의원의 신분자율권

> 헌법 제64조 【국회의 자율권】 ② 국회는 의원의 자격을 심사하며, 의원을 징계할 수 있다.
> ③ 의원을 제명하려면 국회 재적의원 3분의 2 이상의 찬성이 있어야 한다.
> ④ 제2항과 제3항의 처분에 대하여는 법원에 제소할 수 없다.

1. 의원자격심사권

(1) 자격심사사유

① **개념**: 자격심사는 의원에 대하여 의원신분을 보유하는 적격성 여부를 의회가 스스로 심사하는 것이다.
② **사유**: 국회의원은 적법하게 당선되어야 하며, 겸직이 금지된 직에 취임하거나 임기개시일 후에 해직된 직의 권한을 행사하여서는 아니 된다. 이러한 자격요건을 위반한 때에는 자격심사의 대상이 될 수 있다.

(2) 자격심사청구

국회의원 30명 이상의 연서로 의장에게 청구한다.

(3) 절차

① 윤리특별위원회에 회부한다.

② **윤리특별위원회의 심문**: 청구의원과 피심의원을 출석시켜 심문할 수 있다.

③ **본회의 의결**: 피심의원의 자격이 없는 것을 의결(무자격결정)함에는 재적의원 3분의 2 이상의 찬성이 있어야 한다.

(4) 무자격결정의 효과

국회의원 재적 3분의 2 이상의 찬성으로 무자격결정이 나면 의원직이 상실되며, 무자격결정은 소급효가 없으므로 무자격결정이 있는 날부터 의원직을 상실한다.

2. 의원에 대한 징계권

(1) 징계사유

국회법 제155조【징계】 국회는 의원이 다음 각 호의 어느 하나에 해당하는 행위를 하였을 때에는 윤리특별위원회의 심사를 거쳐 그 의결로써 징계할 수 있다. 다만, 의원이 제10호에 해당하는 행위를 하였을 때에는 윤리특별위원회의 심사를 거치지 아니하고 그 의결로써 징계할 수 있다

1. 헌법 제46조 제1항 또는 제3항을 위반하는 행위를 하였을 때
2. 제29조의 겸직금지규정을 위반하였을 때
3. 제29조의2의 영리업무 종사금지규정을 위반하였을 때
3의2. 제32조의2 제1항 또는 제2항에 따른 사적 이해관계의 등록·변경등록을 하지 아니하거나 등록·변경등록사항을 고의로 누락 또는 허위로 제출하였을 때
3의3. 제32조의4 제1항에 따른 이해충돌의 신고규정을 위반하였을 때
3의4 제32조의5 제1항에 따라 표결 및 발언을 회피할 의무가 있음을 알면서 회피를 신청하지 아니하였을 때
4. 제54조의2 제2항을 위반하였을 때
5. 제102조를 위반하여 의제와 관계없거나 허가받은 발언의 성질과 다른 발언을 하거나 이 법에서 정한 발언시간의 제한규정을 위반하여 의사진행을 현저히 방해하였을 때
6. 제118조 제3항을 위반하여 게재되지 아니한 부분을 다른 사람에게 열람하게 하거나 전재 또는 복사하게 하였을 때
7. 제118조 제4항을 위반하여 공표금지 내용을 공표하였을 때
8. 제145조 제1항에 해당되는 회의장의 질서를 어지럽히는 행위를 하거나 이에 대한 의장 또는 위원장의 조치에 따르지 아니하였을 때
9. 제146조를 위반하여 본회의 또는 위원회에서 다른 사람을 모욕하거나 다른 사람의 사생활에 대한 발언을 하였을 때
10. 제148조의2를 위반하여 의장석 또는 위원장석을 점거하고 점거 해제를 위한 제145조에 따른 의장 또는 위원장의 조치에 따르지 아니하였을 때
11. 제148조의3을 위반하여 의원의 본회의장 또는 위원회 회의장 출입을 방해하였을 때
12. 정당한 이유 없이 국회 집회일부터 7일 이내에 본회의 또는 위원회에 출석하지 아니하거나 의장 또는 위원장의 출석요구서를 받은 후 5일 이내에 출석하지 아니하였을 때
13. 탄핵소추사건을 조사할 때 국정감사 및 조사에 관한 법률에 따른 주의의무를 위반하는 행위를 하였을 때
14. 국정감사 및 조사에 관한 법률 제17조에 따른 징계사유에 해당할 때
15. 공직자윤리법 제22조에 따른 징계사유에 해당할 때
15의2. 공직자의 이해충돌 방지법을 위반하였을 때
16. 국회의원윤리강령이나 국회의원윤리실천규범을 위반하였을 때

① 헌법의 청렴의무, 이권운동금지규정에 위반한 때, 회의 진행을 방해할 때, 국회법상 모욕발언금지규정에 위반한 때 등이 징계사유이다.

② 징계대상행위는 휴회·개회·폐회 중 행위도 포함되고 국회의사당 내뿐 아니라 밖의 행위도 포함한다.

(2) 징계요구

국회법 제156조【징계의 요구와 회부】① 의장은 제155조 각 호의 어느 하나에 해당하는 행위를 한 의원(이하 '징계대상자'라 한다)이 있을 때에는 윤리특별위원회에 회부하고 본회의에 보고한다.

② 위원장은 소속 위원 중에 징계대상자가 있을 때에는 의장에게 보고하며, 의장은 이를 윤리특별위원회에 회부하고 본회의에 보고한다.

③ 의원이 징계대상자에 대한 징계를 요구하려는 경우에는 의원 20명 이상의 찬성으로 그 사유를 적은 요구서를 의장에게 제출하여야 한다.

④ 징계대상자로부터 **모욕을 당한 의원이 징계를 요구할 때에는 찬성의원을 필요로 하지 아니하며**, 그 사유를 적은 요구서를 의장에게 제출한다.

⑤ 제3항과 제4항의 징계요구가 있을 때에는 의장은 이를 윤리특별위원회에 회부하고 본회의에 보고한다.

⑥ 윤리특별위원회의 위원장 또는 위원 5명 이상이 징계대상자에 대한 징계요구를 하였을 때에는 윤리특별위원회는 이를 의장에게 보고하고 심사할 수 있다.

⑦ 제155조 제10호에 해당하여 징계가 요구되는 경우에는 의장은 제1항, 제2항, 제5항 및 제6항에도 불구하고 해당 의원에 대한 징계안을 바로 본회의에 부의하여 지체 없이 의결하여야 한다.

(3) 징계요구 또는 회부시한

국회법 제157조【징계의 요구 또는 회부의 시한 등】① 의장은 다음 각 호에 해당하는 날부터 폐회 또는 휴회 기간을 제외한 3일 이내에 윤리특별위원회에 징계(제155조 제10호에 해당하여 요구되는 징계는 제외한다) 요구를 회부하여야 한다. – 단서 생략 –

1. 제156조 제1항의 경우: 그 사유가 발생한 날 또는 그 징계대상자가 있는 것을 알게 된 날
2. 제156조 제2항의 경우: 위원장의 보고를 받은 날
3. 제156조 제5항의 경우: 징계요구서를 제출받은 날

② 제156조 제2항에 따른 위원장의 징계대상자 보고와 같은 조 제3항·제4항 및 제6항에 따른 징계요구는 그 사유가 발생한 날 또는 그 징계대상자가 있는 것을 알게 된 날부터 10일 이내에 하여야 한다. 다만, 폐회기간 중에 그 징계대상자가 있을 경우에는 다음 회 국회의 집회일부터 3일 이내에 하여야 한다.

(4) 징계회의 비공개

국회법 제158조【징계의 의사】징계에 관한 회의는 공개하지 아니한다. 다만, 본회의나 위원회의 의결이 있을 때에는 그러하지 아니하다.

(5) 징계절차

국회법 제159조【심문】윤리특별위원회는 징계대상자와 관계 의원을 출석하게 하여 심문할 수 있다.

제160조【변명】의원은 자기의 징계안에 관한 본회의 또는 위원회에 출석하여 변명하거나 다른 의원으로 하여금 변명하게 할 수 있다. 이 경우 의원은 변명이 끝난 후 회의장에서 퇴장하여야 한다.

제162조【징계의 의결】의장은 윤리특별위원회로부터 징계에 대한 심사보고서를 접수하였을 때에는 지체 없이 본회의에 부의하여 의결하여야 한다. 다만, 의장은 윤리특별위원회로부터 징계를 하지 아니하기로 의결하였다는 심사보고서를 접수하였을 때에는 지체 없이 본회의에 보고하여야 한다.

(6) 징계종류

국회법 제163조【징계의 종류와 그 선포】① 제155조에 따른 징계의 종류는 다음과 같다.

1. 공개회의에서의 경고
2. 공개회의에서의 사과
3. 30일(제155조 제2호 또는 제3호에 해당하는 행위를 한 의원에 대한 징계는 90일) 이내의 출석정지. 이 경우 출석정지기간에 해당하는 국회의원의 보좌직원과 수당 등에 관한 법률에 따른 수당·입법활동비 및 특별활동비(이하 '수당 등'이라 한다)는 2분의 1을 감액한다.
4. 제명(除名)

② 제1항에도 불구하고 제155조 제8호·제10호 또는 제11호에 해당하는 행위를 한 의원에 대한 징계의 종류는 다음과 같다.

1. 공개회의에서의 경고 또는 사과. 이 경우 수당 등 월액의 2분의 1을 징계 의결을 받은 달과 다음 달의 수당 등에서 감액하되, 이미 수당 등을 지급한 경우에는 감액분을 환수한다.
2. 30일 이내의 출석정지. 이 경우 징계 의결을 받은 달을 포함한 3개월간의 수당 등을 지급하지 아니하되, 이미 수당 등을 지급한 경우에는 전액 환수한다.
3. 제명

③ 제1항 제1호·제2호 및 제2항 제1호의 경우에는 윤리특별위원회에서 그 문안을 작성하여 보고서와 함께 의장에게 제출하여야 한다. 다만, 제155조 제10호에 해당하여 바로 본회의에 부의하는 징계안의 경우에는 그러하지 아니하다.

④ 제명이 의결되지 아니하였을 때에는 본회의는 다른 징계의 종류를 의결할 수 있다.

⑤ 징계를 의결하였을 때에는 의장은 공개회의에서 그 사실을 선포한다.

제164조【제명된 자의 입후보 제한】제163조에 따른 징계로 제명된 사람은 그로 인하여 **궐원된 의원의 보궐선거에서 후보자가 될 수 없다.**

☑ 자격심사와 징계의 비교

구분	자격심사	징계	
사유	① 금지된 취임 ② 임기개시일 후 해직된 권한 행사	① 청렴의무 ② 이권운동금지 ③ 모욕발언금지 등에 위반한 때	
요구정족수	의원 30명	의원 20명 또는 모욕당한 의원	
종류	부결과 무자격결정(장래효)	① 경고 ② 사과 ③ 30일 이내의 출석정지(겸직, 영리업무종사시 90일 이내 출석정지 신설) ④ 제명	
정족수	무자격결정: 재적의원 3분의 2	경고·사과·출석정지	제명
		일반의결정족수	재적의원 3분의 2
출석·변명	① 허가를 받아 출석 가능 ② 변명 가능	① 출석 허용 ② 변명 가능	

04 기타 국회의 자율권

1. 의사자율권

(1) 개념

국회는 의사일정의 작성, 의원의 발의·동의·수정 등 의사에 관하여 헌법·국회법·국회규칙에 의거하여 의사에 관한 자율권을 행사할 수 있다.

(2) 자율권과 사법심사

> **☆ 판례**
>
> 국회는 국민의 대표기관이자 입법기관으로서 의사와 내부규율 등 국회운영에 관하여 폭넓은 자율권을 가지므로 국회의 의사절차나 입법절차에 헌법이나 법률의 규정을 명백히 위반한 흠이 있는 경우가 아닌 한 그 자율권은 권력분립의 원칙이나 국회의 위상과 기능에 비추어 존중되어야 한다. 국회의 자율권의 범위 내에 속하는 사항에 관한 국회의 판단에 대하여 다른 국가기관이 개입하여 그 정당성을 가리는 것은 바람직하지 않고, 헌법재판소도 그 예외는 아니다(헌재 1997.7.16. 96헌라2).

> **☆ 판례 | 국회의원의 권한 침해에 관련된 경우**
>
> 국회의장이 국회의원의 헌법상 권한을 침해하였다는 이유로 국회의원인 청구인들이 국회의장을 상대로 권한쟁의심판을 청구한 사건이므로 이 사건 심판대상은 국회의 자율권이 허용되는 사항이라고 볼 수 없고, 따라서 헌법재판소가 심사할 수 없는 국회내부의 자율에 관한 문제라고 할 수는 없다(헌재 1997.7.16. 96헌라2).

2. 조직자율권

국회는 외부의 간섭 없이 독자적으로 내부조직을 구성할 수 있는 조직자율권을 갖는다.

> **☆ 판례**
>
> 국회가 외부의 간섭 없이 독자적으로 그 내부조직을 할 수 있는 권능, 즉 국회의 기관인 의장 1명과 부의장 2명을 선거하고 그 궐위시에 보궐선거를 실시하고 의장·부의장의 사임을 처리하며, 필요할 때 임시의장을 선출하고 그 직원을 임면하고 교섭단체와 위원회를 구성하는 것 등은 모두 자율적인 국회내부의 조직구성 행위이다. 이러한 관점에서 볼 때, 이 사건 사·보임행위는 기본적으로 국회의 조직자율권에 해당하는 행위라고 할 수 있고, 헌법재판소는 국회의원을 상임위원회의 위원으로 '선임'하는 행위는 국회법 제48조 제1항에 따라 국민의 대표자로 구성된 국회가 그 자율권에 근거하여 내부적으로 회의체기관을 구성·조직하는 '국회 내부의 조직 구성행위'라고 하였다(헌재 2003.10.30. 2002헌라1).

3. 질서의 자율권

국회는 국회 건물 내의 안전과 회의장의 질서유지를 위한 조치를 스스로 결정할 수 있다.

4. 원내에서의 의원의 범죄와 사법적 심사

의원의 원내에서 행한 직무행위와 관련없는 행위는 국회의 고발 없이 기소할 수 있으나, 직무와 관련하여 범한 범죄행위에 대해서는 국회의 고발이 있어야 한다. [권영성]

5. 현행범 체포

경위나 경찰공무원은 국회 안에 현행범인이 있을 때에는 체포한 후 의장의 지시를 받아야 한다. 다만, 회의장 안에서는 의장의 명령 없이 의원을 체포할 수 없다(국회법 제150조).

6. 국회의장의 경호권

의장은 국회의 경호를 위하여 필요한 때에는 국회운영위원회의 동의를 받아 일정한 기간을 정하여 정부에 경찰공무원의 파견을 요구할 수 있다(국회법 제144조 제2항).

제10절 국회의원의 지위와 책임

01 국회의원의 법적 지위

1. 국회의원의 헌법상 지위

국회의원은 국민대표자로서의 지위, 국회 구성원으로서의 지위, 정당의 대표자로서의 지위 등을 갖는다.

2. 국회의원의 임기와 자격소멸

(1) 국회의원의 임기개시

국회의원의 임기는 총선거에 의한 전임의원의 임기만료일 다음 날로부터 개시한다(공직선거법 제14조 제2항).

(2) 사직과 퇴직

구분	사직(국회법 제135조)		퇴직(국회법 제136조)
개념	자신의 의사로 직을 포기하는 것		법이 정한 사유에 의해 직위를 상실하는 것
사유	자신의 의사		공직선거법에 기한 후보자가 등록된 때, 피선거권이 없게 된 때
국회의 허가	개회·휴회 중일 때	폐회 중일 때	허가 없음.
	본회의 허가	의장 허가	

(3) 국회의원의 당적변경

① **지역구국회의원**: 탈당하여도 의원직 유지한다.
② **비례대표국회의원, 비례대표 시·도의원**
  ㉠ 소속 정당이 다른 당과 합당하거나 해산된 경우, 소속 정당에서 제명을 당한 경우에는 당적을 변경하여도 의원직을 유지한다.
  ㉡ 이외의 사유로 당적을 변경하거나 탈당하면 의원직을 상실한다.

(4) 국회의원직 법정상실사유 여부

상실사유 ○	① 당선무효판결 ② 선거법 위반 당선자 100만원 이상의 벌금형 확정 ③ 퇴직 ④ 사직 ⑤ 국회 제명 ⑥ 국회의 자격상실결정 ⑦ 비례대표일 경우 탈당
상실사유 ×	① 정당 제명 ② 탄핵결정 ③ 지역구의원 탈당 ④ 비례대표의원의 합당·해산·제명에 의한 당적 변경 ⑤ 정당의 등록취소

(5) 위헌정당 강제해산결정

법규정은 없으나 헌법재판소 판례와 다수설은 의원직을 상실한다고 한다.

02 국회의원의 권한

1. 단독으로 행사할 수 있는 권한

(1) 발언·동의권

의원은 상임위원회의 위원이 되어 의정활동을 할 수 있고 의제, 의사진행에 관해서 발언할 수 있고 의제에 대하여 동의를 표할 수 있다.

> **국회법 제60조【위원의 발언】** ① 위원은 위원회에서 같은 의제(議題)에 대하여 횟수 및 시간 등에 제한 없이 발언할 수 있다. 다만, 위원장은 발언을 원하는 위원이 2명 이상일 경우에는 간사와 협의하여 15분의 범위에서 각 위원의 첫 번째 발언시간을 균등하게 정하여야 한다.

(2) 세비수령권

의원은 세비, 입법활동비 등을 지급받을 권리를 갖는다. 세비의 성격에 대하여 비용변상설과 보수설이 대립하고 있으나, 보수설이 다수설이다. 그러나 국회의원의 보좌직원과 수당 등에 관한 법률 제1조는 비용변상설에 입각하고 있다.

2. 공동으로 행사할 수 있는 권한

임시회 집회요구권, 의안 발의권

3. 국회의원의 권한

(1) 권한 유무

> **⚖️ 판례**
>
> 1. **국회의원의 법률안 심의·표결권**은 비록 헌법에는 이에 관한 명문의 규정이 없지만 의회민주주의원리, 입법권을 국회에 귀속시키고 있는 헌법 제40조, 국민에 의하여 선출되는 국회의원으로 국회를 구성한다고

규정하고 있는 헌법 제41조 제1항으로부터 당연히 도출되는 헌법상의 권한이다. 국회의원의 법률안 심의·표결권은 소수파의원과 국회의원 개개인에게 모두 보장되는 것임도 당연하다(헌재 1997.7.16. 96헌라2).

2. 조약의 체결비준동의안에 대한 **국회의원의 심의·표결권**은 헌법에 명문규정으로 인정되고 있지는 않으나 헌법 제60조에서 도출되는 권한이다.

3. **특정 정보를 인터넷 홈페이지에 게시**하거나 언론에 알리는 것과 같은 행위는 헌법과 법률이 특별히 국회의원에게 부여한 국회의원의 독자적인 권능이라고 할 수 없고 국회의원 이외의 다른 국가기관은 물론 일반개인들도 누구든지 할 수 있는 행위로서, 그러한 행위가 제한된다고 해서 국회의원의 권한이 침해될 가능성은 없다(헌재 2010.7.29. 2010헌라1).

4. **국회의원의 법률안 심의·표결권**은 국민에 의하여 선출된 국가기관으로서 국회의원이 그 본질적 임무인 입법에 관한 직무를 수행하기 위하여 보유하는 권한으로서의 성격을 갖고 있으므로 국회의원의 개별적인 의사에 따라 **포기할 수 있는 것은 아니다**(헌재 2009.10.29. 2009헌라8 등).

(2) 권한 침해시 구제절차

① **헌법소원 불가**: 기본권이 아니므로 헌법소원심판청구가 허용되지 않고 권한쟁의심판을 청구할 수 있다. 국회의원이 국회 내에서 행하는 질의권·토론권 및 표결권 등은 입법권 등 공권력을 행사하는 국가기관인 국회의 구성원의 지위에 있는 국회의원에게 부여된 권한이지 국회의원 개인에게 헌법이 보장하는 권리 즉 기본권으로 인정된 것이라고 할 수 없으므로, 설사 국회의장의 불법적인 의안처리행위로 헌법의 기본원리가 훼손되었다고 하더라도 그로 인하여 헌법상 보장된 구체적 기본권을 침해당한 바 없는 국회의원인 청구인들에게 **헌법소원심판청구가 허용된다고 할 수 없다**(헌재 1995.2.23. 90헌마125).

② **청구인 국회의원이 사망한 경우**: 권한쟁의심판절차 계속 중 청구인의 사망하여 심판절차가 종료된 사례 권한쟁의심판 도중 청구인인 이용삼 국회의원이 사망하였다. 청구인이 법률안 심의·표결권의 주체인 국가기관으로서의 국회의원 자격으로 권한쟁의심판을 청구하였다가 심판절차 계속 중 사망한 경우, 국회의원의 법률안 심의·표결권은 성질상 일신전속적인 것으로 당사자가 사망한 경우 승계되거나 상속될 수 없어 그에 관련된 권한쟁의심판절차 또한 수계될 수 없으므로, 권한쟁의심판청구는 청구인의 사망과 동시에 당연히 그 심판절차가 종료된다(헌재 2010.11.25. 2009헌라12).

③ **국회의 동의권 침해가 문제가 되는 경우**: 헌법 제60조 제1항은 "국회는 … 국가나 국민에게 중대한 재정적 부담을 지우는 조약 또는 입법사항에 관한 조약의 체결·비준에 대한 동의권을 가진다."라고 규정하고 있으므로, 조약의 체결·비준에 대한 동의권은 국회에 속한다. 따라서 조약의 체결·비준의 주체인 피청구인이 국회의 동의를 필요로 하는 조약에 대하여 국회의 동의절차를 거치지 아니한 채 체결·비준하는 경우 국회의 조약에 대한 체결·비준 동의권이 침해되는 것이므로, 이를 다투는 권한쟁의심판의 당사자는 국회가 되어야 할 것이다(헌재 2007.7.26. 2005헌라8).

④ **국회의원과 다른 국가기관 간의 관계**: 국회의원들 상호 간 또는 국회의원과 국회의장 사이와 같이 국회 내부적으로만 직접적인 법적 연관성을 발생시킬 수 있을 뿐이고 대통령 등 국회 이외의 국가기관과의 사이에서는 권한 침해의 직접적인 법적 효과를 발생시키지 아니한다 국회의원은 국회 이외의 국가기관, 예를 들면 대통령, 정부, 법원과의 관계에서 권한 침해가능성이 인정되지 않는다(헌재 2007.7.26. 2005헌라8).

03 국회의원의 특권

1. 불체포특권 ★★★

> 헌법 제44조 【의원의 불체포특권】① 국회의원은 현행범인인 경우를 제외하고는 회기 중 국회의 동의 없이 체포 또는 구금되지 아니한다.
> ② 국회의원이 회기 전에 체포 또는 구금된 때에는 현행범인이 아닌 한 국회의 요구가 있으면 회기 중 석방된다.

(1) 불체포특권의 연혁
의원의 불체포특권이 인정된 것은 영국에서 1603년 의회가 얻어낸 의회특권법에 의해서이다. 헌법상으로서는 미국연방헌법이 최초로 성문화하였다.

(2) 불체포특권의 의의
불체포특권은 행정부에 의한 부당한 체포·구금을 방지하여 국회의 자유로운 활동을 보장하는 기능을 한다.

(3) 불체포특권의 법적 성질
① **포기 불가**: 불체포특권은 국회의 정상적인 활동을 보장하기 위한 국회의 구성원으로서 특권이다. 불체포특권은 의원 개인의 특권이자 국회 자체의 특권이므로 의원은 이를 포기할 수 없다.
② **면책특권과의 차이**: 불체포특권은 회기 중에 체포당하지 아니하는 일시적인 특권이지, 범법행위에 대한 형사책임의 면제를 의미하는 것이 아니다. 따라서 인적 처벌조각사유도 아니고 공소권 소멸사유도 아니다. 이에 비해 면책특권은 국회에서 행한 직무상 발언에 대한 민사·형사상의 책임을 면제하는 특권이다.
③ **불소추특권과의 차이**: 불체포특권은 불소추특권이 아니므로 회기 중이라 하더라도 체포·구금을 하지 않은 상태로 국회의원에 대한 범죄수사와 형사소추 그리고 형사재판의 진행이 가능하다.

(4) 불체포특권의 요건
① **국회의원**
  ㉠ 헌법상 불체포특권은 국회의원에게만 인정된다. 따라서 지방의회의원은 불체포특권을 누리지 못한다.
  ㉡ 공직선거법은 공직선거후보자에 대해서 법이 정한 중대한 범죄를 범한 경우를 제외하고는 후보자등록이 끝난 날부터 개표종료시까지 체포·구속을 할 수 없도록 하고 있다.
② **현행범인인 경우를 제외하고**: 현행범인일 경우에는 불체포특권이 인정되지 않는다. 다만, 현행범인일지라도 의원은 회의장 안에서는 의장의 명령 없이 체포할 수 없다(국회법 제150조 단서).
③ **회기 중**
  ㉠ 회기 중은 집회일로부터 폐회일까지를 말하며 회기 중에는 임시회·정기회를 불문하고 휴회 중도 이 기간에 포함된다.
  ㉡ 폐회 중에 한해 불체포특권을 누릴 수 없다.
  ㉢ 다만, 계엄법 제13조는 회기 중을 요건으로 하고 있지 않으므로 계엄하에서는 회기 중에는 물론 폐회 중에도 불체포특권을 누린다.
  ㉣ 독일헌법은 폐회 중에도 불체포특권을 인정하고 불소추특권까지도 인정하고 있다.
  ㉤ 우리 헌법의 불체포특권은 미국헌법과 같이 약한 유형에 해당한다.
④ **국회의 동의 없이**: 국회의 회기 중이라도 국회의 동의가 있다면 체포·구금된다.

(5) 체포동의 요청절차

① 의원을 체포하거나 구금하기 위하여 국회의 동의를 받으려고 할 때에는 관할 법원의 판사는 영장을 발부하기 전에 체포동의요구서를 정부에 제출하여야 하며, 정부는 이를 수리한 후 지체 없이 그 사본을 첨부하여 국회에 체포동의를 요청하여야 한다(국회법 제26조 제1항).

② 의장은 체포동의를 요청받은 후 처음 개의하는 본회의에 이를 보고하고, 본회의에 보고된 때부터 24시간 이후 72시간 이내에 표결한다. 다만, 체포동의안이 72시간 이내에 표결되지 아니하는 경우에는 그 이후에 최초로 개의하는 본회의에 상정하여 표결한다(국회법 제26조 제2항).

③ **표결방법**: 의원은 정부에 질의할 수 있으며 체포동의 요청이 있는 의원은 변명할 수 있다. 국회 의결은 토론 없이 일반의결정족수에 따라 결정하며 인사안건이므로 무기명으로 표결한다.

④ **재량설**: 행정부로부터 의원의 체포동의요구가 있을 경우, 국회가 이 요구에 기속되는가에 대해 학설대립이 있다. 다수설인 재량설은 불체포특권은 의회와 의원의 자유로운 기능 수행을 보장하려는 것이므로 범죄혐의가 명백하더라도 동의 여부는 국회의 자유재량이라고 한다.

(6) 회기 전 구속된 경우 석방요구

① 전 회기 또는 폐회 중에 체포·구금된 국회의원이 현행범이 아닌 경우 국회 재적 4분의 1 이상의 의원 발의와 일반정족수 의결로 석방요구가 있으면(국회법 제28조) 석방하여야 한다. 따라서 회기 전에 체포·구금된 의원에 대하여 국회의 석방요구가 없으면 회기가 시작되었다 하여 자동적으로 석방되는 것은 아니다.

② 표결은 토론 없이 하며 무기명표결로 한다.

③ 석방요구로 회기 중 구속영장이 정지되나, 폐회가 되면 다시 체포할 수 있다.

(7) 불체포특권의 효과

① 국회의원은 회기 중 체포·구금되지 않으며 체포·구금에는 형사소송법상의 강제처분뿐 아니라 경찰관 직무집행법에 의한 감호조치, 격리처분과 같은 행정상의 강제처분까지 포함되므로 감호조치 등도 당하지 않는다.

② 다만, 회기 중이라도 불구속하에 수사·소추·재판절차는 진행될 수 있다. 법원의 유죄 확정판결로 의원직이 상실되면 형집행을 위해 체포할 수 있다.

(8) 불체포특권의 한계

① **현행범인 경우**: 불체포특권이 인정되지 않는다.

② **국회의 동의가 있는 경우**: 회기 중에도 의원을 체포·구금할 수 있다. 국회가 동의하면 회기 중이라도 체포되므로 불체포특권은 국회 의결로 제한되는 상대적 특권이다.

2. 국회의원의 면책특권 ★★★

> **헌법 제45조 【발언·표결의 원외면책】** 국회의원은 국회에서 직무상 행한 발언과 표결에 관하여 국회 외에서 책임을 지지 아니한다.

(1) 면책특권의 의의

면책특권이란 국회의원이 국회에서 행한 발언과 표결에 관하여 국회 외에서 책임을 지지 아니하는 특권을 말한다.

(2) 면책특권의 연혁

면책특권은 1689년 영국의 권리장전에서 최초로 명문화되어 미국연방헌법에서 헌법상 최초로 보장되었다.

(3) 면책특권의 법적 성격

① **인적 처벌조각사유**: 면책특권은 범죄성립의 요건은 충족하나, 그에 관한 형벌권의 발생이 저지되는 경우이므로 인적 처벌조각사유이다.

② **절대적 특권**: 면책특권은 불체포특권과는 달리 국회의 의결로도 그 효력을 제한할 수 없는 절대적 특권이다.

(4) 면책특권의 기능

면책특권은 대의민주주의의 불가결한 요소로서 의원이 독자적 양식과 판단에 따른 발언·표결을 할 수 있도록 하기 위한 것이다. [허영]

(5) 면책특권의 주체

① **국회의원**: 면책의 주체는 국회의원이다. 따라서 발언을 교사하거나 방조한 자는 처벌을 면할 수 없다. 국회의원이 아닌 지방의회의원이나 국회에서 발언하는 국무총리, 국무위원, 증인, 참고인 등은 면책의 주체가 될 수 없다. 다만, 영국에서는 증인도 면책특권을 누리며 미연방대법원은 국회보좌관도 면책특권을 누린다고 한다.

② **국회의원을 겸직한 국무위원**: 의원의 신분과 국무위원의 신분으로서의 발언을 구별하여 전자만 면책된다는 견해가 다수설이다.

(6) 면책특권의 요건

① **국회에서**

ㄱ 면책특권은 국회의원이 국회 내에서 직무상 행한 발언과 표결에 적용된다.

ㄴ 국회의원이 국회 외에서 발언한 행위는 면책의 대상이 되지 않는다.

ㄷ 여기서 국회란 국회의사당을 지칭하는 것이 아니라 국회의 본회의나 위원회가 개최되고 있는 모든 장소를 말한다.

ㄹ 정당의 당사는 국회에 포함되지 않는다.

ㅁ 인터넷에서 글을 올리는 것은 국회에서 직무상 행한 발언에 해당하지 않으므로 면책특권의 대상이 되지 않는다.

> **관련판례**
>
> 국회의원인 피고인이, 구 국가안전기획부 내 정보수집팀이 대기업 고위관계자와 중앙일간지 사주 간의 사적 대화를 불법 녹음한 자료를 입수한 후 그 대화 내용과, 위 대기업으로부터 이른바 떡값 명목의 금품을 수수하였다는 검사들의 실명이 게재된 보도자료를 작성하여 자신의 **인터넷 홈페이지**에 게재하였다고 하여 통신비밀보호법 위반으로 기소된 사안에서, 위 행위는 형법 제20조의 정당행위에 해당한다고 볼 수 없다(대판 2011.5.13. 2009도14442).

② **직무상 행한 발언과 표결**: 직무집행과 이에 부수하여 행한 의제에 관한 모든 의사표시, 즉 발의, 토론, 연설, 질문, 진술이나 퇴장, 의사진행방해도 직무상 행위에 해당한다. 면책의 대상은 직무상 행한 발언과 표결이므로 욕설이나 폭력행위는 면책대상이 아니다.

> **판례 | 본회의에서 발언할 내용의 원고를 원내기자실에서 기자에게 배포한 행위는 직무상 부수행위로써 직무상 행위에 해당하므로 면책특권 적용**
>
> 2심인 서울고등법원은 국회의원의 면책특권의 대상이 되는 행위는 국회의원이 국회에서 직무상 행한 발언과 표결 그 자체뿐만 아니라 이에 부수하여 일체 불가분적으로 행하여진 행위(부수행위)까지 포함되고, 위

부수행위인지 여부는 구체적인 행위의 목적·장소·태양 등을 종합 고려하여 개별적, 구체적으로 판단할 수밖에 없다고 전제한 후 동 사건에 대하여 회의의 공개성, 시간의 근접성, 장소 및 대상의 한정성, 목적의 정당성 등을 종합 고려하여 판단하면 피고인의 이 사건 국회질문원고 사전배포행위는 면책의 대상이 되는 직무부수행위에 해당한다고 설시하면서 **공소기각판결**을 하였으며(서울고법 1991.11.14. 87노1386) 대법원에서도 역시 공소기각판결하였다(대판 1992.9.22. 91도3317).

(7) 면책특권의 효과
① **국회 외에서**
⊙ 헌법 제45조는 국회 외에서 책임을 지지 않는다고 규정하고 있으므로 국회 내에서는 책임이 면책되지 않는다.
ⓒ 따라서 국회는 국회법에 따라 국회의원의 발언과 행위에 대해 징계할 수 있다.
ⓒ 소속 정당에서도 징계를 할 수 있다.
② **책임을 지지 아니한다**: 국회 외에서는 민사상, 형사상 책임과 징계책임을 지지 아니한다. 그러나 정치적 책임은 면책되지 않는다.
③ **면책의 영구성**: 면책은 임기만료 이후에도 적용된다.

(8) 면책특권의 한계
① **원외 발표·출판**: 국회 내에서 한 발언을 다시 원외에서 발표하거나 출판하는 경우에는 면책되지 아니한다.
② **회의록 공개**: 공개회의의 회의록을 공개한 경우에는 보도의 자유의 일환으로서 면책된다. 회의록 공개가 허용되는 것은 면책특권의 효력 때문이 아니라 국민의 알 권리 또는 국회의원의 의정활동 보고책임 때문이다.

⚖️ 판례 | 면책특권과 명예훼손

1. 면책특권의 목적 및 취지 등에 비추어 볼 때, 발언 내용 자체에 의하더라도 직무와는 아무런 관련이 없음이 분명하거나, 명백히 허위임을 알면서도 허위의 사실을 적시하여 타인의 명예를 훼손하는 경우 등까지 면책특권의 대상이 될 수는 없지만 발언 내용이 허위라는 점을 인식하지 못하였다면 비록 발언 내용에 다소 근거가 부족하거나 진위 여부를 확인하기 위한 조사를 제대로 하지 않았다고 하더라도, 그것이 직무수행의 일환으로 이루어진 것인 이상 이는 면책특권의 대상이 된다. 국회의원이 국회 예산결산위원회 회의장에서 법무부장관을 상대로 대정부질의를 하던 중 대통령 측근에 대한 대선자금 제공 의혹과 관련하여 이에 대한 수사를 촉구하는 과정에서 한 발언이 국회의원의 면책특권의 대상이 된다(대판 2007.1.12. 2005다57752).

2. 면책특권의 대상이 되는 행위는 국회의 직무수행에 필수적인 국회의원의 국회 내에서의 직무상 발언과 표결이라는 의사표현행위 자체에만 국한되지 않고 이에 통상적으로 부수하여 행하여지는 행위까지 포함된다. 면책특권이 인정되는 국회의원의 직무행위에 대하여 수사기관이 그 직무행위가 범죄행위에 해당하는지 여부를 조사하여 소추하거나 법원이 이를 심리한다면, 국회의원이 국회에서 자유롭게 발언하거나 표결하는 데 지장을 주게 됨은 물론 면책특권을 인정한 헌법규정의 취지와 정신에도 어긋나는 일이 되기 때문에, 소추기관은 면책특권이 인정되는 직무행위가 어떤 범죄나 그 일부를 구성하는 행위가 된다는 이유로 공소를 제기할 수 없고, 또 법원으로서도 그 직무행위가 범죄나 그 일부를 구성하는 행위가 되는지 여부를 심리하거나 이를 어떤 범죄의 일부를 구성하는 행위로 인정할 수 없다(대판 1996.11.8. 96도1742).

☑ 불체포특권과 면책특권의 비교

구분	불체포특권	면책특권
보호대상	신체의 자유	직무상 발언과 표결
연혁	영국의회특권법(1603), 미연방헌법	권리장전(1689), 미연방헌법
직무관련성	직무관련이 없는 범죄에 있어서도 인정	직무상 발언과 표결
적용기간	일시적	영구적
효과	법적책임면제가 아니라 체포유예	인적 처벌조각사유, 법적인 책임면제
국회 의결로 제한 가능 여부	제한 가능(상대적 특권)	제한 불가(절대적 특권)

04 국회의원의 의무

1. 헌법상의 의무 ★

(1) 청렴의 의무

국회의원은 청렴의 의무가 있다(헌법 제46조 제1항).

(2) 국가이익 우선의 의무

국회의원은 국가이익을 우선하여 양심에 따라 직무를 행한다(헌법 제46조 제2항).

(3) 이권불개입의 의무

국회의원은 그 지위를 남용하여 국가·공공단체 또는 기업체와의 계약이나 그 처분에 의하여 재산상의 권리·이익 또는 직위를 취득하거나 타인을 위하여 그 취득을 알선할 수 없다(헌법 제46조 제3항).

(4) 겸직금지의 의무

국회의원은 법률이 정하는 직을 겸할 수 없다(헌법 제43조).

> **국회법 제29조【겸직금지】** ① 의원은 국무총리 또는 국무위원 직 외의 다른 직을 겸할 수 없다. 다만, 다음 각 호의 어느 하나에 해당하는 경우에는 그러하지 아니하다.
> 1. 공익 목적의 명예직
> 2. 다른 법률에서 의원이 임명·위촉되도록 정한 직
> 3. 정당법에 따른 정당의 직
> ② 의원이 당선 전부터 제1항 각 호의 직 외의 직을 가진 경우에는 임기개시일 전까지(재선거·보궐선거 등의 경우에는 당선이 결정된 날의 다음 날까지를 말한다. 이하 이 항에서 같다) 그 직을 휴직하거나 사직하여야 한다. 다만, 다음 각 호의 어느 하나의 직을 가진 경우에는 임기개시일 전까지 그 직을 사직하여야 한다.
> 1. 공공기관의 운영에 관한 법률 제4조에 따른 공공기관(한국은행을 포함한다)의 임직원
> 2. 농업협동조합법, 수산업협동조합법에 따른 조합, 중앙회와 그 자회사(손자회사를 포함한다)의 임직원
> 3. 정당법 제22조 제1항에 따라 정당의 당원이 될 수 있는 교원
> ③ 의원이 당선 전부터 제1항 각 호의 직(제3호의 직은 제외한다. 이하 이 조에서 같다)을 가지고 있는 경우에는 임기개시 후 1개월 이내에, 임기 중에 제1항 각 호의 직을 가지는 경우에는 지체 없이 이를 의장에게 서면으로 신고하여야 한다.

④ 의장은 제3항에 따라 신고한 직(본회의 의결 또는 의장의 추천·지명 등에 따라 임명·위촉된 경우는 제외한다)이 제1항 각 호의 직에 해당하는지 여부를 제46조의2에 따른 윤리심사자문위원회의 의견을 들어 결정하고 그 결과를 해당 의원에게 통보한다. 이 경우 의장은 윤리심사자문위원회의 의견을 존중하여야 한다.

⑥ 의원은 의장으로부터 겸하고 있는 직이 제1항 각 호의 직에 해당하지 아니한다는 통보를 받은 때에는 통보를 받은 날부터 3개월 이내에 그 직을 휴직하거나 사직하여야 한다.

⑧ 의원이 제1항 각 호의 직을 겸하는 경우에는 그에 따른 보수를 받을 수 없다. 다만, 실비 변상은 받을 수 있다.

지방자치법 제109조 【겸임 등의 제한】 ① 지방자치단체의 장은 다음 각 호의 어느 하나에 해당하는 직을 겸임할 수 없다.
1. 대통령, 국회의원, 헌법재판소 재판관, 각급 선거관리위원회 위원, 지방의회의원

2. 국회법상의 의무

(1) 헌법준수의무

국회법 제24조 【선서】 의원은 임기 초에 국회에서 다음의 선서를 한다.
"나는 헌법을 준수하고 국민의 자유와 복리의 증진 및 조국의 평화적 통일을 위하여 노력하며, 국가이익을 우선으로 하여 국회의원의 직무를 양심에 따라 성실히 수행할 것을 국민 앞에 엄숙히 선서합니다."

(2) 품위유지의무

국회법 제25조 【품위유지의 의무】 의원은 의원으로서의 품위를 유지하여야 한다.

(3) 영리업무 종사금지의무

국회법 제29조의2 【영리업무 종사금지】 ① 의원은 그 직무 외에 영리를 목적으로 하는 업무에 종사할 수 없다. 다만, 의원 본인 소유의 토지·건물 등의 재산을 활용한 임대업 등 영리업무를 하는 경우로서 의원 직무수행에 지장이 없는 경우에는 그러하지 아니하다.
② 의원이 당선 전부터 제1항 단서의 영리업무 외의 영리업무에 종사하고 있는 경우에는 임기개시 후 6개월 이내에 그 영리업무를 휴업하거나 폐업하여야 한다.
④ 의장은 의원이 제3항에 따라 신고한 영리업무가 제1항 단서의 영리업무에 해당하는지를 윤리심사자문위원회의 의견을 들어 결정하고 그 결과를 해당 의원에게 통보한다. 이 경우 의장은 윤리심사자문위원회의 의견을 존중하여야 한다.
⑥ 의원은 의장으로부터 종사하고 있는 영리업무가 제1항 단서의 영리업무에 해당하지 아니한다는 통보를 받은 때에는 통보를 받은 날부터 6개월 이내에 그 영리업무를 휴업하거나 폐업하여야 한다.

국회법상의 의무로는 품위유지의무, 회의출석의무, 질서준수의무, 헌법준수의무, 국정감사·소사에서의 주의의무, 의장의 질서유지에 관한 명령복종의무 등이 있다.

3. 의원의 이해충돌 방지

(1) 사적 이해관계의 등록

> **국회법 제32조의2【사적 이해관계의 등록】** ① 의원 당선인은 당선인으로 결정된 날부터 30일 이내(재선거·보궐선거 등의 경우에는 당선인으로 결정된 날부터 10일 이내를 말한다)에 당선인으로 결정된 날을 기준으로 다음 각 호의 사항을 윤리심사자문위원회에 등록하여야 한다. 이 경우 윤리심사자문위원회는 다른 법령에서 정보공개가 금지되지 아니하는 범위에서 다음 각 호의 사항 중 의원 본인에 관한 사항을 공개할 수 있다.
>
> 1. 의원 본인, 그 배우자 또는 직계존비속이 임원·대표자·관리자 또는 사외이사로 재직하고 있는 법인·단체의 명단 및 그 업무 내용
> 2. 의원 본인, 그 배우자 또는 직계존비속이 대리하거나 고문·자문 등을 제공하는 개인이나 법인·단체의 명단 및 그 업무 내용
> 3. 의원으로 당선되기 전 3년 이내에 의원 본인이 재직하였던 법인·단체의 명단 및 그 업무 내용
> 4. 의원으로 당선되기 전 3년 이내에 의원 본인이 대리하거나 고문·자문 등을 제공하였던 개인이나 법인·단체의 명단 및 그 업무 내용
> 5. 의원으로 당선되기 전 3년 이내에 의원 본인이 민간 부문에서 관리·운영하였던 사업 또는 영리행위의 내용
> 6. 의원 본인, 그 배우자 또는 직계존비속이 국회규칙으로 정하는 비율 또는 금액 이상의 주식·지분 또는 자본금 등을 소유하고 있는 법인·단체의 명단
> 6의2. 의원 본인, 그 배우자 또는 직계존비속이 소유하고 있는 국회규칙으로 정하는 비율 또는 금액 이상의 가상자산(가상자산 이용자 보호 등에 관한 법률 제2조 제1호에 따른 가상자산을 말한다)과 발행인 명단
> 7. 의원 본인, 그 배우자 또는 직계존비속이 소유하고 있는 다음 각 목의 재산(소유 명의와 관계없이 사실상 소유하는 재산, 비영리법인에 출연한 재산과 외국에 있는 재산을 포함한다)
>   가. 부동산에 관한 소유권·지상권 및 전세권
>   나. 광업권·어업권·양식업권, 그 밖에 부동산에 관한 규정이 준용되는 권리
> 8. 그 밖에 의원의 사적 이해관계와 관련되는 사항으로서 국회규칙으로 정하는 재산사항

(2) 윤리심사자문위원회의 의견제출

> **국회법 제32조의3【윤리심사자문위원회의 의견제출】** ① 윤리심사자문위원회는 제32조의2에 따른 등록 및 변경등록 사항을 바탕으로 이해충돌(의원이 직무를 수행할 때 본인의 사적 이해관계가 관련되어 공정하고 청렴한 직무수행이 저해되거나 저해될 우려가 있는 상황을 말한다. 이하 같다) 여부를 검토하여 그 의견을 의장, 해당 의원 및 소속 교섭단체 대표의원에게 제출하여야 한다.
>
> ② 윤리심사자문위원회는 제1항에 따른 의견을 다음 각 호에서 정하고 있는 기한까지 의장, 해당 의원 및 소속 교섭단체 대표의원에게 제출하여야 한다.
>
> 1. 국회의원 총선거 후 처음 상임위원회의 위원(이하 '상임위원'이라 한다)을 선임하는 경우: 6월 1일까지. 다만, 해당 기한까지 의장이 선출되지 아니한 경우에는 의장이 선출되는 즉시 의장에게 제출하여야 한다.
> 2. 처음 선임된 상임위원 임기가 만료되어 상임위원을 다시 선임하는 경우: 그 임기만료일 15일 전까지
> 3. 재선거·보궐선거 등으로 제32조의2 제1항에 따라 등록을 한 경우: 등록한 날부터 10일 이내
> 4. 제32조의2 제2항에 따라 변경등록을 한 경우: 변경등록을 한 날부터 10일 이내

(3) 이해충돌의 신고

국회법 제32조의4【이해충돌의 신고】① 의원은 소속 위원회의 안건 심사, 국정감사 또는 국정조사와 관련하여 다음 각 호의 어느 하나에 해당하는 자가 직접적인 이익 또는 불이익을 받게 되는 것을 안 경우에는 안 날부터 10일 이내에 윤리심사자문위원회에 그 사실을 신고하여야 한다.

1. 의원 본인 또는 그 가족(민법 제779조에 따른 가족을 말한다. 이하 같다)
2. 의원 본인 또는 그 가족이 임원·대표자·관리자 또는 사외이사로 재직하고 있는 법인·단체
3. 의원 본인 또는 그 가족이 대리하거나 고문·자문 등을 제공하는 개인이나 법인·단체
4. 의원 임기개시 전 2년 이내에 의원 본인이 대리하거나 고문·자문 등을 제공하였던 개인이나 법인·단체
5. 의원 본인 또는 그 가족이 국회규칙으로 정하는 일정 비율 이상의 주식·지분 또는 자본금 등을 소유하고 있는 법인·단체
6. 최근 2년 이내에 퇴직한 공직자로서 퇴직일 전 2년 이내에 위원회의 안건 심사, 국정감사 또는 국정조사를 수행하는 의원과 국회규칙으로 정하는 범위의 부서에서 같이 근무하였던 사람
7. 그 밖에 의원의 사적 이해관계와 관련되는 자로서 국회규칙으로 정하는 자

② 윤리심사자문위원회는 제1항에 따른 신고를 바탕으로 이해충돌 여부를 검토하여 의원이 소속 위원회 활동과 관련하여 이해충돌이 발생할 우려가 있다고 인정하는 경우에는 그 의견을 신고를 받은 날부터 10일 이내에 의장, 해당 의원 및 소속 교섭단체 대표의원에게 제출하여야 한다.

③ 제1항에 따른 신고의 절차·방법·관리 및 제2항에 따른 의견제출의 절차·방법 등에 필요한 사항은 국회규칙으로 정한다.

제32조의5【이해충돌 우려가 있는 안건 등에 대한 회피】① 의원은 소속 위원회의 안건 심사, 국정감사 또는 국정조사 과정에서 제32조의4 제1항의 신고사항에 해당하여 이해충돌이 발생할 우려가 있다고 판단하는 경우에는 소속 위원회의 위원장에게 그 사안 또는 안건에 대한 표결 및 발언의 회피를 신청하여야 한다.

② 제1항에 따른 회피신청을 받은 위원장은 간사와 협의하여 회피를 허가할 수 있다.

③ 윤리심사자문위원회는 의원이 이해충돌 우려가 있음에도 불구하고 제1항에 따라 표결 및 발언의 회피를 신청하지 아니하였다고 인정하는 경우에는 그 의견을 의장, 해당 의원 및 소속 교섭단체 대표의원에게 제출할 수 있다.

제32조의6【공직자의 이해충돌 방지법의 적용 특례】① 의원이 제32조의2 제1항 제3호부터 제5호까지의 사적 이해관계를 등록 또는 변경등록한 경우에는 공직자의 이해충돌 방지법 제8조에 따른 의무를 이행한 것으로 본다.

② 제32조의2 제1항 각 호 외의 부분 후단에 따라 사적 이해관계에 관한 자료가 공개된 경우 공직자의 이해충돌 방지법 제8조 제4항에 따라 공개한 것으로 본다

제5장 / 대통령과 행정부

제1절 대통령의 헌법상 지위

01 국민대표기관으로서의 지위

대통령은 국회와 더불어 국민의 대표이다.

02 국가원수로서의 지위

1. 대외적인 국가대표지위

대통령은 국가를 대표하여 조약체결 비준, 외교사절 신임접수 또는 파견을 한다. 또한 외국에 대하여 선전 포고와 강화를 한다.

2. 국가와 헌법의 수호자로서의 지위

대통령은 국가의 독립, 영토의 보존, 국가의 계속성과 헌법을 수호할 책임을 진다. 국가와 헌법의 수호자로서 대통령은 긴급명령권, 긴급재정경제처분 및 명령권, 계엄선포권, 위헌정당해산제소권을 갖는다.

3. 국정의 통합조정자로서의 지위

대통령은 국가기능의 효율성을 유지하고 국론을 통일할 의무, 헌법개정안의 제안권, 중요정책의 국민투표부의권, 국회임시회 집회요구권, 국회출석 발언권, 법률안제출권, 사면 및 감형 등에 관한 권한을 갖는다.

4. 헌법기관 구성권자로서의 지위

대통령은 대법원장과 헌법재판소장 및 감사원장 임명권, 헌법재판소 재판관, 대법관, 중앙선거관리위원회 위원 3명의 위원 임명권과 감사위원 임명권이 있다.

03 집행부 수반으로서의 지위

대통령은 집행에 관한 최고책임자로서의 지위에서 집행에 관한 최종적인 결정권자이자 집행부의 모든 구성원에 대하여 최고의 지휘감독권을 행사한다. 대통령은 집행부 조직자로서의 지위에서 국회의 동의를 얻어 국무총리를 임명하고 국무총리의 제청으로 국무위원을 임명하며, 기타 공무원을 임면한다. 대통령은 국무회의 의장으로서의 지위에서 국무회의를 소집하고 주재한다.

☑️ 우리나라 역대 헌법의 대통령

구분	선출방식	임기	중임 여부	권한대행권자
건국헌법	국회 간선제	4년	1차 중임	부통령 ➡ 국무총리
제1차 개정헌법	직선제	4년	1차 중임	부통령 ➡ 국무총리
제2차 개정헌법	직선제	4년	초대대통령에 한해 예외 인정	부통령 ➡ 국무위원
제3차 개정헌법	국회 간선제	5년	1차 중임	참의원의장 ➡ 민의원의장
제5차 개정헌법	직선제	4년	1차 중임	국무총리 ➡ 국무위원
제6차 개정헌법	직선제	4년	계속재임 3기까지	국무총리 ➡ 국무위원
제7차 개정헌법	통일주체국민회의 간선제	6년	관련 규정 없음.	국무총리 ➡ 국무위원
제8차 개정헌법	대통령선거인단 간선제	7년	단임	국무총리 ➡ 국무위원
제9차 개정헌법	직선제	5년	단임	국무총리 ➡ 국무위원

제2절 대통령의 신분상 지위

01 대통령 당선과 취임

1. 당선

대통령은 국민의 보통·평등·직접·비밀선거에 의하여 선출된다. 최고득표자가 2인 이상인 때에는 국회의 재적의원 과반수가 출석한 공개회의에서 다수표를 얻은 자를 당선자로 한다. 대통령후보자가 1인일 때에는 그 득표수가 선거권자 총수의 3분의 1 이상이 아니면 대통령으로 당선될 수 없다(헌법 제67조).

2. 대통령당선인의 지위

> **대통령직 인수에 관한 법률 제3조【대통령당선인의 지위 및 권한】** ① 대통령당선인은 대통령당선인으로 결정된 때부터 대통령 임기 시작일 전날까지 그 지위를 갖는다.
>
> **제5조【국무총리 후보자의 지명 등】** ① 대통령당선인은 대통령 임기 시작 전에 국회의 인사청문절차를 거치게 하기 위하여 국무총리 및 국무위원 후보자를 지명할 수 있다. 이 경우 국무위원 후보자에 대하여는 국무총리 후보자의 추천이 있어야 한다.
>
> ② 대통령당선인은 제1항에 따라 국무총리 및 국무위원 후보자를 지명한 경우에는 국회의장에게 국회법 제65조의2 및 인사청문회법에 따른 인사청문의 실시를 요청하여야 한다.
>
> ③ 대통령당선인은 제1항에 따라 국무총리 및 국무위원 후보자를 지명하기 위하여 필요한 경우에는 국가 공무원법 제6조에 따른 중앙인사관장기관의 장에게 인사기록 및 인사관리시스템 등의 열람 또는 활용을 요청할 수 있다. 이 경우 요청을 받은 관계 중앙인사관장기관의 장은 다른 법률에 특별한 규정이 있는 경우를 제외하고는 그 요청에 따라야 한다.

제6조【대통령직인수위원회의 설치 및 존속기한】① 대통령당선인을 보좌하여 대통령직 인수와 관련된 업무를 담당하기 위하여 대통령직인수위원회(이하 '위원회'라 한다)를 설치한다.

② 위원회는 대통령의 **임기시작일 이후 30일의 범위에서 존속한다.**

제8조【위원회의 구성 등】① 위원회는 위원장 1명, 부위원장 1명 및 24명 이내의 위원으로 구성한다.

② 위원장·부위원장 및 위원은 명예직으로 하고, 대통령당선인이 임명한다.

제10조【위원 등의 결격사유】국가공무원법 제33조 각 호의 어느 하나에 해당하는 사람은 위원회의 위원장·부위원장·위원 및 직원이 될 수 없다.

02 대통령의 권한대행

1. 권한대행의 사유 ★★

(1) 궐위

궐위란 대통령의 사망, 탄핵결정에 의한 파면, 사임, 피선거자격의 상실 등으로 대통령이 재위하지 않은 경우를 말한다.

(2) 사고

사고란 대통령이 재직하면서도 신병이나 해외순방 등으로 직무를 수행할 수 없는 경우와 국회가 탄핵소추를 의결함으로써 탄핵결정이 있을 때까지 권한의 행사가 정지된 경우를 말한다.

(3) 궐위 및 사고 판단기관

프랑스는 헌법평의회가 대통령의 사고 또는 궐위를 확인할 권한을 갖는다. 그러나 우리나라는 대통령의 사고와 궐위를 판단, 확인할 국가기관이 헌법이나 법률상 규정되어 있지 않다.

2. 권한대행자 ★

(1) 헌법

대통령이 궐위되거나 사고로 인하여 직무를 수행할 수 없을 때에는 국무총리, 법률이 정하는 국무위원의 순서로 권한을 대행한다.

(2) 정부조직법

정부조직법상 대통령권한대행 순서는 국무총리 ➡ 기획재정부장관 ➡ 교육부장관 ➡ 과학기술정보통신부장관 ➡ 외교부장관 ➡ 통일부장관 순이다.

(3) 대통령권한대행 1순위 연혁

① 제헌헌법~제2차 개정헌법(1954년 헌법): 부통령

② 제3차 개정헌법(1960년 헌법)~제4차 개정헌법: 참의원의장

③ 제5차 개정헌법(1962년 헌법)~현행헌법: 국무총리

(4) 권한대행자의 대행기간

궐위시 권한대행기간은 최장 60일이나 사고시 기간에 관한 명문규정이 없고 60일을 초과할 수도 있다. 국무회의 심의를 거쳐 그 권한대행기간을 결정할 수밖에 없다. [허영, 성낙인]

3. 보궐선거

대통령이 궐위된 경우 궐위된 때로부터 60일 이내에 보궐선거를 실시해야 한다. 국회의장의 궐위로 선출된 후임자는 잔여기간이 그 임기이나 궐위로 선출된 대통령은 당선일로부터 5년의 임기가 개시된다.

> **공직선거법 제35조【보궐선거 등의 선거일】** ① 대통령의 궐위로 인한 선거 또는 재선거(제3항의 규정에 의한 재선거를 제외한다. 이하 제2항에서 같다)는 그 선거의 실시사유가 확정된 때부터 60일 이내에 실시하되, 선거일은 늦어도 선거일 전 50일까지 대통령 또는 대통령권한대행자가 공고하여야 한다.

4. 권한대행의 범위

헌법이나 정부조직법은 권한대행의 범위에 대한 규정을 두고 있지 않아 대통령의 권한대행의 범위에 대하여 의견이 갈리고 있다.

(1) 소수설

사고인 경우에 대행될 직무의 범위는 현상유지에 국한되어야 하나, 궐위인 경우에는 그 대행이 현상유지적이어야 할 이유가 없다고 한다.

(2) 다수설

국무총리는 국민에 의해 선출된 자가 아니어서 민주적 정당성이 취약한 만큼 대통령의 궐위 또는 사고시를 막론하고 대통령권한대행자는 대통령의 권한 전반에 걸쳐 포괄적인 권한 행사를 할 수 없으며 현상유지에 그쳐야 한다. 따라서 대통령과 대통령권한대행자의 직무범위는 동일하지 않다.

03 대통령의 특권과 의무

1. 불소추특권 ★★

(1) 대통령의 형사상 불소추특권

> **헌법 제84조【형사상 특권】** 대통령은 내란 또는 외환의 죄를 범한 경우를 제외하고는 재직 중 형사상의 소추를 받지 아니한다.

(2) 내용

① **내란 또는 외환의 죄를 범한 경우를 제외하고:** 내란·외환의 죄가 아닌 죄를 범한 경우 재직 중 형사상 소추를 받지 않는다. 그러나 내란·외환의 죄를 범한 경우에는 재직 중 형사상 소추를 받는다.

② **재직 중:** 재직 중에만 형사상 소추를 받지 않으므로 재직 후에는 형사상 소추를 받는다. 따라서 영구적 특권은 아니다.

③ **형사상:** 재직 중 형사상 소추를 받지 않는 것이므로 재직 중 탄핵소추나 민사상·행정상 소제기는 가능하다.

④ **소추를 받지 아니한다:** 형사상 소추란 형사소송법상의 공소의 제기를 의미하나 헌법 제84조의 취지를 고려하면, 체포·구금·수색·압수·검증도 허용될 수 없다고 해석해야 할 것이다(헌재 1995.1.20. 94헌마246). 재직 중 소추를 받지 않을 특권이지 법적인 책임을 면제하는 면책특권은 아니다.

⚖ 판례 | 재직 중 소추불가범죄 공소시효 정지사유

만약 재직 중 소추할 수 없는 범죄의 경우 공소시효까지 진행한다면 대부분의 범죄가 재직 후 공소시효가 완성되기 때문에 처벌할 수 없게 된다. 그러면 불소추특권을 넘어서 사실상 면책특권이 되기 때문에 제84조 해석상 재직 중 공소시효는 정지되어야 한다(헌재 1995.1.20. 94헌마246).

> **반대의견**
> 공소시효는 법률로써 명문규정을 둔 경우에 한하여 정지된다. 그런데 헌법 제84조는 공소시효의 정지에 관한 명문규정이라고 볼 수 없다. 그리고 헌법에는 물론 형사소송법이나 우리 실정법 체계의 다른 어느 법률에도 대통령 재직 중 그의 범행에 대한 공소시효의 진행이 정지된다고 한 명문규정이 없다. 따라서 대통령 재직 중 그의 범행에 대한 공소시효는 정지되지 아니한다고 보아야 할 것이다.

2. 대통령의 의무

(1) 헌법준수의무

> **헌법 제69조 【대통령의 취임선서】** 대통령은 취임에 즈음하여 다음의 선서를 한다.
> "나는 헌법을 준수하고 국가를 보위하며 조국의 평화적 통일과 국민의 자유와 복리의 증진 및 민족문화의 창달에 노력하며 대통령으로서의 직책을 성실히 수행할 것을 국민앞에 엄숙히 선서합니다."

⚖ 판례

헌법은 제66조 제2항에서 대통령에게 '국가의 독립·영토의 보전·국가의 계속성과 헌법을 수호할 책무'를 부과하고, 같은 조 제3항에서 '조국의 평화적 통일을 위한 성실한 의무'를 지우면서, 제69조에서 이에 상응하는 내용의 취임선서를 하도록 규정하고 있다. 헌법 제69조는 단순히 대통령의 취임선서의무만을 규정한 것이 아니라, 헌법 제66조 제2항 및 제3항에 규정된 대통령의 헌법적 책무를 구체화하고 강조하는 **실체적 내용을 지닌 규정**이다. 헌법 제66조 제2항 및 제69조에 규정된 대통령의 '헌법을 준수하고 수호해야 할 의무'는 헌법상 법치국가원리가 대통령의 직무집행과 관련하여 구체화된 헌법적 표현이다. 헌법의 기본원칙인 법치국가원리의 본질적 요소는 한 마디로 표현하자면, 국가의 모든 작용은 '헌법'과 국민의 대표로써 구성된 의회의 '법률'에 의해야 한다는 것과 국가의 모든 권력 행사는 행정에 대해서는 행정재판, 입법에 대해서는 헌법재판의 형태로써 사법적 통제의 대상이 된다는 것이다. 이에 따라 입법자는 헌법의 구속을 받고, 법을 집행하고 적용하는 행정부와 법원은 헌법과 법률의 구속을 받는다. 따라서 행정부의 수반인 대통령은 헌법과 법률을 존중하고 준수할 헌법적 의무를 지고 있다. '헌법을 준수하고 수호해야 할 의무'가 이미 법치국가원리에서 파생되는 지극히 당연한 것임에도, 헌법은 국가의 원수이자 행정부의 수반이라는 대통령의 막중한 지위를 감안하여 제66조 제2항 및 제69조에서 이를 다시 한번 강조하고 있다. 이러한 헌법의 정신에 의한다면, 대통령은 국민 모두에 대한 '법치와 준법의 상징적 존재'인 것이다. 이에 따라 대통령은 헌법을 수호하고 실현하기 위한 모든 노력을 기울여야 할 뿐만 아니라, 법을 준수하여 현행법에 반하는 행위를 해서는 안 되며, 나아가 입법자의 객관적 의사를 실현하기 위한 모든 행위를 해야 한다. 행정부의 법존중의무와 법집행의무는 행정부가 위헌적인 것으로 간주하는 법률에 대해서도 마찬가지로 적용된다. 위헌적인 법률을 법질서로부터 제거하는 권한은 헌법상 단지 헌법재판소에 부여되어 있으므로, 설사 행정부가 특정 법률에 대하여 위헌의 의심이 있다 하더라도, 헌법재판소에 의하여 법률의 위헌성이 확인될 때까지는 법을 존중하고 집행하기 위한 모든 노력을 기울여야 한다(헌재 2004.5.14. 2004헌나1).

(2) 국가의 독립 등을 수호할 책무

> **헌법 제66조 【대통령의 책무】** ② 대통령은 국가의 독립·영토의 보전·국가의 계속성과 헌법을 수호할 책무를 진다.

(3) 겸직금지의무

> **헌법 제83조 【겸직금지】** 대통령은 국무총리, 국무위원, 행정각부의 장 기타 법률이 정하는 공사의 직을 겸할 수 없다.

3. 전직대통령에 대한 예우

예우상실사유 ○	① 재직 중 탄핵결정을 받아 퇴임한 경우 ② 금고 이상의 형이 확정된 경우 ③ 형사처벌을 회피할 목적으로 외국정부에 대하여 도피처 또는 보호를 요청한 경우 ④ 대한민국의 국적을 상실한 경우
예우상실사유 ×	① 탄핵소추 의결 ② 형사상 소추 ③ 벌금형 ④ 자진사퇴

제3절 대통령의 비상적 권한

01 긴급명령권 ***

> **헌법 제76조 【긴급처분·명령권】** ① 대통령은 내우·외환·천재·지변 또는 중대한 재정·경제상의 위기에 있어서 국가의 안전보장 또는 공공의 안녕질서를 유지하기 위하여 긴급한 조치가 필요하고 국회의 집회를 기다릴 여유가 없을 때에 한하여 최소한으로 필요한 재정·경제상의 처분을 하거나 이에 관하여 법률의 효력을 가지는 명령을 발할 수 있다.
> ② 대통령은 국가의 안위에 관계되는 중대한 교전상태에 있어서 국가를 보위하기 위하여 긴급한 조치가 필요하고 국회의 집회가 불가능할 때에 한하여 법률의 효력을 가지는 명령을 발할 수 있다.
> ③ 대통령은 제1항과 제2항의 처분 또는 명령을 한 때에는 지체 없이 국회에 보고하여 그 승인을 얻어야 한다.
> ④ 제3항의 승인을 얻지 못한 때에는 그 처분 또는 명령은 그때부터 효력을 상실한다. 이 경우 명령에 의하여 개정 또는 폐지되었던 법률은 그 명령이 승인을 얻지 못한 때부터 당연히 효력을 회복한다.
> ⑤ 대통령은 제3항과 제4항의 사유를 지체 없이 공포하여야 한다.

1. 의의

긴급명령은 통상적인 입법절차로서는 대체할 수 없는 국가안위에 관한 비상사태발생시 비상사태를 극복하기 위하여 긴급입법에 의하여 제정된 법률의 효력을 가지는 명령을 말한다.

2. 발동요건

(1) 국가의 안위에 관계되는 중대한 교전상태(상황요건)

① 국가의 안위에 관계되는 중대한 교전상태가 발생하여야 한다. 중대한 교전상태란 정규전뿐 아니라 비정규전을 포함한 대규모 무력충돌이 발생한 경우를 말한다.

② 국가긴급권의 상황요건을 확대해석하면 국가긴급권이 남용될 가능성이 크므로 상황요건은 엄격히 해석되어야 한다.

(2) 국가를 보위하기 위하여(목적요건)

대통령의 긴급명령은 국가를 보위라는 소극적 목적을 위해서만 발할 수 있다. 공공복리실현·통일촉진과 같은 적극적인 목적을 위해서는 발할 수 없다.

(3) 긴급한 조치가 필요하고 국회의 집회가 불가능할 때 한하여

① 국가를 보위하기 위하여 긴급한 조치가 필요하고 국회의 집회가 불가능한 경우여야 한다. 긴급한 조치는 필요하나, 국회의 집회가 가능한 때에는 긴급명령을 발할 수 없다.

② 국회집회가 불가능한 때란 시간적 여유의 문제가 아니므로 국회개회·폐회·휴회 중을 가리지 않고, 비상사태로 인해 그 집회가 사실상 불가능한 때이다.

③ 사실상 불가능할 경우는 물론이고 국회의원의 과반수가 집회에 불응하는 경우를 포함한다는 견해도 있다.

(4) 절차적 요건

대통령은 긴급명령을 발하기 전에 국무회의 심의를 거쳐야 하고 국무총리와 관계 국무위원의 부서를 받아야 한다.

3. 내용

(1) 법률적 효력을 가지는 명령

① 긴급명령은 모든 법률사항에 대하여 규율할 수 있다.

② 긴급명령은 법률의 효력을 가지므로 기존법률의 개정과 폐지는 물론, 국민의 기본권을 제한할 수도 있으나 과잉금지원칙은 지켜야 한다.

③ 긴급명령의 개폐를 위해서는 다른 법률적 조치가 필요하다.

(2) 긴급명령으로 할 수 없는 것

① 국회해산

② 기본권 잠정적 정지

③ 헌법개정

④ 법원과 정부에 관한 특별한 조치(군정 실시)

⑤ **기본권에 대한 특별한 조치**: 언론·출판의 자유에 대한 허가제와 검열제, 영장에 대한 특별조치

4. 통제

(1) 행정부 내 통제(기관 내 통제)

긴급명령에 대한 사전적 통제로는 국무회의 심의, 부서 등이 있으며, 사후적 통제로는 국회에 의한 통제와 위헌법률심판이 있다.

(2) 국회에 의한 통제(기관 간 통제)

① **국회승인**

㉠ 긴급명령은 지체 없이 국회에 보고하여 그 승인을 얻어야 계속적인 효력을 가질 수 있다.

㉡ 국회로부터 승인을 받지 못한 경우에 긴급명령은 그때부터 효력을 상실하고 긴급명령에 의해서 개정·폐지된 법률은 그때부터 효력을 회복한다. 국회의 불승인에 대하여 대통령은 거부권을 행사할 수 없다.

② **수정승인권**: 국회의 승인권에는 긴급명령의 수정승인권도 포함된다.

③ **승인정족수**: 헌법 제49조는 헌법과 법률에 특별한 규정이 없는 한 일반의결정족수로 의결한다고 규정하고 있고, 헌법 제76조에는 특별한 규정이 없으므로 일반의결정족수로 의결함이 타당하다.

(3) 사법적 통제

대통령의 긴급명령이 재판의 전제가 되어 위헌 여부가 문제될 때 법원은 헌법재판소에 위헌심판을 제청할 수 있고, 헌법재판소는 위헌 여부를 심사할 수 있다. 또한 헌법소원을 통해서도 통제할 수 있다.

02 긴급재정 · 경제처분 및 명령권

> **헌법 제76조【긴급처분 · 명령권】** ① 대통령은 내우 · 외환 · 천재 · 지변 또는 중대한 재정 · 경제상의 위기에 있어서 국가의 안전보장 또는 공공의 안녕질서를 유지하기 위하여 긴급한 조치가 필요하고 국회의 집회를 기다릴 여유가 없을 때에 한하여 최소한으로 필요한 재정 · 경제상의 처분을 하거나 이에 관하여 법률의 효력을 가지는 명령을 발할 수 있다.

1. 긴급재정경제처분 · 명령의 의의

긴급재정경제처분 및 명령이란 중대한 재정경제상의 위기에 있어서 국가안전보장 또는 공공의 안녕질서를 유지하기 위하여 대통령이 행하는 재정경제상의 처분과 명령을 뜻한다.

2. 발동요건

(1) 내우 · 외환 · 천재 · 지변 또는 중대한 재정 · 경제상 위기

내우 · 외환 · 천재 · 지변은 없고 재정경제상 위기만 있어도 발할 수 있다.

(2) 국가의 안전보장과 공공의 안녕질서 유지

① 대통령의 긴급재정경제처분 및 명령은 국가의 안전보장 또는 공공의 안녕질서를 유지하기 위하여 긴급한 조치가 필요한 경우에만 발동될 수 있다.

② 이러한 목적요건은 현상 유지적, 소극적 의미를 갖는 것이므로 현상개선의 적극적 목적을 위해서는 발동될 수 없다. 따라서 공공복리를 위해 긴급재정 · 경제명령은 발동될 수 없다.

(3) 긴급한 조치가 필요하고 집회를 기다릴 여유가 없을 때 한하여

① 국회의 집회를 기다릴 여유가 없을 정도로 급박하여야 한다. 기다릴 여유가 없다는 것은 국회의 집회를 기다릴 시간적 여유가 없는 경우를 말한다.

② 국회가 폐회 중이어서 임시회의 집회에 필요한 1일간을 기다릴 여유가 없는 경우가 이에 해당한다. 폐회 중일 때만을 포함하고 휴회 중일 때는 포함하지 아니한다. 종래에는 폐회 중 3일 전에 임시회를 공고하여야 했으나, 국회법 제5조 제2항의 신설로 비상사태발생시에는 1일 전에 공고할 수 있다.

(4) 절차적 요건

긴급명령의 절차적 요건과 동일하다.

3. 긴급재정경제처분 · 명령의 내용

긴급재정경제명령은 법률의 효력을 가진다. 그 규율대상은 국민의 재정 · 경제생활영역에 제한된다. 이 점에서 긴급명령과 구별된다.

4. 긴급재정경제처분 · 명령에 대한 통제(긴급명령 참조)

긴급재정경제명령은 위헌법률심판과 헌법소원의 대상이 되나, 긴급재정 · 경제처분은 위헌법률심판의 대상이 아니라 헌법 제107조 제2항의 법원의 명령 · 규칙 · 처분심사와 헌법재판소법 제68조 제1항의 헌법소원의 대상이 된다.

5. 긴급명령과 긴급재정경제명령의 비교

구분	긴급명령	긴급재정경제명령
상황적 요건	중대한 교전상태	내우 · 외환 · 천재 · 지변 또는 재정 · 경제상 위기
목적적 요건	국가보위	국가안전보장, 공공안녕질서
국회소집요건	① 집회 불가 ② 휴회 · 폐회 · 개회	① 집회를 기다릴 여유가 없는 때 ② 폐회 중에만
제한할 수 있는 기본권	① 모든 기본권 ② 모든 법률적 사항	① 경제적 기본권 ② 경제사항

⚖ 판례 ┃ 긴급재정경제명령 (헌재 1996.2.29. 93헌마186)

1. 고도의 정치적 결단에 의한 행위로서 통치행위가 기본권과 관련성이 있으면 헌법소원의 대상이 된다.
2. 긴급재정경제명령은 재정경제상의 위기가 현실적으로 발생한 후 이를 사후적으로 수습하여 헌법질서를 유지하기 위하여 헌법이 정한 절차에 따라 행사되어야 한다.
3. 긴급재정경제명령의 상황적 요건은 대통령이 일차적으로 판단하여야 하나, 대통령의 자유재량도 아니고 상황적 요건이 존재한다는 주관적 확신만으로 행사되어서는 아니 되고, 객관적 상황이 존재하여야 한다.
4. 긴급재경명령이 헌법 제76조 소정의 요건과 한계에 부합한다면, 그 자체로 목적의 정당성, 수단의 적정성, 피해의 최소성, 법익의 균형성이라는 기본권 제한의 한계로서의 과잉금지원칙을 준수하는 것이 된다.
5. 국가긴급권은 잠정적 권한이므로 긴급재정명령이 2년간 지속된 것은 바람직하지는 않지만 그 이유만 가지고 바로 헌법에 위반되는 것은 아니다.

⚖ 판례 ┃ 긴급조치 (대판 2010.12.16. 2010도5986)

1. 긴급조치는 법률에 해당하지 않는다.
2. 긴급조치의 위헌 여부에 대한 판단은 대법원이 최종적으로 가진다.
3. 긴급조치가 사법심사의 대상이 되는지 여부는 유신헌법이 아니라 현행 시행 중인 헌법에 기하여 판단해야 한다.
4. 긴급조치 1호(헌법개정표현금지)는 표현의 자유 침해이다.

⚖ 판례 ┃ 긴급조치 헌법재판소 판례 (헌재 2013.3.21. 2010헌바132 등)

1. 헌법은 당해 사건에 적용될 법률(조항)의 위헌 여부를 심사하는 구체적 규범통제의 경우에, '법률'의 위헌 여부는 헌법재판소가, 법률의 하위규범인 '명령 · 규칙 또는 처분' 등의 위헌 또는 위법 여부는 대법원이 그 심사권한을 갖는 것으로 그 권한을 분배하고 있다(헌법 제107조 제1항 · 제2항, 헌법재판소법 제111조 제1항 제1호).

2. 일정한 규범이 위헌법률심판 또는 헌법재판소법 제68조 제2항에 의한 헌법소원심판의 대상이 되는 '법률'인지 여부는 그 제정형식이나 명칭이 아니라 그 규범의 효력을 기준으로 판단하여야 한다. 따라서 헌법이 법률과 동일한 효력을 가진다고 규정한 긴급재정경제명령(제76조 제1항) 및 긴급명령(제76조 제2항)은 물론, 헌법상 형식적 의미의 법률은 아니지만 국내법과 동일한 효력이 인정되는 '헌법에 의하여 체결·공포된 조약과 일반적으로 승인된 국제법규'(제6조)의 위헌 여부의 심사권한은 헌법재판소에 전속한다.

3. 이 사건 긴급조치들은 유신헌법 제53조에 근거한 것으로서 그에 정해진 요건과 한계를 준수해야 한다는 점에서 헌법과 동일한 효력을 갖는 것으로 보기는 어렵지만, 표현의 자유 등 기본권을 제한하고, 형벌로 처벌하는 규정을 두고 있으며, 영장주의나 법원의 권한에 대한 특별한 규정 등을 두고 있는 점에 비추어 보면, 이 사건 긴급조치들은 **최소한 법률과 동일한 효력을 가지는 것으로** 보아야 하므로, 그 위헌 여부 심사권한은 헌법재판소에 전속한다.

4. 유신헌법 일부 조항과 긴급조치 등이 기본권을 지나치게 침해하고 자유민주적 기본질서를 훼손하였다는 반성에 따른 헌법개정사, 국민의 기본권의 강화·확대라는 헌법의 역사성, 헌법재판소의 헌법해석은 헌법이 내포하고 있는 특정한 가치를 탐색·확인하고 이를 규범적으로 관철하는 작업인 점에 비추어, 헌법재판소가 행하는 구체적 규범통제의 심사기준은 원칙적으로 헌법재판을 할 당시에 규범적 효력을 가지는 현행헌법이다. 국가긴급권의 행사라 하더라도 헌법재판소의 심판대상이 되고, 긴급조치에 대한 사법심사 배제조항을 둔 유신헌법 제53조 제4항은 입헌주의에 대한 중대한 예외일 뿐 아니라, 현행헌법이 반성적 견지에서 사법심사배제조항을 승계하지 아니하였으므로, 현행헌법에 따라 이 사건 긴급조치들의 위헌성을 다툴 수 있다.

☑ 대법원 판례와 헌법재판소 판례의 대립

구분	대법원	헌법재판소
도시계획실시인가 신청요건인 토지소유자 동의요건	본질적 사항 ×	본질적 사항 ○
법 전면개정시 구법 부칙조항 실효 여부	특별한 사정이 있다면 효력이 유지됨.	신법에 규정이 없는 한 실효됨.
제주도 영향평가위원의 형법상 수뢰죄 공무원 해당 여부	○	×
사회봉사명령	신체의 자유 제한	신체의 자유가 아니라 일반적 행동의 자유 제한임.
형벌과 과태료	이중처벌 ×	이중처벌금지원칙에 위배될 수 있음.
공동불법행위자의 구상권 행사 가부 (국가배상법상 이중배상금지규정 관련)	×	○
긴급조치 사법심사	① 법률의 효력을 가지지 않음. ② 제107조 제2항에 따라 대법원이 최종적 심사권을 가짐.	① 최소한 법률의 효력을 가짐. ② 위헌법률심판의 대상이 됨.
한정위헌결정의 기속력	×	○
대법원규칙에 대한 헌법소원 가부	×	○
법원의 재판과 원행정처분에 대한 헌법소원 가부	×	예외적으로 ○ (헌법재판소가 위헌으로 결정한 법률을 적용한 재판이 기본권을 침해한 경우)
한정위헌결정이 헌법재판소법 제75조 제7항의 재심사유인지 여부	×	○

03 계엄선포권

헌법 제77조【계엄선포 등】① 대통령은 전시·사변 또는 이에 준하는 국가비상사태에 있어서 병력으로써 군사상의 필요에 응하거나 공공의 안녕질서를 유지할 필요가 있을 때에는 법률이 정하는 바에 의하여 계엄을 선포할 수 있다.
② 계엄은 비상계엄과 경비계엄으로 한다.
③ 비상계엄이 선포된 때에는 법률이 정하는 바에 의하여 영장제도, 언론·출판·집회·결사의 자유, 정부나 법원의 권한에 관하여 특별한 조치를 할 수 있다.
④ 계엄을 선포한 때에는 대통령은 지체 없이 국회에 통고하여야 한다.
⑤ 국회가 재적의원 과반수의 찬성으로 계엄의 해제를 요구한 때에는 대통령은 이를 해제하여야 한다.

계엄법 제2조【계엄의 종류와 선포 등】① 계엄은 비상계엄과 경비계엄으로 구분한다.
② 비상계엄은 대통령이 전시·사변 또는 이에 준하는 국가비상사태시 적과 교전(交戰)상태에 있거나 사회질서가 극도로 교란(攪亂)되어 행정 및 사법(司法)기능의 수행이 현저히 곤란한 경우에 군사상 필요에 따르거나 공공의 안녕질서를 유지하기 위하여 선포한다.
③ 경비계엄은 대통령이 전시·사변 또는 이에 준하는 국가비상사태시 사회질서가 교란되어 일반행정기관만으로는 치안을 확보할 수 없는 경우에 공공의 안녕질서를 유지하기 위하여 선포한다.
④ 대통령은 계엄의 종류, 시행지역 또는 계엄사령관을 변경할 수 있다.
⑤ 대통령이 계엄을 선포하거나 변경하고자 할 때에는 국무회의의 심의를 거쳐야 한다.
⑥ 국방부장관 또는 행정안전부장관은 제2항 또는 제3항에 해당하는 사유가 발생한 경우에는 국무총리를 거쳐 대통령에게 계엄의 선포를 건의할 수 있다.

제4조【계엄선포의 통고】① 대통령이 계엄을 선포하였을 때에는 지체 없이 국회에 통고하여야 한다.
② 제1항의 경우에 국회가 폐회 중일 때에는 대통령은 지체 없이 국회에 집회를 요구하여야 한다.

1. 계엄의 의의

계엄이란 전시·사변 또는 이에 준하는 국가비상사태의 경우에 이를 극복하기 위하여 병력을 사용하는 긴급비상의 조치를 의미한다.

2. 발동요건

(1) 전시·사변 또는 국가비상사태(상황요건)

계엄은 일종의 진압적인 비상조치이지 예방적인 조치가 아니고 사후 진압적 조치이므로 전시·사변이 앞으로 발생할 가능성이 있다고 해서 계엄을 발동할 수는 없다.

(2) 병력으로써(필요요건)

병력으로써 군사상의 필요에 응하거나 공공의 안녕질서를 유지할 필요가 있어야 한다. 군병력을 동원하지 않고 수습이 도저히 불가능한 경우에 한하므로 경찰병력만으로도 사태의 수습이 가능할 때에는 계엄을 선포할 수 없다.

(3) 군사상 필요에 응하거나 공공의 안녕질서(목적요건)

공공복리, 사회개혁 등 적극적 목적을 위해서는 계엄를 선포할 수 없다.

(4) 절차요건

국무회의 심의를 거쳐야 하며, 부서를 받아야 한다.

(5) 준법요건

① 계엄법이 정하는 절차와 방법에 따라 계엄선포의 이유, 계엄의 종류, 계엄시행일시 및 시행지역 그리고 계엄사령관을 공고하여야 한다.

② 계엄사령관은 현역장관급 장교 중에서 국방부장관이 추천한 사람을 대통령이 임명한다.

3. 계엄의 내용 ★★★

(1) 비상계엄의 내용

① **영장제도 · 언론 · 출판 · 집회 · 결사의 자유에 대한 특별한 조치:** 비상계엄하에서는 사후영장을 채택할 수 있다. 그러나 비상계엄하에서도 영장주의를 배제할 수 없으므로 검사가 영장을 발부하는 것은 영장주의에 위반되므로 허용되지 않는다. 비상계엄하에서는 언론 · 출판에 대한 검열, 허가와 집회 · 결사에 대한 허가제를 도입할 수 있다.

② **비상계엄으로 제한되는 기본권**

> **헌법 제77조【계엄선포 등】**③ 비상계엄이 선포된 때에는 법률이 정하는 바에 의하여 영장제도, 언론 · 출판 · 집회 · 결사의 자유, 정부나 법원의 권한에 관하여 특별한 조치를 할 수 있다.
>
> **계엄법 제9조【계엄사령관의 특별조치권】**① **비상계엄지역에서** 계엄사령관은 군사상 필요할 때에는 체포 · 구금(拘禁) · 압수 · 수색 · **거주 · 이전** · 언론 · 출판 · 집회 · 결사 또는 **단체행동**에 대하여 특별한 조치를 할 수 있다. 이 경우 계엄사령관은 그 조치 내용을 미리 공고하여야 한다.

③ **비상계엄하 재판청구권 제한**

> **헌법 제27조**② 군인 또는 군무원이 아닌 국민은 대한민국의 영역 안에서는 중대한 군사상 기밀 · 초병 · 초소 · 유독음식물공급 · 포로 · 군용물에 관한 죄 중 법률이 정한 경우와 **비상계엄**이 선포된 경우를 제외하고는 군사법원의 재판을 받지 아니한다.
>
> **제110조**④ **비상계엄하의 군사재판**은 군인 · 군무원의 범죄나 군사에 관한 간첩죄의 경우와 초병 · 초소 · 유독음식물공급 · 포로에 관한 죄 중 법률이 정한 경우에 한하여 단심으로 할 수 있다. 다만, 사형을 선고한 경우에는 그러하지 아니하다.
>
> **계엄법 제10조【비상계엄하의 군사법원 재판권】**② 비상계엄지역에 법원이 없거나 해당 관할 법원과의 교통이 차단된 경우에는 제1항에도 불구하고 **모든 형사사건**에 대한 재판은 군사법원이 한다.

④ **비상계엄으로 정부나 법원의 권한에 관한 특별조치**

> **헌법 제77조【계엄선포 등】**③ 비상계엄이 선포된 때에는 법률이 정하는 바에 의하여 영장제도, 언론 · 출판 · 집회 · 결사의 자유, **정부나 법원의 권한**에 관하여 특별한 조치를 할 수 있다.
>
> **계엄법 제7조【계엄사령관의 관장사항】**① **비상계엄의 선포와 동시에** 계엄사령관은 계엄지역의 모든 행정사무와 사법사무를 관장한다.
> ② **경비계엄의 선포와 동시에** 계엄사령관은 계엄지역의 군사에 관한 행정사무와 사법사무를 관장한다.

ⓐ **정부의 행정사무와 법원의 사법사무:** 헌법 제77조 제3항의 정부나 법원의 권한에 관한 특별한 조치는 계엄법 제7조에 따르면 계엄사령관이 행정사무와 사법사무를 관장하는 것을 의미한다. 법원의 권한에 관한 특별한 조치는 재판작용을 제외한 사법행정사무이다.

ⓑ **국회의 권한에 대한 특별조치 불가:** 정부나 법원의 권한에 한해서 특별한 조치를 할 수 있을 뿐이므로 계엄선포로 국회나 헌법재판소의 권한에 대해서는 특별한 조치를 할 수 없다.

> **⚖ 판례 | 계엄으로 국회의 권한 제한 불가**
>
> 모든 정치활동의 중지 및 정치적 발언을 일체 불허한다는 취지의 계엄포고령은 국회의 고유 권한까지를 제한하는 것은 아니므로 국회의 계엄해제권을 침해하는 것은 아니다(대판 1981.3.24. 81도304).

(2) 경비계엄의 내용

경비계엄하에서는 헌법과 법률에 의하지 아니한 특별조치로서 기본권을 제한할 수 없고, 헌법 제110조 제4항의 군사법원의 재판을 단심으로 할 수 없다. 경비계엄하에서 계엄사령관은 군사에 관한 행정·사법사무를 지휘·감독한다.

☑ 비상계엄과 경비계엄의 비교

구분	비상계엄	경비계엄
상황요건 (계엄법상의 구별)	적과 교전, 행정·사법 기능수행 현저히 곤란 군사상 필요	일반행정기관만으로는 치안을 확보할 수 없는 경우
계엄사령관 관장사항	모든 행정사무, 사법사무	군사에 관한 행정, 사법사무
영장, 언론·출판·집회·결사의 자유에 대한 특별한 조치	○	×
헌법 제110조 제4항 군사재판의 단심제	○	×
국회의원의 불체포특권	폐회 중이라도 현행범이 아닌 한 인정 (계엄법 제13조)	폐회 중이라도 현행범이 아닌 한 인정 (계엄법 제13조)

(3) 계엄사령관에 대한 지휘·감독

① 일반적인 경우: 대통령 ➜ 국방부장관 ➜ 계엄사령관
② 전국을 계엄지역으로 하는 경우와 대통령이 필요하다고 인정하는 경우: 대통령 ➜ 계엄사령관(계엄법 제6조)

4. 계엄의 해제

(1) 국회해제요구

국회의 해제요구가 있으면 대통령은 국무회의 심의를 거쳐 반드시 해제해야 한다.

(2) 해제건의

국방부장관 또는 행정안전부장관은 국무총리를 거쳐 대통령에게 해제를 건의할 수 있다(계엄법 제11조 제3항). 대통령은 이에 구속되지는 않는다.

(3) 해제의 효과

① **행정사무와 사법사무**: 계엄이 해제되면 계엄사령관이 관장하던 행정사무와 사법사무는 법원과 정부가 관장하게 된다.
② **계엄해제 후 가벌성 소멸 부정**: 계엄이 해제되었다 하여 계엄하에서 행하여진 위반행위의 가벌성이 소멸된다고 볼 수 없는 것으로써 계엄기간 중의 계엄포고 위반의 죄는 계엄해제 후에도 행위 당시의 법령에 따라 처벌되어야 하고 계엄의 해제를 범죄 후 법령의 개폐로 형이 폐지된 경우와 같이 볼 수 없다(대판 1985.5.28. 81도1045).

③ **계엄해제 후 군사법원 재판권 1개월 연장**: 비상계엄 시행 중 계엄법 제10조에 따라 군사법원에 계속 중인 재판사건의 관할은 비상계엄 해제와 동시에 일반법원에 속한다. 다만, 대통령이 필요하다고 인정할 때에는 군사법원의 재판권을 1개월의 범위에서 연기할 수 있다(계엄법 제12조 제2항).

> **⚖ 판례**
>
> 비상계엄 해제 후 1개월 이내의 기간 군법회의 재판권을 연기하는 것이 국민의 군법회의 재판을 받지 아니할 권리를 일시적으로 제한하는 것임은 분명하지만 그렇다고 하여 국민의 군법회의 재판을 받지 아니할 권리 자체를 박탈하거나 그 권리의 본질적 내용을 침해하는 것은 아니다(대판 1985.5.28. 81도1045).

5. 계엄권에 대한 통제

(1) 내부적 통제

계엄선포에 대한 사전적 통제로 국무회의 심의와 부서가 있다.

(2) 국회에 의한 통제

계엄선포 후 지체 없이 국회에 통고하여야 하는 것이고, 계엄을 선포하기 전에 통고해야 하는 것은 아니다. 국회는 회의를 가져 국회 재적 과반수의 의결로 계엄해제를 요구할 수 있고, 국회의 요구가 있는 경우 대통령은 국무회의 심의를 거쳐 해제하여야 한다. 국회의 계엄해제요구에 응하지 아니하면 대통령에 대해 탄핵소추할 수 있다.

(3) 법원과 헌법재판소에 의한 통제

① **학설**: 계엄당국의 개별적 포고령과 구체적 집행행위는 사법적 심사의 대상이 되고, 계엄선포행위도 대상이 된다.
② **대법원 판례**: 대법원은 내재적 한계설(권력분립설)에 근거하여 계엄선포 당·부당은 통치행위이므로 심사할 수 없다고 한다.
③ **헌법재판소**: 헌법재판소는 헌법소원심판을 통하여 계엄선포를 통제할 수 있다.

6. 긴급명령과 계엄의 차이

구분	긴급명령	계엄
발동상황	국가의 안위에 관계되는 중대한 교전상태	전시·사변 또는 이에 준하는 국가비상사태
동원되는 공권력	경찰력	병력
국회 집회	불가능한 경우	집회의 가능 여부와 관계없음.
국회의 통제방법	국회에 보고하고 승인 필요	국회에 통고하되 승인 필요 ×, 해제요구 ○
정족수	일반의결정족수	재적 과반수
제한되는 기본권	제한대상에 관한 한정규정 ×	비상계엄하에서 영장제도, 언론·출판·집회·결사의 자유
특별한 조치	기본권에 특별조치 불가	특별한 조치 기능
군정 실시	불가	가능
법원과 정부에 관한 특별조치	불가	가능
행사절차	헌법이 정한 절차	헌법에 근거한 법률이 정한 절차
특징	긴급입법권, 법률적 효력	긴급입법권은 아님.

04 헌법 제72조의 국민투표부의권

> **헌법 제72조** 대통령은 필요하다고 인정할 때에는 외교·국방·통일 기타 국가안위에 관한 중요정책을 국민 투표에 붙일 수 있다.

제4절 대통령의 입법에 관한 권한

01 헌법개정에 관한 권한

대통령은 헌법개정안을 제안하고, 국민투표로 확정된 개정안을 공포할 권한을 가진다.

02 법률제정에 관한 권한

1. 법률안제출권
대통령은 정부의 수반으로 법률안을 제출할 권한을 가진다.

2. 법률안거부권

(1) 법률안거부권의 개념

　　법률안거부권이란 국회에서 의결되어 정부에 이송되어온 법률안에 대하여 대통령이 이의가 있을 때에 이의서를 붙여 국회의 재의를 요구할 수 있는 권한이다.

(2) 법률안거부권의 제도적 의의

　　미국대통령제에서 유래한 것으로서 권력분립의 구조하에 의회입법권의 악용과 남용을 견제하는 수단 이다.

(3) 법률안거부권의 성격

　① 법률안거부권은 국회가 재의결하기까지 그 법률안에 대하여 법률로서의 확정을 정지시키는 소극 적인 조건부정지권이라는 정지조건설이 통설이다.

　② 따라서 재의에 붙여진 법률안을 국회가 재의결하기 전에 재의결의 요구를 언제든지 철회할 수 있다.

(4) 법률안거부권의 종류

　① **환부거부**: 환부거부란 국회에서 의결되어 정부에 이송되어 온 법률안에 대하여 이의가 있을 경우 대통령이 지정된 기일안에 이의서를 붙여 국회로 환부하고 재의를 요구하는 방식이다.

　② **보류거부**: 보류거부란 대통령이 국회의 폐회나 해산으로 인하여 그 지정된 기일 내의 환부가 불가 능한 경우에 공포를 하지 않음으로써 법률안이 자동적으로 폐기될 수 있도록 하는 방식이다.

(5) 보류거부의 허용 여부

　① **원칙**: 우리나라는 회기불계속의 원칙을 채택하고 있는 미국과 달리 회기계속의 원칙을 택하고 있으 므로 원칙적으로 보류거부는 인정되지 않는다.

② **예외적 허용 여부에 대한 학설**: 국회의원의 임기만료로 폐회된 경우 환부할 대상이 없으므로 법률안은 자동 폐기되는데, 이를 보류거부로 보는 설[권영성]에 따르면 예외적으로 보류거부가 허용된다고 한다. 그러나 헌법 제51조에 따라서 국회의원 임기가 만료된 경우 대통령이 환부거부해도 다음 국회에서 의안은 계속되지 않고 폐기되는 것이지 보류거부로 볼 수 없다는 견해[김철수, 김계환, 허영, 홍성방, 성낙인]에 따르면 보류거부는 전면허용되지 아니한다.

(6) 일부거부 또는 수정거부금지

① **일부거부금지사유**: 일부거부는 국회의 법률안 심의권을 침해하고 법률안의 유기적 관련성을 파괴하므로 허용되지 않는다.

② **수정거부금지사유**: 수정거부는 거부권의 소극적 성격에 반하고 정부가 법률안제출권을 가지고 있으므로 허용되지 않는다.

(7) 법률안거부권 행사의 요건

① **거부권 행사의 내용상 요건**
  ㉠ 헌법에는 명문상 법률안거부권 행사사유가 규정되어 있지 않으나, 이론적으로는 거부권 행사사유에 제한이 있다.
  ㉡ 법률안거부권의 행사사유는 법률안이 집행 불가능하거나, 국가이익에 반하거나, 정부에 대하여 부당한 압력을 그 내용으로 하거나, 법률안이 헌법에 위반될 때이다.
  ㉢ 정당한 이유가 없는 법률안거부권의 남용은 탄핵소추의 사유가 된다.

② **거부권 행사의 절차적 요건**: 국무회의 심의를 거쳐 이의서를 첨부하여 정부에 이송된 날로부터 15일 이내에 국회에 환부하여 거부하여야 한다.

☑ **미국과 우리나라 대통령의 입법권**

구분	미국	우리나라	비고
법률안제출권	×	○	
재의요구기간	10일	15일	
환부거부	○	○	
일부거부	×	×	
보류거부	○	×	미국은 회기불계속의 원칙, 우리나라는 회기계속의 원칙
재의결정족수	상·하 양원 각각 재적의원 2/3	재적의원 과반수 출석, 출석의원 2/3	미국은 찬성자와 반대자를 의사록에 기재하는 방식, 우리나라는 무기명투표로 재의결함.
국회의장의 법률안공포권	×	○	

03 행정입법권

> **헌법 제75조【대통령령】** 대통령은 법률에서 구체적으로 범위를 정하여 위임받은 사항과 법률을 집행하기 위하여 필요한 사항에 관하여 대통령령을 발할 수 있다.

1. 행정입법의 의의

행정입법이란 대통령·국무총리·행정각부의 장 등 중앙행정기관이 제정하는 법규명령과 행정명령을 뜻한다.

2. 행정입법의 종류

행정입법은 제정권자에 따라 대통령령, 국무총리령, 부령으로 나뉜다.

3. 법규명령

(1) 법규명령의 의의

법규명령이란 행정기관이 국민의 권리·의무에 관한 사항을 규정하는 것으로 대국민적 구속력을 가지는 법규적 명령을 말한다.

(2) 법률에서 국민의 권리와 의무사항을 고시에 위임할 수 있는지 여부

법규명령의 발동권한은 헌법에 규정되어야 하는데, 헌법은 긴급명령, 긴급재정경제명령, 대통령령, 총리령, 부령, 국회규칙, 대법원규칙, 헌법재판소규칙, 중앙선거관리위원회규칙을 규정하고 있다. 감사원규칙은 감사원법에 근거하고 있고 헌법에 근거하고 있지 않아 법규명령적 성격의 여부에 대해 학설대립이 있다.

① **법규사항을 행정규칙에 위임할 수 있는지 여부(한정 적극):** 오늘날 의회의 입법독점주의에서 입법중심주의로 전환하여 일정한 범위 내에서 행정입법을 허용하게 된 동기가 사회적 변화에 대응한 입법수요의 급증과 종래의 형식적 권력분립주의로는 현대사회에 대응할 수 없다는 기능적 권력분립론에 있다는 점 등을 감안하여 헌법 제40조와 헌법 제75조, 제95조의 의미를 살펴보면, 국회입법에 의한 수권이 입법기관이 아닌 행정기관에게 법률 등으로 구체적인 범위를 정하여 위임한 사항에 관하여는 당해 행정기관에게 법정립의 권한을 갖게 되고 입법자가 규율의 형식도 선택할 수 있다 할 것이므로, 헌법이 인정하고 있는 위임입법의 형식은 예시적인 것으로 보아야 할 것이다(헌재 2004.10.28. 99헌바91). 따라서 의회가 구체적으로 범위를 정하여 위임한 사항에 관하여는 당해 행정기관이 법정립의 권한을 갖게 되고, 이 경우 입법자는 규율의 형식도 선택할 수 있다 할 것이므로, 헌법이 명시하고 있는 법규명령의 형식이 아닌 행정규칙에 위임하더라도 이는 국회입법의 원칙과 상치되지 않는다(헌재 2016.2.25. 2015헌바191).

② **기초연금 수급대상자 기준을 소득인정액이 보건복지부장관이 정하여 고시하는 금액** 이하인 사람으로 정한 기초연금법 제3조는 고도의 전문성이 필요한 분야이므로 이러한 내용을 법규명령이 아닌 보건복지부 고시에 위임하는 것은 허용된다(헌재 2016.2.25. 2015헌바191).

③ **축산물 가공방법의 기준을 식품의약품안전처장의 고시에** 위임한 축산물 위생관리법은 내외 축산업의 발전과 주요 식품 관련 정책 등에 따른 탄력적·기술적 대응과 규율 역시 필요하므로, 심판대상조항이 이를 식품의약품안전처 고시에 위임하는 것은 불가피하므로 헌법에 위반된다고 볼 수 없다(헌재 2017.9.28. 2016헌바140).

④ 조세의 감면 또는 중과 등 특례에 관한 사항은 국민의 권리의무에 직접적으로 영향을 미치는 입법사항이므로, 업종의 분류에 관한 사항은 대통령령이나 총리령, 부령 등 법규명령에 위임하는 것이 바람직하다. 그러나 한 국가 내의 모든 업종을 분류하는 작업에는 고도의 전문적·기술적 지식이 요구되고, **조세감면 또는 중과의 대상이 되는 업종의 분류를 통계청장이 고시하는** 한국표준산업분류에 위임할 필요성이 인정된다. 조세감면 또는 중과의 대상이 되는 업종의 분류를 통계청장이 고시하는 한국표준산업분류에 위임한 조세특례제한법은 업종의 분류에 관한 사전적 의미와 관련학문의 학문적 성과, 유엔 작성의 국제표준산업분류, 관련 법규정들을 유기적·체계적으로 살펴보면, 한국표준산업분류에 규정될 내용과 범위의 대강을 충분히 예측할 수 있으므로, 심판대상조항은 조세법률주의 또는 포괄위임금지원칙에 위배되지 아니한다(헌재 2014.7.24. 2013헌바183 등).

> **반대의견**
> 조세특례제한법상 업종의 분류에 관한 사항은 국민의 권리의무에 영향을 미치는 입법사항에 속한다. 따라서 그에 대해서는 법규명령에 위임하여야 하고 행정규칙에 재위임이 필요하더라도 단계적으로 위임하여야 하는데, 심판대상조항은 법규명령이 아닌 통계청장이 작성하여 고시하는 행정규칙에 막바로 위임하고 있으므로, 헌법에 위반된다.

(3) 법규명령의 종류

① **위임명령**: 법규명령은 그 내용을 기준으로 위임명령과 집행명령으로 나뉜다. 위임명령은 법령의 내용을 보충하는 보충명령으로 법률 또는 상위명령에 의하여 위임받은 사항에 관하여 내리는 명령이다.

> **판례**
> 삼권분립의 원칙, 법치행정의 원칙을 당연한 전제로 하고 있는 우리 헌법하에서 행정권의 행정입법 등 법집행의무는 헌법적 의무라고 보아야 할 것이다. 그런데 이는 행정입법의 제정이 법률의 집행에 필수불가결한 경우로서 행정입법을 제정하지 아니하는 것이 곧 행정권에 의한 입법권 침해의 결과를 초래하는 경우를 말하는 것이므로, 만일 하위 행정입법의 제정 없이 상위법령의 규정만으로도 집행이 이루어질 수 있는 경우라면 하위 행정입법을 하여야 할 헌법적 작위의무는 인정되지 아니한다(헌재 2005.12.22. 2004헌마66).

② **집행명령**: 집행명령은 법률의 범위 내에서 법률의 실시에 관한 세부적·기술적 사항을 규율하기 위하여 발하는 명령이다. 행정부는 법집행의 의무와 권한을 가지고 있다는 점에서 집행명령은 법률의 명시적 수권이 없더라도 발할 수 있다. 그러나 모법을 보충할 수 없고 국민의 새로운 권리·의무에 관한 사항을 규율할 수 없다는 점에서 위임명령과 차이가 있다.

③ **위임명령과 집행명령의 같은 점**
  ㉠ 법규명령이다.
  ㉡ 위반하면 위법이 된다.
  ㉢ 국민의 권리·의무사항을 규율할 수 있다.
  ㉣ 명령·규칙심사의 대상이 된다.
  ㉤ 헌법소원의 대상이 된다.
  ㉥ 법률을 전제로 한다.
  ㉦ 법률이 폐지되거나 위헌결정이 되면 효력을 상실한다.
  ㉧ 상위법령이 개정되면 효력을 유지하거나 상실한다. 집행명령이 개정된 법률의 집행에 필요하다면 새로운 집행명령이 제정될 때까지 효력을 유지한다.
  ㉨ 공포를 효력발생요건으로 한다.

④ 위임명령과 집행명령의 비교

구분	위임명령	집행명령
법률의 위임(수권)	○	×
새로운 권리 · 의무사항규율	○	×
벌칙규정	○	×

(4) 법규명령의 성립 · 발효절차

법규명령은 공포를 효력요건으로 하며 공포는 관보에 게재하는 것이 원칙이다. 시행일은 특별한 규정이 없으면 공포한 날로부터 20일을 경과한 후 효력이 발생한다.

(5) 법규명령과 모법인 법률과의 관계

① **모법에 종속한다**: 법규명령은 모법에 종속된다. 모법이 폐지 · 소멸한 때에는 법규명령도 폐지 · 소멸한다. 헌법재판소가 법률에 대해 위헌결정을 한 경우 법규명령은 효력을 상실한다.

> **⚖️ 판례**
>
> 일반적으로 법률의 위임에 의하여 효력을 갖는 법규명령의 경우, 구법에 위임의 근거가 없어 무효였더라도 사후에 법개정으로 위임의 근거가 부여되면 그때부터는 유효한 법규명령이 되나, 반대로 구법의 위임에 의한 유효한 법규명령이 법개정으로 위임의 근거가 없어지게 되면 그때부터 무효인 법규명령이 되므로, 어떤 법령의 위임근거 유무에 따른 유효 여부를 심사하려면 법개정의 전 · 후에 걸쳐 모두 심사하여야만 그 법규명령의 시기에 따른 유효 · 무효를 판단할 수 있다(대판 1995.6.30. 93추83).

② **상위법령개정**: 상위법령이 개정된 경우에는 개정법령과 성질상 모순 · 저촉되지 아니하고 개정된 상위법령의 시행에 필요한 사항을 규정하고 있는 이상 그 집행명령은 상위법령의 개정에도 불구하고 당연히 실효되지 아니한다(대판 1989.9.12. 88누6962).

③ **대통령령이 위헌인 경우 법률의 위헌 여부**: 위임입법의 법리는 헌법의 근본원리인 권력분립주의와 의회주의 내지 법치주의에 바탕을 두는 것이기 때문에 행정부에서 제정된 대통령령에서 규정한 내용이 정당한 것인지 여부와 위임의 적법성은 직접적인 관계가 없다. 위임에 따라 대통령령으로 규정한 내용이 헌법에 위반될 경우라도 그 대통령령의 규정이 위헌으로 되는 것은 별론으로 하고 그로 인하여 정당하고 적법하게 입법권을 위임한 수권법률까지도 위헌으로 되는 것은 아니다(헌재 1996.6.26. 93헌바2).
   [비교] 모법조항의 위임형식이 헌법에 위배된다면, 위헌인 법률에 따라 이루어진 이 사건 고시조항도 위헌이기 때문이다(헌재 2012.2.23. 2009헌마318).

④ **대통령령이 합헌인 경우**: 하위법규인 대통령령이 합헌이라 하여 수권법률의 합헌성까지 의미하는 것은 아니다(헌재 1995.11.30. 93헌바32).

(6) 위임의 형식

헌법 제75조는 법률이 대통령령에 위임할 경우에 구체적으로 위임하도록 하고 있어 포괄적 위임은 금지된다.

(7) 재위임

법률에서 위임받은 사항의 대강을 정하고 하위명령에 재위임하는 것은 가능하나, 위임받은 사항을 전혀 규정하지 않고 하위명령에 재위임하는 것은 허용되지 않는다.

(8) **법규명령의 한계**

① **포괄적 위임금지**: 법률이 명령에 위임하는 사항을 구체적으로 한정하지 아니하고 일반적·포괄적으로 위임하는 것은 포괄적 위임금지의 원칙에 위배된다.

② **헌법이 명시적으로 수권한 법률사항**: 헌법이 법률로 정하도록 하고 있는 것은 법률이 명령에 위임할 수 없다. 다만, 기본적 사항을 법률로 정하고 세부적 사항을 위임할 수는 있다(예 국적취득요건, 국가배상요건과 절차).

③ **처벌법규의 위임**: 범죄의 구성요건은 반드시 법률로 하여야 하지만, 그 구체적 기준을 정하여 보다 더 세부적인 사항을 위임하는 것은 가능하고 처벌의 수단과 양형은 모법이 최고한도를 정한 후 그 범위 안에서 명령으로써 구체적인 범위를 정하도록 위임할 수 있다.

④ **위임의 범위를 벗어난 명령**: 위임명령은 법률에서 위임한 범위 내에서 제정되어야 한다. 위임의 범위를 벗어난 명령은 위헌이다.

⚖ 판례 | 행정사법 시행령

행정사법 제4조는 행정사 자격시험을 전제로 시험과목·시기 등을 대통령령에 위임하였음에도 시행령에서 행정사 시험의 실시 여부를 시·도지사의 재량으로 한 것은 모법으로부터 위임받지 아니한 사항을 규정한 것으로 위임입법의 한계를 일탈하고 법률유보원칙에 위반된다(헌재 2010.4.29. 2007헌마910).

---

⑤ **절차나 방식에 위배되는 경우**: 법령의 규정이 특정 행정기관에게 법령 내용의 구체적 사항을 정할 수 있는 권한을 부여하면서 권한 행사의 절차나 방법을 특정하지 아니한 경우에는 수임행정기관은 행정규칙이나 규정형식으로 법령 내용이 될 사항을 구체적으로 정할 수 있다. 이 경우 행정규칙 등은 당해 법령의 위임한계를 벗어나지 않는 한 대외적 구속력이 있는 법규명령으로서 효력을 가지게 되지만, 이는 행정규칙이 갖는 일반적 효력이 아니라 행정기관에 법령의 구체적 내용을 보충할 권한을 부여한 법령규정의 효력에 근거하여 예외적으로 인정되는 것이다. 따라서 그 행정규칙이나 규정이 상위법령의 위임범위를 벗어난 경우에는 법규명령으로서 대외적 구속력을 인정할 여지는 없다. 이는 행정규칙이나 규정 '내용'이 위임범위를 벗어난 경우뿐 아니라 상위법령의 위임규정에서 특정하여 정한 권한 행사의 '절차'나 '방식'에 위배되는 경우도 마찬가지이므로, 상위법령에서 세부사항 등을 시행규칙으로 정하도록 위임하였음에도 이를 고시 등 행정규칙으로 정하였다면 그 역시 대외적 구속력을 가지는 법규명령으로서 효력이 인정될 수 없다(대판 2012.7.5. 2010다72076).

포괄적 위임금지원칙

1. 포괄적 위임금지원칙

(1) 구체적 위임의 의의

① 헌법 제75조의 '법률에서 구체적으로 범위를 정하여 위임받은 사항'이라 함은 법률에 이미 대통령령으로 규정될 내용 및 범위의 기본사항이 구체적으로 규정되어 있어서 누구라도 당해 법률로부터 대통령령에 규정될 내용의 대강을 예측할 수 있어야 함을 의미하며, **예측가능성의 유무**는 당해 특정조항 하나만을 가지고 판단할 것은 아니고 관련 법조항 전체를 유기적·체계적으로 종합·판단하여야 하고 대상법률의 성질에 따라 구체적·개별적으로 검토하여야 한다(헌재 1994.7.29. 93헌가12).

② 위임입법의 한계와 관련하여 예측가능성의 유무는 **당해 법조항 하나만**으로 판단할 것이 아니라, 관련 법조항 전체를 유기적·체계적으로 종합하여 판단하되, 그 대상 법률의 성질에 따라 구체적·개별적으로 검토하여야 한다. 더욱이 위임입법에 있어 위임의 구체성이나 명확성의 요구의 정도는 규제대상의 종류와 성격에 따라서 달라질 수 있고, 특히 사회보장적인 급여와 같은 급부행정의 영역에서는 기본권 침해의 영역보다 구체성을 요구하는 정도가 다소 약화될 수 있다. 뿐만 아니라 위임조항에 위임의 구체적인 범위를 명확히 규정하고 있지 않다 하더라도 당해 법률의 전반적 체계나 관련 규정에 비추어 내재적인 위임의 범위나 한계를 객관적으로 분명히 확정할 수만 있다면, 이를 두고 일반적이고 포괄적인 백지위임에 해당한다 할 수 없다(헌재 2007.10.25. 2005헌바68).

③ 우리 헌법의 지도이념인 법의 지배 내지 법치주의의 원리는 국가권력 행사의 예측가능성 보장을 위하여 그 주체와 방법 및 그 범위를 법률로 규정할 것을 요구하며 예외적으로 위임입법을 허용하는 경우에 있어서도 법률에 의한 수권에 의거한 명령의 내용이 어떠한 것이 될 수 있을 것인가를 국민에게 예측 가능한 것임을 요구하는 것으로서 그것은 **법규명령에 의하여 비로소가 아니라 그보다 먼저 그 수권법률의 내용**으로부터 예견 가능하여야 하는 것을 의미하는 것이다. 그리고 … 형벌이나 행정제재와 관련되는 경우에는 그 요건은 더욱 엄격한 것이다. 물론 법규명령제도의 생성내력에 비추어 볼 때 장래 정립될 법규명령의 구체적 내용이 정확하게 예견될 수 있을 것을 의미하는 것은 아니라 할지라도 적어도 정립될 수 있는 법규명령의 기본적 윤곽에 대한 예견가능성은 보장이 되어야 한다는 것이다(헌재 1993.5.13. 92헌마80).

④ 포괄위임금지원칙은 법률에서 명령에 위임했을 때 적용되므로 **법률에서 위임하지 않은 경우** 포괄위임금지원칙은 적용되지 않는다. 포괄위임금지의 원칙 내지 위임입법의 한계에 관한 원칙이 적용되기 위해서는 법률이 일정한 사항을 하위법규인 대통령령에 위임하였을 것이 논리적 전제로서 요구된다. 그런데 구 상속세법 제34조의2 제2항은 '현저히 높은 가액'에 관한 사항에 관하여 대통령령에서 정하도록 위임을 하였다고 볼 수 없다. 그러므로 위 법률조항에 대하여는 포괄위임금지의 원칙 또는 위임입법의 한계에 관한 원칙이 적용될 여지가 없다(헌재 2001.8.30. 99헌바90).

(2) 구체성의 강도

① **침해적 사항과 급부사항 위임시** 국민의 기본권을 직접적으로 제한하거나 침해할 소지가 있는 처벌법규 등에서는 그 위임의 요건과 범위가 보다 엄격하게 제한적으로 규정되어야 한다(97.11.27. 96헌바12). 위임에 의하여 제정된 행정입법이 국민의 **기본권을 침해하는 성격이 강할수록** 보다 명확한 수권이 요구되며, 침해적 행정입법에 대한 수권의 경우에는 급부적 행정입법에 대한 수권의 경우보다 그 수권이 보다 명확해야 한다(헌재 2003.7.24. 2002헌바82).

② **다양한 사항을** 규율시 수시로 변하고 다양한 사항을 규율할 때 구체성의 정도는 약화되어도 무방하다.

③ **처벌법규 일부위임시** 죄형법정주의와 포괄위임금지원칙과의 관계 범죄와 형벌에 관한 사항에 있어서도 위임입법의 근거와 한계에 관하여 정하고 있는 헌법 제75조가 적용되기 때문에, 처벌법규가 구성요건 일부를 하위법령에 위임하고 있고 이러한 위임형식의 위헌성이 문제 되는 경우에는 포괄위임입법금지원칙 역시 문제가 된다. 따라서 그러한 경우에는 처벌법규에 대한 **포괄위임입법금지원칙의 심사를 통해 그 위헌성을 판단하되**, 헌법상 죄형법정주의 명확성원칙을 고려하여 위임의 필요성과 예측

가능성이라는 기준을 보다 **엄격하게 해석**·적용하여야 한다(헌재 2014.3.27. 2011헌바42).

④ 사립학교 관계자 및 언론인이 외부강의 등의 대가로 대통령령으로 정하는 금액을 초과하는 사례금을 받고 신고 및 반환조치를 하지 않는 경우, 또는 동일인으로부터 1회에 100만원 또는 매 회계연도에 300만원 이하의 금품 등을 수수하더라도 직무관련성이 있는 경우에는 과태료가 부과된다. **과태료 부과**에서는 범죄의 구성요건과 형벌에 관한 법률조항에 비하여 **포괄위임금지원칙을 완화하여 적용하여야 한다.** 이와 같은 수범자의 특성이나 위반행위에 따르는 제재가 형벌이 아닌 행정질서벌이라는 점에 비추어 보아도 위임조항이 포괄위임금지원칙에 위배된다고 보기는 어렵다(헌재 2016.7.28. 2015헌마236 등).

⑤ 수의계약은 위와 같이 제한적·보충적으로 이루어지는 것이므로 경쟁입찰계약과 달리 본질상 계약상 대방의 결정에 일정한 재량이 인정될 필요가 있는 점을 고려하면, **수의계약상대자의 선정**과 관련한 사항을 규율함에 있어서는 국회의 법률로써 이를 직접 규율하여야 할 필요성 또는 그 규율밀도의 요구 정도가 상대적으로 약하다고 볼 수 있다(헌재 2018.5.31. 2015헌마853).

(3) 명확성원칙과 포괄위임금지원칙

명확성원칙과의 관계 청구인은 심판대상조항이 명확성원칙에도 위배된다고 주장하고 있다. 그러나 포괄위임입법금지원칙은 하위법령에 입법을 위임하는 수권법률의 명확성원칙에 관한 것으로서 법률의 명확성원칙이 하위법령과의 관계에서 구체화된 특별규정이라고 할 수 있으므로 수권법률조항의 명확성원칙 위배 여부는 **포괄위임입법금지원칙의 위반 여부에 대한 심사로써 충족된다**(헌재 2015.4.30. 2013헌바55).

2. 포괄적 위임금지원칙의 적용배제

(1) 법률이 조례에 위임할 때

조례의 제정권자인 지방의회는 선거를 통해서 그 지역적인 민주적 정당성을 지니고 있는 주민의 대표기관이고, 헌법이 지방자치단체에 대해 포괄적인 자치권을 보장하고 있는 취지로 볼 때 조례제정권에 대한 지나친 제약은 바람직하지 않으므로 조례에 대한 법률의 위임은 법규명령에 대한 법률의 위임과 같이 반드시 구체적으로 범위를 정하여야 할 필요가 없으며 포괄적인 것으로 족하다고 할 것이다(헌재 1995.4.20. 92헌마264 등).

(2) **법률에서 공사가 자율적으로 정할 사항**을 공사정관에 위임할 때 법률이 행정부가 아니거나 행정부에 속하지 않는 공법적 기관의 정관에 특정 사항을 정할 수 있다고 위임하는 경우에는 그러한 권력분립의 원칙을 훼손할 여지가 없다. 이는 자치입법에 해당되는 영역이므로 자치적으로 정하는 것이 바람직하다(헌재 2001. 4.26. 2000헌마122).

☑ 요약

반드시 위임을 요하는 것	위임명령, 기관위임사무를 규율하는 조례, 권리 제한과 의무를 부과하는 조례
위임을 요하지 않는 것	집행명령, 대법원규칙, 헌법재판소규칙, 국회규칙, 중앙선거관리위원회규칙, 자치사무와 단체위임사무를 규율하는 조례, 알 권리 실현을 위해 정보를 공개하는 조례
반드시 구체적 위임을 요하는 것	기관위임사무를 조례에 위임하는 경우, 형벌을 조례에 위임하는 경우, 대법원규칙에 위임하는 경우, 대통령령에 위임하는 경우, 총리령이나 부령에 위임하는 경우, 고시에 권리의무사항을 위임하는 경우
반드시 구체적 위임을 요하지 않는 것	조례에 위임할 때, 자치법적 사항을 공사나 국가유공자 단체의 정관에 위임하는 경우, 자치법적 사항을 행정부에 속하지 않는 공법기관의 정관에 위임하는 경우

포괄위임금지

위반되는 것

1. **교통안전분담금**의 분담비율과 방법을 대통령령에 위임 (헌재 1999.1.28. 97헌가8)

   ① **분담금의 법적 성격**: 교통안전기금의 재원의 하나로 운송사업자 및 교통수단 제조업자들에 대하여 부과되는 분담금은 교통안전사업의 재정충당을 위한 특별부담금의 일종으로 볼 수 있으므로 조세와는 다르다고 할 것이나, 공익사업의 재정충당을 위하여 부과된다는 점에서 조세유사적 성격을 가진다.

   ② **포괄적 위임금지원칙에 위배**: 조세유사적 성격을 가지는 이 사건 분담금은 납부의무자의 재산권을 직접적으로 제한하거나 침해할 소지가 있으므로 구체성, 명확성의 요구는 조세법규의 경우에 준하여 그 위임의 요건과 범위가 일반적인 급부행정법규의 경우보다 더 엄격하게 제한적으로 규정되어야 한다. 분담금 납부의무자로 하여금 분담금 납부의무의 내용이나 범위를 전혀 예측할 수 없게 하고, 나아가 행정부의 자의적인 행정입법권 행사에 의하여 국민의 재산권이 침해될 여지를 남김으로써 경제생활의 법적 안정성을 현저히 해친 포괄적인 위임입법으로서 헌법 제75조에 위반된다.

2. **문화예술진흥기금**의 모금액, 모금방법, 모금대행기관 등을 대통령령으로 정하도록 한 문화예술진흥법 제19조는 포괄위임금지원칙에 반한다(헌재 2003.12.18. 2002헌가2).

3. **퇴역연금지급정지**가 되는 기관을 부령에 위임한 군인연금법 제21조는 포괄위임금지원칙에 반한다(헌재 2003. 9.25. 2000헌바94). 총리령이 정하는 기관에 재취업한 자의 공무원연금지급정지를 규정한 공무원연금법 제47조 제2호에 대해서도 동일한 이유로 위헌결정을 한 바 있다(헌재 2005.10.27. 2004헌가20 ; 2003.9.25. 2001헌가22).

4. 보건복지가족부령에 규정될 업무정지기간의 범위, 특히 상한이 어떠할지를 예측할 수 없으므로 의료기기 판매업자의 **의료기기법 위반행위 등에 대하여 보건복지가족부령이 정하는 기간 이내의 범위에서 업무정지**를 명할 수 있도록 규정한 의료기기법 제32조 제1항은 포괄위임금지원칙에 위반된다(헌재 2011.9.29. 2010헌가93).

5. 의료보험요양기관의 지정취소사유 등을 법률에서 직접 규정하지 아니하고 보건복지부령에 위임하고 있는 구 공무원 및 사립학교교직원 의료보험법은 단지 보험자가 **보건복지부령이 정하는 바에 따라 요양기관의 지정을 취소할 수 있다고** 규정하고 있을 뿐, 보건복지부령에 정하여질 요양기관지정취소 사유를 짐작하게 하는 어떠한 기준도 제시하고 있지 않으므로 이는 헌법상 위임입법의 한계를 일탈한 것으로서 헌법 제75조 및 제95조에 위반되고, 나아가 우리 헌법상의 기본원리인 권력분립의 원리, 법치주의의 원리, 의회입법의 원칙 등에 위배된다(헌재 2002.6.27. 2001헌가30).

6. 영화진흥법이 **제한상영가** 상영등급분류의 구체적 기준을 영상물등급위원회의 규정에 위임하고 있는 것은 포괄적 위임금지원칙에 위반된다(헌재 2008.7.31. 2007헌가4).

7. 거짓이나 그 밖의 부정한 방법으로 고용안정·직업능력개발사업의 지원을 받은 자 등에 대한 지원 제한에 관하여 규정한 구 고용보험법 제35조 제1항 중 '대통령령으로 정하는 바에 따라 그 **지원을 제한하거나**' 부분은 포괄위임금지원칙에 위배된다.

   비교 "대통령령으로 정하는 바에 따라 거짓이나 그 밖의 부정한 방법으로 **지원받은 금액을 반환하도록 명할 수 있다.**" 부분은 포괄위임금지원칙에 위배되지 않는다(헌재 2016.3.31. 2014헌가2 등).

8. '식품접객영업자 등 대통령령으로 정하는 영업자와 그 종업원은 영업의 위생관리와 질서유지, **국민의 보건위생 증진을 위하여 총리령으로 정하는 사항을 지켜야 한다**'고 규정한 구 식품위생법 제44조 제1항은 준수사항 부분을 모두 하위법령에 위임하면서도 그 어느 한 부분에서조차 하위법령에 위임될 내용에 대해 구체화하고 있지 아니하여 그 내용들을 전혀 예측할 수 없게 하고 있으므로, 포괄위임금지원칙에 위반된다(헌재 2016.11.24. 2014헌가6 등).

9. 대통령령이 정하는 사유가 있는 때에는 주무관청이 공익법인의 이사의 취임승인을 취소할 수 있도록 한 공익법인의 설립·운영에 관한 법률

공익법인의 설립·운영에 관한 법률 제14조 제2항은 공익법인 이사의 취임승인을 취소하는 근거조항으로서 직업수행의 자유를 제한하는 침해행정의 수권규정이므로 위임입법에서의 구체성·명확성의 요구가 강화되어 그 위임의 요건과 범위가 급부행정의 경우보다 엄격하고 제한적으로 규정되어야 한다. 그런데 이 사건 법률조항 이외에 관련 법조항 전체를 유기적, 체계적으로 보더라도 법인설립목적(학자금, 장학금 또는 연구비의 보조나 지급, 학술·자선에 관한 사업을 목적으로 함)에 어긋나는 행위와 관련하여 주무관청의 감독권이 행사되리라는 점을 예측할 수는 있다고 하더라도 이와 관련하여 구체적으로 어떠한 행위에 대하여 주무관청이 공익법인의 이사의 취임승인을 취소할 것인지는 명확하지 않다(헌재 2004.7.15. 2003헌가2).

10. 보건의료기관개설자는 제1항에 따른 손해배상금의 대불에 필요한 비용을 부담하여야 하고, 그 금액과 납부방법 및 관리 등에 관하여 필요한 사항은 대통령령으로 정하도록 한 의료분쟁조정법 제47조 제2항 중 '그 금액' 부분이 포괄위임금지원칙에 위배되는지 여부(적극) 및 헌법불합치결정을 하면서 계속 적용을 명한 사례

선례는 보건의료기관개설자들에 추가로 징수할 대불비용 부담금은 결손을 보충하는 정도에 불과하여 대불비용 부담금을 정기적·장기적으로 징수할 가능성이 없다고 보았다. 또한 일단 대불비용으로 적립된 금액은 결손이 발생하지 않는 한 어느 정도 수준으로 유지될 것이며, 그 후의 추가적인 부담은 대불이 필요한 손해배상금의 총액이 증가하는 정도와 결손이 발생하는 정도를 고려하여 정해질 것임을 예측할 수 있다고 보았다. 그런데 의료사고 피해자의 손해배상금 대불청구가 점차 증가하였고, 대불금 구상 실적은 극히 저조하여 적립된 재원은 빠르게 고갈되었으며, 이에 따라 선례의 예측과는 달리 대불비용 부담금의 추가 징수가 여러 차례 반복되었다. 그런데 이 사건 위임조항은 부담금의 액수를 어떻게 산정하고 이를 어떤 요건 하에 추가로 징수하는지에 관하여 그 대강조차도 정하지 않고 있고, 관련조항 등을 살펴보더라도 이를 예측할 만한 단서를 찾을 수 없다. 또한 반복적인 부담금 추가 징수가 예상되는 상황임에도 대불비용 부담금이 '부담금관리 기본법'의 규율대상에서 제외되는 등 입법자의 관여가 배제되어 있다는 점도 문제가 있다. 따라서 이 사건 위임조항 중 '그 금액' 부분은 포괄위임금지원칙에 위배된다(헌재 2022.7.21. 2018헌바504).

위반되지 않는 것

1. '**술에 취한 상태**', 즉 술에 취하여 정상적인 운전을 할 수 없는 상태로 볼 수 있는 주기정도로서 대통령령에 정해진 기준 이상의 알콜을 체내에 보유한 상태로 운전을 하여서는 아니 된다는 의미로 이해되는바, 누구든지 술에 취한 상태에서 자동차 등을 운전하여서는 아니 된다고 규정한 구 도로교통법 제41조 제1항과 이 규정에 의하여 운전이 금지되는 술에 취한 상태의 기준을 대통령령으로 정하도록 한 제4항은 포괄위임금지원칙에 반하지 않는다(헌재 2005.9.29. 2003헌바94).

2. 소득세 필요경비는 소득을 올리기 위해 지출해야 할 비용으로 이해되므로, **소득세 필요경비의 필요한 사항**을 대통령령으로 정하도록 한 구 소득세법 제20조은 포괄위임금지원칙에 반하지 않는다(헌재 2002.6.27. 2000헌바68).

3. 군인사법 제47조의2는 헌법이 대통령에게 부여한 군통수권을 실질적으로 존중한다는 차원에서 **군인의 복무에 관한 사항**을 규율할 권한을 대통령령에 위임한 것이라 할 수 있고, "군인의 복무에 관하여는 이 법에 규정한 것을 제외하고는 따로 대통령령이 정하는 바에 의한다."라고 규정한 군인사법 조항은 대통령의 군통수권을 실질적으로 존중하고 군인의 복무에 관한 사항을 유연하게 규율하기 위한 것으로서 위임입법의 한계를 벗어난 것이 아니다(헌재 2010.10.28. 2008헌마638).

4 구 총포·도검·화약류 등 단속법이 '누구든지 **총포와 아주 비슷하게 보이는 것으로서** 대통령령이 정하는 것을 제조·판매·소지하지 못한다'고 규정한 것은 '총포는 아니지만 총포와 같은 위협수단이 될 수 있을 정도로 총포와 모양이 매우 유사하여 충분히 범죄에 악용될 소지가 있거나 총포와 같이 인명이나 신체에 충분히 위해를 가할 정도의 성능을 갖춘 것'이라고 충분히 예측할 수 있으므로, 포괄위임입법금지의 원칙에 위배되지 않는다(헌재 2009.9.24. 2007헌마949).

5. 당시 산아제한정책을 고려하면 분만급여를 2자녀로 한정한다는 것을 어느 정도 예측할 수 있는바, **분만급여의 범위, 상한기준**을 보건복지부장관이 정하도록 한 의료보험법은 포괄적 위임금지원칙에 반하지 않는다(헌재 1997.12.24. 95헌마390).

6. 청약의 철회를 인정하는 것이 적당하지 아니한 경우를 정할 때의 기준으로 '목적물의 성질'과 '계약 체결의 형태'를 규정하고 있는바, 그 해석을 통하여 대통령령으로 정하여질 내용의 대강을 어렵지 않게 예상할 수 있도록 그 기준을 명확하게 규정하고 있다. 할부계약 **청약을 철회할 수 없는 경우**를 대통령령에 위임한 것은 포괄적 위임에 해당하지 않는다(헌재 2012.5.31. 2011헌바78).

7. **오수처리시설의 방류수수질기준에 대하여 환경부령**으로 정하도록 위임하고 있는 것은 포괄적 위임금지원칙에 위반되지 않는다. 환경정책기본법과 오수·분뇨 및 축산폐수의 처리에 관한 법률 제1조, 제2조 및 제5조를 유기적·체계적으로 고려하여 볼 때, 방류수수질기준의 경우에도 수질오염실태파악을 위한 측정자료로서 환경정책기본법상의 수질환경기준 항목인 수소이온농도, 생물학적산소요구량, 부유물질, 대장균군수 등을 측정항목으로 정할 것으로 충분히 예측할 수 있다(헌재 2004.11.25. 2004헌가15).

8. 소유자의 귀책사유, 살처분 보상금의 지급 수준에 따른 소유자의 방역 협조의 경향, 전염병의 확산 정도, 당해년도의 가축 살처분 두수, 국가 및 지방자치단체의 재정상황 등을 고려하여 보상금을 지급하라는 의미이므로 **살처분한 가축소유자**에 대통령령이 정하는 바에 따라 보상금을 지급하도록 한 가축전염예방법 제48조는 포괄적 위임금지원칙에 위반되지 않는다(헌재 2014.4.24. 2013헌바110).

9. '거주'와 관련하여 대통령령에 규정될 내용의 대강(거주기간, 농지소재지의 범위, 새로운 농지의 취득시기, 거주의 시기 등)을 충분히 예측할 수 있으므로 농지대토에 대한 양도소득세 감면을 받기 위하여 **농지소재지에 거주할 것을 요건**으로 규정한 구 조세특례제한법 제70조 제1항 본문은 명확성원칙 및 포괄위임입법금지원칙에 위배되지 않는다(헌재 2014.6.26. 2012헌바299).

10. 자동차 운전자로서는 자동차관리법상 특수자동차의 일종인 트레일러와 레커의 용도와 조작방법 등의 특성을 감안할 때 이를 운전하기 위해서는 제1종 특수면허를 취득하여야 한다는 점도 충분히 예측할 수 있으므로, 제1종 특수면허 없이 자동차를 운전한 경우 무면허운전죄로 처벌하면서 **제1종 특수면허로 운전할 수 있는 차의 종류**를 행정안전부령에 위임하고 있는 도로교통법은 포괄위임금지원칙에 위반되지 않는다(헌재 2015.1.29. 2013헌바173).

11. 개정 군인연금법의 시행일인 1983.1.1. 이후로서, 위와 같은 계급 간 합산·조정제도 마련 후의 시점이 될 것임을 명시적으로 규정하였으므로, 대통령령에 규정될 내용의 대강을 예측할 수 있다. **현역병 등의 복무기간을 군인으로서의 복무기간에 산입하도록** 한 구 군인연금법 제16조 제5항의 **시행일을 대통령령에 위임한** 군인연금법 부칙 제1항 단서는 포괄위임입법금지원칙에 위배되지 않는다(헌재 2015.6.25. 2013헌바17).

12. 임대사업자의 수익을 적정하게 보장하면서도 무주택자인 임차인의 우선분양전환권이 형해화되지 않을 정도의 합리적인 수준에서, 건축비나 택지비, 감정평가액 등을 요소로 하여 분양전환가격의 산정기준을 정하는 내용이 하위법령에 규정될 것이라는 점을 충분히 예측할 수 있다. 그러므로 건설임대주택을 임차인에게 우선 분양전환 하는 경우 **분양전환가격**을 대통령령에 위임하도록 한 임대주택법은 포괄적 위임금지원칙에 위배되지 않는다(헌재 2015.11.26. 2014헌바416).

13. 대통령령으로 정해질 '대주주·상호저축은행의 임직원·상호저축은행과 친족 또는 특수한 관계에 있는 자'란 '대주주 또는 상호저축은행 임직원의 친족으로서 대주주나 임직원에 준하여 상호저축은행의 신용공여 등에 영향력을 행사할 수 있는 자' 또는 '대주주나 상호저축은행 임직원 또는 상호저축은행과의 긴밀한 관계를 통해 상호저축은행의 신용공여 등에 영향력을 행사할 수 있는 자'라고 충분히 예측할 수 있다. 따라서 상호저축은행으로 하여금 신용공여 등이 금지되는 대상인 **상호저축은행과 친족 또는 특수관계에 있는 자의 범위**를 대통령령에 위임하고 있는 구 상호저축은행법 제37조는 포괄적 위임금지원칙에 반하지 않는다(헌재 2016.2.25. 2013헌바367).

14. 국토해양부장관이 규율할 내용은 경쟁입찰의 구체적 종류 및 입찰공고와 응찰, 낙찰로 이어지는 세부적인 입찰절차와 일정, 의사결정방식 등의 제한에 관한 것으로서 공정한 경쟁을 담보할 수 있는 방식이 될 것임을 충분히 예측할 수 있으므로, **경쟁입찰방법**을 국토부장관의 고시에 위임한 것은 포괄적 위임금지원칙에 위배되지 않는다(헌재 2016.3.31. 2014헌바382).

15. 석재의 매장량이나 채석 경제성과 같은 경제적인 요소는 물론이고, 인근 지역의 자연환경 또는 인근 주민의 생활환경을 충분히 고려하는 방향으로 대통령령에 세부지정기준이 마련될 것임을 예측할 수 있다. **채석단지의 세부지정기준**을 대통령령으로 정하도록 한 산지관리법은 포괄적 위임금지원칙에 위배되지 아니한다(헌재 2016.3.31. 2015헌바201).

16. 심판대상조항에서 '입주자대표회의의 구성에 필요한 사항'이라 함은 입주자대표회의의 구성원을 누구로 하고 대표기관과 업무집행기관은 어떤 형태로 설치할 것인가에 관한 사항을 의미하고, 그중 구성원을 누구로 하는가에는 구성원이 되기 위한 적극적인 자격뿐만 아니라, 구성원이 될 수 없는 소극적인 자격도 포함되는 것으로 보아야 하므로 수범자인 국민은 심판대상조항의 위임의 범위에 동별 대표자의 결격사유도 포함되어 있다고 예측할 수 있다. **입주자대표회의의 구성·운영** 및 의결사항에 관해 필요한 사항을 대통령령으로 정하도록 규정한 구 주택법 제43조 제7항은 포괄위임금지원칙에 위반되지 않는다(헌재 2016.7.28. 2014헌바158 등).

17. 국가계약업무의 원활한 수행을 저해하거나 저해할 우려가 있어 입찰에 참가시키는 것이 부적합하다고 인정되는 자를 의미함을 충분히 알 수 있고, 각 중앙관서의 장으로 하여금 경쟁의 공정한 집행 또는 계약의 적정한 이행을 해칠 염려가 있거나 기타 입찰에 참가시키는 것이 부적합하다고 인정되는 자에 대하여서는 2년 이내의 범위에서 대통령령이 정하는 바에 따라 **입찰참가자격을 제한**하도록 규정한 구 국가를 당사자로 하는 계약에 관한 법률 제27조 제1항은 과잉금지원칙에 위반되어 직업의 자유를 침해한다고 할 수도 없고, 포괄위임금지원칙에 위반된다고 볼 수도 없다(헌재 2016.6.30. 2015헌바125 등).

18. 보상의 전제가 되는 **의료사고**에 관한 사항들은 의학의 발전 수준 등에 따라 변할 수 있으므로, **분담금** 납부의무자의 범위와 보상재원의 분담비율을 반드시 법률에서 정해야 한다고 보기는 어렵다. 의료사고에 관한 분담금 납부의무자의 범위와 보상재원의 분담비율의 구체적 내용을 대통령령에 정하도록 한 의료사고 피해구제 및 의료분쟁 조정 등에 관한 법률은 법률유보원칙 또는 포괄위임금지원칙에 위반된다고 볼 수 없다(헌재 2018.4.26. 2015헌가13).

19. 인근 주민들의 쾌적한 주거생활을 보호할 수 있으며 국토의 효율적 이용 및 개발에도 지장이 없는 장소의 지리적·공간적 범위가 구체적·세부적으로 제시될 것임을 어렵지 않게 예측할 수 있다. **사설묘지**의 설치장소에 관하여 필요한 사항을 대통령령에 위임하고 있는 구 '장사 등에 관한 법률'은 포괄위임금지원칙에 위반된다고 볼 수 없다(헌재 2018.4.26. 2016헌바287).

20. **화약류의 발파와 연소**에 관한 기술상의 기준을 대통령령에 위임하는 구 '총포·도검·화약류 등 단속법'은 화약류의 발파와 연소 과정에서 발생할 수 있는 안전사고 위험을 방지하고 예방대책을 강구하는 내용이 포함될 것으로 예측할 수 있으므로 포괄위임금지원칙에 위배되지 아니한다(헌재 2017.9.28. 2016헌가20).

21. 부당한 공동행위에 대한 **자진신고자 또는 조사협조자에 대하여 과징금을 감경**하거나 면제함에 있어서, 과징금이 감경 또는 면제되는 자의 범위와 과징금 감경 또는 면제의 기준·정도 등을 대통령령에 위임하고 있는 구 '독점규제 및 공정거래에 관한 법률'에서 과징금의 감면 여부 및 그 정도는 사업자가 공정위의 조사에 기여한 정도에 따라 다르게 규정될 것임을 충분히 예측할 수 있다. 따라서 심판대상조항은 포괄위임금지원칙에 위반되지 아니한다(헌재 2017.10.26. 2017헌바58).

22. 방송통신위원회가 **지원금 상한액**에 대한 기준 및 한도를 정하여 고시하도록 하고, 이동통신사업자가 방송통신위원회가 정하여 고시한 상한액을 초과한 지원금을 지급할 수 없도록 하며, 대리점 및 판매점은 이동통신사업자가 위 상한액의 범위 내에서 정하여 공시한 지원금의 100분의 15의 범위 내에서만 이용자에게 지원금을 추가로 지급할 수 있도록 정하고 있는 지원금 상한조항에서 이동통신단말장치 구매 지원금 상한제의 도입취지 등을 토대로 방송통신위원회가 정하여 고시할 내용의 대강을 충분히 예측할 수 있다. 따라서 지원금 상한조항은 포괄위임금지원칙에 위배되지 아니한다(헌재 2017.5.25. 2014헌마844).

23. **대기업**과 대통령령으로 정하는 지배 또는 종속의 **관계에 있는 기업**들의 집단에 포함되는 중소기업에 대하여 중소기업자간 경쟁입찰 참여를 제한하도록 하는 구 '중소기업제품 구매촉진 및 판로지원에 관한 법률'에서 일정금액 이상의 채권채무관계를 갖는 등 물적·인적·사업적·경제적 지배력이 인정되는 경우가 규정될 것임을 충분히 예측할 수 있다. 따라서 심판대상조항은 포괄위임금지원칙에 위배되지 아니한다(헌재 2016.12.29. 2014헌바419).

24. 사업시행자에 의하여 **개발된 토지 등의 처분계획의 내용** · 처분방법 · 절차 · 가격기준 등에 관하여 필요한 사항을 대통령령으로 정할 수 있도록 위임한 산업입지 및 개발에 관한 법률 제38조 제2항의 피적용자는 주로 해당 분야의 전문가라고 할 수 있는 사업시행자와 그로부터 산업입지를 분양 등 처분받는 기업들인데, 이들은 대통령령에 규정될 내용이 대체적으로 어떤 것인지 충분히 예측할 수 있는 지위에 있다는 사정을 고려하면 더욱 그러하다. 따라서 이 사건 법률조항은 헌법 제75조에서 정한 위임입법의 한계 내에 있다고 보아야 할 것이다(헌재 2002.12.18. 2001헌바52).

25. 수입주류의 과세표준을 **수입주류가격**을 정하면서 수입주류가격의 계산에 필요한 사항을 대통령령으로 정하도록 주세법에서 주류가격 계산에 관세가 포함될 것이라는 점을 충분히 예측할 수 있고, 과세관청의 자의적인 해석과 집행을 초래할 염려가 있다고 보기 어렵다. 따라서 이 사건 위임조항이 과세요건법정주의 및 포괄위임금지원칙에 위배된다고 할 수 없다(헌재 2016.9.29. 2014헌바114).

26. **취득세**의 과세표준이 되는 가액, 가격 또는 연부 금액의 범위와 취득시기에 관하여 대통령령으로 정하도록 한 구 지방세법 제11조 제7항은 그 틀 안에서 보다 세부적이고 기술적인 산정방식을 탄력적 규율이 가능한 행정입법에 위임하는 것이 필요하다는 점을 보태어 보면 조세법률주의나 포괄위임입법금지원칙에 위배된다고 볼 수 없다(헌재 2002.3.28. 2001헌바32).

27. **등록세 중과세**의 대상이 되는 부동산등기의 지역적 범위에 관하여 대통령령으로 정하는 대도시라고 규정한 구 지방세법 제138조 제1항의 위임에 따라 대통령령에서 정하여 질 '대도시'에는 우선, 단위도시 그 자체로 지역이 넓고 인구가 많으며 정치 · 경제생활의 중심지가 되는 도시가 해당될 것임은 물론, 나아가 그러한 특정의 대도시를 인근 도시들이 둘러싸거나 또는 대도시에 이르지 못하는 여러 도시군(群)이 집합체를 이룸으로써 대도시권역을 이루고 있는 경우도 포함될 것임을 어렵지 않게 예측할 수 있다. 그렇다면 조세법률주의나 포괄위임입법금지원칙에 위반되지 아니한다(헌재 2002.3.28. 2001헌바24 등).

28. 의료기기 수입업자의 의료기관 개설자에 대한 리베이트를 제공을 금지하면서 **리베이트를 허용하는 예외**를 보건복지부령에 위임하는 의료법은 의료기기법 금지조항 및 의료법 금지조항은 예외적 허용사유의 내용 및 범위에 관한 기본사항을 법률에 규정하면서 그 구체적 범위만을 하위법령에 위임하였고, '… 등의 행위'라는 표현도 의료기기시장의 공정한 경쟁을 해치거나 국민건강보험의 재정건전성을 악화시키는 등 입법목적을 저해할 우려가 없는 행위에 한하여 그 구체적 범위만을 하위법령에 위임하려는 취지임을 알 수 있으므로 포괄위임금지원칙에 위배되지 아니한다(헌재 2018.1.25. 2016헌바201 등).

29. 일정 범위의 사업을 **산업재해보상보험법**의 적용대상에서 제외하면서 **그 적용제외사업**을 대통령령으로 정하도록 규정한 산업재해보상보험법은 대통령령에 산재보험의 강제적용에 따른 부담을 감당하기 어렵거나 그 부담으로 인하여 사업수행에 적지 않은 지장을 받을 수 있는 소규모 사업 등이 산재보험 적용제외사업으로 규정될 것이라고 충분히 예측할 수 있으므로, 심판대상조항은 포괄위임금지원칙에 위배되지 아니한다(헌재 2018.1.25. 2016헌바466).

30. 산업단지 재생사업지구의 지정에 필요한 토지소유자 등의 동의자 수 산정방법과 그 밖에 필요한 사항을 대통령령에 위임한 구 산업입지 및 개발에 관한 법률
재생사업지구 지정에 대한 절차는 전문적 · 기술적 능력과 함께 정책적 고려가 요구될 뿐만 아니라, 시기에 따라 수시로 변화할 가능성도 있다. 이에 따라 이를 신축적이고 탄력적으로 규율할 필요성이 크고 이와 관련된 구체적 산정방법 및 세부절차는 국회가 제정하는 법률보다 행정입법에 위임하여 이를 탄력적으로 규율하도록 하는 것이 합리적이므로, 위임의 필요성이 인정된다. 또한 심판대상조항은 "제1항에 따른 동의자 수의 산정방법과 그 밖에 필요한 사항은 대통령령으로 정한다."라고 규정하여 '제1항에 따른 동의자 수의 산정방법과 그 밖에 필요한 사항'이라는 부분에 한정하여 대통령령에 위임하고 있으며, '토지소유자 등의 동의'라는 조항의 제목 및 산업단지 재생사업의 추진절차 등을 고려했을 때 이는 재생사업지구의 지정절차에 있어 토지소유자 등의 동의와 관련하여 필요한 사항이 대통령령에 규정될 것이라고 충분히 예측할 수 있고, 이에는 동의와 관련한 사항뿐만 아니라 이러한 동의를 철회하는 방법도 포함될 것이라는 점 또한 어렵지 않게 예측할 수 있다. 그렇다면 심판대상조항은 헌법 제75조에서 정한 위임입법의 한계 내에 있으므로 포괄위임입법금지원칙에 위배되지 않는다(헌재 2018.12.27. 2017헌바43).

31. 자동차소유자가 국토교통부령으로 정하는 항목에 대하여 튜닝을 하려는 경우에는 관할 관청의 승인을 받도록 하고, 이를 위반한 경우 처벌하도록 정한 자동차관리법

자동차 관련 산업은 전문적이고 기술적이며, 자동차에 관한 기술과 자동차 튜닝산업이 다양하게 변화할 수 있어, 이에 대해 즉각적인 대응이나 탄력적인 규율이 필요하므로, 자동차 튜닝 중 관할 관청의 승인이 필요한 항목을 하위법령에 위임할 필요가 있다. 심판대상조항의 문언, 입법목적 및 관련 규정의 내용을 종합해보면, 심판대상조항에 따라 국토교통부령에 규정될 내용은 기성 자동차의 구조ㆍ장치를 일부 변경하거나 부착물을 추가하는 것 중에서도 관련 법령상 자동차의 안전 운행에 필요한 성능과 기준이 설정되어 있는 구조ㆍ장치, 부품이 변경되거나 부착물을 추가함으로써 이에 준하는 변화가 발생할 것으로 예측되는 경우에 한하여 관할 관청의 승인을 받아야 하는 것으로 규정할 것임을 알 수 있다. 따라서 심판대상조항은 포괄위임금지원칙에 반하지 않는다(헌재 2019.11.28. 2017헌가23).

32. 보수를 제외한 직장가입자의 소득이 대통령령으로 정하는 금액을 초과하는 경우 보수월액에 대한 보험료 외에 소득월액에 대한 보험료를 추가로 납부하도록 한 구 국민건강보험법

건강보험료는 그때그때의 사회ㆍ경제적 상황에 따라 적절히 현실화할 필요가 있고, 어느 정도의 보수 외 소득에 대하여 추가로 보험료를 부과할 것인지는 고도의 전문적이고 기술적인 사항이며, 제도 신설 당시 소득월액보험료는 고소득자에 대해 우선 부과하되 향후 그 적용대상이 단계적으로 확대될 예정이었기에 부과대상의 범위를 탄력적으로 조정할 필요도 있으므로, 소득월액보험료 부과의 기준을 대통령령에 위임할 필요성이 인정된다. 구법 제71조 제1항 전단은 '소득월액보험료 부과의 기준이 되는 보수외소득 금액'이라는 구체적 사항을 특정하여 위임하고 있다. 위 조항의 도입취지 등을 고려할 때, 대통령령에 규정될 금액 수준은 보험료 부담의 형평성을 일정 수준 이상 확보할 수 있는 정도가 될 것이라는 점을 충분히 예측할 수 있다. 따라서 구법 제71조 제1항 전단은 포괄위임금지원칙에 위반되지 아니한다(헌재 2019.2.28. 2017헌바245).

33. 상시 4명 이하의 근로자를 사용하는 사업 또는 사업장에 대하여 대통령령으로 정하는 바에 따라 근로기준법의 일부 규정을 적용할 수 있도록 위임한 근로기준법

심판대상조항은 사용자의 부담이 그다지 문제되지 않으면서 동시에 근로자의 보호필요성의 측면에서 우선적으로 적용될 수 있는 근로기준법의 범위를 선별하여 적용할 것을 대통령령에 위임한 것으로 볼 수 있고, 그러한 근로기준법 조항들이 4명 이하 사업장에 적용되리라 예측할 수 있다. 따라서 심판대상조항은 포괄위임금지원칙에 위배되지 아니한다(헌재 2019.4.11. 2013헌바112).

34. 노인장기요양 급여비용의 구체적인 산정방법 등에 관하여 필요한 사항을 보건복지부령에 정하도록 위임한 노인장기요양보험법 제39조 제3항

법의 전반적인 체계와 다른 조항들을 종합하면 급여비용은 기본적으로 급여종류 및 수급자의 장기요양등급에 따라 정해지되, 급여의 제공이 법의 입법목적 및 급여 제공의 기본원칙에 부합하고 급여 제공의 기준ㆍ절차ㆍ방법이 관련 법령에 따라 적정하게 이루어졌는지 등에 따라 급여비용이 달리 산정될 수 있음을 알 수 있다. 특히 시설급여의 경우 포괄수가제를 채택하고 있으므로 요양기관들이 정해진 수가 안에서 비용을 최소화하려는 유인이 클 수밖에 없어 일정한 수준의 요양급여가 제공되도록 담보하기 위한 수단이 필요하다. 따라서 하위법령으로 정하여질 급여비용의 산정방법으로는 관련 법령상 급여 제공에 관한 기준을 준수하였는지 여부에 따라 급여비용을 가산하거나 감액하는 경우가 포함될 수 있음을 예측할 수 있다. 나아가 심판대상조항의 주된 수범자는 장기요양기관으로서 이 법과 장기요양보험제도 전반에 대한 전문성을 가지므로 심판대상조항에 따라 위임될 내용의 대강을 예측하기 용이하다는 점도 고려되어야 한다. 따라서 심판대상조항이 포괄위임금지원칙에 위반한 것으로 볼 수 없다(헌재 2021.8.31. 2019헌바73).

35. 약사법에 따라 의약품을 판매할 수 있는 자는 보건복지(가족)부령으로 정하는 바에 따라 의약품 등의 유통 체계 확립과 판매 질서 유지에 필요한 사항을 지켜야 하도록 규정하고 있는 구 약사법 제47조 및 이를 위반할 경우 형사처벌하는 제95조 제1항 제8호

의약품의 유통 및 판매에 있어서 약국개설자 등이 준수해야 할 사항은 의약제도의 변화, 거래현실 등 여러 사정을 고려하여 정할 전문적인 사항이므로 그 구체적인 내용을 하위법령에 위임할 필요성이 인정된다. 또한 심판대상조항에서 정하고 있는 위임기준, 국민보건 향상에 기여하고자 하는 약사법의 입법목적, 의약품의 유통에 투명화를 기하여 품질이 우수한 의약품 공급을 촉진하고 건전한 판매질서를 확립함으로써 소비

자에게 양질의 의약서비스가 제공되도록 한다는 심판대상조항의 입법목적, 의약분야의 전반에 걸친 약국개설자 등의 주의의무 및 준수사항을 규정한 구 약사법 관련 조항들의 내용, 심판대상조항의 수범자는 의약품의 관리 및 취급에 관한 전문가라는 점 등을 종합하면, 하위법령에 규정될 '유통 체계 확립과 판매 질서 유지에 필요한 사항'이란 '의약품을 적정하게 공급·판매하여 국민보건에 위해를 끼치지 않고, 의약시장에서의 공정한 경쟁질서나 의약제도의 취지에 어긋나는 행위를 하지 아니할 것'에 관한 사항이라는 점을 예측할 수 있으므로 심판대상조항은 포괄위임금지원칙에 위배되지 아니한다(헌재 2021.10.28. 2019헌바50).

36. 시·도지정문화재의 현상변경 행위에 관하여 시·도조례에 위임하고 있는 구 문화재보호법 제74조 제2항 중 제35조 제1항 제1호를 준용하는 부분이 포괄위임금지원칙에 위배되는지 여부(소극)

시·도지정문화재의 현상변경 행위에 관한 구체적인 사항은 문화재가 위치한 지역 고유의 특성과 주변 환경과의 관계, 각 지방자치단체의 문화재 관련 시책, 지역 내 문화재의 전반적인 보존상태 등 시·도의 제반 사정을 감안하여 탄력적으로 규율하여야 하므로 자치법규인 조례에 위임할 필요성을 인정할 수 있다. 또한 현상변경의 사전적 의미, 원형유지를 문화재 보존의 기본원칙으로 정한 문화재보호법 규정 등 관련 조항과의 유기적·체계적 해석, 문화재를 보존하여 민족문화를 계승한다는 문화재보호법의 입법목적 등을 아울러 고려하면, 시·도지정문화재의 현상변경 행위에 관하여 조례에 규정될 내용을 충분히 예측할 수 있다. 따라서 심판대상조항은 포괄위임금지원칙에 위배되지 아니한다(헌재 2023.3.23. 2020헌바507).

37. 특별수선충당금의 요율 등을 대통령령으로 정하도록 위임한 구 임대주택법 제17조의3 제3항 중 '요율' 부분, 제17조의4 제3항 중 '요율' 부분, 제31조 제3항 중 '요율' 부분(이하 위 조항들을 합하여 '위임조항'이라 한다)이 법률유보원칙, 포괄위임금지원칙에 위배되는지 여부(소극)

특별수선충당금의 적립 및 인계의무에 관한 본질적인 사항은 법률에서 직접 정하고 있고, 대통령령에 위임하고 있는 특별수선충당금의 요율 등은 세부적·기술적 사항이므로 입법자가 반드시 스스로 결정하여야 하는 본질적 사항이라고 보기 어렵다. 장기수선계획의 내용이 유동적인 이상 특별수선충당금의 요율도 위 계획의 변동에 수시로 영향을 받을 수밖에 없고, 그 내용도 전문적·기술적인 사항이므로 행정부로 하여금 요율을 정하도록 위임할 필요성이 인정된다. 그 수범자는 임대사업자이므로 특별수선충당금의 요율이 어느 정도가 될 것인지 그 대강의 내용을 충분히 예측할 수 있다. 따라서 위임조항은 법률유보원칙과 포괄위임금지원칙에 위배되지 아니한다(헌재 2023.5.25. 2019헌바132).

38. 보건의료기관개설자는 제1항에 따른 손해배상금의 대불에 필요한 비용을 부담하여야 하고, 그 금액과 납부방법 및 관리 등에 관하여 필요한 사항은 대통령령으로 정하도록 한 의료분쟁조정법 제47조 제2항 후단 중 '납부방법 및 관리 등' 부분이 법률유보원칙 또는 포괄위임금지원칙에 위배되는지 여부(소극)

개별 보건의료기관개설자들의 부담액이나 납부절차 등에 관련된 사항은 전문적인 판단이 필요하고 수시로 변화하는 상황에 대응해야 하므로 하위법령에 위임할 필요가 있고, 손해배상금 대불제도의 입법목적 및 관련조항을 종합하면, 대불비용 부담금을 부과하는 산정기준으로 의료행위에 따른 위험성의 정도 차이와 의료기관에서 행해지는 의료행위의 양 등이 주로 고려될 것이라는 점과 시행 초기에 대불비용 부담금이 적립된 후의 추가적인 부담은 대불이 필요한 손해배상금의 총액이 증가하는 정도와 결손이 발생하는 정도를 고려하여 정해질 것이라는 점을 충분히 예측할 수 있으므로, 이 사건 위임조항은 포괄위임입법금지원칙에 위배되지 아니한다고 판단하였다. 이 사건 위임조항이 법률유보원칙에 위배되지 않는다(헌재 2022.7.21. 2018헌바504).

4. 행정명령(행정규칙)

(1) 행정명령의 개념

행정명령이란 행정기관이 헌법상 근거를 요하지 아니하고 그 고유의 권한으로써 일반국민의 권리·의무와 직접 관계없는 비법규사항을 규정하는 것으로 행정조직의 내부에서만 효력을 가지는 규칙을 말한다.

(2) 법규명령과 행정명령의 비교

구분	법규명령	행정명령
헌법적 근거	필요 ○	필요 ×
국민의 권리의무	규율 가능	규율 불가(예외: 가능)
효력	양면적 구속 (제정자 + 일반국민)	일면적 구속 (제정·집행자만)
공포	필요 ○	필요 ×
명령규칙심사 또는 헌법소원의 대상	대상 ○	대상 × (예외: 대상이 됨)
형식	조문형식	형식에 제한 없음.

(3) 행정규칙형식의 법규명령(법령보충적 행정규칙)

법령보충적 행정규칙은 형식은 행정규칙이나 상위법령의 위임에 의해 상위법령의 내용을 보충하여 법규사항을 규율하고 있는 행정규칙이다. 판례에 의하면 법령과 결합하여 법규적 효력을 가진다.

> **⚖ 판례**
>
> 행정규칙은 법규명령과 같은 엄격한 제정 및 개정절차를 필요로 하지 아니하므로, 기본권을 제한하는 내용의 입법을 위임할 때에는 법규명령에 위임하는 것이 원칙이고, 고시와 같은 형식으로 입법위임을 할 때에는 법령이 전문적·기술적 사항이나 경미한 사항으로서 업무의 성질상 위임이 불가피한 사항에 한정된다. 그리고 그러한 사항이라 하더라도 포괄위임금지원칙상 법률의 위임은 반드시 구체적·개별적으로 한정된 사항에 대하여 행하여져야 한다(헌재 2014.7.24. 2013헌바183 등).

5. 대통령의 행정입법권에 대한 통제

(1) 행정입법 제출의무

중앙행정기관의 장은 법률에서 위임한 사항이나 법률을 집행하기 위하여 필요한 사항을 규정한 대통령령·총리령·부령·훈령·예규·고시 등이 제정·개정 또는 폐지되었을 때에는 10일 이내에 이를 국회 소관 상임위원회에 제출하여야 한다. 다만, 대통령령의 경우에는 입법예고를 할 때(입법예고를 생략하는 경우에는 법제처장에게 심사를 요청할 때를 말한다)에도 그 입법예고안을 10일 이내에 제출하여야 한다(국회법 제98조의2 제1항).

(2) 대통령령 또는 총리령이 법률의 취지 또는 내용에 합치되지 아니한다고 판단되는 경우

① **의장에게 제출**: 상임위원회는 검토 결과 대통령령 또는 총리령이 법률의 취지 또는 내용에 합치되지 아니한다고 판단되는 경우에는 검토의 경과와 처리 의견 등을 기재한 검토결과보고서를 의장에게 제출하여야 한다(국회법 제98조의2 제4항).

② **본회의 의결**: 의장은 제출된 검토결과보고서를 본회의에 보고하고, 국회는 본회의 의결로 이를 처리하고 정부에 송부한다(국회법 제98조의2 제5항).

③ **정부의 처리 결과 보고**: 정부는 송부받은 검토 결과에 대한 처리 여부를 검토하고 그 처리 결과(송부받은 검토 결과에 따르지 못하는 경우 그 사유를 포함한다)를 국회에 제출하여야 한다(국회법 제98조의2 제6항).

(3) 부령이 법률의 취지 또는 내용에 합치되지 아니한다고 판단되는 경우

① **중앙행정기관의 장에게 통보**: 상임위원회는 검토 결과 부령이 법률의 취지 또는 내용에 합치되지 아니한다고 판단되는 경우에는 소관 중앙행정기관의 장에게 그 내용을 통보할 수 있다(국회법 제98조의2 제7항).

② **처리계획과 그 결과를 보고**: 검토 내용을 통보받은 중앙행정기관의 장은 통보받은 내용에 대한 처리계획과 그 결과를 지체 없이 소관 상임위원회에 보고하여야 한다(국회법 제98조의2 제8항).

(4) 법원에 의한 행정입법권 통제

법원은 명령·규칙이 당해 사건에 심판대상이 될 때 명령·규칙의 헌법 또는 법률 위반 여부를 심사할 수 있다.

(5) 헌법재판소에 의한 행정입법권 통제

헌법재판소는 명령이 직접 기본권을 침해하는 경우에 당해 명령의 위헌성에 대한 헌법소원심판을 할 수 있다.

(6) 행정부 내 통제(기관 내 통제)

대통령령의 제정은 국무회의 심의를 거쳐야 하고, 그 공포에는 국무총리와 관계 국무위원의 부서가 있어야 한다.

제5절 대통령의 사법에 관한 권한

01 위헌정당해산제소권

02 사면권

1. 사면권의 의의

사면은 형의 선고의 효력 또는 공소권을 상실시키거나 형의 집행을 면제시키는 국가원수의 고유한 권한이며, 사법부의 판단을 변경하는 제도로서 권력분립의 원리에 대한 예외가 된다.

2. 사면권의 내용

(1) 사면, 감형, 복권의 비교

구분	대상자	효과		국무회의 심의	국회 동의	형식
일반사면	죄를 범한 자	형의 선고를 받기 전인 자	형의 선고를 받은 자	○	○	대통령령으로 함.
		공소권 소멸	형의 선고의 효력상실			
특별사면	형의 선고를 받은 자	일반적 경우	특별한 경우	○	×	대통령이 명(命)함.
		형집행 면제	형의 선고의 효력 상실			
일반감형	형의 선고를 받은 자	형의 변경		○	×	대통령령으로 함.
특별감형	형의 선고를 받은 자	일반적 경우	특별한 경우	○	×	대통령이 명(命)함.
		형의 경감	형의 변경			
복권	형집행이 종료되거나 형집행 면제된 자 중 자격이 상실 또는 정지된 자	상실 또는 정지된 자격 회복		○	×	① 일반복권: 대통령령으로 함. ② 특별복권: 대통령이 명(命)함.

(2) 행정벌과 징계에 대한 사면

행정법규 위반에 대한 범칙 또는 과벌의 면제와 징계법규에 따른 징계 또는 징벌의 면제에 관하여 사면법의 사면에 관한 규정을 준용한다(사면법 제4조).

(3) 사면효과는 장래효

사면으로 기성의 효과가 변경되지 않는다(사면법 제5조 제2항).

> **▲ 판례 | 사면효과**
>
> 사면에 의하여 징계의 효력이 상실됨은 별론으로 하고, 비록 사면이 있었다고 하더라도 당해 징계처분의 기성의 효과에는 아무런 변경도 있을 수 없는 법리이므로 특단의 사정이 없는 한 위 사면 사실만으로써 징계처분이 변경·취소될 수는 없다(대판 1996.2.9. 95누8065).

> **▲ 판례 | 징계에 관한 일반사면과 동 징계처분의 취소를 구할 소송상 이익의 유무(적극)**
>
> 공무원이었던 원고가 1980.1.25.자로 이 사건 파면처분을 받은 후 1981.1.31. 대통령령 제10194호로 징계에 관한 일반사면령이 공포시행되었으나 사면법 제5조 제2항, 제4조의 규정에 의하면 징계처분에 의한 기성의 효과는 사면으로 인하여 변경되지 않는다고 되어 있고 이는 사면의 효과가 소급하지 않음을 의미하는 것이므로, 이와 같은 일반사면이 있었다고 할지라도 파면처분으로 이미 상실된 원고의 공무원 지위가 회복될 수는 없는 것이니 원고로서는 이 사건 파면처분의 위법을 주장하여 그 취소를 구할 소송상 이익이 있다 할 것이다(대판 1983.2.8. 81누121).

(4) 일반사면, 특별사면

① **일반사면**: 죄의 종류를 정하여 행한다.
② **특별사면**: 사면대상자를 정하여 행한다.

(5) 특별사면, 특별감형(사면법 제10조, 제11조)

① 법무부장관, 사면심사위원회의 심사를 거쳐 ➡ 대통령
② 검찰총장 ➡ 법무부장관, 사면심사위원회의 심사를 거쳐 ➡ 대통령

(6) 사면심사위원회

① **설치**: 특별사면, 특별감형, 상신의 적정성을 심사하기 위하여 법무부장관 소속으로 한다.
② **위원 수**: 9명
③ **위원장과 위원 위촉**: 위원장은 법무부장관이 되고, 위원은 법무부장관이 임명하거나 위촉하되, 공무원이 아닌 위원을 4명 이상 위촉하여야 한다.

(7) 군사법원의 형의 선고에 대해서도 사면이 가능하다(사면법 제27조).

3. 사면권의 한계

(1) 무한계설

사면권은 사면권자의 무제한적 은전이므로 한계가 없다.

(2) 한계설

① **내용상 한계**: 탄핵에 의해 파면된 자에게는 탄핵제도의 취지상 사면할 수 없다.
② **절차상 한계**: 국무회의 심의, 부서를 거쳐야 하고, 일반사면의 경우 국회의 동의를 거쳐야 한다. 국회는 일반사면에 대해 동의할 경우 대통령이 제안하지 아니한 죄의 종류를 추가할 수 없다. [홍성방 헌법Ⅱ]
③ **헌법내재적 한계**: 권력분립원칙상 사법권의 본질적 내용을 훼손해서는 아니 된다.
④ **목적적 한계**: 사면권은 국가이익이나 국민화합차원에서 행해져야 하지 당리적 차원에서 행사되어서는 아니 된다.
⑤ **시간상 한계**: 사면법 제5조 제2항에 따라 사면은 기성의 효과를 변경할 수 없으므로 장래효를 가진다.

4. 사면권 행사에 대한 사법심사

사면권 행사에 절차상 하자가 있는 경우 사법심사가 가능하나, 절차를 적법하게 거쳤다면 대통령의 사면권 행사에 대한 사법심사는 허용되지 않는다.

⚖ 판례 | 사면법 제5조 위헌소원

사면의 은사적 성격 및 특별사면의 입법취지 등을 종합하면 병과된 형의 일부만을 사면하는 것은 헌법에 위반된다고 볼 수 없다. 즉, 징역형의 집행유예와 벌금형이 병과된 자에 대하여 벌금형 선고의 효력은 유지하고 징역형 선고의 효력만을 상실시키는 특별사면도 가능하다(헌재 2000.6.1. 97헌바74).

⚖ 판례

1. 징역형의 집행유예와 벌금형이 병과된 신청인에 대하여 징역형의 집행유예의 효력을 상실케 하는 내용의 특별사면이 그 벌금형의 선고의 효력까지 상실케 하는 것은 아니다(대결 1997.10.13. 96모33).

2. 특별사면이 있었다는 사정만으로 재심청구권을 박탈하여 명예를 회복하고 형사보상을 받을 기회 등을 원천적으로 봉쇄하는 것과 다를 바 없어서 재심제도의 취지에 반하게 된다. 따라서 특별사면으로 형 선고의 효력이 상실된 유죄의 확정판결도 형사소송법 제420조의 '유죄의 확정판결'에 해당하여 재심청구의 대상이 될 수 있다고 해석함이 타당하다(대판 전합체 2015.5.21. 2011도1932).

3. 복권대상자의 수개의 죄를 범하여 수개의 형의 선고를 받은 경우에 그 수개의 형이 모두 다른 법령에 의한 자격 제한의 효력을 수반하고 있을 때에는 그 각 형의 선고의 효력으로 인하여 각각 상실 또는 정지된 자격을 일시에 일괄하여 회복하지 아니하면 자격회복의 목적을 달성할 수 없는 것이고 수개의 형의 선고의 효력으로 인하여 각각 상실 또는 정지된 자격이 일괄 회복되려면 자격 제한의 효력을 수반하고 있는 모든 수형범죄사실이 복권의 심사대상으로 빠짐없이 상신되어 그 모든 수형범죄사실을 일괄 심사한 후 그 심사결과를 토대로 복권이 이루어져야 한다(대판 1986.7.3. 85수2).

4. 청구인의 이 사건 음주운전 소위에 대하여 일반사면이 있었다고 하더라도 검사의 기소유예처분에 대한 피의자의 헌법소원심청구는 권리보호의 이익이 있다(헌재 1996.10.4. 95헌마318).

5. 사면대상자들의 사면실시건의서와 그와 관련된 국무회의 안건자료에 관한 정보는 그 공개로 얻는 이익이 그로 인하여 침해되는 당사자들의 사생활의 비밀에 관한 이익보다 더욱 크므로 구 공공기관의 정보공개에 관한 법률 제7조 제1항 제6호에서 정한 비공개사유에 해당하지 않는다(대판 2006.12.7. 2005두241).

6. 특별사면은 사면권자의 고도의 정치적·정책적 판단에 따른 시혜적인 조치이고, 특별사면 진행 여부 및 그 적용범위는 사전에 예상하기 곤란할 뿐 아니라, 처분청에 처분상대방이 특별사면대상이 되도록 신속하게 절차를 진행할 의무까지 인정된다고 보기도 어렵다. 따라서 처분이 지연되지 않았다면 특별사면대상이 될 수 있었다는 사정만으로 입찰참가자격 제한처분이 위법하다고 볼 수는 없다(대판 2018.5.15. 2016두57984).

제6절 대통령의 헌법기관 구성권과 집행에 관한 권한

01 대통령의 헌법기관 구성에 관한 권한

대통령은 대법원장, 대법관, 헌법재판소장, 헌법재판소 재판관, 중앙선거관리위원회 위원 3명, 감사원장, 감사위원 임명권을 가진다.

02 정부 구성권

대통령은 국무총리, 국무위원, 행정각부의 장을 임명할 권한이 있다.

03 국군통수권

1. 병정통합주의

대통령은 병정통합주의원칙에 따라 국군을 통수한다.

2. 국군의 조직법정주의

국군의 조직과 편성은 법률로 정한다.

04 재정에 관한 권한

대통령은 예산제출권, 추가경정예산지출권, 예산 외에 국가의 부담이 될 계약을 체결할 권한(헌법 제58조)을 가진다.

제7절 국무총리

01 국무총리의 헌법상 지위

국무총리는 대통령의 권한대행자로서의 지위, 대통령의 보좌기관으로서의 지위, 국무회의 부의장으로서의 지위, 집행부 제2인자로서의 지위를 갖는다.

02 국무총리의 신분

1. 국무총리의 임명 ★

> **헌법 제86조 【국무총리】** ① 국무총리는 국회의 동의를 얻어 대통령이 임명한다.
> ③ 군인은 현역을 면한 후가 아니면 국무총리로 임명될 수 없다.

(1) 연혁

건국헌법 · 제1차 개정헌법	대통령이 임명하고 국회의 승인
제2차 개정헌법	국무총리제 폐지
제3차 개정헌법	대통령이 지명하고 민의원의 동의
제3공화국 헌법	대통령이 임명(국회의 동의를 요하지 않음)
제4 · 5공화국 헌법 · 현행헌법	대통령이 국회의 동의를 얻어 임명

(2) 국무총리제를 도입한 주된 이유

> **⚖ 판례**
>
> 국무총리의 지위가 대통령의 권한 행사에 위의 제 규정을 종합하면 국무총리의 지위가 대통령의 권한 행사에 다소의 견제적 기능을 할 수 있다고 보여지는 것이 있기는 하나, 우리 헌법이 대통령중심제의 정부형태를 취하면서도 **국무총리제도를 두게 된 주된 이유**가 부통령제를 두지 않았기 때문에 대통령 유고시에 그 권한대행자가 필요하고 또 대통령제의 기능과 능률을 높이기 위하여 대통령을 보좌하고 그 의견을 받들어 정부를 통할 · 조정하는 보좌기관이 필요하다는 데 있었던 점에 있다(헌재 1994.4.28. 89헌마221).

2. 국무총리의 국회의원 겸직

국회법 제29조에 따라 국회의원은 국무총리직을 겸할 수 있다.

3. 국무총리의 권한대행(정부조직법 제22조)

(1) 국무총리가 사고로 직무를 수행할 수 없을 때

기획재정부장관 ➡ 교육부장관인 부총리가 직무를 대행한다.

(2) 국무총리와 부총리가 모두 사고로 직무를 수행할 수 없을 때

① 대통령이 지명하는 국무위원이 우선적으로 그 직무를 대행한다.
② **지명이 없는 경우:** 정부조직법 제26조 제1항상 국무위원 순
  (과학기술정보통신부 ➡ 외교부 ➡ 통일부 ➡ 법무부 ➡ …)

03 국무총리의 권한

1. 국무총리는 대통령권한대행 1순위이다

대통령이 궐위되거나 사고로 인하여 직무를 수행할 수 없을 때 국무총리는 대통령권한대행 1순위이다. 헌법 제71조 규정에 따른 권한대행이므로 법정대리에 해당한다.

2. 국무위원 임명제청권

(1) 임명제청의 효과

국무총리의 제청 없이 대통령이 국무위원을 임명한 경우 대통령의 임명행위는 헌법 제87조 제1항에 위반된다.

(2) 임명제청의 구속성

국무총리의 제청에 대통령은 구속되지 않는다.

(3) 국무위원 해임건의권

국무총리의 국무위원 해임건의에 대통령은 법적으로 구속되지 않는다.

3. 국정심의권

국무총리는 국무회의 구성원으로 또 그 부의장으로서 중요한 정책의 심의에 참가하고 의결에 참가할 권한을 가진다.

4. 부서권 ★★★

> **헌법 제82조 【국법상 행위의 요건】** 대통령의 국법상 행위는 문서로써 하며, 이 문서에는 국무총리와 관계 국무위원이 부서한다. **군사에 관한 것도 또한 같다.**

(1) 부서제도의 의의

① **연혁:** 부서제도는 군주국가에서 대신의 보필책임을 명백히 한다는 측면과 군주의 책임회피적 측면이 있었다. 미국 대통령제에는 없는 제도이므로 의원내각제적 요소로 볼 수 있다.
② **부서의 법적 성격:** 부서의 법적 성격에 대해 학설이 갈리고 있으나, 부서제도는 국무총리와 관계 국무위원의 책임을 명백히 하는 데 의미가 있다고 본다. 또한 부서는 대통령의 권한 행사에 대한 기관 내 권력통제의 기능을 한다.

(2) 국무총리의 부서권한

국무총리는 대통령의 모든 국무행위에 부서할 권한이 있다.

(3) 부서거부권

부서는 대통령의 권한남용 등을 통제하는 절차적 수단이므로 대통령의 권한 행사가 헌법이나 법령 등에 위반되는 경우 국무총리와 국무위원은 부서를 거부할 권한도 있다는 것이 다수설이다.

(4) 부서의 효력

부서 없이 행한 대통령의 국법상 행위는 헌법 제82조에 위반되고, 동 행위가 유효인지에 대한 학설이 대립하고 있다.

① **유효설**: 부서제도는 대통령의 국법상 행위의 유효요건이 아니라 적법요건에 불과하므로 부서 없는 대통령의 국법상 행위는 위법행위지만 무효는 아니다.

② **무효설**: 부서는 대통령의 국법상 행위의 유효요건이므로 부서 없는 대통령의 국법상 행위는 효력이 발생하지 않으므로 무효이다.

5. 행정각부의 통할관할권 ★★

> 헌법 제86조【국무총리】② 국무총리는 대통령을 보좌하며, 행정에 관하여 **대통령의 명을 받아** 행정각부를 통할한다.
>
> 정부조직법 제18조【국무총리의 행정감독권】① 국무총리는 대통령의 명을 받아 각 중앙행정기관의 장을 지휘·감독한다.
> ② **국무총리는 중앙행정기관의 장의 명령이나 처분이 위법 또는 부당하다고 인정될 경우에는 대통령의 승인을 받아 이를 중지 또는 취소할 수 있다.**

> **⚖️ 판례 | 안기부를 대통령 소속하에 두도록 한 정부조직법 제14조** (헌재 1994.4.28. 89헌마221)
>
> 1. 헌법 제86조 제2항의 국무총리의 통할을 받는 행정각부에 모든 행정기관이 포함된다고 볼 수 없다.
> 2. **행정각부의 의미**
>   헌법이 '행정각부'의 의의에 관하여는 아무런 규정도 두고 있지 않지만, '행정각부의 장(長)'에 관하여는 '제3관 행정각부'의 관(款)에서 행정각부의 장은 국무위원 중에서 임명되며(헌법 제94조) 그 소관 사무에 관하여 법률이나 대통령령의 위임 또는 직권으로 부령을 발할 수 있다(헌법 제95조)고 규정하고 있는바, 이는 헌법이 '행정각부'의 의의에 관하여 간접적으로 그 개념범위를 제한한 것으로 볼 수 있다. 즉, 성질상 정부의 구성단위인 중앙행정기관이라 할지라도, 법률상 그 기관의 장(長)이 국무위원이 아니라든가 또는 국무위원이라 하더라도 그 소관 사무에 관하여 부령을 발할 권한이 없는 경우에는, 그 기관은 우리 헌법이 규정하는 실정법적(實定法的) 의미의 행정각부로는 볼 수 없다는 헌법상의 간접적인 개념 제한이 있음을 알 수 있다. 따라서 정부의 구성단위로서 그 권한에 속하는 사항을 집행하는 모든 중앙행정기관이 곧 헌법 제86조 제2항 소정의 행정각부는 아니라 할 것이다. 또한 입법권자는 헌법 제96조에 의하여 법률로써 행정을 담당하는 행정기관을 설치함에 있어 그 기관이 관장하는 사무의 성질에 따라 국무총리가 대통령의 명을 받아 통할할 수 있는 기관으로 설치할 수도 있고 또는 대통령이 직접 통할하는 기관으로 설치할 수도 있다 할 것이므로 헌법 제86조 제2항 및 제94조에서 말하는 국무총리의 통할을 받는 행정각부는 입법권자가 헌법 제96조의 위임을 받은 정부조직법 제29조에 의하여 설치하는 행정각부만을 의미한다고 할 것이다.
> 3. **대통령 직속기관 설치가능성**
>   헌법은 대통령 직속기관으로 국가안전보장회의, 감사원을 필요적 기관으로, 국가원로자문회의, 민주평화통일자문회의, 국민경제자문회의를 임의적 기관으로 설치하도록 규정하고 있는바, 이는 그 기관이 담당하는 업무의 중요성을 감안하여 헌법에 설치근거를 명시한 것에 불과하고 헌법이 이 기관들 외에 대통령 직속기관을 설치할 수 없다는 의미는 아니다.

6. 총리령제정권 ★★★

> **헌법 제95조【총리령, 부령】** 국무총리 또는 **행정각부의 장**은 소관 사무에 관하여 법률이나 대통령령의 위임 또는 직권으로 총리령 또는 부령을 발할 수 있다.

(1) 위임명령

국무총리와 행정각부의 장은 법률에서 직접 위임받은 사항과 대통령령에서 위임받은 사항에 대해 위임명령을 발할 수 있다.

> ⚖️ **판례 | 법률에서 직접 부령에 위임할 수 있는지 여부**
>
> 헌법 제75조는 대통령에 대한 입법권한의 위임에 관한 규정이지만, 국무총리나 행정각부의 장으로 하여금 법률의 위임에 따라 총리령 또는 부령을 발할 수 있도록 하고 있는 헌법 제95조의 취지에 비추어 볼 때, 입법자는 법률에서 구체적으로 범위를 정하기만 한다면 대통령령뿐만 아니라 부령에 입법사항을 위임할 수도 있다(헌재 1998.2.27. 97헌마64).

> ⚖️ **판례 | 부령에 헌법상 제한이 적용되는지 여부**
>
> 헌법 제95조는 부령에의 위임근거를 마련하면서 헌법 제75조와 같이 '구체적으로 범위를 정하여'라는 문구를 사용하고 있지는 않지만, 법률의 위임에 의한 대통령령에 가해지는 헌법상의 제한은 당연히 법률의 위임에 의한 부령의 경우에도 적용된다. 따라서 법률로 부령에 위임을 하는 경우라도 적어도 법률의 규정에 의하여 부령으로 규정될 내용 및 범위의 기본사항을 구체적으로 규정함으로써 누구라도 당해 법률로부터 부령에 규정될 내용의 대강을 예측할 수 있도록 하여야 한다(헌재 2013.2.28. 2012헌가3).

(2) 직권명령의 성질

법률과 대통령령의 위임 없이 국무총리가 직권으로 발하는 직권명령이 법규사항을 규정할 수 있는가, 즉 법규명령의 성격을 가지는가에 대해 학설이 대립한다. 집행명령설이 다수설이다.

(3) 행정입법의 서열문제

① 대통령은 국무총리 또는 행정각부보다 상위기관이고, 대통령령은 총리령 또는 부령에 재위임할 수 있으므로 효력상 우위가 인정된다.

② 그러나 총리령과 부령의 서열에 대해서는 견해가 나뉘는데 총리가 행정각부의 장보다 상위기관이므로 상위라는 견해와 국무총리 직속기관인 법제처장은 독자적인 명령발포권이 없으므로 총리령 형식으로 명령을 발하므로 동위의 효력을 가진다는 동위설이 있다.

7. 국회출석·발언권

국무총리는 국회나 그 위원회에 출석하여 국정처리사항을 보고하거나 의견을 진술하고 질문에 응답할 수 있다.

8. 독임제(獨任制) 행정관청

국무총리는 행정각부의 사무를 기획·조정하거나 특정 행정각부에 속하지 않는 사무를 소관 사무로 하는 독임제 행정관청이다.

9. 국무총리의 행정감독권

> **정부조직법 제18조【국무총리의 행정감독권】** ① 국무총리는 대통령의 명을 받아 각 중앙행정기관의 장을 지휘·감독한다.
> ② 국무총리는 중앙행정기관의 장의 명령이나 처분이 위법 또는 부당하다고 인정될 경우에는 대통령의 승인을 받아 이를 중지 또는 취소할 수 있다.

10. 부총리

> **정부조직법 제19조【부총리】** ① 국무총리가 특별히 위임하는 사무를 수행하기 위하여 부총리 2명을 둔다.
> ② 부총리는 국무위원으로 보한다.
> ③ 부총리는 기획재정부장관과 교육부장관이 각각 겸임한다.

11. 국무조정실과 총리비서실

> **정부조직법 제20조【국무조정실】** ① 각 중앙행정기관의 행정의 지휘·감독, 정책 조정 및 사회위험·갈등의 관리, 정부업무평가 및 규제개혁에 관하여 국무총리를 보좌하기 위하여 국무조정실을 둔다.
> ② 국무조정실에 실장 1명을 두되, 실장은 정무직으로 한다.
> **제21조【국무총리비서실】** ① 국무총리의 직무를 보좌하기 위하여 국무총리비서실을 둔다.
> ② 국무총리비서실에 실장 1명을 두되, 실장은 정무직으로 한다.

12. 국무총리 소속의 행정처

> **정부조직법 제22조의3【인사혁신처】** ① 공무원의 인사·윤리·복무 및 연금에 관한 사무를 관장하기 위하여 국무총리 소속으로 인사혁신처를 둔다.
> ② 인사혁신처에 처장 1명과 차장 1명을 두되, 처장은 정무직으로 하고, 차장은 고위공무원단에 속하는 일반직공무원으로 보한다.
> **제23조【법제처】** ① 국무회의에 상정될 법령안·조약안과 총리령안 및 부령안의 심사와 그 밖에 법제에 관한 사무를 전문적으로 관장하기 위하여 국무총리 소속으로 법제처를 둔다.
> ② 법제처에 처장 1명과 차장 1명을 두되, 처장은 정무직으로 하고, 차장은 고위공무원단에 속하는 일반직공무원으로 보한다.
> **제25조【식품의약품안전처】** ① 식품 및 의약품의 안전에 관한 사무를 관장하기 위하여 국무총리 소속으로 식품의약품안전처를 둔다.
> ② 식품의약품안전처에 처장 1명과 차장 1명을 두되, 처장은 정무직으로 하고, 차장은 고위공무원단에 속하는 일반직공무원으로 보한다.

04 국무총리의 책임

1. 대통령과 국회에 대한 책임

국무총리는 대통령을 보좌하고 행정각부를 통할할 책임이 있다. 또한 국회와 위원회의 요구에 따라 국회와 위원회에 출석하여 답변하여야 한다.

2. 국무총리 해임

국회는 대통령에게 해임을 건의할 수 있으나, 대통령은 법적으로 구속되지 않으며 국회의 동의 없이도 독자적으로 국무총리를 해임할 수 있다. 국무총리가 해임되는 경우 국무위원은 사임해야 한다는 견해도 있지만, 국무위원은 연대적 책임을 지는 것이 아니므로 사임해야 하는 것은 아니다.

제8절 국무위원과 행정각부의 장

01 국무위원의 임면

국무위원은 국무총리의 제청으로 대통령이 임명한다. 군인은 현역을 면한 후가 아니면 국무위원이 될 수 없다(헌법 제87조 제1항·제4항). 따라서 현역군인은 국방부장관 등이 될 수 없다. 국무총리는 국무위원의 해임을 건의할 수 있다(헌법 제87조 제3항).

02 국무위원의 헌법상 지위와 책임

1. 국무위원의 헌법상 지위

① **대통령과의 관계**: 국무위원은 대통령을 보좌하고 국무회의 구성원으로서 국정을 심의한다(헌법 제87조 제2항). 국무회의 심의와 부서를 통해 대통령의 권한남용을 통제하는 기능을 하므로, 심의에 관한 한 법적으로 대통령의 지시·감독을 받지 않는 대등한 관계이다.
② **의원내각제 영향**: 미국에서는 국무회의가 없으므로 엄격한 법적 의미로 국무위원은 없고 장관만 있다. 따라서 국무위원은 의원내각제적 전통에서 찾을 수 있다. [성낙인]

2. 국무위원의 권한
(1) 국무회의 의안제출권 등

> **헌법 제88조【권한, 구성】** ② 국무회의는 대통령·국무총리와 15인 이상 30인 이하의 국무위원으로 구성한다.
>
> **정부조직법 제12조【국무회의】** ③ 국무위원은 정무직으로 하며 의장에게 의안을 제출하고 국무회의의 소집을 요구할 수 있다.

(2) 부서

대통령의 국법상 행위에 대하여 부서할 권한이 있다.

(3) 국회출석발언권

> 헌법 제62조 ① 국무총리·국무위원 또는 정부위원은 국회나 그 위원회에 출석하여 국정처리상황을 보고하거나 의견을 진술하고 질문에 응답할 수 있다.

3. 국무위원의 책임

> 헌법 제62조 ② 국회나 그 위원회의 요구가 있을 때에는 국무총리·국무위원 또는 정부위원은 출석·답변하여야 하며, 국무총리 또는 국무위원이 출석요구를 받은 때에는 국무위원 또는 정부위원으로 하여금 출석·답변하게 할 수 있다.

☑ 국무위원

국무위원이 아니나 국무회의 구성원인 자	대통령, 국무총리
국무위원도 국무회의 구성원도 아닌 자	법제처장, 식품의약품안전처장, 국가정보원장(전 안기부장), 감사원장
국무위원의 수	① 15명 이상 30명 이하 ② 현행 정부조직법상 국무위원은 19명
국무회의 구성원 수	17명 이상 32명 이하

03 행정각부의 장

1. 행정각부의 장의 지위 ★★

> 헌법 제63조 ① 국회는 국무총리 또는 **국무위원**의 해임을 대통령에게 건의할 수 있다.
>
> 제65조 ① 대통령·국무총리·**국무위원**·**행정각부의 장**·헌법재판소 재판관·법관·중앙선거관리위원회 위원·감사원장·감사위원 기타 법률이 정한 공무원이 그 직무집행에 있어서 헌법이나 법률을 위배한 때에는 국회는 탄핵의 소추를 의결할 수 있다.
>
> 제71조 대통령이 궐위되거나 사고로 인하여 직무를 수행할 수 없을 때에는 국무총리, 법률이 정한 **국무위원**의 순서로 그 권한을 대행한다.
>
> 제82조 대통령의 국법상 행위는 문서로써 하며, 이 문서에는 국무총리와 관계 **국무위원**이 부서한다. 군사에 관한 것도 또한 같다.
>
> 제87조 ② **국무위원**은 국정에 관하여 대통령을 보좌하며, 국무회의의 구성원으로서 국정을 심의한다.
>
> 제88조 【권한, 구성】 ② 국무회의는 대통령·국무총리와 15인 이상 30인 이하의 **국무위원**으로 구성한다.
>
> 제94조 【각부의 장】 행정각부의 장은 **국무위원** 중에서 국무총리의 제청으로 대통령이 임명한다.
>
> 제95조 【총리령, 부령】 국무총리 또는 **행정각부의 장**은 소관 사무에 관하여 법률이나 대통령령의 위임 또는 직권으로 총리령 또는 부령을 발할 수 있다.

(1) 행정각부의 장은 국무위원 중에서 임명

행정각부의 장은 국무위원 중에서 임명하므로, 행정각부의 장은 반드시 국무위원이어야 한다. 그러나 국무위원이 반드시 행정각부의 장이어야 하는 것은 아니다.

(2) 국무위원과 행정각부의 장 비교

① **국무위원**: 국무위원은 국무회의 구성원으로서 정책을 심의하고, 부서권을 통해 대통령의 권한 행사를 통제하는 기능을 해야 한다. 따라서 대통령의 지휘·감독을 받는 관계가 아니므로 국무위원은 대통령과 동등한 법적 지위를 가진다.

② **행정각부의 장**: 행정각부의 장은 대통령의 지휘하에 정책을 집행하는 지위를 가지므로 대통령의 지휘·감독을 받는다.

2. 행정각부의 장의 권한

(1) 소관 사무 결정권과 집행권

행정각부의 장은 행정관청으로서 그 소관 사무에 대하여 결정·집행할 수 있다.

(2) 소속 직원 임명권

5급 이상의 공무원은 대통령이 임명하고 행정각부의 장은 6급 이하의 그 소속 직원들을 임명하고 지휘·감독한다.

(3) 부령 발포권

행정각부의 장은 소관 사무에 관하여 법률이나 대통령령의 위임 또는 직권으로 부령을 발할 수 있다. 국무총리 소속의 법제처 등의 장은 행정각부의 장이 아니므로 부령을 발할 수 없다.

☑ **국무위원과 행정각부의 장 ★★★**

국무위원	행정각부의 장
국무위원은 반드시 행정각부의 장 ×	행정각부의 장은 반드시 국무위원 ○
대통령 보좌·국무회의 구성원으로서 심의	대통령의 지휘·감독을 받아 집행하는 기관
대통령과 법적으로 대등	대통령의 하급행정기관
사무에 한계 ×	사무에 한계 ○
국무회의 소집요구권, 대통령의 권한대행, 부서	부령 발포권, 소속 직원 지휘감독권, 행정각부의 소관 사무 집행결정권
국회출석, 답변의무, 탄핵소추에 의한 책임, 해임건의에 의한 책임, 부서에 따르는 책임	탄핵소추에 의한 책임

04 정부조직

정부는 대통령, 국무총리, 행정각부와 처, 중앙행정기관 등으로 구성된다.

> **정부조직법 제2조【중앙행정기관의 설치와 조직 등】** ① 중앙행정기관의 설치와 직무범위는 법률로 정한다.
> ② 중앙행정기관은 이 법에 따라 설치된 부·처·청과 다음 각 호의 행정기관으로 하되, 중앙행정기관은 이 법 및 다음 각 호의 법률에 따르지 아니하고는 설치할 수 없다.
> 1. 방송통신위원회의 설치 및 운영에 관한 법률 제3조에 따른 방송통신위원회
> 2. 독점규제 및 공정거래에 관한 법률 제54조에 따른 공정거래위원회
> 3. 부패방지 및 국민권익위원회의 설치와 운영에 관한 법률 제11조에 따른 국민권익위원회
> 4. 금융위원회의 설치 등에 관한 법률 제3조에 따른 금융위원회

5. 개인정보 보호법 제7조에 따른 개인정보 보호위원회

6. 원자력안전위원회의 설치 및 운영에 관한 법률 제3조에 따른 원자력안전위원회

7. 신행정수도 후속대책을 위한 연기·공주지역 행정중심복합도시 건설을 위한 특별법 제38조에 따른 행정중심복합도시건설청

8. 새만금사업 추진 및 지원에 관한 특별법 제34조에 따른 새만금개발청

제8조【공무원의 정원 등】① 각 행정기관에 배치할 공무원의 종류와 정원, 고위공무원단에 속하는 공무원으로 보하는 직위와 고위공무원단에 속하는 공무원의 정원, 공무원배치의 기준 및 절차 그 밖에 필요한 사항은 대통령령으로 정한다. 다만, 각 행정기관에 배치하는 정무직공무원(대통령비서실 및 국가안보실에 배치하는 정무직공무원은 제외한다)의 경우에는 법률로 정한다.

② 제1항의 경우 직무의 성질상 2개 이상의 행정기관의 정원을 통합하여 관리하는 것이 효율적이라고 인정되는 경우에는 그 정원을 통합하여 정할 수 있다.

제9조【예산조치와의 병행】행정기관 또는 소속 기관을 설치하거나 공무원의 정원을 증원할 때에는 반드시 예산상의 조치가 병행되어야 한다.

☑ 행정부 조직

행정각부	정부조직법 개정으로 19부
국무총리 소속 기관	인사혁신처, 법제처, 식품의약품안전처
대통령 소속 위원회	방송통신위원회
국무총리 소속 위원회	개인정보 보호위원회, 공정거래위원회, 금융위원회, 국민권익위원회, 원자력안전위원회

⚖ 판례 | 수사대상자를 규정한 공수처법 제2조 및 공수처를 독립기관으로 두도록 한 공수처법 제3조 제1항

(헌재 2021.1.28. 2020헌마264 등)

1. 권력분립원칙의 의의

권력분립원칙은 국가기능을 입법·행정·사법으로 분할하여 이를 각각 독립된 국가기관에 귀속시키고, 국가기관 상호 간의 견제와 균형을 통하여 국가권력을 통제함으로써 국민의 자유와 권리를 보호하고자 하는 원리이다. 권력분립원칙은 국가권력의 집중과 남용의 위험을 방지하여 국민의 자유와 권리를 보호하고자 하는 데에 근본적인 목적이 있는바, 이를 위해서는 단순히 국가권력을 분할하는 것만으로는 충분하지 않고 분할된 권력 상호 간의 견제와 균형을 통한 권력 간 통제가 이루어져야 한다. 우리 헌법에서 권력분립원칙은 권력의 분할뿐만 아니라 **권력 간의 상호작용과 통제의 원리로 형성되어 국가기관 상호 간의 통제 및 협력과 공조는 권력분립원칙에 대한 예외가 아니라 헌법상 권력분립원칙을 구성하는 하나의 요소가 된 것이다.** 예를 들어 정부의 법률안 제출권과 대통령의 법률안 공포권 및 거부권(제52조, 제53조), 예산안에 대한 국회의 심의·확정권(제54조), 국무총리와 감사원장 임명에 대한 국회의 동의권(제86조, 제98조), 헌법재판소 및 중앙선거관리위원회의 구성에 있어서 대통령과 국회, 대법원장의 공동 관여(제111조, 제114조) 등이 이에 해당한다. 즉, **헌법상 권력분립원칙**이란 국가권력의 **기계적 분립과 엄격한 절연을 의미하는 것이 아니라 권력 상호 간의 견제와 균형을 통한 국가권력의 통제를 의미한다.**

2. 권력분립원칙과 독립행정기관의 설치

정부의 구성단위로서 그 권한에 속하는 사항을 집행하는 중앙행정기관을 반드시 국무총리의 통할을 받는 '행정각부'의 형태로 설치하거나 '행정각부'에 속하는 기관으로 두어야 하는 것이 헌법상 강제되는 것은 아니라 할 것이므로, 법률로써 '행정각부'에 속하지 않는 독립된 형태의 행정기관을 설치하는 것이 헌법상 금지된다고 할 수 없다.

3. 수사처의 법적 지위

수사처가 직제상 대통령 또는 국무총리 직속기관 내지 국무총리의 통할을 받는 행정각부에 속하지 않는 다고 하더라도 대통령을 수반으로 하는 행정부에 소속된 행정기관으로 보는 것이 타당하다. 공수처법이 대통령과 대통령비서실의 공무원에 대하여 수사처의 직무수행에 관여하는 일체의 행위를 금지하는 취지 는 대통령을 비롯하여 행정부의 고위공직자를 수사 등의 대상으로 하는 수사처 직무의 독립성과 정치적 중립성을 보장하기 위한 것으로, 위 규정을 들어 수사처가 행정부 소속이 아니라고 볼 수 없다. 헌법은 행정부에 관한 장에서 행정각부와 감사원, 국가안전보장회의 등을 규정하고 있으나, 그것이 행정부의 조직 은 감사원, 국가안전보장회의 등과 같이 헌법상 예외적으로 열거되어 있는 경우를 제외하고는 반드시 국 무총리의 통할을 받는 '행정각부'의 형태로 설치되거나 '행정각부'에 속하여야 함을 헌법상 강제하는 것이 아님은 앞서 본 바와 같다. 또한 헌법이 감사원이나 국가안전보장회의 등의 설치근거규정을 두고 있는 것 은 헌법적 시각에서 본 그 기관의 성격, 업무의 중요성 등을 감안하여 특별히 헌법에 그 설치근거를 명시 한 것에 불과할 뿐 그 설치근거를 법률에 두는 법률기관의 설치를 금지하는 취지는 아니다(헌재 1994.4.28. 89헌마86 참조). 따라서 공수처법이라는 법률에 근거하여 수사처라는 행정기관을 설치하는 것이 헌법상 금 지되는 것은 아니다. 그러나 이후 2020.6.9. 법률 제17384호로 개정된 정부조직법 **제2조 제2항은 "중앙행 정기관은 이 법에 따라 설치된 부·처·청과 다음 각 호의 행정기관으로 하되, 중앙행정기관은 이 법 및 다음 각 호의 법률에 따르지 아니하고는 설치할 수 없다."라고 규정하였고, 여기에 공수처법과 수사처는 열거되어 있지 않다.** 그런데 중앙행정기관이란 '국가의 행정사무를 담당하기 위하여 설치된 행정기관으로 서 그 관할권의 범위가 전국에 미치는 행정기관'을 말하는데(행정기관의 조직과 정원에 관한 통칙 제2조 제 1호), 어떤 행정기관이 중앙행정기관에 해당하는지 여부는 기관 설치의 형식이 아니라 해당 기관이 실질적 으로 수행하는 기능에 따라 결정되어야 한다. 또한 **정부조직법은 국가행정기관의 설치와 조직에 관한 일 반법으로서 공수처법보다 상위의 법이라 할 수 없고,** 정부조직법의 2020.6.9.자 개정도 정부조직 관리의 통일성을 확보하고 정부 구성에 대한 국민의 알 권리를 보장하기 위하여 중앙행정기관을 명시하는 일반원 칙을 규정하기 위한 것으로 볼 수 있다. 따라서 개정된 **정부조직법 제2조 제2항을 들어 정부조직법에서 정하지 않은 중앙행정기관을 다른 법률로 설치하는 것이 헌법상 금지된다고 보기는 어렵다.** 그렇다면 비 록 정부조직법에 수사처의 설치에 관한 규정이 없더라도 수사처는 국가의 행정사무 중 고위공직자범죄 등에 대한 수사와 공소제기 및 그 유지에 관한 사무를 담당하고 그 관할권의 범위가 전국에 미치는 중앙행 정기관으로 보아야 한다. 수사처의 설치와 독립성을 규정한 공수처법 제3조 제1항·제2항은 국가인권위원 회법 제3조 제1항·제2항과 유사하고, 예산 관련 업무를 수행하는 경우 수사처장을 중앙관서의 장으로 본 다고 규정한 공수처법 제17조 제6항은 국가인권위원회법 제6조 제5항과 유사하다. 그런데 헌법재판소는 국가인권위원회의 성격과 관련하여, "국가인권위원회는 중앙행정기관에 해당하고, 국가인권위원회와 타 부처와의 갈등이 생길 우려가 있는 경우 대통령의 명을 받아 행정각부를 통할하는 국무총리나 대통령에 의해 분쟁이 해결될 수 있다."라고 판시하여(헌재 2010.10.28. 2009헌라6 참조), 국가인권위원회가 대통령을 수반 으로 하는 행정부에 속한다고 보았다. 이상의 사정들을 종합하면, 수사처는 행정업무를 수행하면서도 입법 부·행정부·사법부 어디에도 속하지 않는 기관이 아니라 그 관할권의 범위가 전국에 미치는 행정부 소속 의 중앙행정기관으로 보는 것이 타당하다.

제9절 국무회의

01 국무회의의 헌법상 지위 *

1. 헌법상 필수기관

국무회의는 그 설치를 헌법이 명문으로 규정하고 있으므로 헌법상 필수기관이다. 이 점에서 헌법상 규정이 없는 미국의 각료회의와 구별된다. 국무회의가 헌법상 필수적 기관이므로 법률로 폐지할 수 없다.

2. 합의제 심의기관

> 헌법 제88조 ① 국무회의는 정부의 권한에 속하는 중요한 정책을 심의한다.

국무회의는 독립된 합의제 기관이지, 대통령에 소속하는 기관은 아니다. 국무회의는 정부의 권한에 속하는 중요한 정책을 심의하는 기관이지 집행권을 가지는 기관은 아니다. 현행헌법상 국무회의는 심의기관이므로 자문기관인 미국의 각료회의와 구별되면서, 또한 의결기관인 의원내각제의 내각회의와도 구별된다.

3. 국무회의 연혁

(1) 제헌헌법~제4차 개정헌법
　　① 제1·2공화국 헌법하에서 국무원은 의결기관이었다.
　　② 제2공화국 헌법에서 대통령은 국무원의 구성원이 아니었다.

(2) 제5차 개정헌법
　　제3공화국 헌법부터 국무회의는 심의기관이었다.

☑ 미국의 각료회의, 우리나라 국무회의, 의원내각제의 내각 비교

구분	미국의 각료회의	우리나라 국무회의	의원내각제의 내각
기관의 성격	자문기관	심의기관	의결기관
헌법 기관성	임의기관	필수기관	필수기관
의결절차의 필수성 여부	×	○	○
의결의 구속력 여부	×	×	○

02 국무회의 구성과 운영

1. 국무회의의 구성

> 헌법 제88조 【권한, 구성】 ① 국무회의는 정부의 권한에 속하는 중요한 정책을 심의한다.
> 　② 국무회의는 대통령·국무총리와 15인 이상 30인 이하의 국무위원으로 구성한다.
> 　③ 대통령은 국무회의의 의장이 되고, 국무총리는 부의장이 된다.
>
> 정부조직법 제12조 【국무회의】 ② 의장이 사고로 직무를 수행할 수 없는 경우에는 부의장인 국무총리가 그 직무를 대행하고, 의장과 부의장이 모두 사고로 직무를 수행할 수 없는 경우에는 기획재정부장관이 겸임하는 부총리, 교육부장관이 겸임하는 부총리 및 제26조 제1항에 규정된 순서에 따라 국무위원이 그 직무를 대행한다.

2. 국무회의의 운영

(1) 국무회의 소집

> 정부조직법 제12조【국무회의】① 대통령은 국무회의 의장으로서 회의를 소집하고 이를 주재한다.
> ③ 국무위원은 정무직으로 하며 의장에게 의안을 제출하고 국무회의의 소집을 요구할 수 있다.

(2) 국무조정실장 등 출석·의안제출

> 정부조직법 제13조【국무회의의 출석권 및 의안제출】① 국무조정실장·인사혁신처장·법제처장·식품의약품
> 안전처장 그 밖에 법률로 정하는 공무원은 필요한 경우 국무회의에 출석하여 발언할 수 있다.
> ② 제1항에 규정된 공무원은 소관 사무에 관하여 국무총리에게 의안의 제출을 건의할 수 있다.

(3) 배석

> 국무회의 규정 제8조【배석 등】① 국무회의에는 대통령비서실장, 국가안보실장, 대통령비서실 정책실장, 국
> 무조정실장, 인사혁신처장, 법제처장, 식품의약품안전처장, 공정거래위원회위원장, 금융위원회위원장, 과
> 학기술혁신본부장, 통상교섭본부장 및 서울특별시장이 배석한다. 다만, 의장이 필요하다고 인정하는 경우
> 에는 중요 직위에 있는 공무원을 배석하게 할 수 있다.

03 국무회의의 심의 ***

> 헌법 제89조【심의사항】다음 사항은 국무회의 **심의를 거쳐야 한다.**
> 1. 국정의 기본계획과 정부의 일반정책
> 2. 선전·강화 기타 중요한 대외정책
> 3. 헌법개정안·국민투표안·조약안·법률안 및 대통령령안
> 4. 예산안·결산·국유재산처분의 기본계획·국가의 부담이 될 계약 기타 재정에 관한 중요사항
> 5. 대통령의 긴급명령·긴급재정경제처분 및 명령 또는 계엄과 그 해제
> 6. 군사에 관한 중요사항
> 7. 국회의 임시회 집회의 요구
> 8. 영전수여
> 9. 사면·감형과 복권
> 10. 행정각부 간의 권한의 획정
> 11. 정부안의 권한의 위임 또는 배정에 관한 기본계획
> 12. 국정처리상황의 평가·분석
> 13. 행정각부의 중요한 정책의 수립과 조정
> 14. 정당해산의 제소
> 15. 정부에 제출 또는 회부된 정부의 정책에 관계되는 청원의 심사
> 16. 검찰총장·합동참모의장·각군참모총장·국립대학교총장·대사 기타 법률이 정한 공무원과 국영기업
>   체관리자의 임명
> 17. 기타 대통령·국무총리 또는 국무위원이 제출한 사항

1. 국무회의 의결

(1) 정족수

국무위원은 국무회의 소집을 요구할 수 있고 의장인 대통령이 소집한다. 국무회의는 구성원 과반수의 출석으로 개의하고, 출석 구성원 3분의 2 이상의 찬성으로 의결한다(국무회의 규정 제6조 제1항).

(2) 차관의 대리 출석

국무위원이 국무회의에 출석하지 못할 때에는 각 부의 차관이 대리하여 출석한다. 대리 출석한 차관은 관계의안에 관하여 발언할 수 있으나 표결에는 참가할 수 없다(국무회의 규정 제7조 제1항·제2항).

2. 국무회의 심의의 효과 ★★

(1) 헌법 제89조에 규정된 사항에 대해 국무회의의 심의를 거치지 아니한 경우의 효과

국무회의 심의를 거치지 아니한 대통령의 국법상 행위는 헌법 제89조에 위반된다. 대통령의 행위를 무효로 보는 설과 유효로 보는 설이 있으나, 어떤 학설에 따르더라도 헌법에 위반되므로 대통령을 탄핵소추할 수 있다.

(2) 심의 결과의 구속력

국무회의는 심의기관이지 의결기관이 아니므로 대통령은 국무회의 심의 내용과 심의 결과에 구속되지 않는다는 비구속설이 다수설이다.

⚖ 판례

1. 국무회의 의결에 대한 헌법소원

대통령이 국회에 파병동의안을 제출하기 전에 대통령을 보좌하기 위하여 파병 정책을 심의, 의결한 국무회의의 의결은 국가기관의 내부적 의사결정행위에 불과하여 그 자체로 국민에 대하여 직접적인 법률효과를 발생시키는 행위가 아니므로 헌법재판소법 제68조 제1항에서 말하는 공권력의 행사에 해당하지 아니한다(헌재 2003.12.18. 2003헌마225).

2. 위헌정당해산제소의 적법성

정부조직법 제12조에 의하면, 대통령은 국무회의의 의장으로서 회의를 소집하고 이를 주재하지만 대통령이 사고로 직무를 수행할 수 없는 경우에는 국무총리가 그 직무를 대행한다. 대통령이 해외순방 중인 경우는 일시적으로 직무를 수행할 수 없는 경우로서 '사고'에 해당된다고 할 것이므로(직무대리규정 제2조 제4호 참조), 대통령 해외순방 중 국무회의의 의결이 위법하다고 볼 수 없다. 또한 국무회의 규정 제5조 제1항에 의하면 국무회의에 제출되는 의안은 긴급한 의안이 아닌 한 차관회의의 심의를 거쳐야 한다고 규정하고 있으나, 의안의 긴급성에 관한 판단에는 원칙적으로 정부의 재량이 있다고 할 것이고, 피청구인 소속 국회의원 등이 연루된 내란 관련 사건이 발생한 상황에서 제출된 피청구인 해산심판청구에 대한 의안이 긴급한 의안에 해당한다고 본 정부의 판단에 재량의 일탈이나 남용의 위법이 있다고 단정하기 어렵다(헌재 2014.12.19. 2013헌다1).

제10절 대통령의 자문기관

01 국가원로자문회의

> **헌법 제90조【국가원로회의】** ① 국정의 중요한 사항에 관한 대통령의 자문에 응하기 위하여 국가원로로 구성되는 **국가원로자문회의를 둘 수 있다.**
> ② 국가원로자문회의의 의장은 직전대통령이 된다. 다만, 직전대통령이 없을 때에는 대통령이 지명한다.
> ③ 국가원로자문회의의 조직·직무범위 기타 필요한 사항은 법률로 정한다.

국가원로자문회의법은 폐지되었고, 현재 국가원로자문회의는 설치되어 있지 않다.

02 국가안전보장회의

> **헌법 제91조【국가안전보장회의】** ① 국가안전보장에 관련되는 대외정책·군사정책과 국내정책의 수립에 관하여 **국무회의의 심의에 앞서 대통령의 자문에 응하기 위하여 국가안전보장회의를 둔다.**
> ② 국가안전보장회의는 대통령이 주재한다.
> ③ 국가안전보장회의의 조직·직무범위 기타 필요한 사항은 법률로 정한다.

(1) 구성

> **국가안전보장회의법 제2조【구성】** ① 국가안전보장회의(이하 '회의'라 한다)는 대통령, 국무총리, 외교부장관, 통일부장관, 국방부장관 및 국가정보원장과 대통령령으로 정하는 위원으로 구성한다.

(2) 출석·발언

> **국가안전보장회의법 제6조【출석 및 발언】** 의장은 필요하다고 인정하는 경우에는 관계 부처의 장, 합동참모회의 의장 또는 그 밖의 관계자를 회의에 출석시켜 발언하게 할 수 있다.

(3) 자문절차

국가안전보장회의는 국무회의와 같은 심의기관이 아닌 자문기관임으로 그 자문을 거치지 아니하고 국무회의 심의에 부의한 경우에도 그 효력과 적법성에는 영향이 없다. [권영성]

> **⚖ 판례**
> 심판청구서에는 '국가안전보장회의가 2003.10.18. 일반사병을 이라크에 파견하기로 한 결정'의 위헌확인을 구하고 있다. 그러나 국가안전보장회의는 헌법상 대통령의 자문기관에 불과할 뿐 공권력의 행사, 특히 문제된 국군의 외국에의 파견이라는 국가행위(공권력 행사)의 주체가 될 수 없다. 가사 **국가안전보장회의가 그와 같은 결정(의결)을** 하더라도 이는 국군통수권자인 대통령의 결정으로 볼 수 있음은 별론으로 하고 국가기관 내부의 의사결정, 특히 대통령에 대한 권고 내지 의견제시에 불과할 뿐 법적 구속력이 있거나 대외적 효력이 있는 행위라고 볼 수는 없다(헌재 2004.4.29. 2003헌마814).

03 민주평화통일자문회의

헌법 제92조【민주평화통일자문회의】 ① 평화통일정책의 수립에 관한 대통령의 자문에 응하기 위하여 **민주평화통일자문회의**를 둘 수 있다.
② 민주평화통일자문회의의 조직·직무범위 기타 필요한 사항은 법률로 정한다.

04 국민경제자문회의

헌법 제93조【국민경제자문회의】 ① 국민경제의 발전을 위한 중요정책의 수립에 관하여 대통령의 자문에 응하기 위하여 **국민경제자문회의**를 둘 수 있다.
② 국민경제자문회의의 조직·직무범위 기타 필요한 사항은 법률로 정한다.

05 과학기술자문회의

헌법 제127조【과학기술 발전과 국가표준제도】 ① 국가는 과학기술의 혁신과 정보 및 인력의 개발을 통하여 국민경제의 발전에 노력하여야 한다.
③ 대통령은 제1항의 목적을 달성하기 위하여 필요한 자문기구를 둘 수 있다.

☑ 대통령의 자문기관 비교

필수적 자문기관	국가안전보장회의
임의적 자문기관	국가원로자문회의, 민주평화통일자문회의, 국민경제자문회의
헌법상 기관	국가원로자문회의, 국가안전보장회의, 민주평화통일자문회의, 국민경제자문회의 ※ 국가과학기술자문회의: 헌법상의 기관 ×, 법률상의 자문기관 ○ 　국무회의는 심의기관이나 자문회의는 자문기관임.
연혁	① 국가안전보장회의: 제3공화국 ② 국가원로자문회의, 민주평화통일자문회의: 제5공화국 ③ 국민경제자문회의: 현행헌법

제11절 감사원

01 의의

1. 연혁

	회계감사	직무감찰
제1공화국	심계원(헌법상 기관 ○)	감찰위원회(헌법상 기관 ×)
제2공화국	심계원(대통령 소속, 헌법상 기관 ○)	감찰위원회(국무총리 소속, 헌법상 기관 ×)
제3공화국 이후	감사원 ➡ 헌법상 기관	감사원 ➡ 헌법상 기관

2. 감사원의 권한

> **헌법 제97조【직무와 소속】** 국가의 세입·세출의 결산, 국가 및 법률이 정한 단체의 회계검사와 행정기관 및 공무원의 직무에 관한 감찰을 하기 위하여 대통령 소속하에 감사원을 둔다.

3. 감사원의 지위

(1) 조직상 대통령 소속 기관으로서의 지위

① 감사원은 헌법상 필수기관이고 대통령 소속하에 두는데, 이때 행정부 수반으로서의 대통령이 아니라 국가원수로서의 대통령에 소속한다.

② 감사원은 입법부에 두거나 독립된 기관으로 두는 헌법도 있으나, 우리 헌법은 행정부에 두고 있다.

(2) 직무상 독립기관으로서의 지위

감사원은 직무에 관해서는 독립의 지위를 가지므로(감사원법 제2조), 대통령도 직무에 관한 구체적 지시를 할 수 없다.

(3) 합의제 기관으로서의 지위

감사원은 합의제 기관이므로 감사업무의 합의에 관한 한 감사원장과 감사위원의 법적 지위는 동등하다.

02 감사원의 구성 **

> **헌법 제98조** ① 감사원은 원장을 포함한 5인 이상 11인 이하의 감사위원으로 구성한다.
> ② 원장은 국회의 동의를 얻어 대통령이 임명하고, 그 임기는 4년으로 하며, 1차에 한하여 중임할 수 있다.
> ③ 감사위원은 원장의 제청으로 대통령이 임명하고, 그 임기는 4년으로 하며, 1차에 한하여 중임할 수 있다.

1. 구성

(1) 헌법

감사원장 포함 5명 이상 11명 이하의 감사위원(헌법 제98조)

(2) 감사원법

감사원장 포함 7명의 감사위원(감사원법 제3조)

2. 임기와 정년

(1) 임기

감사원장, 감사위원 모두 임기는 4년, 1차에 한해 중임이 가능하다(헌법 제98조).

(2) 정년

감사위원 65세, 감사원장 70세(감사원법 제6조 제2항)

3. 원장

(1) 임명

국회의 동의를 받아 대통령이 임명한다.

(2) 권한대행

> **감사원법 제4조【원장】** ③ 원장이 궐위(闕位)되거나 사고(事故)로 인하여 직무를 수행할 수 없을 때에는 감사위원으로 최장기간 재직한 감사위원이 그 권한을 대행한다. 다만, 재직기간이 같은 감사위원이 2명 이상인 경우에는 연장자가 그 권한을 대행한다.

4. 위원

(1) 임명

> **감사원법 제5조【임명 및 보수】** ① 감사위원은 원장의 제청으로 대통령이 임명한다.
> ② 감사위원은 정무직으로 하고 그 보수는 차관의 보수와 같은 액수로 한다. 다만, 원장인 감사위원의 보수는 국무총리의 보수와 국무위원의 보수의 범위에서 대통령령으로 정한다.

(2) 면직사유

> **감사원법 제8조【신분보장】** ① 감사위원은 다음 각 호의 어느 하나에 해당하는 경우가 아니면 본인의 의사에 반하여 면직되지 아니한다.
> 1. 탄핵결정이나 금고 이상의 형의 선고를 받았을 때
> 2. 장기(長期)의 심신쇠약으로 직무를 수행할 수 없게 된 때
> ② 제1항 제1호의 경우에는 당연히 퇴직되며, 같은 항 제2호의 경우에는 감사위원 회의의 의결을 거쳐 원장의 제청으로 대통령이 퇴직을 명한다.

(3) 임용자격

> **감사원법 제7조【임용자격】** 감사위원은 다음 각 호의 어느 하나에 해당하는 사람 중에서 임명한다.
> 1. 국가공무원법 제2조의2에 따른 고위공무원단(제17조의2에 따른 고위감사공무원단을 포함한다)에 속하는 공무원 또는 3급 이상 공무원으로 8년 이상 재직한 사람
> 2. 판사·검사·군법무관 또는 변호사로 10년 이상 재직한 사람
> 3. 공인된 대학에서 부교수 이상으로 8년 이상 재직한 사람
> 4. 자본시장과 금융투자업에 관한 법률 제9조 제15항 제3호에 따른 주권상장법인 또는 공공기관의 운영에 관한 법률 제5조에 따른 공기업이나 이에 상당하다고 인정하여 감사원규칙으로 정하는 기관에서 20년 이상 근무한 사람으로서 임원으로 5년 이상 재직한 사람

5. 감사위원회의

(1) 구성

감사위원 회의는 원장을 포함한 감사위원 전원으로 구성하며, 원장이 의장이 된다.

(2) 정족수

감사위원 회의는 재적 감사위원 과반수의 찬성으로 의결한다(감사원법 제11조 제2항).

03 감사원의 권한

> **헌법 제97조【직무와 소속】** 국가의 **세입·세출의 결산**, 국가 및 법률이 정한 단체의 **회계검사**와 행정기관 및 공무원의 **직무에 관한 감찰**을 하기 위하여 **대통령 소속하에 감사원을 둔다.**
>
> **제99조【검사와 보고】** 감사원은 세입·세출의 결산을 매년 검사하여 **대통령과 차년도 국회에 그 결과를 보고하여야 한다.**
>
> **제100조【조직·직무범위 등】** 감사원의 조직·직무범위·감사위원의 자격·감사대상공무원의 범위 기타 필요한 사항은 법률로 정한다.

1. 직무감찰(감사원법 제24조) ★

(1) 감찰사항

① 정부조직법 및 그 밖의 법률에 따라 설치된 행정기관의 사무와 그에 소속한 공무원의 직무

② 지방자치단체의 사무와 그에 소속한 지방공무원의 직무

③ 법령에 따라 국가 또는 지방자치단체가 위탁하거나 대행하게 한 사무와 그 밖의 법령에 따라 공무원의 신분을 가지거나 공무원에 준하는 자의 직무

④ 군기관과 교육기관도 감찰대상기관이다. 그러나 국무총리로부터 국가기밀에 속한다는 소명이 있는 사항 및 국방부장관으로부터 군기밀이거나 작전상 지장이 있다는 소명이 있는 사항은 감찰할 수 없다.

🔑 판례 | 강남구청 등과 감사원 간의 권한쟁의 (헌재 2008.5.29. 2005헌라3)

1. 감사원이 지방자치단체에 대하여 자치사무의 합법성뿐만 아니라 합목적성에 대하여도 감사한 행위가 법률상 권한 없이 이루어진 것인지 여부(소극)

직무감찰의 범위를 정한 감사원법 제24조 제1항 제2호에 의하면, 지방자치단체의 사무와 그에 소속한 지방공무원의 직무는 감사원의 감찰사항에 포함되며, 여기에는 공무원의 비위사실을 밝히기 위한 비위감찰권뿐만 아니라 공무원의 근무평정·행정관리의 적부심사분석과 그 개선 등에 관한 행정감찰권까지 포함된다고 해석된다. 위와 같은 감사원법 규정들의 구체적 내용을 살펴보면 감사원의 직무감찰권의 범위에 인사권자에 대하여 징계 등을 요구할 권한이 포함되고, 위법성뿐 아니라 부당성도 감사의 기준이 되는 것은 명백하며, 지방자치단체의 사무의 성격이나 종류에 따른 어떠한 제한이나 감사기준의 구별도 찾아볼 수 없다. 감사원법은 지방자치단체의 위임사무나 자치사무의 구별 없이 합법성 감사뿐만 아니라 합목적성 감사도 허용하고 있는 것으로 보이므로, 감사원의 지방자치단체에 대한 이 사건 감사는 법률상 권한 없이 이루어진 것은 아니다.

2. 지방자치단체의 자치사무에 대한 합목적성 감사의 근거가 되는 감사원법 제24조 제1항 제2호 등 관련 규정 자체가 청구인들의 지방자치권의 본질을 침해하여 위헌인지 여부(소극)

헌법이 감사원을 독립된 외부감사기관으로 정하고 있는 취지, 중앙정부와 지방자치단체는 서로 행정기능과 행정책임을 분담하면서 중앙행정의 효율성과 지방행정의 자주성을 조화시켜 국민과 주민의 복리증진이라는 공동목표를 추구하는 협력관계에 있다는 점을 고려하면 지방자치단체의 자치사무에 대한 합목적성 감사의 근거가 되는 이 사건 관련 규정은 그 목적의 정당성과 합리성을 인정할 수 있다.

3. 그 밖의 청구인들의 주장에 대한 검토

청구인들은, 피청구인의 감사는 보충성과 체계정당성원칙에 따라 지방의회나 주민의 청구에 의한 감사에 의하여 그 소기의 목적을 달성할 수 없는 예외적인 경우에 한하여 행해져야 함에도 불구하고, 피청구인이 청구인들의 지방자치단체 업무 전반에 대한 포괄적이고 광범위한 감사를 한 것은 위헌적인 행정활동이라고 주장한다. 그러나 이는 이미 앞에서 본 바와 같이 지방행정을 포함한 국가작용 전반의 경제성, 효율성, 공정성 향상에 기여하기 위하여 헌법상 필수적 기관으로 감사원을 둔 헌법의 취지에 따른 것으로 보이므로, 규범 간 상호배치되거나 모순되는 체계정당성의 원리 위반의 문제는 발생할 여지가 없다 할 것이다.

(2) 직무감찰이 제외되는 공무원

① 국회, 법원 및 헌법재판소에 소속한 공무원은 제외된다. 다만, 선거관리위원회 소속 공무원의 직무는 감찰의 대상이 된다.

② 소장급 이하의 장교가 지휘하는 전투부대와 중령급 이하의 장교가 지휘하는 부대

(3) 징계요구

① 감사원은 징계사유에 해당하는 공무원에 대하여 소속 장관 또는 임용권자에게 징계를 요구할 수 있다 (감사원법 제32조 제1항).

② 징계요구 중 파면요구를 받은 행정기관의 장은 의결 결과를 감사원에 통보해야 한다. 다만, 감사원은 직접 징계할 권한은 없다(감사원법 제32조 제2항).

③ **적극행정에 대한 면책:** 감사원 감사를 받는 사람이 불합리한 규제의 개선 등 공공의 이익을 위하여 업무를 적극적으로 처리한 결과에 대하여 그의 행위에 고의나 중대한 과실이 없는 경우에는 이 법에 따른 징계요구 또는 문책요구 등 책임을 묻지 아니한다(감사원법 제34조의3).

> **⚖ 판례 ㅣ 감사원의 징계요구와 재심의결정**
>
> 징계요구는 징계요구를 받은 기관의 장이 요구받은 내용대로 처분하지 않더라도 불이익을 받는 규정도 없고, 징계요구 내용대로 효과가 발생하는 것도 아니므로 감사원의 징계요구와 재심의결정이 항고소송의 대상이 되는 행정처분이라고 할 수 없다(대판 2016.12.27. 2014두5637).

(4) 시정요구권

감사원은 감사 결과 위법 또는 부당하다고 인정되는 사실이 있을 때에는 소속 장관, 감독기관의 장 또는 해당 기관의 장에게 시정·주의 등을 요구할 수 있다. 요구가 있으면 소속 장관 등은 감사원이 정한 날까지 이를 이행해야 한다(감사원법 제33조).

(5) 개선요구권

감사원은 감사 결과 법령상·제도상 또는 행정상 모순이 있거나 그 밖에 개선할 사항이 있다고 인정할 때에는 국무총리, 소속 장관 등에게 법령 등의 제정·개정 또는 폐지를 위한 조치나 제도상 또는 행정상의 개선을 요구할 수 있다. 요구를 받은 기관의 장은 그 조치 또는 개선의 결과를 감사원에 통보해야 한다(감사원법 제34조).

(6) 고발권

감사원은 감사 결과 범죄혐의가 있다고 인정할 때에는 이를 수사기관에 고발하여야 한다(감사원법 제35조). 다만, 직접 수사할 권한은 없다.

2. 회계검사 ★

(1) 필요적 검사사항과 선택적 검사사항

> **감사원법 제22조【필요적 검사사항】** ① 감사원은 다음 각 호의 사항을 검사한다.
> 1. 국가의 회계
> 2. 지방자치단체의 회계
> 3. 한국은행의 회계와 국가 또는 지방자치단체가 자본금의 2분의 1 이상을 출자한 법인의 회계
> 4. 다른 법률에 따라 감사원의 회계검사를 받도록 규정된 단체 등의 회계
> ② 제1항과 제23조에 따른 회계검사에는 수입과 지출, 재산(물품·유가증권·권리 등을 포함한다)의 취득·보관·관리 및 처분 등의 검사를 포함한다.

제23조 【선택적 검사사항】 감사원은 필요하다고 인정하거나 국무총리의 요구가 있는 경우에는 다음 각 호의 사항을 검사할 수 있다.

1. 국가기관 또는 지방자치단체 외의 자가 국가 또는 지방자치단체를 위하여 취급하는 국가 또는 지방자치단체의 현금·물품 또는 유가증권의 출납
2. 국가 또는 지방자치단체가 직접 또는 간접으로 보조금·장려금·조성금 및 출연금 등을 교부하거나 대부금 등 재정 원조를 제공한 자의 회계
3. 제2호에 규정된 자가 그 보조금·장려금·조성금 및 출연금 등을 다시 교부한 자의 회계
4. 국가 또는 지방자치단체가 자본금의 일부를 출자한 자의 회계
5. 제4호 또는 제22조 제1항 제3호에 규정된 자가 출자한 자의 회계
6. 국가 또는 지방자치단체가 채무를 보증한 자의 회계

(2) 변상책임의 판정

① **변상책임**: 감사원은 감사 결과에 따라 법률이 정하는 바에 의하여 회계 관계 직원 등에 대한 변상책임의 유무를 심리·판정한다(감사원법 제31조). 변상책임이란 공무원의 위법·부당행위로 인하여 재산상 손해를 발생시키는 경우 이에 대하여 재산상 책임을 지는 것을 말한다.

② **재심의청구**: 변상판정에 대하여 위법 또는 부당하다고 인정하는 본인, 소속 장관, 감독기관의 장 또는 해당 기관의 장은 변상판정서가 도달한 날부터 3개월 이내에 감사원에 재심의를 청구할 수 있다. 변상판정에 대한 재심의청구는 변상판정의 집행을 정지하는 효력은 없다(감사원법 제36조).

③ **재심의판결에 대한 행정소송**: 감사원의 재심의판결에 대하여는 감사원을 당사자로 하여 행정소송을 제기할 수 있다. 다만, 그 효력을 정지하는 가처분결정은 할 수 없다(감사원법 제40조 제2항).

> **⚖ 판례**
>
> 감사원의 변상판정처분에 대해서는 행정소송을 제기할 수 없으나 그 재심의판정에 대해서 행정소송을 제기할 수 있다(대판 1984.4.10. 84누91).

3. 감사원규칙제정권 ★

감사원규칙제정권은 헌법에 근거하지 않고 감사원법 제52조에 규정되어 있다. 이로 인해 감사원규칙의 법적 성격에 대하여 학설의 대립이 있으나, 법규명령은 헌법상 근거가 필요한데 감사원규칙은 헌법상 근거가 없다는 이유로 행정명령으로 보는 견해가 헌법학자들의 다수설이다.

> **⚖ 판례 | 부패방지 및 국민권익위원회의 설치와 운영에 관한 법률상의 국민감사청구에 대한 감사원장의 기각결정이 헌법소원의 대상** (헌재 2006.2.23. 2004헌마414)
>
> 1. 부패방지 및 국민권익위원회의 설치와 운영에 관한 법률상의 국민감사청구제도는 일정한 요건을 갖춘 국민들이 감사청구를 한 경우에 감사원장으로 하여금 감사청구된 사항에 대하여 감사 실시 여부를 결정하고 그 결과를 감사청구인에게 통보하도록 의무를 지운 것이므로, 이러한 국민감사청구에 대한 기각결정은 공권력 주체의 고권적 처분이라는 점에서 헌법소원의 대상이 될 수 있는 공권력 행사라고 보아야 할 것이다.
> 2. 국민감사청구 기각결정의 처분성을 인정하는 대법원 판례는 물론 하급심 판례도 아직 없으므로 행정소송을 거치지 아니하였다고 하여 보충성요건에 어긋난다고 할 수 없다.

제12절 선거관리위원회

01 선거관리위원회의 의의

1. 제도적 의의

공정한 선거는 민주주의적 정당성을 확보하기에 필수적인 전제요건이다. 선거관리위원회는 각종 선거와 국민투표를 통해 민주적 정당성을 확보하기 위하여 헌법에 규정한 것이다.

2. 연혁

3·15부정선거에 대한 반성으로 1960년 제3차 개정헌법에서 헌법기관으로 중앙선거관리위원회가 처음 규정되었다. 각급 선거관리위원회를 처음으로 규정한 것은 제5차 개정헌법이다.

3. 헌법상 지위

선거관리위원회는 헌법상 필수기관으로 합의제 행정관청이다. 또한 독립된 기관이지 대통령 소속 기관이 아니다.

> **헌법 제114조** ① 선거와 국민투표의 공정한 관리 및 정당에 관한 사무를 처리하기 위하여 선거관리위원회를 둔다.

02 선거관리위원회의 구성

1. 각급 선거관리위원회 구성

(1) 위원 수

중앙선거관리위원회, 시·도 선거관리위원회, 구·시·군 선거관리위원회는 각 9명의 위원으로 구성되며, 읍·면·동 선거관리위원회는 7명의 위원으로 구성된다.

> **⚖ 판례 | 구·시·군 선거관리위원회**
>
> 중앙선거관리위원회 외에 각급 구·시·군 선거관리위원회도 헌법에 의하여 설치된 기관으로서 헌법과 법률에 의하여 독자적인 권한을 부여받은 기관에 해당하고, 따라서 피청구인 강남구 선거관리위원회도 당사자능력이 인정된다. 한편 피청구인 강남구 선거관리위원회는 선거관리 경비 부담에 관해 정하고 있는 규정들에 근거하여 자신의 권한을 행사한 것이므로 이 사건 심판청구의 피청구인으로서 당사자적격도 인정된다(헌재 2008.6.26. 2005헌라7).

(2) 구성

> **선거관리위원회법 제4조【위원의 임명 및 위촉】** ① 중앙선거관리위원회는 대통령이 임명하는 3인, 국회에서 선출하는 3인과 대법원장이 지명하는 3인의 위원으로 구성한다. 이 경우 위원은 국회의 인사청문을 거쳐 임명·선출 또는 지명하여야 한다.
> ② 시·도 선거관리위원회의 위원은 국회의원의 선거권이 있고 정당원이 아닌 자 중에서 국회에 교섭단체를 구성한 정당이 추천한 사람과 당해 지역을 관할하는 지방법원장이 추천하는 법관 2인을 포함한 3인과 교육자 또는 학식과 덕망이 있는 자 중에서 3인을 중앙선거관리위원회가 위촉한다.

③ 구·시·군 선거관리위원회의 위원은 그 구역 안에 거주하는 국회의원의 선거권이 있고 정당원이 아닌 자 중에서 국회에 교섭단체를 구성한 정당이 추천한 사람과 법관·교육자 또는 학식과 덕망이 있는 자 중에서 6인을 시·도 선거관리위원회가 위촉한다. 다만, 정당이 추천하는 위원은 선거기간개시일(위탁선거는 제외한다. 이하 같다) 또는 국민투표안공고일 후에는 당해 구·시·군 선거관리위원회가 위촉할 수 있다.

④ 읍·면·동 선거관리위원회의 위원은 그 읍·면·동의 구역 안에 거주하는 국회의원의 선거권이 있고 정당원이 아닌 자 중에서 국회에 교섭단체를 구성한 정당이 추천한 사람과 학식과 덕망이 있는 자 중에서 4인을 구·시·군 선거관리위원회가 위촉한다. 다만, 읍·면의 구역 안에 군인을 제외한 선거권자가 없는 경우에는 그 읍·면·동 선거관리위원회의 위원은 그 읍·면·동을 관할하는 구·시·군 선거관리위원회의 구역 안에 거주하는 국회의원선거권자 중에서 이를 위촉할 수 있다.

⑤ 구·시·군 선거관리위원회와 읍·면·동 선거관리위원회의 위원이 될 법관과 법원공무원 및 교육공무원은 거주요건의 제한을 받지 아니하며 법관을 우선하여 위촉하여야 한다.

⑥ 법관과 법원공무원 및 교육공무원 이외의 공무원은 각급 선거관리위원회의 위원이 될 수 없다.

(3) 위원장

> **선거관리위원회법 제5조【위원장】** ① 각급 선거관리위원회에 위원장 1인을 둔다.
> ② 각급 선거관리위원회의 위원장은 당해 선거관리위원회 위원 중에서 호선한다.
> ③ 위원장은 위원회를 대표하고 그 사무를 통할한다.
> ④ 구·시·군 선거관리위원회와 읍·면·동 선거관리위원회에 부위원장 1인을 두며 당해 선거관리위원회 위원 중에서 호선한다. 다만, 구·시·군 선거관리위원회는 공직선거법 제173조(개표소) 제2항의 규정에 의하여 하나의 구·시·군 선거관리위원회가 2개 이상의 개표소를 설치하는 경우의 선거관리를 위하여 제4조(위원의 임명 및 위촉) 제3항의 위원 정수에 불구하고 개표소마다 지방법원장 또는 지원장이 추천하는 법관 1인을 당해 구·시·군 선거관리위원회 부위원장으로 위촉할 수 있다. 이 경우 근무기간, 실비보상 및 위촉절차 기타 필요한 사항은 중앙선거관리위원회규칙으로 정한다.

(4) 위원장 직무대행

> **선거관리위원회법 제5조【위원장】** ⑤ 위원장이 사고가 있을 때에는 상임위원 또는 부위원장이 그 직무를 대행하며 위원장·상임위원·부위원장이 모두 사고가 있을 때에는 위원 중에서 임시위원장을 호선하여 위원장의 직무를 대행하게 한다.
> **제6조【상임위원】** ① 중앙선거관리위원회와 시·도 선거관리위원회에 위원장을 보좌하고 그 명을 받아 소속 사무처의 사무를 감독하게 하기 위하여 각 1인의 상임위원을 둔다.
> ② 중앙선거관리위원회의 상임위원은 위원 중에서 호선한다.
> ③ 시·도 선거관리위원회의 상임위원은 당해 선거관리위원회의 위원 중 다음 각 호의 1에 해당하고 선거 및 정당사무에 관한 식견이 풍부한 자 중에서 중앙선거관리위원회가 지명하되 상임위원으로서의 근무상한은 60세로 한다.
> 1. 법관·검사 또는 변호사의 직에 5년 이상 근무한 자
> 2. 대학에서 행정학·정치학 또는 법률학을 담당한 부교수 이상의 직에 5년 이상 근무한 자
> 3. 3급 이상 공무원으로서 2년 이상 근무한 자

2. 위원회 회의

회의소집은 위원장이 하고 위원 3분의 1 이상의 요구가 있으면 회의를 소집해야 한다. 위원 과반수 출석과 과반수 찬성으로 의결하며 위원장은 표결권을 가지며 가부동수인 때에는 결정권을 가진다.

3. 위원

> **헌법 제114조** ③ 위원의 임기는 6년으로 한다.
> ④ 위원은 정당에 가입하거나 정치에 관여할 수 없다.
> ⑤ 위원은 탄핵 또는 금고 이상의 형의 선고에 의하지 아니하고는 파면되지 아니한다.

(1) 결격사유

법관과 법원공무원 및 교육공무원 이외의 공무원은 각급 선거관리위원회의 위원이 될 수 없다.

(2) 임기

각급 선거관리위원회위원의 임기는 6년으로 한다. 다만, 구·시·군 선거관리위원회 위원의 임기는 3년으로 하되, 한 차례만 연임할 수 있다(선거관리위원회법 제8조).

(3) 정당가입, 정치관여금지(헌법 제114조 제4항)

(4) 파면사유

탄핵, 금고 이상의 형(헌법 제114조 제5항)

(5) 해임사유

> **선거관리위원회법 제9조【위원의 해임사유】** 각급 선거관리위원회의 위원은 다음 각 호의 1에 해당할 때가 아니면 해임·해촉 또는 파면되지 아니한다.
> 1. 정당에 가입하거나 정치에 관여한 때
> 2. 탄핵결정으로 파면된 때
> 3. 금고 이상의 형의 선고를 받은 때
> 4. 정당추천위원으로서 그 추천정당의 요구가 있거나 추천정당이 국회에 교섭단체를 구성할 수 없게 된 때와 국회의원선거권이 없음이 발견된 때
> 5. 시·도 선거관리위원회의 상임위원인 위원으로서 국가공무원법 제33조 각 호의 1에 해당하거나 상임위원으로서의 근무상한에 달하였을 때

(6) 불체포특권

각급 선거관리위원회의 위원은 선거인명부작성기준일 또는 국민투표안공고일로부터 개표종료시까지 내란·외환·국교·폭발물·방화·마약·통화·유가증권·우표·인장·살인·폭행·체포·감금·절도·강도 및 국가보안법 위반의 범죄에 해당하는 경우를 제외하고는 현행범인이 아니면 체포 또는 구속되지 아니하며 병역소집의 유예를 받는다(선거관리위원회법 제13조).

03 선거관리위원회의 권한

1. 선거와 국민투표관리권

> **헌법 제115조** ① 각급 선거관리위원회는 선거인명부의 작성 등 선거사무와 국민투표사무에 관하여 관계 행정기관에 필요한 지시를 할 수 있다.
> ② 제1항의 지시를 받은 당해 행정기관은 이에 응하여야 한다.

2. 정당사무관리권과 정치자금배분권

선거관리위원회는 정당의 창당등록, 등록사항의 공고, 등록취소 등에 관한 사무와 정치자금의 배분을 처리한다.

3. 규칙제정권

> 헌법 제114조 ⑥ 중앙선거관리위원회는 법령의 범위 안에서 선거관리·국민투표관리 또는 정당사무에 관한 규칙을 제정할 수 있으며, 법률에 저촉되지 아니하는 범위 안에서 내부규율에 관한 규칙을 제정할 수 있다.

중앙선거관리위원회는 헌법상 규칙제정권을 가지며 법규명령인 규칙을 제정할 수 있다.

☑ 규칙제정권 비교

국회·헌법재판소·대법원규칙	법률에 저촉되지 않는 범위 내에서
중앙선거관리위원회규칙	① 법령의 범위 내에서 정당, 국민투표, 선거사무 ② 법률의 범위 내에서 내부규율
조례	법령의 범위

4. 선거소청(선거제도 참조)

5. 재정신청권(선거제도 참조)

04 선거공영제

> 헌법 제116조【선거운동·선거비용】① 선거운동은 각급 선거관리위원회의 관리하에 법률이 정하는 범위 안에서 하되, 균등한 기회가 보장되어야 한다.
> ② 선거에 관한 경비는 법률이 정하는 경우를 제외하고는 정당 또는 후보자에게 부담시킬 수 없다.

1. 선거공영제의 개념

선거공영제란 선거운동의 자유방임으로 야기되는 폐단을 방지하기 위하여 국가가 선거를 관리하고 그에 소요되는 경비를 원칙적으로 국가의 부담으로 하여 선거의 형평을 기하고 선거비용을 경감하여 공명선거를 실현하는 선거제도를 말한다.

> ⚖ **판례**
> 선거공영제는 선거 자체가 국가의 공적 업무를 수행할 국민의 대표자를 선출하는 행위이므로 이에 소요되는 비용은 원칙적으로 국가가 부담하는 것이 바람직하다는 점과 선거경비를 개인에게 모두 부담시키는 것은 경제적으로 넉넉하지 못한 자의 입후보를 어렵거나 불가능하게 하여 국민의 공무담임권을 부당하게 제한하는 결과를 초래할 수 있다는 점을 고려하여, 선거의 관리·운영에 필요한 비용을 후보자 개인에게 부담시키지 않고 국민 모두의 공평부담으로 하고자 하는 원칙이다. 한편 선거공영제의 내용은 우리의 선거문화와 풍토, 정치문화 및 국가의 재정상황과 국민의 법감정 등 여러 가지 요소를 종합적으로 고려하여 입법자가 정책적으로 결정할 사항으로서 넓은 입법형성권이 인정되는 영역이라고 할 것이다(헌재 2010.5.27. 2008헌마491).

2. 선거경비

(1) 국가부담원칙

국가부담이 원칙이다.

(2) 정당·후보자에게 부담시키는 경우

법률에 근거가 있다면 정당, 후보자에게 부담시킬 수 있다. 지방선거비용을 지방자치단체에 부담시킬 수 있다.

> **⚖ 판례 | 기탁금제도**
>
> 유효투표총수의 3분의 1을 얻지 못한 낙선자 등의 기탁금을 국고에 귀속시키게 하는 것은 그 기준이 너무 엄격하여 국가존립의 기초가 되는 선거제도의 원리에 반하며 선거경비를 후보자에게 부담시킬 수 없다는 헌법 제116조에 위반된다(헌재 1989.9.8. 88헌가6).

📖 쟁점정리

국가기관

1. **국가기관의 회의 의사정족수와 의결정족수**
   (1) **국무회의:** 구성원 과반수 출석, 출석 3분의 2
   (2) **감사원, 국가인권위원회:** 재적위원 과반수 찬성으로 의결
   (3) **중앙선거관리위원회 회의:** 재적 과반수 출석, 출석 과반수
   (4) **헌법재판소 재판관회의:** 재판관 전원의 3분의 2를 초과하는 인원의 출석과 출석인원 과반수의 찬성
   (5) **대법관회의:** 대법관 전원의 3분의 2 출석, 출석 과반수

2. **권한대행, 직무대행**
   (1) **대통령 권한대행:** 국무총리 → 부총리(기획재정부장관 → 교육부장관) → 과학기술정보통신부장관 → 외교부장관 → 통일부장관
   (2) **국무회의 의장 직무대행:** 부의장인 국무총리 → 부총리(기획재정부장관 → 교육부장관) → 정부조직법상 국무위원 순서
   (3) **국무총리 직무대행:** 부총리(기획재정부장관 → 교육부장관) → 대통령이 지명하는 국무위원 → 지명이 없는 경우 정부조직법상 국무위원 순서
   (4) **대법원장 권한대행:** 선임대법관
   (5) **헌법재판소장 권한대행:** 헌법재판소규칙이 정하는 순서
   ① 1월 미만 사고인 경우 선임재판관
   ② 1월 이상 사고와 궐위의 경우 재판관회의에서 선출
   (6) **국회의장**
   ① **직무대리:** 의장이 지정하는 국회 부의장
   ② **의장이 심신상실 등으로 지정할 수 없는 경우 직무대행:** 다수의석정당의 교섭단체 소속의 부의장
   ③ **의장·부의장 모두 사고일 경우 직무대행:** 임시의장
   ④ **최초 임시회 집회공고와 의장·부의장이 선출되지 못한 경우 임시회 공고의 직무대행:** 사무총장
   ⑤ **최초 의장 선출, 의장·부의장 모두 궐위로 보궐선거 등에 있어 직무대행:** 최다선의원, 최다선의원이 2명 이상인 경우 연장자
   (7) **중앙선거관리위원회 위원장 직무대행:** 상임위원 또는 부위원장
   (8) **국가인권위원회 위원장 직무대행:** 위원장이 지명한 상임위원

(9) 지방자치단체장의 권한대행, 직무대리자

① **부단체장 권한대행사유**

㉠ 궐위된 경우

㉡ 공소제기된 후 구금상태에 있는 경우

㉢ 의료법에 따른 의료기관에 60일 이상 계속하여 입원한 경우

㉣ 지방자치단체의 장이 그 직을 가지고 그 지방자치단체의 장 선거에 입후보하면 예비후보자 또는 후보자로 등록한 날부터 선거일까지 부단체장이 그 지방자치단체의 장의 권한을 대행한다(지방자치법 제124조 제2항).

② **부단체장 직무대리사유**: 지방자치단체장이 출장, 휴가 등 일시적 사유로 직무를 수행할 수 없는 경우

3. 파면 · 면직사유

(1) 법관

① 법관은 탄핵 또는 금고 이상의 형의 선고에 의하지 아니하고는 파면되지 아니하며, 징계처분에 의하지 아니하고는 정직 · 감봉 기타 불리한 처분을 받지 아니한다(헌법 제106조 제1항).

② 법관이 중대한 심신상의 장해로 직무를 수행할 수 없을 때에는 법률이 정하는 바에 의하여 퇴직하게 할 수 있다(헌법 제106조 제2항).

(2) 헌법재판소 재판관

① 헌법재판소 재판관은 정당에 가입하거나 정치에 관여할 수 없다(헌법 제112조 제2항).

② 헌법재판소 재판관은 탄핵 또는 금고 이상의 형의 선고에 의하지 아니하고는 파면되지 아니한다(헌법 제112조 제3항).

(3) 중앙선거관리위원회 위원

① 위원은 정당에 가입하거나 정치에 관여할 수 없다(헌법 제114조 제4항).

② 위원은 탄핵 또는 금고 이상의 형의 선고에 의하지 아니하고는 파면되지 아니한다(헌법 제114조 제5항).

(4) 감사위원: 감사원법 면직사유(탄핵결정, 금고 이상의 형, 장기심신쇠약으로 직무를 수행할 수 없게 된 때)

☑ 국가기관의 구성

구분	선출 · 임명	연임 · 중임	임기 (헌법)	정년 (법률)	구성원 수
대통령	① 국민에 의한 선출 ② 최고득표자가 2명 이상인 경우 국회 선출	중임 금지	5년	제한 없음.	
대법원장	인사청문회 ➡ 국회 동의 ➡ 대통령 임명	중임 금지	6년	70세	
대법관	대법원장 제청 ➡ 인사청문회 ➡ 국회 동의 ➡ 대통령 임명	연임 가능	6년	70세	① 헌법규정 없음. ② 법원조직법 ➡ 대법원장 포함 14명
일반법관	인사위원회 심의 ➡ 대법관회의 동의 ➡ 대법원장 임명	연임 가능	10년	65세	
헌법재판소장	인사청문회 ➡ 국회 동의 ➡ 재판관 중에서 대통령 임명	연임 가능	헌법에 명시적 규정은 없음.	70세	
헌법재판소 재판관	3명: 인사청문 ➡ 대통령 임명 3명: 인사청문 ➡ 대법원장 지명 ➡ 대통령 임명 3명: 인사청문 ➡ 국회 선출 ➡ 대통령 임명	연임 가능	6년	70세	헌법 ➡ 헌법재판소장 포함 9명
중앙선거관리 위원회 위원장	중앙선거관리위원회 위원 중 호선	연임 제한 규정 없음.		규정 없음.	
중앙선거관리 위원회 위원	3명: 인사청문 ➡ 대통령 임명 3명: 인사청문 ➡ 대법원장 지명 3명: 인사청문 ➡ 국회 선출	연임 제한 규정 없음.	6년	규정 없음.	헌법 ➡ 위원장 포함 9명
감사원장	국회인사청문회 ➡ 국회 동의 ➡ 대통령 임명	중임 가능	4년	70세	
감사원	감사원장 제청 ➡ 대통령 임명	중임 가능	4년	65세	① 헌법 ➡ 5~11명 ② 감사원법 ➡ 감사원장 포함 7명

제6장 / 법원

제1절 사법권

01 사법권의 의의와 기능

1. 사법권의 의의

> 헌법 제101조【사법권·법원조직·법관의 자격】① 사법권은 법관으로 구성된 법원에 속한다.
>
> 법원조직법 제2조【법원의 권한】① 법원은 헌법에 특별한 규정이 있는 경우를 제외한 모든 법률상의 쟁송을 심판하고, 이 법과 다른 법률에 따라 법원에 속하는 권한을 가진다.
> ② 제1항은 행정기관에 의한 전심으로서의 심판을 금하지 아니한다.

사법권의 개념에 대한 지배적인 견해는 성질설로서, 사법작용이란 독립적 지위를 가진 기관이 제3자적 입장에서 무엇이 법인가를 판단하고 선언함으로써 법질서를 유지하기 위한 작용으로 이해한다.

> **⚖ 판례**
>
> 헌법 제101조 제1항, 제2항은 "사법권은 법관으로 구성된 법원에 속한다. 법원은 최고법원인 대법원과 각급 법원으로 조직된다."라고 규정하고 있고 헌법 제107조 제3항 전문은 "재판의 전심절차로서 행정심판을 할 수 있다."라고 규정하고 있다. 이는 우리 헌법이 국가권력의 남용을 방지하고 국민의 자유와 권리를 확보하기 위한 기본원리로서 채택한 3권 분립주의의 구체적 표현으로서 일체의 법률적 쟁송을 심리·재판하는 작용인 사법작용은 헌법 그 자체에 의한 유보가 없는 한 오로지 대법원을 최고법원으로 하는(헌법 제101조 제2항) 법원만이 담당할 수 있고 또 행정심판은 어디까지나 법원에 의한 재판의 전심절차로서만 기능하여야 함을 의미한다(헌재 1995.9.28. 92헌가11).

2. 사법작용의 특성

(1) 소극성·수동성

사법작용은 소송당사자의 소제기에 의해서 발동되므로 수동적이다.

(2) 법의 내용선언

사법작용은 무엇이 법인가를 선언하는 국가작용이다.

(3) 현상유지적 보수성

사법은 현재의 분쟁을 해결함으로써 법질서를 유지하려는 소극적·현상유지적 기능을 한다.

(4) 비정치적 법인식기능

법을 인식하는 비정치적인 법인식기능이다.

02 사법권의 한계

1. 실정헌법상의 한계

(1) 헌법재판

헌법 제111조의 헌법재판은 헌법재판소의 관할이므로 헌법재판은 법원의 사법작용의 한계이다.

(2) 국회의원의 자격심사와 징계

국회의원 자격심사·징계와 제명의 처분에 대하여는 법원에 제소할 수 없다(헌법 제64조 제4항).

(3) 군사재판

군사법원이 담당한다(헌법 제110조, 제27조 제2항).

2. 국제법상의 한계

국가의 주권적 행위는 다른 국가의 재판권으로부터 면제되는 것이 원칙이다. 그러나 국가의 사법적 행위까지 다른 국가의 재판권으로부터 면제되지 않는다.

> **⚖ 판례**
>
> **1. 외국국가의 사경제적 행위**
>
> 국제관습법에 의하면 국가의 주권적 행위는 다른 국가기관의 재판권으로부터 면제되는 것이 원칙이라 할 것이나, 국가의 사법적 행위까지 다른 국가의 재판권으로부터 면제된다는 것이 오늘날의 국제법이나 국제관례라고 할 수 없다. 따라서 외국국가의 사경제적 상업활동 등 사법적 행위에 대해서는 우리 법원이 재판권을 행사할 수 있다(대판 1998.12.17. 97다39216).
>
> **2. 제2차 세계대전 직후 남한 내 일본화폐 등을 금융기관에 예입하도록 한 미군정법령**
>
> 국제관습법상 국가의 주권적 활동에 속하지 않는 사법적(私法的) 행위는 다른 국가의 재판권으로부터 면제되지 않지만 국가의 주권적 행위는 다른 국가의 재판권으로부터 면제되는 것이 원칙이다. 미합중국 소속 미군정청이 이 사건 법령을 제정한 행위는, 제2차 세계대전 직후 일본은행권을 기초로 한 구 화폐질서를 폐지하고 북위 38도선 이남의 한반도 일대에서 새로운 화폐질서를 형성한다는 목적으로 행한 고도의 공권적 행위로서 국가의 주권적 행위이다. 따라서 이 사건 법령이 위헌이라는 이유로 미합중국을 상대로 손해배상이나 부당이득반환청구를 하는 것은, 국가의 주권적 행위는 다른 국가의 재판권으로부터 면제된다는 국제관습법에 어긋나 허용되지 않는다. 결국, 이 사건 법령이 위헌임을 근거로 한 미합중국에 대한 손해배상 또는 부당이득반환청구는 그 자체로 부적법하여 이 사건 법령의 위헌 여부를 따져 볼 필요 없이 각하를 면할 수 없다(헌재 2017.5.25. 2016헌바388).

3. 사법본질적 한계

(1) 사건성

구체적이고 현실적인 권리·의무와 관련된 법적 분쟁이 있어야 사법권은 발동된다. 따라서 국민의 권리·의무와 관련없는 법적 의문과 같은 경우 사법권은 발동되지 않는다.

(2) 당사자적격성

법률관계에 관한 이해가 대립한 자 또는 공권력의 행사에 의한 권리 침해를 당한 자만이 소송을 제기할 수 있다.

(3) 소의 이익

당사자의 청구에 의한 소송일지라도 소송을 수행할 이익이 없으면 그 사건은 재판의 대상이 되지 않는다.

(4) 사건의 성숙성

사건의 성숙성원칙이란 법원은 현재의 사건이 아닌 먼 장래의 문제를 심사해서는 안 된다는 원칙이다.

4. 통치행위

(1) 개념

통치행위란 고도의 정치적인 의미를 가진 국가행위로서 사법적 심사의 대상으로 하기 어려운 행위이다.

(2) 범위

최근에는 법치주의 확대에 따라 통치행위의 범위가 축소되고 있다.

(3) 주체

집행권의 수반인 대통령·수상, 의회는 통치행위의 주체가 되나, 사법부는 기존의 법을 적용하여 분쟁을 해결하는 기능을 하므로 정치적인 행위인 통치행위의 주체가 될 수는 없다.

(4) 통치행위에 대한 사법적 심사 여부

① **사법심사 긍정설(통치행위 부정설)**: 모든 국가작용은 사법심사의 대상이 되므로 통치행위라는 관념을 인정할 수 없다.

② **사법심사 부정설(통치행위 긍정설)**

㉠ **내재적 한계설**: 법원이 정치적 문제에 개입하지 않은 것은 사법권의 내재적 한계이자 3권 분립 정신에도 합치된다.

㉡ **자유재량행위설**: 통치행위는 정치적 문제이고 이는 행정부의 자유재량이므로 사법적 심사에서 제외된다.

㉢ **사법부자제설**: 통치행위도 법률문제를 포함하고 있는 이상 사법심사의 대상이 되어야 하나, 사법부가 정치문제에 개입하지 않는 것이 사법부의 독립이나 국가이익차원에서 바람직하다.

㉣ **통치행위 독자성설**: 통치행위는 독자적인 정치행위이므로 법률적 가치판단의 대상이 될 수 없고 정치적 비판의 대상은 될 수 있다.

(5) 각국의 통치행위에 관한 입장

① **프랑스**: 대통령의 비상대권발동, 국민의회해산, 헌법안과 법률안의 국민투표에의 회부 등은 통치행위로서 사법심사의 대상이 되지 않는다고 한다.

② **미국(Luther v. Borden, 1849년)**: Rhode Island주에서 반란으로 수립된 정부와 종래의 정부가 서로 적법한 정부임을 주장한 데 대해 연방대법원은 어느 정부가 적합한지의 판단은 정치적 문제(political question)이므로 법원판단사항이 아니라 연방의회와 연방정부가 판단할 사항이라고 판시했다.

③ **독일·일본**: 제2차 세계대전 이전에는 행정소송의 열기주의에 따라 통치행위를 거론할 필요가 없어 큰 논의가 없었는데, 제2차 세계대전 이후 개괄주의를 채택함에 따라 통치행위의 관념을 긍정하고 있다.

(6) 대법원의 입장

① **계엄**: 대법원 판례는 통치행위를 인정, 통치행위에 대한 사법심사를 부정해 왔다. 대통령의 비상계 엄선포요건의 존부는 사법심사의 대상이 아니다(대판 1982.9.14. 82도1847). 대법원 판례(대판 1997.4.17. 96도 3376)는 계엄선포의 요건 구비 여부나 선포의 당·부당을 판단할 권한은 사법부에는 없다고 할 것 이나 비상계엄의 선포나 확대가 국헌문란의 목적을 달성하기 위하여 행하여진 경우에는 법원도 그 자체가 범죄행위에 해당하는지의 여부에 관하여 심사할 수 있다고 하여 통치행위의 사법적 심사에 대하여 한정적 긍정론을 펴고 있다. [김철수]

② **남북송금 사건**: 통치행위의 개념을 인정한다고 하더라도 과도한 사법심사의 자제가 기본권을 보장 하고 법치주의 이념을 구현하여야 할 법원의 책무를 태만히 하거나 포기하는 것이 되지 않도록 그 인정을 지극히 신중하게 하여야 하며, 그 판단은 오로지 사법부만에 의하여 이루어져야 한다.
*권력분립설 + 사법부자제설

(7) 헌법재판소의 입장

① **헌법소원대상 긍정**: 고도의 정치적 결단에 의한 행위로서 그 결단을 존중해야 할 필요성이 있는 행 위라는 의미에서 이른바 통치행위의 개념을 인정할 수 있고 대통령의 긴급재정경제명령은 고도의 정치적 결단으로 존중되어야 할 것이다. 그러나 고도의 정치적 결단에 의하여 행해지는 국가작용 이라고 할지라도 그것이 국민의 기본권 침해와 직접 관련되는 경우에는 당연히 헌법재판소의 심판 대상이 될 수 있는 것이다(헌재 1996.2.29, 93헌마186 – 긴급재정경제명령).

② **헌법소원대상 부정**

ㄱ **이라크파병결정**: 이 사건 파견결정은 그 성격상 국방 및 외교에 관련된 고도의 정치적 결단을 요 하는 문제로서, 헌법과 법률이 정한 절차를 지켜 이루어진 것임이 명백하므로, 대통령과 국회의 판단은 존중되어야 하고 헌법재판소가 사법적 기준만으로 이를 심판하는 것은 자제되어야 한 다(헌재 2004.4.29. 2003헌마814). ***사법부자제설**

ㄴ **정치적 통제**: 일반법원에 의한 사법심사의 대상에서 제외된다고 해서 헌법적 통제나 국회 또는 국민의 여론에 의한 비판까지 면할 수 있는 것이 아니다. 그것을 이유로 하는 국회에서의 정치 적 책임 추궁 또는 국민 여론에 의한 비판까지도 당연히 면제되는 것이라고 할 수 없는 것이다 (헌재 1990.4.2. 89헌가113).

③ **한미연합 군사훈련재개결정의 통치행위성 부정**: 한미연합 군사훈련은 1978. 한미연합사령부의 창설 및 1979.2.15. 한미연합연습 양해각서의 체결 이후 연례적으로 실시되어 왔고, 특히 이 사건 연습은 대표적인 한미연합 군사훈련으로서, 피청구인이 2007.3.경에 한 이 사건 연습결정이 새삼 국방에 관련되는 고도의 정치적 결단에 해당하여 사법심사를 자제하여야 하는 통치행위에 해당된다고 보기 어렵다(헌재 2009.5.28. 2007헌마369).

5. 국회의 자율권

국회는 국민의 대표기관, 입법기관으로서 폭넓은 자율권을 가지고 있고, 그 자율권은 권력분립의 원칙이 나 국회의 지위, 기능에 비추어 존중되어야 하는 것이지만, 한편 법치주의의 원리상 모든 국가기관은 헌 법과 법률에 의하여 기속을 받는 것이므로 국회의 자율권도 헌법이나 법률을 위반하지 않는 범위 내에서 허용되어야 하고 따라서 국회의 의사절차나 입법절차에 헌법이나 법률의 규정을 명백히 위반한 흠이 있 는 경우에도 국회가 자율권을 가진다고는 할 수 없다(헌재 1997.7.16. 96헌라2). 따라서 헌법재판소가 위헌결정 을 할 수 있다.

6. 행정부의 자유재량행위

행정부의 자유재량행위는 사법적 심사의 대상이 된다.

7. 특별권력관계에서의 처분

특별권력관계에서 기본권 침해는 사법적 심사의 대상이 된다.

8. 이행판결

구체적인 행정처분은 집행부의 고유권한이므로 사법부는 집행부를 대신하여 처분을 하거나 처분을 명하는 이행판결을 할 수 없다. 그러나 행정기관의 부작위가 위법하다는 확인을 하는 판결은 가능하다.

> **행정소송법 제4조【항고소송】** 항고소송은 다음과 같이 구분한다.
> 1. 취소소송: 행정청의 위법한 처분등을 취소 또는 변경하는 소송
> 2. 무효등 확인소송: 행정청의 처분등의 효력 유무 또는 존재 여부를 확인하는 소송
> 3. 부작위위법확인소송: **행정청의 부작위가 위법하다는 것을 확인하는 소송**

제2절 사법권의 독립

01 사법권의 독립의 의의

1. 개념

사법권의 독립이란 공정한 재판을 보장하기 위하여 사법권을 입법권과 행정권으로부터 분리·독립시키고 법관이 다른 어떠한 권력으로부터도 간섭이나 지시를 받지 않고 자주·독립적으로 재판하는 것을 말한다.

2. 연혁

사법권의 독립은 역사적으로 군주와 집행부로부터 재판의 독립을 획득하기 위한 투쟁의 과정에서 이루어졌다.

> **⚖ 판례 | 사법권의 독립**
>
> 사법권의 독립은 권력분립을 그 중추적 내용의 하나로 하는 자유민주주의 체제의 특징적 지표이고 법치주의의 요소를 이룬다. 사법권의 독립은 재판상의 독립, 즉 법관이 재판을 함에 있어서 오직 헌법과 법률에 의하여 그 양심에 따라 할 뿐, 어떠한 외부적인 압력이나 간섭도 받지 않는다는 것뿐만 아니라, 재판의 독립을 위해 법관의 신분보장도 차질 없이 이루어져야 함을 의미한다. 사법의 독립을 실질적으로 보장하는 것은 헌법 제27조에 의하여 보장되고 있는 국민의 재판청구권이 올바로 행사될 수 있도록 하기 위한 측면에서도 그 의의가 있다. 그런데 헌법이 사법의 독립을 보장하는 것은 그것이 법치주의와 민주주의의 실현을 위한 전제가 되기 때문이지, 그 자체가 궁극적인 목적이 되는 것은 아니다. 국민의 재판청구권을 실질적으로 보장하기 위해서는 사법의 독립성 외에 책임성도 함께 요구되는데, 판사의 연임제도는 사법의 책임성을 실현하는 제도의 하나로 이해할 수 있다. 다만, 사법의 책임성을 지나치게 강조할 경우 오히려 법관의 독립이 침해될 가능성이 있으므로 근무평정제도는 어디까지나 판사에 대한 연임제를 객관적으로 운용하고, 판사의 성실한 직무수행 및 인사의 공정성과 객관성을 확보하기 위하여 필요한 부분에서 합리적으로 이루어져야 할 것이다 (헌재 2016.9.29. 2015헌바331).

청구인들은, 수사처가 판사에 대하여 수사권 및 공소권을 행사하는 것이 사법권의 독립을 침해하여 권력분립원칙에 반한다는 취지로도 주장한다. 그러나 판사에 대하여 수사를 하고 공소제기 및 유지를 하는 것은 판사의 직무수행에 어떠한 관여를 하기 위한 것이 아니라 형사법적 절차에 따라 판사가 범한 고위공직자범죄 등을 처리하는 것에 불과하므로, 이를 두고 헌법에서 정하고 있는 법관의 독립이나 법관의 신분보장에 대한 침해라고 볼 수는 없다. 그리고 앞서 본 바와 같이 수사처의 권한 행사에 대해서는 여러 국가기관에 의하여 충실한 통제가 이루어지고 있으므로, 수사처가 법원이나 다른 국가기관에 대하여 일방적으로 우위를 차지하고 있다고 보기도 어렵다. 따라서 구 고위공직자범죄수사처 설치 및 운영에 관한 법률(이하 '공수처법'이라 한다) 제2조 및 공수처법 제3조 제1항이 사법권의 독립을 침해한다고 볼 수 없다. 이상에서 살펴본 바와 같이 공수처법이 수사처의 소속을 명시적으로 규정하고 있지 않으나 이는 수사처의 업무의 특성을 고려하여 정치적 중립성과 직무상 독립성을 보장하기 위한 것이고, 수사처에 대하여는 행정부 내부에서뿐만 아니라 외부에서도 다양한 방법으로 통제를 하고 있으며, 수사처가 다른 국가기관에 대하여 일방적 우위를 점하고 있다고 보기도 어렵다. 따라서 고위공직자범죄 등의 수사와 공소제기 및 그 유지에 관한 업무를 수행하는 수사처의 설치를 규정한 구 공수처법 제2조 및 공수처법 제3조 제1항이 권력분립원칙에 반한다고 볼 수 없다. 그렇다면 구 공수처법 제2조 및 공수처법 제3조 제1항은 권력분립원칙에 반하여 청구인들의 평등권, 신체의 자유 등을 침해하지 않는다(헌재 2021.1.28. 2020헌마264 등).

02 법원의 독립

1. 집행부로부터 독립

사법부는 인사, 행정, 조직에 있어서 집행부로부터 독립되어 있어야 한다.

2. 입법부로부터 독립

사법부는 입법부로부터 인사, 행정, 조직, 구성에 있어서 독립해야 한다. 따라서 의원과 법관의 겸직이 인정되지 아니하며, 입법부는 재판을 할 수 없고 처분적 법률도 제정할 수 없다.

3. 법원의 독립의 한계

(1) 대통령의 대법원장, 대법관 임명

법원 구성의 민주적 정당성을 확보하기 위한 것으로서 사법권의 독립을 침해하는 것은 아니다. 법원의 독립의 한계이다.

(2) 법원조직법, 소송법 개정안 제출권 없음.

법원은 법원조직법 등을 제출할 권한이 없다. 다만, 대법원장은 사법제도에 관련된 법률의 제정·개정이 필요한 경우에 서면으로 국회에 의견을 제출할 수 있다(법원조직법 제9조).

(3) 예산제출권 없음.

법원은 국회에 법원예산을 제출할 권한이 없다.

(4) 대통령의 사면권

(5) 국회의 국정감사·조사권

(6) 국회의 법관에 대한 탄핵소추권

03 법관의 인적 독립(신분상 독립)

1. 개념

법관의 인적 독립은 법관의 신분상의 독립을 말하는데, 법관 인사의 독립, 법관의 자격과 임기 등을 법정화하여 법관의 신분을 보장하는 것으로써, 궁극적으로는 재판의 독립을 보장하기 위한 것이다.

2. 법관 인사의 독립

> **헌법 제104조** ① 대법원장은 국회의 동의를 얻어 대통령이 임명한다.
> ② 대법관은 대법원장의 제청으로 국회의 동의를 얻어 대통령이 임명한다.
> ③ 대법원장과 대법관이 아닌 법관은 대법관회의의 동의를 얻어 대법원장이 임명한다.
>
> **법원조직법 제25조의2【법관인사위원회】** ① 법관의 인사에 관한 중요 사항을 심의하기 위하여 대법원에 법관인사위원회(이하 '인사위원회'라 한다)를 둔다.
>
> **제41조의2【대법관후보추천위원회】** ① 대법원장이 제청할 대법관 후보자의 추천을 위하여 대법원에 대법관후보추천위원회(이하 '추천위원회'라 한다)를 둔다.
> ② 추천위원회는 대법원장이 대법관 후보자를 제청할 때마다 위원장 1명을 포함한 10명의 위원으로 구성한다.
> ④ 위원장은 위원 중에서 대법원장이 임명하거나 위촉한다.

☑ 대법관추천위원회

1. **구성**: 대법원장이 대법관 후보자를 제청할 때마다 위원장 1명을 포함한 10명의 위원으로 구성
2. **위원**: 선임대법관, 법원행정처장, 법무부장관, 대한변호사협회장, 사단법인 한국법학교수회 회장 등을 대법원장이 임명·위촉
3. **위원장**: 대법원장이 위원 중에서 임명·위촉
4. **회의**: 3분의 1 이상 요청, 대법원장 요청, 위원장이 직권으로 소집
5. **정족수**: 재적위원 과반수 찬성
6. **대법관 후보자 추천**: 제청할 대법관 3배수 이상을 대법관 후보자로 추천
7. **대법원장**: 추천위원회의 추천 내용 존중
8. **해산**: 대법관 후보자를 추천하면 해산

구분	대법원장	대법관	일반법관
제1공화국 헌법	대통령이 국회의 승인을 얻어 임명	규정 없음.	규정 없음.
제2공화국 헌법	선거인단이 선출, 대통령은 확인	선거인단이 선출, 대통령은 확인	대법원장이 대법관회의 결의로 임명
제3공화국 헌법	법관추천회의 제청 ➡ 국회 동의 ➡ 대통령 임명	대법원장이 법관추천회의 동의를 얻어 제청 ➡ 대통령이 임명	대법원장이 대법관회의 결의로 임명
제4공화국 헌법	대통령이 국회의 동의를 얻어 임명	대통령이 대법원장의 제청에 따라 임명	대통령이 대법원장의 제청에 따라 임명
제5공화국 헌법	대통령이 국회의 동의를 얻어 임명	대통령이 대법원장의 제청에 따라 임명	대법원장이 임명
현행헌법	대통령이 국회의 동의를 얻어 임명	대통령이 대법원장의 제청으로 국회의 동의를 얻어 임명	대법원장이 대법관회의의 동의를 얻어 임명

3. 법관의 자격법정주의

(1) 헌법(제101조 제3항)

법관의 자격은 법률로 정한다.

(2) 법원조직법

① **대법원장과 대법관 자격**: 법원조직법은 대법원장과 대법관의 자격을 정하고 있다. 대법원장과 대법관의 자격은 동일하며 20년 이상의 법조경력을 가진 자로서 45세 이상이어야 한다(법원조직법 제42조 제1항).

② **판사 자격**: 판사는 10년 이상 판사·검사·변호사 등의 직에 있던 사람 중에서 임용한다(법원조직법 제42조 제2항).

③ **결격사유**

법원조직법 제43조【결격사유】 ① 다음 각 호의 어느 하나에 해당하는 사람은 법관으로 임용할 수 없다.
1. 다른 법령에 따라 공무원으로 임용하지 못하는 사람
2. 금고 이상의 형을 선고받은 사람
3. 탄핵으로 파면된 후 5년이 지나지 아니한 사람
4. 대통령비서실 소속의 공무원으로서 퇴직 후 3년이 지나지 아니한 사람
5. 정당법 제22조에 따른 정당의 당원 또는 당원의 신분을 상실한 날부터 3년이 경과되지 아니한 사람
6. 공직선거법 제2조에 따른 선거에 후보자(예비후보자를 포함한다)로 등록한 날부터 5년이 경과되지 아니한 사람
7. 공직선거법 제2조에 따른 대통령선거에서 후보자의 당선을 위하여 자문이나 고문의 역할을 한 날부터 3년이 경과되지 아니한 사람

---

④ **직무권한의 제한**: 재직기간을 합산하여 5년 미만인 판사는 변론을 열어 판결하는 사건에 관하여는 단독으로 재판할 수 없으며, 합의부의 재판장이 될 수 없다(법원조직법 제42조의3).

4. 법관의 임기·연임제와 정년제 ★★★

헌법 제105조【법관의 임기·연임·정년】 ① 대법원장의 임기는 6년으로 하며, 중임할 수 없다.
② 대법관의 임기는 6년으로 하며, 법률이 정하는 바에 의하여 연임할 수 있다.
③ 대법원장과 대법관이 아닌 법관의 임기는 10년으로 하며, 법률이 정하는 바에 의하여 연임할 수 있다.
④ 법관의 정년은 법률로 정한다.

법원조직법 제45조의2【판사의 연임】 ① 임기가 끝난 판사는 인사위원회의 심의를 거치고 대법관회의의 동의를 받아 대법원장의 연임발령으로 연임한다.

---

(1) 임기(헌법 제105조)

대법원장	대법관	일반법관
6년, 중임할 수 없음.	6년, 연임할 수 있음.	10년, 연임할 수 있음.

판례 | 법관 명예퇴직수당

명예퇴직제도의 재량성, 평등원칙에 관한 일반법리와 법관의 명예퇴직수당액에 대한 산정기준, 헌법상의 법관 임기제, 법관의 자진퇴직 및 군복무기간의 근속연수 가산에 따른 결과 등에 관한 여러 사정들을 종합하면, 명예퇴직수당수급권의 형성에 관한 폭넓은 재량에 기초하여 구 법관 및 법원공무원 명예퇴직수당 등 지급규칙 제3조 제5항 본문에서 법관의 명예퇴직수당액에 대하여 정년 잔여기간만을 기준으로 하지 아니하고 임기 잔여기간을 함께 반영하여 산정하도록 한 것이 합리적인 이유 없이 동시에 퇴직하는 법관들을 자의적으로 차별하는 것으로서 평등원칙에 위배된다고 볼 수 없다(대판 2016.5.24. 2013두14863).

판례 | 법관의 임기제와 정년제

우리 헌법은 **제헌헌법부터 임기 10년**의 법관 임기제를 규정하고 있었고, **제5차 개정헌법**(1962년 헌법)에서는 대법원장인 법관의 임기는 6년, 일반법관의 임기는 10년으로 하는 임기제규정을 두고 아울러 법관 정년을 일률적으로 65세로 한다고 헌법에 명시적으로 정년연령을 직접 규정하였다가, **제7차 개정헌법**(1972년 헌법)에 이르러서는 정년연령을 헌법에 직접 명시하여 규정하지 않고, 다만, "법률이 정하는 연령에 달한 때에는 퇴직한다."라고 규정하여, 정년제를 채택하되, 그 구체적인 정년연령은 법률로 정하도록 하였으며, 제8차 개정헌법(1980년 헌법)에서 현행헌법과 같이 "법관의 정년은 법률로 정한다."라고 헌법에서 법관 정년제를 규정하면서 그 구체적인 정년연령은 법률로 정하도록 하고 아울러 대법원장, 대법관, 그 이외의 일반법관 사이에 차등을 두는 임기제를 규정하여 현행헌법에 이르게 되었다(헌재 2002.10.31. 2001헌마557).

(2) 임기와 정년의 변경

법관의 임기	헌법에 규정되어 있으므로 법률개정으로 이를 단축하거나 연장할 수 없음.
법관의 정년	법원조직법에 규정되어 있으므로 법률개정으로 변경할 수 있음.

(3) 정년

① 법관의 정년제도 자체는 헌법상 제도이나 정년연령은 헌법에서 법률에 위임하고 있다(헌법 제105조 제4항).

> **참고** 제5차, 제6차 개정헌법은 직접 법관 정년을 일률적으로 65세로 규정한 바 있다.

② 법원조직법은 대법원장 정년 70세, 대법관 정년 70세, 판사 정년 65세로 정하고 있다(법원조직법 제45조).

판례 | 대법원장 정년 70세, 대법관 정년 65세, 일반법관 정년 63세로 한 법원조직법 제45조 (헌재 2002. 10.31. 2001헌마557)

1. 이 사건 법률조항은 법관의 정년을 직위에 따라 대법원장 70세, 대법관 65세, 그 이외의 법관 63세로 하여 법관 사이에 약간의 차이를 두고 있는 것으로, 헌법 제11조 제1항에서 금지하고 있는 차별의 요소인 '성별', '종교' 또는 '사회적 신분' 그 어디에도 해당되지 아니할 뿐만 아니라, 그로 인하여 어떠한 사회적 특수계급제도를 설정하는 것도 아니고, 그와 같이 **법관의 정년을 직위에 따라 순차적으로 낮게 차등**하게 설정한 것은 법관 업무의 성격과 특수성, 평균수명, 조직체 내의 질서 등을 고려하여 정한 것으로 그 차별에 합리적인 이유가 있다고 할 것이므로, 청구인의 평등권을 침해하였다고 볼 수 없다.

2. 헌법 제105조 제4항(법관의 정년은 법률로 정한다)에서 **법관 정년제** 자체를 헌법에서 명시적으로 채택하고 있으므로 법관 정년제 자체의 위헌성 판단은 헌법규정에 대한 위헌주장으로 종전 우리 헌법재판소 판례에 의하면 위헌판단의 대상이 되지 아니한다. 물론 이 경우에도 **법관의 정년연령을 규정한 법률의 구체적인 내용에 대하여는 위헌판단의 대상이 될 수 있다.

3. 공무담임권 제한의 경우에는 공익 실현이라는 특수성으로 인하여 합헌성 추정이 강하게 인정되어 완화된 심사를 하게 된다.

4. 법관의 정년을 설정함에 있어서, 입법자는 위와 같은 헌법상 설정된 법관의 성격과 그 업무의 특수성에 합치되어야 하고, 관료제도를 근간으로 하는 계층구조적인 일반행정공무원과 달리 보아야 함은 당연하므로, 고위법관과 일반법관을 차등하여 정년을 설정함은 일응 문제가 있어 보이나, 사법도 심급제도를 염두에 두고 있다는 점과 위에서 살펴본 몇 가지 이유를 감안하여 볼 때, 일반법관의 정년을 대법원장이나 대법관보다 낮은 63세로, 대법관의 정년을 대법원장보다 낮은 65세로 설정한 것이 위헌이라고 단정할 만큼 불합리하다고 보기는 어렵다고 할 것이다. 이 사건 정년규정이 헌법 제105조 제4항에 근거한 것이고, 입법자의 재량을 벗어난 것으로 볼 수 없으므로 신분보장규정에 위반되지 아니한다

⚖ 판례 | 법관 및 법원공무원 명예퇴직수당

법관의 명예퇴직수당 정년잔여기간 산정에 있어 정년퇴직일 전에 임기만료일이 먼저 도래하는 경우 임기만료일을 정년퇴직일로 보도록 정한 구 '법관 및 법원공무원 명예퇴직수당 등 지급규칙'이 위 조항으로 인하여 명예퇴직수당수급 여부 등에 불이익을 받게 된 퇴직법관인 청구인의 평등권을 침해하는지 여부(소극)

법관의 임기제·연임제는 임기 동안 법관의 신분을 보장하여 사법권의 독립을 보장함과 동시에, 법관 직무의 중대성 등을 감안하여 직무를 제대로 수행하지 못하는 등의 경우 그러한 법관을 연임에서 제외함으로써 사법기능 및 업무의 효율성을 높이고자 함에 그 목적이 있는 점, 국가공무원 명예퇴직제도 자체가 퇴직시점에 법적으로 확보된 근속가능기간을 포기하고 자진퇴직하는 경우를 전제로 한다고 볼 수 있는 점, 법관의 연임 결격사유를 엄격하게 해석할 필요가 있음은 별론으로 하더라도, 법적으로 확보된 근속 가능기간 측면에서 10년마다 연임절차를 거쳐야 정년까지 근무할 수 있는 법관과 그러한 절차 없이도 정년까지 근무할 수 있는 다른 경력직공무원은 동일하다고 보기 어려운 점 등을 고려할 때, 심판대상조항이 임기만료일을 법관 명예퇴직수당 정년잔여기간 산정의 기준 중 하나로 정한 것은 그 합리성을 인정할 수 있다(헌재 2020.4.23. 2017헌마321).

---

5. 법관의 신분보장 ★★★

헌법 제106조 ① 법관은 탄핵 또는 금고 이상의 형의 선고에 의하지 아니하고는 파면되지 아니하며, 징계처분에 의하지 아니하고는 정직·감봉 기타 불리한 처분을 받지 아니한다.
② 법관이 중대한 심신상의 장해로 직무를 수행할 수 없을 때에는 법률이 정하는 바에 의하여 퇴직하게 할 수 있다.

(1) 법관의 파면사유

탄핵, 금고 이상의 형의 선고에 의하지 않고는 파면되지 않는다(헌법 제106조 제1항).

⚖ 판례 | 법관 신분보장

모든 공무원의 신분(보장)은 헌법 제7조 제2항에 의하여 법률이 정하는 바에 의하여 보장되고 있고, 법관도 공무원이므로 당연히 그 신분이 보장되고 있음에도 헌법이 별도의 규정(제106조)을 두어 특별히 가중 보장하고 있는 것은, 법관은 일반공무원에 비하여 그 신분이 더욱 두텁게 보장되어야 하기 때문이다. 연혁적으로 보면 **법관에 대한 신분보장규정**이 공무원에 대한 신분보장규정보다 먼저 있었던 것이며 법관에 대하여서는 **제헌헌법**(제80조)때부터 헌법이 직접적으로 보장규정을 두고 있는 것이다. 헌법상 법관에 대한 신분보장규정의 변천 내용을 보면, **제헌헌법**에서는 "법관은 탄핵·형벌 또는 징계처분에 의하지 아니하고는 파면·정직

또는 감봉되지 아니한다."라고 규정되어 있었고, 청구인들의 해직당시의 헌법인 **유신헌법** 제105조 제1항에서는 "법관은 탄핵·형벌 또는 징계처분에 의하지 아니하고는 파면·정직·감봉되거나 불리한 처분을 받지 아니한다."라고 규정되어 있었으며, 구 헌법(1980.10.27.) 제107조 제1항에는 "법관은 탄핵 또는 형벌에 의하지 아니하고는 파면되지 아니하며, 징계처분에 의하지 아니하고는 정직·감봉 또는 불리한 처분을 받지 아니한다."라고 규정되어 있었다. 이 사건 헌법소원의 심판청구인들이 해직된 당시는 유신헌법하이었으므로 징계처분에 의하여 면직이 가능하였지만 구 헌법 및 현행헌법상의 헌법질서하에서는 법관의 신분은 징계처분에 의하더라도 면직시킬 수가 없도록 가중 보장되어 있는 것이다(헌재 1992.11.12. 91헌가2).

(2) 법관의 징계

> **법관징계법 제2조【징계사유】** 법관에 대한 징계사유는 다음 각 호와 같다.
> 1. 법관이 직무상 의무를 위반하거나 직무를 게을리한 경우
> 2. 법관이 그 품위를 손상하거나 법원의 위신을 떨어뜨린 경우

① 종류

헌법 제106조 제1항	정직, 감봉, 기타 불리한 처분
법관징계법 제3조 제1항	정직, 감봉, 견책

📖 판례 | 품위손상 징계사유

구 법관징계법 제2조 제2호의 '법관이 그 품위를 손상하거나 법원의 위신을 실추시킨 경우'란 '법관이 주권자인 국민으로부터 수임받은 사법권을 행사함에 손색이 없는 인품에 어울리지 않는 행위를 하거나 법원의 위엄을 훼손하는 행위를 함으로써 법원 및 법관에 대한 국민의 신뢰를 떨어뜨릴 우려가 있는 경우'로 해석할 수 있고, 위 법률조항의 수범자인 평균적인 법관은 구체적으로 어떠한 행위가 여기에 해당하는지를 충분히 예측할 수 있으므로, 구 법관징계법 제2조 제2호는 명확성원칙에 위배되지 아니한다(헌재 2012.2.23. 2009헌바34).

② **징계위원회**: 대법원에 두고, 위원장은 대법관 중에서 대법원장이 임명한다(법관징계법 제4조, 제5조).
③ **징계절차의 정지(법관징계법 제20조)**
   ㉠ 징계사유에 관하여 탄핵의 소추가 있는 경우에는 그 절차가 완결될 때까지 징계절차는 정지된다.
   ㉡ 위원회는 징계사유에 관하여 공소가 제기된 경우에는 그 절차가 완결될 때까지 징계절차를 정지할 수 있다.
④ **징계불복절차**: 피청구인이 징계 등 처분에 대하여 불복하려는 경우에는 징계 등 처분이 있음을 안 날부터 14일 이내에 전심(前審)절차를 거치지 아니하고 대법원에 징계 등 처분의 취소를 청구하여야 한다. 대법원은 취소청구사건을 단심(單審)으로 재판한다(법관징계법 제27조). ***합헌결정**

(3) 법관의 퇴직사유

① 퇴직사유는 법관이 중대한 심신상의 장해로 직무를 수행할 수 없을 때이다(헌법 제106조 제2항).
② 퇴직사유는 헌법이 정하고 있으며 법률로 추가할 수 없다. 한편, 퇴직절차는 법원조직법에 정해져 있다.

대법관 퇴직절차	대법원장의 제청으로 대통령이 퇴직을 명할 수 있음(법원조직법 제47조).
일반판사 퇴직절차	㉠ 대법원장은 인사위원회의 심의를 거쳐 퇴직을 명할 수 있음. ㉡ 대법원장은 대법관회의의 동의절차를 거치지 아니하고 단독으로 법관을 퇴직시킬 수 있음.

(4) 법관 연임

대법원장은 중임할 수 없으나, 대법관과 법관은 연임할 수 있다.

> **법원조직법 제45조의2 【판사의 연임】** ① 임기가 끝난 판사는 인사위원회의 심의를 거치고 대법관회의의 동의를 받아 대법원장의 연임발령으로 연임한다.
> ② 대법원장은 다음 각 호의 어느 하나에 해당한다고 인정되는 판사에 대해서는 연임발령을 하지 아니한다.
> 1. 신체상 또는 정신상의 장해로 판사로서 정상적인 직무를 수행할 수 없는 경우
> **2. 근무성적이 현저히 불량하여 판사로서 정상적인 직무를 수행할 수 없는 경우**
> 3. 판사로서의 품위를 유지하는 것이 현저히 곤란한 경우

> **⚖ 판례 | 판사 근무평정, 연임발령 제한사유** (헌재 2016.9.29. 2015헌바331)
>
> **1. 사법권의 독립과 법관의 신분보장**
> 사법권의 독립은 권력분립을 그 중추적 내용의 하나로 하는 자유민주주의 체제의 특징적 지표이고 법치주의의 요소를 이룬다. 사법권의 독립은 재판상의 독립, 즉 법관이 재판을 함에 있어서 오직 헌법과 법률에 의하여 그 양심에 따라 할 뿐, 어떠한 외부적인 압력이나 간섭도 받지 않는다는 것뿐만 아니라, 재판의 독립을 위해 법관의 신분보장도 차질 없이 이루어져야 함을 의미한다. 이에 헌법은 법관의 독립을 보장하기 위하여 법관의 신분보장에 관한 사항을 규정하고 있는바(헌법 제101조 제1항 및 제3항, 제103조, 제105조, 제106조 등 참조), 사법의 독립을 실질적으로 보장하는 것은 헌법 제27조에 의하여 보장되고 있는 국민의 재판청구권이 올바로 행사될 수 있도록 하기 위한 측면에서도 그 의의가 있다. 그런데 헌법이 사법의 독립을 보장하는 것은 그것이 법치주의와 민주주의의 실현을 위한 전제가 되기 때문이지, 그 자체가 궁극적인 목적이 되는 것은 아니다.
>
> **2. 판단**
> 결국 이 사건 연임결격조항의 취지, 연임사유로 고려되는 근무성적평정의 대상기간, 평정사항의 제한, 연임심사과정에서의 절차적 보장 등을 종합적으로 고려하면, 이 사건 연임결격조항이 근무성적이 현저히 불량하여 판사로서의 정상적인 직무를 수행할 수 없는 판사를 연임할 수 없도록 규정하였다는 점만으로 사법의 독립을 침해한다고 볼 수 없다.

> **⚖ 판례**
>
> 차관급 상당 이상의 보수를 받은 자에 법관을 포함시켜 1980년 해직공무원보상특별법의 적용을 배제하는 것은 법관의 신분을 직접 가중적으로 보장하고 있는 헌법 제106조 제1항의 법관의 신분보장규정에 위반되고, 직업공무원으로서 그 신분이 보장되고 있는 일반직공무원과 비교하더라도 그 처우가 차별되고 있는 것이어서 헌법 제11조의 평등권의 보장규정에 위반된다(헌재 1992.11.12. 91헌가2).

6. 기타 법 관관련 사항

(1) 법관의 보직

판사의 보직은 대법원장이 행한다(법원조직법 제44조 제1항).

> **⚖ 판례 | 법관에 대한 전보명령**
>
> 법관은 경력직공무원 중 특정직공무원으로서, 이 사건 인사처분에 대하여는 법원 소속 공무원의 소청에 관한 사항을 심사결정하게 하기 위하여 법원행정처에 설치된 소청심사위원회에 구제를 청구하고, 다시 행정소송을 제기하여 그 구제를 청구할 수 있음이 명백한데, 위와 같은 구제절차를 거치지 아니한 채 바로 헌법소원심판을 청구하였으므로 이 사건 심판청구는 다른 법률이 정한 구제절차를 모두 거치지 아니한 채 제기된 **부적법한 심판청구**라 아니할 수 없다(헌재 1993.12.23. 92헌마247).

(2) 법관파견근무 제한

① **법관의 동의**: 대법원장은 다른 국가기관으로부터 법관의 파견근무요청이 있을 경우에 업무의 성질상 법관을 파견하는 것이 타당하다고 인정되고 해당 법관이 파견근무에 동의하는 경우에는 그 기간을 정하여 이를 허가할 수 있다(법원조직법 제50조).

② **대통령비서실 파견금지**: 법관은 대통령비서실에 파견되거나 대통령비서실의 직위를 겸임할 수 없다. 법관으로서 퇴직 후 2년이 지나지 아니한 사람은 대통령비서실의 직위에 임용될 수 없다(법원조직법 제50조의2).

(3) 법관의 금지사항

대법원장의 허가 없이 보수 있는 직무에 종사할 수 없고, 대법원장의 허가 없이 보수 유무를 불문하고 국가기관 외의 법인·단체의 고문, 임원, 직원의 직위에 취임할 수 없다(법원조직법 제49조).

(4) 겸임

대법원장은 법관을 사건의 심판 외의 직(재판연구관을 포함한다)에 보하거나 그 직을 겸임하게 할 수 있다(법원조직법 제52조 제1항).

(5) 사법보좌관

> **법원조직법 제54조【사법보좌관】** ② 사법보좌관은 다음 각 호의 업무 중 대법원규칙으로 정하는 업무를 할 수 있다.
> 1. 민사소송법(같은 법이 준용되는 경우를 포함한다) 및 소송촉진 등에 관한 특례법에 따른 소송비용액·집행비용액 확정결정절차, 독촉절차, 공시최고절차, 소액사건심판법에 따른 이행권고결정절차에서의 법원의 사무
> 2. 민사집행법(같은 법이 준용되는 경우를 포함한다)에 따른 집행문 부여명령절차, 채무불이행자명부 등재절차, 재산조회절차, 부동산에 대한 강제경매절차, 자동차·건설기계에 대한 강제경매절차, 동산에 대한 강제경매절차, 금전채권 외의 채권에 기초한 강제집행절차, 담보권 실행 등을 위한 경매절차, 제소명령절차, 가압류·가처분의 집행취소신청절차에서의 법원의 사무
> 3. 주택임대차보호법 및 상가건물 임대차보호법상의 임차권등기명령절차에서의 법원의 사무
> ③ 사법보좌관은 법관의 감독을 받아 업무를 수행하며, 사법보좌관의 처분에 대해서는 대법원규칙으로 정하는 바에 따라 **법관에게 이의신청을 할 수 있다.**

04 법관의 물적 독립(재판상의 독립)

1. 법관의 물적 독립의 개념

> **헌법 제103조【법관의 독립】** 법관은 헌법과 법률에 의하여 그 양심에 따라 독립하여 심판한다.

(1) 개념

법관의 물적 독립은 재판상의 독립으로서 국가권력이나 외부세력의 영향을 받지 않고 양심과 법에 따라서 재판을 해야 하는 것을 뜻한다.

(2) 인적 독립과의 관계

신분보장인 인적 독립(헌법 제105조, 제106조 등)은 법관의 재판상 독립인 물적 독립(헌법 제103조)을 목적으로 하고 최종 목적은 헌법 제27조 제1항의 국민의 공정한 재판을 받을 권리이다.

2. 헌법과 법률에 따른 심판

(1) 헌법과 법률의 의미

법관은 심판을 함에 있어 헌법과 법률에 구속된다. 헌법에는 성문헌법은 물론 헌법적 관습도 포함된다.

(2) 위헌인 법령에 구속되지 않음.

법관은 법률이 위헌으로 판단될 경우 헌법 제107조 제1항에 따라 위헌법률심사제청을 해야 하므로 위헌인 법률에 구속되지 않는다. 법관은 명령·규칙의 위헌·위법성을 헌법 제107조 제2항에 따라 독자적으로 판단하므로 위헌인 명령·규칙에 구속되지 않는다.

3. 양심에 구속

헌법 제103조의 양심의 내용에 대해 객관적 양심설과 주관적 양심설이 대립하나, 법관으로서의 법리적·법조적 양심이라는 객관적 양심설이 통설이다. 따라서 인간으로서의 도덕적 양심과 법관으로서의 법리적 확신이 충돌하면 법관은 법리적 확신을 우선시해야 한다.

4. 법관의 대외적 간섭으로부터의 독립

(1) 행정부와 국회로부터 독립

법관은 재판에 있어 국회, 행정부 등으로부터 간섭이나 지시를 받지 않고 독립하여 재판하여야 한다. 또한 국회가 법정형을 지나치게 높게 하는 것은 법관의 양형결정권을 침해하게 된다.

> **⚖ 판례**
>
> 필요적 병과를 규정한 법률이 법관의 양형결정권을 침해한 것인지 여부를 판단함에 있어, 비례의 원칙상 수긍할 수 있을 정도의 합리성이 있다면 위헌이라고 할 수 없다. 이 사건 법률조항이 작량감경을 하더라도 별도의 법률상 감경사유가 없는 한 집행유예의 선고를 할 수 없도록 그 법정형의 하한을 높여 놓았다 하여 곧 그것이 법관의 양형결정권을 침해하였다거나 법관독립의 원칙에 위배된다고 할 수 없고 법관에 의한 재판을 받을 권리를 침해하는 것이라고도 할 수 없다(헌재 2006.12.28. 2005헌바35).

> **⚖ 판례 | 사법권 침해인 것**
>
> 1. 사고운전자가 사고 후 **피해자를 유기치사하여 사망에 이르게 한 경우** 도주차량운전자 10년 이상 징역형은 법관의 양형결정권을 침해한다(헌재 1992.4.28. 90헌바24).
> 2. 법원으로 하여금 최초의 공판기일에 검사로부터 공소장에 의하여 피고인의 인적 사항 및 공소사실의 요지와 의견을 들은 후 **증거조사 없이 피고인에 대한 형을 선고하도록 한 반국가행위자처벌**에 관한 특별법은 사법권의 법원에의 귀속을 명시한 헌법 제101조 제1항에도 위반된다(헌재 1996.1.25. 95헌가5).
> 3. 금융기관이 성업공사에게 이관한 채권의 경우 **법원의 회사정리계획에도 불구하고 경매절차를 진행하도록 한 것**은 회사의 갱생가능성 및 정리계획의 수행가능성의 판단을 오로지 법관에게 맡기고 있는 회사정리법의 체계에 위반하여 사법권을 형해화시키는 것으로서, 지시로부터의 독립도 역시 그 내용으로 하는 사법권의 독립에 위협의 소지가 있다(헌재 1990.6.25. 89헌가98 등).

📖 판례 | 사법권 침해 아닌 것

1. 강도상해죄를 범한 자에 대하여는 **법률상의 감경사유가 없는 한 집행유예의 선고가 불가능하도록 한 것**이 사법권의 독립 및 법관의 양형판단재량권을 침해 내지 박탈하는 것으로서 헌법에 위반된다고는 볼 수 없다 (헌재 2001.4.26. 99헌바43).

2. **벌금형을 체납액 상당액으로 정액화하는 것**은 벌금형을 선택할 경우에 있어서도 지나치게 무겁다고 판단할 때에는 형법 제53조에 따라 작량감경함으로써 그 벌금액을 2분의 1로 감축할 수 있으므로 법관의 양형결정권 침해가 아니다(헌재 1999.12.23. 99헌가5 등).

3. 금융기관의 도산이 갖는 경제적 파급효과의 심각성 및 금융기관에 투입된, 국민의 부담이거나 부담으로 귀결될 수 있는 수많은 공적 자금의 신속하고 효율적인 회수의 필요성이 인정되므로 **예금보험공사 임직원을 금융기관 파산관재인으로** 선임하도록 한 것은 법원의 사법권을 침해하지 않는다(헌재 2001.3.15. 2001헌가1 등).

4. **금지된 물품을 수입한 경우 벌금형의 법정형을 수입한 물품원가의 2배로 한 것**은 법관의 양형결정권 침해가 아니다(헌재 2008.4.24. 2007헌가20).

5. **약식명령에 대한 정식재판에서 더 중형을 선고할 수 없도록 한 것**은 법관의 양형결정권 침해가 아니다 (헌재 2005.3.31. 2004헌가27 등).

6. 경합범관계에 있는 수죄가 분리기소되더라도 실형기간이 일괄기소되는 경우에 비하여 항상 길다고만은 할 수 없을 뿐만 아니라 법관은 일괄기소되는 경우와의 형평을 고려하여 양형을 통해 그 형량을 조절할 수 있을 것이므로 집행유예의 결격사유를 정하고 있는 (**금고 이상의 형의 선고를 받아 집행을 종료한 후 또는 집행이 면제된 후로부터 5년을 경과하지 아니한 자에 대해서는 집행유예를 하지 못하도록 한**) 형법 제62조 제1항 단서 규정이 한꺼번에 기소되는 경우와 분리기소되는 경우를 차별한다거나 정당한 재판을 받을 권리를 침해한다거나 나아가 법관의 양심에 따른 재판권을 침해한다고는 볼 수 없다(헌재 2005.6.30. 2003헌바49 등).

(2) 검찰로부터 독립

헌법재판소는 형사재판에 있어서 사법권 독립은 심판기관인 법원과 소추기관인 검찰청의 분리를 요구한다고 본다.

📖 판례 | 소송기록 송부지연

형사재판에 있어 사법권 독립은 심판기관인 법원과 소추기관인 검찰청의 분리를 요구함과 동시에 법관이 실제 재판에서 소송당사자인 검사와 피고인으로부터 부당한 간섭을 받지 않은 채 독립하여야 할 것을 요구한다. 따라서 원심소송기록을 검찰청 검사를 통하여 항소법원에 송부하도록 하는 것은 법관의 재판상의 독립에도 영향을 주어 결과적으로 형사피고인의 공정한 재판을 받을 권리를 침해한다(헌재 1995.11.30. 92헌마44).

(3) 사회로부터 독립

① 법원에 대한 청원도 가능하다. 그러나 법원의 재판에 간섭하는 청원은 수리하지 아니한다.
② 학문적인 비판으로서의 판례평석 및 사법민주화를 위한 비판은 가능하다.
③ 법관의 전속적 권한에 속하는 사실 인정, 유·무죄의 판단 그 자체를 대상으로 하거나 무죄추정의 원칙을 부정하는 정도의 비판은 할 수 없다.

(4) 소송당사자로부터 독립

소송당사자로부터 법관의 독립을 위해 제척, 기피, 회피제도가 있다.

5. 법관의 대내적 간섭으로부터의 독립 ★★

(1) 상급자로부터 독립

① 법관은 재판을 함에 있어 대법원장 등 상급자의 지시나 간섭을 받지 아니한다.

② 다만, 심급제에 따라 특정한 사건에 대한 상급심의 판결은 그 사건에 한해 하급심을 기속한다(법원조직법 제8조). 법원조직법 제8조는 법관의 재판상 독립에 위반되지 않는다.

③ 우리나라는 영·미법계와 달리 판례법의 법원성을 인정하지 아니하므로 상급심의 판결은 동종 사건이나 다른 사건에서 하급심을 기속하지 않는다.

⚖ 판례 | 대법원 판례의 구속력

1. 대법원의 판례가 법률해석의 일반적인 기준을 제시한 경우에 유사한 사건을 재판하는 하급심법원의 법관은 판례의 견해를 존중하여 재판하여야 하는 것이나, 판례가 **사안이 서로 다른 사건**을 재판하는 하급심법원을 직접 기속하는 효력이 있는 것은 아니다(대판 1996.10.25. 96다31307).

2. **상고심으로부터 사건을 환송받은 법원**은 그 사건을 재판함에 있어서 상고법원이 파기이유로 한 사실상 및 법률상의 판단에 대하여 환송 후의 심리과정에서 새로운 주장이나 입증이 제출되어 기속적 판단의 기초가 된 사실관계에 변동이 생기지 아니하는 한 이에 **기속을 받는다**(대판 2001.3.15. 98두15597).

---

(2) 합의재판에서 법원장으로부터 독립

합의재판의 경우 법관은 재판장의 사실인정이나 법적 판단에 기속되지 않는다. 다만, 합의평결이 이루어지면 그 결과에 따라야 한다.

제3절 법원의 조직

01 법원의 종류

1. 헌법규정

법원은 최고법원인 대법원과 각급 법원으로 조직된다(헌법 제101조 제2항). 대법원은 헌법상 법원이나 고등법원은 헌법상 법원이 아니다.

2. 법원조직(법원조직법 제3조)

(1) 법원조직법상 법원

대법원, 고등법원, 특허법원, 지방법원, 가정법원, 행정법원, 회생법원

(2) 법원의 설치·폐지와 관할 구역

법률로 정한다.

(3) 등기소의 설치·폐지

대법원규칙으로 정한다.

02 대법원

1. 대법원 구성

(1) 대법관 수

대법관 수에 대해서는 직접 헌법에서 규정하지 않고 있다. 법원조직법에서 대법원장을 포함하여 14명으로 규정하고 있다(법원조직법 제4조). 따라서 법률개정만으로 대법관 수를 변경할 수 있다.

(2) 대법관이 아닌 법관

헌법 제102조 제2항에는 법률로 대법관이 아닌 법관을 대법원에 둘 수 있다고 규정하고 있다.

2. 대법원장

(1) 대법원장 권한대행

선임대법관(법원조직법 제13조 제3항)

(2) 대법원장이 행한 행정처분에 대한 행정소송의 피고

법원행정처장(법원조직법 제70조)

> **비교** 국회의장이 행한 행정처분에 대한 행정소송의 피고는 국회사무총장이다. 헌법재판소장의 행정소송의 피고는 사무처장이다.

3. 대법관회의

(1) 조직과 구성

헌법상 필수기관이며, 대법관으로 구성된다.

(2) 의결정족수

대법관 전원의 3분의 2 이상 출석과 출석 과반수 찬성으로 의결하며, 의장은 표결권과 가부동수인 때 결정권을 가진다(법원조직법 제16조).

(3) 대법관회의 의결사항(법원조직법 제17조)

① 판사의 임명 및 연임에 대한 동의
② 대법원규칙의 제정과 개정 등에 관한 사항
③ 판례의 수집·간행에 관한 사항
④ 예산요구, 예비금 지출과 결산에 관한 사항
⑤ 특히 중요하다고 인정되는 사항으로서 대법원장이 회의에 부친 사항

(4) 대법관회의의 의결사항이 아닌 것

대법원장은 단독으로 법관에 대한 보직을 결정하고 법관을 퇴직시킬 수 있다. 법관징계위원회에서 법관을 징계한다.

4. 전원합의체(법원조직법 제7조)

(1) 구성과 권한

① **구성**: 대법관 전원의 3분의 2 이상으로 구성된다.
② **권한**: 대법관회의는 사법행정사무를 담당하고 전원합의체는 재판을 담당한다는 점에서 양자는 다르다.

(2) 심판권의 행사

대법원의 심판권은 대법관 전원의 3분의 2 이상의 합의체에서 행사하며, 대법원장이 재판장이 된다.

① **반드시 전원합의체에서 재판하는 경우**

      ⑦ 명령 또는 규칙이 헌법에 위반된다고 인정하는 경우

      ⓛ 명령 또는 규칙이 법률에 위반된다고 인정하는 경우

      ⓒ 종전에 대법원에서 판시(判示)한 헌법·법률·명령 또는 규칙의 해석 적용에 관한 의견을 변경할 필요가 있다고 인정하는 경우

      ⓔ 부에서 재판하는 것이 적당하지 아니하다고 인정하는 경우

      ⓜ 부에서 대법관의 의견이 일치하지 않은 경우

② **부에서 재판하는 경우**: 전원합의체에서 반드시 재판해야 하는 경우를 제외하고는 대법관 3명 이상으로 구성된 부에서 먼저 사건을 심리하여 의견이 일치한 경우에 한정하여 그 부에서 재판할 수 있다(법원조직법 제7조 제1항).

(3) 대법관의 의사표시

대법원 재판서(裁判書)에는 합의에 관여한 모든 대법관의 의견을 표시하여야 한다(법원조직법 제15조).

5. 3명 이상으로 구성되는 부(법원조직법 제7조 제1항)

부는 명령·규칙이 헌법이나 법률에 위반된다고 인정할 수 없고, 종전의 대법원 판례를 변경할 수 없다. 다만, 명령·규칙이 헌법이나 법률에 부합하다고 인정하여 이를 적용할 수는 있다.

6. 사법정책자문위원회

법원조직법 제25조【사법정책자문위원회】① 대법원장은 필요하다고 인정할 경우에는 대법원장의 자문기관으로 사법정책자문위원회를 둘 수 있다.

판사회의	필수적 자문기관
법관인사위원회	필수적 심의기관 (법원조직법 제25조의2)
사법정책자문위원회	임의적 자문기관

7. 양형위원회(법원조직법 제81조의2~제81조의7)

(1) 설치

대법원에 둔다.

(2) 위원

위원장 1명을 포함 13명

(3) 위원장

대법원장이 임명·위촉

(4) 임기

2년, 연임 가능

(5) 정족수

재적위원 과반수

(6) 양형기준

공개

(7) 양형기준

① 구속력이 없다.

② 법원이 양형기준을 벗어난 판결을 하는 경우에는 판결서에 양형의 이유를 적어야 한다. 다만, 약식절차 또는 즉결심판절차에 따라 심판하는 경우에는 그러하지 아니하다(법원조직법 제81조의7 제2항).

8. 대법원

① 명령·규칙의 위헌·위법최종심사권

② 선거소송재판권: 대법원은 대통령, 국회의원, 시·도지사의 선거, 비례대표 시·도의원 선거소송과 당선소송을 1심으로 담당한다.

③ 지방자치단체장 또는 교육감이 제소한 지방의회의 재의결에 대한 소송: 단심

④ 지방자치단체장이 제소한 직무이행명령권에 대한 소송: 단심

⑤ 상고·재항고사건

⑥ 법관징계에 대한 취소소송: 단심

☑ **대법원 단심이 아닌 것**

1. 해양사고사건에 관한 중앙해양안전심판원의 재결에 대한 소송
2. 공정거래위원회의 처분에 대한 불복의 소
3. 검사에 대한 징계처분의 취소청구를 하는 경우
4. 비상계엄하의 군사재판 중 군인·군무원의 범죄의 경우
5. 시·군·구의 장과 시·군·구의원 선거소송
6. 지역구 시·도의원 선거소송

---

03 하급법원

1. 고등법원

(1) 고등법원 설치근거

헌법 제101조 제2항은 법원은 최고법원인 대법원과 각급 법원으로 구성된다고 규정하고 있으므로 고등법원은 헌법상 법원은 아니고 법원조직법상 법원이다.

(2) 고등법원장

법원조직법 제26조【고등법원장】 ① 고등법원에 고등법원장을 둔다.
④ 고등법원장이 궐위되거나 부득이한 사유로 직무를 수행할 수 없을 때에는 수석판사, 선임판사의 순서로 그 권한을 대행한다.

---

(3) 재판권 행사

법원조직법 제7조【심판권의 행사】 ③ 고등법원·특허법원 및 행정법원의 심판권은 판사 3명으로 구성된 합의부에서 행사한다. 다만, 행정법원의 경우 단독판사가 심판할 것으로 행정법원 합의부가 결정한 사건의 심판권은 단독판사가 행사한다.

---

2. 특허법원

(1) 특수법원

특허사건의 1심법원이고 대법원이 최종심이므로 특허소송은 2심제이다. 법관으로 구성되며 대법원을 최종법원으로 하는 법원이므로 특허사건을 관할 사항으로 하는 특수법원이다.

(2) 기술심리관

특허법원에 기술심리관을 두는데, 기술심리관은 소송의 심리에 참여할 수 있고 재판장의 허가를 얻어 소송관계인에게 질문하거나 재판의 합의에서 의견을 진술할 수 있다(법원조직법 제54조의2).

3. 행정심판과 행정법원

> 헌법 제107조【법률 등 위헌제청·심사권·행정심판】③ 재판의 전심절차로서 행정심판을 할 수 있다. 행정심판의 절차는 법률로 정하되, 사법절차가 준용되어야 한다.

(1) 행정법원

> 법원조직법 제7조【심판권의 행사】③ 고등법원·특허법원 및 행정법원의 심판권은 판사 3명으로 구성된 합의부에서 행사한다. 다만, 행정법원의 경우 단독판사가 심판할 것으로 행정법원 합의부가 결정한 사건의 심판권은 단독판사가 행사한다.

(2) 행정심판

① 입법자가 행정심판을 전심절차가 아니라 종심절차로 규정함으로써 정식재판의 기회를 배제하면 헌법에 위반된다.

② 어떤 행정심판을 필요적 전심절차로 규정하면서도 그 절차에 사법절차가 준용되지 않는다면, 이는 헌법 제107조 제3항, 나아가 재판청구권을 보장하고 있는 헌법 제27조에도 위반된다(헌재 2000.6.1. 98헌바8).

③ 행정심판은 행정소송법상 임의적 절차이다.

> **⚖ 판례 | 행정심판법 인용재결의 기속력** (헌재 2014.6.26. 2013헌바122)
>
> **1. 지방자치단체의 장이 기본권 주체가 될 수 없다고 본 사례**
>
> 공권력의 행사자인 국가, 지방자치단체나 그 기관 또는 국가조직의 일부나 공법인은 기본권의 주체가 아니라 단지 국민의 기본권을 보호 내지 실현해야 할 책임과 의무를 지는 지위에 있을 뿐이므로, 지방자치단체의 장인 이 사건 청구인은 기본권의 주체가 될 수 없다.
>
> **2. 행정심판청구를 인용하는 재결이 행정청을 기속하도록 규정한 행정심판법 제49조 제1항이 헌법 제101조 제1항, 제107조 제2항 및 제3항에 위배되는지 여부(소극)**
>
> 헌법 제101조 제1항과 제107조 제2항은 입법권 및 행정권으로부터 독립된 사법권의 권한과 심사범위를 규정한 것일 뿐이다. 헌법 제107조 제3항은 행정심판의 심리절차에서도 관계인의 충분한 의견진술 및 자료제출과 당사자의 자유로운 변론 보장 등과 같은 대심구조적 사법절차가 준용되어야 한다는 취지일 뿐, 사법절차의 심급제에 따른 불복할 권리까지 준용되어야 한다는 취지는 아니다. 그러므로 이 사건 법률조항은 헌법 제101조 제1항, 제107조 제2항 및 제3항에 위배되지 아니한다.

(3) 행정소송

① 행정법원의 설치로 행정소송은 3심제로 전환되었다.

② 행정법원은 행정소송법에서 정한 행정사건과 다른 법률에 의하여 행정법원의 권한에 속하는 사건을 제1심으로 심판한다.

4. 지방법원

> **법원조직법 제7조【심판권의 행사】** ④ 지방법원·가정법원·회생법원과 지방법원 및 가정법원의 지원, 가정지원 및 시·군법원의 심판권은 단독판사가 행사한다.
>
> ⑤ 지방법원·가정법원·회생법원과 지방법원 및 가정법원의 지원, 가정지원에서 합의심판을 하여야 하는 경우에는 판사 3명으로 구성된 합의부에서 심판권을 행사한다.
>
> **제32조【합의부의 심판권】** ① 지방법원과 그 지원의 합의부는 다음의 사건을 제1심으로 심판한다.
>
> 3. 사형, 무기 또는 단기 1년 이상의 징역 또는 금고에 해당하는 사건. 다만, 다음 각 목의 사건은 제외한다.
>   가. 형법 제258조의2 제1항, 제331조, 제332조(제331조의 상습범으로 한정한다)와 그 각 미수죄, 제350조의2와 그 미수죄, 제363조에 해당하는 사건
>   나. 폭력행위 등 처벌에 관한 법률 제2조 제3항 제2호·제3호, 제6조(제2조 제3항 제2호·제3호의 미수죄로 한정한다) 및 제9조에 해당하는 사건
>   다. 병역법 위반사건
>   라. 특정범죄 가중처벌 등에 관한 법률 제5조의3 제1항, 제5조의4 제5항 제1호·제3호 및 제5조의11에 해당하는 사건
>   마. 보건범죄 단속에 관한 특별조치법 제5조에 해당하는 사건
>   바. 부정수표 단속법 제5조에 해당하는 사건
>   사. 도로교통법 제148조의2 제1항·제2항, 같은 조 제3항 제1호 및 제2호에 해당하는 사건
>   아. 중대재해 처벌 등에 관한 법률 제6조 제1항·제3항 및 제10조 제1항에 해당하는 사건
> 4. 제3호의 사건과 동시에 심판할 공범사건
> 5. 지방법원 판사에 대한 제척·기피사건
> 6. 다른 법률에 따라 지방법원 합의부의 권한에 속하는 사건
>
> ② 지방법원 본원 합의부 및 춘천지방법원 강릉지원 합의부는 지방법원 단독판사의 판결·결정·명령에 대한 항소 또는 항고사건 중 제28조 제2호(특허사건)에 해당하지 아니하는 사건을 제2심으로 심판한다. 다만, 제28조의4 제2호에 따라 특허법원의 권한에 속하는 사건은 제외한다.

5. 시군법원

> **법원조직법 제33조【시·군법원】** ① 대법원장은 지방법원 또는 그 지원 소속 판사 중에서 그 관할 구역에 있는 시·군법원의 판사를 지명하여 시·군법원의 관할 사건을 심판하게 한다. 이 경우 1명의 판사를 둘 이상의 시·군법원의 판사로 지명할 수 있다.
>
> ② 시·군법원의 판사는 소속 지방법원장 또는 지원장의 지휘를 받아 시·군법원의 사법행정사무를 관장하며, 그 소속 직원을 지휘·감독한다. 다만, 가사사건에 관하여는 그 지역을 관할하는 가정법원장 또는 그 지원장의 지휘를 받는다.
>
> **제34조【시·군법원의 관할】** ① 시·군법원은 다음 각 호의 사건을 관할한다.
> 1. 소액사건심판법을 적용받는 민사사건
> 2. 화해·독촉 및 조정(調停)에 관한 사건

3. 20만원 이하의 벌금 또는 구류나 과료에 처할 범죄사건

4. 가족관계의 등록 등에 관한 법률 제75조에 따른 협의상 이혼의 확인

② 제1항 제2호 및 제3호의 사건이 불복신청으로 제1심법원에 계속(係屬)하게 된 경우에는 그 지역을 관할하는 지방법원 또는 그 지원이 관할한다. 다만, 소액사건심판법을 적용받는 사건은 그 시·군법원에서 관할한다.

③ 제1항 제3호에 해당하는 범죄사건에 대해서는 즉결심판을 한다.

제35조【즉결심판에 대한 정식재판의 청구】 제34조의 즉결심판에 대하여 피고인은 고지를 받은 날부터 7일 이내에 정식재판을 청구할 수 있다

04 군사법원

헌법 제110조【군사재판】 ① 군사재판을 관할하기 위하여 특별법원으로서 군사법원을 둘 수 있다.

② 군사법원의 상고심은 대법원에서 관할한다.

③ 군사법원의 조직·권한 및 재판관의 자격은 법률로 정한다.

④ 비상계엄하의 군사재판은 군인·군무원의 범죄나 군사에 관한 간첩죄의 경우와 초병·초소·유독음식물공급·포로에 관한 죄 중 법률이 정한 경우에 한하여 단심으로 할 수 있다. 다만, 사형을 선고한 경우에는 그러하지 아니하다.

1. 특별법원

(1) 특별법원의 개념

군사법원은 법관의 자격이 없는 자에 의해 행해진다는 점에서 예외법원이다.

구분	특수법원	특별법원
의의	법관의 자격을 가진 자가 재판을 담당하고 상고가 인정되며 특별한 종류의 사건에 한해 재판권을 행사하는 법원	① 법관의 자격을 가지지 않은 자로 구성되거나 ② 대법원이 최종심이 아닌 법원
근거법령	법률로 설치할 수 있음.	헌법상 반드시 근거가 있어야 함.
예	특허법원, 행정법원	군사법원

(2) 특별법원설치의 허용 여부

① 헌법과 법률이 정한 법관이 아닌 자로 구성되는 법원은 제27조 제1항에 위반되고, 대법원이 최종심이 아닌 법원은 제101조 제2항 위반된다. 따라서 법률로 특별법원을 설치하는 것은 헌법에 위반된다.

② 군사법원은 특별법원에 해당하지만, 헌법 제110조 제1항에 근거를 두고 있으므로 설치할 수 있다.

2. 군사법원

(1) 군사법원의 연혁

제2차 개정헌법에서 군법회의 설치근거를 두었고 현행헌법에서 군사법원을 둘 수 있도록 규정하였다.

(2) 신분적 재판권

군사법원법 제2조【신분적 재판권】 ① 군사법원은 다음 각 호의 어느 하나에 해당하는 사람이 범한 죄에 대하여 재판권을 가진다.
1. 군형법 제1조 제1항부터 제4항까지에 규정된 사람. 다만, 군형법 제1조 제4항에 규정된 사람 중 다음 각 목의 어느 하나에 해당하는 내국인·외국인은 제외한다.
　가. 군의 공장, 전투용으로 공하는 시설, 교량 또는 군용에 공하는 물건을 저장하는 창고에 대하여 군형법 제66조의 죄를 범한 내국인·외국인
　나. 군의 공장, 전투용으로 공하는 시설, 교량 또는 군용에 공하는 물건을 저장하는 창고에 대하여 군형법 제68조의 죄를 범한 내국인·외국인
　다. 군의 공장, 전투용으로 공하는 시설, 교량, 군용에 공하는 물건을 저장하는 창고, 군용에 공하는 철도, 전선 또는 그 밖의 시설에 대하여 군형법 제69조의 죄를 범한 내국인·외국인
　라. 가목부터 다목까지의 규정에 따른 죄의 미수범인 내국인·외국인
　마. 국군과 공동작전에 종사하고 있는 외국군의 군용시설에 대하여 가목부터 다목까지의 규정에 따른 죄를 범한 내국인·외국인
2. 국군부대가 관리하고 있는 포로
② 제1항에도 불구하고 법원은 다음 각 호에 해당하는 범죄 및 그 경합범관계에 있는 죄에 대하여 재판권을 가진다. 다만, 전시·사변 또는 이에 준하는 국가비상사태시에는 그러하지 아니하다.
1. 군형법 제1조 제1항부터 제3항까지에 규정된 사람이 범한 성폭력범죄의 처벌 등에 관한 특례법 제2조의 성폭력범죄 및 같은 법 제15조의2의 죄, 아동·청소년의 성보호에 관한 법률 제2조 제2호의 죄
2. 군형법 제1조 제1항부터 제3항까지에 규정된 사람이 사망하거나 사망에 이른 경우 그 원인이 되는 범죄
3. 군형법 제1조 제1항부터 제3항까지에 규정된 사람이 그 신분 취득 전에 범한 죄

군형법 제1조【적용대상자】 ① 이 법은 이 법에 규정된 죄를 범한 대한민국 군인에게 적용한다.
② 제1항에서 '군인'이란 현역에 복무하는 장교, 준사관, 부사관 및 병(兵)을 말한다. 다만, 전환복무 중인 병은 제외한다.
④ 다음 각 호의 어느 하나에 해당하는 사람에 대하여는 군인에 준하여 이 법을 적용한다.
1. 군무원
2. 군적을 가진 군의 학교의 학생·생도와 사관후보생·부사관후보생 및 병역법 제57조에 따른 군적을 가지는 재영 중인 학생
3. 소집되어 복무하고 있는 예비역·보충역 및 전시근로역인 군인

⚖️ 판례 | 현역병의 군대 입대 전 범죄에 대한 군사법원의 재판권을 규정하고 있는 군사법원법

군대는 각종 훈련 및 작전수행 등으로 인해 근무시간이 정해져 있지 않고 집단적 병영생활 및 작전위수(衛戍)구역으로 인한 생활공간적인 제약 등, 군대의 특수성으로 인하여 일단 군인신분을 취득한 군인이 군대 외부의 일반법원에서 재판을 받는 것은 군대조직의 효율적인 운영을 저해하고, 현실적으로도 군인이 수감 중인 상태에서 일반법원의 재판을 받기 위해서는 상당한 비용·인력 및 시간이 소요되므로 이러한 군의 특수성 및 전문성을 고려할 때 군인신분 취득 전에 범한 죄에 대하여 군사법원에서 재판을 받도록 하는 것은 합리적인 이유가 있다(헌재 2009.7.30. 2008헌바62).

(3) 군사법원 종류

군사법원법 제6조【군사법원의 설치 및 관할 구역】 ① 군사법원은 국방부장관 소속으로 하며, 중앙지역군사법원·제1지역군사법원·제2지역군사법원·제3지역군사법원 및 제4지역군사법원으로 구분하여 설치하되, 그 소재지는 별표 1과 같다.

(4) 군사재판의 심급

지역군사법원 – 서울고등법원 – 대법원

> **군사법원법 제10조【고등법원의 심판사항】** ① 고등법원은 군사법원의 재판에 대한 항소사건, 항고사건 및 그 밖에 다른 법률에 따라 고등법원의 권한에 속하는 사건에 대하여 심판한다.
> ② 제1항의 고등법원은 각급 법원의 설치와 관할 구역에 관한 법률 별표 1에 따른 서울고등법원에 둔다.

(5) 재판관 임명과 자격

> **군사법원법 제22조【군사법원의 재판관】** ① 군사법원에서는 군판사 3명을 재판관으로 한다.
> ② 제1항에도 불구하고 약식절차에서는 군판사 1명을 재판관으로 한다.

(6) 재판공개

> **군사법원법 제67조【재판의 공개】** ① 재판의 심리와 판결은 공개한다. 다만, 공공의 안녕과 질서를 해칠 우려가 있을 때 또는 군사기밀을 보호할 필요가 있을 때에는 군사법원의 결정으로 재판의 심리만은 공개하지 아니할 수 있다.

(7) 군사법원규칙

> **군사법원법 제4조【대법원의 규칙제정권】** 대법원은 제4조의2에 따른 군사법원운영위원회의 의결을 거쳐 군사법원의 재판에 관한 내부규율과 사무처리에 관한 사항을 군사법원규칙으로 정한다.
>
> **제4조의2【군사법원운영위원회】** ① 군사법원 운영에 관한 다음 각 호의 사항을 심의·의결하기 위하여 국방부에 군사법원운영위원회를 둔다.
> 1. 군판사의 임명 및 연임 동의에 관한 사항
> 2. 제4조에 따른 군사법원규칙의 제정과 개정 등에 관한 사항
> 3. 판례의 수집·간행에 관한 사항
> 4. 다른 법령에 따라 군사법원운영위원회의 권한에 속하는 사항
> 5. 군사법원 운영과 관련하여 특히 중요하다고 인정되는 사항으로서 국방부장관이 회의에 부치는 사항
> ② 제1항에 따른 군사법원운영위원회의 위원장은 국방부장관이 되고, 군사법원운영위원회의 위원은 다음 각 호의 사람이 된다.
> 1. 국방부장관이 지정하는 변호사 자격이 있는 고위공무원 1명
> 2. 군사법원장 5명
> 3. 군인사법 제21조에 따라 각 군 참모총장이 임명한 법무병과장 각 1명
> ③ 군사법원운영위원회는 재적위원 3분의 2 이상의 출석으로 개의(開議)하고, 출석위원 과반수의 찬성으로 의결한다.

> **⚖️ 판례 | 법관의 자격이 없는 자의 군심판관 임명**
>
> 군사법원을 군부대 등에 설치하도록 하고, 군사법원에 군 지휘관을 관할관으로 두도록 하고, 관할관이 군판사 및 심판관의 임명권과 재판관의 지정권을 갖고 심판관은 일반장교 중에서 임명할 수 있도록 규정한 것은 헌법 제110조 제1항, 제3항의 위임에 따라 군사법원을 특별법원으로 설치함에 있어서 군대조직 및 군사재판의 특수성을 고려하고 군사재판을 신속, 적정하게 하여 군기를 유지하고 군지휘권을 확립하기 위한 것으로서 필요하고 합리적인 이유가 있다고 할 것이다(헌재 1996.10.31. 93헌바25).

제4절 법원의 권한

01 위헌법률심판제청권

법원은 법률이 헌법에 위반되는지 재판의 전제가 되는 경우 헌법재판소에 위헌제청을 할 수 있다.

02 명령·규칙심사권

> **헌법 제107조 【위헌제청, 명령 등의 심사권, 행정심판】** ② 명령·규칙 또는 처분이 헌법이나 법률에 위반되는 여부가 재판의 전제가 된 경우에는 대법원은 이를 최종적으로 심사할 권한을 가진다.

1. 명령·규칙심사권의 주체 ★★

(1) 모든 법원

대법원을 포함한 각급 법원과 군사법원이 명령·규칙심사권의 주체이다.

(2) 헌법재판소

구분	헌법 제107조 제2항	헌법소원
심사주체	각급 법원	한법재판소
명령의 위헌 여부가 재판의 전제가 된 경우	○	×
명령의 위헌 여부	○	○
직접성요건	×	○

> **⚖ 판례 ┃ 법무사법 시행규칙에 대한 헌법소원** (헌재 1990.10.15. 89헌마178)
>
> 1. 헌법재판소법 제68조 제1항의 공권력이란 입법, 행정, 사법 등 모든 공권력을 말하는 것이므로, 입법부에서 제정한 법률, 행정부에서 시행한 **시행령이나 시행규칙 및 사법부에서 제정한 규칙** 등은 그것들이 별도의 집행행위를 기다리지 않고 직접 기본권을 침해하는 것일 때에는 모두 헌법소원심판의 대상이 될 수 있는 것이다.
> 2. 헌법 제107조 제2항이 규정한 명령·규칙에 대한 대법원의 최종심사권이란 구체적인 소송사건에서 명령·규칙의 위헌 여부가 재판의 전제가 되었을 경우 법률의 경우와는 달리 헌법재판소에 제청할 것 없이 대법원의 최종적으로 심사할 수 있다는 의미이며, 법률의 하위법규인 명령·규칙의 위헌 여부 심사권이 헌법재판소의 관할에 속함은 당연한 것으로서 헌법 제107조 제2항의 규정이 이를 배제한 것이라고는 볼 수 없다. 그러므로 법률의 경우와 마찬가지로 명령·규칙 그 자체에 의하여 **직접 기본권이 침해되었음을 이유로** 하여 헌법소원심판을 청구하는 것은 위 헌법규정과는 **아무런 상관이 없는 문제이다.**

2. 명령·규칙심사권의 내용

(1) 명령·규칙심사의 요건

법원이 명령·규칙의 위헌·위법을 심사하기 위해서는 명령 또는 규칙이 헌법, 법률에 위반되는지가 재판의 전제가 되어야 한다. 따라서 구체적인 규범통제만이 가능하고 추상적 규범통제는 불가능하다.

(2) 명령·규칙심사의 기준

헌법, 헌법적 관습법, 법률, 국회의 비준동의를 받은 조약, 긴급명령, 긴급재정·경제명령

(3) 명령·규칙심사의 대상

① **법규명령**: 명령은 법규명령이면 위임·집행명령을 불문하고 대상이 된다. 또한 명령의 효력을 가지는 조약도 심판대상이 된다.

② **법규명령으로서 규칙과 조례**: 국회규칙, 헌법재판소규칙, 대법원규칙, 지방자치단체의 규칙과 조례, 중앙선거관리위원회규칙 중 법규명령으로서의 규칙

③ **행정규칙**: 기관 내규로서의 성질을 가지는 행정규칙은 심사대상에서 제외된다. 다만, 형식상 행정규칙이라도 법규성을 가지면 대상이 될 수 있다.

> ⚖ **판례**
>
> 1979.10.18. 부산지역에 비상계엄이 선포되었고, 계엄사령관은 같은 날 구 계엄법 제13조에서 정한 계엄사령관의 조치로서 유언비어 날조·유포와 국론분열 언동은 엄금한다는 내용이 포함된 계엄포고 제1호를 발령하였다. 구 계엄법 제15조에서 정하고 있는 '제13조의 규정에 의하여 취한 계엄사령관의 조치'는 유신헌법 제54조 제3항, 구 계엄법 제13조에서 계엄사령관에게 국민의 기본권 제한과 관련한 특별한 조치를 할 수 있는 권한을 부여한 데 따른 것으로서 구 계엄법 제13조, 제15조의 내용을 보충하는 기능을 하고 그와 결합하여 대외적으로 구속력이 있는 법규명령으로서 효력을 가진다. 그러므로 법원은 현행헌법 제107조 제2항에 따라서 위와 같은 특별한 조치로서 이루어진 계엄포고 제1호에 대한 위헌·위법 여부를 심사할 권한을 가진다(대판 2018.11.29. 2016도14781).

(4) 명령·규칙심사의 범위

① **형식 + 실질효력심사**: 명령·규칙이 적법한 절차에 따라 성립한 것인지의 형식적 효력과 그 내용이 상위법규에 위반되는지의 실질적 효력을 심사한다.

② **합법성심사**: 법원은 합법성통제기관이므로 실질적 효력의 심사는 합헌성과 합법성의 심사에 머무는 것이어야 하고, 합목적성의 심사까지는 할 수 없다.

(5) 심사결정

명령·규칙이 헌법과 법률에 위반함을 인정하는 심사는 대법관 전원의 3분의 2 이상의 합의체에서 심의한다. 명령·규칙이 헌법과 법률에 위반함을 인정하는 때에는 대법관 전원의 3분의 2 이상이 출석하고 출석 과반수의 찬성이 있어야 한다.

(6) 헌법 또는 법률에 위반된 명령·규칙의 효력 ★★

① **개별적 효력 부인설(적용거부설)**: 법원의 명령·규칙의 심사는 그것이 재판의 전제가 될 때에만 가능하기 때문에 위헌·위법으로 인정된 경우 당해 사건에 한해 적용을 거부할 수 있다. 따라서 다른 법원은 위헌·위법결정된 명령·규칙을 적용할 수 있다. *통설

② **일반적 효력 상실설**: 위헌·위법인 명령·규칙에 대하여 적용거부에 그치지 아니하고 일반적으로 효력을 상실한다.

03 대법원규칙제정권

> **헌법 제108조【대법원의 규칙제정권】** 대법원은 법률에 저촉되지 아니하는 범위 안에서 소송에 관한 절차, 법원의 내부규율과 사무처리에 관한 규칙을 제정할 수 있다.

1. 연혁

법원의 규칙제정권은 대륙법계 국가에서는 볼 수 없는 영·미 국가에 특유한 제도이다.

2. 대법원규칙제정권의 주체와 제정절차

(1) 제정주체

규칙제정권은 대법원이 가진다. 고등법원, 지방법원은 규칙제정권이 없다.

(2) 제정절차

대법원의 제정과 개정은 대법관회의의 의결을 거쳐야 하며 대법관회의에서 의결된 규칙은 의결된 후 15일 이내에 법원행정처장이 공포절차를 취한다. 대법원규칙의 공포는 관보에 게재함으로써 한다.

3. 대법원규칙제정권의 대상과 범위

헌법 제108조의 규칙제정범위는 예시적이다.

> **⚖️ 판례 | 변호사보수, 대법원규칙에 위임한 민사소송법** (헌재 2016.6.30. 2013헌바370 등)
>
> 1. 헌법 제108조는 "대법원은 법률에서 저촉되지 아니하는 범위 안에서 소송에 관한 절차, 법원의 내부규율과 사무처리에 관한 규칙을 제정할 수 있다."라고 규정하고 있는바, 이는 위 조항에서 열거하고 있는 사항에 대해서는 대법원이 법률에 저촉되지 않는 한 법률에 의한 명시적인 수권이 없이도 이를 규칙으로 정할 수 있다는 의미이다.
> 2. 법률은 헌법 제108조에서 열거하고 있는 사항은 물론, 위 조항에서 열거하고 있지 않은 사항에 대해서도 이를 대법원규칙에서 정하도록 위임할 수 있으므로, 소송비용에 관한 사항이 소송에 관한 절차에 관련된 사항인지 여부와 관계없이 심판대상조항이 이를 대법원규칙에 위임하였다 하여 이것이 헌법 제108조에 위반된다고 볼 수는 없다.
> 3. "소송을 대리한 변호사에게 당사자가 지급하였거나 지급할 보수는 대법원규칙이 정하는 금액의 범위 안에서 소송비용으로 인정한다."라고 규정한 민사소송법은 헌법 제108조에 위반된다고 볼 수 없다.
> 4. 헌법 제75조에 근거한 포괄위임금지원칙은 법률에 이미 대통령령 등 하위법규에 규정될 내용 및 범위의 기본사항이 구체적으로 규정되어 있어서 누구라도 당해 법률로부터 하위법규에 규정될 내용의 대강을 예측할 수 있어야 함을 의미하므로, 위임입법이 대법원규칙인 경우에도 수권법률에서 이 원칙을 준수하여야 하는 것은 마찬가지이다.
>
> **비교 헌법재판소 재판관 소수의견**
>
> 대법원규칙에 입법권한을 위임한 법률조항에 대해서는 포괄위임금지원칙 위반 여부를 심사할 필요가 없다. 헌법 제75조는 입법권을 행정부에 위임하는 경우에 한정하여 위임의 명확성을 요청하고 있으므로, 헌법 제75조의 포괄위임금지원칙은 대법원규칙에는 적용되지 않는다.

5. 대법원규칙으로 규율될 내용들은 소송에 관한 절차와 같이 법원의 전문적이고 기술적인 사무에 관한 것이 대부분일 것인바, 법원의 축적된 지식과 실제적 경험의 활용, 규칙의 현실적 적응성과 적시성의 확보라는 측면에서 수권법률에서의 위임의 구체성·명확성의 정도는 다른 규율 영역에 비해 완화될 수 있을 것이다.

⚖ 판례

심판대상조항에 따라 대법원규칙에 규율될 내용은 관련 조항과 종래의 실무례 등을 반영하여 컴퓨터용디스크 등에 담긴 정보가 먼저 소송관계인에 의하여 공판정에 구체적으로 현출됨으로써 실질적 증거조사가 이루어 질 수 있는 방식이 될 것임을 충분히 예측할 수 있다. **컴퓨터용디스크 등에 대한 증거조사방식에 관하여 필요한 사항을 대법원규칙으로 정하도록 한** 형사소송법 제292조의3은 포괄위임금지원칙에 위반되지 않는다(헌재 2016.6.30. 2013헌바27).

⚖ 판례 | 법무사법 시행규칙에 대한 헌법소원심판 (헌재 1990.10.15. 89헌마178)

1. 헌법재판소법 제68조 제1항이 규정하고 있는 헌법소원심판의 대상으로서의 '공권력'이란 입법·사법·행정 등 모든 공권력을 말하는 것이므로 입법부에서 제정한 법률, 행정부에서 제정한 시행령이나 시행규칙 및 사법부에서 제정한 규칙 등은 그것들이 별도의 집행행위를 기다리지 않고 직접 기본권을 침해하는 것일 때에는 모두 헌법소원심판의 대상이 될 수 있는 것이다.

2. 법령 자체에 의한 직접적인 기본권 침해 여부가 문제되었을 경우 그 법령의 효력을 직접 다투는 것을 소송물로하여 일반법원에 구제를 구할 수 있는 절차는 존재하지 아니하므로 이 경우에는 다른 구제절차를 거칠 것 없이 바로 헌법소원심판을 청구할 수 있는 것이다.

3. 법무사법 시행규칙 제3조 제1항은 "법원행정처장은 법무사를 보충할 필요가 있다고 인정되는 경우에는 대법원장의 승인을 얻어 법무사시험을 실시할 수 있다."라고 규정하였는바, 이는 법원행정처장이 법무사를 보충할 필요가 없다고 인정하면 법무사시험을 실시하지 아니해도 된다는 것으로서 상위법인 법무사법 제4조 제1항에 의하여 청구인을 비롯한 모든 국민에게 부여된 법무사 자격 취득의 기회를 하위법인 시행규칙으로 박탈하고 법무사업을 법원·검찰청 등의 퇴직공무원에게 독점시키는 것이 되며, 이는 결국 대법원이 규칙제정권을 행사함에 있어 위임입법권의 한계를 일탈하여 청구인이나 기타 법무사 자격을 취득하고자 하는 모든 국민의 헌법 제11조 제1항의 평등권과 헌법 제15조의 직업선택의 자유를 침해한 것이다.

4. 대법원규칙의 효력

대법원규칙은 법규명령과 행정규칙의 성질을 모두 가진다. 특히 소송절차에 관한 규칙은 법규성을 가진다. 대법원규칙은 법원조직법, 소송법의 하위규범이므로 이에 반해서는 안 된다.

5. 대법원규칙제정권의 통제

(1) 국회에 의한 통제

대법원규칙에 대한 통제는 국회의 국정감사 및 조사권의 발동과 이에 따른 책임의 추궁 등에 의한 간접적 통제가 있다.

(2) 법원에 의한 통제

대법원 규칙의 법률과 헌법 위반에 대해서는 법원이 헌법 제107조 제2항에 따라 심사권을 가진다.

(3) 헌법재판소에 의한 통제

대법원규칙의 위헌심사권에 있어 헌법재판소는 규칙 그 자체가 직접 기본권을 침해하였을 경우에는 헌법소원심판의 대상이 된다고 한다(헌재 1990.10.15. 89헌마178).

제5절 사법의 절차와 운영

01 사법절차의 의의

우리 헌법은 사법권에 의한 기본권 보호를 위해 공정한 재판을 받을 권리를 규정하고(헌법 제27조 제1항), 이를 위해 독립적인 법원에 의한 재판을 배려하고 있다.

02 재판의 심급제도

> 헌법 제101조 【사법권·법원조직·법관의 자격】 ② 법원은 최고법원인 대법원과 각급 법원으로 구성된다.

1. 3심제의 의의

심급제도 자체는 헌법상 필수적인 것이지만, 반드시 모든 재판이 3심제이어야만 하는 것은 아니다. 3심제는 헌법에 명문으로 규정되어 있지 않고, 법원조직법에 공정한 재판의 확보를 위해 규정되어 있다.

2. 3심제에 대한 예외 ★★

(1) 2심제
① 특허재판
② 지역구 광역의회 선거소송
③ 시·군·구의회 선거소송
④ 시·군·구의 장 선거소송
⑤ 해양사건사고에 대한 중앙해양안전심판원의 재결에 대한 소송

(2) 단심제
① 대통령 선거소송
② 국회의원 선거소송
③ 시도지사 선거소송
④ 비례대표 시·도의원 선거소송
⑤ 비상계엄하의 군사재판(헌법 제110조 제4항)
⑥ 지방자치법상의 기관쟁의
⑦ 법관 징계에 대한 소송

03 재판의 공개제도 ***

> **헌법 제109조【재판공개원칙】** 재판의 심리와 판결은 공개한다. 다만, 심리는 **국가의 안전보장 또는 안녕질서**를 방해하거나 선량한 풍속을 해할 염려가 있을 때에는 법원의 결정으로 공개하지 아니할 수 있다.

1. 재판의 공개의 의의

재판의 공개란 재판의 심리와 판결이 일반인의 방청이 허용된 공개법정에서 행해져야 한다는 것을 말한다. 재판의 공개는 소송의 심리와 판결을 공개함으로써 재판의 공정성을 확보하고 소송당사자의 인권을 보장하는 데 그 제도적 의의가 있다. [허영]

2. 재판공개의 내용

(1) 공개원칙

① **심리와 판결**: 심리는 민사사건에 있어 구두변론, 형사사건에서 공판절차이고, 판결이란 사건의 실체에 대하여 법관이 내리는 판단이다.

② **공개의 의미**: 공개란 사건과 관련없는 일반인에게도 방청이 허용된다는 의미이다. 다만, 법정의 수용능력을 고려하여 방청권을 소지한 자에게만 방청을 허용하는 것은 공개재판의 원칙에 위배되지 아니한다. 재판에 관한 보도의 자유도 공개의 내용에 포함된다. 그러나 법정질서유지를 위해 녹화, 촬영, 중계방송은 재판장의 허가를 받도록 하고 있다(법원조직법 제59조).

(2) 공개원칙이 적용되지 않는 것

① 심리와 판결이 아닌 공판준비절차는 공개할 필요가 없다.

② 가사비송절차(家事非訟節次)와 비송사건절차는 재판에 해당하지 않고 가정·친족 간의 사건이므로 공개할 경우 사생활의 비밀과 명예를 훼손하므로 공개할 필요가 없다.

③ 소송법상 결정이나 명령은 법원의 심리와 판결이 아니므로 공개할 필요가 없다.

④ 법원조직법 제65조는 '재판의 합의는 공개하지 않는다'고 규정하고 있다.

3. 예외적인 심리의 비공개

(1) 비공개사유

① 공개 여부의 결정은 법원의 재량에 속하지만, 국가의 안전보장, 안녕질서를 방해하거나 선량한 풍속을 해할 우려가 있는가의 판단은 객관성이 요구되는 기속재량에 속한다. 이 헌법상의 요건은 엄격하게 해석해야 할 것이다.

② 헌법은 공익목적을 위한 비공개사유만 규정하고 있으나, 소송당사자의 이익을 위하여도 비공개로 할 수 있다.

(2) 상대적 비공개

① 심리를 비공개로 하더라도 재판장은 적당하다고 인정하는 자의 재정을 허락할 수 있다.

② 심리는 원칙적으로 공개해야 하고 예외적으로 비공개로 할 수 있으나, 판결은 반드시 공개해야 한다.

4. 위법한 비공개재판의 효과

재판공개의 원칙을 어긴 비공개재판은 당연히 무효가 되는 것은 아니다. 그러나 이는 절대적 상고이유가 된다.

04 법정질서유지권

1. 법정질서유지권의 의의

법정질서유지란 법정에서 질서를 유지하고 심판을 방해하는 행위를 배제 또는 제지하기 위해 법원이 가지는 권력작용이다.

2. 법정질서유지권의 내용 ★★

(1) 입정금지 · 퇴정명령

> **법원조직법 제58조 【법정의 질서유지】** ① 법정의 질서유지는 재판장이 담당한다.
> ② 재판장은 법정의 존엄과 질서를 해칠 우려가 있는 사람의 입정(入廷)금지 또는 퇴정(退廷)을 명할 수 있고, 그 밖에 법정의 질서유지에 필요한 명령을 할 수 있다.

(2) 녹화금지

> **법원조직법 제59조 【녹화 등의 금지】** 누구든지 법정 안에서는 재판장의 허가 없이 녹화, 촬영, 중계방송 등의 행위를 하지 못한다.

(3) 경찰관 파견요구

> **법원조직법 제60조 【경찰공무원의 파견요구】** ① 재판장은 법정에서의 질서유지를 위하여 필요하다고 인정할 때에는 개정 전후에 상관없이 관할 경찰서장에게 경찰공무원의 파견을 요구할 수 있다.
> ② 제1항의 요구에 따라 파견된 경찰공무원은 법정 내외의 질서유지에 관하여 재판장의 지휘를 받는다.

(4) 제재수단

> **법원조직법 제61조 【감치 등】** ① 법원은 직권으로 법정 내외에서 제58조 제2항의 명령 또는 제59조를 위반하는 행위를 하거나 폭언, 소란 등의 행위로 법원의 심리를 방해하거나 재판의 위신을 현저하게 훼손한 사람에 대하여 결정으로 20일 이내의 감치에 처하거나 100만원 이하의 과태료를 부과할 수 있다. 이 경우 감치와 과태료는 병과할 수 있다.
> ⑤ 제1항의 재판에 대해서는 항고 또는 특별항고를 할 수 있다.

① 감치결정과 과태료 부과는 형법상의 형벌이 아니라 사법행정상의 질서벌이므로 형법, 형사소송법 등이 적용되지 아니한다.
② 감치제도는 형벌이 아닌 질서벌이므로 검사의 기소 없이 이루어지고, 감치기간 중 삭발을 하거나 노역장에 유치할 수 없다.

3. 법정질서유지권의 한계

(1) 비례원칙상 한계

법정질서유지권도 비례원칙을 준수해야 한다.

(2) 시간상 한계

개정 중이거나 이에 밀착한 전후 시간이 아니면 행사할 수 없다.

(3) 장소적 한계

법정과 법관이 직무를 수행하는 장소에서만 행사할 수 있다.

(4) 대인적 한계

소송관계인과 법정 내에 있는 자에게만 행사할 수 있다.

제7장 / 헌법재판소

제1절 헌법재판제도의 연혁과 의의

01 각국의 헌법재판제도

1. 헌법재판소형

일반법원으로부터 독립적인 헌법재판소가 헌법재판을 담당하는 유형이다.

2. 일반법원형

(1) 개념

일반법원형은 일반법원이 헌법재판을 담당하는 유형으로 미국, 일본 등이 채택한 유형이다.

(2) 미국

① **연혁**: 헌법의 명문상 위헌법률심판에 대한 규정은 없으나, 1803년 Marbury v. Madison 사건에서 Marshall 대법원장의 판결로 확립되었다.

② **배경**: 의회에 대한 불신에서 출발했다.

02 우리나라 헌법재판제도의 연혁

☑ **헌법재판제도의 연혁**

구분	위헌법률 심판	탄핵심판	위헌정당 심판	권한쟁의	헌법소원	기 타
제1공화국 헌법	헌법위원회	탄핵재판소	×	×	×	
제3차 개정헌법	헌법재판소 (추상적·구체적 통제)	헌법재판소	헌법재판소	헌법재판소	×	대통령, 대법원장, 대법관 선거소송 = 헌법재판소
제5차 개정헌법	일반법원, 대법원	탄핵심판 위원회	대법원	×	×	
제7차 개정헌법	헌법위원회	헌법위원회	헌법위원회	×	×	대법원의 불송부결정권
제8차 개정헌법	헌법위원회	헌법위원회	헌법위원회	×	×	대법원의 불송부결정권
제9차 개정헌법	헌법재판소	헌법재판소	헌법재판소	헌법재판소	헌법재판소	대법원의 불송부결정권 없음.

※ × 표시는 당시에 헌법에 관련 규정이 없었음을 뜻함.

※ 제7차, 제8차 개정헌법에서는 단 한 건의 위헌심사도 없었음.

03 헌법재판의 이념과 법적 성격

1. 헌법재판의 법적 성격

헌법재판은 사법작용이나 순수한 사법작용은 아니고 정치적 사법작용이다.

2. 헌법재판제도의 기능 [한병채, 허영]

헌법재판은 헌법과 기본권을 보호하는 기능을 한다.

3. 사법소극주의와 적극주의

(1) 사법소극주의

① **개념**: 사법소극주의란 입법부나 집행부의 의사결정이 국민의 법의식에 근본적으로 배치되거나 기존의 판례에 명백하게 위반되는 것이 아니라면 그것은 최대한 존중되어야 하므로 사법부가 그에 대한 가치판단을 자제하는 것이 바람직하다는 사법철학을 말한다.

② **근거**: 사법소극주의의 근거로는 사법부 구성의 비민주성, 권력분립의 원리 존중, 사법부의 정치·경제분야에서의 비전문성, 사법부의 독립, 입법부와 집행부의 행위의 합헌성 추정의 원칙 등이 거론된다.

(2) 사법적극주의

① **개념**: 사법적극주의란 사법부도 역사 발전을 위해 입법부나 집행부의 행위를 적극적으로 판단하는 것이 바람직하다는 사법철학을 말한다.

② **근거**: 사법적극주의 근거로는 사법부의 헌법수호기능, 기본권 보호기능, 의회와 집행부에 대한 통제의 필요성이 거론된다.

(3) 사법소극주의와 적극주의와 다른 개념과의 관계

① **심사강도**: 사법소극주의는 사법부가 입법부와 집행부의 결정을 존중하여 합헌성 추정을 넓게 인정함으로써 완화된 심사를 위주로 한다. 반면, 사법적극주의는 사법부가 헌법수호를 위해 입법부와 집행부의 결정이 헌법에 위반되는지 여부를 엄격히 심사한다.

② **합헌적 법률해석**: 사법소극주의는 합헌성 추정을 강력히 인정함으로써 합헌적 법률해석을 넓게 인정하게 된다.

제2절 헌법재판소의 구성과 지위

01 헌법재판소의 구성

1. 헌법재판소의 조직

(1) 재판관의 임명

> 헌법 제111조 【관장과 구성 등】 ② 헌법재판소는 법관의 자격을 가진 9인의 재판관으로 구성하며, 재판관은 대통령이 임명한다.
> ③ 제2항의 재판관 중 3인은 국회에서 선출하는 자를, 3인은 대법원장이 지명하는 자를 임명한다.
> ④ 헌법재판소의 장은 국회의 동의를 얻어 재판관 중에서 대통령이 임명한다.

헌법재판소법 제6조【재판관의 임명】 ① 재판관은 대통령이 임명한다. 이 경우 재판관 중 3명은 국회에서 선출하는 사람을, 3명은 대법원장이 지명하는 사람을 임명한다.

② 재판관은 국회의 인사청문을 거쳐 임명·선출 또는 지명하여야 한다. 이 경우 대통령은 재판관(국회에서 선출하거나 대법원장이 지명하는 사람은 제외한다)을 임명하기 전에, 대법원장은 재판관을 지명하기 전에 인사청문을 요청한다.

③ 재판관의 임기가 만료되거나 정년이 도래하는 경우에는 임기만료일 또는 정년도래일까지 후임자를 임명하여야 한다.

④ 임기 중 재판관이 결원된 경우에는 결원된 날부터 30일 이내에 후임자를 임명하여야 한다.

⑤ 제3항 및 제4항에도 불구하고 국회에서 선출한 재판관이 국회의 폐회 또는 휴회 중에 그 임기가 만료되거나 정년이 도래한 경우 또는 결원된 경우에는 국회는 다음 집회가 개시된 후 30일 이내에 후임자를 선출하여야 한다.

⚖ 판례 | 퇴임재판관 후임자 선출 부작위

국회는 공정한 헌법재판을 받을 권리의 보장을 위하여 공석인 재판관의 후임자를 선출하여야 할 구체적 작위의무를 부담한다고 할 것이다. 그러나 조대현 전 재판관의 후임자를 비롯한 3명의 재판관을 선출함으로써 작위의무 이행지체상태가 해소되었으므로, 이 사건 심판청구의 권리보호이익은 소멸하였다 할 것이다(헌재 2014. 4.24. 2012헌마2).

---

(2) 재판관의 자격

헌법재판소법 제5조【재판관의 자격】 ① 재판관은 다음 각 호의 어느 하나에 해당하는 직(職)에 15년 이상 있던 40세 이상인 사람 중에서 임명한다. 다만, 다음 각 호 중 둘 이상의 직에 있던 사람의 재직기간은 합산한다.

1. 판사, 검사, 변호사
2. 변호사 자격이 있는 사람으로서 국가기관, 국영·공영 기업체, 공공기관의 운영에 관한 법률 제4조에 따른 공공기관 또는 그 밖의 법인에서 법률에 관한 사무에 종사한 사람
3. 변호사 자격이 있는 사람으로서 공인된 대학의 법률학 조교수 이상의 직에 있던 사람

② 다음 각 호의 어느 하나에 해당하는 사람은 재판관으로 임명할 수 없다.

1. 다른 법령에 따라 공무원으로 임용하지 못하는 사람
2. 금고 이상의 형을 선고받은 사람
3. 탄핵에 의하여 파면된 후 5년이 지나지 아니한 사람
4. 정당법 제22조에 따른 정당의 당원 또는 당원의 신분을 상실한 날부터 3년이 경과되지 아니한 사람
5. 공직선거법 제2조에 따른 선거에 후보자(예비후보자를 포함한다)로 등록한 날부터 5년이 경과되지 아니한 사람
6. 공직선거법 제2조에 따른 대통령 선거에서 후보자의 당선을 위하여 자문이나 고문의 역할을 한 날부터 3년이 경과되지 아니한 사람

(3) 헌법재판소장

① **권한대행**: 헌법재판소법에는 헌법재판소장이 궐위되거나 부득이한 사유로 직무를 수행할 수 없을 때에는 다른 재판관이 헌법재판소규칙으로 정하는 순서에 따라 그 권한을 대행한다(헌법재판소법 제12조 제4항).

② **입법의견의 제출**: 헌법재판소장은 입법의견을 제출할 수 있다.

2. 헌법재판소 재판관의 신분보장

(1) 임기와 정년

임기는 헌법규정상 6년이고, 정년은 헌법재판소법상 재판관과 헌법재판소장 모두 70세이다. 재판관은 법률이 정하는 바에 의하여 연임할 수 있다. 헌법재판소장에 대해서도 연임 제한은 없다.

(2) 신분보장

파면사유는 탄핵, 금고 이상의 형에 한정된다(헌법 제112조 제3항).

(3) 정치적 중립성

헌법은 재판관의 정당가입금지, 정치활동금지를 직접 규정하고 있다(헌법 제112조 제2항).

3. 재판관회의

> **헌법재판소법 제16조【재판관회의】** ① 재판관회의는 재판관 전원으로 구성하며, 헌법재판소장이 의장이 된다.
> ② 재판관회의는 재판관 전원의 3분의 2를 초과하는 인원의 출석과 출석인원 과반수의 찬성으로 의결한다.
> ③ 의장은 의결에서 표결권을 가진다.

구분	대법관회의	재판관회의
의결정족수	재적 3분의 2 이상 출석, 출석 과반수	재판관 전원의 3분의 2를 초과하는 인원의 출석과 출석인원 과반수의 찬성
의장 표결권	○	○
의장 가부동수결정권	○	×

4. 규칙제정권

헌법 제113조 제2항은 "헌법재판소는 법률에 저촉되지 아니하는 범위 안에서 심판에 관한 절차, 내부규율과 사무처리에 관한 규칙을 제정할 수 있다."라고 하여 헌법재판소의 규칙제정권을 규정하고 있다. 헌법재판소에 규칙제정권을 부여한 취지는 헌법재판소의 자주성과 독립성을 보장하고, 전문적·기술적인 사항은 헌법재판소로 하여금 스스로 정하게 함으로써 헌법재판의 현실에 적합한 규칙 등을 제정하게 하려는 데에 있다. 따라서 따로 법률에 정함이 없더라도 헌법재판소는 필요한 범위 안에서 규칙을 제정할 수 있다고 할 것이다.

제3절 헌법재판의 심판절차와 운영

01 재판부와 대리인

1. 재판부

(1) 전원재판부

재판관 전원으로 구성된다.

(2) 지정재판부

재판관 3명으로 구성되고, 헌법재판소법 제68조 제1항과 제2항의 헌법소원심판의 사전심사를 담당한다.

(3) 재판부 재척 · 기피 · 회피(헌법재판소법 제24조)

① 재판관이 다음의 어느 하나에 해당하는 경우에는 그 직무집행에서 제척된다.

㉠ 재판관이 당사자이거나 당사자의 배우자 또는 배우자였던 경우

㉡ 재판관과 당사자가 친족관계이거나 친족관계였던 경우

㉢ 재판관이 사건에 관하여 증언이나 감정(鑑定)을 하는 경우

㉣ 재판관이 사건에 관하여 당사자의 대리인이 되거나 되었던 경우

㉤ 그 밖에 재판관이 헌법재판소 외에서 직무상 또는 직업상의 이유로 사건에 관여한 경우

② 재판관에게 공정한 심판을 기대하기 어려운 사정이 있는 경우 당사자는 기피신청을 할 수 있다. 다만, 변론기일에 출석하여 본안에 관한 진술을 한 때에는 그러하지 아니하다.

③ 당사자는 동일한 사건에 대하여 2명 이상의 재판관을 기피할 수 없다.

⚖️ 판례 | 2명 이상 기피신청금지

청구인이 실제로 공정한 재판을 받지 못할 우려는 그렇게 크지 않은 반면, 심리정족수 부족으로 인하여 헌법재판기능이 중단되는 사태를 방지함으로써 달성할 수 있는 공익은 매우 크다고 할 것이므로, 법익 사이의 균형을 상실하였다고 보기도 어렵다(헌재 2016.11.24. 2015헌마902).

---

2. 헌법소송의 당사자

헌법재판절차에 있어서 자기 이름으로 심판을 청구하는 자를 청구인이라 하고, 그 상대방인 당사자를 피청구인이라 한다.

(1) 위헌법률심판

① **법원이 당사자인지 여부**: 법원의 제청에 의한 위헌법률심판의 경우 제청의 주체인 '법원'을 청구인으로 볼 여지가 있다. 위헌법률심판절차가 법원의 제청에 의하여 개시되기는 하지만, 법원은 위헌제청결정서를 헌법재판소에 제출하는 것 외에 당사자로서 적극적으로 법률의 위헌성을 주장하는 등 심판절차에 참여하지는 않는다. 실무상 법원은 당사자로서 절차에 관여하지 않으며, 우리와 유사한 독일의 경우에도 구체적 규범통제절차에서 제청법원을 당사자로 보지 않는다.

② **당해 사건의 당사자는 위헌법률심판의 당사자는 아니다**: 위헌법률심판에서 당해 사건의 당사자는 제청신청권이 있을 뿐 직접 심판절차를 청구한 주체가 아니기 때문에 당사자로 볼 수 없다. 다만, 법률의 위헌 여부와 밀접한 이해관계가 있으므로 당해 사건의 당사자에게 제청서 등본을 송달하도록 하고(헌법재판소법 제27조 제2항), 의견서를 제출할 수 있도록 하고 있다(같은 법 제44조).

③ **국회가 당사자인지 여부**: 위헌법률심판절차에서 제청의 상대방이 되는 당사자를 상정하기도 어렵다. 이론적으로는 법률의 제정권자인 국회가 상대방이 된다고 할 수도 있을 것이나, 실무상 그렇게 보지는 않는다.

(2) 탄핵심판

① **국회**: 탄핵심판에서 탄핵결정을 구하는 적극적 당사자가 국회인지, 소추위원인 국회 법제사법위원회 위원장인지에 관하여 견해가 나뉠 수 있다. 헌법재판소는 대통령 탄핵 사건(헌재 2004.5.14. 2004헌나1)에서 결정문 첫머리의 '청구인'란에 '국회'라고 기재하고, 이어 줄을 바꿔 그 밑에 '소추위원 국회 법제사법위원회 위원장'이라고 표시한 바 있다.

② **탄핵소추대상자**: 탄핵소추대상자는 피청구인이 된다(헌법재판소법 제49조).

(3) 정당해산심판

정당해산심판에서 청구인은 정부이고(헌법재판소법 제55조), 피청구인은 해당 정당이라고 할 수 있다.

(4) 권한쟁의심판

권한쟁의심판 역시 청구인과 피청구인이 명확히 정해진다. 헌법재판소법 제64조 제2호는 청구서의 기재사항으로 '피청구인의 표시'를 규정하고 있다.

(5) 헌법재판소법 제68조 제1항에 따른 헌법소원심판

청구인은 '공권력의 행사 또는 불행사로 인하여 헌법상 보장된 기본권을 침해받은 자'가 된다. 그런데 헌법재판소법 제71조는 청구서 기재사항의 하나로 '침해의 원인이 되는 공권력의 행사 또는 불행사' 등을 규정할 뿐 '피청구인'의 기재 여부에 대하여는 명시하지 않고 있지만, 헌법재판소 심판 규칙 제68조 제1항은 법령에 대한 헌법소원의 경우를 제외하고는 피청구인을 기재하도록 하고 있다.

(6) 헌법재판소법 제68조 제2항에 따른 헌법소원심판

법원으로부터 위헌제청신청에 대한 기각결정을 받은 제청신청인이 청구인으로서 당사자가 된다. 이 절차는 형식적인 측면에서 헌법소원심판으로 볼 여지가 있으나 본질적으로 위헌법률심판에 해당하므로 위에서 본 바와 같이 피청구인을 따로 상정하기 어렵다.

(7) 피청구인 기재

① **위헌법률심판의 경우**: 헌법재판소법 제43조는 위헌여부심판제청서의 기재사항으로, 피청구인에 대한 별도의 규정을 두고 있지 아니하다.

② **탄핵심판, 정당해산심판, 권한쟁의심판의 경우**: 피청구인(공무원, 정당, 국가기관 등)이 존재하며, 따라서 피청구인의 기재가 필요하다.

③ **헌법재판소법 제68조 제1항에 따른 헌법소원의 경우**: 피청구인의 기재를 엄격히 요구하지 않은 것이 종전의 실무였다. 즉, 헌법재판소는 헌법소원심판절차에서 피청구인의 기재 흠결이나 적정 여부는 적법요건이 아니라고 하고, 심판청구서에 기재된 피청구인이나 청구취지에 구애됨이 없이 청구인의 주장요지를 종합적으로 판단하여야 하며, 청구인이 주장하는 침해된 기본권과 침해의 원인이 되는 공권력을 직권으로 조사하여 피청구인과 심판대상을 확정하여 판단하여야 한다고 하였다(헌재 2001.7.19. 2000헌마546). 그러나 심판 규칙은 법령에 대한 헌법소원의 경우를 제외하고는 피청구인의 기재를 요구하고 있고(헌법재판소 심판 규칙 제68조 제1항 제2호), 그 기재가 누락되거나 명확하지 아니함에도 보정명령에 불응한 경우에는 심판청구를 각하할 수 있도록 하고 있다(헌법재판소 심판 규칙 제70조).

(8) 정부가 당사자인 때 대표

각종 심판절차에서 정부가 당사자(참가인을 포함한다)인 경우에는 법무부장관이 이를 대표한다(헌법재판소법 제25조 제1항).

(9) 대리인

① **당사자가 국가기관 또는 지방자치단체인 경우**: 각종 심판절차에서 당사자인 국가기관 또는 지방자치단체는 변호사 또는 변호사의 자격이 있는 소속 직원을 대리인으로 선임하여 심판을 수행하게 할 수 있다(헌법재판소법 제25조 제2항).

② **당사자가 사인인 경우**: 각종 심판절차에서 당사자인 사인(私人)은 변호사를 대리인으로 선임하지 아니하면 심판청구를 하거나 심판 수행을 하지 못한다. 다만, 그가 변호사의 자격이 있는 경우에는 그러하지 아니하다(헌법재판소법 제25조 제3항).

당사자	변호사 강제주의	변호사 선임 여부
국가기관, 지방자치단체	×	변호사를 대리인으로 선임할 수 있음.
사인	○ 헌법소원과 탄핵심판	사인이 변호사가 아닌 한 변호사를 대리인으로 선임하지 않으면 심판청구를 할 수 없음.

> **⚖️판례 | 대리인의 사임과 기왕의 소송행위의 효력**
>
> 변호사인 대리인에 의한 헌법소원심판청구가 있었다면 그 이후 심리과정에서 대리인이 사임하고 다른 대리인을 선임하지 않았더라도 청구인이 그 후 자기에게 유리한 진술을 할 기회를 스스로 포기한 것에 불과할 뿐, 헌법소원심판청구를 비롯하여 기왕의 대리인에 의하여 수행된 소송행위 자체로서 재판성숙단계에 이르렀다면 기왕의 대리인의 소송행위가 무효로 되는 것은 아니라고 할 것이다. 재판성숙단계에 있었다면 본안판단을 해야 한다(헌재 1992.4.14. 91헌마156).

3. 심판대상의 확정

(1) 헌법재판의 특수성

헌법재판의 법적 명확성과 통일성의 확보, 소송경제의 관점에서 신청주의를 그대로 관철할 수는 없을 것이다. 따라서 헌법재판소는 헌법재판의 이와 같은 특수성을 반영하여 직권으로 심판대상을 제한하거나 확장하며, 필요한 경우 이를 변경하기도 한다.

(2) 원칙

헌법재판소는 원칙적으로 제청법원에 의하여 제청된 법률 또는 법률조항만을 심판대상으로 삼을 수 있다.

(3) 동일 심사척도가 적용되는 경우

제청법원이 법률조항 전부를 위헌제청하고, 그 전부에 같은 심사척도가 적용될 경우에 법률조항 전부로 심판대상을 확장할 수 있다.

(4) 체계적으로 밀접한 관련이 있는 경우

헌법재판소는 재판의 전제성이 있는 부분과 체계적으로 밀접한 관련이 있는 부분도 심판대상으로 확장하고 있다.

(5) 개정법률 등 유사법률조항에 대한 확장의 문제

> **⚖️판례**
>
> 헌법재판소는 종래 개정법률 등으로 심판대상을 확장하는 것에 부정적이었으나, 근래에 들어 심판대상을 확장하는 사례가 나타나고 있다. 태아의 성별고지를 금지한 구 의료법 제19조의2 제2항에 대한 헌법소원사건에서 헌법재판소는, 위 구 의료법 조항의 태아 성별고지금지 내용이 개정 의료법 규정에도 그대로 있음을 이유로 동일한 내용의 개정 의료법 제20조 제2항을 심판대상에 포함시켰다(헌재 2008.7.31. 2004헌마1010).

02 심리

1. 정족수

> **헌법 제113조 【정족수】** ① 헌법재판소에서 법률의 위헌결정, 탄핵의 결정, 정당해산의 결정 또는 헌법소원에 관한 인용결정을 할 때에는 재판관 6인 이상의 찬성이 있어야 한다.
>
> **헌법재판소법 제23조 【심판정족수】** ① 재판부는 재판관 7명 이상의 출석으로 사건을 심리한다.
> ② 재판부는 종국심리에 관여한 재판관 과반수의 찬성으로 사건에 관한 결정을 한다. 다만, 다음 각 호의 어느 하나에 해당하는 경우에는 재판관 6명 이상의 찬성이 있어야 한다.
> 1. 법률의 위헌결정, 탄핵의 결정, 정당해산의 결정 또는 헌법소원에 관한 인용결정을 하는 경우
> 2. 종전에 헌법재판소가 판시한 헌법 또는 법률의 해석 적용에 관한 의견을 변경하는 경우

2. 심리원칙

(1) 심리방식

① 탄핵심판, 정당해산심판, 권한쟁의심판: 구두변론
② 위헌법률심판, 헌법소원심판
　㉠ 원칙: 서면
　㉡ 예외: 구두

(2) 심판의 공개(헌법재판소법 제34조)

① 심판의 변론과 결정 선고: 공개
② 서면심리와 평의: 비공개

(3) 자료제출요구 등

재판부는 결정으로 다른 국가기관 또는 공공단체의 기관에 심판에 필요한 사실을 조회하거나, 기록의 송부나 자료의 제출을 요구할 수 있다. 다만, 재판·소추 또는 범죄수사가 진행 중인 사건의 기록에 대하여는 송부를 요구할 수 없다(헌법재판소법 제32조).

(4) 심판의 장소

심판의 변론과 종국결정의 선고는 심판정에서 한다. 다만, 헌법재판소장이 필요하다고 인정하는 경우에는 심판정 외의 장소에서 변론 또는 종국결정의 선고를 할 수 있다(헌법재판소법 제33조).

(5) 평결방식

평결방식으로는 쟁점별 평결방식과 주문별 평결방식이 있다. 쟁점별 평결방식은 적법요건과 본안에 해당하는 문제들을 구별해서 각 쟁점별로 표결하여 결론을 도출하는 것을 말하고, 주문별 평결방식은 결론에 초점을 맞추어 전체적으로 표결하여 주문을 결정하는 것을 말한다. 헌법재판소의 실무는 기본적으로 주문별 평결방식에 입각하여 적법요건과 본안에 대해 따로 평결하지 않고 전체로 평결하여 결론을 도출하는 방식을 취하고 있다. 따라서 심판청구가 부적법하다는 의견을 낸 재판관은 본안의 이유 유무에 대한 평결에는 참여하지 않는다.

3. 심판기간(훈시규정)

헌법재판소법은 심판사건을 접수한 날부터 180일 이내에 종국결정의 선고를 하여야 한다고 규정(헌법재판소법 제38조)하고 있으나, 헌법재판소는 훈시규정으로 보고 있다.

> **판례**
>
> 180일의 심판기간은 개별사건의 특수성 및 현실적인 제반 여건을 불문하고 모든 사건에 있어서 공정하고 적정한 헌법재판을 하는 데 충분한 기간이라고는 볼 수 없으므로 이를 훈시규정으로 해석하는 것은 신속한 재판을 받을 권리 침해가 아니다(헌재 2009.7.30. 2007헌마732).

4. 타 법령의 준용

> **헌법재판소법 제40조【준용규정】** ① 헌법재판소의 심판절차에 관하여는 이 법에 특별한 규정이 있는 경우를 제외하고는 헌법재판의 성질에 반하지 아니하는 한도에서 민사소송에 관한 법령을 준용한다. 이 경우 탄핵심판의 경우에는 형사소송에 관한 법령을 준용하고, 권한쟁의심판 및 헌법소원심판의 경우에는 행정소송법을 함께 준용한다.
> ② 제1항 후단의 경우에 형사소송에 관한 법령 또는 행정소송법이 민사소송에 관한 법령에 저촉될 때에는 민사소송에 관한 법령은 준용하지 아니한다.

> **판례 | 타 법령 준용**
>
> 1. 판단유탈 재심사유로 인정하는 민사소송법 준용(헌재 1994.12.29. 90헌바13)
> 2. **헌법소원심판에서 가처분을 규정한 민사소송법 준용**(헌재 2000.12.8. 2000헌사471)
> 3. 헌법재판소법이나 행정소송법에 권한쟁의심판청구의 취하와 이에 대한 피청구인의 동의나 그 효력에 관하여 특별한 규정이 없으므로 소의 취하에 관한 민사소송법은 권한쟁의심판절차에 준용된다(헌재 2001.6.28. 2000헌라1).
> 4. 처분이 있음을 날로 로부터 1년 이내 소를 제기하도록 하면서 정당한 사유가 있는 경우 이를 배제하도록 한 행정소송법 제20조 제2항은 헌법소원심판에서 적용된다. 헌법소원심판에 준용됨에 따라 정당한 사유가 있는 경우에는 제소기간의 도과에도 불구하고 헌법소원심판청구는 적법하다(헌재 2000.4.27. 99헌마76).
> 5. 공정거래위원회의 무혐의처분에 대하여 청구된 헌법소원심판이 계속중인 상태에서 당해 무혐의처분을 받은 자가 행정소송법 제16조의 제3자의 소송참가를 신청한 경우, 헌법소원심판절차의 공법적 분쟁해결절차로서의 성질에 비추어 행정소송법 제16조는 헌법소원심판절차에도 준용되어야 한다(헌재 2008.10.6. 2005헌마1005).
>
> **비교** 1. 민사소송법과 행정소송법의 소송비용에 관한 규정들이 준용되지 않는다.
> 심판비용을 국가가 모두 부담하는 헌법소원심판절차에서 청구인이 승소하였는지 아니면 패소하였는지를 구분하지 않고 승소자의 당사자비용을 그 상대방인 패소자에게 반드시 부담시켜야만 하는 민사소송법과 행정소송법의 소송비용에 관한 규정들을 준용하는 것은 헌법재판의 성질에 반한다(헌재 2015.5.28. 2012헌사496).
> 2. 형사소송법은 그 제262조의2에 "제260조의 규정에 의한 재정신청이 있을 때에는 전조의 재정결정이 있을 때까지 공소시효의 진행을 정지한다."라고 규정한 형사소송법은 헌법소원심판에서 적용되지 않는다(헌재 1993.9.27. 92헌마284).

5. 가처분제도 [헌법재판실무제요]

(1) 의의

가처분은 본안결정의 실효성을 확보하기 위하여 잠정적으로 임시의 지위를 정하는 것을 주된 내용으로 하는 가구제제도이다. 이는 본안결정 이전에 회복하기 어려운 손해가 발생함으로써 본안결정이 내려지더라도 실효성을 갖지 못하게 되는 사태를 방지하는 데에 그 취지가 있다.

(2) 가처분의 허용 여부

① **헌법재판소법 규정**: 헌법재판소법은 권한쟁의와 정당해산심판에만 가처분을 규정하고 있다.

② **가처분이 헌법소원에 적용되는지 여부**: 헌법재판소법은 헌법소원에 대한 가처분조항을 두고 있지 않으나, 헌법재판소는 헌법소원에서 가처분을 허용하고 있다.

⚖ 판례

1. **변호인 접견거부에 대한 효력정지가처분신청 ★**
   신청인이 위 소송제기 후 5개월 이상 변호인을 접견하지 못하여 공정한 재판을 받을 권리가 심각한 제한을 받고 있는데, 이러한 상황에서 피신청인의 재항고가 인용될 경우 신청인은 변호인 접견을 하지 못한 채 불복의 기회마저 상실하게 되므로 회복하기 어려운 중대한 손해를 입을 수 있다. 위 인신보호청구의 소는 재항고에 대한 결정이 머지않아 날 것으로 보이므로 손해를 방지할 긴급한 필요 역시 인정되고, 이 사건 신청을 기각한 뒤 본안청구가 인용될 경우 발생하게 될 불이익이 크므로 이 사건 신청을 인용함이 상당하다(헌재 2014.6.5. 2014헌사592).

2. 군사법원법에 따라 재판을 받는 미결수용자의 면회 횟수를 주 2회로 정하고 있는 군행형법 시행령 제43조 제2항 본문 중 전단부분의 효력을 가처분으로 정지시켜야할 필요성이 있다(헌재 2002.4.25. 2002헌사29).

3. 사법시험 제1차 시험을 4회 응시한 자는 마지막 응시 이후 4년간 제1차 시험에 다시 응시할 수 없도록 한 사법시험령 제4조에 대한 가처분신청은 허용함이 상당하다(헌재 2000.12.8. 2000헌사471).

4. **국회 법제사법위원회 위원장이 검사의 수사권한을 제한하는 취지의 검찰청법 일부개정법률안(대안)과 형사소송법 일부개정법률안(대안)을 법사위 법률안으로 가결선포하자, 국회의원이자 법사위 위원인 신청인들이 법사위 위원장에 대한 위 개정법률안 가결선포행위의 효력정지 및 국회의장에 대한 위 개정법률안의 부의 및 상정 등을 금지하는 취지의 가처분신청을 하였고, 이후 국회의 법률안 심의절차에 따라 청구취지를 변경하면서 결국 법사위 위원장의 위 개정법률안에 대한 가결선포행위와 국회의장의 위 개정법률안을 원안으로 하는 수정안에 대한 가결선포행위에 대하여 그 효력정지를 구하는 가처분을 신청한 사안에서, 위 가처분신청에 대한 결정을 본안사건인 권한쟁의심판청구 사건의 종국결정과 같은 날 선고하면서 가처분결정의 필요성을 부인한 사례**
   헌법재판소가 권한쟁의심판의 청구를 받았을 때에는 종국결정의 선고시까지 심판대상이 된 피청구인의 처분의 효력을 정지하는 결정을 할 수 있다. 그런데 헌법재판소가 가처분신청의 본안사건에 대하여 종국결정을 선고하는 이상, 이 사건에서 가처분결정을 할 필요성이 인정된다고 보기 어렵다(헌재 2023.3.23. 2022헌사366).

---

(3) 심판정족수

가처분신청에 대하여도 재판관 7명 이상의 출석으로 사건을 심리하고, 종국심리에 관여한 재판관 과반수의 찬성으로 사건에 관한 결정을 한다(헌법재판소법 제23조).

(4) 가처분의 실체적 요건

① **본안심판의 승소가능성**: 본안심판의 승소가능성은 원칙적으로 고려의 대상이 되지 않는다.

> ⚖ **판례**
>
> 긴급성을 요구하는 가처분의 본질상 본안사건의 승소 가능 여부에 대한 신속한 판단을 기대하기 어렵고, 본안사건에는 쉽게 해결되기 어려운 헌법적 문제가 내포되어 있는 경우가 많기 때문이다. 그러나 본안사건이 명백히 부적법하거나 명백히 이유 없는 경우에는 가처분결정을 할 수 없다(헌재 1999.3.25. 98헌사98).

② **중대한 불이익 방지**: 중대한 불이익은 침해행위가 위헌으로 판명될 경우 신청인이나 공공복리에 발생하게 될 회복하기 어려운 현저한 손해 또는 회복 가능하지만 중대한 손해를 말한다.

③ **긴급성의 존재**: 가처분신청은 본안심판의 결정이 중대한 손실을 방지하기에 적절한 시간 내에 이루어질 것을 기대할 수 없을 때에만 인용될 수 있다. 다시 말해 가처분으로 규율하고자 하는 현상이 이미 발생하였거나 시간적으로 매우 근접해 있어 필요한 조치를 본안결정 때까지 더 이상 미룰 수 없을 때에 긴급성이 인정된다.

(5) 가처분의 필요성

가처분결정을 위해서는 가처분신청을 인용하였다가 나중에 본안심판이 기각되었을 때 발생하게 될 불이익과 가처분신청을 기각하였다가 나중에 본안심판이 인용되었을 때 발생하게 될 불이익을 형량하여 그 불이익이 적은 쪽을 선택하여야 한다. 따라서 가처분의 필요성은 가처분을 기각하였을 때 발생하는 불이익이 본안심판이 기각되었을 때 생기는 불이익보다 더 큰 경우에 인정된다.

6. 재심의 허용 여부

(1) 위헌정당해산결정에 대한 재심 허용

> ⚖ **판례**
>
> 정당해산심판은 원칙적으로 해당 정당에게만 그 효력이 미치며, 정당해산결정은 대체정당이나 유사정당의 설립까지 금지하는 효력을 가지므로 오류가 드러난 결정을 바로잡지 못한다면 장래 세대의 정치적 의사결정에까지 부당한 제약을 초래할 수 있다. 따라서 정당해산심판절차에서는 재심을 허용하지 아니함으로써 얻을 수 있는 법적 안정성의 이익보다 재심을 허용함으로써 얻을 수 있는 구체적 타당성의 이익이 더 크므로 **재심을 허용하여야 한다.** 한편, 이 재심절차에서는 원칙적으로 민사소송법의 재심에 관한 규정이 준용된다 (헌재 2016.5.26. 2015헌아20).

(2) 헌법재판소법 제68조 제1항 헌법소원에 있어서 재심

① **원칙 불허**: 헌법소원에 대한 헌법재판소의 결정에 대하여는 재심을 허용하지 아니함으로써 얻을 수 있는 법적 안정성의 이익이 재심을 허용함으로써 얻을 수 있는 구체적 타당성의 이익보다 훨씬 높을 것으로 쉽사리 예상할 수 있고, 따라서 헌법재판소의 이러한 결정에는 재심에 의한 불복방법이 그 성질상 허용될 수 없다고 보는 것이 상당하다(헌재 1992.6.26. 90헌아1).

② **판단유탈, 재심사유**: 불기소처분 취소사건에 있어서 헌법소원청구기간 계산을 잘못하여 각하한 경우 재심사유에 해당한다.

헌법재판소법 제70조 제4항에 의하여 헌법소원심판의 청구기간을 산정함에 있어서 청구인이 국선대리인 선임신청을 한 날로부터 위 선임신청 기각결정의 통지를 받은 날까지의 기간은 청구기간에 산입하지 아니함에도 불구하고 이를 간과한 채 청구기간을 잘못 계산하여 심판청구가 청구기간을 도과하여 부적법하다는 이유로 각하하는 결정을 한 경우, 재심대상사건에는 헌법재판소법 제40조 제1항에 의하여 준용되는 민사소송법 제451조 제1항 제9호의 '판결에 영향을 미칠 중요한 사항에 관하여 판단을 누락한 때'에 해당하는 재심사유가 있다고 할 것이다(헌재 2007.10.4. 2006헌아53).

③ **법령 관련 헌법재판소 결정에 대한 재심**: 헌법재판소법 제68조 제1항의 헌법소원에서는 재심이 허용될 수는 있으나, 법령에 대한 심판의 경우에는 재심이 허용되지 않는다.

(3) 제68조 제2항의 헌법소원심판에서 헌법재판소 결정에 대한 재심

위헌법률심사형 헌법소원(헌법재판소법 제68조 제2항의 헌법소원)에서는 헌법재판소 결정에 대한 재심을 허용한 바 없다.

7. 판례변경

헌법재판소 결정은 당해 사건에서 자기 기속력이 있어 결정을 변경할 수 없으나, 다른 사건에서는 판례를 변경할 수 있다. 판례변경은 주문을 변경하는 것뿐 아니라 종래의 헌법과 법률해석을 변경하여 중요이유를 바꾸는 것도 포함하며 재판관 6명 이상의 찬성이 있어야 한다.

제4절 헌법재판소의 위헌법률심사권한

01 위헌법률심사제도의 의의

1. 개념

위헌법률심사제도란 헌법재판기관이 법률이 헌법에 위반되는지 여부를 심사하여 헌법에 위반되는 것으로 인정되는 경우 그 법률의 효력을 상실하게 하거나 그 적용을 거부하는 제도를 말한다. [권영성]

2. 위헌법률심사제의 유형

(1) 사전예방적 규범통제

법률이 공포되기 전 법률안에 대한 통제로 우리나라에는 없다.

(2) 추상적 규범통제

구체적 사건과 무관하게 일정한 국가기관의 청구에 따라 행하는 규범통제로, 우리나라에는 없다.

(3) 구체적 규범통제

구체적 사건이 발생하고 법원에 소송이 제기된 상태에서 법률에 대해 행해지는 규범통제로, 우리나라에에 있다.

02 위헌법률심판의 요건

> 헌법 제107조 【위헌제청】 ① 법률이 헌법에 위반되는 여부가 재판의 전제가 된 경우에는 법원은 헌법재판소에 제청하여 그 심판에 의하여 재판한다.
>
> 헌법재판소법 제41조 【위헌여부심판의 제청】 ① 법률이 헌법에 위반되는지 여부가 재판의 전제가 된 경우에는 당해 사건을 담당하는 법원(군사법원을 포함한다. 이하 같다)은 직권 또는 당사자의 신청에 의한 결정으로 헌법재판소에 위헌여부심판을 제청한다.

1. 재판

(1) 헌법 제107조 제1항의 재판의 개념

재판이란 판결, 결정, 명령 등 형식 여하와 본안에 관한 재판인지 소송절차에 관한 재판인지를 불문하며, 심급을 종국적으로 종결시키는 종국재판뿐 아니라 중간재판도 포함되므로, 법원이 행하는 증거채부결정도 그 자체가 법원의 의사결정으로서 헌법 제107조 제1항과 헌법재판소법 제41조 제1항 및 제68조 제2항에 규정된 재판에 해당된다고 할 것이다(헌재 1996.12.26. 94헌바1).

(2) 영장발부 여부에 관한 재판

형사소송법 제201조에 의한 지방법원 판사의 영장발부 여부에 관한 재판도 포함된다(헌재 1993.3.11. 90헌가70).

(3) 소송절차에 관한 재판

본안에 대한 재판뿐 아니라 '소송비용' 또는 '가집행'에 대한 재판에서도 위헌제청이 가능하다.

2. 재판의 전제성 ★

(1) 재판의 전제성의 개념

법률에 대한 위헌여부심판제청이나 헌법재판소법 제68조 제2항의 규정에 의한 헌법소원심판청구에서의 적법성요건으로서의 재판의 전제성이란

① 구체적인 사건이 법원에 계속 중이어야 한다.

② 위헌 여부가 문제되는 법률 또는 법률조항이 당해 소송사건의 재판과 관련하여 적용되어야 한다.

> **⚖️ 판례 | 당해 사건에 적용되지 않은 사례**
>
> 1. 일정한 성폭력범죄로 유죄판결이 확정되면 신상정보 등록대상이 됨을 규정한 '성폭력범죄의 처벌 등에 관한 특례법' 제42조 제1항은 당해 사건인 성폭력범죄에 대한 형사재판에서 적용되는 법률이 아니므로 재판의 전제가 인정되지 않는다(헌재 2015.12.23. 2015헌가27).
>
> 2. 위헌법률심판의 대상조항이 형사소송인 당해 사건에서 형벌의 근거조항으로서 직접 적용되는 조항이 아니라, **당해 사건의 유죄판결이 확정되고 난 후 그 유죄판결에 기초하여 부과되는 새로운 제재의 근거조항일 뿐이므로, 심판대상조항은 그 위헌 여부로 재판의 주문이 달라지거나 재판의 내용과 효력에 관한 법률적 의미가 달라지는 경우라고 보기 어려워 재판의 전제성이 없다**(헌재 2016.3.31. 2015헌가8).
>
> 3. 형벌에 관한 법률이 그에 대한 위헌법률심판제청 후 개정되어 **신법이 구법보다 피고인에게 유리하게 변경되었다면,** 구법에 대한 위헌법률심판제청은 재판의 전제성이 상실된다(헌재 2010.9.2. 2009헌가9 등).
>
>   유사 형법 제1조 제2항은 '전체적으로 보아 신법이 구법보다 피고인에게 유리하게 변경된 것이라면 신법을 적용하여야 한다'는 취지이므로, 이 사건과 같이 **양벌규정에 면책조항이 추가되어 무과실책임규정이 과실책임규정으로 피고인에게 유리하게 변경되었다면 당해 사건에는 형법 제1조 제2항에 의**

하여 **신법이 적용**된다 할 것이고, **결국 당해 사건에 적용되지 않는 구법**인 구 '특정경제범죄 가중처벌 등에 관한 법률' 제4조 제4항 중 법인에 대한 처벌 부분 및 구 '범죄수익은닉의 규제 및 처벌 등에 관한 법률' 제7조 중 법인에 대한 처벌 부분은 **재판의 전제성을 상실**하게 되었다(헌재 2011.12.29. 2010헌바117).

4. 형벌에 관한 법률조항의 위헌 여부가 민사재판의 전제가 되는지 여부

헌법재판소가 한 형벌에 관한 법률 또는 법률조항에 대한 위헌결정은 비록 소급하여 그 효력을 상실하지만, 그 법률 또는 법률조항에 근거한 유죄의 확정판결에 대하여는 재심을 청구할 수 있을 뿐이어서(헌법재판소법 제47조 제1항·제2항·제3항) 확정판결에 적용된 법률조항에 대한 위헌결정이 있다고 하더라도 바로 유죄의 확정판결이 당연무효로 되는 것은 아니기 때문에 그 법률조항의 위헌 여부는 그 확정판결상의 몰수형이 무효라는 이유로 몰수된 재산의 반환을 구하는 민사재판의 전제가 되지 않는다(헌재 1993.7.29. 92헌바34).

5. 헌법불합치결정으로 법률이 개정되어 개정법률이 당해 사건에 적용되는 경우 종전의 법률조항의 위헌 여부는 재판의 전제성이 인정되지 않는다.

헌법불합치결정에 따라 법이 개정된 경우 종전의 법률조항은 당해 사건에 적용되지 아니하므로 재판의 전제성이 인정되지 아니한다(헌재 2006.6.29. 2004헌가3).

6. 헌법불합치결정에서 정한 잠정적용기간 동안 법률이 개정된 경우 개정된 법률조항은 재판의 전제가 되지 아니한다.

구 공무원연금법 제64조 제1항 제1호에 대하여 헌법재판소가 헌법불합치결정을 하면서, 2008.12.31.까지 잠정적용을 명하였는데, 청구인에 대한 공무원 퇴직연금 환수처분은 위 조항에 근거하여 잠정적용기간 내인 2008.9.12.에 이루어졌으므로 법률상 근거가 있는 처분이다. 그리고 청구인에 대한 압류처분은 위와 같이 유효한 환수처분을 선행처분으로 한 것이므로, 압류처분의 무효확인을 구하는 당해 소송에서는 개정된 공무원연금법 제64조 제1항 제1호가 적용될 여지가 없다. 따라서 개정된 공무원연금법 제64조 제1항 제1호는 당해 사건의 재판에 적용되지 아니하므로, 재판의 전제성이 인정되지 아니한다(헌재 2013.8.29. 2010헌바241).

7. 당해 소송에서 보전을 구하는 **손해가 심판대상 법률조항의 위헌에 기인한 것이 아니라** 그 조항에 근거한 구체적인 처분 내용의 위법·부당으로 인한 것인 경우 이 조항의 위헌 여부는 당해 사건의 재판과 관계가 없는 것이므로 재판의 전제성이 없다(헌재 2005.12.22. 2003헌바109).

8. 당해 소송이 허가어업과 관련하여 허가구역 외에서의 조업행위를 기소한 형사재판인 경우, 어업허가구역의 범위를 판단할 때 고려되는 해상경계에 대한 행정관습법 중 전라북도와 충청남도의 경계에 대한 부분(이하 '이 사건 행정관습법'이라고 한다)이 재판의 전제성을 충족하는지 여부(소극)

이 사건 행정관습법은 형벌의 구성요건을 정하고 그에 상응하는 형벌의 종류와 범위를 규정하는 처벌의 근거조항이 아니라 청구인의 조업구역을 확인하는 고려요소에 불과하므로, 이 사건 행정관습법은 당해 사건에서 적용되는 법률이라고 보기 어렵다. 당해 사건의 법원이 이 사건 행정관습법을 고려했다 하더라도, 이는 당해 사건에 적용되는 처벌규정인 수산업법 조항의 해석과 적용에 관한 사항이고, 이를 다투는 것은 결국 재판의 당부를 다투는 것과 다르지 않다. 따라서 이 사건 행정관습법은 당해 사건에서 직접적으로 적용되는 법률이 아니고, 설사 당해 사건에서 고려되는 측면이 있다 하더라도 이는 당해 사건의 법원이 행한 재판작용에 포함되므로 이에 대한 심판청구는 부적법하다(헌재 2016.12.29. 2013헌바436).

9. 범칙금 통고처분에 대한 이의 후 진행된 형사재판에서 통고처분의 근거조항인 구 도로교통법 제163조 제1항 본문에 대한 심판청구가 재판의 전제성이 있는지 여부(소극)

이 사건 통고처분조항은 청구인에 대한 형사재판에 적용되는 조항이 아니므로 그 위헌 여부가 당해 사건 재판의 전제가 되지 아니한다. 따라서 이 사건 통고처분조항에 대한 심판청구는 부적법하다(헌재 2021.6.24. 2019헌바5).

③ 그 법률이 헌법에 위반되는지의 여부에 따라 당해 사건을 담당한 법원이 다른 내용의 재판을 하게 되는 경우이어야 한다.

④ 위의 재판의 전제성요건 중 세 번째 요건인 법률의 위헌 여부에 따라 다른 내용의 재판을 하게 되는 경우란

    ㉠ 법률의 위헌 여부가 제청법원이 심리 중인 당해 사건의 재판의 결론이나 주문에 어떠한 영향을 주는 것뿐만 아니라

    ㉡ 문제된 법률의 위헌 여부가 비록 주문 자체에는 아무런 영향을 주지는 않는다고 하더라도 재판의 결론을 이끌어 내는 이유를 달리하는 데 관련되어 있거나

    ㉢ 재판의 내용과 효력에 관한 법률적 의미가 전혀 달라지는 경우를 말한다(헌재 1993.5.13. 92헌가10 등).

⚖ 판례 | 재판의 내용이 달라지는 사례

1. 모법의 법률조항이 위헌으로 인정되는 경우 이에 근거한 시행령규정 역시 적용할 수 없게 되기 때문에 그 한도 내에서 모법 규정은 **당해 시행령규정이 적용되는 사건**에서 재판의 전제성이 있다(헌재 2004.9.23. 2003헌바3).

2. 당해 소송의 원고를 평등원칙에 반하여 **특정한 급부의 수혜대상으로부터 제외시키고 있는 법률규정의 경우**, 만일 위 법률조항이 평등의 원칙 등에 위배된다면 그에 관하여 헌법불합치결정이 선고될 가능성이 있고, 이에 따라 청구인에게 유리한 내용으로 법률이 개정되어 적용됨으로써 이 사건 당해 사건의 결론이 달라질 수 있다. 따라서 위 법률조항의 위헌 여부에 따라 이 사건 당해 사건의 결과에 영향을 미칠 수 있으므로 위 법률조항은 이 사건 당해 사건 재판의 전제가 된다고 할 것이다(헌재 1999.12.23. 98헌바33).

3. 공소장에 적시되지 아니한 법률조항이라 하더라도 법원이 공소장 변경 없이 **실제 적용한 법률조항**은 재판의 전제성이 인정된다(헌재 2002.4.25. 2001헌가27).

4. **이 사건 심판청구는 간접적용되는 법률조항의 위헌 여부의 재판전제성 인정 여부**

    재판에 간접적용되는 법률조항이라 하더라도 그 위헌 여부에 따라 법원이 다른 내용의 재판을 하게 되는 경우에는 재판의 전제성이 인정된다(헌재 2000.1.27. 99헌바23).

5. **사산한 태아의 손해배상청구권 부정과 관련하여 권리능력에 관한 민법 제3조의 재판의 전제성 인정한 사례**

    민법 제762조를 문면 그대로 해석할 경우 사산된 태아의 손해배상청구권을 인정할 여지가 있음에도 사산한 태아의 손해배상청구권이 부정되는 것은 법원이 민법 제762조를 해석함에 있어 생존한 동안에만 권리와 의무의 주체가 된다고 규정한 민법 제3조를 함께 적용하고 있기 때문이다. 따라서 살아서 출생하지 못한 태아의 손해배상청구권에 관한 당해 사건에는 민법 제3조도 적용되고 있는 것으로 보아야 하므로 민법 제3조는 재판의 전제성이 인정된다(헌재 2008.7.31. 2004헌바81).

6. **검사만 치료감호를 청구할 수 있고 법원은 검사에게 치료감호청구를 요구할 수 있다고만 규정한 치료감호 등에 관한 법률 제4조 제1항 및 제4조 제7항이 형사사건인 당해 사건에서 재판의 전제성이 인정되는지 여부(적극)**

    재판의 전제성요건을 판단함에 있어서는 되도록 제청법원의 법률적 견해를 존중하여야 한다. 치료감호에 대한 재판과 피고사건에 대한 재판은 별개의 재판이지만, 양자는 서로 긴밀하게 연관되어 있으므로, 피고사건을 선고할 때 치료감호사건에 대하여도 고려를 할 수밖에 없다. 따라서 이 사건 법률조항들은 당해 사건에서 재판의 전제성이 인정된다(헌재 2021.1.28. 2019헌가24 등).

⚖ 판례 | 재판의 내용이 달라지지 않는 사례

1. 행정처분의 근거법률이 헌법에 위반된다는 사정은 헌법재판소의 위헌결정이 있기 전에는 객관적으로 명백한 것이라고 할 수는 없으므로 특별한 사정이 없는 한 그러한 하자는 행정처분의 취소사유에 해당할 뿐 당연무효사유는 아니어서 **행정처분에 대한 제소기간이 도과한 후** 그 처분에 대한 **무효확인의 소를 제기한 경우** 당해 행정처분의 근거법률이 위헌인지 여부는 당해 사건 재판의 전제가 된다고 볼 수 없다 (헌재 2014.1.28. 2010헌바251).

   유사 질서위반행위규제법상 과태료 부과 사전통지를 받고 자진납부한 후 이미 납부한 과태료의 부당이득반환을 구하는 소를 제기한 경우 과태료 부과 근거법률이 위헌인지 여부가 당해 사건 재판의 전제가 되는지 여부(소극)

   질서위반행위규제법에 의하여 과태료 부과 사전통지를 받고 그 사전통지에서 제시한 의견제출기한 내에 감경된 과태료를 자진납부하면 과태료 부과 및 징수절차가 종료하고, 다만 과태료 부과 사전통지 및 이에 따른 납부가 중대하고 명백한 하자로 인하여 당연무효로 되는 경우에 한하여 행정청이 이미 수령한 과태료가 부당이득이 된다. 그런데 행정처분의 근거법률이 헌법에 위반된다는 사정이 헌법재판소의 위헌결정이 있기 전에는 객관적으로 명백한 것이라고 할 수는 없어 특별한 사정이 없는 한 행정처분의 취소사유에 해당할 뿐 당연무효사유가 아닌 것과 마찬가지로, 과태료 부과 근거법률이 헌법에 위반된다는 사정은 헌법재판소의 위헌결정이 있기 전에는 객관적으로 명백한 것이라고 할 수 없어 특별한 사정이 없는 이상 그러한 하자는 중대하고 명백한 하자라고 볼 수 없다. 따라서 과태료 부과 근거법률의 위헌 여부에 따라, 과태료 부과 사전통지 및 이에 따른 납부의 효력을 선결문제로 하는 당해 사건 재판의 주문이 달라지거나 재판의 내용과 효력에 관한 법률적 의미가 달라진다고 볼 수 없다(헌재 2021.9.30. 2019헌바49).

2. 법원에 계속 중인 당해 사건이 부적법한 것인 경우에는 법률의 위헌 여부를 따져 볼 필요 없이 **각하를 면할 수 없는 것으로서** 재판의 전제성이 인정되지 않는다(헌재 2015.11.26. 2014헌바418).

3. 당해 사건에서 소송대리권 수여사실이 인정되지 않아 소 각하판결이 확정된 일부 청구인들의 심판청구의 적법 여부(소극)

   법무법인 ○○에게 소송대리권을 수여한 사실이 인정되지 않아 당해 사건이 부적법하다는 이유로 소 각하판결이 확정된 일부 청구인들의 심판청구는 법률의 위헌 여부를 따져 볼 필요 없이 각하를 면할 수 없으므로, 재판의 전제성이 인정되지 않아 부적법하다(헌재 2020.3.26. 2016헌바55 등).

4. 당해 소송사건 중 공정거래위원회의 시정명령의 취소를 구하는 청구인 전○○의 청구 부분은 원고적격이 인정되지 않는다는 이유로 **각하되었고 그 판결이 확정되었다.** 따라서 청구인 전○○의 이 사건 심판청구는 재판의 전제성을 갖추지 못하여 부적법하다(헌재 2020.12.23. 2018헌바382).

5. 헌법재판소법 제68조 제2항에 따른 헌법소원심판청구 후 청구인이 제기한 **난민불인정처분** 취소소송에서 취소판결이 확정되어 청구인에 대한 **보호가 해제된 경우**, 심판대상조항의 위헌 여부에 따라 재판의 주문이나 재판의 내용과 효력에 관한 법률적 의미가 달라지지 아니하므로, 당해 심판청구는 재판의 전제성 요건을 갖추지 못하여 부적법하다(헌재 2016.4.28. 2013헌바196).

6. 당해 사건은 고등법원의 **재정신청 기각결정에 대한 재항고사건이므로** 심판대상조항(재정신청이 이유가 있는 때 법원은 공소제기를 결정한다)은 당해 사건에 직접 적용될 법률이 아니다. 또한, 심판대상조항이 위헌으로 결정되어 재정신청이 이유 있는 경우 공소제기 명령을 하는 대신 불기소처분을 취소하는 것으로 제도가 변경된다고 하여 불기소처분의 적법성과 타당성을 심사하는 법관의 재량적 판단이 달라질 것이라고 보기는 어렵다. 당해 사건에서 대법원이 고등법원의 재정신청 기각결정이 헌법이나 법률에 위반된다고 판단할 것이라고 추단할 수 없다. 따라서 심판대상조항은 당해 사건에서 재판의 전제성이 인정되지 않는다(헌재 2015.1.29. 2012헌바434).

7. 변호사법 위반으로 유죄확정판결을 받은 청구인이 수사검사의 불법행위를 이유로 검사와 국가에 대하여 손해배상을 구하는 당해 사건에서, 유죄판결의 근거가 된 **법률조항이 재판의 전제성을 갖는지 여부(소극)**

   유죄판결의 근거가 된 구 변호사법 제109조 제2호는 당해 사건에서 직접 적용되지 않으며, 설사 적용된다고 하더라도, 법률이 헌법에 위반되는지 여부는 헌법재판소의 위헌결정이 있기 전까지는 객관적으로 명백한 것이라 할 수 없어, 그 법률을 적용한 공무원에게 고의 또는 과실이 있다고 단정할 수 없다. 따라서 이 사건 법률조항이 헌법에 위반되는지 여부는 검사 및 국가의 손해배상책임이 성립할지 여부에 아무런 영향을 미치지 못한다. 그러므로 이 사건 심판청구는 재판의 전제성이 인정되지 않는다(헌재 2011.3.31. 2009헌바286).

8. 당해 사건이 고의 또는 과실에 의한 위법행위를 **이유로 손해배상을 구하는 민사소송인 경우**, 행위의 근거가 된 구 지적법 제34은 재판의 전제성이 인정되지 않는다. 일반적으로 법률이 헌법에 위반된다는 사정은 헌법재판소의 위헌결정이 있기 전에는 객관적으로 명백한 것이라고 할 수 없어 당사자로서는 행위 당시의 법률에 따를 수밖에 없는바, 심판대상조항에 대하여 나중에 헌법재판소가 위헌결정을 하더라도 그에 따라 행위한 당사자에게 고의 또는 과실이 있다고 할 수 없어 손해배상책임은 성립하지 않는다. 따라서 이 사건 심판청구는 재판의 전제성을 갖추지 못하였다(헌재 2020.12.23. 2019헌바484).

(2) 전제성 판단기준시점

① **판단시점**: 재판의 전제성은 심판을 제청할 때뿐만 아니라 심판을 진행하는 도중에도 갖추어져야 하는 것이 원칙이다(헌재 1993.12.23. 93헌가2).

② **심리 중 재판의 전제성이 소멸된 경우**

　㉠ **원칙**: 심판 도중 재판의 전제성이 소멸된 경우에는 각하결정한다.

　㉡ **예외**: 심판 도중에 재판의 전제성이 소멸된 경우라도 헌법질서 수호·유지차원에서 그 해명이 헌법적으로 중대한 의미를 가지는 경우에는 본안판단을 할 수 있다(헌재 1993.12.23. 93헌가2 - 보석허가결정에 대한 검사의 즉시항고).

(3) 재판의 전제성 관련 정족수

재판의 전제성이라든가 헌법소원의 적법성의 유무에 관한 재판은 종국심리에 관여한 재판관 과반수의 찬성으로 족한 것이다(헌재 1994.6.30. 92헌바23).

(4) 재판의 전제성 판단, 법원의 견해 존중 직권조사 가능

> **⚖ 판례**
>
> 법원으로부터의 위헌심판의 제청을 받은 헌법재판소는 법률이 재판의 전제가 되는 요건을 갖추고 있는지의 여부를 심판함에 있어서는 **제청법원의 견해를 존중하는 것이 원칙**이다. 그러나 제청법원의 법률적 견해가 유지될 수 없는 것으로 보이면 헌법재판소가 직권으로 조사할 수도 있는 것이다. 조사 결과 법원의 전제성에 관한 법률적 견해가 **명백히 유지될 수 없을 때에만** 헌법재판소가 그 제청을 부적법하다 하여 각하할 수 있다(헌재 1999.9.16. 98헌가6).

> **⚖ 판례**
>
> 아직 법원에 의하여 그 해석이 확립된 바 없어 당해 **형사사건에의 적용 여부가 불명인 상태**에서 검사가 그 적용을 주장하며 공소장에 적용법조로 적시하였고, 법원도 적용가능성을 전제로 재판의 전제성을 긍정하여 죄형법정주의 위반 등의 문제점을 지적하면서 위헌법률심판제청을 하여 온 이상, 헌법재판소로서는 그 법령을 해석하여 이에 대한 판단을 하여야 하고 법원은 그 판단을 전제로 당해 사건을 재판하게 되는 것이므로, 위 각 규정은 그 해석에 의하여 당해 형사사건에의 적용 여부가 결정된다는 측면에서 재판의 전제성을 인정하여야 한다(헌재 2002.4.25. 2001헌가27).

(5) 헌법재판소법 제68조 제2항의 헌법소원에서 재판의 전제성

> 헌법재판소법 제75조【인용결정】⑦ 제68조 제2항에 따른 헌법소원이 인용된 경우에 해당 헌법소원과 관련된 소송사건이 이미 확정된 때에는 당사자는 재심을 청구할 수 있다.

① 헌법재판소법 제68조 제2항의 헌법소원 도중 패소판결확정 또는 유죄확정판결이 난 경우: 헌법재판소법 제68조 제2항의 헌법소원을 청구하면 법원은 재판을 진행해서 확정판결까지 할 수 있다. 법원에 의해 패소판결이 확정된 경우 헌법재판소가 법률에 대해 위헌결정을 하면 헌법소원청구인은 헌법재판소법 제75조에 따라 법원에 재심을 청구할 수 있으므로 헌법재판소는 재판의 전제성을 인정할 수 있다.

> **⚖ 판례**
>
> 제1심인 당해 사건에서 헌법재판소법 제68조 제2항의 헌법소원을 제기한 청구인들이 당해 사건의 항소심에서 **항소를 취하하여** 원고 패소의 원심판결이 확정된 경우, 당해 사건에 적용되는 법률이 위헌으로 결정되면 확정된 원심판결에 대하여 재심청구를 함으로써 원심판결의 주문이 달라질 수 있으므로 재판의 전제성이 인정된다(헌재 2015.10.21. 2014헌바170).

> **⚖ 판례 | 당해 사건 법원에 위헌 여부의 심판을 제청신청하지 않았거나, 헌법소원심판을 청구한 후 당해 사건의 항소심에서 소를 취하하여 재판의 전제성을 갖추지 못한 것이어서 부적법하다는 이유로 각하한 사례**
>
> 이 사건 법률조항에 대한 심판청구는 청구인들이 당해 사건의 항소심에서 소를 취하하여 당해 사건이 종결된 이상, 이 사건 법률조항이 당해 사건에 적용될 여지가 없어 그 위헌 여부가 재판의 전제가 되지 않으므로 이 사건 법률조항에 대한 심판청구는 재판의 전제성을 갖추지 못하여 부적법하다(헌재 2011.11.24. 2010헌바412).

② 헌법재판소법 제68조 제2항의 헌법소원 도중 승소 또는 무죄 확정판결이 난 경우: 법원에 의해 승소판결이 확정된 경우 헌법재판소가 법률에 대해 위헌결정을 하면 헌법소원청구인은 헌법재판소법 제75조에 따라 법원에 재심을 청구하지 않으므로 헌법재판소는 재판의 전제성을 인정하지 않는다. 그러나 헌법질서유지차원에서 법률의 위헌 여부를 해명할 필요가 있다면 재판의 전제성을 인정할 수 있다.

　㉠ 원칙

> **⚖ 판례 | 대법원이 당해 사건에서 긴급조치 제1호 위반의 점에 대하여 무죄판결을 선고하였으므로, 이 경우에도 과연 재판의 전제성이 인정되는지 여부가 문제된다.**
>
> 헌법재판소법 제68조 제2항에 의한 헌법소원심판청구인이 당해 사건인 형사사건에서 무죄의 확정판결을 받은 때에는 처벌조항의 위헌확인을 구하는 헌법소원이 인용되더라도 재심을 청구할 수 없고, 청구인에 대한 무죄판결은 종국적으로 다툴 수 없게 되므로 법률의 위헌 여부에 따라 당해 사건 재판의 주문이 달라지거나 재판의 내용과 효력에 관한 법률적 의미가 달라지는 경우에 해당한다고 볼 수 없으므로, 원칙적으로 더 이상 재판의 전제성이 인정되지 아니한다(헌재 2013.3.21. 2010헌바132 등).

⚖ 판례 | 법원에서 승소판결이 확정된 경우

당해 사건이 재심사건인 경우, 심판대상조항이 '재심청구 자체의 적법 여부에 대한 재판'에 적용되는 법률조항이 아니라 '본안사건에 대한 재판'에 적용될 법률조항이라면 '재심청구가 적법하고' '재심의 사유가 인정되는 경우에' 한하여 재판의 전제성이 인정될 수 있다. 심판대상조항이 '본안사건에 대한 재판'에 적용될 법률조항인 경우 당해 사건의 재심청구가 부적법하거나 재심사유가 인정되지 않으면 본안판단에 나아갈 수가 없고, 이 경우 심판대상조항은 본안재판에 적용될 수 없으므로 그 위헌 여부가 당해 사건 재판의 주문을 달라지게 하거나 재판의 내용이나 효력에 관한 법률적 의미가 달라지게 하는 데 아무런 영향을 미치지 못하기 때문이다(헌재 2007.12.27. 2006헌바73).

⚖ 판례 | 당해 사건 재판에서 승소판결을 받았으나 그 판결이 확정되지 아니한 경우 재판의 전제성은 인정될 수 있다.

당해 사건 재판에서 청구인이 승소판결을 받아 그 판결이 확정된 경우 청구인은 재심을 청구할 법률상 이익이 없고, 심판대상조항에 대하여 위헌결정이 선고되더라도 당해 사건 재판의 결론이나 주문에 영향을 미칠 수 없으므로 그 심판청구는 재판의 전제성이 인정되지 아니하나, 당해 사건에 관한 재판에서 승소판결을 받았다고 하더라도 그 판결이 확정되지 아니한 이상 상소절차에서 그 주문이 달라질 수 있으므로, 파기환송 전 항소심에서 승소판결을 받았다는 사정만으로는 법률조항의 위헌 여부에 관한 재판의 전제성이 부정된다고 할 수 없다(헌재 2013.6.27. 2011헌바247).

ⓒ 예외

⚖ 판례

법률과 같은 효력이 있는 유신헌법에 따른 긴급조치의 위헌 여부를 심사할 권한은 본래 헌법재판소의 전속적 관할 사항인 점, 법률과 같은 효력이 있는 규범인 긴급조치의 위헌 여부에 대한 헌법적 해명의 필요성이 있는 점, 당해 사건의 대법원판결은 대세적 효력이 없는 데 비하여 형벌조항에 대한 헌법재판소의 위헌결정은 대세적 기속력을 가지고 유죄확정판결에 대한 재심사유가 되는 점(헌법재판소법 제47조 제1항·제3항) 등에 비추어 볼 때, 이 사건에서는 긴급조치 제1호, 제2호에 대하여 예외적으로 **객관적인 헌법질서의 수호·유지** 및 관련 당사자의 권리구제를 위하여 심판의 필요성을 인정하여 적극적으로 그 위헌 여부를 판단하는 것이 헌법재판소의 존재이유에도 부합하고 그 임무를 다하는 것이 되므로, 당해 사건에서 재판의 전제성을 인정함이 타당하다(헌재 2013.3.21. 2010헌바132 등).

(6) 형사재심과 재판의 전제성

① **재심개시 여부 결정에서 재판의 전제성:** 재심개시 여부에 대한 법원의 재판에서는 처벌조항은 적용되는 법률이 아니므로 재판의 전제가 되지 않으나 유신헌법에 따라 긴급조치 9호 위반으로 처벌받은 자는 재심대상사건 재판절차에서 긴급조치의 위헌성을 다툴 수 없는 규범적 장애상태가 있었으므로 예외적으로 재판의 전제성이 인정된다(헌재 2013.3.21. 2010헌바132 등).

ⓖ 원칙

⚖ 판례

확정된 유죄판결에서 처벌의 근거가 된 법률조항은 재심의 개시 여부를 결정하는 재판에서는 재판의 전제성이 인정되지 않고, 재심의 개시결정 이후의 '본안사건에 대한 심판'에 있어서만 재판의 전제성이 인정된다(헌재 2016.3.31. 2015헌가36).

⚖ 판례

형사소송법 제420조, 헌법재판소법 제47조 제4항 등에 의하면 재심은 반드시 법률에서 정한 일정한 사유가 있는 경우에만 청구할 수 있고, 재심의 청구를 받은 법원은 재심의 심판에 들어가기 전에 먼저 재심의 청구가 이유있는지의 여부를 가려 이를 기각하거나 재심개시의 결정을 하여야 하며(형사소송법 제434조, 제435조), 재심개시의 결정이 확정된 뒤에 비로소 법원은 재심대상인 사건에 대하여 그 심급에 따라 다시 심판을 하게 된다(형사소송법 제438조). 즉, 형사소송법은 재심의 절차를 '재심의 청구에 대한 심판'과 '본안사건에 대한 심판'이라는 두 단계 절차로 구별하고 있다. 따라서 확정된 유죄판결에서 처벌의 근거가 된 법률조항은 '재심의 청구에 대한 심판' 즉, 재심의 개시 여부를 결정하는 재판에서는 재판의 전제성이 인정되지 않는다(헌재 1993. 11.25. 92헌바39).

② 재심개시결정 확정된 이후 형사본안재판에서 재판의 전제성

⚖ 판례

재심개시결정에 대한 즉시항고기간의 도과로 재심개시결정이 확정된 경우, 법원으로서는 다시 심판을 하여야 한다. 재심재판에 있어서 제청신청인들의 무단용도변경행위는 건축법의 해당 조항의 위헌 여부에 따라 무죄가 될 수도 있으므로 그 조항의 위헌 여부는 재판의 전제가 된다(헌재 2000.1.27. 98헌가9).

3. 위헌법률심판의 대상 ★★★

(1) 대상인 것
① 시행되어 효력이 발생한 법률
② 간접적용되는 법률
③ **폐지된 법률**: 원칙 ×, 예외 ○

⚖ 판례

폐지된 법률조항에 대한 헌법소원도 그 위헌 여부에 관하여 아직 그 해명이 이루어진 바 없고, 헌법질서의 유지·수호를 위하여 긴요한 사항으로서 헌법적으로 그 해명이 중대한 의미를 지니는 경우 본안판단이 가능하다(헌재 2013.3.21. 2010헌바132 등).

④ 법률의 효력을 가지는 조약
⑤ 긴급명령
⑥ 긴급재정경제명령
⑦ 관습법

⚖ 판례

법률과 동일한 효력을 갖는 조약 등을 위헌법률심판의 대상으로 삼는 것은 헌법을 최고규범으로 하는 법질서의 통일성과 법적 안정성을 확보할 수 있을 뿐만 아니라, 합헌적인 법률에 의한 재판을 가능하게 하여 궁극적으로는 국민의 기본권 보장에 기여할 수 있다. 그런데 이 사건 관습법은 민법 시행 이전에 상속을 규율하는 법률이 없는 상황에서 재산상속에 관하여 적용된 규범으로서 비록 형식적 의미의 법률은 아니지만 실질적으로는 법률과 같은 효력을 갖는 것이므로 위헌법률심판의 대상이 된다(헌재 2013.2.28. 2009헌바129).

⑧ 긴급조치
⑨ 미군정령

(2) 대상이 아닌 것

① 헌법조항
② 대통령령, 총리령, 부령
③ 명령·규칙과 같은 효력을 가진 조약
④ 입법부작위
⑤ 이미 위헌결정이 있었던 법률조항
⑥ **제청 당시에는 공포되었으나 시행되지 않았고 헌법재판소 결정 당시 폐지되었던 법률**: 법률의 위헌여부심판의 제청대상법률은 특별한 사정이 없는 한 현재 시행 중이거나 과거에 시행되었던 것이어야 하기 때문에, 제청 당시에 공포는 되었으나 시행되지 않았고 이 결정 당시에는 이미 폐지되어 효력이 상실된 법률은 위헌여부심판의 대상법률에서 제외되는 것으로 해석함이 상당하고, 더욱이 이 사건 개정법률은 당해 사건 재판에 적용되는 법률이 아닐 뿐만 아니라, 피신청인들이 쟁의행위를 하게 된 계기가 된 것에 불과한 것으로, 동 개정법의 위헌 여부는 다른 내용의 재판을 하게 되는 관계에 있지도 않다(헌재 1997.9.25. 97헌가4).
⑦ **헌법불합치 결정된 법률**: 이 사건 정의조항에 대하여는 헌법재판소가 2011.6.30. 2008헌바166 등 결정에서 체육시설의 구체적인 범위를 한정하지 않고 포괄적으로 대통령령에 위임하고 있어 포괄위임금지원칙에 위배된다는 이유로 헌법불합치결정을 선고한 바 있다. 따라서 이 사건 정의조항의 위헌 여부는 더 이상 심판의 대상이 될 수 없으므로 이 부분에 대한 심판청구는 부적법하다(헌재 2014.7.24. 2012헌바294, 2013헌바184 등).

03 법원의 제청절차와 헌법재판소의 심리

1. 법원의 위헌법률심판제청 ★★

(1) 위헌법률심판제청권의 의미

> **헌법재판소법 제41조【위헌여부심판의 제청】** ① 법률이 헌법에 위반되는지 여부가 재판의 전제가 된 경우에는 당해 사건을 담당하는 법원(군사법원을 포함한다. 이하 같다)은 직권 또는 당사자의 신청에 의한 결정으로 헌법재판소에 위헌여부심판을 제청한다.
> ④ 위헌여부심판의 제청에 관한 결정에 대하여는 항고할 수 없다.
> ⑤ 대법원 외의 법원이 제1항의 제청을 할 때에는 대법원을 거쳐야 한다.

(2) 위헌법률심판제청권의 주체

① **법원**
　㉠ 대법원과 각급 법원, 군사법원이 위헌법률심판제청을 할 수 있다. 제청권자로의 법원은 사법행정상의 관청으로서의 법원이 아니라 개개의 소송사건에 관하여 재판권을 행사하는 재판기관을 의미하는 소송상의 의의에 있어서의 법원을 말한다.
　㉡ 합의부 관할 사건에서 법원은 합의부이지 법관 개인은 아니다. 다만, 단독판사 관할 사건의 경우 담당법관 개인이 법원이다.

② **위원회**: 법관이 주도하고 있는 민사조정위원회와 가사조정위원회는 법원에 해당할 수 있다. 행정심판위원회는 제청권을 가지는 법원이 아니다.

③ **당사자**: 소송의 원고·피고인 당사자는 위헌제청을 할 수 없다. 위헌법률심판은 법원만 제청할 수 있다.

⚖ 판례

위헌법률심판제청 헌법 제107조 제1항과 헌법재판소법 제41조(위헌여부심판의 제청), 제43조(제청서의 기재사항)등의 취지는, 법원은 문제되는 법률조항이 담당법관 스스로의 법적 견해에 의하여 단순한 의심을 넘어선 합리적인 위헌의 의심이 있으면 위헌여부심판을 제청하라는 취지이지, 법원이 법률이 헌법에 위배되었다는 점에 관하여 합리적으로 의심의 여지가 없을 만큼 명백한 경우에만 위헌심판제청을 할 수 있다는 의미는 아니다(헌재 1993.12.23. 93헌가2)라고 판시하여 단순한 의심과 독일연방헌법재판소의 판례가 요구하는 위헌에 대한 확신사이의 중간적인 입장을 취하고 있다. [헌법재판실무제요]

⚖ 판례 | 규범통제절차인 헌법재판소법 제41조 제1항에 의한 위헌법률심판 사건에서 민사소송법 제71조를 준용한 보조참가신청이 허용되는지 여부(소극)

규범통제절차인 헌법재판소법 제41조 제1항에 의한 위헌법률심판 사건에서 민사소송과 유사한 대립당사자 개념을 상정하기 어려운 점 등에 비추어 보면, 보조참가를 규정하고 있는 민사소송법 제71조는 위헌법률심판의 성질상 준용하기 어렵다. 그렇다면 이 사건 보조참가신청인의 보조참가신청은 위헌법률심판의 성질에 반하여 준용되지 아니하는 민사소송법 제71조에 근거한 것으로서 허용되지 아니한다(헌재 2020.3.26. 2016헌가17 등).

---

(3) 위헌법률심판제청신청

① 소송의 당사자·소송보조참가인은 법원에 위헌제청을 신청할 수 있다.

② 행정청은 위헌제청을 신청할 수 있다.

(4) 위헌법률심판제청의 절차

① **위헌제청신청에 대한 법원의 기각 또는 각하결정**

ㄱ 당사자는 위헌제청신청을 법원이 기각 또는 각하결정한 경우 상급법원에 항고할 수는 없다.

ㄴ 기각·각하결정된 법률이 위헌이라는 주장을 하면서 당사자는 헌법재판소법 제68조 제2항의 헌법소원심판을 청구할 수 있다.

② **대법원 경유**

ㄱ 대법원이 아닌 법원이 위헌제청한 경우 대법원을 경유하여야 한다.

ㄴ 제4·5공화국 헌법하의 헌법위원회법은 대법원의 불송부결정권을 인정하였는데, 현행 헌법재판소법은 위헌법률심판의 활성화를 위해 불송부결정권을 폐지하였다.

ㄷ 따라서 하급법원의 제청에 대해 대법원이 심사하여 헌법재판소에 송부 여부를 판단할 수 없고 대법원은 반드시 송부하여야 한다.

ㄹ 대법원 경유는 형식적 절차이다.

③ **법원의 위헌제청 철회**: 법원이 위헌제청을 철회한 경우, 헌법재판소는 심판절차 종료선언을 한다.

④ **제청서 기재사항(헌법재판소법 제43조)**: 제청법원과 위헌이라고 해석되는 이유는 표시하나 피청구인은 기재사항은 아니다.

> **헌법재판소 심판 규칙 제54조【제청서의 기재사항】** 제청서에는 법 제43조의 기재사항 외에 다음 각 호의 사항을 기재하여야 한다.
> 1. 당해 사건이 형사사건인 경우 피고인의 구속 여부 및 그 기간
> 2. 당해 사건이 행정사건인 경우 행정처분의 집행정지 여부

(5) 위헌법률심판제청의 효과

재판의 정지 ★★★

> **헌법재판소법 제42조【재판의 정지 등】** ① 법원이 법률의 위헌여부심판을 헌법재판소에 제청한 때에는 당해 소송사건의 재판은 헌법재판소의 위헌 여부의 결정이 있을 때까지 정지된다. 다만, 법원이 긴급하다고 인정하는 경우에는 종국재판 외의 소송절차를 진행할 수 있다.

① 법원이 위헌법률심판을 제청한 경우 당해 소송사건의 재판은 정지한다. 그러나 동종사건도 정지해야 하는 것은 아니다.
② 당사자의 위헌법률심판제청신청이 법원에 의해 기각되어 신청인이 헌법재판소법 제68조 제2항에 따라 위헌법률심사형 헌법소원을 제기한 경우에는 재판이 정지되지 아니한다.

2. 심리

(1) 적법성요건

재판의 전제성이 있는지, 심판대상이 되는지 여부를 심리한다. 요건이 충족되지 않으면 각하하고, 충족되면 본안심리를 한다. 재판관들의 의견이 갈리면 종국심리 과반수로 결정한다.

(2) 본안심리

① **심리방식**: 심리는 서면심리로 한다. 다만, 필요하다고 판단하면 구두변론으로 할 수 있다.
② 의견제출기회 보장

> **헌법재판소 심판 규칙 제55조【제청법원의 의견서 등 제출】** 제청법원은 위헌법률심판을 제청한 후에도 심판에 필요한 의견이나 자료 등을 헌법재판소에 제출할 수 있다.
> **제56조【당해 사건 참가인의 의견서 제출】** 당해 사건의 참가인은 헌법재판소에 법률이나 법률조항의 위헌 여부에 관한 의견서를 제출할 수 있다.

③ 심판대상의 확정

> **헌법재판소법 제45조【위헌결정】** 헌법재판소는 제청된 법률 또는 법률조항의 위헌 여부만을 결정한다. 다만, 법률조항의 위헌결정으로 인하여 해당 법률 전부를 시행할 수 없다고 인정될 때에는 그 전부에 대하여 위헌결정을 할 수 있다.

ⓐ **병행규범**: 관련성이 있는 다른 법률과 동시에 해결되어야 한다는 주장도 이론상으로는 비록 경청할 가치가 있고 또 장차 그러한 방향으로 법률이 개정될 수도 있다고 할 것이나, 현행법제하에서는 이에 관한 명문규정이 없어 일괄처리할 수 없다(헌재 1990.9.3. 89헌가95).
ⓑ **심판대상 확장**: 제청된 법률과 불가분의 일체를 구성하는 법률조항으로 심판대상을 확장할 수 있다.

ⓒ **단일조문:** 판례에 의하면 법률조항 중 관련 사건의 재판에서 적용되지 않는 내용이 들어 있는 경우에도 제청법원이 단일 조문 전체를 위헌제청하고 그 조문 전체가 같은 심사척도가 적용될 위헌 심사대상인 때에는 그 조문 전체가 심판대상이 된다(헌재 2003.6.26. 2001헌가17 등).

④ **심리의 관점:** 제청된 법률조항의 위헌 여부를 심리한다. 위헌결정을 하려면 재판관 6명 이상의 찬성이 있어야 한다. 헌법재판소는 위헌법률심판절차에 있어서 규범의 위헌성을 제청법원이나 제청신청인이 주장하는 법적 관점에서만 아니라 심판대상규범의 법적 효과를 고려하여 모든 헌법적인 관점에서 심사한다. 법원의 위헌제청을 통하여 제한되는 것은 오로지 심판의 대상인 법률조항이지 위헌심사의 기준이 아니다(헌재 1996.12.26. 96헌가18 - 자도소주구입명령제도사건), 그리하여 이 사건에서는 심판대상인 주세법 규정이 청구인인 주류판매업자에 미치는 기본권 제한적 효과에 한하지 아니하고, 그 외의 관련자인 주류제조업자나 소비자에게 미치는 효과까지 헌법적 관점에서 심사하였다. [헌법재판실무제요]

⑤ **위헌법률심판의 기준**

ⓐ **재판시 헌법:** 헌법 본문은 물론 전문, 부칙도 포함한다. 유신헌법하의 긴급조치의 위헌여부심판에서 헌법재판소가 행하는 구체적 규범통제의 심사기준은 헌법재판을 할 당시에 규범적 효력을 가지는 현행헌법이다(헌재 2013.3.21. 2010헌바132 등).

ⓑ **헌법적 관습:** 헌법적 관습이나 관행, 관례도 위헌심판에서 심판의 기준이 된다.

ⓒ **헌법상 원칙:** 일반적으로 헌법상 명문규정뿐만 아니라 각 명문규정들에 대한 종합적 검토 및 구체적인 논증 등을 통하여 도출될 수 있는 헌법원칙의 경우도 위헌법률심판의 심사기준이 될 수 있다(헌재 2003.12.18. 2002헌마593).

⑥ **위헌결정의 범위**

> **헌법재판소법 제45조【위헌결정】** 헌법재판소는 제청된 법률 또는 법률조항의 위헌 여부만을 결정한다. 다만, 법률조항의 위헌결정으로 인하여 해당 법률 전부를 시행할 수 없다고 인정될 때에는 그 전부에 대하여 위헌결정을 할 수 있다.

04 위헌법률심판의 결정유형

1. 합헌결정

(1) 단순합헌결정

① **개념:** 심판대상이 된 법률조항 내지 법률의 위헌성 여부를 심사한 결과 아무런 헌법 위반사실을 발견·확인할 수 없는 경우에 내리는 유형이다.

② **주문유형:** 법률 또는 법률조항은 헌법에 위반되지 아니한다.

(2) 합헌결정의 효력(일사부재리원칙, 기판력)

위헌결정의 기속력으로 인해 동일사건뿐 아니라 다른 사건에서도 위헌결정이 된 법률조항에 대해 다시 위헌제청할 수 없다. 그러나 합헌결정은 기속력이 인정되지 않아 다른 사건에서는 합헌결정이 된 법률조항에 대해서도 다시 위헌제청을 할 수 있다. 그러나 헌법재판소법 제39조는 일사부재리원칙을 규정하고 있다. 합헌결정이 된 법률조항에 대해서 동일사건에서 다시 위헌제청을 하는 것은 일사부재리원칙에 반해 허용되지 않는다.

2. 위헌결정

헌법재판소 재판관 9명 중 6명 이상의 재판관의 찬성을 얻어 위헌법률심판의 대상이 된 법률 또는 법률조항에 대하여 위헌성을 확인하는 결정유형이다.

3. 변형결정

(1) 한정위헌과 한정합헌결정

구분	한정합헌	한정위헌
개념	~라고 해석하는 한 합헌	~라고 해석하는 한 위헌
위헌적 요소	소극적 배제	적극적 배제
본질적 차이	없음.	없음.

(2) 헌법불합치결정

① **개념**: 헌법불합치는 위헌법률심판의 대상이 된 법률이 위헌성이 있다고 인정되는 경우 위헌결정을 내림으로써 발생될 법률의 공백을 막아 법적 안정성을 유지시키려는 목적에서 법률의 효력을 일정 기간 지속시키는 결정유형이다.

② **헌법불합치결정사유**: 입법자의 의사 존중, 법적 안정성, 신뢰보호, 법의 공백으로 인한 충격과 혼란방지, 입법형식의 잘못(헌재 1995.11.30. 91헌바1), 개정을 위한 시간적 여유의 필요성, 법률의 잠정적 적용, 단순위헌결정으로 더 심각한 헌법 위반의 문제가 발생하는 경우, 수혜적 법률인 경우가 거론된다.

> **판례 | 헌법불합치결정**
>
> 법률이 평등원칙에 위반된 경우가 헌법재판소의 불합치결정을 정당화하는 대표적인 사유라고 할 수 있다. 반면에, 자유권을 침해하는 법률이 위헌이라고 생각되면 무효선언을 통하여 자유권에 대한 침해를 제거함으로써 합헌성이 회복될 수 있고, 이 경우에는 평등원칙 위반의 경우와는 달리 헌법재판소가 결정을 내리는 과정에서 고려해야 할 입법자의 형성권은 존재하지 않음이 원칙이다(헌재 2002.5.30. 2000헌마81).

4. 주문 결정방법

위헌적인 요소가 있는 법률에 대한 결정(위헌, 변형결정)은 재판관 6명의 찬성이 있어야 하는데, 이러한 결정들 간에 하나의 결정이 6명이 안 되지만 이러한 유형의 결정의 합이 6명 이상이 될 때는 가장 위헌성이 약한 결정유형을 내고 있다.

(1) 위헌법률심판

단순위헌 5명	헌법불합치 2명		**헌법불합치**
단순위헌 5명	한정위헌 1명		**한정위헌**
단순위헌 5명	한정합헌 1명		**한정합헌**
헌법불합치 1명	한정위헌 5명	합헌 3명	**한정위헌**
단순위헌 3명	헌법불합치 1명	한정위헌 5명	**한정위헌**
각하 4명	단순위헌 4명	헌법불합치 1명	**합헌**

(2) 헌법소원심판

① 재판관 5명 인용의견, 4명 기각의견이면, 기각결정한다.
② **재판관 4명이 각하의견, 4명이 위헌의견인 경우, 심판청구를 각하한 사례:** 소송요건의 선순위성은 소송법의 확고한 원칙으로 헌법소원심판에서 본안판단으로 나아가기 위해서는 적법요건이 충족되었다는 점에 대한 재판관 과반수의 찬성이 있어야 한다. 따라서 청구인 이○○ 등의 화해권유 부작위의 위헌확인을 구하는 심판청구가 적법성을 충족한 것인지에 대해 어떠한 견해도 과반수에 이르지 아니한 이상, 헌법재판소는 심판청구를 각하하여야 한다(헌재 2021.9.30. 2016헌마1034).
③ 기각의견이 1명, 헌법불합치의견이 5명, 각하의견이 3명으로 재판관의 의견이 나뉜 경우, 비록 헌법불합치의견에 찬성한 재판관이 다수이지만, 헌법 제113조 제1항, 헌법재판소법 제23조 제2항 단서 제1호에서 정한 헌법소원심판 인용결정을 위한 심판정족수에는 이르지 못하였으므로, 심판청구를 기각한다(헌재 2021.8.31. 2018헌마563).

(3) 권한쟁의심판

권한쟁의심판에서는 종국심리에 관여한 과반수 재판관으로 결정으로 하므로, 재판관 5명 인용의견이고 4명 기각의견이면 인용결정한다.

05 위헌결정의 효력 ***

1. 위헌결정의 기속력

(1) 개념

기속력은 헌법재판소 결정의 취지에 반하는 행위금지하는 효력이다. 헌법재판소가 위헌결정한 법률을 적용한 행정청의 처분이나 법원의 재판은 기속력에 반한다.

(2) 기속력 범위

> **헌법재판소법 제47조 【위헌결정의 효력】** ① 법률의 위헌결정은 법원과 그 밖의 국가기관 및 지방자치단체를 기속(羈束)한다.

① **기속력의 주관적 범위:** 위헌결정은 제청법원뿐만 아니라 모든 법원, 국가기관을 기속한다. 따라서 위헌결정된 법률조항을 적용하는 것은 기속력에 반한다. 또한 위헌결정된 법률조항에 대해 다시 위헌제청할 수 없다.
② **기속력의 객관적 범위:** 기속력은 위헌결정에 인정되는 효력이다. 주문인 위헌결정과 주문에 이르는 개별적 위법사유에 기속력은 인정된다. 합헌결정은 기속력이 인정되지 않는다.

(3) 일부위헌결정의 기속력

"이 법에 의한 보상금 등의 지급결정은 신청인이 동의한 때에는 민주화운동과 관련하여 입은 피해에 대하여 민사소송법의 규정에 의한 재판상 화해가 성립된 것으로 본다."라고 정하고 있는 민주화운동 관련자 명예회복 및 보상 등에 관한 법률에 대해 헌법재판소는 2018.8.30. 구 민주화보상법 제18조 제2항의 '민주화운동과 관련하여 입은 피해' 중 불법행위로 인한 정신적 손해에 관한 부분은 헌법에 위반된다는 결정(2018.8.30. 2014헌바180 등, 이하 '일부위헌결정'이라고 한다)을 선고하였다. 일부위헌결정은 위와 같이 '민주화운동과 관련하여 입은 피해' 중 일부인 '불법행위로 인한 정신적 손해' 부분을 위헌으로 선언함으로써 그 효력을 상실시켜 구 민주화보상법 제18조 제2항의 일부가 폐지되는 것과 같은 결과를 가져오는 결정으로서 **법원에 대한 기속력이 있다.** 일부위헌결정 선고 전에 헌법소원의 전제가 된 해당 소송사건에서 이미 확정된 판결에 대해서 일부위헌결정이 선고된 사정은 헌법재판소법 제75조 제7항에서 정한 재심사유가 된다(대판 2020.12.10. 2020다205455).

(4) 한정위헌결정의 기속력

① **쟁점정리**: 헌법재판소법 제47조 제1항은 위헌결정의 기속력을 규정하고 있으나, 변형결정에 대해서는 규정하고 있지 않다. 대법원은 한정위헌결정은 법률해석에 불과하다고 하여 기속력을 인정하고 있지 않으나, 헌법재판소 판례에 의하면 변형결정(한정위헌, 한정합헌, 헌법불합치결정)은 위헌결정의 일종이므로 기속력을 가진다.

② **헌법재판소의 한정위헌결정**: 헌법재판소는 1995.11.30. 94헌바40 등 판결에서 소득세법 제23조 제4항 단서에 대하여 한정위헌결정을 내린 바 있다.

③ **대법원의 한정위헌결정의 기속력 부인**: 대법원은 상기 헌법재판소의 한정위헌결정의 기속력을 부인하였다(대판 1996.4.9. 95누11405). 이른바 한정위헌결정의 경우에는 헌법재판소의 결정에도 불구하고 법률이나 법률조항은 그 문언이 전혀 달라지지 아니한 채 그냥 존속하고 있는 것이므로 이러한 한정위헌결정은 법률 또는 법률조항의 의미 내용과 그 적용범위를 정하는 법률해석이라고 하지 않을 수 없다. 그런데 구체적 사건에 있어서 당해 법률 또는 법률조항의 의미 내용과 적용범위가 어떠한 것인지를 정하는 권한 즉 법령의 해석·적용권한은 바로 사법권의 본질적 내용을 이루는 것으로서, 전적으로 대법원을 최고법원으로 하는 법원에 전속한다. … 그러므로 한정위헌결정에 표현되어 있는 헌법재판소의 법률해석에 관한 견해는 법률의 의미 내용과 그 적용범위에 관한 헌법재판소의 견해를 일응 표명한데 불과하여 이와 같이 법원에 대하여 어떠한 영향을 미치거나 기속력을 가질 수 없다.

⚖ 판례 | 대법원 재판에 대한 헌법소원심판에서의 헌법재판소 판례 (헌재 1997.12.24. 96헌마172 등)

<주문>
① 헌법재판소법 제68조 제1항 본문의 '법원의 재판'에 헌법재판소가 위헌으로 결정한 법령을 적용함으로써 국민의 기본권을 침해한 재판도 포함되는 것으로 해석하는 한도 내에서, 헌법재판소법 제68조 제1항은 헌법에 위반된다.
② 대법원 1996.4.9. 선고 95누11405 판결은 청구인의 재산권을 침해한 것이므로 이를 취소한다.
③ 피청구인 동작세무서장이 1992년 6월 16일 청구인에게 양도소득세금 736,254,590원 및 방위세 금 147,250,910원을 부과한 처분은 청구인의 재산권을 침해한 것이므로 이를 취소한다.

1. 한정위헌결정의 기속력
한정위헌결정은 헌법 제111조 제1항의 위헌심사권을 헌법재판소가 행사하여 법률의 부분적 효력을 부인하는 결정유형이지 단순한 법률해석에 관한 의견이 아니다. 한정위헌결정은 헌법 제111조 제1항과 제107조 제1항에 근거하여 법률의 효력을 부분적으로 상실케 하는 결정이므로 법원을 기속한다. 따라서 결정의 효과로서 법률문언의 변화가 있는지 여부는 헌법재판소 결정의 기속력과는 상관관계가 없다.

2. 헌법재판소법 제68조 제1항의 법원의 재판 제외
헌법재판소가 위헌으로 결정하여 그 효력을 상실한 법률을 적용하여 한 법원의 재판은 헌법재판소 결정의 기속력에 반하는 것일 뿐 아니라, 법률에 대한 위헌심사권을 헌법재판소에 부여한 헌법의 결단(헌법 제107조 및 제111조)에 정면으로 위배된다. 따라서 헌법재판소가 위헌결정한 법률을 적용한 법원의 재판을 헌법소원의 대상에서 제외한다면 헌법 제107조 제1항 등에 위반된다.

3. 대법원의 재판취소

이 사건 대법원판결은 헌법재판소가 이 사건 법률조항에 대하여 한정위헌결정을 선고함으로써 이미 부분적으로 그 효력이 상실된 법률조항을 적용한 것으로서 위헌결정의 기속력에 반하는 재판임이 분명하므로 이에 대한 헌법소원은 허용된다.

4. 원행정처분의 취소결정

이 사건의 경우와 같이 행정소송으로 행정처분의 취소를 구한 청구인의 청구를 받아들이지 아니한 법원의 판결에 대한 헌법소원심판의 청구가 예외적으로 허용되어 그 재판이 헌법재판소법 제75조 제3항에 따라 취소되는 경우에는 원래의 행정처분에 대한 헌법소원심판의 청구도 이를 인용하는 것이 상당하다.

⚖ 판례 | 재판취소 (헌재 2022.7.21. 2013헌마496)

1. 구 조세감면규제법의 시행에도 불구하고 구 조세감면규제법부칙 제23조에 대한 한정위헌결정

헌법재판소는 2012.5.31. 2009헌바123 등 결정에서 "구 조세감면규제법(1993.12.31. 법률 제4666호로 전부개정된 것)의 시행에도 불구하고 구 조세감면규제법(1990.12.31. 법률 제4285호) 부칙 제23조가 실효되지 않은 것으로 해석하는 것은 헌법에 위반된다."라고 선고함으로써, 법률조항의 문언 자체는 그대로 둔 채 그 법률조항이 규율하는 일부 영역, 즉 구 조세감면규제법(1990.12.31. 법률 제4285호) 부칙 제23조(이하 '이 사건 부칙조항'이라 한다)의 규범 영역 중 구 조세감면규제법(1993.12.31. 법률 제4666호로 전부개정된 것)의 시행일인 1994.1.1. 이후에도 적용되는 부분을 한정하여 그 효력을 상실시키는 한정위헌결정을 하였다.

2. '조세감면규제법 부칙 제23조가 실효되지 않은 것으로 해석하는 것은 헌법에 위반됨을 확인한다'는 헌재 2012.7.26. 2009헌바35 등 결정의 기속력을 부인하고 청구인의 재심청구를 기각한 법원의 재판이 '법률에 대한 위헌결정의 기속력에 반하는 재판'으로 예외적으로 헌법소원심판의 대상이 되고 청구인의 기본권을 침해하는지 여부(적극)

헌법재판소는 2022.6.30. 2014헌마760 등 결정에서 "헌법재판소법 제68조 제1항 본문 중 '법원의 재판' 가운데 '법률에 대한 위헌결정의 기속력에 반하는 재판' 부분은 헌법에 위반된다."라는 결정을 선고하였다. 헌법재판소가 법률의 위헌성 심사를 하면서 합헌적 법률해석을 하고 그 결과로서 이루어지는 한정위헌결정은 일부위헌결정으로서, 헌법재판소가 헌법에서 부여받은 위헌심사권을 행사한 결과인 법률에 대한 위헌결정에 해당한다. 따라서 이 사건 한정위헌결정으로 구 조세감면규제법(1990.12.31. 법률 제4285호) 부칙 제23조의 규범 영역 중 1993.12.31. 법률 제4666호로 전부개정된 구 조세감면규제법의 시행일인 1994.1.1. 이후에 적용되는 부분은 그 효력을 상실하였고, 이는 법원을 비롯한 모든 국가기관과 지방자치단체에 대하여 기속력이 있다.

법원은 이 사건 한정위헌결정의 기속력을 부인하여 청구인의 재심 청구를 기각하였는바, 이는 '법률에 대한 위헌결정의 기속력에 반하는 재판'으로 헌법소원심판의 대상이 되고 청구인의 재판청구권을 침해하였으므로 헌법재판소법 제75조 제3항에 따라 취소되어야 한다.

3. 이 사건 한정위헌결정이 이루어지기 전에 확정된 법원의 재판이 헌법소원심판의 대상이 되는지 여부(소극)

위헌결정이 있기 전에 그 법률을 법원이 적용하는 것은 제도적으로 정당성이 보장되므로 아직 헌법재판소에 의하여 위헌으로 선언된 바가 없는 법률이 적용된 재판을 그 후에 위헌결정이 선고되었다는 이유로 위법한 공권력의 행사라고 하여 헌법소원심판의 대상으로 삼을 수는 없다.

청구인은 이 사건 한정위헌결정이 이루어지기 전에 이미 확정된 법원의 재판에 대하여 헌법재판소법 제75조 제7항에 따라 재심을 청구하였는바, 이러한 재심대상판결은 법률에 대한 위헌결정의 기속력에 반하는 재판에 해당하지 않으므로 이에 대한 심판청구는 부적법하다.

4. 법원의 재판을 거쳐 확정된 행정처분인, 피청구인이 2004.1.16. 청구인에 대하여 한 과세처분이 헌법소원 심판의 대상이 되는지 여부(소극)

법원의 재판을 거쳐 확정된 행정처분(이하 '원행정처분'이라 한다)에 대한 헌법소원심판청구는 헌법재판소법 제68조 제1항의 입법취지 등에 비추어 원칙적으로 허용되지 않지만, 원행정처분을 심판의 대상으로 삼았던 법원의 재판이 예외적으로 헌법소원심판의 대상이 되어 그 재판 자체가 취소되는 경우에는 예외적으로 원행정처분에 대하여도 헌법소원 심판청구가 허용된다.

그런데 위헌결정이 있기 전에 그 법률을 법원이 적용하는 것은 제도적으로 정당성이 보장되므로 아직 헌법재판소에 의하여 위헌으로 선언된 바가 없는 법률이 적용된 재판을 그 후에 위헌결정이 선고되었다는 이유로 위법한 공권력의 행사라고 하여 헌법소원심판의 대상으로 삼을 수는 없다. 그러므로 이 사건 과세처분을 심판대상으로 삼았던 법원의 재판인 재심대상판결은 법률에 대한 위헌결정의 기속력에 반하는 재판에 해당하지 않는다. 따라서 이 사건 과세처분을 심판의 대상으로 삼았던 법원의 재판이 예외적으로 헌법소원의 대상이 되어 취소되는 경우에 해당하지 아니하므로, 원행정처분인 이 사건 과세처분에 대한 심판청구는 부적법하다.

2. 위헌결정의 효력발생시기

> **헌법재판소법 제47조【위헌결정의 효력】** ② 위헌으로 결정된 법률 또는 법률의 조항은 그 결정이 있는 날부터 효력을 상실한다.
> ③ 제2항에도 불구하고 형벌에 관한 법률 또는 법률의 조항은 소급하여 그 효력을 상실한다. 다만, 해당 법률 또는 법률의 조항에 대하여 종전에 합헌으로 결정한 사건이 있는 경우에는 그 결정이 있는 날의 다음 날로 소급하여 효력을 상실한다.

(1) 효력발생시기

① **장래효**: 장래효란 위헌결정의 효력이 위헌결정시점에서 발생함을 뜻한다. 헌법재판소법 제47조는 위헌결정의 장래효가 원칙임을 선언하고, 예외적으로 형벌조항에 관한 위헌결정은 소급효가 인정된다고 한다.

② **소급효**: 소급효란 위헌결정의 효력이 위헌사유가 발생한 시점부터 발생함을 뜻한다. 위헌결정된 형벌조항은 소급효가 적용된다.

구분	사유
장래효	• 법적 안정성 • 신뢰보호
위헌결정 소급효	• 정의 • 평등

(2) 학설

① **위헌무효설**: 위헌인 법률은 제정시 또는 후발적으로 위헌사유가 발생한 시점부터 효력을 발생하지 않는다는 학설이다. 위헌무효설에 따르면 위헌결정된 법률은 소급하여 그 효력을 상실한다.

② **폐지무효설**: 위헌결정으로 법률은 폐지되는 효과가 있다는 학설이다. 폐지무효설에 따르면 위헌결정된 법률은 장래에 향해 그 효력을 상실한다.

(3) 실정법

헌법에는 명시적 규정이 없고 헌법재판소법 제47조 제2항은 장래효를, 제47조 제3항은 소급효를 각각 규정하고 있다.

(4) 대법원 판례

헌법재판소의 위헌결정의 효력은 위헌제청을 한 당해 사건, 위헌결정이 있기 전에 이와 동종의 위헌여부에 관하여 헌법재판소에 위헌여부심판제청을 하였거나 법원에 위헌여부심판제청신청을 한 경우의 당해 사건과, 따로 위헌제청신청은 아니하였지만 당해 법률 또는 법률의 조항이 재판의 전제가 되어 법원에 계속 중인 사건뿐만 아니라 위헌결정 이후에 위와 같은 이유로 제소된 일반사건에도 미친다고 봄이 상당하다(대판 1993.1.15. 92다12377).

(5) 헌법재판소 판례

우리나라 헌법은 헌법재판소에서 위헌으로 선고된 법률 또는 법률의 조항의 시적 효력범위에 관하여 직접적으로 아무런 규정을 두지 아니하고 하위법규에 맡겨 놓고 있는바, 그렇다면 헌법재판소에 의하여 위헌으로 선고된 법률 또는 법률의 조항이 제정 당시로 소급하여 효력을 상실하는가 아니면 장래에 향하여 효력을 상실하는가의 문제는 특단의 사정이 없는 한 헌법적합성의 문제라기보다는 입법자가 법적 안정성과 개인의 권리구제 등 제반 이익을 비교형량하여 가면서 결정할 입법정책의 문제인 것으로 보인다. 결국 우리의 입법자는 법 제47조 제2항 본문의 규정을 통하여 형벌법규를 제외하고는 법적 안정성을 더 높이 평가하는 방안을 선택하였다. 형벌법규 이외의 일반법규에 관하여 위헌결정에 불소급의 원칙을 채택한 법 제47조 제2항 본문의 규정 자체에 대해 기본적으로 그 합헌성에 의문을 갖지 않지만 위에서 본바 효력이 다양할 수밖에 없는 위헌결정의 특수성 때문에 예외적으로 그 적용을 배제시켜 부분적인 소급효의 인정을 부인해서는 안 될 것이다. 우선 생각할 수 있는 것은, 구체적 규범통제의 실효성의 보장의 견지에서 법원의 제청·헌법소원의 청구 등을 통하여 헌법재판소에 법률의 위헌결정을 위한 계기를 부여한 당해 사건(a사건), 위헌결정이 있기 전에 이와 동종의 위헌 여부에 관하여 헌법재판소에 위헌제청을 하였거나 법원에 위헌제청신청을 한 경우의 당해 사건(b사건), 그리고 따로 위헌제청신청을 아니하였지만 당해 법률 또는 법률의 조항이 재판의 전제가 되어 법원에 계속 중인 사건(c사건)에 대하여는 소급효를 인정하여야 할 것이다. 또 다른 한 가지의 불소급의 원칙의 예외로 볼 것은, 당사자의 권리구제를 위한 구체적 타당성의 요청이 현저한 반면에 소급효를 인정하여도 법적 안정성을 침해할 우려가 없고 나아가 구법에 의하여 형성된 기득권자의 이익이 해쳐질 사안이 아닌 경우(d사건)로서 소급효의 부인이 오히려 정의와 형평 등 헌법적 이념에 심히 배치되는 때라고 할 것으로, 이 때에 소급효의 인정은 법 제47조 제2항 본문의 근본취지에 반하지 않을 것으로 생각한다(헌재 1993.5.13. 92헌가10 등).

(6) 제소기간 도과로 확정력(불가쟁력)이 발생한 사건

① **쟁점정리**: 행정소송법 제20조의 제소기간이 경과하면 법원에 처분을 취소를 구할 수 없는 불가쟁력이 발생한다. 제소기간 도과로 불가쟁력이 발생한 사건에 위헌결정의 소급효가 인정되면 불가쟁력이 발생한 처분에 대해서도 위헌결정으로 처분은 무효가 될 수 있다. 그러나 소급효가 인정될 수 없다면 위헌결정을 하더라도 처분은 무효가 될 수 없다.

② **행정처분이 발해진 후 근거법률이 위헌결정된 경우 무효가 되지 않는다는 판례(대법원 견해)**: 법률에 근거하여 행정처분이 발하여진 후에 헌법재판소가 그 처분의 근거가 된 법률을 위헌으로 결정하였다면 결과적으로 위 행정처분은 하자가 있는 것으로 되지만, 일반적으로 법률이 헌법에 위반된다는 사정은 헌법재판소의 위헌결정이 있기 전에는 객관적으로 명백한 것이라고는 할 수 없으므로, 헌법재판소의 위헌결정 전에 행정처분의 근거가 되는 해당 법률이 헌법에 위반된다는 사유는 특별한 사정이 없는 한 그 행정처분의 취소소송의 전제가 될 뿐 당연무효는 아니다(대판 1994.10.28. 92누9463).

③ **헌법재판소 판례**: 헌법재판소의 위헌결정이 있기 전에는 객관적으로 명백한 것이라고 할 수는 없으므로 특별한 사정이 없는 한 그러한 하자는 행정처분의 취소사유에 해당할 뿐 당연무효사유는 아니라고 하나 예외적으로는 무효가 될 수 있다고 한다.

판례

행정처분의 근거법률이 헌법에 위반된다는 사정은 헌법재판소의 위헌결정이 있기 전에는 객관적으로 명백한 것이라고 할 수는 없으므로 특별한 사정이 없는 한 그러한 하자는 행정처분의 취소사유에 해당할 뿐 당연무효사유는 아니고, 제소기간이 경과한 뒤에는 행정처분의 근거법률이 위헌임을 이유로 무효확인소송 등을 제기하더라도 행정처분의 효력에는 영향이 없음이 원칙이다. 따라서 처분의 근거가 된 법률조항의 위헌 여부에 따라 당해 사건 재판의 주문이 달라지거나 재판의 내용과 효력에 관한 법률적 의미가 달라지는 경우로 볼 수 없으므로 재판의 **전제성이 인정되지 아니한다**(헌재 2014.1.28. 2011헌바38).

판례

행정처분의 집행이 이미 종료되었고 그것이 번복될 경우 법적 안정성을 크게 해치게 되는 경우에는 후에 행정처분의 근거가 된 법규가 헌법재판소에서 위헌으로 선고된다고 하더라도 그 행정처분이 당연무효가 되지는 않음이 원칙이라고 할 것이나, 행정처분 자체의 효력이 쟁송기간 경과 후에도 존속 중인 경우, 특히 그 처분이 위헌법률에 근거하여 내려진 것이고 그 행정처분의 목적 달성을 위하여서는 후행 행정처분이 필요한데 후행 행정처분은 아직 이루어지지 않은 경우와 같이 그 행정처분을 무효로 하더라도 법적 안정성을 크게 해치지 않는 반면에 그 하자가 중대하여 그 구제가 필요한 경우에 대하여서는 그 예외를 인정하여 이를 당연무효사유로 보아서 쟁송기간 경과 후에라도 무효확인을 구할 수 있는 것이라고 봐야 할 것이다(헌재 1994.6.30. 92헌바23).

(7) 위헌결정 이후에 한 처분

위헌결정 이후에 한 처분은 그 하자가 중대하고도 명백하므로 당연무효가 된다.

판례

택지초과소유부담금 부과처분, 체납처분절차인 압류처분, 다른 재산에 대한 압류처분, 징수처분 등은 각각 독립된 별개의 행정처분이므로, 택지초과소유부담금 부과처분이나 그에 기한 어느 재산에 대한 압류처분에 확정력이 생겼다 하더라도, 다른 재산에 대한 압류처분, 징수처분 등 체납처분절차를 진행하기 위하여는 당해 처분 당시 유효한 법률상 근거가 존재하여야 하는바, 1999.4.29. 구 택지소유상한에 관한 법률 전부에 대한 위헌결정 이전에 이미 택지초과소유부담금 부과처분과 압류처분 및 이에 기한 압류등기가 이루어지고 위 각 처분이 확정되었다고 하여도, 위헌결정 이후에 별도의 행정처분으로서 다른 재산에 대한 압류처분, 징수처분 등 체납처분절차를 진행하였다면 이는 근거되는 법률이 없는 것이어서 그 하자가 중대하고 명백하여 당연무효라고 하지 않을 수 없다(대판 2002.6.28. 2001다60873).

(8) 형벌에 관한 법률에 대한 위헌결정의 소급효 ★★★

헌법재판소법 제47조 【위헌결정의 효력】 ② 위헌으로 결정된 법률 또는 법률의 조항은 그 결정이 있는 날부터 효력을 상실한다.
③ 제2항에도 불구하고 형벌에 관한 법률 또는 법률의 조항은 소급하여 그 효력을 상실한다. 다만, 해당 법률 또는 법률의 조항에 대하여 종전에 합헌으로 결정한 사건이 있는 경우에는 그 결정이 있는 날의 다음 날로 소급하여 효력을 상실한다. *합헌결정 (헌재 2016.4.28. 2015헌바216)
④ 제3항의 경우에 위헌으로 결정된 법률 또는 법률의 조항에 근거한 유죄의 확정판결에 대하여는 재심을 청구할 수 있다.

① 헌법재판소법 제47조 제3항의 소급효가 적용되는 형벌에 관한 법률의 범위
  ㉠ 형사소송법: 형벌에 관한 법률이란 실체법을 의미한다. 따라서 법원조직법이나 형사소송법은 헌법재판소법 제47조 제3항이 적용되지 아니한다.
  ㉡ 불처벌 특례조항: 불처벌의 특례를 규정한 법률조항은 형벌과 관련된 조항이기는 하지만 소급효를 인정할 경우 그 조항에 의거하여 형사처벌을 받지 않았던 자들에게 형사상의 불이익이 미치게 되므로 이와 같은 경우에는 소급효가 인정되지 아니한다(헌재 1997.1.16. 90헌마110 등).
② 형벌에 관한 법률에 대한 위헌결정의 소급효
  ㉠ 재판 중인 경우: 재판 중에 형벌조항에 대해 위헌결정이 나온 경우 위헌결정은 행위시로 소급하므로 행위 당시에 법률은 그 효력을 상실하여 법률이 없으므로 범죄가 있을 수 없어 법원은 무죄판결을 한다.
  ㉡ 이미 형이 확정된 경우: 법원에 재심을 청구할 수 있다(헌법재판소법 제47조 제4항).
③ 소급효의 제한: 형벌에 관한 법률 또는 법률의 조항은 소급하여 그 효력을 상실한다. 다만, 해당 법률 또는 법률의 조항에 대하여 종전에 합헌으로 결정한 사건이 있는 경우에는 그 결정이 있는 날의 다음 날로 소급하여 효력을 상실한다.
④ 합헌결정이 있는 날의 다음 날 이후에 유죄판결이 선고되어 확정된 경우: 헌법재판소법 제47조 제4항에 따라 재심을 청구할 수 있는 '위헌으로 결정된 법률 또는 법률의 조항에 근거한 유죄의 확정판결'이란 헌법재판소의 위헌결정으로 인하여 같은 조 제3항의 규정에 의하여 소급하여 효력을 상실하는 법률 또는 법률의 조항을 적용한 유죄의 확정판결을 의미한다. 따라서 위헌으로 결정된 법률 또는 법률의 조항이 같은 조 제3항 단서에 의하여 종전의 합헌결정이 있는 날의 다음 날로 소급하여 효력을 상실하는 경우 합헌결정이 있는 날의 다음 날 이후에 유죄판결이 선고되어 확정되었다면, 비록 범죄행위가 그 이전에 행하여졌더라도 그 판결은 위헌결정으로 인하여 소급하여 효력을 상실한 법률 또는 법률의 조항을 적용한 것으로서 '위헌으로 결정된 법률 또는 법률의 조항에 근거한 유죄의 확정판결'에 해당하므로 이에 대하여 재심을 청구할 수 있다(대결 2016.11.10. 2015모1475).

3. 확정력

확정력에 관한 명문규정은 없으나, 헌법재판소법 제39조에서 "헌법재판소는 이미 심판을 거친 동일한 사건에 대해서는 다시 심판할 수 없다."라는 일사부재리에 관한 규정을 두고 있고, 일반적으로 헌법재판소의 심판절차에 대하여 민사소송에 관한 법리가 준용되는 점을 감안하면 헌법재판소의 결정에도 확정력이 인정된다.

4. 법규적 효력(일반적 구속력)

법규적 효력은 법규범에 대한 헌법재판소의 위헌결정이 일반국민에게도 그 효력을 미치는 일반적 구속성을 말한다(대세적 효력). 우리 헌법과 법은 헌법재판소 결정의 법규적 효력을 직접 규정하고 있지는 않다. 헌법재판소도 종전 결정에서 이미 위헌선언되어 효력이 상실된 법률조항 부분이 입법의 결함에 해당한다고 주장함으로써 사실상 종전결정의 번복을 구하는 헌법소원사건에서, 그와 같은 주장은 법률조항에 대한 위헌결정의 법규적 효력에 반하는 것으로 허용될 수 없음을 분명히 하였다(헌재 2012.12.27. 2012헌바60).

06 헌법불합치결정의 효력

1. 기속력

대법원은 한정위헌결정과 한정합헌결정에 대해서는 기속력을 부정하나, 헌법불합치결정에 대해서는 인정하고 있다.

⚖ 판례 | 가구 수가 증가되지 않은 경우 학교용지부담금을 부과하는 것에 대한 헌법재판소의 헌법불합치
결정 후의 대법원 판례 (대판 2017.12.28. 2017두30122)

1. 구 학교용지 확보 등에 관한 특례법 제5조 제1항 단서 제5호는 학교용지부담금 부과대상의 예외로 '도시 및 주거환경정비법 제2조 제2호 나목부터 라목까지의 규정에 따른 정비사업지역의 기존 거주자와 토지 및 건축물의 소유자에게 분양하는 경우'(이하 '조합원분양분'이라고 함)를 규정하고 있었다. 그런데 헌법 재판소는 주택재개발사업으로 건설된 주택 가운데 현금청산의 대상이 되어 제3자에게 일반분양하는 가 구를 부담금 부과대상에서 제외하지 아니한 것은 평등원칙에 위배된다는 이유로 위 규정 중 '주택재개발 사업'에 관한 부분에 대하여 잠정적용 헌법불합치결정을 하였다.

2. 수익적 처분의 근거법령이 특정한 유형의 사람에 대한 지급 등 수익처분의 근거를 마련하고 있지 않다는 점이 위헌이라는 이유로 헌법불합치결정이 있더라도, 행정청은 그와 관련한 개선입법이 있기 전에는 해 당 유형의 사람에게 구체적인 수익적 처분을 할 수는 없다.

3. 법률상 정해진 처분요건에 따라 부담금을 부과·징수하는 침익적 처분을 하는 경우에는, 어떠한 추가적 개선입법이 없더라도 행정청이 사법적 판단에 따라 위헌이라고 판명된 내용과 동일한 취지로 부담금 부 과처분을 하여서는 안 된다. 그러나 이와 달리 법률상 정해진 처분요건에 따라 부담금을 부과·징수하는 침익적 처분을 하는 경우에는, 어떠한 추가적 개선입법이 없더라도 행정청이 사법적 판단에 따라 위헌이 라고 판명된 내용과 동일한 취지로 부담금 부과처분을 하여서는 안 된다는 점은 분명하다. 나아가 이러 한 결론은 법질서의 통일성과 일관성을 확보하려는 법치주의의 당연한 귀결이므로, 행정청에 위헌적 내 용의 법령을 계속 적용할 의무가 있다고 볼 수 없고, 행정청이 위와 같은 부담금처분을 하지 않는 데에 어떠한 법률상 장애가 있다고 볼 수도 없다.

4. 헌법불합치결정된 이 사건 법률조항을 적용할 때에 '기존에 비하여 가구 수가 증가하지 않는 경우'에는 부담금을 부과하여서는 아니 된다는 점이 이 사건 헌법불합치결정으로써 명백히 밝혀졌고, 그 해석에 다 툼의 여지가 없으므로, 위 부담금처분의 하자가 중대하고 명백하여 당연무효이다.

⚖ 판례 | 국가유공자 가족 가산점 10% 헌법불합치결정사건 (대판 2009.1.15. 2008두15596 - 공립중등학교교사임용 후보자선정경쟁시험불합격처분취소)

1. **구 국가유공자 등 예우 및 지원에 관한 법률 제31조 제1항·제2항 등에 대한 헌법재판소의 헌법불합치결정 의 취지**
   헌법재판소가 위 개정 전 규정이 위헌임에도 굳이 헌법불합치결정을 한 것은, 단순위헌결정을 하는 경우 그 결정의 효력이 당해 사건 등에 광범위하게 미치는 결과 위 개정 전 규정에 근거하여 위 가산점제도와 동일 또는 유사한 내용이 적용되어 합격자 사정이 이루어진 종전의 각종 공무원 임용시험의 합격자결정 결과가 재검토되어야 하고, 이미 합격처분을 받은 가산점 수혜대상자들과의 관계에서 법적 혼란 내지 불 합리를 초래하게 되는 등 많은 부작용이 발생할 우려가 있고, 이러한 부작용을 회피하기 위하여 개정 규 정의 시행일 전에 위 개정 전 규정을 적용하여 한 합격자결정처분의 효력을 그대로 유지함이 옳다는 판 단에서 나온 것임이 분명하다. 따라서 위 헌법불합치결정은 위 개정 전 규정의 위헌성이 제거된 개정 규 정이 시행되기 전까지는 위 개정 전 규정을 그대로 잠정적용하는 것을 허용하는 취지의 결정이라고 이해 할 수밖에 없고, 그것이 당해 사건이나 이른바 병행 사건이라고 하여 달리 취급하여야 할 이유는 없다.

2. **개정 전의 헌법불합치결정된 법률을 적용한 처분 적법**
   헌법재판소의 헌법불합치결정에 따라 개정된 국가유공자 등 예우 및 지원에 관한 법률 제31조 제1항·제 2항 등의 적용시기인 2007.7.1. 전에 실시한 공립 중등학교 교사 임용후보자 선정 경쟁시험에서, 위 법률 등의 개정 전 규정에 따른 가산점제도를 적용하여 한 불합격처분은 적법하다.

2. 유형

(1) 잠정적용 허용 여부를 기준으로 한 종류

잠정적용을 중지하는 헌법불합치결정과 잠정적용을 허용하는 헌법불합치결정이 있다. 헌법불합치결정을 하는 경우 원칙적으로 법률은 적용되지 않는다. 헌법불합치결정에 따라 국회가 법률을 개정하면 개정된 법률을 소급적용한다.

> **판례 | 구 사립학교법 제53조의2 제3항에 대한 헌법불합치결정의 소급효가 미치는 범위** (대판 2008.2.1. 2007다9009)
>
> 1. 어떠한 법률조항에 대하여 헌법재판소가 헌법불합치결정을 하여 입법자에게 그 법률조항을 합헌적으로 개정 또는 폐지하는 임무를 입법자의 형성재량에 맡긴 이상, 그 개선입법의 소급적용 여부와 소급적용의 범위는 원칙적으로 입법자의 재량에 달린 것이기는 하지만, 구 사립학교법 제53조의2 제3항에 대한 헌법불합치결정의 취지나 위헌심판에서의 구체적 규범통제의 실효성 보장이라는 측면 등을 고려할 때, 위 헌법불합치결정을 하게 된 당해 사건 및 위 헌법불합치결정 당시에 위 법률조항의 위헌 여부가 쟁점이 되어 법원에 계속 중인 사건에 대하여는 헌법불합치결정의 소급효가 미친다고 하여야 할 것이므로, 비록 개정 사립학교법 부칙 제2항의 경과조치의 적용범위에 이들 사건이 포함되어 있지 않더라도 이들 사건에 대하여는 종전의 법률조항을 그대로 적용할 수는 없고, 위헌성이 제거된 개정 사립학교법의 규정이 적용되는 것으로 보아야 한다.
>
> 2. 구 사립학교법 제53조의2 제3항에 대한 헌법불합치결정이 선고되기 전에 재임용이 거부된 사립대학 교원이 위 헌법불합치결정이 선고된 후 재임용거부결정에 대한 무효확인소송을 제기한 경우, 장래효만 규정하고 있는 2005.1.27. 법률 제7352호로 개정된 사립학교법을 소급하여 적용할 수 없다고 한 사례

(2) 개정시한을 두는지 여부에 따른 종류

헌법재판소가 주문에서 잠정적 적용을 명한 경우 당해 사건을 포함하여 헌법불합치결정된 법률은 잠정적으로 적용된다. 국회는 개정시한까지 법률을 개정하여야 한다.

① **국회가 개정시한까지 법률을 개정하지 않은 경우 헌법불합치결정된 형벌조항은 소급하여 효력을 상실한다:** 헌법불합치결정은 법률조항에 대한 위헌결정이라는 전제하에, '형벌에 관한 법률조항이 위헌으로 결정된 이상 그 조항은 헌법재판소법 제47조 제2항 단서에 정해진 대로 효력이 상실된다. 그러므로 헌법재판소가 이 사건 헌법불합치결정의 주문에서 이 사건 법률조항이 개정될 때까지 계속 적용되고, 이유 중 결론에서 개정시한까지 개선입법이 이루어지지 않는 경우 그 다음 날부터 효력을 상실하도록 하였더라도, 이 사건 헌법불합치결정을 위헌결정으로 보는 이상 이와 달리 해석할 여지가 없다'고 하였다. 즉, 헌법재판소가 형법조항에 대하여 개정시한까지 잠정적용을 명하는 헌법불합치결정을 하였다고 하더라도 헌법불합치결정이 위헌결정인 이상, 구 헌법재판소법 제47조 제2항 단서(현행 헌법재판소법 제47조 제3항 본문)에 따라 소급하여 효력을 상실하게 된다(대판 2011.6.23. 2008도7562).

② **개정시한을 넘겨 법률을 개정하고 소급적용하는 것은 소급입법금지원칙에 위배된다:** 헌법재판소의 위 헌법불합치결정에 따라 개선입법이 이루어질 것이 미리 예정되어 있기는 하였으나 그 결정이 내려진 2007.3.29.부터 잠정적용시한인 2008.12.31.까지 상당한 시간적 여유가 있었는데도 국회에서 개선입법이 이루어지지 아니하였다. 그에 따라 청구인들이 2009.1.1.부터 2009.12.31.까지 퇴직연금을 전부 지급받았는데, 이는 전적으로 또는 상당 부분 국회가 개선입법을 하지 않은 것에 기인한 것이다. 그럼에도 이미 받은 퇴직연금 등을 환수하는 것은 국가기관의 잘못으로 인한 법집행의 책임을 퇴직공무원들에게 전가시키는 것이며, 퇴직급여를 소급적으로 환수당하지 않을 것에 대한 청

구인들의 신뢰이익이 적다고 할 수도 없다. 따라서 이 사건 부칙조항은 헌법 제13조 제2항에서 금지하는 소급입법에 해당하며 예외적으로 소급입법이 허용되는 경우에도 해당하지 아니하므로, 소급입법금지원칙에 위반하여 청구인들의 재산권을 침해한다(헌재 2013.8.29. 2010헌바354 등).

제5절 헌법소원심판

> **헌법 제111조 【관장과 구성 등】** ① 헌법재판소는 다음 사항을 관장한다.
> 5. 법률이 정하는 헌법소원에 관한 심판
> **헌법재판소법 제68조 【청구사유】** ① 공권력의 행사 또는 불행사(不行使)로 인하여 헌법상 보장된 기본권을 침해받은 자는 법원의 재판을 제외하고는 헌법재판소에 헌법소원심판을 청구할 수 있다. 다만, 다른 법률에 구제절차가 있는 경우에는 그 절차를 모두 거친 후에 청구할 수 있다.
> ② 제41조 제1항에 따른 법률의 위헌여부심판의 제청신청이 기각된 때에는 그 신청을 한 당사자는 헌법재판소에 헌법소원심판을 청구할 수 있다. 이 경우 그 당사자는 당해 사건의 소송절차에서 동일한 사유를 이유로 다시 위헌여부심판의 제청을 신청할 수 없다.

01 헌법소원심판의 의의

1. 개념
헌법소원심판이란 공권력의 행사 또는 불행사로 인하여 헌법상 보장된 기본권이 침해된 경우 헌법재판소에 청구하여 그 침해의 원인이 된 공권력의 행사를 취소하거나 그 불행사가 위헌임을 확인받는 제도이다.

2. 헌법소원의 종류

(1) 권리구제형 헌법소원
헌법재판소법 제68조 제1항에 의한 헌법소원은 공권력의 행사 또는 불행사로 인하여 헌법상 보장된 기본권을 침해받은 경우에 청구하는 것으로서 권리구제형 헌법소원이다.

(2) 위헌법률심사형 헌법소원
헌법재판소법 제68조 제2항에 의한 헌법소원은 직접적으로 개인의 기본권 침해를 구제하는 수단으로 이용되는 것이 아니라 위헌법률심판을 보완하는 제도로서 위헌법률심판형 헌법소원이다.

> ☑ **헌법소원심판제도의 소송구조적 특징**
> 1. 변호사 강제주의
> 2. 서면심리주의
> 3. 직권심리주의
> 4. 국가비용부담

3. 헌법소원의 기능

헌법소원심판은 국민의 기본권을 보호하는 주관적 기능과 헌법을 보호하는 객관적 기능을 한다. 이를 헌법소원의 이중적 기능이라고 한다.

02 헌법소원심판의 대상

헌법재판소는 청구인의 심판청구서에 기재된 피청구인이나 청구취지에 구애됨이 없이 침해된 기본권과 침해의 원인이 되는 공권력을 직권으로 조사하여 피청구인과 심판대상을 확정하여 판단하여야 한다(헌재 1993.5.13. 91헌마190).

1. 입법작용

(1) 법률(법령소원: 법률·법규명령에 대한 헌법소원) ★★

① **적법성요건:** 법규 때문에 기본권의 침해를 받았다고 하여 헌법소원의 형태로서 그 위헌 여부의 심판을 구하는 법규에 대한 헌법소원은 자기관련성, 현재성 그리고 직접성을 갖추게 되면 그것만으로 적법한 심판청구가 된다(헌재 1989.3.17. 88헌마1).

② **공포 후 시행 전 법률**
  ㉠ 현재 시점에서 기본권 침해에 대해 충분히 예측 가능한 경우에 공포 후 시행 전인 법률에 대한 헌법소원도 인정된다(헌재 1994.12.29. 94헌마201).
  ㉡ 법률안이 거부권 행사에 의하여 최종적으로 폐기되었다면 모르되, 그렇지 아니하고 공포되었다면 법률안은 그 동일성을 유지하여 법률로 확정되는 것이라고 보아야 하므로 이에 대한 헌법소원은 적법하다(헌재 2001.11.29. 99헌마494).
  ㉢ **폐지된 법률:** 폐지된 법률로 인해 기본권 침해가 계속되는 경우, 그 폐지된 법률은 헌법소원의 대상이 된다(헌재 1989.12.18. 89헌마32 등).
  ㉣ **이미 위헌결정된 법률규정:** 위헌 여부는 더 이상 심판의 대상이 될 수 없다.
  ㉤ **법률해석 구문(求問):** 법률의 개폐를 청구하거나 법률해석에 대한 구문은 헌법소원의 대상이 되지 않는다(헌재 1992.6.26. 89헌마132).

(2) 행정입법

① **규칙:** 국회규칙, 헌법재판소규칙, 대법원규칙, 중앙선관위규칙 중 법규명령으로서 기능하는 규칙은 헌법소원의 대상이 된다.

② **대통령령·총리령·부령:** 대통령령·총리령·부령과 같은 법규명령은 헌법소원의 대상이 될 수 있다(헌재 1993.5.13. 92헌마80).

③ **조례:** 조례 자체로 인하여 기본권을 침해받는 자는 권리구제의 수단으로서 조례에 대한 헌법소원을 제기할 수 있다고 할 것이며, 이 경우 조례가 별도의 구체적인 집행행위를 기다리지 아니하고 직접 그리고 현재 자기의 기본권을 침해하는 것이어야 함을 요한다(헌재 1995.4.20. 92헌마264 등).

④ **행정규칙:** 이른바 행정규칙은 일반적으로 행정조직 내부에서만 효력을 가지는 것이고 대외적인 구속력을 갖는 것이 아니어서 원칙적으로 헌법소원의 대상이 아니다. 그러나 행정규칙이 법령의 규정에 의하여 행정관청에 법령의 구체적 내용을 보충할 권한을 부여받은 경우나, 재량권 행사의 준칙인 규칙이 그 정한 바에 따라 되풀이 시행되어 행정관행이 이루어지면 평등의 원칙이나 신뢰보호의 원칙에 따라 행정기관은 그 상대방에 대한 관계에서 그 규칙에 따라야 할 자기구속을 당하게 되는 경우에는 대외적인 구속력을 가지게 되는바, 이러한 경우에는 헌법소원의 대상이 될 수도 있을 것이다(헌재 1990.9.3. 90헌마13).

⑤ 2019년 적용 최저임금 고시의 중 최저임금액 부분 중 주 소정근로 40시간을 근무할 경우, 월 환산 기준시간 수 209시간 기준 월 환산액 1,745,150원: 각 월 환산액 부분은 시간을 단위로 정해진 각 해당 연도 최저임금액에 법정근로시간과 유급으로 처리되는 주휴시간을 합한 근로시간 수를 곱하여 산정한 것으로 최저임금위원회 및 피청구인의 행정해석 내지 행정지침에 불과할 뿐 국민이나 법원을 구속하는 법규적 효력을 가진 것으로 볼 수 없다. 따라서 이 사건 각 고시의 각 월 환산액 부분은 국민의 권리·의무에 직접 영향을 미치는 것이 아니므로 헌법소원의 대상이 되는 '공권력의 행사'에 해당하지 아니한다(헌재 2019.12.27. 2017헌마1366).

(3) 조약

한일어업협정은 헌법소원심판의 대상이 될 수 있다.

> **📚판례 |** 대한민국 외교부장관과 일본국 외무부대신이 2015.12.28. 공동발표한 일본군 위안부 피해자 문제 관련 합의가 헌법소원심판청구의 대상이 되는지 여부(소극)
>
> 이 사건 합의는 양국 외교장관의 공동발표와 정상의 추인을 거친 공식적인 약속이지만, 서면으로 이루어지지 않았고, 통상적으로 조약에 부여되는 명칭이나 주로 쓰이는 조문 형식을 사용하지 않았으며, 헌법이 규정한 조약체결절차를 거치지 않았다. 또한 합의 내용상 합의의 효력에 관한 양 당사자의 의사가 표시되어 있지 않을 뿐만 아니라, 구체적인 법적 권리·의무를 창설하는 내용을 포함하고 있지도 않다. 이 사건 합의를 통해 일본군 '위안부' 피해자들의 권리가 처분되었다거나 대한민국 정부의 외교적 보호권한이 소멸하였다고 볼 수 없는 이상 이 사건 합의가 일본군 '위안부' 피해자들의 법적 지위에 영향을 미친다고 볼 수 없으므로 위 피해자들의 배상청구권 등 기본권을 침해할 가능성이 있다고 보기 어렵고, 따라서 이 사건 합의를 대상으로 한 헌법소원심판청구는 허용되지 않는다(헌재 2019.12.27. 2016헌마253).

(4) 예산

예산은 대외적 효력이 없으므로 헌법소원의 대상이 되지 않는다.

(5) 입법부작위에 대한 헌법소원 ★★★

① **진정입법부작위**: ㉠ 헌법에서 기본권 보장을 위해 법령에 명시적으로 입법위임을 하였음에도 불구하고 입법자가 이를 이행하지 않고 있는 경우, 또는 ㉡ 헌법해석상 특정인의 기본권을 보호하기 위한 국가의 입법의무가 발생하였음이 명백함에도 불구하고 입법자가 전혀 아무런 입법조치를 취하지 않고 있는 경우에 한하여 그 입법부작위가 헌법소원의 대상이 된다는 것이 우리 헌법재판소의 판례이다.

② **부진정입법부작위의 개념**: 행정입법자가 어떤 사항에 관하여 입법은 하였으나 문언상 명백히 하지 않고 반대해석으로만 그 규정의 입법취지를 알 수 있도록 함으로써 불완전, 불충분 또는 불공정하게 규율한 경우에 불과하므로, 이를 '부진정입법부작위'라고는 할 수 있을지언정 '진정입법부작위'에 해당한다고는 볼 수 없다(헌재 2009.7.14. 2009헌마349).

구분	진정입법부작위	부진정입법부작위
개념	① 입법을 하지 아니한 경우 ② 입법권의 흠결	① 불충분한 입법을 한 경우 ② 입법권의 결함
헌법소원 대상	① 헌법상 입법의무가 있는 경우 입법부작위가 헌법소원의 대상이 됨. ② 입법의무가 없는 단순입법부작위는 헌법소원의 대상이 되지 않음.	① 입법부작위는 헌법소원의 대상이 되지 않음. ② 법령이 대상이 됨.

헌법소원 청구기간	제한이 없음.	제한을 받음.
보충성	다른 법률의 구제절차가 없음.	다른 법률의 구제절차가 없음.
직접성요건	문제되지 않음.	문제가 됨.

☑ 입법부작위 위헌확인

1. 조선철도주식회사 보상입법부작위 *위헌확인결정

2. 치과전문의 시험 실시에 대한 입법부작위 *위헌확인결정

3. 노동부장관의 평균임금입법부작위(헌재 2002.7.18. 2000헌마707) *위헌확인결정

4. 군법무관 보수 관련 대통령의 입법부작위(헌재 2004.2.26. 2001헌마718) *위헌확인결정

5. 노동3권이 허용되는 사실상 노무에 종사하는 지방공무원의 범위 관련 조례입법부작위

6. 국군포로법에서 위임한 등록포로 등 예우에 관한 사항을 규정하지 아니한 대통령령 입법부작위(헌재 2018. 5.31. 2016헌마626)

⚖ 판례 | 각하결정된 입법부작위

1. 외국에서 침구사자격을 얻은 사람을 위한 입법을 하지 아니한 것(헌재 1991.11.25. 90헌마19)

2. 검사의 기소유예처분에 대한 피의자의 불복재판절차를 마련하지 않은 입법부작위(헌재 2013.9.26. 2012헌마562)

3. 청구인들이 독서실의 실내소음 규제기준을 따로 규정하지 않았다며 소음·진동관리법의 위헌성을 부진정 입법부작위의 형태로 다투고 있지만, 이는 입법자가 사업장의 실내소음에 관하여 어떠한 입법적 규율을 하였는데 그 내용이 불완전·불충분한 경우라기보다는, 애당초 모든 사업장의 실내소음을 규제하는 기준에 관한 입법적 규율 자체를 전혀 하지 않은 경우이므로 그 실질이 진정입법부작위를 다투는 것이라 할 것이다. 독서실과 같이 정온을 요하는 사업장의 실내소음 규제기준을 만들어야 할 입법의무가 헌법의 해석상 곧바로 도출된다고 보기도 어렵다. 결국 독서실과 같이 정온을 요하는 사업장의 실내소음 규제기준을 제정하여야 할 입법자의 입법의무를 인정할 수 없으므로, 독서실과 같이 정온을 요하는 사업장의 실내소음 규제기준을 규정하지 아니한 진정입법부작위에 대한 심판청구는 부적법하다(헌재 2017.12.28. 2016헌마45).

4. 삼청교육대 피해에 대한 보상입법의 부작위에 대한 헌법소원심판(헌재 1996.6.13. 93헌마276)

5. 외국의 대사관저에 대한 강제집행불능에 대한 손실보상입법부작위(헌재 1998.5.28. 96헌마44)

6. 언론통폐합보상입법부작위(헌재 2003.3.27. 2001헌마116)

7. 헌법 과목을 의무교육과정의 필수과목으로 지정하도록 하지 아니한 입법부작위(헌재 2011.9.29. 2010헌바66)

8. 국회의원 선거 당일 투표소에 수화통역인을 배치하도록 하는 내용의 법률을 제정하지 아니한 입법부작위(헌재 2013.8.29. 2012헌마840)

9. 법원이 구속영장이 청구된 피의자의 사선변호인에게 구속 전 피의자심문(영장실질심사) 기일 이전에 피의사실의 요지를 미리 고지하도록 규정하지 아니한 입법부작위(헌재 2015.12.23. 2013헌마182)

10. 선거구를 입법할 것인지 여부에 대해서는 입법자에게 어떤 형성의 자유가 존재한다고 할 수 없으므로, 국회는 국회의원의 선거구를 입법할 명시적인 헌법상 입법의무가 존재한다. 그러나 2016.3.2. 피청구인이 제20대 국회의원 선거를 위한 국회의원 지역구의 명칭과 그 구역이 담긴 공직선거법 개정안을 가결하였고 위 개정 공직선거법은 그 다음 날 공포되어 시행되었으므로, 이 사건 입법부작위에 대한 심판청구는 권리보호이익이 없어 부적법하다(헌재 2016.4.28. 2015헌마177 등).

11. 청구인은 청구인이 처벌을 받게 된 근거조항인 '보건범죄단속에 관한 특별조치법' 제5조와 구 의료법 제25조의 내용 자체의 불완전성을 다투고 있는 것이 아니라, 비의료인도 **문신시술**을 업으로 할 수 있도록 그 자격 및 요건에 관하여 입법을 하지 아니한 것이 청구인의 기본권을 침해한다고 주장하며 이를 적극적으로 다투고 있는바, 이는 진정입법부작위에 해당하나, 헌법이 명시적으로 비의료인의 문신시술업에 관한 법률을 만들어야 할 입법의무를 부여하였다고 볼 수 없고, 그러한 입법의무가 헌법해석상 도출된다고 볼 수 없으므로 이 사건 심판청구는 부적법하다(헌재 2007.11.29. 2006헌마876).

12. **2008년 촛불집회를 검찰의 과거사 진상규명대상으로 정하지 아니한 행정부작위와 위 촛불집회를 민주화운동으로 규정하지 아니한 입법부작위**

2008년 촛불집회를 민주화운동으로 규정하는 내용의 특별법을 별도로 규정하여야 할 구체적인 입법의무가 헌법해석상 도출된다고 보기도 어렵다(헌재 2019.6.25. 2019헌마605).

13. **'공공기관의 정보공개에 관한 법률'에 따른 법원행정처의 정보비공개결정에 대한 불복재판을 담당할, 법원행정처로부터 사법행정에 관한 감독이 배제되는 하급심 '특별재판부' 설치에 관하여 규정하지 아니한 입법부작위**

청구인이 주장하는 입법부작위는 진정입법부작위로서, 특별재판부를 설치하도록 하는 헌법상 명시적 입법위임이 존재하지 않음은 물론, 재판부의 설치 여부 등은 입법자가 광범위한 형성의 자유를 가지므로 헌법해석상으로도 입법의무가 도출된다고 보기 어려우므로 헌법소원의 대상이 된다고 보기 어렵다. 따라서 입법부작위에 대한 심판청구는 부적법하다(헌재 2021.10.28. 2020헌마433).

14. 통일부장관이 2010.5.24. 발표한 북한에 대한 신규투자불허 및 투자확대금지를 내용으로 하는 대북조치로 인하여 개성공업지구의 토지이용권을 사용·수익할 수 없게 됨에 따라 재산상 손실을 입은 경제협력사업자에 대하여 보상입법을 마련하지 아니한 입법부작위(헌재 2022.5.26. 2016헌마95)

15. **6·25전쟁 중(1950년 6월 25일부터 1953년 7월 27일 군사정전에 관한 협정 체결 전까지를 말한다) 본인의 의사에 반하여 북한에 의하여 강제로 납북된 자 및 그 가족에 대한 보상입법을 마련하지 아니한 입법부작위에 대한 심판청구가 적법한지 여부(소극)**

헌법은 전시납북자와 그 가족에 대한 보상에 관한 법률을 제정할 것을 명시적으로 위임하고 있지 아니하므로 헌법 규정으로부터 직접 도출되는 입법의무는 없다(헌재 2022.8.31. 2019헌마1331).

16. **70세 이상인 불구속 피의자에 대하여 국선변호인을 선정하는 제도를 두지 않은 입법부작위에 대한 헌법소원심판청구가 적법한지 여부(소극)**(헌재 2023.2.23. 2020헌마1030)

2. 행정작용

(1) 통치행위

① **긴급재정경제명령**: 비록 고도의 정치적 결단에 의하여 행해지는 국가작용(이 사건에서는 긴급재정경제명령)이라 할지라도 그것이 국민의 기본권 침해와 직접 관련되는 경우에는 당연히 헌법재판소의 심판대상이 된다(헌재 1996.2.29. 93헌마186).

② **이라크파병결정**: 이 사건 파견결정은 그 성격상 국방 및 외교에 관련된 고도의 정치적 결단을 요하는 문제로서, 헌법과 법률이 정한 절차를 지켜 이루어진 것임이 명백하므로, 대통령과 국회의 판단은 존중되어야 하고 헌법재판소가 사법적 기준만으로 이를 심판하는 것은 자제되어야 한다(헌재 2004.4.29. 2003헌마814).

③ 피청구인 대통령이 2016.2.10.경 개성공단의 운영을 즉시 전면중단하기로 결정하고, 피청구인 통일부장관은 피청구인 대통령의 지시에 따라 철수계획을 마련하여 관련 기업인들에게 통보한 다음 개성공단 전면중단 성명을 발표하고, 이에 대응한 북한의 조치에 따라 개성공단에 체류 중인 국민들 전원을 대한민국 영토 내로 귀환하도록 한 일련의 행위로 이루어진 개성공단 전면중단조치가 헌법소원심판의 대상이 되는지 여부(적극): 개성공단 전면중단조치가 고도의 정치적 결단을 요하는 문제이기는 하나, 조치 결과 개성공

단 투자기업인 청구인들에게 기본권 제한이 발생하였고, 국민의 기본권 제한과 직접 관련된 공권력의 행사는 고도의 정치적 고려가 필요한 행위라도 헌법과 법률에 따라 결정하고 집행하도록 견제하는 것이 헌법재판소 본연의 임무이므로, 그 한도에서 헌법소원심판의 대상이 될 수 있다(헌재 2022. 1.27. 2016헌마364).

(2) 원행정처분

법원의 확정판결을 통하여 그 합법성이 확정되어 법원에의 소송을 통하여는 더 이상 그로 인한 권리침해를 다툴 수 없게 된 행정처분을 말한다.

> **⚖ 판례**
>
> 원행정처분은 확정판결의 기판력으로 인해 헌법소원의 대상이 되지 않는다. 다만, 행정처분을 심판대상으로 삼았던 법원의 재판이 헌법소원의 대상이 되어 취소되는 경우에 한해서만 원행정처분은 헌법소원의 대상이 된다. 즉, 예외적으로 헌법소원의 대상이 된다. 행정처분에 대한 법원의 취소소송이 확정된 경우의 원래의 행정처분(원행정처분)에 대한 헌법소원심판청구를 받아들여 이를 취소하는 것은, 원행정처분을 심판의 대상으로 삼았던 법원의 재판이 예외적으로 헌법소원심판의 대상이 되어 그 재판 자체까지 취소되는 경우에 한하고, 이와는 달리 법원의 재판이 취소되지 아니하는 경우에는 확정판결의 기판력으로 인하여 원행정처분은 헌법소원심판의 대상이 되지 아니한다(헌재 1998.5.28. 91헌마98 등).

(3) 권력적 사실행위

① **국제그룹 해체 관련 재무부장관(현 기획재정부장관)의 제일은행에 대한 관련 지시:** 재무부장관이 제일은행장에 대하여 한 국제그룹의 해체준비착수지시와 언론발표지시는 상급관청의 하급관청에 대한 지시가 아님은 물론 동 은행에 대한 임의적 협력을 기대하여 행하는 비권력적 권고·조언 등의 단순한 행정지도로서의 한계를 넘어선 것이고, 이와 같은 공권력의 개입은 주거래 은행으로 하여금 공권력에 순응하여 제3자 인수식의 국제그룹 해체라는 결과를 사실상 실현시키는 행위라고 할 것으로, 공권력 행사에 해당한다(헌재 1993.7.29. 89헌마31).

② **교육인적자원부장관(현 교육부장관)의 대학총장들에 대한 이 사건 학칙(교수회의를 의결기관으로 하는 학칙) 시정요구:** 고등교육법 제6조 제2항, 같은 법 시행령 제4조 제3항에 따른 것으로서 그 법적 성격은 대학총장의 임의적인 협력을 통하여 사실상의 효과를 발생시키는 행정지도의 일종이지만, 그에 따르지 않을 경우 일정한 불이익조치를 예정하고 있어 사실상 상대방에게 그에 따를 의무를 부과하는 것과 다를 바 없으므로 단순한 행정지도로서의 한계를 넘어 규제적·구속적 성격을 상당히 강하게 갖는 것으로서 헌법소원의 대상이 되는 공권력의 행사라고 볼 수 있다(헌재 2003.6.26. 2002헌마337 등).

  〔비교〕 2012년도 대학교육역량강화사업 기본계획 중 총장직선제 개선을 국공립대 선진화 지표로 규정한 부분과 2013년도 대학교육역량강화사업 기본계획 중 총장직선제 개선규정을 유지하지 않는 경우 지원금 전액을 삭감 또는 환수하도록 규정한 부분은 총장직선제를 개선하지 않을 경우 지원금을 받지 못하게 될 가능성이 있어 대학들이 이 계획에 구속될 여지가 있다 하더라도, 이는 사실상의 구속에 불과하고 이에 따를지 여부는 전적으로 대학의 자율에 맡겨져 있다. 더구나 총장직선제를 개선하려면 학칙이 변경되어야 하므로, 계획 자체만으로는 대학의 구성원인 청구인들의 법적 지위나 권리의무에 어떠한 영향도 미친다고 보기 어렵다. 따라서 2012년도와 2013년도 계획 부분은 헌법소원의 대상이 되는 공권력 행사에 해당하지 아니한다(헌재 2016.10.27. 2013헌마576).

③ **방송통신심의위원회의 시정요구:** 행정기관인 방송통신심의위원회의 시정요구는 정보통신서비스제공자 등에게 조치 결과 통지의무를 부과하고 있고, 정보통신서비스제공자 등이 이에 따르지 않는 경우 방송통신위원회의 해당 정보의 취급거부·정지 또는 제한명령이라는 법적 조치가 예정되어 있으며, 이는 단순한 행정지도로서의 한계를 넘어 규제적·구속적 성격을 갖는 것으로서 헌법소원 또

는 항고소송의 대상이 되는 공권력의 행사라고 봄이 상당하다(헌재 2012.2.23. 2011헌가13).

④ **문화방송에 대한 방송위원회 경고**: 이 사건 경고가 방송평가에 위와 같은 불이익을 주고 그 불이익이 방송사업자의 재허가심사절차에 반영되는 것이라면 사실상 방송사업자에 대한 제재수단으로 작용하고, 단순한 행정지도의 범위를 넘어서는 것으로서 규제적·구속적 성격을 가지고 있으며 청구인 문화방송의 방송의 자유에 직접적으로 효과를 미치고 있다고 볼 것이므로, 헌법소원의 대상이 되는 권력적 사실행위에 해당한다고 할 것이다(헌재 2007.11.29. 2004헌마290).

⑤ **청구인 대통령의 지시로 피청구인 대통령비서실장, 정무수석비서관, 교육문화수석비서관, 문화체육관광부장관이 야당 소속 후보를 지지하였거나 정부에 비판적 활동을 한 문화예술인이나 단체를 정부의 문화예술 지원사업에서 배제할 목적으로, 한국문화예술위원회, 영화진흥위원회, 한국출판문화산업진흥원 소속 직원들로 하여금 특정 개인이나 단체를 문화예술인 지원사업에서 배제하도록 한 일련의 지시행위**: 이 사건 지원배제지시는 한국문화예술위원회 등으로 하여금 피청구인들의 뜻대로 순응케 하여 그 이름으로 청구인들에 대한 지원을 배제하는 결과를 사실상 실현시킨 행위이며, 그 자체로 청구인들의 법적 지위를 결정짓는 구체화되고 특정된 지시로서, 청구인들에 대한 문화예술 지원배제라는 일정한 사실상의 결과발생을 목적으로 우월한 지위에서 개입한 권력적 사실행위임을 인정할 수 있다. 따라서 이 사건 지원배제지시는 헌법소원의 대상이 되는 공권력의 행사에 해당한다(헌재 2020.12.23. 2017헌마416).

⑥ **육군훈련소장이 청구인들로 하여금 육군훈련소 내 종교행사에 참석하도록 한 행위**: 피청구인이 청구인들로 하여금 육군훈련소 내 종교행사에 참석하도록 한 이 사건 종교행사 참석조치는 피청구인이 우월적 지위에서 청구인들에게 일방적으로 강제한 행위로, 헌법소원심판의 대상이 되는 권력적 사실행위에 해당한다(헌재 2022.11.24. 2019헌마941).

⑦ **금융위원회위원장이 2019.12.16. 시중 은행을 상대로 투기지역·투기과열지구 내 초고가 아파트(시가 15억원 초과)에 대한 주택구입용 주택담보대출을 2019.12.17.부터 금지한 조치는**조치는 비록 행정지도의 형식으로 이루어졌으나, 일정한 경우 주택담보대출을 금지하는 것을 내용으로 하므로 규제적 성격이 강하고, 부동산 가격 폭등을 억제할 정책적 필요성에 따라 추진되었으며, 그 준수 여부를 확인하기 위한 현장점검반 운영이 예정되어 있었다. 그러므로 이 사건 조치는 규제적·구속적 성격을 갖는 행정지도로서 헌법소원의 대상이 되는 공권력 행사에 해당된다(헌재 2023.3.23. 2019헌마1399).

(4) 공고

① **헌법소원대상 긍정**: 지방고시 응시연령의 기준일을 최종시험일인 1999.12.14.로 규정한 공고는 헌법소원의 대상이 된다(헌재 2001.1.27. 99헌마123). 사법시험 1차시험일을 일요일로 결정한 공고는 헌법소원의 대상이 된다(헌재 2001.9.27. 2000헌마159). 또한 시험일을 결정한 법학전문협의회의 법학적성시험 시행계획 공고도 헌법소원의 대상이 된다(헌재 2010.4.29. 2009헌마399).

㉠ **한국산업인력공단의 2019년도 제56회 변리사 국가자격시험 시행계획 공고 가운데 2019년 제2차시험 과목 중 특허법과 상표법 과목에 실무형 문제를 각 1개씩 출제 부분**: 이 사건 공고의 근거법령의 내용만으로는 변리사 제2차시험에서 '실무형 문제'가 출제되는지 여부가 정해져 있다고 볼 수 없고, 이 사건 공고에 의하여 비로소 2019년 제56회 변리사 제2차시험에 실무형 문제가 출제되는 것이 확정된다. 이 사건 공고는 법령의 내용을 구체적으로 보충하고 세부적인 사항을 확정함으로써 대외적 구속력을 가지므로, 헌법소원의 대상이 되는 공권력의 행사에 해당한다(헌재 2019.5.30. 2018헌마1208 등).

㉡ **방위사업청장이 행정5급 일반임기제공무원을 채용하는 경력경쟁채용시험 공고를 하면서, 그 응시자격 요건으로 '변호사 자격 등록'을 요구한 부분이 헌법소원심판의 대상이 되는 '공권력의 행사'에 해당하는지 여부(적극)**: 피청구인이 행정5급 일반임기제공무원에 관한 경력경쟁채용시험에서 '변호사 자격 등록'을 응시자격요건으로 하는 것은 국가공무원법 등에 의하여 이미 구체적으로 확정된

것이 아니고, 피청구인이 이 사건 공고를 함으로써 비로소 구체적으로 확정되므로, 이 사건 공고는 헌법소원의 대상이 되는 공권력의 행사에 해당한다(헌재 2019.8.29. 2019헌마616).

② 헌법소원대상 부정

㉠ 법령에 규정된 내용을 그대로 공고한 것은 공고로 인하여 기본권 침해 여지가 발생하지 아니하므로 헌법소원의 대상이 되지 아니하나, 법령에 규정되어 있지 아니한 내용을 추가로 공고한 행위는 이로 인하여 국민의 권리 또는 의무에 변동을 야기하므로 헌법소원의 대상이 된다. **법령에 규정되어 있는 공무원시험 연령을 그대로 공고한** 2000년도 기술고시, 지방고시 응시연령 공고는 헌법소원의 대상이 되지 않는다(헌재 2001.9.27. 2000헌마173).

㉡ **변호사시험 관리위원회의 의결**은 단순히 법무부장관에 대한 권고에 불과하여 헌법소원의 대상이 되는 공권력 행사로 볼 수 없다(헌재 2012.3.29. 2009헌마754).

㉢ 공무원임용시험령에서 '**고용노동 및 직업상담 직류를 채용하는 경우 직업상담사 자격증** 보유자에게 만점의 3% 또는 5%의 가산점을 부여한다'고 명시한 내용과 같은 내용을 **공고**한 인사혁신처 2018년도 국가공무원 공개경쟁채용시험 등 계획 공고는 공고는 공무원임용시험령 제31조 제2항, [별표 11] 및 [별표 12]가 규정한 가산대상 자격증 및 가산비율을 그대로 확인한 것에 불과하여 헌법소원의 대상이 되는 공권력 행사에 해당하지 않는다(헌재 2018.8.30. 2018헌마46). ***시행령이 대상이 됨.**

㉣ 마약류수형자를 아동 돌봄접견의 대상에서 제외하는 법무부 교정본부의 2020.11.25.자 '교정시설 수용자 접견 방식 변경 안내' 공고는 헌법소원의 대상이 되는 공권력의 행사에 해당하지 않는다. '수용관리 및 계호업무 등에 관한 지침 제103조 제2항 본문 제4호 중 '규칙 제204조의 수용자' 부분에 의하면, 마약류수용자의 경우에는 이러한 장소변경접견이 허용되지 않았다. 결국 심판대상공고 발표 이전부터 존재하던 이 사건 지침조항에 의하여, 마약류수용자의 경우 미성년자인 자녀와 접견할 때 그 실시일을 불문하고 접촉차단시설이 없는 장소에서 접견하는 것이 일체 허용되지 않는다는 점은 이미 확정되어 있었다. 따라서 심판대상공고는 이 사건 지침조항에 의하여 이미 확정된 내용을 확인한 것에 불과할 뿐 기본권을 새로이 제한한다고 볼 수 없어, 독자적으로 헌법소원의 대상이 되는 공권력의 행사에 해당하지 않는다(헌재 2023.3.23. 2021헌마115).

(5) 공정거래위원회의 무혐의처분이 헌법소원의 대상이 되는 공권력의 행사인지 여부(적극)

불공정거래혐의에 대한 공정거래위원회의 무혐의조치는 혐의가 인정될 경우에 행하여지는 중지명령 등 시정조치에 대응되는 조치로서 공정거래위원회의 공권력 행사의 한 태양에 속하여 헌법재판소법 제68조 제1항 소정의 '공권력의 행사'에 해당한다(헌재 2002.6.27. 2001헌마381).

(6) 행정계획안

행정계획안은 원칙적으로 대외적 효력이 없으므로 헌법소원의 대상이 되지 아니하나, 법령의 뒷받침에 의하여 그대로 실시될 것이 분명한 행정계획안은 사실상의 규범력이 있으므로 헌법소원의 대상이 된다.

⚖ **판례**

서울대학교 입시요강은 법령의 뒷받침에 의해 실시될 것이 분명하므로 헌법소원의 대상이 된다(헌재 1992.10.1. 92헌마68 등). 그러나 건설교통부장관의 개발제한구역개선방안발표는 지방자치단체들의 도시계획결정을 통해 구체적 내용들이 결정되므로 그대로 실시될 것으로 예상할 수 없다. 따라서 헌법소원의 대상이 되지 아니한다(헌재 2000.6.1. 98헌마386).

---

(7) 변호사 등록을 신청하는 자에게 등록료 1,000,000원을 납부하도록 정한 대한변호사협회(이하 '변협'이라 한다)의 '변호사 등록 등에 관한 규칙' (헌재 2019.11.28. 2017헌마759)

① **변협이 공권력 행사의 주체인지 여부**: 변호사 등록이 단순히 변협과 그 소속 변호사 사이의 내부 법률문제라거나, 변협의 고유사무라고 할 수 없다. 이와 같은 점을 고려할 때, 변협은 변호사 등록에 관한 한 공법인으로서 공권력 행사의 주체라고 할 것이다.

② **변호사 등록을 신청하는 자에게 등록료 1,000,000원을 납부하도록 정한 변협의 '변호사 등록 등에 관한 규칙'이 헌법소원심판의 대상이 되는 '공권력의 행사'에 해당하는지 여부(적극)**: 변호사법은 '변호사로서 개업을 하려면 변협에 등록을 하여야 한다'고 하여 변호사 등록사무에 관하여 특별한 규정을 두고 있고(제7조 제1항), 변호사 등록을 하려는 자에게 변협은 대등한 지위가 아닌 고권적 권한을 행사하는 우월한 지위에 있다. 또한 변호사 등록이 단순히 변협과 그 소속 변호사 사이의 내부 법률문제라거나, 변협의 고유사무라고 할 수 없다는 점은 앞서 살펴본 바와 같다. 그렇다면 변호사 등록에 관한 한 공법인 성격을 가지는 변협이 등록사무의 수행과 관련하여 정립한 규범을 단순히 내부 기준이라거나 사법적인 성질을 지니는 것이라 볼 수는 없고, 변호사 등록을 하려는 자와의 관계에서 대외적 구속력을 가지는 공권력 행사에 해당한다고 할 것이다. 따라서 변협이 변호사 등록사무의 수행과 관련하여 정립한 규범인 심판대상조항들은 헌법소원 대상인 공권력의 행사에 해당한다.

③ **변호사 등록을 신청하는 자에게 등록료 1,000,000원을 납부하도록 정한 변협의 '변호사 등록 등에 관한 규칙'에 대한 헌법소원심판청구가 예외적으로 심판의 이익이 인정되는지 여부(적극)**: 이 사건 심판청구 후 이 사건 규정이 개정되어 변호사 등록료가 변경되었지만, 이 사건 규칙은 개정 없이 계속 적용되고 있고, 이 사건 규정의 경우와 같이 변협이 등록료를 쉽게 인상할 수 있어 침해의 반복가능성이 인정되며, 변호사 등록료는 변호사로 등록하고자 하는 자 모두에게 적용되는 것으로 청구인에 대한 개별적 사안의 성격을 넘어 일반적으로 헌법적 해명의 필요성이 있으므로, 예외적으로 심판대상조항들에 대한 심판의 이익이 인정된다.

(8) **변호사 광고에 관한 규정 제3조 제2항**

헌법재판소법 제68조 제1항에 의하여 헌법소원의 대상이 되는 행위는 국가기관의 공권력작용에 속하여야 한다. 여기서의 국가기관은 입법·행정·사법 등의 모든 기관을 포함하며, 간접적인 국가행정, 예를 들어 공법상의 사단, 재단 등의 공법인, 국립대학교와 같은 영조물 등의 작용도 헌법소원의 대상이 된다. 변호사 광고에 관한 규제는 변호사의 공공성과 공정한 수임질서의 유지, 법률사무에 대한 소비자들의 보호 등 공익적 목적을 달성하기 위하여 변호사 등의 기본권을 제한하는 것이다. 이 사건 규정은 변호사법 제23조 제2항 제7호 및 같은 조 제4항의 명시적인 위임에 따라 변호사 광고에 관한 규제를 시행하는 데에 필요한 구체적 사항을 정한 것인바, 비록 그 제정형식이 법규명령이 아니더라도 그것이 상위법령의 위임한계를 벗어나지 아니하는 한 상위법령과 결합하여 대외적인 구속력을 갖는 규범으로서 기능하게 된다. 그렇다면, 변협은 위와 같이 변호사법에서 위임받은 변호사 광고에 관한 규제를 설정함에 있어 공법인으로서 공권력 행사의 주체가 된다. 나아가, 변협의 구성원인 변호사 등은 위 규정을 준수하여야 할 의무가 있고, 이를 위반하게 되면 변호사법 제91조 등 관련 규정에 따라 변협 및 법무부에 설치된 변호사징계위원회에 의하여 변호사법 제90조에서 정한 징계를 받게 되는바, 이 사건 규정이 단순히 변협 내부 기준이라거나 사법적인 성질을 지니는 것이라 보기 어렵고, 수권법률인 변호사법과 결합하여 대외적 구속력을 가진다고 할 것이다. 따라서 변협이 변호사 광고에 관한 규제와 관련하여 정립한 규범인 심판대상조항은 헌법소원의 대상이 되는 공권력의 행사에 해당한다(헌재 2022. 5.26. 2021헌마619).

3. 사법작용

> **헌법재판소법 제68조【청구사유】**① 공권력의 행사 또는 불행사(不行使)로 인하여 헌법상 보장된 기본권을 침해받은 자는 법원의 재판을 제외하고는 헌법재판소에 헌법소원심판을 청구할 수 있다. 다만, 다른 법률에 구제절차가 있는 경우에는 그 절차를 모두 거친 후에 청구할 수 있다.

(1) 법원의 재판

헌법재판소법상 법원의 재판은 헌법소원의 대상이 되지 아니한다. 재판장의 소송시 재판진행에 대한 명령, 사실행위, 법원재판장의 변론 제한도 헌법 제68조 제1항의 재판에 해당하므로 헌법소원의 대상이 되지 아니한다. 다만, 헌법재판소가 위헌으로 결정한 법령을 적용함으로써 국민의 기본권을 침해한 재판에 한해 헌법소원의 대상으로 할 수 있다.

① **위헌·무효인 법령에 기한 행정처분이 항상 무효인 것은 아니고, 그 무효 여부는 당해 사건을 재판하는 법원이 판단할 사항**인바, 국가보위에 관한 특별조치법 제5조 제4항이 헌법재판소 1994.6.30. 92헌가18 결정에 의하여 위헌으로 결정되었다고 하더라도 동 조항에 근거한 이 사건 각 수용처분이 무효인지 여부는 법원이 판단하여야 할 사항이지 헌법재판소에서 결정할 사항은 아니다. 헌법재판소가 위헌이라고 결정한 위 특별조치법에 근거한 이 사건 각 수용처분이 취소할 수 있는 행정행위라고 판단한 이 사건 심판대상판결은 헌법소원심판의 대상이 되는 예외적인 재판에 해당된다고 볼 수 없음이 명백하므로 그에 대한 위헌확인을 구하는 헌법소원심판청구는 원칙적으로 헌법소원심판의 대상이 될 수 없는 법원의 재판에 대한 것으로서 부적법하다(헌재 1998.4.30. 95헌마93 등).

② **법원재판장의 변론 제한**: 재판장의 소송지휘에 대하여 위법이 있음을 주장하는 당사자는 종국판결에 대한 상소를 통하여 그러한 사유를 주장하여 상소심에서 그 시정을 받을 수 있다할 것으로, 재판장의 변론지휘권의 부당한 행사를 대상으로 하는 헌법소원심판청구는 헌법소원청구의 대상에서 제외된 법원의 재판을 직접 대상으로 하여 헌법소원심판을 청구한 경우에 해당하므로 부적법하다(헌재 1992.6.26. 89헌마271).

③ **공판정심리의 녹음물을 폐기한 행위**: 피청구인이 청구인에 대한 형사재판이 확정된 후 그중 제1심 공판정심리의 녹음물을 폐기한 행위는 법원행정상의 구체적인 사실행위에 불과할 뿐 이를 헌법소원심판의 대상이 되는 공권력의 행사로 볼 수 없다(헌재 2012.3.29. 2010헌마599).

④ **대구지방법원 김천지원 판사의 디엔에이감식시료채취 영장발부**: 이 사건 법원의 영장발부는 헌법소원심판의 대상에서 제외되는 재판에 해당하므로, 이에 대한 청구는 부적법하다(헌재 2018.8.30. 2016헌마344 등).

⑤ **대통령의 긴급조치 발령행위 등에 대하여 국가배상책임을 인정하지 않은 대법원 판결**: 대법원 판결들에서 긴급조치 발령행위에 대한 국가배상책임이 인정되지 않은 것은 긴급조치가 합헌이기 때문이 아니라 긴급조치가 위헌임에도 국가배상책임이 성립하지 않는다는 대법원의 해석론에 따른 것이다. 따라서 이 사건 대법원 판결들은 예외적으로 헌법소원심판의 대상이 되는 경우에 해당하지 않으므로 그에 대한 심판청구는 부적법하다(헌재 2018.8.30. 2015헌마861 등 ; 헌재 2019.2.28. 2016헌마56).

(2) 재판장의 부작위

소액사건의 판결을 선고하면서 재판장이 이유를 설명하지 아니한 부작위에 대한 헌법소원청구는 헌법재판소법 제68조 제1항이 규정한 재판소원의 금지를 폐기하는 결과가 되어 허용할 수 없다 할 것이다(헌재 2004.9.23. 2003헌마41).

4. 헌법재판소가 헌법소원심판대상으로 인정하지 않은 사례

> ### 판례 | 청원에 대한 회신
>
> #### 1. 법원행정처장의 민원인에 대한 질의·회신
> 법원행정처장의 민원인에 대한 법령질의·회신이란 법령해석에 관한 의견진술에 지나지 않고, 그것이 법규나 행정처분과 같은 법적 구속력을 갖는 것이라고 보여지지 아니하므로, 이를 소원의 대상으로 삼아 심판을 구하는 부분 역시 부적법하다고 할 것이다(헌재 1989.7.28. 89헌마1).
>
> #### 2. 청원처리회신(헌재 1994.2.24. 93헌마213 등)
>
> #### 3. 환매권 행사를 부인하는 취지의 회신문서(헌재 1994.2.24. 92헌마283)
>
> #### 4. 교원징계재심위원회의 고충처리결정회신(헌재 1996.12.26. 96헌마51)
>
> #### 5. 국가보훈처장의 민원회신(헌재 1998.2.27. 97헌가10 등)
>
> #### 6. 납골당 설치허가에 대해 동의하지 아니한다는 민원회신(헌재 2000.10.25. 99헌마458)

> ### 판례 | 국가기관 내부행위·행정규칙
>
> #### 1. 현재 수사 중인 사건
> 검사의 공소권이 행사되지 않고 있으나 현재 수사 중임을 인정할 수 있으므로, 현재 수사 중인 사건은 특단의 사정이 없는 한 헌법소원의 대상이 될 수 없다(헌재 1989.9.11. 89헌마169).
>
> #### 2. 수사기관의 진정사건에 대한 내사종결처리
> 진정에 기하여 이루어진 내사사건의 종결처리라는 것은 구속력이 없는 진정사건에 대한 수사기관의 내부적 사건처리방식에 지나지 아니한 것이고, 따라서 그 처리 결과에 대하여 불만이 있으면 진정인은 따로 고소나 고발을 할 수 있는 것으로 진정인의 권리 행사에 아무런 영향을 미치는 것이 아니므로 이는 헌법소원심판의 대상이 되는 공권력의 행사라고 할 수 없다(헌재 1990.12.26. 89헌마227).
>
> > 비교 고소를 제기하였으나 검사가 이를 다시 진정사건으로 접수하여 종결처분을 한 경우에는, 진정사건 그 자체를 종결처분한 것이 헌법적으로 정당한지 여부를 다투는 것과는 달리 고소사건을 진정사건으로 접수함으로써 정당한 고소사건에 대해서 그 수사를 회피할 목적으로 진정종결처분을 남용한 것은 아닌지 여부가 문제될 수 있기 때문에, 내사종결처분은 헌법소원의 대상이 된다(헌재 2001.7.19. 2001헌마37).
>
> #### 3. 비공개수배조치
> '수사과정에서의 비공개 지명수배' 조치는 수사기관 내부의 단순한 공조 내지 의사연락에 불과할 뿐이고 그 자체만으로는 아직 국민에 대하여 직접 효력을 가지는 것이라 할 수 없다. 이는 헌법소원심판의 대상이 되는 '공권력의 행사'에 해당한다고 볼 수 없다(헌재 2002.9.19. 99헌마181).
>
> #### 4. 내부지침에 불과한 교육위원회의 인사관리원칙
> 교육위원회의 인사관리원칙은 중등학교 교원 등에 대한 임용권을 적정하게 행사하기 위하여 그 기준을 일반적·추상적 형태로 제정한 조직 내부의 사무지침에 불과하므로, 그 변경으로 말미암아 교원의 기본권이나 법적 이익이 침해당한 것이 아니므로 헌법소원심판청구의 대상이 될 수 없다(헌재 1990.9.3. 90헌마13).
>
> #### 5. 정부투자기관에 대한 예산편성지침 통보행위(헌재 1993.11.25. 92헌마293)
>
> #### 6. 법원행정처장의 예산집행 관련 지시(헌재 1995.7.21. 93헌마257)
>
> > 유사 기획재정부장관이 한 2016년도 정부 예산안 편성행위 중 4·16세월호참사 특별조사위원회에 대한 부분은 헌법재판소법 제68조 제1항의 헌법소원심판의 대상으로서 '공권력의 행사'에 해당하지 않는다(헌재 2017.5.25. 2016헌마383).

7. 대통령의 법률안제출행위

대통령의 법률안제출행위는 국가기관 간의 내부적 행위에 불과하고 국민에 대하여 직접적인 법률효과를 발생시키는 것이 아니므로 헌법소원의 대상인 공권력의 행사에 해당하지 아니한다(헌재 1994.8.31. 92헌마174).

8. 대통령기록물 이관 (헌재 2019.12.27. 2017헌마359 등)

① **대통령기록물 소관 기록관이 2017.4.17.에서 2017.5.19.경 박근혜 전 대통령의 직무수행에 관련한 대통령기록물을 중앙기록물관리기관에 이관한 행위**: 이 사건 이관행위는 '대통령기록물관리에 관한 법률'에 따른 대통령기록물 관리업무수행기관의 변경행위로서, 법률이 정하는 권한분장에 따라 업무수행을 하기 위한 국가기관 사이의 내부적·절차적 행위에 불과하므로 헌법소원심판의 대상이 되는 공권력의 행사에 해당한다고 볼 수 없다.

② **황교안 대통령 권한대행이 2017.4. 하순에서 2017.5. 초순 경 위 대통령기록물 중 일부 기록물의 보호기간을 정한 행위의 기본권 침해의 법적 관련성이 인정되는지 여부(소극)**: 이 사건 지정행위는 대통령기록물법에 따라 이루어진 국가기관 사이의 내부적인 기록물의 분류 및 통보행위로서, 개별 기록물에 대하여 이관행위 이전에 이루어지고, 이때 어떤 대통령지정기록물에 대해 보호기간이 지정되는지는 대외적으로 공개·공표되지 않는다. 보호기간 지정행위 자체는 국가기관 사이의 행위로서, 국민을 상대로 행하는 직접적 공권력작용에 해당한다고 보기는 어려우며, 이 사건 지정행위만으로는 청구인들의 기본권 침해의 법적 관련성이 인정된다고 보기 어렵다.

9. 중앙항만정책심의회의 항만명칭결정

중앙항만정책심의회의 결정은 정책방향을 결정하는 국가기관 내부의 의사결정에 불과하여 그 자체로 대외적인 효력이 발생할 수 없고 국민의 권리와 의무에 대하여 변동을 주지 않으므로 헌법소원심판의 대상이 되는 공권력작용으로 볼 수 없다(헌재 2006.8.31. 2006헌마266).

10. 보건복지부장관의 장애인차량LPG 보조금지원사업과 관련된 지침

보건복지부장관은 장애인차량 엘피지 보조금지원사업과 관련하여 2007.1.1.부터 4~6급 장애인에 대한 지원을 중단하기로 하는 등의 정책결정을 내리고 이에 따라 일선 공무원들에 대한 지침을 변경하였으나, 위 **정책결정은 최종적인 것이 아니며** 정부 부처 내 협의를 통한 장애인복지 예산안 편성과정, 국회의 예산 심의·확정과정에서 변경될 수 있다. 따라서 이 사건 지침변경은 헌법소원의 대상이 될 수 없으므로 이에 대한 헌법소원심판청구는 부적법하다(헌재 2007.10.25. 2006헌마1236).

11. 구 G20 정상회의 경호안전을 위한 특별법에 의한 경호안전구역의 공고

집회 제한조항에 따라 피청구인이 관할 경찰관서의 장에게 경호안전구역에서 개최될 일정한 집회 및 시위를 제한해 달라고 요청하고, 관할 경찰관서의 장이 이에 따라 집회 및 시위를 제한하는 조치를 함에 따라 비로소 제한되는 것이다. 따라서 경호안전구역으로 지정되었다는 사정 그 자체에 의하여 바로 기본권이 침해될 가능성이 생긴다고 볼 수 없으므로 이 사건 공고의 기본권 침해가능성을 인정할 수 없다(헌재 2012.2.23. 2010헌마660 등).

12. 징계받은 자를 교장임용제청에서 제외하겠다는 교장임용제청기준 강화방안

피청구인 교육부장관의 '교장임용제청기준 강화방안' 중 '교육공무원이 금품수수 등 4대 비위로 징계를 받은 경우에는 징계기록 말소기간을 불문하고 교장임용제청대상에서 배제하기로 한 부분'은 피청구인이 교육공무원법 제29조의2 제1항에 따른 자신의 임용제청권을 어떻게 행사할 것인지를 정한 내부적 행위에 불과하여 국민에게 직접 효력을 가진다고 볼 수 없다. 따라서 이 사건 제청 방안은 헌법소원의 대상이 되는 공권력의 행사에 해당한다고 할 수 없다(헌재 2018.6.28. 2015헌마1072).

13. 변호사시험 합격자 결정기준

합격기준 공표는 제3회 변호사시험 합격기준을 '입학정원 대비 75%(1,500명) 이상'이라고 하여 응시자의 편의를 위하여 변호사시험 관리위원회의 심의를 거친 최소한의 합격자 수에 관한 정보를 안내하고 있을 뿐, 실제 제3회 변호사시험의 구체적인 합격기준이 어떻게 될지에 관하여는 아무런 규율을 하고 있지 않다. 따라서 합격기준 공표는 앞으로 실시될 제3회 변호사시험의 합격자 결정에 대하여 최소한의 합격자 수 기준이라는 행정관청 내부의 지침을 대외적으로 공표하는 것에 불과하고, 그 자체로 인하여 청구인들의 법적 지위에 어떠한 영향을 미친다고 보기 어려우므로, 공권력 행사성을 인정할 수 없다 (헌재 2014.3.27. 2013헌마523).

14. 변호인의 피의자신문 참여 운영 지침

검사는 피의자 후방의 적절한 위치에 신문에 참여하는 변호인의 좌석을 마련하여야 한다고 규정한 '변호인의 피의자신문 참여 운영 지침' 제5조는 피의자신문시 변호인 참여와 관련된 제반 절차를 규정한 검찰청 내부의 업무처리지침 내지 사무처리준칙으로서 대외적인 구속력이 없으므로, 헌법소원의 대상이 되는 공권력의 행사에 해당하지 않는다(헌재 2017.11.30. 2016헌마503).

> **비교** 검찰수사관인 피청구인이 피의자신문에 참여한 변호인인 청구인에게 피의자 후방에 앉으라고 요구한 행위(후방착석요구행위)는 피청구인이 자신의 우월한 지위를 이용하여 청구인에게 일방적으로 강제한 것으로서 권력적 사실행위에 해당한다. 따라서 이 사건 후방착석요구행위는 헌법소원의 대상이 되는 공권력의 행사에 해당한다(헌재 2017.11.30. 2016헌마503).

15. 피청구인 중앙선거관리위원회가 2020.2.6. '선거권이 없는 학생을 대상으로 하더라도 선거가 임박한 시기에 교원이 교육청의 계획하에 모의투표를 실시하는 것은 행위양태에 따라 선거에 영향을 미치게 하기 위한 행위에 이르러 공직선거법에 위반될 수 있다'고 결정한 것 및 피청구인의 위원장이 서울특별시 교육감의 관련 질의에 대하여 2020.3.9. 위 결정과 유사한 취지로 한 회신이 헌법소원의 대상이 되는 '공권력의 행사'에 해당하는지 여부(소극)

이 사건 결정·회신은 '교육청의 계획하에 교원이 선거권이 없는 학생을 대상으로 하는 모의투표를 실시하는 것이 관련 법령상 허용되는지 여부'라는 법률적 문제에 관한 피청구인의 비권력적인 의견제시에 불과하다. 피청구인의 위원·직원이 위와 같은 모의투표 실시행위에 대하여 선거관리위원회법에 따라 중지·경고·시정명령 등의 조치를 하더라도, 이는 이 사건 결정·회신 위반이 아닌 공직선거법 등 법령 위반을 이유로 하는 것이고, 이 사건 결정·회신에서 피청구인이나 피청구인의 위원장이 모의투표 실시행위에 대하여 위와 같은 조치를 취할 것임을 표명한 바도 없다. 따라서 이 사건 결정·회신은 그 자체만으로 청구인들의 법적 지위에 영향을 준다고 보기 어려운바, 헌법소원심판의 대상이 되는 공권력의 행사에 해당한다고 할 수 없다(헌재 2021.9.30. 2020헌마494).

16. '금융위원회가 2017.12.28. 시중 은행들을 상대로 가상통화 거래를 위한 가상계좌의 신규 제공을 중단하도록 한 조치' 및 '금융위원회가 2018.1.23. 가상통화 거래 실명제를 2018.1.30.부터 시행하도록 한 조치'

이 사건 조치는 '특정 금융거래정보의 보고 및 이용 등에 관한 법률' 등에 따라 자금세탁 방지의무 등을 부담하고 있는 금융기관에 대하여, 종전 가상계좌가 목적 외 용도로 남용되는 과정에서 자금세탁 우려가 상당하다는 점을 주지시키면서 그 우려를 불식시킬 수 있는 감시·감독체계와 새로운 거래체계, 소위 '실명확인 가상계좌 시스템'이 정착되도록, 금융기관에 방향을 제시하고 자발적 호응을 유도하려는 일종의 '단계적 가이드라인'에 불과하다. 은행들이 이에 응하지 아니하더라도 행정상, 재정상 불이익이 따를 것이라는 내용은 확인할 수 없는 점, 이 사건 조치 이전부터 금융기관들이 상당수 거래소에는 자발적으로 비실명가상계좌를 제공하지 아니하여 왔고 이를 제공해오던 거래소라 하더라도 위험성이 노정되면 자발적으로 제공을 중단해 왔던 점, 이 사건 조치 이전부터 '국제자금세탁방지기구'를 중심으로 가상통화 거래에 관한 자금세탁 방지규제가 계속 강화되어 왔는데 금융기관들이 이를 고려하지 않을 수 없었던 점, 다른 나라에 비견하여 특히 가상통화의 거래가액이 이례적으로 높고 급등과 급락을 거듭해 왔던 대한민국의 현실까지 살핀다면, 가상통화 거래의 위험성을 줄여 제도화하기 위한 전제로 이루어지는 단계적 가이드라인의 일환인 이 사건 조치를 금융기관들이 존중하지 아니할 이유를 달리 확인하기 어렵다. 이 사건 조치는 당국의 우월적인 지위에 따라 일방적으로 강제된 것으로 볼 수 없으므로 헌법소원의 대상이 되는 공권력의 행사에 해당된다고 볼 수 없다(헌재 2021.11.25. 2017헌마1384 등).

17. 코로나 관련 국가기관의 행위

① **코로나 백신을 전 국민에게 접종하려는 행위**: 헌법재판소법 제68조 제1항에 의한 헌법소원의 청구인은 자신의 기본권에 대한 공권력 주체의 침해행위가 위헌적임을 구체적이고 명확하게 주장하여야 하고, 그와 같이 기본권 침해의 가능성을 확인할 수 있을 정도로 구체적인 주장을 하지 아니하고 막연하고 모호한 주장만을 하는 경우 그 헌법소원은 부적법하다. 그런데 청구인은 국무총리가 확진자 중 증세가 있는 확진자의 비율을 파악하지 않고 감염시기를 특정할 수 없는 확진자의 수를 기준으로 방역단계를 설정하는 등 직무유기하며, 코로나 백신을 맞지 않아도 며칠 만에 인간의 면역력에 의해 자연치유되는 것을 알면서도 인간을 사망에 이르게 하는 등 위험한 코로나 백신을 전 국민에게 접종하려는 행위가 헌법에 위반된다는 취지에서 막연하고 모호한 주장을 할 뿐, 기본권 침해의 가능성을 확인할 수 있을 정도로 청구인의 어떠한 기본권이 구체적으로 어떻게 침해받았는지에 대한 명확한 주장을 하지 않고 있다. 이 사건 심판청구는 부적법하므로 헌법재판소법 제72조 제3항 제4호에 따라 이를 각하하기로 하여, 관여 재판관 전원의 일치된 의견으로 주문과 같이 결정한다(헌재 2021.3.9. 2021헌마242).

② **시설이용자를 대상으로 음성결과확인서를 제출하도록 하는 등의 방법으로 코로나19 검사 결과를 확인하고, 안면인식 열화상 카메라로 체온을 측정하는 행위**: 이 사건 지원센터는 감염병 확산을 방지하고 시설을 차질 없이 운영하기 위하여 보건복지부 및 서울특별시의 협조요청에 따라 시설 이용자들을 대상으로 코로나19 검사 결과를 확인하는 것이므로, 검사 결과 확인의 취지나 방법 등을 고려해 볼 때 이 사건 검사 결과 확인행위가 이 사건 지원센터가 우월적인 지위에서 일방적으로 강제하는 권력적 사실행위에 해당한다고 보기 어렵고, 직접적으로 청구인의 권리의무에 법률효과를 발생시킨다고 보기 어렵다. 따라서 이 사건 검사 결과 확인행위는 헌법소원의 심판대상이 될 수 있는 공권력의 행사에 해당하지 않으므로 이 부분에 대한 심판청구는 부적법하다(헌재 2021.5.18. 2021헌마468).

③ **일회용 마스크 미지급하지 아니한 부작위**: 코로나의 예방 및 확산 방지를 위해 교도소장이 수용자에게 일회용 마스크를 정기적으로 지급할 의무가 헌법에서 유래하는 작위의무로서 특별히 구체적으로 규정되어 있다거나 헌법해석상 도출된다고 볼 수 없으므로, 청구인이 다투는 피청구인의 부작위는 헌법소원의 대상이 되는 공권력의 불행사에 해당하지 않는다(헌재 2020.11.17. 2020헌마1505).

⚖ 판례 | 사법상 행위

1. **한국토지공사가 생활대책의 일환으로 행한 상업용 토지 공급공고**

   택지개발사업의 시행과 관련하여 철거이주민에 대한 생활대책의 일환으로 이루어진 상업용지 공급 공고행위는 법적 근거 없이 시혜적으로 청구인들에게 상가부지를 일정한 조건하에 수의계약으로 공급한다는 것을 통보하는 것이므로 사법상의 권리이전에 대한 반대급부의 조건 내지 내용에 관련된 사항에 불과하여 공권력의 행사로 볼 수 없다(헌재 1996.10.4. 95헌마34).

2. **공공용지의 협의취득과 보상금 지급**

   공공용지의 취득 및 손실보상에 관한 특례법에 의한 협의취득의 법적 성질은 사법상의 매매계약과 다를 것이 없으므로 보상금 지급행위는 헌법소원심판의 대상이 되는 공권력의 행사라고 볼 수 없다(헌재 1992.11.20. 90헌마160).

3. **한국증권거래소의 상장폐지결정**

   피청구인인 한국증권거래소는 민법상 사단법인이므로 피청구인의 청구인 회사에 대한 이 사건 상장폐지확정결정은 헌법소원의 대상이 되는 공권력의 행사에 해당하지 아니하므로, 이를 대상으로 한 심판청구는 부적법하다(헌재 2005.2.24. 2004헌마442).

4. 한국방송공사의 채용공고

한국방송공사의 직원 채용관계는 특별한 공법적 규제 없이 피청구인의 자율에 맡겨진 셈이 되므로 이는 사법적인 관계에 해당한다고 봄이 상당하다. 또한 직원 채용관계가 사법적인 것이라면, 그러한 채용에 필수적으로 따르는 사전절차로서 채용시험의 응시자격을 정한 이 사건 공고 또한 사법적인 성격을 지닌다고 할 것이다. 그렇다면 이 사건 공고는 헌법소원으로 다툴 수 있는 '공권력의 행사'에 해당하지 않는다(헌재 2006.11.30. 2005헌마855).

5. 여론조사 결과를 반영한 정당의 후보자추천

정당이 공권력 행사의 주체가 아니고, 정당의 대통령 선거 후보선출은 자발적 조직 내부의 의사결정에 지나지 아니하므로, 청구인들 주장과 같이 한나라당이 대통령 선거 후보경선과정에서 여론조사 결과를 반영한 것을 일컬어 헌법소원심판의 대상이 되는 공권력의 행사에 해당한다 할 수 없다(헌재 2007.10.30. 2007헌마1128).

6. 사립대학인 학교법인 이화학당의 법학전문대학원 모집요강

법학전문대학원은 교육기관으로서의 성격과 함께 법조인 양성이라는 국가의 책무를 일부 위임받은 직업교육기관으로서의 성격을 가지고 있기는 하나, 이화여자대학교는 사립대학으로서 국가기관이나 공법인, 국립대학교와 같은 공법상의 영조물에 해당하지 아니하고, 일반적으로 사립대학과 그 학생과의 관계는 사법상의 계약관계이므로 학교법인 이화학당을 공권력의 주체라거나 그 모집요강을 공권력의 행사라고 볼 수 없다. 따라서 이 사건 모집요강은 헌법소원심판의 대상이 되는 공권력의 행사라고 볼 수 없다(헌재 2013.5.30. 2009헌마514).

7. 강북구청장이 한 '4 · 19혁명 국민문화제 2015 전국 대학생 토론대회' 공모 공고 중 토론대회 참가대상을 대학교 재학생 · 휴학생으로 한정한 부분

이 사건 공고는 사법상 법률행위에 불과하고 공권력 행사의 주체라는 우월적 지위에서 한 것으로서 헌법재판소법 제68조 제1항에 따른 헌법소원심판의 대상인 '공권력의 행사'라고 볼 수 없다(헌재 2015.10.21. 2015헌마214).

⚖️판례 | 비권력적 행위

1. 어린이헌장의 제정 · 선포행위

어린이헌장의 제정 · 선포행위는 헌법소원심판청구의 대상이 되는 헌법재판소법 제68조 제1항의 공권력 행사로 볼 수 없다(헌재 1989.9.2. 89헌마170).

2. 서울특별시 선거관리위원회 위원장(피청구인)의 선거법 위반행위에 대한 중지촉구

오마이뉴스가 예비대선후보자에 대한 인터뷰와 관련하여 선거관리위원회가 발송한 '선거법 위반행위에 대한 중지촉구' 공문은 청구인이 계획하는 행위가 공직선거법에 위반된다는, 현재의 법적 상황에 대한 행정청의 의견을 단지 표명하면서, 청구인이 공직선거법에 위반되는 행위를 하는 경우 피청구인이 취할 수 있는 조치를 통고하고 있을 뿐이다. 따라서 '중지촉구' 공문은 국민에 대하여 직접적인 법률효과를 발생시키지 않는 단순한 권고적, 비권력적 행위로서, 헌법소원의 심판대상이 될 수 있는 '공권력의 행사'에 해당하지 않는다(헌재 2003.2.27. 2002헌마106).

3. 교도소장이 청구인에 대하여 지속적이고 조직적으로 실시한 생활지도 명목의 이발지도행위 및 앞머리는 눈썹이 보이도록, 옆머리는 귀를 가리지 않도록, 뒷머리는 목을 가리지 않도록 실시한 이발행위

이 사건 이발지도행위는 피청구인이 두발 등을 단정하게 유지할 것을 지도 · 교육한 것에 불과하고 피청구인의 우월적 지위에서 일방적으로 청구인에게 이발을 강제한 것이 아니므로, 헌법소원심판의 대상인 공권력의 행사라고 보기 어렵다(헌재 2012.4.24. 2010헌마751).

외부로부터 **연예인 사진을 교부받을 수 있는지**에 관한 청구인의 문의에 대해 청구인이 '마약류수용자'로 분류되어 있고 연예인 사진은 처우상 필요한 것으로 인정하기 어려워 불허될 수 있다는 취지로 ○○교도소장이 청구인에게 고지한 행위는 헌법소원의 대상이 되는 공권력의 행사에 해당하지 않는다(헌재 2016.10.27. 2014헌마626).

> **재판관 이진성, 재판관 안창호의 이 사건 폐기행위 부분에 대한 반대의견**
> 이러한 폐기행위는 법령 등이 정한 내용에 따른 권력적 사실행위로서 집행기관의 '적법'한 행위라는 인식 하에 계속적·반복적으로 행해질 수 있으므로 침해행위의 반복가능성을 인정할 수 있다. 따라서 이 사건 폐기행위의 위헌 여부에 대한 판단은 일반적인 헌법적 의미를 부여할 수 있는 경우에 해당하고, 헌법적 해명의 필요성도 인정되므로, 심판의 이익을 인정해야 한다.

4. 수사기관 등이 전기통신사업자에게 이용자의 성명 등 통신자료의 제공을 요청하여 취득한 행위

수사기관 등에 의한 통신자료 제공요청은 임의수사에 해당하는 것으로, 전기통신사업자가 이에 응하지 아니한 경우에도 어떠한 법적 불이익을 받는다고 볼 수 없다. 따라서 이 사건 통신자료 취득행위는 헌법소원의 대상이 되는 공권력의 행사에 해당하지 않는다(헌재 2022.7.21. 2016헌마388).

5. 한국인(청구인)과 결혼한 중국인 배우자(장○염)가 한국에 입국하기 위하여 결혼동거목적거주 사증발급을 신청함에 있어 주중국 대한민국대사(피청구인)가 전화예약에 의한 방법으로 사증신청접수일을 지정한 행위

피청구인이 전화예약을 통하여 사증신청접수일을 지정한 행위는 단순한 비권력 사실행위에 불과하여, 헌법소원의 대상이 되는 공권력의 행사에 해당하지 아니하므로 이 부분에 대한 심판청구는 부적법하다(헌재 2005.3.31. 2003헌마87).

사증발급을 신청함에 있어 피청구인이 중국인 배우자와의 교제과정, 결혼하게 된 경위, 소개인과의 관계, 교제경비내역 등을 당해 한국인이 직접 기재한 서류를 제출할 것을 요구하는 조치

국가기관인 피청구인이 청구인으로 하여금 결혼경위 등을 기재하도록 요구한 행위는 청구인의 처 장○염이 결혼동거목적거주 사증발급신청을 함에 있어 동 신청이 수리될 수 있는 요건으로서, 법령의 근거에 따라 청구인과 위 장○염에게 결혼경위, 소개인관계, 교제경비내역, 교제경위 등을 '초청사유서'와 '결혼동거사증신청 첨부서류'에 기재해야 하는 의무를 부과한 고권적 행위이고, 따라서 피청구인의 이와 같은 요구는 청구인과 위 장○염에 대하여 구속력을 갖는 권력적 사실행위로서 헌법소원의 대상이 된다(헌재 2005.3.31. 2003헌마87). *사생활의 비밀 침해는 아님.

6. 제20대 국회의원 선거 및 제19대 대통령 선거에서 투표지분류기 등을 이용하는 행위의 공권력 행사성 인정 여부(소극)

이 사건 개표행위는 선거일의 지정, 선거인명부의 작성, 후보자 등록, 투·개표 관리, 당선인 결정 등 여러 행위를 포괄하는 집합적 행위인 선거관리라는 일련의 과정에서 하나의 행위에 불과하고, 그 자체로는 국민의 권리의무에 영향을 미치지 아니하는 공권력작용의 준비행위 또는 부수적 행위이다. 따라서 이 사건 개표행위는 투표 결과를 집계하기 위한 단순한 사실행위에 불과하여 그 자체로 헌법소원심판의 대상이 되는 공권력 행사에 해당한다고 볼 수 없으므로 이에 대한 심판청구는 부적법하다(헌재 2016.3.31. 2015헌마1056 등).

7. 검찰수사관인 피청구인이 변호인인 청구인에게 변호인 참여신청서의 작성을 요구한 행위는 피의자신문에 참여할 수 있도록 하기 위한 검찰 내부절차를 수행하는 과정에서 이루어진 비권력적 사실행위에 불과하므로, 헌법소원의 대상이 되는 공권력의 행사에 해당하지 않는다(헌재 2017.11.30. 2016헌마503).

8. 방송통신심의위원회가 방송사업자인 청구인에 대하여 한, '청구인의 보도가 심의규정을 위반한 것으로 판단되며, 향후 관련 규정을 준수할 것'을 내용으로 하는 '의견제시'는 행정기관인 피청구인에 의한 비권력적 사실행위로서, 방송사업자인 청구인의 권리와 의무에 대하여 직접적인 법률효과를 발생시켜 청구인의 법률관계 내지 법적 지위를 불리하게 변화시킨다고 보기는 어려우므로 헌법소원의 대상이 되는 '공권력 행사'에 해당하지 않는다(헌재 2018.4.26. 2016헌마46).

9. **교육부장관의 1996년 대학입시기본계획 중 권고**

교육부장관이 발표한 1996학년도 대학입시기본계획 중 전국의 대학에 대하여 대학별고사에서 국·영·수 위주의 필답고사 실시에 신중을 기하여 줄 것을 권고하는 부분은 법령의 위임을 받아 그 내용을 구체화하거나 법령의 구체적인 내용을 보충하는 것으로 볼 수 없어 청구인들의 기본권을 침해하는 공권력의 행사에 해당하지 아니한다(헌재 1997.7.16. 97헌마70).

10. **번호통합과 번호이동에 관한 구 통신위원회와 방송통신위원회 의결 및 방송통신위원회의 번호통합정책 추진경과 등에 관한 홈페이지 게시**

구 통신위원회의 2006.4.17.자 의결 및 방송통신위원회의 2010.9.15.자 의결은 이동전화의 번호통합과 번호이동에 관한 사항을 내부적으로 결정한 행위이고, 방송통신위원회의 홈페이지 게시는 번호통합정책 및 번호이동제도를 국민들에게 널리 알리고자 한 것일 뿐이어서, 모두 청구인들의 법적 지위에 영향을 미치지 아니하는 것이므로 공권력 행사에 해당한다고 볼 수 없다(헌재 2013.7.25. 2011헌마63 등).

11. **대통령 신임투표를 국민투표에 붙이는 행위**

비록 피청구인이 대통령으로서 국회 본회의의 시정연설에서 자신에 대한 신임국민투표를 실시하고자 한다고 밝혔다 하더라도, 그것이 공고와 같이 법적인 효력이 있는 행위가 아니라 단순한 정치적 제안의 피력에 불과하다고 인정되는 이상 이를 두고 헌법소원의 대상이 되는 '공권력의 행사'라고 할 수는 없다(헌재 2003.11.27. 2003헌마694 등).

🔨판례 | 작위의무 없는 공권력의 불행사

1. **국회의 탄핵소추 의결의 부작위**

국회의 탄핵소추 의결의 부작위는 헌법소원의 대상이 되는 공권력의 불행사에 해당한다고 할 수 없다(헌재 1996.2.29. 93헌마186).

2. **중앙선거관리위원회의 전국구의원 승계 미결정**

의원이 청구인 정당을 탈당하였어도 이로 인하여 전국구의원의 궐원이 생기는 것은 아니므로 피청구인(중앙선거관리위원회)에게 전국구의원 승계결정을 할 작위의무가 존재하지 않았다고 할 것이고, 헌법에서 유래하는 작위의무가 없는 공권력의 불행사에 대한 위헌확인을 구하는 이 사건 주된 헌법소원심판청구는 부적법하다(헌재 1994.4.28. 92헌마153).

3. **외교통상부장관과 법원행정처장의 공권력 불행사**

재독 재외국민인 청구인을 독일민법의 강제적용에 따른 피해로부터 구제하기 위해 미성년자 보호협약에 가입할 외교통상부장관과 법원행정처장의 행위의무 내지 보호의무가 없는 것이므로 이 사건 헌법소원심판청구는 부적법하다(헌재 1998.5.25. 97헌마282).

4. **재판 지연**

이 사건에서 피청구인들이 청구인들에 대한 보안처분들의 효력이 만료되는 시점까지 판결을 선고해야 할 법률상의 작위의무가 있다고는 볼 수 없다(헌재 1999.9.16. 98헌마75).

5. **재정신청사건의 공소유지변호사가 무죄판결에 대해 항소하지 아니한 것**

헌법이나 형사소송법 또는 공직선거법상 피청구인에게 무죄판결에 대해 상소를 제기하여야 할 작위의무가 구체적으로 규정되어 있지 아니하고 청구인이 직접 그 상소의 제기를 청구할 수 있는 권리가 있다고 볼 근거도 없으므로, 이 사건 헌법소원심판청구는 피청구인의 단순한 공권력의 불행사를 대상으로 한 것으로서 부적법하다(헌재 2004.2.26. 2003헌마608).

6. **외교통상부장관의 간도협약 무효를 위한 적극적 행위를 하지 아니한 부작위**

우리 헌법에 피청구인 또는 대한민국 정부가 현재 중국의 영토인 간도지역을 회복하여야 할 작위의무가 특별히 규정되어 있다거나 헌법해석상 그러한 작위의무가 도출된다고 보기 어려울 뿐만 아니라, 중국에 대해 간도협약이 무효임을 주장하여야 하는 어떠한 법적인 의무가 있다고도 볼 수 없다(헌재 2009.9.22. 2009헌마516).

7. 선거구획정위원회 선임 및 선거구획정안을 제출하지 아니한 것

국회의 기관 내부의 행위에 불과하여 국민의 권리의무에 대하여 직접적인 법률효과를 발생시키는 행위가 아닌 선거구획정위원회 위원 선임 및 선거구획정위원회의 선거구획정안 제출행위를 하지 않은 부작위는, 국가기관의 내부적 의사결정행위에 불과하여 그 자체로 국민에 대하여 직접적인 법률효과를 발생시키는 행위가 아니므로 헌법소원의 대상이 되는 헌법재판소법 제68조 제1항 소정의 공권력의 불행사에 해당되지 아니한다(헌재 2004.2.26. 2003헌마285).

8. 법원이 국민의 형사재판 참여에 관한 피고인의 의사확인을 위한 안내서를 송달하지 아니한 부작위

이 사건 송달 부작위에 대한 심판청구는 법원의 소송행위를 문제 삼는 것으로서 법원의 재판절차를 통해 시정되어야 하고 법원에서 상소의 방법으로 그 판단을 구해야 할 부분이므로, 법원의 재판을 대상으로 한 심판청구에 해당하여 부적법하다(헌재 2012.11.29. 2012헌마53).

9. 헌법소원결정서 송달하지 아니한 부작위

헌법소원사건에서도 민사소송과 마찬가지로 변호사인 대리인이 선임되어 있는 경우에는 대리인에게 결정서 정본을 송달함으로써 그 송달의 효과가 당사자에게 미치게 되므로 당사자에게 따로 송달을 하여야 할 작위의무가 있다고 할 수 없으므로, 이 사건 심판청구는 공권력 불행사가 존재하지 않는 경우에 해당하여 부적법하다(헌재 2012.11.29. 2011헌마693).

10. 형사판결서 송달 부작위

판결서 등본을 불구속 피고인인 청구인에게 송달하지 아니하였다 하여 이로써 판결 결과에 영향을 미쳤다거나 청구인의 법적 지위에 특별한 불이익이 발생한다고 볼 수 없다. 따라서 이 사건 송달 부작위는 헌법소원의 대상이 되는 공권력의 불행사에 해당한다고 볼 수 없으므로 이 부분 심판청구는 부적법하다(헌재 2013.9.26. 2012헌마631).

11. 저상버스도입 부작위

국가에게 헌법 제34조에 의하여 장애인의 복지를 위하여 노력을 해야 할 의무가 있다는 것은, 장애인도 인간다운 생활을 누릴 수 있는 정의로운 사회질서를 형성해야 할 국가의 일반적인 의무를 뜻하는 것이지, 장애인을 위하여 저상버스를 도입해야 한다는 구체적 내용의 의무가 헌법으로부터 나오는 것은 아니다(헌재 2002.12.18. 2002헌마52).

12. 교육부장관의 이화학당의 법학전문대학원 모집요강 시정명령 부작위

'법학전문대학원 설치·운영에 관한 법률' 제38조에 "교육부장관은 ⋯ 시정명령을 할 수 있다."라는 규정을 보면, 교육부장관의 시정명령은 그 문언상 재량행위임이 분명하고, 헌법규정이나 헌법해석상 교육부장관에게 학교법인 이화학당의 법학전문대학원 모집요강과 관련하여 같은 법 제38조에 의한 시정명령을 할 의무가 있다고 보이지 아니한다. 따라서 이 사건 부작위에 대한 심판청구는 헌법에서 유래하는 구체적 작위의무가 인정되는 공권력의 불행사를 대상으로 한 것이 아니므로 부적법하다(헌재 2013.5.30. 2009헌마514).

13. 독도 안전시설 설치 등 부작위

헌법 제10조 및 제12조 제1항 전문의 해석상, 그리고 '독도의 지속 가능한 이용에 관한 법률' 등의 법령에 기하여서는 피청구인에게 독도에 대피시설 등의 특정 시설을 설치하여야 할 구체적인 작위의무가 있다고 보기 어려우므로, 이 사건 부작위가 있다 하더라도 이는 헌법소원의 대상이 될 수 없다(헌재 2016.5.26. 2014헌마1002).

14.
국방부장관이 1950년 8월경 청구인들을 입대시킨 행위로 인한 피해보상입법을 하지 아니한 부작위는 헌법소원의 대상에 해당하지 않는다(헌재 2015.10.21. 2014헌마456).

15.
교도소장이 수용자가 원하는 특정한 의약품을 지급할 작위의무가 헌법에서 도출된다고 볼 수 없을 뿐만 아니라, 청구인에게 적절한 의료조치를 제공할 의무를 불이행하거나 위반한 사정이 있다고 보기도 어렵다. 결국 이 사건 부작위에 대한 심판청구는 헌법에서 유래하는 작위의무가 없는 행정청의 단순한 부작위에 대한 헌법소원으로서 부적법하다(헌재 2016.11.24. 2015헌마11).

16. **공무원연금 급여비용 지급 및 책임준비금 적립 부작위**

   청구인들 주장처럼 국가 등이 반드시 책임준비금을 고려하여 예산을 편성하여야 한다거나, 예산의 일부를 반드시 책임준비금으로 적립해야 한다고 볼 수 없다. 그렇다면 책임준비금 적립 부작위는 헌법소원의 대상이 되는 공권력의 불행사라고 볼 수 없다(헌재 2016.6.30. 2015헌마296).

17. 환경부장관이 자동차 제작자에게 자동차교체명령을 해야 할 헌법상 작위의무가 인정되지 아니하므로 환경부장관이 폭스바겐 아우디 주식회사에게 청구인들 소유 자동차들에 대한 **자동차교체명령을 하지 않은 부작위**는 헌법소원심판의 대상이 되지 않는다(헌재 2018.3.29. 2016헌마795).

18. **신청권 없는 거부**

   수용거실의 지정은 교도소장의 재량적 판단사항이며 수용자에게 수용거실의 변경을 신청할 권리 내지 특정 수용거실에 대한 신청권이 있다고 볼 수 없다. 따라서 교도소장의 독거수용거부는 헌법소원심판의 대상이 되는 공권력의 행사에 해당하지 아니한다(헌재 2013.8.29. 2012헌마886).

19. **행정안전부장관, 법무부장관이 진실규명사건의 피해자 및 그 가족인 청구인들의 피해를 회복하기 위해 국가배상법에 의한 배상이나 형사보상법에 의한 보상과는 별개로 금전적 배상·보상이나 위로금을 지급하지 아니한 부작위가 헌법소원의 대상이 되는 공권력의 불행사인지 여부(소극)**

   헌법이나 헌법해석상으로 피청구인들이 진실규명사건의 피해자인 청구인 정○○ 및 피해자의 배우자, 자녀, 형제인 청구인들(이하 '청구인 이○○ 등'이라 한다)에게 국가배상법에 의한 배상이나 형사보상법에 의한 보상과는 별개로 배상·보상을 하거나 위로금을 지급하여야 할 작위의무가 도출되지 아니한다. 또한 과거사정리법 제34조, 제36조 제1항이나 '고문 및 그 밖의 잔혹한·비인도적인 또는 굴욕적인 대우나 처벌의 방지에 관한 협약' 제14조로부터도 피청구인들이 청구인들에게 직접 금전적인 피해의 배상이나 보상, 위로금을 지급하여야 할 헌법에서 유래하는 작위의무가 도출된다고 볼 수 없다. 따라서 배상조치 부작위는 헌법소원의 대상이 되는 공권력의 불행사에 해당하지 아니한다(헌재 2021.9.30. 2016헌마1034).

03 헌법소원심판의 청구요건

1. 헌법상 보장된 기본권

헌법상 기본권이란 헌법에 의해 직접 보장된 개인의 주관적 공권을 의미한다. 여기에서 직접 보장되었다고 함은 헌법에서 명문규정으로 보장된 것만을 의미하는 것이 아니라 헌법에서 도출되는 것도 포함된다.
[헌법재판실무제요]

(1) 기본권 침해 주장과 직권조사

   헌법재판소법 제71조 제1항 제2호에 헌법소원의 심판청구서에는 침해된 권리를 기재할 것을 요구하고 있지만, 그 기재는 헌법재판소법 제68조 제1항에 비추어 헌법재판소로 하여금 헌법상 보장된 기본권의 침해가 있다는 주장인 것으로 인식할 수 있는 정도의 표시로 족하고, 헌법재판소의 심판에 있어서는 반드시 그 표시된 권리에 구애되는 것이 아니라 침해된 기본권과 침해의 원인이 되는 공권력의 행사를 직권으로 조사하여 판단할 수 있는 것이다(헌재 1993.5.13. 91헌마190).

(2) 기본원리, 제도의 본질 훼손

   공권력의 행사 또는 불행사로 헌법의 기본원리 혹은 헌법상 보장된 제도의 본질이 훼손되었다고 하여 그 점만으로 바로 국민의 기본권이 직접 현실적으로 기본권을 침해한다고 할 수 없다.

⚖ 판례 | 경제질서에 관한 헌법상 원리의 침해 주장

헌법 제119조 제1항·제2항, 제126조는 경제질서에 관한 헌법상의 원리나 제도를 규정한 조항들인바, 헌법재판소법 제68조 제1항에 의한 헌법소원에 있어서 헌법상의 원리나 헌법상 보장된 제도의 내용이 침해되었다는 사정만으로 바로 청구인의 기본권이 직접 현실적으로 침해된 것이라고 할 수 없다(헌재 2008.7.31. 2006헌마400).

(3) 헌법전문

청구인들이 침해받았다고 주장하는 기본권 가운데 '헌법전문에 기재된 3·1정신'은 우리나라 헌법의 연혁적·이념적 기초로서 헌법이나 법률해석에서의 해석기준으로 작용한다고 할 수 있지만, 그에 기하여 곧바로 국민의 개별적 기본권성을 도출해 낼 수는 없다고 할 것이므로, 본안판단의 대상으로부터 제외하기로 한다(헌재 2001.3.21. 99헌마139).

⚖ 판례 | 헌법전문에 기재된 대한민국 임시정부의 법통을 계승하는 부분

헌법전문에 기재된 대한민국 임시정부의 법통을 계승하는 부분이 침해되었다는 부분은 청구인들의 법적 지위에 현실적이고 구체적인 영향을 미친다고 볼 수 없으므로 기본권 침해의 가능성이 인정되지 않는다. '건국 60년'이라는 표현을 사용했다는 점만으로 헌법개정이 이루어졌다고 볼 수 없어 헌법 제130조 제2항의 국민투표권의 침해가능성이 인정되지 아니하다(헌재 2008.11.27. 2008헌마517).

⚖ 판례 | 기본권이 아닌 것

1. 평화적 생존권은 헌법상 보장되는 기본권이라고 할 수 없다(헌재 2009.5.28. 2007헌마369).

2. 국회 구성권

3. 주민의 자치권
   ① **경부고속철도역사 명칭결정취소**: 지방자치단체 주민으로서의 자치권 또는 주민권은 '헌법에 의하여 직접 보장된 개인의 주관적 공권'이 아니어서, 그 침해만을 이유로 하여 국가사무인 고속철도의 역의 명칭결정의 취소를 구하는 헌법소원심판을 청구할 수 없다(헌재 2006.3.30. 2003헌마837).
   ② **부산신항 명칭결정**: 항만의 명칭은 단순히 항만 해상구역의 명칭에 불과할 뿐으로 항만 인근 주민들의 권리관계나 법적 지위에 어떠한 영향을 주는 것이 아니다. 구체적으로 진해시의 관할 구역에 세워진 이 사건 항만의 명칭을 '신항(영문명칭 : Busan New Port)'으로 결정하였다고 하여 진해시에 거주하는 청구인들에 대하여 어떠한 기본권이나 법률상 지위를 변동시키거나 기타 불이익한 영향을 준다고 볼 수 없다. 나아가 지방자치권은 지방자치단체 자체에 부여된 것으로서 헌법에 의하여 보장된 개인의 주관적 공권으로 볼 수 없고 이로써 그 구성원인 주민에게 달리 어떠한 기본권적인 권리가 보장되는 것으로 볼 수도 없다. 따라서 이로써 진해 시민들은 청구인들 개인의 어떠한 기본권이 침해될 가능성을 인정할 수 없다(헌재 2006.8.31. 2006헌마266).
   ③ **주민투표권이나 조례제정·개폐청구권**은 헌법상 기본권으로 보기 어려우므로, 위 조항들에 대한 청구는 위 조항들로 인한 청구인들의 기본권 침해가능성이 인정되지 않아 부적법하다(헌재 2014.4.24. 2012헌마287).
   ④ **국민의 입법권** (헌재 1998.8.27. 97헌마8 등)
      ㉠ **국민이 입법절차의 하자만을 주장하여 법률에 대한 헌법소원심판을 청구할 수 있는지 여부**: 법률의 입법절차가 헌법이나 국회법에 위반된다고 하더라도 그러한 사유만으로는 그 법률로 인하여 국민의 기본권이 현재, 직접적으로 침해받는다고 볼 수 없으므로 헌법소원심판을 청구할 수 없다.
      ㉡ **날치기법률안처리에 대한 구제방법**: 입법절차의 하자를 둘러싼 분쟁은 본질적으로 법률안의 심의·표결에 참여하지 못한 국회의원이 국회의장을 상대로 권한쟁의에 관한 심판을 청구하여 해결하여야 할 사항이다.

⚖️ 판례 | 기본권 침해가능성 인정

1. 지방자치단체의 폐치·합병이 그 주민의 기본권을 침해할 수 있는지 여부

지방자치단체의 폐치·분합은 지방자치단체의 자치권의 침해 문제와 더불어 그 주민의 헌법상 보장된 평등권 및 자치단체가 폐지·병합됨으로써 헌법 제24조 및 제25조에 보장된 그 주민의 참정권 내지 공무담임권이 침해될 수도 있다(헌재 1995.3.23. 94헌마175).

2. 모집정원의 70%를 임직원 자녀전형으로 선발하고 10%만을 일반전형으로 선발하는 내용의 충남○○고 입학전형요강

피청구인은 모집정원의 70%를 임직원 자녀전형에 배정하고 일반전형에는 모집정원의 10%만을 배정한 이 사건 입학전형요강을 승인하였는바, 이러한 일반전형 비율은 사실상 임직원 자녀 이외의 학생들이 충남○○고에 진학할 수 있는 기회를 배제한 것이나 다름없다. 이러한 불이익은 충남○○고에 진학하려는 학생들에게 있어 단순한 사실적·간접적 불이익이 아니며 법적 불이익이 발생한 것이라 봄이 상당하므로, 이 사건 승인처분은 2015학년도 졸업예정자인 청구인 8과 9의 기본권을 침해할 가능성이 있다(헌재 2015.11.26. 2014헌마45).

⚖️ 판례 | 기본권 침해가능성 부정

1. 청구인은 한미무역협정으로 인하여 자신의 재산권 내지 그 행사가 직접 제한되거나 법원에 대한 재판청구가 제한된다고 볼 구체적 사정, 청구인의 투자행위와 관련하여 대한민국과의 관계에서 어떤 분쟁이 발생할 가능성이 있는 자에 해당한다고 볼 구체적 사정에 관하여 아무런 주장이 없으므로 분쟁해결조항이나 그 밖의 한미무역협정 조항으로 인하여 청구인의 기본권이 침해될 가능성이 인정되지 않는다(헌재 2013.11.28. 2012헌마166).

2. 폐쇄된 서남대의 의과대학생 177명을 전북대 의과대학에 특별편입학 모집하는 것을 내용으로 하는 전북대 총장의 2018.1.2.자 2018학년도 서남대학교 특별편입학 모집요강으로 인해 청구인들이 기존의 의과대학 교육시설에 참여하거나 이를 이용할 수 있는 지위에는 아무런 영향이 없고, 다만 학생 수가 많아져 예전보다 상대적으로 교육환경이 열악해지거나 자교에서 전공의 수련을 받을 확률이 낮아질 가능성이 있을 뿐이며, 교육환경이 열악해지는 정도 또한 청구인들의 동등한 교육시설 참여기회 자체를 실질적으로 봉쇄하거나 형해화하는 정도에 이르렀다고는 보기 어렵다. 결국 청구인들이 주장하는 불이익은 사실상의 불이익에 불과하므로, 기본권 침해가능성이 인정되지 않는다(헌재 2019.2.28. 2018헌마37 등).

3. 강원도지사가 혁신도시 입지로 원주시를 선정한 것

강원도지사가 혁신도시 입지로 원주시를 선정한 것은 '국가균형발전 특별법' 제18조 등에 따른 것으로서 지방의 균형발전을 위한 공공정책으로서 계획되었다. 이로 인해 해당 지역 주민들이 받는 이익 내지 혜택은 공공정책의 실행으로 인하여 주어지는 사실적·경제적인 것이며, 청구인들이 그러한 이익 내지 혜택에서 배제되었다 해서 기본권이 침해되었다 할 수 없다. 따라서 청구인들의 심판청구는 기본권 침해의 가능성이 없어 부적법하다(헌재 2006.12.28. 2006헌마312).

4. 경기도교육청의 교육공무원 승진규정에 따른 도서벽지 근무 평정요령과 농어촌 근무 평정요령 중 월·일 평정점 상향에 관한 부분은 각각 종래에 비해 청구인을 비롯한 모든 평정대상자의 도서벽지 가산점과 농어촌 가산점을 상향하는 것이므로 이로 인하여 청구인이 입게 되는 법적 불이익은 없고, 월·일 평정점 상향으로 인하여 다른 교사들이 종전보다 짧은 기간으로도 합산상한점인 2.00점을 취득할 수 있어 교감승진에 경쟁자들이 늘어나는 것은 사실상의 불이익에 불과하므로, 이 부분 심판청구는 기본권 침해의 가능성이 없다(헌재 2016.12.29. 2015헌마315).

5. 교육감을 주민의 선거에 따라 선출한다고 규정한 지방교육자치에 관한 법률

위 조항은 지방교육자치제도를 보장하기 위하여 교육감 선출에 대한 주민의 직접 참여를 규정하고 있을 뿐이지, 그 자체로써 청구인들에게 어떠한 의무의 부과, 권리 또는 법적 지위의 박탈이라는 불이익을 초래한다고 보기 어렵다. 따라서 위 조항으로 인하여 학생의 교육받을 권리, 학부모의 자녀교육권, 교사 및 교원의 직업수행의 자유가 침해될 가능성이 있다거나 기본권 침해의 자기관련성이 있다고 보기 어렵다.

그리고 교육감의 지위와, 지방교육자치의 내용으로서 주민참여의 원리 등을 고려할 때 학부모인 주민과 학부모가 아닌 주민 사이에 교육감 선거에 있어 그 지위에 아무런 차이가 없으므로, 학부모가 아닌 주민이 교육감 선거에 참여한다고 하여 학부모인 청구인들의 평등권을 침해할 가능성도 없다. 또한 위 조항은 교육감으로 선출되고자 하는 자들의 공무담임권을 제한하기보다는 오히려 공직취임의 기회를 넓게 보장하여 공무담임권을 보호하는 측면이 강하고, 교육감으로 선출되고자 하는 교육자 및 교육전문가인 청구인들이 받는 영향은 간접적·사실적인 것에 불과하므로, 이로 인하여 위 청구인들의 공무담임권이 침해될 가능성이 있다거나 기본권 침해의 자기관련성이 있다고 보기 어렵다(헌재 2015.11.26. 2014헌마662).

6. 국선변호인 선정사유 및 방법에 대하여 규정하고 있는 형사소송법 제33조

형사소송법 제33조는 피고인의 변호권을 실질적으로 보장하기 위하여 국선변호인의 선정사유 및 방법에 대하여 규정하고 있는 조항이고, 국선변호인인 청구인에 대한 자유의 제한, 의무의 부과, 권리 또는 법적 지위의 박탈에 관한 규정이 아니어서 이로 인해 청구인의 기본권이 침해될 가능성이 인정되지 아니하므로, 형사소송법 제33조에 대한 이 사건 심판청구는 기본권 침해가능성이 결여되어 부적법하다(헌재 2016.2.25. 2013헌마830).

7. 주택특별공급제도의 성격과 내용을 고려할 때, 위 제도의 수혜자인 국가유공자가 분양가격 등에 관계없이 모든 주택에 관하여 특별공급받을 기회를 보장받을 구체적인 권리까지 당연히 보유한다고 볼 수는 없다. 따라서 사업주체가 투기과열지구에서 분양가격이 **9억원을 초과하는 주택은 특별공급 할 수 없도록 정한** '주택공급에 관한 규칙' 제47조의2 중 국가유공자 등 예우 및 지원에 관한 법률에 따른 국가유공자에 관한 부분이 무주택세대구성원이자 국가유공자인 청구인의 기본권을 침해할 가능성이 인정되지 않는다(헌재 2020.4.23. 2018헌마461).

8. 종교인소득 중 일부에 대하여 소득세를 비과세하고, 종교인소득과 관련하여 세무공무원의 질문·조사권의 범위를 제한하거나 질문·조사 전 수정신고를 안내하도록 규정한 소득세법 시행령조항에 대한 종교인인 청구인들의 심판청구가 기본권 침해가능성이 인정되는지 여부(소극)

종교인에게 수혜적인 규정으로서 대형 종교단체와 소형 종교단체를 구분하고 있지 않다. 다만 종교인들 중 소형 종교단체에 소속되어 매년 과세되지 않을 정도의 소득만을 갖고 있는 경우 위 조항들의 혜택을 실질적으로 누릴 수 없어, 수입이 많은 대형 종교단체에 소속된 종교인들에 비해 인적 교류나 홍보활동에 불리할 수 있으나, 이는 납세의무자별 소득격차에서 비롯되는 결과일 뿐이고 위 소득세법 시행령조항들이 내포하는 차별이 아니다. 따라서 종교인인 청구인들의 심판청구는 기본권 침해가능성이 인정되지 않는다(헌재 2020.7.16. 2018헌마319).

9. 행정중심복합도시 예정지역 이전기관 종사자 주택특별공급제도를 폐지하는 '주택공급에 관한 규칙 일부개정령' 중 '행정중심복합도시 예정지역 공급주택의 이전기관 종사자 특별공급 비율 폐지고시가 청구인들의 기본권을 침해할 가능성이 인정되는지 여부(소극) (헌재 2022.12.22. 2021헌마902)

① 청구인들이 이 사건 주택특별공급을 신청할 수 있는 지위에 있었다고 하더라도 이는 그 자체로 어떠한 확정적인 권리를 취득한 것이 아니라, 이 사건 주택특별공급에 당첨될 수 있을 것이라는 단순한 기대이익을 가진 것에 불과하므로, 심판대상조항이 청구인들의 재산권을 침해할 가능성은 인정되지 않는다.

② 세종특별자치시에서 이 사건 주택특별공급을 신청할 수 있었던 청구인들과 도청이전신도시 이전기관 종사자 주택특별공급을 신청할 수 있는 사람은 차별 취급의 존부가 문제되는 비교집단이라고 보기 어렵다. 따라서 심판대상조항이 청구인들의 기본권을 침해할 가능성은 인정되지 아니한다.

2. 청구능력 ★

(1) 자연인

① 헌법소원심판을 청구하기 전 이미 사망한 사람은 헌법소원심판의 청구인이 될 수 없다(헌재 2014.6.26. 2012헌마757).

② 헌법재판소법 제68조 제1항은 공권력의 행사 또는 불행사로 인하여 기본권을 침해받은 자가 헌법

소원의 심판을 청구할 수 있다고 규정하고 있으므로, 기본권의 주체가 될 수 있는 자만이 헌법소원을 청구할 수 있고, 이때 기본권의 주체가 될 수 있는 '자'란 통상 출생 후의 인간을 가리키는 것이다(헌재 2010.5.27. 2005헌마346).

③ 초기배아는 청구능력이 없으나 태아는 기본권 주체로 인정된다.

④ 외국인이 청구한 헌법소원심판에 대해서 청구를 받아들이는 등 외국인의 청구능력을 인정한다(헌재 1994.12.29. 94헌마205).

(2) 사법인

법인도 성질상 기본권을 향유할 수 있는 범위 내에서는 헌법소원을 제기할 수 있다.

① **한국영화인협회**(헌재 1991.6.3. 90헌마56)

  ㉠ 법인도 보장된 기본권이 침해되었음을 이유로 헌법소원심판을 청구할 수 있다.

  ㉡ 법인 아닌 사단·재단이라고 하더라도 대표자의 정함이 있고 독립된 사회적 조직체로서 활동을 하는 때에는 성질상 법인이 누릴 수 있는 기본권을 침해당하게 되면 그의 이름으로 헌법소원을 청구할 수 있다.

  ㉢ 영화인협회는 자신의 기본권이 침해당하고 있음을 이유로 헌법소원심판을 청구한 것이 아니고 단체 소속회원의 예술의 자유와 표현의 자유를 침해당하고 있음을 이유로 하여 헌법소원심판 청구를 한 것이 명백한바, 우리 법제 아래서는 헌법상 보장된 기본권을 직접 침해당한 사람만이 권리구제를 청구할 수 있는 것이고, 단체의 구성원이 기본권을 침해당한 경우 단체가 구성원의 권리구제를 위하여 그를 대신하여 헌법소원심판을 청구하는 것은 허용될 수 없다.

② **한국신문편집인협회**: 청구인 협회의 회원인 언론인들의 언론·출판의 자유가 침해당하고 있어 청구인 협회도 간접적으로 기본권으로 침해당하고 있음을 이유로 하여 이사건 헌법소원심판을 청구하고 있는 것으로 보이므로, 청구인 협회의 심판청구는 자기관련성이 없다(헌재 1995.7.21. 92헌마177 등).

③ **정당**: 민중당이 제기한 지방의회의원선거법 제36호 제1항(시·도의회의원 후보자 700만원 기탁금)에 대한 헌법소원심판을 인용함으로써 정당의 청구인능력과 이사건에서 청구인적격(자기관련성)을 인정하였다(헌재 1991.3.11. 91헌마21).

④ **노동조합**: 노동조합의 정치자금기부금지법률에 대한 헌법소원을 인용하였으므로 노동조합의 청구능력은 인정된다(헌재 1999.7.25. 95헌마154).

⑤ **국립대학인 청구인은 대학의 자율권의 주체로서 헌법소원심판의 청구인능력이 인정된다**: 헌법 제31조 제4항이 규정하는 교육의 자주성 및 대학의 자율성은 헌법 제22조 제1항이 보장하는 학문의 자유의 확실한 보장을 위해 꼭 필요한 것으로서 대학에 부여된 헌법상 기본권인 대학의 자율권이므로, 국립대학인 청구인도 이러한 대학의 자율권의 주체로서 헌법소원심판의 청구인능력이 인정된다(헌재 2015.12.23. 2014헌마1149).

⚖ 판례 | 공법인의 청구능력

공법인은 원칙적으로 기본권 주체가 될 수 없으므로 기본권 침해를 받았다는 이유로 헌법소원심판을 청구할 수 없다.

1. 국회상임위원회(헌재 1994.12.29. 93헌마120)

2. 국회의원

국회의원의 질의권, 토론권 및 표결권 등은 국가기관인 국회의 구성원의 지위에 있는 국회의원에게 부여된 권한으로, 국회의원 개인에게 헌법이 보장하는 기본권이라 할 수 없는바, 국회의원인 청구인들에게 헌법소원심판청구가 허용된다고 할 수 없다. 또한 상임위원회 선임에 대해서도 헌법소원을 청구할 수 없다(헌재 1995.2.23. 90헌마125).

3. 교육위원회의 교육위원

교육위원회의 위원은 기본권의 주체가 아니라 공법상의 권한을 행사하는 공권력 행사의 주체이며 청구인들의 기본권이 침해받는 것이 아니므로 이 사건 심판청구는 청구인적격이 없는 자의 청구이다(헌재 1995.9.28. 92헌마23 등).

4. 서울시의회와 도지사

헌법재판소는 서울시의회(헌재 1998.3.26. 96헌마345), 지방자치단체장인 도지사(헌재 1997.12.24. 96헌마365)의 헌법소원청구능력을 부인하였다. 그러나 지방자치단체장이라고 하더라도 피선거권이나 표현의 자유 주체가 되므로 국민으로서 누리는 기본권이 침해되었다는 이유로 헌법소원을 청구할 능력은 있다(헌재 1999.5.29. 98헌마214).

5. 대통령

국민 전체 봉사자로서 대통령은 기본권 주체가 아니므로 헌법소원심판을 청구할 수 없다. 그러나 사인의 지위에서는 헌법소원심판을 청구할 수 있다.

6. 공무수행 중 경찰공무원

일반적으로 청구인과 같은 경찰공무원은 기본권의 주체가 아니라 국민 모두에 대한 봉사자로서 공공의 안전 및 질서유지라는 공익을 실현할 의무가 인정되는 기본권의 수범자라 할 것인바, 검사가 발부한 형 집행장에 의하여 검거된 벌금미납자의 신병에 관한 업무는 국가조직영역 내에서 수행되는 공적 과제 내지 직무영역에 대한 것으로 이와 관련해서 청구인은 국가기관의 일부 또는 그 구성원으로서 공법상의 권한을 행사하는 공권력 행사의 주체일 뿐, 기본권의 주체라 할 수 없으므로 이 사건에서 청구인에게 헌법소원을 제기할 청구인적격을 인정할 수 없다(헌재 2009.3.24. 2009헌마118).

7. 농지개량조합의 청구인적격 유무

농지개량조합의 조직, 재산의 형성·유지 및 그 목적과 활동 전반에 나타나는 매우 짙은 공적인 성격을 고려하건대, 이를 공법인이라고 봄이 상당하므로 헌법소원의 청구인적격을 인정할 수 없다(헌재 2000.11.30. 99헌마190).

8. 단체가 아닌 단체 소속의 분과위원회(영화인협회 감독위원회)(헌재 1991.6.3. 90헌마56)

9. 어린이집

청구인은 개인이 그 명의로 설치·운영하는 영유아보육법 제10조 제7호 소정의 민간어린이집일 뿐이어서 '영유아의 보육을 위한 시설'에 불과하므로, 형사법상 범죄능력이나 헌법소원심판을 제기할 당사자능력이 있는 법인 등에 해당하지 아니한다(헌재 2013.8.29. 2013헌마165).

10. 청구인 ○○중·상업고등학교는 교육을 위한 시설에 불과하여 우리 민법상 권리능력이나 민사소송법상 당사자능력이 없다고 할 것인바(대판 1975.12.9. 75다1048 참조), 위 시설에 관한 권리의무의 주체로서 당사자능력이 있는 청구인 ○○학원이 헌법소원을 제기하여 권리구제를 받는 절차를 밟음으로써 족하다고 할 것이고, 위 학교에 대하여 별도로 헌법소원의 당사자능력을 인정하여야 할 필요는 없다고 할 것이므로 동 학교의 이 사건 헌법소원심판청구는 부적법하다(헌재 1993.7.29. 89헌마123).

11. 사이버대학교

사이버대학은 사립학교법 및 고등교육법을 근거로 설립된 교육시설에 불과하여 헌법소원심판을 제기할 청구인능력이 없다(헌재 2016.10.27. 2014헌마1037).

12. 미국산 쇠고기의 수입위생조건을 정한 농림수산식품부 고시에 대한 정당

이 사건에서 침해된다고 하여 주장되는 기본권은 생명·신체의 안전에 관한 것으로서 성질상 자연인에게만 인정되는 것이므로, 이와 관련하여 청구인 신보신당과 같은 권리능력 없는 단체는 위와 같은 기본권의 행사에 있어 그 주체가 될 수 없다. 이 사건에 있어 청구인 진보신당은 청구인능력이 인정되지 아니한다 할 것이다(헌재 2008.12.26. 2008헌마419 등).

3. 기본권 침해의 자기관련성 ★★

(1) 개념

자기관련성이란 특정 공권력 행사로 인한 기본권 침해시 헌법소원심판의 본안심판을 받을 자격을 의미한다.

> **⚖️ 판례 | 권리귀속 소명**
>
> 1. 기본권 침해의 자기관련성이란 심판대상규정에 의하여 청구인의 기본권이 침해될 가능성이 있는가에 관한 것이고, 헌법소원은 주관적 기본권 보장과 객관적 헌법 보장기능을 함께 가지고 있으므로 권리귀속에 대한 소명만으로써 자기관련성 구비 여부를 판단할 수 있다(헌재 2001.11.29. 99헌마494).
>
> 2. 병역의무의 이행만을 응시기회 제한의 예외로 인정하는 변호사시험법 제7조 제2항에 대하여, 위 조항에 관한 기본권 침해사유를 구체적으로 소명하지 않고 있는 청구인들의 심판청구가 자기관련성요건을 갖추었는지 여부(소극)
>   이 사건 예외조항에 관한 기본권 침해사유를 구체적으로 소명하지 않고 있는 청구인들의 이 사건 예외조항에 대한 심판청구는 기본권 침해의 자기관련성요건을 갖추었다고 볼 수 없어 부적법하다(헌재 2020.11.26. 2018헌마733 등).

(2) 제3자

① 청구인 자신의 기본권이 침해당한 경우라야 하고, 제3자는 원칙적으로 헌법소원을 제기할 수 없다 (간접적, 사실·경제적인 이해관계만 있는 경우 자기관련성이 인정되지 않기 때문이다).

② 그러나 제3자도 공권력의 작용으로 기본권을 직접적·법적으로 침해받을 경우 자기관련성이 인정된다.

> **⚖️ 판례**
>
> 헌법재판소법 제68조 제1항에 의하면 헌법소원심판은 공권력의 행사 또는 불행사로 인하여 헌법상 보장된 기본권을 침해받은 자가 청구하여야 한다고 규정하고 있는바, 여기에서 기본권을 침해받은 자라 함은 공권력의 행사 또는 불행사로 인하여 자기의 기본권이 현재 그리고 직접적으로 침해받은 자를 의미하며 단순히 간접적, 사실적 또는 경제적인 이해관계가 있을 뿐인 제3자는 이에 해당하지 않는다(헌재 1993.3.11. 91헌마233).

> **⚖️ 판례 | 제3자로서 자기관련성이 인정된 자**
>
> **1. 주주**
> 국민의 일원으로서 국가의 수사권의 발동을 촉구한 일반범죄의 고발사건에서 특별한 사정이 없으면 고발인의 헌법소원 청구적격이 인정되지 않지만, 주식회사의 주주가 주식회사의 임원에 대해 업무상횡령혐의로 고발한 경우 직접적으로는 회사가 피해자라고 할 수 있으나 동시에 회사의 주주 모두가 피해자라 할 수 있으므로 자기관련성이 있으므로 주주가 제기한 검사의 기소유예처분에 대한 헌법소원심판청구는 적법하다(헌재 1991.4.1. 90헌마65 ; 헌재 1994.4.28. 93헌마47).
>
> **2. 위증으로 인한 불이익한 재판을 받게 되는 당사자**
> 검사의 불기소처분에 대하여 기소처분을 구하는 취지에서 헌법소원을 제기할 수 있는 자는 원칙적으로 헌법상 재판절차진술권의 형사피해자에 한하는 것이나, 여기서 말하는 형사피해자는 넓게 해석해야 할 것으로, 반드시 형사실체법상의 보호이익을 기준으로 한 피해자 개념에 의존하여 결정할 필요가 없으므로 형사실체법상으로는 직접적인 보호법익의 주체로 해석되지 않는 자라 하여도 문제되는 범죄 때문에

법률상 불이익을 받게 된 자라면 헌법상 형사피해자의 재판절차진술권의 주체가 될 수 있고 따라서 검사의 불기소처분에 대하여 헌법소원심판을 청구할 수 있는 청구인적격을 가진다고 할 것이며 위증죄가 직접적으로 개인적 법익에 관한 범죄가 아니고 그 보호법익은 원칙적으로 국가의 심판작용의 공정이라 하여도 위증으로 인하여 불이익한 재판을 받게 되는 사건당사자는 재판절차진술권의 주체인 형사피해자가 된다고 보아야 할 것이므로, 검사가 위증의 피의사실에 대하여 불기소처분을 하였다면 헌법소원을 제기할 수 있는 청구인적격을 가진다고 할 것이다(헌재 1992.2.25. 90헌마91).

3. 사고로 인한 피해자사망시 피해자의 부모

교통사망자의 부모(청구인)는 헌법상 재판절차진술권이 보장되는 형사피해자의 범주에 속한다고 봐야 할 것이므로 헌법소원심판을 청구할 수 있는 청구인적격이 있다(헌재 1993.3.11. 92헌마48).

4. 이동통신단말장치를 구입하고자 하는 청구인들이 '이동통신단말장치 유통구조 개선에 관한 법률' 제4조 제1항, 제2항 본문 및 제5항은 이용자들이 이동통신단말장치를 구입하는 가격에 직접 영향을 미치므로, 이동통신사업자 등으로부터 이동통신단말장치를 구입하여 이동통신서비스를 이용하고자 하는 청구인들은 지원금 상한조항에 대해 헌법소원심판을 청구할 자기관련성이 인정된다(헌재 2017.5.25. 2014헌마844).

5. 의사

이 사건 개정고시는 의사로서 전문적 의료행위를 제공한 데 대한 대가인 진료비의 수가를 일괄적으로 감소시키는 것을 내용으로 하기 때문에 청구인들에게는 단순한 경제적 이해를 넘어서는 진지한 직업적 손실효과가 초래된다. 그렇다면 **요양급여비용의 액수를 인하하는 조치**를 내용으로 하는 조항의 직접적인 수범자는 요양기관이나, 요양기관의 피고용자인 의사도 유사한 정도의 직업적 불이익을 받게 된다고 볼 수 있으므로 자기관련성이 인정된다(헌재 2003.12.18. 2001헌마543).

6. 정보통신망을 통하여 공개된 정보로 말미암아 사생활 등을 침해받은 자가 삭제요청을 하면 정보통신서비스 제공자는 임시조치를 하여야 한다고 정한 조항은 직접적 수범자를 정보통신서비스 제공자로 하나, 위 임시조치로 **정보게재자**가 게재한 정보는 접근이 차단되므로, 정보게재자에 대해서도 자기관련성이 인정된다(헌재 2012.5.31. 2010헌마88).

7. 교통사고처리특례법상의 불기소처분에 대한 교통사고 피해자

헌법재판소의 판례에 의하면 헌법소원이 적법하려면 청구인에 있어서 공권력에 의한 기본권 침해의 자기성·현재성·직접성이 있어야 한다. 이 사건의 경우 피청구인들은 교통사고의 직접 피해자들인 청구인들이 제기한 고소사건에 대하여 사고차량이 종합보험 등에 가입되어 있음을 이유로 이 사건 법률조항을 재량의 여지없이 기계적으로 적용하여 위 각 불기소처분을 한 것이므로, 결국 청구인들은 이 사건 법률조항으로 말미암아 직접 헌법 제27조 제5항 소정의 형사피해자의 재판절차에서의 진술권을 현재 침해받았다고 할 것이다. 따라서 위 법률조항에 대한 이 사건 헌법소원은 자기성·현재성·직접성의 요건을 갖추었다고 할 것이다(헌재 1997.1.16. 90헌마110 등).

8. 사전심의를 받은 방송광고에 한하여 방송할 수 있도록 규정한 법률조항으로 인하여 자신이 원하는 방송광고를 할 수 없게 된 광고주

청구인과 같이 방송을 통해 광고를 하고자 하는 자는 이 사건 규정들 때문에 반드시 사전에 심의를 거쳐야 하고, 그렇지 않을 경우 자신이 원하는 방송광고를 할 수 없게 되므로 청구인과 같은 광고주의 경우도 이 사건 규정들에 의해 자신의 기본권을 제한받고 있다고 할 것이다(헌재 2008.6.26. 2005헌마506).

9. 청구인 대통령의 지시로 피청구인 대통령비서실장, 정무수석비서관, 교육문화수석비서관, 문화체육관광부장관이 야당 소속 후보를 지지하였거나 정부에 비판적 활동을 한 문화예술인이나 단체를 정부의 문화예술 지원사업에서 배제할 목적으로, 한국문화예술위원회, 영화진흥위원회, 한국출판문화산업진흥원 소속 직원들로 하여금 특정 개인이나 단체를 문화예술인 지원사업에서 배제하도록 한 일련의 지시행위에 대한 예술인

피청구인들의 이 사건 지원배제지시는 형식적으로는 한국문화예술위원회 등에 대하여 이루어진 것이었으나, 그 실질은 청구인들에 대한 문화예술 지원배제라는 일정한 목적을 관철하기 위하여 단지 한국문화예술위원회 등을 이용한 것에 불과하고 청구인들은 그에 따라 문화예술 지원대상에서 제외되었으므로, 청구인들의 자기관련성이 인정되고, 이러한 점에서 기본권 침해의 직접성도 인정된다(헌재 2020.12.23. 2017헌마416).

10. 변호사 광고를 금지한 대한변호사협회 규정에 대해 광고 회사

청구인 회사는 심판대상조항의 직접적인 수범자는 아니지만, 수범자인 변호사의 상대방으로서 법률서비스 온라인 플랫폼을 운영하며 변호사 등의 광고·홍보·소개 등에 관한 영업행위를 하고 있는바, 이 사건 규정의 수범인인 변호사가 준수해야 하는 광고방법, 내용 등의 제약을 그대로 이어받게 된다. 이는 실질적으로는 변호사 등과 거래하는 위와 같은 사업자의 광고 수주활동을 제한하거나 해당 부문 영업을 금지하는 것과 다르지 않다(헌재 2008.2.28. 2006헌마1028 참조). 심판대상조항의 개정목적을 살펴보더라도 가장 주요한 것이 청구인 회사가 운영하는 □□ 서비스와 같은 온라인 플랫폼을 규제하는 것이었고, 대한변호사협회는 이 사건 규정 개정을 전후하여 그러한 입장을 여러 차례에 걸쳐 밝혔다. 따라서 심판대상조항은 청구인 회사의 영업의 자유 내지 법적 이익에 불리한 영향을 주는 것이므로, 기본권 침해의 자기관련성을 인정할 수 있다(헌재 2022.5.26. 2021헌마619).

⚖️ 판례 | 제3자로서 자기관련성이 부정된 자

1. 구속된 피고인의 변호인이 '피고인이 도망할 염려가 있다고 믿을 만한 충분한 이유가 있는 때'를 필요적 보석의 예외사유로 정하고 있는 형사소송법 제95조 제4호 규정에 대하여 변호인

이 사건 법률조항은 구속된 피고인에게 보석을 허가할 것인지를 결정함에 있어 일정한 제한을 가하여 피고인을 보석허가의 대상에서 제외함으로써 피고인의 자유나 권리 또는 법적 지위에 영향을 미칠 뿐이고 보석의 청구와 그 재판절차과정에서 변호인이 피고인을 위해 할 수 있는 여러 조력행위에 대하여는 어떠한 제한도 가하고 있지 않으며 보석청구가 기각됨으로써 청구인이 변호사로서 받는 불이익은 간접적, 사실적, 경제적인 이해관계에 불과하여 청구인은 이 사건 법률조항에 대하여 자기관련성이 없다(헌재 2004. 4.29. 2002헌마756).

2. 과세처분에 있어서 중·고등학교 학생

과세처분의 대상은 청구인 남문학원이고, 과세처분으로 학교 재학 중인 학생들은 단지 간접적이고 사실적이며 경제적인 이해관계가 있는 자일 뿐 법적인 이해관계인이 아니므로 자기관련성이 인정되지 아니한다(헌재 1993.7.29. 89헌마123).

3. 의료사고 피해자의 아버지

청구인이 의료사고 피해자의 아버지일 뿐 청구인은 불기소처분으로 인하여 의료사고의 직접적인 법률상의 피해자가 아니므로 자기의 헌법상 보장된 기본권을 직접 침해받은 자가 아니다(의료사고의 피해자는 사망하지 않았고 검사의 불기소처분에 대해 헌법소원을 청구하였다)(헌재 1993.11.25. 93헌마81).

4. 주주가 아닌 주식회사의 대표이사

청구인이 주식회사의 대표이사일 뿐인 경우에는 주식회사에 대한 범죄행위에 대하여 간접적·사실적 또는 경제적 이해관계가 있을지는 몰라도 법적인 이해관계가 있다고 할 수는 없으므로 청구인의 이 사건 헌법소원심판청구는 자기관련성이 없어 부적법하다. 다만, 범죄의 피해자가 주식회사인 경우에 그 주식회사의 주주도 역시 범죄의 피해자로 볼 수 있기 때문에 청구인이 위 회사의 주주 겸 대표이사인 경우라면 헌법소원심판을 청구할 수 있다(헌재 1995.5.25. 94헌마100).

5. 교수협의회와 교수

재단이사가 저질렀다고 하는 횡령행위로 인한 피해자는 학교법인(청석학원)이고, 그 횡령행위로 인하여 위 학교법인이 설립·운영하는 청주대학교의 운영에 어려움이 생김으로써 동 대학교의 교수인 청구인이나 그가 대표로 있는 대학교 교수협의회에게 어떠한 불이익이 발생하였다고 하더라도 그것은 간접적인 사실상의 불이익에 불과할 뿐 그 사실만으로 청구인이나 위 교수협의회가 위 횡령행위로 인한 '형사피해자'에 해당한다고 할 수 없다(헌재 1997.2.20. 95헌마295).

6. 국가의 국립대학에 대한 재정지원에 대하여 사립대학 학생 및 교수

청구인들은 사립대학을 운영하는 학교법인과의 계약관계에 의하여 대학에 재학하거나 근무하는 재학생 또는 교수일 뿐 학교법인의 구성원도 아니고 학교법인에 대한 법률적 규율에 의하여 청구인들의 법적 지위나 권리·의무관계에 직접 영향이 미칠 만큼 밀접한 관계에 있지도 않으며 단지 간접적·반사적 이해관계를 가질 뿐이므로 청구인들에게는 자기관련성이 없어 이 사건 심판청구는 부적법하다(헌재 2003.6.26. 2002헌마312).

> **유사** 학칙시정요구에 대하여 해당 대학의 교수회나 그 소속 교수들에게 헌법소원을 청구할 자기관련성이 인정될 수 있는지 여부(소극)(헌재 2003.6.26. 2002헌마337 등)

7. 부산교육대학교

교원시험에서 지역가산점규정과 이에 따른 공고에 있어 교육대학교는 규율대상이 아닌 제3자이므로 자기관련성이 인정되지 않는다(헌재 2014.4.24. 2010헌마747).

8. 학점은행제 원격교육훈련기관은 학점이 부여되는 학습과정을 제공함에 있어 학점인정 등에 관한 법률에

근거하고 있다. 보육교사 2급 자격을 취득하기 위해 이수해야 하는 보육 관련 교과목 중 일부를 대면 교과목으로 지정한 '영유아보육법 시행규칙'에 의한 학점은행제 교육훈련기관 운영자인 청구인이 수업과목 개설에 영향을 받았다고 하더라도 이는 사실적이고 간접적인 영향에 불과할 뿐이므로 자기관련성이 없다(헌재 2016.11.24. 2016헌마299).

9. 신입생 지원자격 제한조치 헌법소원에서 대학교 재학생

대학교 신입생 자격을 세례인으로 하고 있어 재학생들 자신들의 학문의 자유 등이 침해되었다고 제기한 헌법소원에서 헌법재판소는 청구인(재학생)들 기본권이 침해될 여지가 없으므로 자기관련성이 결여되었다고 하여 각하하였다(헌재 1997.3.27. 94헌마277).

10. 백화점 셔틀버스를 이용해 온 소비자

소비자들이 그동안 백화점 등의 셔틀버스를 이용할 수 있었던 것은 백화점 등의 경영자가 셔틀버스를 운행함으로써 누린 반사적인 이익에 불과한 것이므로 청구인적격이 인정될 수 없으므로 이들의 심판청구는 부적법하다(헌재 2001.6.28. 2001헌마132).

11. 정당으로 하여금 후보자의 추천을 취소 또는 변경할 수 없도록 규정한 공직선거법 제50조 제1항에 대해 단순한 정당원 또는 국민 개인의 지위에 있는 자

정당으로 하여금 후보자 등록 후에는 등록된 후보자에 대한 추천을 취소 또는 변경할 수 없도록 규정하고 있는 법률조항은 정당원이나 국민 개인이 정당을 지지하고 정당을 통해 의사를 표현할 권리 자체를 제한하지는 않고 있으므로, 단순히 정당원 또는 국민 개인의 지위에서 제기한 심판청구는 자기관련성이 없어 부적법하다(헌재 2007.10.9. 2007헌마1032).

12. 배아를 임신목적뿐만 아니라 연구목적으로 이용할 수 있도록 허용하는 법률이 시행된 경우 산부인과 의사

법학자, 윤리학자, 철학자, 의사 등의 직업인으로 이루어진 청구인들의 청구는 청구인들이 이 사건 심판대상조항으로 인해 불편을 겪는다고 하더라도 사실적·간접적 불이익에 불과한 것이고, 청구인들에 대한 기본권 침해의 가능성 및 자기관련성을 인정하기 어렵다(헌재 2010.5.27. 2005헌마346).

13. 간행물 판매가격의 10%까지 소비자에게 이익 제공하도록 한 규정에 대해 출판업자

이 사건 심판대상규칙의 직접적인 수범자는 간행물 판매업자이고, 출판사를 경영하는 출판업자는 이 사건 심판대상의 직접적인 수범자라고 볼 수 없다. 설사 간행물 판매업자들의 과도한 할인에 따른 이윤폭의 감소로 발생한 손해가 출판사에 전가되어 출판업자가 출판업을 영위할 수 없게 되는 중대한 손실을 입게 된다고 하더라도 이는 간접적·사실적·경제적인 이해관계에 불과하므로 출판업자들의 청구 부분은 기본권 침해의 자기관련성이 결여되었다(헌재 2011.4.28. 2010헌마602).

14. **해당 시험의 합격자 발표일부터 1년 내에 변호사시험법에 대해 기존 변호사시험 합격자의 청구가 기본권 침해의 자기관련성요건을 갖추었는지 여부(소극)**

성적공개조항은 변호사시험법이 개정된 2017.12.12. 이후에 실시하는 변호사시험에 응시한 사람에게 적용되고, 특례조항은 그 이전에 실시된 변호사시험에 합격한 사람에게 적용된다. 청구인은 2015년 실시된 제4회 변호사시험에 합격하였으므로, 성적공개조항의 수범자가 아닌 제3자에 불과하다. 따라서 성적공개조항에 대한 심판청구는 기본권 침해의 자기관련성을 인정할 수 없어 부적법하다(헌재 2019.7.25. 2017헌마1329).

15. **이라크파병결정에 대해 헌법소원을 청구한 일반국민**

청구인들은 시민단체나 정당의 간부 및 일반국민들로서 이 사건 파견결정으로 인해 파견될 당사자가 아님은 청구인들 스스로 인정하는 바와 같다. 그렇다면, 청구인들은 이 사건 파견결정에 관하여 일반국민의 지위에서 사실상의 또는 간접적인 이해관계를 가진다고 할 수는 있으나, 이 사건 파견결정으로 인하여 청구인들이 주장하는 바와 같은 인간의 존엄과 가치, 행복추구권 등 헌법상 보장된 청구인들 자신의 기본권을 현재 그리고 직접적으로 침해받는다고는 할 수 없다(헌재 2003.12.18. 2003헌마255 등).

16. **신문의 애독자**

특수주간신문은 정치기사보도를 할 수 없도록 정기간행물의 등록 등에 관한 법률 제2조, 제6조는 규정하고 있는데 특수주간신문(한산신문)의 애독자가 동 규정에 의해 기본권을 침해받았다고 헌법소원을 청구한 사건에서, 헌법재판소는 공권력의 작용에 의해 간접적·사실적 이해관계에 있는 애독자의 심판청구는 자기관련성이 없다고 하여 각하하였다(헌재 1997.10.30. 95헌마124).

17. **신문사기자, 신문사대표이사**

신문사의 대표이사인 청구인이 심판대상으로 청구한 신문 등의 자유와 기능보장에 관한 법률(이하 '신문법'이라 한다) 제16조, 제17조, 제33조, 제34조 제2항, 제37조 제5항은 '정기간행물사업자'를 그 규율대상으로 하고 있는바, 회사와 그 대표자 개인을 엄격히 구별하고 있는 우리 법제상 동 청구인은 이들 조항에 대하여 **자기관련성이 인정되지 않는다.** 신문법은 정기간행물사업자, 즉 일간신문을 경영하는 법인으로서의 신문사를 규율대상으로 하고 있고, 언론중재 및 피해구제 등에 관한 법률도 언론사와 언론보도로 인한 피해자 사이의 분쟁을 해결하고자 규율하는 법률로서, 그 규율의 대상이 되는 주체는 언론사에 소속되어 있는 기자가 아니라 언론사 자체이다. 따라서 신문사의 **기자**인 청구인들은 심판대상조항에 대하여 **자기관련성이 인정되지 않는다.** 신문법 제3조 제2항·제3항 등 이 사건 심판대상조항은 정기간행물사업자인 신문사를 그 규율대상으로 하므로 신문사업자인 청구인들은 기본권 침해의 자기관련성이 있다(헌재 2006.6.29. 2005헌마165 등).

18. **식품접객업소에서 배달 등의 경우에 합성수지 재질의 도시락 용기의 사용을 금지하는 조항**의 그 직접적인 수범자는 식품접객업주이므로 청구인들 중 합성수지 도시락 용기의 생산업자들은 원칙적으로 제3자에 불과하며, 또한 합성수지 도시락 용기의 사용 제한으로 인하여 입게 되는 영업매출의 감소 위험은 직접적, 법률적인 이해관계로 보기는 어렵고 간접적, 사실적 혹은 경제적인 이해관계라고 볼 것이므로 자기관련성을 인정하기 어렵다(헌재 2007.2.22. 2003헌마428 등).

19. **검사가 정당의 당원에게 검사실로 출석할 것을 요구한 행위에 대하여 정당의 자기관련성**

이 사건 출석요구행위는 청구인 통합진보당의 당원인 청구인들의 대리투표행위가 범죄인지를 판단하기 위한 것이지, 청구인 통합진보당의 정당활동을 방해하고자 하는 목적에서 이루어진 것이 아니고, 당내 경선과정의 부정이 있었다고 하더라도 정당은 법적인 책임이 아닌 정치적인 책임만을 부담할 뿐이다. 따라서 청구인 통합진보당은 이 사건 출석요구행위와 단지 간접적, 사실적 이해관계만이 있을 뿐이므로, 자기관련성이 인정되지 않는다(헌재 2014.8.28. 2012헌마776).

20. 무면허 의료행위 소비자

심판대상조항은 **무면허 의료행위를 금지하고 처벌하는 것**이므로 그 직접적인 수범자는 무면허 의료행위자이고, 의료소비자에 불과한 청구인 민○기는 무면허 의료행위의 금지·처벌과 직접적인 법률관계를 갖지 않아 심판대상조항의 직접적인 수범자가 아닌 제3자에 불과하다. 심판대상조항이 의료소비자인 청구인 민○기에게 미치는 영향은 그 직접성이나 정도에 있어서 단지 간접적·사실적인 이해관계로만 관련될 뿐이다. 따라서 청구인 민○기는 심판대상조항에 대하여 자기관련성이 인정되지 아니한다(헌재 2014.8.28. 2013헌마359).

21. **정당이 공직선거 후보자를 추천하기 위하여 당내경선을 실시할 수 있다고 규정한 공직선거법 제57조의2 제1항이 당내경선에 참여하고자 하는 청구인의 공무담임권과 평등권을 침해할 가능성이 있는지 여부(소극)**

청구인이 정당의 내부경선에 참여할 권리는 헌법이 보장하는 공무담임권의 내용에 포함된다고 보기 어렵고, 청구인의 소속 정당이 당내경선을 실시하지 않는다고 하여 청구인이 공직선거의 후보로 출마할 수 없는 것이 아니므로, 심판대상조항으로 인하여 청구인의 공무담임권이 침해될 여지는 없다. 당내경선 실시 여부를 정당 스스로 정할 수 있도록 하였다는 사정만으로 기성 정치인과 정치 신인을 차별하는 것으로 볼 수 없으므로, 심판대상조항으로 말미암아 청구인의 평등권이 침해될 가능성이 있다고 보기도 어렵다(헌재 2014.11.27. 2013헌마814).

22. **담배의 제조 및 판매에 관하여 규율하고 있는 구 담배사업법에 대하여 간접흡연자와 의료인의 자기관련성 인정 여부(소극)**

청구인 김○정, 전○영은 이 사건 심판청구 당시 임산부였던 자로서 간접흡연으로 인하여 자신들의 기본권이 침해되었다고 주장하나, 간접흡연으로 인한 폐해는 담배의 제조 및 판매와는 간접적이고 사실적인 이해관계를 형성할 뿐, 직접적 혹은 법적인 이해관계를 형성하지는 못한다. 또한, 청구인 박○갑, 명○권은 의료인으로서 담배로 인한 질병을 치료하면서 그 폐해의 심각성을 인지하게 되었다고만 할 뿐 구체적인 기본권 침해 주장은 하지 않고 있고, 담배의 제조 및 판매가 허용되어 흡연이 가능하게 되었다는 것만으로 위 청구인들에게 어떠한 기본권 침해가 있다고 보기도 어렵다. 따라서 청구인 김○정, 전○영, 박○갑, 명○권의 심판청구는 기본권 침해의 자기관련성을 인정할 수 없다(헌재 2015.4.30. 2012헌마38).

23. **LPG를 연료로 사용할 수 있는 자동차 또는 그 사용자의 범위를 제한하고 있는 '액화석유가스의 안전관리 및 사업법 시행규칙' 제40조는 LPG를 연료로 사용할 수 있는 자동차 또는 그 사용자를 제한하는** 규정인바, 자동차 개조사업체의 직원들, 운영자들 내지 LPG 충전소의 사업자들인 청구인들은 이 사건 시행규칙조항의 적용을 받지 아니하며, 단지 간접적, 사실적, 경제적 이해관계만을 가질 뿐이므로 자기관련성이 인정되지 않는다(헌재 2017.12.28. 2015헌마997).

24. 교사

'2018학년도 대학수학능력시험 시행기본계획' 중 **대학수학능력시험의 문항 수 기준 70%**를 한국교육방송공사 교재와 연계하여 출제한다는 부분은 고등학교 교사들은 고등학교 교육과정의 내용과 수준에 맞는 교육을 실시하면 되고, 이 사건 계획에 따라 그 이상의 교육 또는 고등학교 교육과정에 포함되지 않는 다른 내용의 교육을 실시하여야 하는 의무를 부담하게 되는 것이 아니다. 고등학교 교사들이 이 사건 계획에 따라 EBS 교재를 참고하여 하는 부담을 질 수는 있지만, 이는 사실상의 부담에 불과할 뿐 EBS 교재를 참고하여야 하는 법적 의무를 부담하는 것도 아니다. 따라서 심판대상계획은 고등학교 교사인 청구인들에 대해 기본권 침해가능성이 인정되지 않는다(헌재 2018.2.22. 2017헌마691).

25. **학점인정 등에 관한 법률 제3조에 따라 교육부장관으로부터 평가인정을 받은 학습과정을 설치·운영하는 교육훈련기관에서 학습과정을 이수하고 있는 사람들이 대학으로 오인(誤認)할 수 있는 대학, 학부, 학과, 정시, 수시 등의 명칭 사용을 금지하는 평가인정 학습과정 운영에 관한 규정이 기본권 침해의 자기관련성이 있는지 여부(소극)**

이 사건 운영규정 부분은 청구인 운영자들과 같은 교육훈련기관을 직접적인 수범자로 하고 있을 뿐이고, 학습자가 자유롭게 학습과정을 선택하고 교육을 받을 기회를 제한하지는 아니한다. 이 사건 운영규정 부분으로 인해 청구인 학습자들이 입는 불이익은 간접적, 사실적 이해관계에 불과하다고 보는 것이 타당하다. 결국 교육훈련기관에서 학습과정을 이수하고 있는 사람들에 대하여 사건 운영규정 부분은 기본권 침해의 자기관련성이 인정되지 아니한다(헌재 2019.11.28. 2016헌마40).

26. 성년자녀를 둔 부모

2018학년도 대학수학능력시험 시행기본계획 중 대학수학능력시험의 문항 수 기준 70%를 한국교육방송공사 교재와 연계하여 출제한다는 부분은 부모는 아직 성숙하지 못하고 인격을 닦고 있는 미성년 자녀를 교육시킬 교육권을 가지지만, 자녀가 성년에 이르면 자녀 스스로 자신의 기본권 침해를 다툴 수 있으므로 이와 별도로 부모에게 자녀교육권 침해를 다툴 수 있도록 허용할 필요가 없다. 이처럼 심판대상계획이 성년의 자녀를 둔 부모의 자녀교육권을 제한한다고 볼 수 없으므로, 성년의 자녀를 둔 청구인에 대해서는 기본권 침해가능성이 인정되지 않는다(헌재 2018.2.22. 2017헌마691).

27. 2021학년도 대학입학전형기본사항 중 재외국민 특별전형 지원자격 가운데 학생의 부모의 해외체류요건 부분으로 인한 학부모의 기본권 침해의 자기관련성 인정 여부(소극)

이 사건 전형사항으로 인해 재외국민 특별전형 지원을 제한받는 사람은 각 대학의 2021학년도 재외국민 특별전형 지원(예정)자이다. 학부모인 청구인의 부담은 간접적인 사실상의 불이익에 해당하므로, 이 사건 전형사항으로 인한 기본권 침해의 자기관련성이 인정되지 않는다(헌재 2020.3.26. 2019헌마212).

28. 인터넷언론사가 공직선거법 제82조의6 제1항에 따른 실명확인조치 및 실명인증받은 정보 등에 대한 실명인증표시조치를 하지 않은 경우 그에 대한 **과태료 부과의 근거가 되는 공직선거법** 제261조 제3항 제4호 및 공직선거법 제261조 제6항 제3호에 대한 **인터넷언론사 게시판 등 이용자인 청구인**에게 직접 적용되지 않는다. 설령 인터넷언론사에 대한 과태료 부과로 인하여 청구인 추○○과 같은 게시판 등 이용자가 불편을 겪는다고 하더라도 이는 간접적이고 사실적인 불이익에 불과하므로, 청구인 추○○의 이부분 심판청구는 기본권 침해의 자기관련성을 인정할 수 없다(헌재 2021.1.28. 2018헌마456 등).

🔨 판례 | 단체

1. 단체는 소속 구성원의 기본권 침해를 이유로 헌법소원을 제기할 수 없으며 단체 자신의 기본권 침해를 이유로 할 때에만 헌법소원을 제기할 수 있다(헌재 1995.7.21. 92헌마177 등). 따라서 **영화인협회, 중개인협회, 신문편집인협회, 수렵인협회, 한국급식협회**는 자기관련성이 인정되지 않는다.

2. 공무원 개인의 기본권을 제한하는 법령에 의하여 간접적·부수적으로 공무원 단체의 활동이 제한될 때 **전국공무원노동조합 선거관리위원회 본부**의 자기관련성은 인정되지 아니한다(헌재 2012.3.29. 2010헌마97).

3. 소속 공무원이 지급받은 **성과상여금**을 다시 배분하는 행위를 하는 등 거짓이나 부정한 방법으로 성과상여금을 받은 때에는 그 지급받은 성과상여금을 환수하고 1년의 범위에서 성과상여금을 지급하지 아니하도록 한 '지방공무원 수당 등에 관한 규정'에 대한 전국광역시도공무원노동조합연맹의 헌법소원심판청구는 기본권 침해의 자기관련성요건을 갖추었다고 할 수 없다(헌재 2016.11.24. 2015헌마119 등).

4. 심판대상조항은 언론인 등 자연인을 수범자로 하고 있을 뿐이어서 **한국기자협회**는 심판대상조항으로 인하여 자신의 기본권을 직접 침해당할 가능성이 없다. 한국기자협회가 그 구성원인 기자들을 대신하여 헌법소원을 청구할 수도 없다. 따라서 위 청구인의 심판청구는 기본권 침해의 자기관련성을 인정할 수 없어 부적법하다(헌재 2016.7.28. 2015헌마236 등).

5. 엽총을 소지하는 자로 하여금 수렵기간을 제외하고는 이를 관할 경찰서에 보관하도록 한 총포·도검·화약류 등 단속법의 규율대상은 자연인인 개인이고, 청구인 전국수렵인총연합회는 그 규율대상이 아니므로, 청구인 **전국수렵인총연합회**의 심판청구는 자기관련성을 인정할 수 없다(헌재 2010.9.30. 2008헌마586).

6. 세무사 자격 보유 변호사로 하여금 세무조정업무를 할 수 없도록 규정한 법인세법에 대하여 법무법인인 청구인의 기본권 침해의 자기관련성을 인정할 수 없다(헌재 2018.4.26. 2016헌마116).

7. 한국감정평가협회의 회원인 감정평가사

한국감정평가협회의 회원인 감정평가사들은 국토부장관의 위탁업무 수행기관으로 한국감정평가협회 외에 한국감정원을 추가로 지정하는 내용의 국토해양부 고시에 대해 헌법소원청구의 자기관련성이 인정되지 않는다(헌재 2013.10.24. 2011헌마871).

⚖ 판례 | 수혜적 법률

1. 비교집단에게 혜택을 부여하는 법률과 자기관련성

평등권의 침해를 주장하는 헌법소원사건에서는 비교집단에게 혜택을 부여하는 법규정이 위헌이라고 선고되어 그러한 혜택이 제거된다면 비교집단과의 관계에서 청구인들의 법적 지위가 상대적으로 향상된다고 볼 여지가 있는 때에는 청구인들이 그 법규정의 직접적인 적용을 받는 자가 아니라고 할지라도 그들의 자기관련성을 인정할 수 있다(헌재 2001.11.29. 2000헌마84).

2. 수혜적 법률의 적용범위에서 제외된 자의 자기관련성

국민의 기본권을 제한하고 부담을 부과하는 소위 '침해적 법률'의 경우에는 규범의 수범자가 당사자로서 자신의 기본권 침해를 주장하게 되지만, '수혜적 법률'의 경우에는 반대로 수혜범위에서 제외된 자가 그 법률에 의하여 평등권이 침해되었다고 주장하는 당사자에 해당되고, 당해 법률에 대한 위헌 또는 헌법불합치결정에 따라 수혜집단과의 관계에서 평등권 침해상태가 회복될 가능성이 있다면 기본권 침해성이 인정된다(헌재 2002.12.18. 2001헌마546).

3. 법적 지위가 향상될 수 있는 자

일반적으로 침해적 법령에 있어서는 법령의 수규자가 당사자로서 자신의 기본권 침해를 주장하게 되지만, 예술·체육 분야 특기자들에게 병역 혜택을 주는 이 사건 법령조항과 같은 수혜적 법령의 경우에는, 수혜범위에서 제외된 자가 자신이 평등원칙에 반하여 수혜대상에서 제외되었다는 주장을 하거나, 비교집단에게 혜택을 부여하는 법령이 위헌이라고 선고되어 그러한 혜택이 제거된다면 비교집단과의 관계에서 청구인의 **법적 지위가 상대적으로 향상된다고 볼 여지가 있는 때에** 비로소 청구인이 그 법령의 직접적인 적용을 받는 자가 아니라고 할지라도 자기관련성을 인정할 수 있다(헌재 2010.4.29. 2009헌마340).

4. 수혜적 법률의 적용범위에서 제외된 자의 자기관련성인 인정된 경우

① **경력공무원에게 자격을 부여하는 법률에 대해 일반수험생**: 일정한 경력을 갖춘 세무직공무원 등에 대하여 세무사 자격시험 중 일부를 면제하는 세무사법 제5조의2 제1항 등과 일반응시자 제2차시험은 제1차 시험에 합격한 자 또는 제1차시험이 면제된 자만이 응시할 수 있으므로 위 법률조항 중 제1차시험을 면제하는 부분이 위헌으로 결정되어 일정 경력공무원에 대한 제1차시험 면제혜택이 제거되면 그만큼 제2차시험 응시자의 수가 감소하여 제2차시험의 경쟁률이 감소하게 된다. 시험면제혜택이 제거되면 일반응시자가 받는 위와 같은 불이익이 제거됨으로써 상대적으로 경쟁관계에 있는 일반응시자의 합격가능성이 높아질 수 있으므로 일반응시자인 청구인들의 법적 지위가 상대적으로 향상된다고 볼 여지가 있다. 그렇다면 청구인들은 위 법률조항에 대하여 기본권 침해의 자기관련성을 갖는다(헌재 2008.12.26. 2007헌마1149).

② **변호사로서 변리사 등록을 한 자에게 변리사 자격을 부여하는 변리사법에 대해 변리사시험을 통해 변리사가 되고자 하는 자**: 변리사법 제3조 제1항은 신규 변리사의 수요를 충당하는 두 개의 공급원으로, '변리사시험에 합격한 자'와 '변호사법에 의하여 변호사의 자격을 가진 자로서 변리사등록을 한 자'를 규정하고 있으므로 이 두 개의 공급원은 어떤 형태와 정도에 의해서든 개념상 서로 상관관계를 가질 수밖에 없다. 그러므로 변호사에 의한 신규 변리사의 충원이 중단된다면 제2차시험의 최소합격인원을 늘이는 등의 방법으로 시험합격자에 의한 충원의 기회는 개념상 늘어날 수밖에 없어 변리사 제2차시험에 응시한 청구인들의 법적 지위가 상대적으로 향상된다고 볼 여지가 있으므로, 청구인들은 위 조항에 대하여 자기관련성을 가진다(헌재 2010.2.25. 2007헌마956).

③ **법원 경력공무원에 법무사 자격을 부여한 법무사법에 대해 법무사시험 응시자**: 법무사법 제4조 제1항은 신규 법무사의 수요를 충당하는 경력공무원과 시험 합격자라고 하는 두 개의 공급원을 규정하고 있으므로 이 두 개의 공급원은 어떤 형태와 어떤 정도에 의해서든 개념상 서로 상관관계를 가질 수밖에 없다. 따라서 경력공무원에 의한 신규 법무사의 충원이 중단된다면 시험 합격자에 의한 충원의 기회는 개념상 늘어날 수밖에 없어서 청구인들의 법적 지위가 상대적으로 향상된다고 볼 여지가 있으므로, 법무사시험을 준비 중인 청구인들은 법무사법 제4조 제1항 제1호의 위헌 여부에 대하여 자기관련성을 갖는다(헌재 2001.11.29. 2000헌마84).

④ **연합뉴스를 기간 뉴스통신사로 한 뉴스통신 진흥에 관한 법률에 대해 그 혜택의 범위에서 제외된 청구인 회사**: '뉴스통신 진흥에 관한 법률'은 청구인 회사(뉴스통신사)와 서로 경업관계에 있는 연합뉴스사를 국가기간 뉴스통신사로 지정하고 재정지원 등 혜택을 부여함을 그 내용으로 하므로 그 혜택의 범위에서 제외된 청구인 회사의 경우 자기관련성이 인정된다(헌재 2005.6.30. 2003헌마841).

⑤ **국가의 국립대학에 대한 재정지원행위에 대하여 그 공권력 행사의 상대방이 아닌 사립대학**: 국가의 국립대학에 대한 재정지원행위는 당해 국립대학을 수급자로 하여 행해지는 것이지 사립대학에 대한 것이 아니지만, 이와 같이 혜택을 주는 법규정 또는 공권력 행사의 경우에는 수혜범위에서 제외된 청구인이 국가가 다른 집단에게 부여한 혜택으로부터 자신이 속한 집단을 평등원칙에 위배되게 배제하였다는 주장을 하여 헌법재판소가 심판대상의 평등권 위반을 확인한다면 그 결과로 혜택규정에 의하여 배제되었던 혜택에 참여할 가능성이 있는 경우에는 청구인의 자기관련성을 인정할 수 있다(헌재 2003.6.26. 2002헌마312).

5. **수혜적 법률의 적용범위에서 제외된 자의 자기관련성이 부정된 경우**

① **예술·체육특기자에 대한 병역혜택 부여에 대해 공익근무요원으로 근무한 자**: 이 사건 법령조항이 위헌이라고 선고되어 예술·체육 분야 특기자들에 대한 병역혜택이 제거되더라도, 현재 공익근무요원으로 소집되어 병역의무를 수행 중인 청구인의 직업선택이나 그 수행 또는 병역의무의 기간이나 정도 등에 영향을 미침으로써 청구인의 법적 지위가 상대적으로 향상된다고 보기도 어려우므로 기본권 침해의 자기관련성이 인정되지 아니한다(헌재 2010.4.29. 2009헌마340).

② **종교인소득 중 일부에 대하여 소득세를 비과세하고, 종교인소득과 관련하여 세무 공무원의 질문·조사권의 범위를 제한하거나 질문·조사 전 수정신고를 안내하도록 규정한 소득세법 및 소득세법 시행령조항에 관하여 일반국민인 청구인들의 자기관련성이 인정되는지 여부(소극)**: 일반국민인 청구인들은 종교인에 대한 수혜적 규정인 소득세법에 대하여 자신들도 종교인과 같이 동일한 혜택을 받아야 함에도 평등원칙에 반하여 수혜대상에서 제외되었다는 주장을 하고 있지 않고, 심판대상조항이 종교인에 대하여 부당한 혜택을 주고 있다고 주장할 뿐이다. 또한 종교인들에 대한 위와 같은 혜택이 제거되더라도, 이것이 일반국민인 청구인들의 납세의무나 세무조사과정에서 공무원의 질문·조사를 받을 의무의 내용에 영향을 미침으로써 위 청구인들의 법적 지위가 향상될 여지가 있다고 보기 어렵다. 따라서 일반국민인 청구인들은 심판대상조항에 관한 자기관련성이 인정되지 않는다(헌재 2020.7.16. 2018헌마319).

⚖ 판례 | 자기관련성을 인정한 사례

1. **공정거래위원회의 고발권 불행사로 인한 피해자**

청구 외 회사의 불공정거래행위라는 범죄로 인하여 법률상 불이익을 받은 피해자는 공정거래위원회의 고발권 불행사로 인한 피해자에 해당되므로 헌법소원의 청구자격이 있다(헌재 1995.7.21. 94헌마136).

2. **지구당 부위원장**

지구당 플랭카드훼손에 대해 지구당 부위원장은 고발인일지라도 지구당 부위원장은 정당활동의 중요한 임무를 담당하고 있는 자이므로 청구인은 비록 보호법익의 주체는 아니나, 행위의 상대방 또는 플랭카드의 관리자로서 피해자에 해당하므로 청구인 자격이 있다. 또한 검찰의 불기소처분에 대한 재정신청과 검찰항고는 법률상 선택적 제도이므로, 검찰항고를 거치고 재정신청을 거치지 아니하였더라도 다른 법률에 의한 절차를 모두 거친 것으로 해석하여야 한다(헌재 1993.7.29. 92헌마262).

3. 문중재산에 대한 사기죄 관련 문중의 구성원

사기죄의 대상이 된 이 건 임야는 광산 김씨 충장공파 문중의 소유로서 피해자는 위 문중이라 하겠으나 청구인은 위 문중의 구성원이며 문중의 법적 지위는 법인격 없는 사단이고 민법은 법인이 아닌 사단의 재산은 그 구성원의 총유로 한다(민법 제275조 제1항)고 규정하여 총유를 공동소유의 한 형태로 보고 있으므로 청구인은 위 임야의 총유자로서 이 건 사기죄에 대하여 피해자가 될 수 있고 따라서 청구인의 이 건 헌법소원심판청구는 적법하다(헌재 1994.12.29. 94헌마82).

⚖ 판례 | 자기관련성을 부인한 사례

1. 고발인

고발인이 검사의 불기소처분에 대하여 자기의 기본권의 침해가 있었음을 전제로 자기관련성을 내세워 헌법소원심판청구를 하는 것은 허용할 수 없다(헌재 1989.12.22. 89헌마145).

2. 세무대학교 폐지 법률헌법소원에서 고등학교 학생

세무대학교 재학생·휴학생은 자기관련성이 인정되나, 고등학교 학생들의 경우 세무대학 진학을 목표로 공부를 해 왔다는 사실만으로는 아직 세무대학에서 학업할 수 있는 자격을 확정적으로 부여받았다고 볼 수 없다. 따라서 세무대학 진학을 목표로 공부해 온 고등학생들의 경우 청구인적격(자기관련성)이 인정될 수 없으므로 이들의 심판청구는 부적법하다고 할 것이다(헌재 2001.2.22. 99헌마613).

3. 고등검사장

고등검사장이 장차 검찰총장에 임명될 가능성이 있다는 사정만으로는 검찰총장이었던 자의 기본권을 제한하고 있는 법률조항(검찰청법 제12조 제4항, 검찰총장은 퇴직일로부터 2년 이내에 공직에 임명될 수 없다. 제5조, 검찰총장은 퇴직일로부터 2년 이내에 정당의 발기인이 되거나 당원이 될 수 없다)이 고등검사장의 직위에 있는 청구인들의 기본권을 직접 그리고 현재 침해하고 있다고 볼 수 없다(헌재 1997.7.16. 97헌마26).

4. 어업 관련 업무에 종사하지 않은 자

대한민국과 일본국 간의 어업협정비준에 대한 헌법소원청구에서 어업 관련 업무 종사자는 자기관련성이 인정되나 어업 관련 업무에 종사하는 않는 자는 자기관련성이 인정되지 않는다(헌재 2001.3.21. 99헌마139 등).

5. 국회의장을 선출하지 않는 등 국회의 원구성에 대한 국민

헌법재판소법 제68조 제1항의 규정에 의하면, 헌법소원은 공권력의 행사 또는 불행사로 인하여 헌법상 보장된 기본권을 침해받은 자만이 청구할 수 있는 제도인바, 이 사건의 경우 피청구인들이 위와 같이 국회법에 규정된 시한 내에 의장과 부의장을 선출하지 않는 등 국회의 원구성을 하지 않은 것만으로는 청구인들이 주장하는 바와 같이 행복추구권 등 헌법상 보장된 청구인들의 기본권이 침해받을 여지가 없다고 할 것이므로 청구인들로서는 헌법소원심판을 청구할 수 없는 것이다(헌재 1996.11.28. 96헌마207).

6. 전두환, 노태우 전 대통령에 대한 특별사면에 있어 일반국민

대통령의 특별사면에 관하여 일반국민의 지위에서 사실상의 또는 간접적인 이해관계를 가진다고 할 수는 있으나, 대통령의 청구 외인들에게 대한 특별사면으로 인하여 청구인들 자신의 법적이익 또는 권리를 직접적으로 침해당한 피해자라고 볼 수 없으므로 이 사건 심판청구는 자기관련성, 직접성이 결여되어 부적법하다(헌재 1998.9.30. 97헌마404).

7. 연명치료 입법부작위에 대해 연명치료 중인 환자의 자녀

정신적 고통이나 경제적 부담은 간접적, 사실적 이해관계에 그친다고 보는 것이 타당하므로, 연명치료 중인 환자의 자녀들이 제기한 이 사건 입법부작위에 관한 헌법소원은 자신 고유의 기본권의 침해에 관련되지 아니하여 부적법하다(헌재 2009.11.26. 2008헌마385).

8. 투표용지의 후보자 게재순위를 국회에서의 다수의석순에 의하여 정하도록 규정한 공직선거법 제150조 제3항 전단 및 공직선거법과 투표용지의 후보자 기호를 위 순위에 따라 '1, 2, 3' 등의 아라비아 숫자로 표시하도록 규정한 공직선거법에 대하여 **정당의 지역위원장**이 청구한 헌법소원심판이 기본권 침해의 자기관련성이 인정되지 않는다(헌재 2020.2.27. 2018헌마454).

9. **제주4·3특별법에 근거한 희생자결정에 대해 경찰이나 군인 유족**

제주4·3특별법에 근거한 희생자결정은 제주4·3사건 진압작전에 참가하였던 군인이나 그 유족들의 명예를 훼손하지 않으므로, 명예권 침해를 주장하는 이들의 헌법소원심판청구는 자기관련성이 없어 부적법하다. 제주4·3특별법은 제주4·3사건의 진상규명과 희생자 명예회복을 통해 인권신장과 민주발전 및 국민화합에 이바지함을 목적으로 제정되었고, 위령사업의 시행과 의료지원금 및 생활지원금의 지급 등 희생자들에 대한 최소한의 시혜적 조치를 부여하는 내용을 가지고 있는바, 그에 근거한 이 사건 희생자결정이 청구인들의 사회적 평가에 부정적 영향을 미쳐 헌법이 보호하고자 하는 명예가 훼손되는 결과가 발생한다고 할 수는 없다. 따라서 이 사건 심판청구는 명예권 등 기본권 침해의 자기관련성을 인정할 수 없어 부적법하다(헌재 2010.11.25. 2009헌마147).

10. **가맹점사업자에게 가맹점운영권을 부여하는 사업자인 가맹본부가 가맹희망자에게 제공하기 위한 정보공개서에 차액가맹금과 관련된 정보 등을 기재하도록 한 '가맹사업거래의 공정화에 관한 법률 시행령'에 대해 가맹본부 또는 가맹사업자에게 물품을 납품하는 업체가 제기한 심판청구가 자기관련성요건을 갖추었는지 여부(소극)**

심판대상조항은 가맹본부를 수범자로 하여, 가맹본부가 가맹점사업자로부터 얻는 차액가맹금에 관한 정보를 가맹희망자에게 제공하여 차액가맹금을 투명하게 하고, 가맹본부와 가맹점사업자가 상생할 수 있도록 가맹사업의 수익구조에 영향을 주고자 함을 목적으로 한다. 납품업체의 경우 심판대상조항의 수범자가 아니어서 직접적으로 그 권리, 의무에 영향이 없고, 다른 업체와의 거래에서 사실상 불리한 경제적 영향을 받을 수 있을 뿐이다. 따라서 심판대상조항에 의하여 발생하는 납품업체 청구인의 불이익은 간접적·경제적·사실적 불이익에 불과하여, 자기관련성이 인정되지 않는다(헌재 2021.10.28. 2019헌마288).

11. **교육감의 추첨배정이 곤란한 학교로서 학교장 전형을 실시하던 학교를 다시 교육감 전형으로 변경하는 경우 여론조사 등의 절차에 관하여 아무런 규정을 두지 아니한 구 초·중등교육법 시행령 제77조 제2항에 대하여 학교의 재학생, 학부모, 졸업생, 지역 주민인 청구인들의 기본권 침해가능성이 인정되는지 여부(소극)**

평준화지역에서 학교장이 신입생을 선발하는 학교로 지정되었다가 그 지정이 해제되면 해당 학교는 원래 평준화지역 내 학교로서 교육감이 신입생을 배정하게 되는 것일 뿐이므로 지정 해제에 있어 평준화지역을 정할 때처럼 여론조사를 거치지 않았다고 하여 청구인들의 법적 지위에 어떠한 변동이 일어난다고 보기는 어렵다. 따라서 청구인들의 이 사건 시행령조항에 대한 심판청구는 기본권 침해의 가능성이 인정되지 않는다(헌재 2021.12.23. 2019헌마1327).

12. **부산광역시 교육감이 2019.9.5. 공고한 '2020학년도 부산광역시교육청 고등학교 입학전형 기본계획' 중 '※ 2021학년도 고입전형부터 ○○고는 평준화 적용 일반고로 변경 예정' 부분에 대하여 청구인들의 기본권 침해가능성 내지 자기관련성이 인정되는지 여부(소극)**

○○고의 입학전형이 학교장 전형에서 교육감 전형으로 변경되었다고 하더라도 부산광역시에 거주하는 학생들은 ○○고를 지원할 수 있고, 이 사건 공고가 재학생이나 졸업생 등의 기본권에 관련되었다거나 청원심사처리나 의견수렴절차에 관한 것도 아니므로, 청구인들의 이 사건 공고에 대한 심판청구는 기본권 침해의 가능성 내지 자기관련성이 인정되지 않는다(헌재 2021.12.23. 2019헌마1327).

13. 청구인들이 용적률을 제한하는 조례에 대한 헌법소원심판을 청구하여 심판계속 중 당해 토지를 신탁회사에 신탁함으로써 그 소유권을 상실한 경우 자기관련성을 부정한 사례

청구인들은 신탁회사에 당해 토지를 신탁함으로써 그 소유권을 상실하여 이 사건 조례의 직접적인 적용을 받지 않게 되었다. 따라서 청구인들은 이 사건 조례에 의한 규율과 관련하여 당해 토지에 대한 신탁계약상 위탁자로서 간접적·사실적·경제적 이해관계만을 갖는다고 할 것이므로 자기관련성이 인정되지 아니한다(헌재 2022.7.21. 2019헌마757).

4. 기본권 침해의 현재성

현재성이란 헌법소원을 제기할 수 있기 위해서는 헌법소원청구인의 기본권이 현재 침해되어 있어야 한다는 것을 의미한다. 과거 한때 기본권이 침해되었다든가 또는 장래에 침해될 가능성이 있다는 것만으로는 현재성이 인정되지 아니한다. 그러나 헌재는 현재성요건을 완화하여 근접한 기본권 침해 또는 기본권 침해가 장래 확실시되는 경우에 현재성을 인정하고 있다.

⚖️ 판례

일반국민을 수범자로 하는 추상적이고 일반적인 성격을 지닌 법률인 '국가보안법 중 개정법률'에 대하여 모든 국민 개개인에게 어느 시점에서나 헌법소원심판을 청구할 수 있게 하는 것은 민중소송을 인정하는 것에 다름 아니어서 우리의 헌법재판제도상 허용될 수 없으므로, 그러한 법률에 대한 헌법소원심판청구가 적법하기 위하여는 청구인에게 당해 법률에 해당하는 사유가 발생함으로써 그 법률이 청구인의 기본권을 명백히 구체적으로 현실 침해하였거나 침해가 확실히 예상되는 경우에 한정된다(헌재 1994.6.30. 91헌마162).

⚖️ 판례 | 현재성이 인정된 사례

1. 서울대학교 신입생선발입학시험요강

서울대학교의 '94학년도 대학입학고사 주요요강'은 사실상의 준비행위 내지 사전안내로서 행정쟁송의 대상이 될 수 있는 행정처분이나 공권력의 행사는 될 수 없지만 그 내용이 국민의 기본권에 직접 영향을 끼치는 내용이고 앞으로 법령의 뒷받침에 의하여 그대로 실시될 것이 틀림없을 것으로 예상되어 그로 인하여 직접적으로 기본권 침해를 받게 되는 사람에게는 사실상의 규범작용으로 인한 위험성이 이미 현실적으로 발생하였다고 보아야 할 것이므로, 이는 헌법소원의 대상이 되는 헌법재판소법 제68조 제1항 소정의 공권력의 행사에 해당된다고 할 것이다(헌재 1992.10.1. 92헌마68 등).

2. 공포 후 시행 이전의 법률

경기도 남양주시 등 33개 도농복합형태의 시설치 등에 관한 법률은 1995.5.1.부터 시행될 예정인데 현재의 시점에서 청구인들이 불이익을 입게 될 수도 있다는 것을 충분히 예측할 수 있으므로 기본권 침해의 현재성이 인정된다(헌재 1995.3.23. 94헌마175).

5. 기본권 침해의 직접성 ★

(1) 직접성의 개념

기본권 침해의 직접성이란 집행행위에 의하지 아니하고 법률 그 자체에 의하여 자유의 제한, 의무의 부과, 권리 또는 법적 지위의 박탈이 생긴 경우를 뜻한다.

> **⚖️ 판례 | 헌법소원심판청구의 적법요건으로 기본권 침해의 직접성을 요구하는 것**
>
> 1. 헌법소원심판의 직접성요건은 다른 권리구제수단에 의해서는 구제되지 않는 기본권 보장을 위한 특별하고도 보충적인 수단이라는 헌법소원의 본질로부터 비롯된 것이므로, 이 사건 조항이 헌법소원심판청구의 적법요건 중 하나로 기본권 침해의 직접성을 요구하는 것이 재판청구권을 침해하는 것은 아니다(헌재 2005. 5.26. 2004헌마671).
>
> 2. 법률 또는 법률조항 자체가 헌법소원의 대상이 될 수 있으려면 그 법률 또는 법률조항에 의하여 구체적인 집행행위를 기다리지 아니하고 직접, 현재, 자기의 기본권을 침해받아야 하는 것을 요건으로 하고, 여기서 말하는 기본권 침해의 직접성이란 집행행위에 의하지 아니하고 법률 그 자체에 의하여 자유의 제한, 의무의 부과, 권리 또는 법적 지위의 박탈이 생긴 경우를 뜻하므로, 구체적인 집행행위를 통하여 비로소 당해 법률 또는 법률조항에 의한 기본권 침해의 법률효과가 발생하는 경우에는 직접성의 요건이 결여된다고 할 것이다(헌재 1992.11.12. 91헌마192).

(2) 직접성요건 사후 치유가능성

청구인은 행정소송을 제기하여 그 소송 계속 중 당해 사건을 담당하는 법원으로부터 위헌제청신청 기각결정까지 받은 만큼, 직접성의 요건을 충족하지 못한 하자는 사후에 치유된 것이라고 주장하나, 헌법재판소법 제68조 제1항에 의한 헌법소원심판청구에 있어서 직접성요건의 불비는 사후에 치유될 수 있는 성질의 것이라 볼 수 없다(헌재 2009.9.24. 2006헌마1298).

(3) 집행행위

① **입법행위는 집행행위에 포함된다**: 여기서 말하는 집행행위에는 입법행위도 포함되므로 법률규정이 그 규정의 구체화를 위하여 하위규범의 시행을 예정하고 있는 경우에는 당해 법률의 직접성은 부인된다.

ㄱ 담배제조업의 허가기준을 대통령령에 위임한다고 규정한 담배사업법은 허가조항은 **담배제조업 허가기준을 대통령령으로** 정하도록 하는 위임규정으로서 하위규범의 시행을 예정하고 있으므로, 기본권 침해의 직접성이 인정되지 아니한다(헌재 2018.2.22. 2017헌마438).

ㄴ **교과용도서의 범위 등을 하위법령에서 정하도록 위임하고 있는 초·중등교육법**: 이 사건 법률조항 및 이 사건 시행령은 교과용도서의 범위 등을 대통령령에 위임하고 있고, 이 사건 규정들은 국정도서가 있을 때에는 학교의 장으로 하여금 국정도서를 우선하여 사용하도록 하되, 국정도서는 교육부장관이 정하여 고시하는 교과목의 교과용도서로 정하고 있다. 이러한 위임의 단계와 내용을 볼 때, 이 사건에서 각 학교에서 중·고등학교에서 역사 및 한국사 과목의 교과용도서로 국정도서를 사용할 의무가 직접적으로 발생하게 된 것은 바로 이 사건 국정화 고시 때문이므로, 이 사건 국정화 고시 이외에 나머지 규정들에 대해서는 기본권 침해의 직접성이 인정되지 아니한다(헌재 2018.3.29. 2015헌마1060 등).

ㄷ **사회복무요원에게 보수 및 직무수행에 필요한 여비 등을 지급하도록 하면서 그 기준 등에 필요한 사항을 대통령령으로 정하도록 한 병역법이 기본권 침해의 직접성이 인정되는지 여부(소극)**: 청구인이 주장하는 기본권 침해는 이 사건 법률조항으로부터 위임받은 시행령조항에 의하여 비로소 발생하므로, 이 사건 법률조항은 기본권 침해의 직접성이 인정되지 않는다(헌재 2019.4.11. 2018헌마920).

② **형벌의 집행·부과는 집행행위에 포함되지 않는다**: 국민에게 일정한 행위의무 또는 행위금지의무를 부과하는 법규정을 정한 후 이를 위반할 경우 제재수단으로서 형벌 또는 행정벌 등을 부과할 것을 정한 경우에, 그 형벌이나 행정벌의 부과를 위 직접성에서 말하는 집행행위라고는 할 수 없다. 국민은 별도의 집행행위를 기다릴 필요 없이 제재의 근거가 되는 법률의 시행 자체로 행위의무 또는 행위금지의무를 직접 부담하는 것이기 때문이다.

    ㉠ 법률이 직접 국민에게 행위의무 또는 금지의무를 부과한 후 그 **위반행위에 대한 제재로서 형벌, 행정벌 등을 부과할 것을 정한 경우**에 국민은 별도의 집행행위를 기다릴 필요 없이 제재의 근거가 되는 법률의 시행 자체로 행위의무 또는 금지의무를 직접 부담하게 되므로, 청구인이 제재를 받은 일이 없다고 할지라도 직접성을 결여하였다고 할 수는 없다(헌재 1996.2.29. 94헌마213).

    ㉡ **형법상 형벌조항의 경우:** 형법상의 법률조항은 엄밀한 의미에서 법률 그 자체에 의하여 국민의 신체의 자유를 제한하는 것이 아니라 넓은 의미의 재량행위의 하나인 형법조항의 적용행위라는 구체적인 집행행위를 통하여 비로소 국민의 기본권이 제한되는 것이지만, 국민에게 그 합헌성이 의심되는 형법조항에 대하여 위반행위를 우선 범하고 그 적용·집행행위인 법원의 판결을 기다려 헌법소원심판을 청구할 것을 요구할 수는 없다. 따라서 이러한 경우에는 예외적으로 집행행위가 재량행위임에도 불구하고 법령에 의한 기본권 침해의 직접성을 인정할 수 있다(헌재 1996. 2.29. 94헌마213).

    ㉢ 특정범죄 가중처벌 등에 관한 법률에 따른 정부관리기업체의 간부직원의 범위에 농협중앙회의 과장대리급 이상의 직원을 포함시킨 구 특정범죄 가중처벌 등에 관한 법률 시행령이 기본권 침해의 직접성요건을 충족하고 있는지 여부(소극): 이 사건 시행령조항은 형벌조항의 구성요건 일부를 규정하고 있는 조항으로서, 검사의 기소와 법원의 재판을 통한 형벌의 부과라는 구체적 집행행위가 예정되어 있으므로, 원칙적으로 기본권 침해의 직접성을 인정할 수 없다. 나아가 집행기관인 검사나 법원이 이 사건 시행령만을 적용하여 기소나 재판을 할 수 없고 형벌조항인 '특정범죄 가중처벌 등에 관한 법률' 제4조, 형법 제129조 등을 함께 적용하여 기소 또는 재판을 하여야 할 것이므로, '법령이 일의적이고 명백한 것이어서 집행기관의 심사와 재량의 여지없이 법령에 따라 집행행위를 하여야 하는 경우'에 해당하지 아니하고, 청구인이 이 사건 시행령조항을 위반하여 기소된 이상 재판과정에서 곧바로 법원에 이 사건 시행령조항의 위헌 여부에 관한 판단을 구할 수 있었을 것이므로, '구제절차가 없거나 있다고 하더라도 권리구제의 기대가능성이 없는 경우'라고 볼 수도 없어, 이 사건 시행령조항은 기본권 침해의 직접성을 인정할 수 있는 예외적인 경우에 해당하지 않는다(헌재 2016.11.24. 2013헌마403).

    ㉣ 벌칙·과태료조항의 전제가 되는 구성요건조항이 별도로 규정되어 있는 경우에, **벌칙·과태료조항에 대하여는** 청구인들이 그 법정형이 체계정당성에 어긋난다거나 과다하다는 등 그 자체가 위헌임을 주장하지 않는 한 직접성을 인정할 수 없다(헌재 2008.9.25. 2007헌마233).

(4) 구체적 집행행위가 존재하는 경우

    구체적 집행행위가 존재한 경우라고 하여 언제나 반드시 법률 자체에 대한 헌법소원심판청구의 적법성이 부정되는 것은 아니다. 즉 집행행위가 존재하는 경우라도 그 집행행위를 대상으로 하는 구제절차가 없거나 구제절차가 있다고 하더라도 권리구제의 기대가능성이 없고, 다만 기본권 침해를 당한 청구인에게 불필요한 우회절차를 강요하는 것 밖에 되지 않는 경우에는 당해 법률을 직접 헌법소원의 대상으로 삼을 수 있다. [헌법재판실무제요]

⚖ **판례 | 법률에 대한 집행행위를 대상으로 하는 구제절차가 없거나 구제절차가 있다고 하더라도 권리구제의 가능성이 없는 경우**

법률에 대한 집행행위가 존재하는 경우에도 그 집행행위를 대상으로 하는 구제절차가 없거나 구제절차가 있다고 하더라도 권리구제의 기대가능성이 없고 다만 기본권 침해를 당한 청구인에게 불필요한 우회절차를 강요하는 것밖에 되지 않는 경우 등으로서 당해 법률에 대한 전제관련성이 확실하다고 인정되는 때에는 당해 법률을 헌법소원의 직접 대상으로 삼을 수 있다(헌재 1992.4.14. 90헌마82).

---

(5) 법령이 집행기관에 재량을 준 경우와 주지 않은 경우

> **⚖ 판례 | 법령에서 재량을 준 경우: 법령의 직접성요건이 충족되지 않는다.**
>
> 1. 검사는 일정한 성폭력범죄자에 대하여 **전자장치 부착명령**을 청구하고, 법원은 위 청구가 이유 있다고 인정하는 때에 판결로 부착명령을 선고할 수 있다고 규정한 '특정 범죄자에 대한 보호관찰 및 전자장치 부착 등에 관한 법률'은 기본권 침해의 직접성요건을 갖추지 못하여 부적법하다(헌재 2017.9.28. 2016헌마964).
>
> 2. **가석방의 요건을 규정한 형법 제72조 제1항**
>   형법 제72조 제1항은 동 규정에 따른 요건이 갖추어지면 법률상 당연히 가석방을 하도록 정하고 있는 것이 아니고, 수형자의 연령 등 여러 가지의 사정을 참작하여 **재량적인 행정처분으로써** 가석방을 할 수 있도록 하는 가석방제도의 원칙을 정하고 있는 규정에 불과하여, 동 규정이 그 자체로서 가석방이라는 구체적인 행정처분을 기다리지 않고 직접 수형인인 청구인의 기본권을 침해하고 있다고는 볼 수 없으므로 **기본권 침해의 직접관련성이 결여되었다고 할 것이다**(헌재 1995.3.23. 93헌마12).
>
> 3. 어떤 장소를 **금연구역으로 지정할 것인지 여부는 지방자치단체의 재량**에 맡겨져 있으므로 기본권 침해의 효과는 지방자치단체가 조례를 통하여 금연구역을 지정할 때 비로소 발생한다. 따라서 지정조항에 대한 심판청구는 기본권 침해의 직접성요건을 갖추지 못하여 부적법하다(헌재 2014.9.25. 2013헌마411 등).
>
> 4. **도서관의 관장 등이 승인 또는 허가하면 도서 대출 및 열람실 이용이 가능하도록 한 도서관규정**
>   위 규정은 대학구성원이 아닌 사람에 대하여 도서 대출이나 열람실 이용을 확정적으로 제한하는 것이 아니고, 도서관장 등의 승인거부 회신에 따라 비로소 도서관 이용이 제한되는 것이다. 따라서 위 규정은 기본권 침해의 직접성이 인정되지 아니하므로 이에 대한 헌법소원심판청구는 부적법하다(헌재 2016.11.24. 2014헌마977).
>
> 5. 자가용자동차를 사용하는 자가 유상운송허가를 받지 아니하고 자가용자동차를 유상으로 운송에 사용하는 경우 특별자치시장·특별자치도지사·시장·군수 또는 구청은 6개월 이내의 기간을 정하여 그 자동차의 사용을 **제한하거나 금지할 수 있도록 한** 도로교통법에 대한 헌법소원청구는 기본권 침해의 직접성을 갖추지 못하여 부적법하다. 특별자치시장 등 집행기관의 자동차의 사용 제한 또는 금지처분이라는 구체적 집행행위를 예정하고 있다. 이와 같은 자가용자동차의 사용 제한 내지 금지처분은 관할 행정기관에 재량이 주어지는 재량행위로서 특별자치시장 등의 위 재량권 행사에 의하여 자가용자동차를 유상으로 운송에 사용하는 자의 자가용자동차 사용 제한 또는 금지라는 불이익이 비로소 현실화되는 것이므로, 위 법률조항 그 자체에 의하여 기본권 침해가 직접 발생한다고 볼 수 없다. 따라서 이 사건 자동차 사용 제한조항에 대한 심판청구는 기본권 침해의 직접성을 갖추지 못하여 부적법하다(헌재 2020.4.23. 2017헌마479).
>
> 6. **여행금지국가에 대해 외교부장관이 예외적 여권사용 등을 허가할 수 있는 사유**를 규정하고 있는 여권법 시행령에 대한 심판청구가 기본권 침해의 직접성을 갖추지 못하여 부적법하다. 청구인이 주장하는 기본권 침해는 외교부장관이 이 사건 시행령조항에 따른 거부처분을 하였을 때 비로소 발생하고 예외적으로 직접성이 인정되는 경우에도 해당되지 않으므로, 이 사건 시행령조항에 대한 심판청구는 기본권 침해의 직접성을 갖추지 못하여 부적법하다(헌재 2020.2.27. 2016헌마945).
>
> 7. 남한산성 역사문화환경 보존지역 내 건축행위 등에 관한 허용기준을 정하고 있는 '남한산성 등 3개소 국가지정문화재 역사문화환경 보존지역 내 건축행위 등에 관한 허용기준 변경' 별첨자료 1. 중 '건축물의 지붕은 한옥형 건축양식으로 함' 부분에 대하여 기본권 침해의 직접성을 부인한 사례
>   청구인들이 남한산성 역사문화환경 보존지역에서 건축물의 지붕을 한옥형 건축양식 외의 양식으로 하는 건설공사를 행하는 경우라 하더라도, 심판대상조항에 의하여 곧바로 그러한 건설공사가 금지되는 것이 아니라 인허가행정기관이 해당 건설공사에 관한 건축허가신청 등을 불허하거나 문화재청장이 문화재 현상변경 등 허가신청을 불허하는 때에 비로소 청구인들의 구체적인 권리의무에 영향이 미치게 된다. 따라서 심판대상조항이 다른 집행행위의 매개 없이 그 자체로 청구인들의 기본권을 직접 침해한다고 볼 수 없다(헌재 2020.8.28. 2018헌마587).

⚖️ 판례 | 법령에서 집행기관에 재량을 주지 않은 경우: 법령은 직접성요건을 충족한다.

1. **법규범의 내용이 집행행위의 유무나 내용에 의하여 좌우될 수 없을 정도로 국민의 권리관계가 확정된 경우**
   법규범이 집행행위를 예정하고 있더라도 법규범의 내용이 집행행위 이전에 이미 국민의 권리관계를 직접 변동시키거나 국민의 법적 지위를 결정적으로 정하는 것이어서 국민의 권리관계가 집행행위의 유무나 내용에 의하여 좌우될 수 없을 정도로 확정된 상태라면 그 법규범의 권리 침해의 직접성이 인정된다 (헌재 1997.7.16. 97헌마38).

2. **집행행위를 하여야 하는 경우**
   법령에 대한 법규범이 집행행위를 예정하고 있더라도, 법령이 일의적이고 명백한 것이어서 집행기관이 심사와 재량의 여지 없이 그 법령에 따라 일정한 집행행위를 하여야 하는 경우 예외적으로 당해 법령의 직접성을 인정할 수 있다(헌재 2016.11.24. 2013헌마403).

※ 수사기관 등이 전기통신사업자에게 이용자의 성명 등 통신자료의 열람이나 제출을 요청할 수 있도록 한 전기통신사업법 제83조 제3항: 이 사건 법률조항은 수사기관 등의 전기통신사업자에 대한 통신자료 제공요청이라는 행위를 예정하고 있어, 수사기관 등의 통신자료 제공요청만으로는 이용자에 대한 기본권 제한의 효과가 발생하지 아니하며 공권력주체가 아닌 사인인 전기통신사업자가 수사기관 등의 제공요청에 응하여 수사기관 등에게 이용자의 통신자료를 제공한 시점에 비로소 이용자의 기본권이 제한된다. 즉, 이 사건 법률조항으로 인한 기본권 제한이 구체적으로 발생함에 있어서는 공권력 주체가 아닌 사인인 전기통신사업자의 임의적인 통신자료 제공이 필수적인 요건이 된다. 그런데 이 사건 통신자료 취득행위에 대한 직접적인 불복수단이 존재하는지 여부가 불분명하다. 더욱이 이용자는 수사기관 등의 통신자료 제공요청의 직접적인 상대방이 아니어서 다른 절차를 통해 권리구제를 받지 못할 가능성이 크다.
   또한 청구인들은 수사기관 등이 영장 없이 전기통신사업자에게 통신자료 제공요청을 할 수 있도록 하면서 사후통지 절차마저 마련하고 있지 아니한 것의 위헌성을 주장하고 있는데, 이 사건 법률조항은 최소한 영장주의 및 적법절차원칙 위반 등과 관련하여서는 법률 그 자체에 의하여 청구인들의 법적 지위에 영향을 미친다고 볼 수 있다. 따라서 이 사건 법률조항은 기본권 침해의 직접성이 인정된다. 2012.8.23. 헌법재판소가 이와 견해를 달리 하여 수사기관 등의 통신자료 제공요청 및 전기통신사업자의 통신자료 제공의 근거조항이던 구 전기통신사업법(2010.1.1. 법률 제9919호로 개정되고, 2010.3.22. 법률 제10166호로 전부개정되기 전의 것) 제54조 제3항 중 '수사관서의 장으로부터 수사를 위하여 통신자료제공을 요청받은 때'에 관한 부분의 기본권 침해의 직접성을 인정할 수 없다고 판시한 2010헌마439 결정은 이 결정과 저촉되는 범위 안에서 이를 변경한다(헌재 2022.7.21. 2016헌마388).

6. 권리보호의 이익

(1) 권리보호이익의 의의

헌법소원은 권리보호의 이익이 있을 것을 그 청구요건으로 한다. 기본권 침해행위의 종료 등으로 헌법소원의 인용결정이 나오더라도 기본권 구제의 실효성이 없을 경우에는 권리보호이익은 부정된다. 그러나 주관적 권리구제의 실효성이 없더라도 동종행위의 반복위험성, 헌법질서수호유지를 위해 헌법적으로 해명할 필요가 있는 경우 권리보호이익은 인정된다.

구분	항고소송 소의 이익	헌법소원 권리보호이익
주관적 권리구제	○	○
객관적 법질서유지	×	○

판례

권리보호이익 내지 소의 이익은, 국가적·공익적 입장에서는 무익한 소송제도의 이용을 통제하는 원리이고, 당사자의 입장에서는 소송제도를 이용할 정당한 이익 또는 필요성을 말하는 것으로 소송제도에 필연적으로 내재하는 요청이다. 따라서 권리보호이익이라는 헌법소원심판의 적법요건은 헌법재판소법 제40조 제1항에 의하여 준용되는 민사소송법 내지 행정소송법 규정들에 대한 해석상 인정되는 일반적인 소송원리이지 헌법재판소법 제68조 제1항 소정의 '기본권의 침해를 받은'이라는 부분의 해석에서 직접 도출되는 것은 아니다(헌재 2001.9.27. 2001헌마52).

(2) 판단

헌법소원의 본질은 개인의 주관적 권리구제뿐 아니라 객관적인 헌법질서의 보장도 겸하고 있으므로 헌법소원에 있어서의 권리보호이익은 일반법원의 소송사건에서처럼 주관적 기준으로 엄격하게 해석하여서는 안 될 것으로, 헌법소원의 대상이 된 침해행위가 이미 종료하여서 이를 취소할 여지가 없기 때문에 헌법소원이 주관적 권리구제에는 별 도움이 안 되는 경우라도 그러한 침해행위가 앞으로도 반복될 위험이 있거나 당해 분쟁의 해결이 헌법질서의 수호·유지를 위하여 긴요한 사항이어서 헌법적으로 그 해명이 중대한 의미를 지니고 있는 경우에는 심판청구의 이익을 인정하여 이미 종료한 침해행위가 위헌이었음을 선언적 의미에서 확인할 필요가 있는 것이다(헌재 1992.1.28. 91헌마111).

판례

청구인은 형기만료로 이미 석방되었으므로, 이 사건 심판청구가 인용되더라도 청구인의 권리구제는 불가능한 상태이다. 그러나 이 사건에서 문제되는 교정시설 내 과밀수용행위는 계속 반복될 우려가 있고, 수형자들에 대한 기본적 처우에 관한 중요한 문제로서 그에 대한 헌법적 해명의 필요성이 있으므로 예외적으로 심판의 이익을 인정할 수 있다(헌재 2016.12.29. 2013헌마142).

(3) 법률이 개정 폐지된 경우

판례 | 원칙적으로 부정

1. 헌법소원은 심판청구 당시 기본권의 침해가 있어 권리보호의 이익이 인정되더라도 심판 계속 중의 사정변경, 즉 **사실관계 또는 법제의 변동으로** 결정 당시 이미 그 침해상태가 종료되었다면 심판청구는 권리보호의 이익이 없음이 원칙이다(헌재 1994.7.29. 91헌마137).

2. 이미 개정된 법률에 대해 권리보호이익이 인정되지 않는다고 본 사례
구 공무원연금법에 대한 심판대상법률조항은 2003.3.12. 법률 제6859호 공무원연금법 중 개정법률 및 법률 제6862호 사립학교교직원 연금법 중 개정법률로 개정되어, 그 법률조항에 대한 심판청구는 권리보호이익이 없어졌다고 할 것이고, 그 법률조항에 의한 최초 연금액조정은 2004.1.1.부터 하도록 되어 있어서 아직 한 번도 시행한 바가 없이 결국 폐지된 것이므로, 위 법률조항 자체에 의하여 어떠한 기본권도 침해된 바가 없어 그 위헌 여부를 규명할 필요가 없으므로, 결국 이 부분에 대한 헌법소원심판은 부적법하다(헌재 2003.9.25. 2001헌마93 등).

3. 헌법재판소가 이미 위헌적인 법률조항에 대하여 헌법불합치결정을 하면서 입법자의 법률개정시한을 정하고 그때까지는 잠정적용을 명한 경우, 별건의 헌법소원심판청구에서 동일한 법률조항의 위헌확인을 구하는 것은 권리보호이익이 없다. 헌법재판소는 2015.7.30. 2014헌마340 등 결정에서 성폭력범죄의 처벌 등에 관한 특례법 제45조 제1항은 2016.12.31.을 시한으로 입법자가 개정할 때까지 계속 적용된다는 내용의 헌법불합치결정을 선고하였다. 헌법불합치결정도 위헌결정의 일종이므로, 위 조항은 **이미 위헌으로 결정된 것이고**, 따라서 위 조항에 대한 심판청구는 이미 위헌으로 결정된 법률조항에 대한 헌법소원심판청구로서 권리보호이익이 없어 부적법하다(헌재 2016.3.31. 2014헌마785).

1. 법률의 개정으로 선거권 연령이 하향 개정된 경우

대통령 및 국회의원 선거권 연령을 20세 이상으로 한 조항에 대해서는 여러 차례 합헌결정이 있었으나, 대통령 및 국회의원의 선거권 연령을 19세 이상으로 개정한 조항에 대해서는 아직 헌법재판소가 위헌 여부를 심사한 바 없고, 선거권의 연령 제한은 헌법적 해명의 필요가 있는 중요한 사안이고, 기본권 침해 여부가 앞으로도 계속 반복될 가능성이 있으므로 권리보호이익을 인정함이 상당하다(헌재 2013.7.25. 2012헌마174).

2. 법률이 개정되었으나 신법에도 유사한 내용이 규정되어 있는 경우

헌법소원 후 국가유공자 등 예우 및 지원에 관한 법률 제25조가 개정되었으나, 위 조항의 위헌 여부에 관하여는 아직 그 해명이 이루어진 바 없고, 개정된 조항에도 유사한 내용이 규정되어 있어 동종의 기본권 침해의 위험이 상존하며, 위 조항의 위헌 여부는 궁극적으로 개정된 조항의 재개정 여부에 영향을 미칠 수 있는바, 위 법률조항의 위헌 여부에 관한 헌법적 해명은 중대한 의미를 지니고 있다고 할 것이므로, 권리보호이익을 인정할 수 있다(헌재 2003.5.15. 2001헌마565).

3. 심판청구 이후 심판대상조항의 일부가 개정되었으나 약간의 문구 수정만이 있었고 그 내용에 큰 변화가 없던 경우

이 사건 심판대상규정들이 정당과 비례대표국회의원 후보자의 선거운동 등을 제한하는 것에 대한 헌법적 해명은 아직까지 이루어진 바 없고, 심판청구 이후 일부 조항이 개정되었다고는 하나 개정된 조항은 약간의 문구 수정만 있었을 뿐 그 내용에 있어서 커다란 변화가 있었던 것은 아니므로 앞으로도 이 사건 심판대상규정들을 둘러싼 위헌성 논란은 계속될 가능성이 크다. 그렇다면 이 사건 심판대상규정들의 위헌 여부에 대한 헌법적 해명은 객관적인 헌법질서의 수호·유지를 위하여 중대한 의미를 지닌다고 할 것이고, 따라서 이 사건 심판대상규정들에 대해서는 본안판단의 필요성을 인정할 수 있을 것이다(헌재 2006.7.27. 2004헌마217).

📖 **판례정리**

권리보호이익

권리보호이익이 인정된 사례

1. 피청구인 방위사업청장이 행정5급 일반임기제공무원을 채용하는 경력경쟁채용시험 공고에 대한 헌법소원심판청구가 예외적으로 심판의 이익이 인정되는지 여부(적극)

이 사건 공고가 더 이상 효력이 존속하지 않으므로, 헌법재판소가 이 사건 공고에 대한 심판청구를 인용한다고 하더라도 이로써 청구인들이 권리구제를 받을 수는 없다. 그러나 공무담임권 침해 여부가 문제되는 이 사건 공고와 같은 내용의 공권력의 행사는 반복될 수 있고, 또한 이 사건 심판청구와 동일 또는 유사한 사안에 관하여 헌법적 해명이 아직까지 이루어진 바 없으므로, 이 사건 공고에 대한 심판청구는 예외적으로 심판이익이 인정된다(헌재 2019.8.29. 2019헌마616).

2. 이 사건 **혼합살수행위**로 인한 청구인들의 기본권 침해상황은 이미 종료되었으나, 관련 법규에 따르면 각종 집회나 시위 현장에서 혼합살수행위가 반복될 가능성이 있고, 혼합살수행위는 사람의 생명이나 신체에 위험을 초래할 수 있는 중대한 법익 침해가 예견되는 공권력 행사로서, 그동안 헌법재판소가 **혼합살수행위**가 헌법에 합치하는지 여부에 대한 해명을 한 바 없으므로, 심판의 이익이 인정된다(헌재 2018.5.31. 2015헌마476).

3. 직사살수행위 위헌확인 (헌재 2020.4.23. 2015헌마1149)

① **사망한 자의 배우자와 자녀**: 이 사건 직사살수행위의 상대방은 청구인 백▽▽이고, 그 배우자와 자녀들인 기존 청구인들은 이 사건 직사살수행위의 직접 상대방이 아닌 제3자에 해당한다. 또한 이사건 직사살수행위가 청구인 백▽▽의 기본권을 침해함으로써 기존 청구인들이 받은 정신적 고통 등은 간접적, 사실적 이해관계에 불과하다. 따라서 기존 청구인들의 이 사건 직사살수행위에 대한 심판청구는 기본권 침해의 자기관련성이 인정되지 아니하여 부적법하다.

② **청구인들의 이 사건 근거조항들에 대한 심판청구**: 이 사건 근거조항들은 살수차의 사용요건 등을 정한 것으로서 집회·시위 현장에서 경찰의 살수행위라는 구체적 집행행위를 예정하고 있다. 경찰관은 이 사건 근거조항들에 의하여 직사살수를 할 것인지 여부를 개별적·구체적 집회 또는 시위 현장에서 재량적 판단에 따라 결정하므로, 기본권에 대한 침해는 이 사건 근거조항들이 아니라 구체적 집행행위인 '직사살수행위'에 의하여 비로소 발생하는 것이다. 따라서 청구인들의 이 사건 근거조항들에 대한 심판청구는 기본권 침해의 직접성을 인정할 수 없으므로 부적법하다.

③ **심판의 이익 인정 여부**: 이 사건 직사살수행위는 이미 종료되었고, 청구인 백▽▽는 2016.9.25. 사망하였으므로, 청구인 백▽▽의 이 사건 직사살수행위에 대한 심판청구가 인용된다고 하더라도 청구인 백▽▽의 권리구제에는 도움이 되지 않는다. 그러나 기본권 침해행위가 장차 반복될 위험이 있거나 그 심판대상에 대한 위헌 여부의 해명이 헌법질서의 수호·유지를 위하여 긴요한 사항이어서 헌법적으로 중요한 의미를 가지고 있는 경우에는 예외적으로 심판의 이익을 인정할 수 있다.

④ **청구인 백▽▽의 사망과 심판절차의 종료 여부**: 청구인 백▽▽의 사망으로 그 심판절차가 종료되는 것이 원칙이다. 그러나 헌법소원제도는 개인의 권리구제뿐만 아니라 객관적인 헌법질서의 보장기능도 가지므로, 기본권 침해행위가 장차 반복될 위험이 있거나 그 심판대상에 대한 위헌 여부의 해명이 헌법적으로 중요한 의미를 가지고 있고, 헌법소원심판청구인이 심판대상인 기본권 침해행위로 인하여 사망한 경우에는 예외적으로 심판의 이익이 인정되어 심판절차가 종료되지 않는다고 봄이 타당하다.

4. 경찰의 삼보일보제지행위(기본권 침해상황은 종료되었으나, 심판의 이익을 인정한 사례)

이 사건 공권력 행사로 인한 기본권 침해상황은 이미 종료되었으나, 앞으로도 대한민국을 방문하는 외국의 국가 원수에 대한 집회 또는 시위가 경호구역 안에서 행해질 경우 안전활동을 위하여 집회나 시위를 제한하는 방식의 공권력 행사가 반복될 수 있고, 아직 그 헌법적 한계에 대하여 헌법적 해명이 이루어진 바 없으므로 심판의 이익이 인정된다(헌재 2021.10.28. 2019헌마1091).

권리보호이익이 부정된 사례

1. **부산광역시 기장군의회** 운영행정위원장이 청구인들에게 한 부산광역시 기장군의회 운영행정위원회 제209회 제1차, 제3차 임시회의 방청불허행위에 대한 심판청구는 권리보호이익이 인정되지 않는다. 이 사건 방청불허행위와 동일한 행위가 반복될 위험성은 없다. 설령 반복 위험성이 있더라도 이 사건에서는 이 사건 방청불허행위가 지방자치법 제60조 제1항의 적법한 요건을 갖추고 있는가에 관한 위법성이 문제될 뿐이므로, 헌법적으로 해명이 중대한 의미를 지니는 경우로 보기 어렵다. 따라서 이 사건 방청불허행위에 대한 심판청구는 권리보호이익이 없고, 심판청구의 이익도 인정되지 않는다(헌재 2017.7.27. 2016헌마53).

2. 보충역으로서 입학일 전에 전역할 수 없는 자는 지원할 수 없다는 **부산대학교와 제주대학교의 의학전문대학원 신입생 모집요강**에 대한 헌법소원심판청구는 제주대학교도 2021학년도부터 의학전문대학원을 폐지하기로 하였으므로 권리보호이익이 인정되지 않는다(헌재 2017.7.27. 2015헌마684).

3. 중·고등학교 교과용도서 국·검·인정 구분 중 중학교 역사 및 고등학교 한국사 과목의 교과용도서를 각 국정 도서로 정한 부분
이 사건 심판청구 이후 국정 역사교과서의 시행일을 2017.3.1.로 정한 고시가 2017.1.6. 교육부 고시로 폐지되었으므로 심판의 이익도 인정되지 아니한다(헌재 2018.3.29. 2015헌마1060 등).

4. 퇴임재판관 후임자선출 부작위
국회는 공정한 헌법재판을 받을 권리의 보장을 위하여 공석인 재판관의 후임자를 선출하여야 할 구체적 작위의무를 부담한다고 할 것이다. 2012.9.19. 조대현 전 재판관의 후임자를 비롯한 3인의 재판관을 선출함으로써 작위의무 이행지체상태가 해소되었으므로, 이 사건 심판청구의 권리보호이익은 소멸하였다 할 것이다(헌재 2014. 4.24. 2012헌마2).

5. 소송대리인이 되려는 변호사가 신청한 소송대리인 접견신청을 교도소장이 불허한 행위에 관한 심판청구가 권리보호이익이 인정되는지 여부(소극)
청구인은 소송대리인 접견신청이 불허된 이후 소송대리인이 되어 소송대리인 접견이 가능하게 되었으므로 이 사건 심판청구 당시 이미 이 사건 접견불허행위에 관한 주관적 권리보호이익은 소멸하였다. 이 사건 접견

불허행위는 **형의 집행 및 수용자의 처우에 관한 법률 시행령**을 근거로 한 것으로서, **형의 집행 및 수용자의 처우에 관한 법률 시행령**에 대하여 본안판단에 나아가는 이상 이 사건 접견불허행위에 대해서는 별도로 심판청구의 이익이 인정되지 않는다(헌재 2022.2.24. 2018헌마1010).

6. 피청구인이 정보위원회 법안심사소위원회 회의의 방청신청을 불허한 행위에 대한 헌법소원심판청구의 적법 여부(소극)

이 사건 방청불허행위의 대상이 되었던 회의는 이미 종료되었으므로 방청불허행위에 관한 주관적 권리보호 이익은 소멸하였고, 정보위원회 회의를 비공개하도록 한 국회법에 대한 심판청구의 적법성을 인정하여 본안판단에 나아가는 이상 이 사건 방청불허행위에 대해서는 별도의 심판의 이익도 인정되지 아니하므로, 이 사건 방청불허행위에 대한 심판청구는 부적법하다(헌재 2022.1.27. 2018헌마1162 등).

7. 재외선거사무 중지결정 - 피청구인 중앙선거관리위원회의 2020.3.26.자 재외선거사무 중지결정(공고 제2020-176호) 중 '주독일연방공화국대한민국대사관 재외선거관리위원회', '주프랑크푸르트대한민국총영사관 재외선거관리위원회', '주함부르크대한민국총영사관 재외선거관리위원회', '주독일연방공화국대한민국대사관본분관 재외선거관리위원회'에 관한 부분 및 2020.3.30.자 재외선거사무 중지결정(공고 제2020-182호) 중 '주캐나다대한민국대사관 재외선거관리위원회', '주몬트리올대한민국총영사관겸주국제민간항공기구대한민국대표부 재외선거관리위원회', '주밴쿠버대한민국총영사관 재외선거관리위원회', '주토론토대한민국총영사관 재외선거관리위원회'에 관한 부분(이하 위 두 중지결정을 합하여 '이 사건 중지결정'이라 한다)에 대한 헌법소원심판청구가 적법한지 여부(소극)

제21대 국회의원 선거와 관련하여 재외선거인명부 또는 국외부재자신고명부에 등재된 사실이 확인되지 아니하는 일부 청구인들이 이 사건 중지결정에 대하여 한 심판청구는 기본권 침해의 자기관련성이 인정되지 않아 모두 부적법하다. 위 청구인들을 제외한 나머지 청구인들의 경우 재외투표소 설치·운영기간이 종료되었고, 제21대 국회의원 선거도 실시·종료되었으므로, 이 사건 심판청구가 인용된다 하더라도 권리구제에는 도움이 되지 않는다. 따라서 나머지 청구인들의 심판청구는 권리보호이익이 없다. 헌법소원은 주관적 권리구제뿐만 아니라 헌법질서 보장의 기능도 겸하고 있으므로 청구인의 권리구제에는 도움이 되지 아니한다 하더라도, 같은 유형의 침해행위가 앞으로도 반복될 위험이 있거나 당해 분쟁의 해결이 헌법질서의 유지·수호를 위하여 긴요한 사항이어서 헌법적으로 그 해명이 중대한 의미를 가지는 경우에는 예외적으로 심판청구의 이익을 인정할 수 있다. 여기서 '헌법적 해명이 중대한 의미를 가지는 경우'는 당해 사건을 떠나 일반적이고 중요한 의미를 지니고 있어 헌법질서의 유지·수호를 위하여 그 해명이 긴요한 경우를 의미하는바, 행정청이 적용 법률의 해석에 있어서 법규정에 미치는 기본권의 효력을 간과하거나 오해함으로써 법규정을 위헌적으로 해석·적용한 경우에는 헌법적 해명의 필요성이 인정된다. 그러나 단순히 '행정청의 행위가 법률이 정한 바에 부합하는가'라는 점을 문제 삼는 경우와 같이 법률의 해석·적용 또는 포섭을 다투는 경우에는 헌법적 해명의 필요성이 인정되지 아니하고, 설사 유사한 침해행위가 앞으로도 반복될 위험이 있다 하더라도 공권력 행사의 위헌 여부를 확인할 실익이 없어 심판청구의 이익이 부인된다. 나머지 청구인들의 주장은 이 사건 중지결정이 그 근거규정인 공직선거법 제218조의29 제1항에 정한 요건인 '천재지변 또는 전쟁·폭동, 그 밖에 부득이한 사유'로 인한 것으로 볼 수 없다는 취지로 볼 수 있다. 그런데 이에 대한 판단은 법률에 의하여 피청구인이 부여받은 권한의 범위와 한계를 정하는 법률의 해석·적용 또는 포섭에 관한 문제에 불과하므로, 설사 이 사건 중지결정과 같은 행위가 앞으로 반복될 가능성이 있다고 하더라도 그 위헌 여부를 확인할 실익이 없어 심판청구의 이익이 인정되지 않는다. 따라서 나머지 청구인들의 심판청구는 권리보호이익이 없고, 예외적으로 심판청구의 이익도 인정되지 않으므로 부적법하다(헌재 2022.1.27. 2020헌마497).

---

7. 보충성 ★★

> **헌법재판소법 제68조 【청구사유】** ① 공권력의 행사 또는 불행사(不行使)로 인하여 헌법상 보장된 기본권을 침해받은 자는 법원의 재판을 제외하고는 헌법재판소에 헌법소원심판을 청구할 수 있다. 다만, **다른 법률에 구제절차가 있는 경우**에는 그 절차를 모두 거친 후에 청구할 수 있다.

(1) 보충성의 개념과 효력

보충성의 원칙이란 헌법소원은 최종적인 권리구제수단이므로 다른 법률이 정한 구제절차를 모두 거친 뒤에도 구제되지 않은 경우에만 헌법소원을 청구할 수 있다는 원칙이다. 다른 법적구제절차가 있음에도 이를 경유하지 않은 헌법소원의 청구는 부적법하다.

> **판례**
>
> 1. 헌법재판소법 제68조 제1항 단서에 의하면 다른 법률에 구제절차가 있는 경우에는 그 절차를 모두 거친 후가 아니면 헌법소원심판을 청구할 수 없다고 규정되어 있는바, 여기서 다른 법률에 의한 구제절차를 거친 후라고 함은 그 다른 법률에 의한 구제절차를 적법하게 거친 경우를 말한다(헌재 1994.6.30. 90헌마107).
> 2. 항고소송의 대상 여부에 따른 대법원의 판례 변경에 따라 헌법소원심판청구의 보충성요건에 대한 판단을 변경하면서 대법원의 판례 변경 전에 청구된 사건에 대해서는 종전의 판단에 따른 사례
>   대법원이 지목변경신청반려행위는 항고소송의 대상이 되지 않는다는 종전의 판례를 변경하여 지목변경신청반려행위가 처분행위에 해당한다고 보게 되었으므로, 지목변경신청반려행위에 대하여 행정소송을 거치지 않고 제기된 헌법소원심판청구는 보충성의 요건을 흠결하여 각하되어야 한다. 그러나 이 사건 심판청구는, 지목변경신청반려행위의 처분성을 부인하던 종래의 확고한 대법원 판례가 변경되기 전에 제기된 것으로서 심판청구 제기 당시에는 본안판단의 대상이었는바, 종전의 대법원 판례를 신뢰하여 헌법소원의 방법으로 권리구제를 구하던 중 대법원 판례가 변경되어 변경된 대법원 판례에 따를 경우 헌법소원심판청구는 각하되고, 법원에 의한 권리구제는 제소기간 도과로 각하되어 권리구제를 받을 수 없게 되는 예외적인 경우라면, 권리구제의 요청을 위해 헌법소원심판청구는 허용되어야 할 것이고 이러한 해석이 보충성의 원칙에 어긋나는 것이 아니므로 이 사건 심판청구에 보충성요건의 흠결이 있다고 할 수 없다(헌재 2004.6.24. 2003헌마723).

(2) 손해배상, 손실보상은 법이 요구하는 권리구제절차가 아니다.

헌법재판소법 제68조 제1항 단서에 의하면 헌법소원은 다른 구제절차를 거친 뒤 비로소 제기할 수 있는 것인바, 여기서 말하는 권리구제절차는 공권력의 행사 또는 불행사를 직접 대상으로 하여 그 효력을 다툴 수 있는 권리구제절차를 의미하지, 사후적·보충적 구제수단인 손해배상청구나 손실보상청구를 의미하는 것은 아니다(헌재 1989.4.17. 88헌마3).

(3) 청원절차는 다른 법률의 구제절차가 아니다.

청원절차는 처리기관이나 절차 및 효력면에서 권리구제절차로서는 불충분하고 우회적 제도이므로 다른 법률의 구제절차가 아니다(헌재 1999.5.29. 97헌마137 등).

(4) 현행범으로 체포되어 유치장에 구금된 후 석방된 피의자는 적부심사 없이 바로 헌법소원을 청구할 수 없다.

체포에 대하여는 헌법과 형사소송법이 정한 체포적부심사라는 구제절차가 존재함에도 불구하고, 체포적부심사절차를 거치지 않고 제기된 헌법소원심판청구는 법률이 정한 구제절차를 거치지 않고 제기된 것으로서 보충성의 원칙에 반하여 부적법하다. 체포적부심사절차를 이행하도록 하는 것이 그 절차로 권리가 구제될 가능성이 거의 없거나 대단히 우회적인 절차를 요구하는 것밖에 되지 않는 경우에 해당한다고 볼 수 없다(헌재 2010.9.30. 2008헌마628).

(5) 헌법소원청구 후 다른 법률구제절차가 완료된 경우

헌법소원청구 후 다른 법률의 구제절차가 완료된 경우에는 청구시 있었던 보충성요건의 하자가 치유된다.

⚖ 판례

헌법소원심판청구인이 그의 불이익으로 돌릴 수 없는 정당한 이유 있는 착오로 전심절차를 밟지 않은 경우 또는 전심절차로 권리가 구제될 가능성이 거의 없거나 권리구제절차가 허용되는지의 여부가 객관적으로 불확실하여 전심절차이천(이행)의 기대가능성이 없을 때에는 예외적으로 헌법재판소법 제68조 제1항 단서 소정의 전심절차이천(이행)요건은 배제된다(헌재 1989.9.4. 88헌마22).

📖 판례정리

보충성원칙

보충성원칙의 예외

1. 법령소원

법령이 직접 기본권을 침해하였을 경우에 법률 자체 효력을 직접 다투는 것을 소송물로 하여 일반법원에 소송을 제기하는 길이 없어 구제절차가 있는 경우가 아니므로 다른 구제절차를 거칠 것 없이 바로 헌법소원을 제기할 수 있다(헌재 1990.6.25. 89헌마220).

2. 교도소장의 미결수용자의 서신에 대한 검열행위

피청구인의 서신검열, 서신의 지연발송 및 지연교부행위를 대상으로 한 심판청구 부분에 대하여 보면 위 행위는 이른바 권력적 사실행위로서 행정심판이나 행정소송의 대상이 된다고 단정하기도 어려울 뿐 아니라 설사 대상이 된다고 하더라도 이미 종료된 행위로서 소의 이익이 부정될 가능성이 많아 헌법소원심판을 청구하는 외에 달리 효과적인 구제방법이 있다고 보기 어려우므로 보충성의 원칙에 대한 예외에 해당한다(헌재 1995.7.21. 92헌마44).

3. 종교행사 참여금지

이 사건 종교행사 등 참석불허처우는 이른바 권력적 사실행위에 해당하므로 행정소송의 대상이 된다고 단정하기 어렵고, 가사 행정소송의 대상이 된다고 하더라도 이미 종료된 행위로서 소의 이익이 부정되어 각하될 가능성이 많은바, 청구인에게 그에 의한 권리구제절차를 밟을 것을 기대하기는 곤란하므로 보충성원칙의 예외로서 헌법소원의 제기가 가능하다(헌재 2011.12.29. 2009헌마527).

4. 피의자 촬영허용행위

경찰서 내 수사 중인 피의자 촬영허용행위는 이미 종료된 행위로서 항고소송에서 소의 이익이 없어 각하될 우려가 높으므로 헌법소원을 청구하는 외에는 다른 구제수단이 없다(헌재 2014.3.27. 2012헌마652).

5. 공정거래위원회의 무혐의처분

대법원은 공정거래위원회의 무혐의처분은 그 신고인의 권리의무에 아무런 영향을 미치지 아니하는 것이어서 항고소송의 대상이 되는 행정처분에 해당한다고 할 수 없다고 판시하였다(대판 2000.4.11. 98두5682 참조). 따라서 청구인이 피청구인의 무혐의처분에 대하여 위와 같은 행정쟁송절차를 거치지 않고 곧바로 헌법소원심판청구를 한 것은 보충성에 위배되지 않는다(헌재 2011.11.24. 2010헌마83).

6. 동행계호행위

헌법재판소는 권력적 사실행위에 대하여 행정심판이나 행정소송의 대상이 된다고 단정하기 어려우므로 보충성원칙의 예외에 해당한다고 하였다. 헌법재판소가 권력적 사실행위를 보충성의 예외로 인정하여 본안심리한 경우로는 국제그룹 해체(헌재 1993.7.29. 89헌마31), 교도소장의 미결수용자의 서신에 대한 검열·지연발송·지연교부행위(헌재 1995.7.21. 92헌마114), 구치소장이 미결수용자에게 재소자용 의류를 입게 한 행위(헌재 1999.5.27. 97헌마137 등) 등이 있다. 최근에는 '교도소 내 엄중격리대상자에 대하여 이동시 계구를 사용하고 교도관이 동행계호하는 행위 및 1인 운동장을 사용하게 하는 처우가 신체의 자유를 과도하게 제한하는 것인지의 여부'와 관련하여서는 본안심리에 들어가 합헌결정(헌재 2008.5.29. 2005헌마137 등)을 내린 바 있다.

7. 최저임금 고시

피청구인은 이 사건 각 고시 중 각 월 환산액을 제외한 부분(이하에서는 '각 최저임금 고시 부분'이라 한다)은 항고소송의 대상이 되는 행정처분에 해당하므로 이에 대한 헌법소원심판청구는 보충성요건을 충족하지 못하여 부적법하다고 주장한다. 살피건대, 각 최저임금 고시 부분은 최저임금법 제8조 제1항에 따라 고용노동부장관이 2018년 및 2019년에 적용할 최저임금액을 정한 것이다. 각 최저임금 고시 부분의 처분성을 인정하여 행정소송법에 의한 행정소송 등 다른 권리구제절차를 허용할 수 있는지 여부가 객관적으로 불확실하고, 각 최저임금 고시 부분에 대하여 법원이 항고소송의 대상으로 인정한 적도 없으므로, 청구인들에게 항고소송에 의한 권리구제절차를 거치도록 요구하거나 기대할 수 없다고 할 것이다(헌재 2019.12.27. 2017헌마1366 등).

8. 구치소장이 서신수수를 금지하고 해당 서신을 교도소에 수용 중인 청구인에게 반송한 행위에 대한 심판청구가 보충성요건을 갖추었는지 여부(적극)

이 사건 반송행위와 같은 공권력 행사에 대하여 아직 처분성 인정 여부에 대한 법원의 판단이 없고, 행정소송법에 의한 행정소송 등 다른 권리구제절차가 허용되는지 여부가 객관적으로 불확실하므로 보충성의 예외가 인정된다(헌재 2019.12.27. 2017헌마413 등).

9. 피청구인 대통령의 지시로 피청구인 대통령비서실장, 정무수석비서관, 교육문화수석비서관, 문화체육관광부장관이 야당 소속 후보를 지지하였거나 정부에 비판적 활동을 한 문화예술인이나 단체를 정부의 문화예술 지원사업에서 배제할 목적으로, 청구인 윤○○, 정○○의 정치적 견해에 관한 정보를 수집·보유·이용한 행위에 대한 헌법소원심판청구

이 사건 지원배제지시는 권력적 사실행위로서 행정심판이나 행정소송의 대상이 되는지 여부가 객관적으로 불분명하고, 설령 행정소송이 인정된다고 하더라도 이미 종료된 행위로서 소의 이익이 부정될 가능성도 많아 헌법소원심판을 청구하는 외에 달리 효과적인 구제방법이 없다고 볼 수 있으므로 보충성의 예외를 인정함이 타당하다(헌재 2020.12.23. 2017헌마416).

보충성원칙이 적용되는 사례

1. 법관에 대한 전보명령

법관은 경력직공무원 중 특정직공무원으로서, 이 사건 인사처분에 대하여는 법원 소속 공무원의 소청에 관한 사항을 심사결정하게 하기 위하여 법원행정처에 설치된 소청심사위원회에 구제를 청구하고, 다시 행정소송을 제기하여 그 구제를 청구할 수 있음이 명백한데, 위와 같은 구제절차를 거치지 아니한 채 바로 헌법소원심판을 청구하였으므로 이 사건 심판청구는 다른 법률이 정한 구제절차를 모두 거치지 아니한 채 제기된 부적법한 심판청구라 아니할 수 없다(헌재 1993.12.23. 92헌마247).

2. 대법원의 확립된 판례에 의해 패소할 것이 예상되는 경우

대법원의 확립된 판례에 비추어 패소할 것이 예견된다는 점만으로는 전심절차로 권리가 구제될 가능성이 거의 없어 전심절차 이행의 기대가능성이 없는 경우에 해당한다고 볼 수 없으므로, 과세처분에 대하여 국세기본법에 따른 이의신청 등의 구제절차와 행정소송에 의한 구제절차를 거치지 아니하고 곧바로 헌법소원을 청구하는 것은 헌법소원의 보충성의 요건을 갖추지 못하여 부적법하다(헌재 1998.10.29. 97헌마285).

3. 교도소장의 수형자 서신발송의뢰거부행위

수형자의 서신발송의뢰를 교도소장이 거부한 행위는 행정심판이나 행정소송의 대상이 되므로 이 절차를 거치지 아니한 심판청구 부분은 부적법하다(헌재 1998.8.27. 96헌마398).

4. 확정된 형사소송기록에 대한 등사신청거부처분

이 사건은 이미 대법원까지 판결이 확정되어 보존 중인 형사사건기록의 등사신청에 관한 것이므로, 공소제기된 수사기록과는 달리, 행정쟁송으로 소요되는 기간으로 말미암아 등사시기를 놓치게 된다거나 행정쟁송이 더 이상 유지할 실익이 없어 각하되는 사례가 발생될 염려도 없으므로, 행정쟁송절차에 의하여 불복하게 하는 것이 적절하고 타당하며 청구인으로 하여금 불필요한 우회절차를 강요하는 것이 아니라 할 것이다(헌재 1999.9.16. 98헌마246).

5. 교도소 이송처분

헌법재판소법 제68조 제1항의 규정에 의한 헌법소원은 다른 법률에 구제절차가 있는 경우에는 그 절차를 모두 거친 후에 심판청구를 하여야 한다(헌법재판소법 제68조 제1항 단서). 이 사건 불허행위에 대하여는 행정심판법 및 행정소송법 등에 의한 심판이나 소송이 가능할 것인데, 기록상 청구인이 이 사건 불허행위에 대하여 위와 같은 권리구제절차를 거쳤음을 인정할 자료가 없다. 따라서 이 사건 불허행위에 대한 심판청구는 다른 법률에 의한 구제절차를 거치지 아니하여 부적법하다(헌재 2005.11.1. 2005헌마979).

6. 도시계획시설결정

도시계획시설결정은 특정 개인의 구체적인 권리·의무나 법률관계를 직접적으로 규율하는 성격을 갖는 행정처분에 해당한다. 청구인이 이 사건 심판대상이 된 도시계획시설결정에 대하여 행정심판법에 의한 행정심판 또는 행정소송법에 의한 항고소송을 제기하는 절차를 거치지 않았으므로, 이 사건 심판청구는 헌법재판소법 제68조 제1항 단서가 정한 보충성의 요건을 갖추지 못하여 부적법하다(헌재 2011.2.24. 2009헌마164).

7. 피의자의 피의사실 보도자료 배포행위

형사사건으로 고소할 수 있고, 검사의 불기소처분에 대해서는 항고·재정신청을 할 수 있으므로 보충성요건을 갖추지 못했다(헌재 2014.3.27. 2012헌마652).

8. 인권하루소식 구독거부처분

행형법 제33조의 규정에 의하면 도서의 열람은 교도소장의 허가사항으로 되어 있으므로 청구인의 요청한 '인권하루소식'의 구독을 거부한 피청구인의 처분도 행정처분이라 할 것이고 이 처분에 대하여 헌법소원심판청구를 하기 위하여는 먼저 법 제68조 제1항 단서 규정에 따라 행정심판과 행정소송 등 권리구제절차를 경료하여야 할 것이다(헌재 1998.10.29. 98헌마4).

9. 수사기록사본 교부거부처분

공공기관의 정보공개에 관한 법률 제6조, 제9조, 제18조에 의하여 국민에게 불기소사건기록의 열람, 등사를 청구할 권리 내지 법에 정하여진 절차에 따라 그 허가 여부의 처분을 행할 것을 요구할 수 있는 법규상의 지위가 부여되었으므로 경찰서장의 수사기록사본 교부거부처분은 행정소송의 대상이 된다 할 것이므로 직접 헌법소원심판의 대상으로 삼을 수 없다(헌재 2001.2.22. 2000헌마620).

10. 행정심판이나 행정소송 등의 사전구제절차를 거치지 아니하고 청구한 국가인권위원회의 진정에 대한 각하 또는 기각결정

진정에 대한 국가인권위원회의 각하 및 기각결정은 피해자인 진정인의 권리 행사에 중대한 지장을 초래하는 것으로서 항고소송의 대상이 되는 행정처분에 해당하므로, 그에 대한 다툼은 우선 행정심판이나 행정소송에 의하여야 할 것이다. 따라서 이 사건 심판청구는 행정심판이나 행정소송 등의 사전구제절차를 모두 거친 후 청구된 것이 아니므로 보충성요건을 충족하지 못하였다. 헌법재판소는 종전 결정에서 국가인권위원회의 진정 각하 또는 기각결정에 대해 보충성요건을 충족하였다고 보고 본안판단은 한 바 있으나, 이 결정의 견해와 저촉되는 부분은 변경한다(헌재 2015.3.26. 2013헌마214 등).

11. 대한변호사협회 징계위원회의 징계결정에 대한 심판청구가 보충성을 갖추었는지 여부(소극)

법무부 징계위원회의 결정에 불복하는 경우에는 행정소송법으로 정하는 바에 따라 행정법원에 소를 제기할 수 있으므로, 징계결정에 대한 심판청구는 보충성을 갖추지 못하여 부적법하다(헌재 2018.7.26. 2016헌마1029).

12. 교장 승진후보자 명부에 등재된 청구인이 제기한 '대통령의 2015.9.1.자 중등교장 승진임용 발령에 관하여 피청구인 **교육부장관이 승진임용제청대상자에 청구인들을 포함하지 않은 행위**'는 항고소송의 대상인 처분에 해당한다. 따라서 승진임용의 취소를 구하는 소송을 거치지 아니한 채 제기된 헌법소원심판청구는 보충성요건을 갖추지 못하여 부적법하다(헌재 2018.6.28. 2015헌마1072).

13. 수원시장의 여객자동차운송사업(택시) 개선명령 및 준수사항 중 '개인택시 부제 운행'[3부제(2일 운행, 1일 운휴 반복)] 공고

이 사건 개선명령은 수원시장이 '여객자동차 운수사업법' 제23조 제1항 제9호에 기하여 수원시 택시운송사업자들이라는 특정인을 상대방으로 하여 개별적·구체적으로 행한 행정처분에 해당하므로 항고소송의 대상이 된다. 청구인으로서는 법률에 정한 구제절차를 모두 거친 후에야 헌법소원심판을 청구할 수 있음에도 이를 거치지 아니한 채 곧바로 헌법소원심판을 청구하였으므로, 이 사건 심판청구는 보충성요건을 갖추지 못하여 부적법하다(헌재 2019.4.11. 2018헌마42).

14. **방송통신위원회의 설치 및 운영에 관한 법률 제21조 제4호에 근거한 방송통신심의위원회의 시정요구**는 서비스제공자 등에게 조치 결과 통지의무를 부과하고 있고, 서비스제공자 등이 이에 따르지 않는 경우 방송통신위원회의 해당 정보의 취급거부·정지 또는 제한명령이라는 법적 조치가 내려질 수 있으며, 행정기관인 방송통신심의위원회가 표현의 자유를 제한하게 되는 결과의 발생을 의도하거나 또는 적어도 예상하였다 할 것이므로, 이 사건 시정요구는 단순한 행정지도로서의 한계를 넘어 규제적·구속적 성격을 상당히 강하게 갖는 것으로서 항고소송의 대상이 되는 공권력의 행사라고 봄이 상당하다. 따라서 청구인들은 이 사건 시정요구에 대하여 행정소송을 제기하였어야 할 것임에도 이를 거치지 아니하였으므로 이 부분 심판청구는 보충성을 결여하여 부적법하다(헌재 2012.2.23. 2008헌마500).

15. **고용노동부장관의 청구인 전국교직원노동조합에 대한 2013.9.23.자 시정요구**는 청구인 전국교직원노동조합(이하 '전교조'라 한다)의 권리·의무에 변동을 일으키는 행정행위에 해당하나, 청구인 전교조는 이 사건 시정요구에 대하여 다른 불복절차를 거치지 아니하고 곧바로 헌법소원심판을 청구하였으므로, 이에 대한 헌법소원은 보충성요건을 결하였다(헌재 2015.5.28. 2013헌마671 등).

16. **부당해고**를 주장하는 청구인이 노동위원회에 신청기간 내에 구제신청을 하지 않아 구제신청이 각하되었다면 이는 적법한 구제절차를 밟은 것이라 할 수 없고, 따라서 헌법재판소법 제68조 제1항 단서에 정한 적법한 구제절차를 거치지 아니하고 청구되었다고 할 것이므로 부적법하다(헌재 1993.2.9. 93헌마13).

17. 특허청장이 서울서부지방법원의 상표등록번호 제0820076호의 상표권에 대한 압류기입등록 촉탁을 반려한 처분은 항고소송의 대상이 되는 행정처분에 해당된다. 따라서 청구인으로서는 법률에 정한 구제절차를 모두 거친 후에야 헌법소원심판을 청구할 수 있음에도 이를 거치지 아니한 채 곧바로 헌법소원심판을 청구하였으므로, 이 사건 심판청구는 보충성요건을 갖추지 못하여 부적법하다(헌재 2021.10.28. 2020헌마229).

18. 청구인은 법원행정처장의 정보비공개결정에 대하여 행정법원에 소를 제기하지 않고 바로 헌법소원심판을 청구하였으므로, 법원행정처장의 정보비공개결정에 대한 헌법소원심판청구는 보충성원칙을 흠결하여 부적법하다(헌재 2021.10.28. 2020헌마433).

19. **코로나바이러스감염증-19의 예방을 위하여 음식점 및 PC방 운영자 등에게 영업시간을 제한하거나 이용자 간 거리를 둘 의무를 부여하는 서울특별시고시들에 대한 심판청구가 보충성 요건을 충족하지 못하였다.** 심판대상고시는 항고소송의 대상이 되는 행정처분에 해당하고 그 취소를 구할 소의 이익이 인정된다. 따라서 이에 대한 다툼은 우선 행정심판이나 행정소송이라는 구제절차를 거쳤어야 함에도, 이 사건 심판청구는 이러한 구제절차를 거치지 아니하고 제기된 것이므로 보충성요건을 충족하지 못하였다(헌재 2023.5.25. 2021헌마21).

20. **금융위원회 위원장이 2020.1.9.경 청구인에 대하여 한 공인회계사시험 제1차 시험 응시원서접수 거부처분에 대한 헌법소원심판청구가 보충성을 갖추었는지 여부(소극)**
청구인과 같은 응시자가 사전에 영어시험성적인정을 받지 않았을 경우 인터넷 홈페이지 원서접수 사이트에서 다음 단계로의 진행이 불가능하여 응시원서를 접수할 수 없도록 하는 방식으로 원서접수절차를 진행한 것은, 원서접수 창구에서 직접 대면하여 서류접수를 거부하는 것과 실질적으로 다름이 없는 것으로 행정소송의 대상이 되는 행정처분에 해당한다고 봄이 타당하다. 그런데 청구인이 이러한 절차를 거치지 아니한 채 헌법소원심판을 청구하였으므로, 응시원서접수 거부처분에 대한 심판청구는 보충성을 갖추지 못하여 부적법하다(헌재 2022.10.27. 2020헌마68).

검사의 공소권 행사에 대한 헌법소원청구

1. 침해받는 기본권

(1) 검사의 자의적인 불기소처분으로 형사피해자가 침해받는 기본권
헌법 제27조 제5항의 재판절차진술권과 제11조 평등권

(2) 검사의 자의적인 기소유예처분으로 형사피의자가 침해받은 기본권
헌법 제10조 행복추구권, 제11조 평등권, 제27조 제1항 재판청구권(헌재 1992.6.26. 92헌마7)

2. 헌법소원대상이 되는 검사의 공소권 행사

(1) 형사피해자가 헌법소원청구인인 경우

대상이 되는 것	① 혐의 없음, 죄가 안 됨의 불기소처분과 공소권 없음의 불기소처분 ② 기소중지, 재기불요처분 ③ 기소유예처분
대상이 되지 않는 것	① 검사의 약식명령은 공소제기의 일종이므로 헌법소원의 대상이 아님(헌재 1993.6.2. 93헌마104). ② 검사의 불기소처분에 형사소송법의 재정신청을 거친 경우 검사의 불기소처분은 원행정처분이 되고 원행정처분은 헌법소원의 대상이 되지 아니하므로 재정신청을 거친 검사의 불기소처분은 헌법소원의 대상이 되지 아니함.

(2) 형사피의자가 헌법소원청구인인 경우

대상이 되는 것	① 기소유예처분 ② 검사가 기소중지처분한 경우 범죄의 혐의자라는 법적 불이익상태가 그대로 존속한다 할 것이므로 피의자는 헌법소원을 제기할 수 있음(헌재 1997.2.20. 95헌마362).
대상이 되지 않는 것	① 혐의 없음의 불기소처분 ② 죄가 안 됨의 불기소처분

3. 자기관련성

(1) 고소인이 헌법소원의 청구를 한 경우
불기소처분으로 기본권을 침해받을 여지가 있으므로 헌법소원심판의 자기관련성이 인정된다.

(2) 고발인이 헌법소원청구를 한 경우
고발인은 형사피해자가 아니므로 헌법 제27조 제5항의 재판절차진술권의 주체가 아니므로 검사의 불기소처분으로 받은 재판절차진술권이 침해받을 여지가 없으므로 헌법소원심판의 자기관련성이 인정되지 아니한다. 다만, 고발인일지라도 형사피해자에 해당하는 경우에는 자기관련성이 인정된다.

> **판례** 피해자가 고소를 취소하였다면 이는 적어도 해당 사건에서는 피고소인에 대한 형사처벌을 더 이상 원하지 않는 것으로 봄이 상당하므로 피고소인에 대한 불기소처분의 취소를 청구할 법률상의 이익이 없다(헌재 2002.2.28. 2001헌마518).

4. 보충성

> **검찰청법 제10조 【항고 및 재항고】** ① 검사의 불기소처분에 불복하는 고소인이나 고발인은 그 검사가 속한 지방검찰청 또는 지청을 거쳐 서면으로 관할 고등검찰청 검사장에게 항고할 수 있다. 이 경우 해당 지방검찰청 또는 지청의 검사는 항고가 이유 있다고 인정하면 그 처분을 경정(更正)하여야 한다.
>
> **형사소송법 제260조 【재정신청】** ① 고소권자로서 고소를 한 자는 검사로부터 공소를 제기하지 아니한다는 통지를 받은 때에는 그 검사 소속의 지방검찰청 소재지를 관할하는 고등법원에 그 당부에 관한 재정을 신청할 수 있다. 다만, 형법 제126조의 죄에 대하여는 피공표자의 명시한 의사에 반하여 재정을 신청할 수 없다.

(1) 형사피해자가 헌법소원청구를 하는 경우

① **불기소처분에 대하여 형사소송법상의 재정신청을 거치지 아니하고 헌법소원심판을 청구하는 것**: 헌법재판소법 제68조 제1항 단서에 의하면, 헌법소원의 대상이 되는 공권력의 행사라 하더라도 다른 법률이 정한 구제절차를 모두 거친 후에야 비로소 헌법소원심판을 청구할 수 있는데, 개정 형사소송법 제260조 제1항, 제2항에 의하면, 고소권자로서 고소를 한 자는 검사로부터 공소를 제기하지 아니한다는 통지를 받은 때에는 검찰청법에 따른 항고를 거친 후 그 검사 소속의 지방검찰청 소재지를 관할하는 고등법원에 그 당부에 관한 재정을 신청할 수 있으므로, 그와 같은 구제절차를 거치지 않고 불기소처분에 대하여 헌법원심판청구를 하는 것은 보충성요건을 흠결하여 부적법하다(헌재 2010.3.2. 2010헌마49).

② **고소하지 아니한 형사피해자**: 다른 법률의 구제절차를 거치지 아니하고 헌법소원을 청구할 수 있다.

(2) 검사의 기소유예처분에 대한 형사피의자의 헌법소원청구

형사피의자는 고소, 고발인이 아니므로 검찰청법의 항고·재항고를 할 수 없고 형사소송법의 재정신청을 할 수도 없으므로 다른 법률의 구제절차가 없다. 따라서 형사피의자는 다른 법률의 구제절차를 경유하지 아니하고 헌법소원심판을 청구할 수 있다.

5. 권리보호이익

(1) 형사피해자

검사의 불기소처분 이후 공소시효가 완성된 경우, 이에 대한 형사피해자의 헌법소원심판청구는 권리보호이익이 없어 부적법하다(헌재 2001.4.26. 99헌마671).

(2) 형사피의자

① 형사피의자가 기소유예처분에 대해 헌법소원을 청구한 경우 피의사실의 공소시효가 완성된 경우라도 권리보호이익은 인정된다.

② 형사피의자가 기소유예처분에 대해 헌법소원을 청구한 경우 피의사실의 공소시효가 완성된 경우라도 권리보호이익은 인정된다(헌재 1997.5.29. 99헌마188). 또한 사면법 제5조 제1항 제1호에 의하면 사면의 효과로서 일반사면은 형의 언도의 효력이 상실되며 형의 언도를 받지 않은 자에 대하여는 공소권이 상실된다고 규정되어 있다. 비록 청구인의 이 사건 음주운전의 소위에 대하여 일반사면이 있었다고 하더라도 이 사건 심판청구는 권리보호의 이익이 인정된다(헌재 1996.10.4. 95헌마318).

판례 공소시효완성을 이유로 한 내사종결 (헌재 2014.9.25. 2012헌마175)

1. 공권력 행사성

피청구인이 청구인으로부터 고소장을 제출받고도 부적법하게 진정사건으로 접수하여 내사종결처분을 하였으므로 내사종결처분은 수사기관의 내부적 사건처리방식에 지나지 않는다고 할 수 없고, 헌법소원의 대상인 공권력의 행사에 해당한다(헌재 2000.11.30. 2000헌마356).

2. 권리보호이익

피청구인이 공소시효의 완성을 이유로 내사종결처분을 한 이 사건에서 청구인은 공소시효가 완성되지 않았다고 주장하면서 범죄의 성립 여부를 판단하지 아니한 채 공소시효가 완성되었다고 판단한 피청구인의 처분을 다투고 있으므로 권리보호이익을 인정함이 상당하다. 이와 달리 만일 공소시효의 완성 여부를 적법요건으로 본다면, 피청구인이 실체를 판단하지 아니한 채 공소시효의 완성 여부만을 판단한 이 사건에서는 본안의 판단대상이 없게 되므로 공소시효 완성 여부는 적법요건이 아니라 본안심판의 대상이 된다(헌재 2004.3.25. 2003헌마627).

6. 헌법소원심판청구와 공소시효정지 여부

> **형사소송법 제262조의4 【공소시효의 정지】** 제260조에 따른 재정신청이 있으면 제262조에 따른 재정결정이 확정될 때까지 공소시효의 진행이 정지된다.

공소시효제도는 실체법적 성격을 가지므로 형사소송법 제262조의4는 헌법소원심판에 유추적용될 수 없다(헌재 1993.9.27. 92헌마284). 따라서 헌법소원이 청구되더라도 불기소처분이 된 피의사실의 공소시효는 정지되지 아니하고 진행한다.

8. 청구기간 *

(1) 헌법재판소법 규정

> 헌법재판소법 제69조【청구기간】① 제68조 제1항에 따른 헌법소원의 심판은 그 사유가 있음을 안 날부터 90일 이내에, 그 사유가 있는 날부터 1년 이내에 청구하여야 한다. 다만, 다른 법률에 따른 구제절차를 거친 헌법소원의 심판은 그 최종결정을 통지받은 날부터 30일 이내에 청구하여야 한다.
> ② 제68조 제2항에 따른 헌법소원심판은 위헌여부심판의 제청신청을 기각하는 결정을 통지받은 날부터 30일 이내에 청구하여야 한다.

⚖ 판례

1. **헌법소원심판을 청구할 수 있는 기간을 제한하는 헌법재판소법 제69조 제1항의 위헌확인을 구하는 사건에서 바로 그 조항에 근거하여 청구기간이 지났음을 이유로 각하결정을 할 수 있는지 여부(적극)**
   이 사건 심판청구는 심판대상조항으로 인하여 기본권 침해의 사유가 발생하였음을 알게 된 날부터 90일이 지났음이 명백한 시점에 제기되었으므로 적법한 청구기간이 지난 후 제기된 것이다. 심판대상조항의 위헌확인을 구하는 헌법소원심판이 제기되었다는 이유만으로 그 조항의 효력이 자동적으로 정지된다거나 헌법재판소가 심판대상조항을 적용할 수 없게 되는 것은 아니므로, 청구기간을 제한하고 있는 심판대상조항의 위헌확인을 구하고 있다는 이유만으로, 명백하게 청구기간이 지난 후에 제기된 헌법소원심판청구를 각하하지 않고 본안판단으로 나아가는 것은 허용될 수 없다(헌재 2013.2.28. 2011헌마666).

2. **법령 자체에 대한 헌법소원심판의 청구기간**
   법령에 대해 헌법소원을 청구하는 경우 청구기간을 준수해야 한다. 입법작용에 의한 기본권 침해는 입법행위의 속성상 침해행위 자체는 한번에 끝나는 것이고 그러한 입법행위의 결과인 권리 침해상태가 계속될 수 있을 뿐이라고 보아야 할 것이므로 법령에 의한 기본권 침해의 경우에 침해행위의 결과가 계속 남아있다고 하여 청구기간의 제한을 배제한다는 것은 법적 안정성의 확보를 위한 청구기간의 설정취지에 반하는 것으로서 부당하다(헌재 1992.6.26. 91헌마25).

3. **입법부작위와 공권력의 불행사에 의한 헌법소원심판청구기간**
   공권력의 불행사에 대한 헌법소원심판은 그 불행사가 계속되는 한 기간의 제약 없이 적법하게 청구할 수 있다(헌재 1994.12.29. 89헌마2). 그러나 부진정입법부작위의 경우 그 법률 자체에 대한 헌법소원은 제소기간을 준수해야 한다(헌재 1996.10.31. 94헌마108).

4. **심판청구 후 청구기간조항이 유리하게 개정된 경우**
   심판청구 당시 조항을 적용하는 것이 아니라, 개정된 현행법을 적용하여 청구기간 준수 여부를 판단해야 한다(헌재 2003.7.24. 2003헌마97).

5. **위헌법률심사형 헌법소원의 청구기간**
   헌법재판소법 제68조 제2항의 헌법소원심판의 청구기간은 헌법재판소법 제69조 제2항이 적용되고, 헌법재판소법 제69조 제1항은 적용되지 않는다.

(2) 다른 법률의 구제절차를 거친 경우
형사피해자의 경우 검사의 불기소처분에 대한 대검찰청의 재항고에서 기각결정을 통지받은 날로부터 30일 이내에 헌법소원을 청구해야 한다.

(3) 다른 법률의 구제절차가 없는 경우
① **헌법재판소법 제68조 제1항 본문:** 다른 법률에 의한 구제절차가 없거나 보충성요건에 대한 예외가 인정되어 다른 법률에 의한 구제절차를 거칠 필요가 없는 경우에는 그 사유가 있음을 안 날로부터 90일 이내에, 그 사유가 있은 날로부터 1년 이내에 청구하여야 한다(헌법재판소법 제69조 본문).

② **사유를 안 날과 사유가 있는 날의 관계**: 이 경우에는 헌법소원청구의 사유, 즉 기본권 침해가 있음을 안 날로부터 90일이 지났거나 또는 그 사유가 있는 날로부터 1년이 지났으면(즉, 둘 중 어느 하나의 기간이 지났으면) 그 심판청구는 부적법하다.

(4) 정당한 사유

당시 헌법재판소가 새로 도입되어 이 사건 공권력(국제그룹 해체지시)의 헌법소원의 대상 여부에 대해 법률전문가도 혼선이 생길 수 있었던 점을 감안하여 비록 이 사건 청구인이 안 날이라고 할 1988.12.21.부터 60일의 청구기간을 8일 초과하여 1989.2.27.에 제기하였다 하여도 제소를 허용함이 사회통념상 당연하다 할 정당한 사유가 있는 경우에는 청구기간이 도과하더라도 헌법소원청구는 적법하다(헌재 1993.7.29. 89헌마31).

> **⚖ 판례**
>
> 피청구인 대통령의 지시로 피청구인 대통령비서실장, 정무수석비서관, 교육문화수석비서관, 문화체육관광부장관이 야당 소속 후보를 지지하였거나 정부에 비판적 활동을 한 문화예술인이나 단체를 정부의 문화예술 지원사업에서 배제할 목적으로, 청구인 윤○○, 정○○의 정치적 견해에 관한 정보를 수집·보유·이용한 행위에 대한 헌법소원심판청구가 행정소송법 제20조 제2항 단서의 청구기간을 준수할 수 없었던 정당한 사유가 있다고 볼 수 있다. 이 사건 심판청구가 비록 청구기간을 경과하여서 한 것이라 하더라도 정당한 사유가 있는 경우에는 이를 허용하는 것이 헌법소원제도의 취지와 헌법재판소법 제40조에 의하여 준용되는 행정소송법 제20조 제2항 단서에 부합하는 해석이라 할 것이다. 여기서 정당한 사유라 함은 청구기간 도과의 원인 등 여러 가지 사정을 종합하여 지연된 심판청구를 허용하는 것이 사회통념상으로 보아 상당한 경우를 뜻하는 것으로, 일반적으로 천재 기타 피할 수 없는 사정과 같은 객관적 불능의 사유와 이에 준할 수 있는 사유뿐만 아니라 일반적 주의를 다하여도 그 기간을 준수할 수 없는 사유를 포함한다고 할 것이다. 이 사건 정보수집 등 행위는 대통령의 지시를 받은 대통령비서실 및 문화체육관광부에서 비밀리에 행해진 것으로, '박근혜 정부의 최순실 등 민간인에 의한 국정농단 의혹 사건 규명을 위한 특별검사의 임명 등에 관한 법률'에 따라 임명된 특별검사의 수사를 통해 공소제기가 된 이후 비로소 그 사실관계의 일부가 공식적인 과정을 통해 일반에게 알려졌으므로, 청구인 윤○○, 정○○도 자신에 관한 개인정보가 수집되어 보유 및 이용되었을 가능성이 매우 높다는 것을 특별검사의 공소장 내용이 언론에 알려진 2017.1.30. 이후에야 알게 되었다고 볼 것이다. 청구인 윤○○, 정○○이 그 이전에 이러한 사실을 알지 못하는 것에 아무런 과실 내지 책임이 없는 점을 고려할 때, 헌법소원의 청구기간을 준수할 수 없었던 정당한 사유가 있다고 볼 수 있다(헌재 2020.12.23. 2017헌마416).

(5) 기산점 관련 쟁점

① **기본권 침해가 확실히 예상되는 때인지 기본권 침해가 발생한 시점인지 여부**: 헌법재판소는 법령에 대한 헌법소원의 청구기간도 기본권을 침해받은 때로부터 기산하여야 할 것이지 기본권을 침해받기도 전에 그 침해가 확실히 예상되는 등 실체적 제 요건이 성숙하여 헌법판단에 적합하게 된 때로부터 기산할 것은 아니므로, 종전에 이와 견해를 달리하여 법령에 대한 헌법소원의 청구기간의 기산점에 관하여 기본권의 침해가 확실히 예상되는 때로부터도 청구기간을 기산한다는 취지로 판시한 헌법재판소의 의견을 변경하였다(헌재 1996.3.28. 93헌마198).

② **법률 시행시인지 유예기간 경과한 때인지 여부**: 법령을 시행하면서 유예기간을 둔 경우 유예기간 경과한 때 청구기간의 기산점이 된다.

⚖️판례 | 유예기간을 두고 있는 법령의 경우, 헌법소원심판의 청구기간 기산점을 그 법령의 시행일이 아니라 유예기간 경과일이라고 본 사례

부칙조항들에 따라 도로교통법 제53조 제3항의 개정규정의 시행일인 2015.1.29.로부터 2년이 경과하기 전까지는 어린이 통학버스 운행시에 보호자를 동승시키지 않아도 된다. 따라서 청구인들은 심판대상조항의 시행과 동시에 기본권을 침해받지는 않고, '시행일로부터 2년 경과'라는 사유가 발생하는 2017.1.29.에 비로소 도로교통법 제53조 제3항의 개정규정을 구체적이고 현실적으로 적용받게 되어 보호자 동승의무를 부담한다. 따라서 이 사건 보호자동승조항으로 인한 기본권 침해가 구체적이고 현실적으로 발생하는 날은 2017.1.29.이고, 이 날이 청구인들에 대한 헌법소원심판청구의 청구기간 기산점이 된다. 청구인들은 청구기간 기산점인 2017.1.29.로부터 1년 및 90일 이내인 2017.4.28. 헌법소원심판을 청구하였으므로 이 사건 보호자동승조항에 대한 청구기간은 준수되었다. 따라서 이하 본안에서는 이 사건 보호자동승조항이 청구인들의 기본권을 침해하는지 여부를 판단한다. 종래 이와 견해를 달리하여, 법령의 시행일 이후 법령에 규정된 일정한 기간이 경과한 후에 비로소 법령의 적용을 받는 청구인들에 대한 헌법재판소법 제68조 제1항의 규정에 의한 법령에 대한 헌법소원심판청구기간의 기산점을 법령의 시행일이라고 판시한 우리 재판소 결정들은 이 결정의 취지와 저촉되는 범위 안에서 변경한다(헌재 2020.4.23. 2017헌마479).

> **재판관 이선애, 재판관 이미선의 이 사건 보호자동승조항의 청구기간 기산점에 대한 반대의견**
> 이 사건 보호자동승조항의 시행으로 말미암아 보호자 동승 없이 어린이통학버스를 운행할 수 있었던 청구인 황○○의 법적 지위가 '시행일로부터 2년 이후에는 보호자를 동승시키지 않고 어린이통학버스를 운행할 수 없는 것'으로 불리하게 구체적으로 형성되었다. 따라서 유예기간이 경과한 후에야 비로소 기본권이 제한되는 것이 아니라 이 사건 보호자동승조항의 시행으로 인하여 청구인 황○○의 기본권이 현실적·구체적으로 제한된다.

③ **법률 시행시 기준**: 법령 시행으로 바로 적용을 받는 자의 경우 법률 시행시를 기준으로 한다.

⚖️판례 | 교육공무원의 정년을 65세에서 62세로 단축한 교육공무원법 제47조의 경우

이 사건에서 청구인은 이 사건 법률조항의 시행으로 인하여 그 즉시 정년이 62세로 단축된 중등교원의 지위를 갖게 되는 효과를 받게 된 것이지, 이후 62세에 달하여 실제 정년퇴직에 이르러서야 비로소 기본권의 제한을 받게 되었다고 할 것은 아니므로, 청구기간의 기산점은 이 사건 법률조항의 공포일(시행일)로 보는 것이 타당하다. 이 사건 청구인은 그의 정년이 단축되어 조기에 정년퇴직하게 됨을 전제로 정년퇴직 후 계약제 초빙교장을 희망하는 희망원을 경상남도교육감에게 제출하는 등 이 사건 법률조항의 시행으로 인하여 자신의 종전 정년이 단축되었음을 그 시행일부터 익히 알고 있었다고 할 것이므로, 이를 다투는 이 사건 헌법소원의 청구기간은 이 사건 법률조항의 시행일로부터 기산하여 90일이 경과함으로써 이미 종료되었다고 볼 것이다(헌재 2002.1.31. 2000헌마274).

④ **법률 시행시가 아니라 기본권 침해가 발생한 날**

⚖️판례 | 자치단체의 장의 계속 재임을 3기로 제한한 법률조항에 의한 기본권 침해의 시점

자치단체의 장의 계속 재임을 3기로 제한한 법률조항이 1994.12.20.경부터 시행되었으나, 위 법률조항의 시행과 동시에 기본권을 침해하는 것이 아니라 법률 시행 후 청구인 자치단체의 장들이 3기 초과 연임을 하고자 하는 경우에 비로소 기본권 침해가 구체적으로 현실화되므로 청구기간을 도과하였다고 할 수 없다(헌재 2006.2.23. 2005헌마403).

(6) 헌법소원을 청구한 날

헌법소원의 심판은 그 사유가 있음을 안 날부터 90일 이내에, 그 사유가 있는 날부터 1년 이내에 청구하여야 한다.

① 국선대리인 선임신청

> **헌법재판소법 제70조【국선대리인】**① 헌법소원심판을 청구하려는 자가 변호사를 대리인으로 선임할 자력(資力)이 없는 경우에는 헌법재판소에 국선대리인을 선임하여 줄 것을 신청할 수 있다. 이 경우 제69조에 따른 청구기간은 **국선대리인의 선임신청이 있는 날을 기준으로 정한다.**
> ④ 헌법재판소가 국선대리인을 선정하지 아니한다는 결정을 한 때에는 지체 없이 그 사실을 신청인에게 통지하여야 한다. 이 경우 신청인이 선임신청을 한 날부터 그 통지를 받은 날까지의 기간은 **제69조의 청구기간에 산입하지 아니한다.**

> **⚖ 판례**
> 헌법재판소법 제69조 제1항에 의한 헌법소원심판청구기간의 기산점 및 기간은 법령에 대한 헌법소원의 경우에도 적용되므로 법령이 시행된 뒤에 그 법령에 해당하는 사유가 발생하여 기본권의 침해를 받게 된 자는 그 사유가 발생하였음을 안 날로부터 90일 이내에, 그 사유가 발생한 날로부터 1년 이내에 헌법소원을 청구하여야 하며, 국선대리인선임신청이 인용되고 헌법소원심판청구가 제기된 경우에는 국선대리인선임신청일을 기준으로 헌법소원심판청구기간 준수 여부를 정하여야 한다(헌재 1998.3.26. 96헌마345).

② **추가청구한 경우**: 1차 헌법소원청구 후 심판대상을 추가하여 헌법소원을 청구한 경우 새로 청구한 날을 청구한 날로 한다.

04 헌법소원심판청구절차

1. 헌법소원심판청구형식

> **헌법재판소법 제71조【청구서의 기재사항】**① 제68조 제1항에 따른 헌법소원의 심판청구서에는 다음 각 호의 사항을 적어야 한다.
> 1. 청구인 및 대리인의 표시
> 2. 침해된 권리
> 3. 침해의 원인이 되는 공권력의 행사 또는 불행사
> 4. 청구이유
> 5. 그 밖에 필요한 사항

2. 국선대리인제도

> **헌법재판소법 제70조【국선대리인】**① 헌법소원심판을 청구하려는 자가 변호사를 대리인으로 선임할 자력(資力)이 없는 경우에는 헌법재판소에 국선대리인을 선임하여 줄 것을 신청할 수 있다. 이 경우 제69조에 따른 청구기간은 국선대리인의 선임신청이 있는 날을 기준으로 정한다.
> ② 제1항에도 불구하고 헌법재판소가 공익상 필요하다고 인정할 때에는 국선대리인을 선임할 수 있다.

③ 헌법재판소는 제1항의 신청이 있는 경우 또는 제2항의 경우에는 헌법재판소규칙으로 정하는 바에 따라 변호사 중에서 국선대리인을 선정한다. 다만, 그 심판청구가 명백히 부적법하거나 이유 없는 경우 또는 권리의 남용이라고 인정되는 경우에는 국선대리인을 선정하지 아니할 수 있다.

④ 헌법재판소가 국선대리인을 선정하지 아니한다는 결정을 한 때에는 지체 없이 그 사실을 신청인에게 통지하여야 한다. 이 경우 신청인이 선임신청을 한 날부터 그 통지를 받은 날까지의 기간은 제69조의 청구기간에 산입하지 아니한다.

⑤ 제3항에 따라 선정된 국선대리인은 선정된 날부터 60일 이내에 제71조에 규정된 사항을 적은 심판청구서를 헌법재판소에 제출하여야 한다.

3. 국가심판비용부담원칙과 공탁금

> **헌법재판소법 제37조【심판비용 등】** ① 헌법재판소의 심판비용은 국가부담으로 한다. 다만, 당사자의 신청에 의한 증거조사의 비용은 헌법재판소규칙으로 정하는 바에 따라 그 신청인에게 부담시킬 수 있다.

05 헌법소원심판의 절차와 결정유형

1. 지정재판부의 사전심사

(1) 사전심사가 적용되는 심판

> **헌법재판소법 제72조【사전심사】** ① 헌법재판소장은 헌법재판소에 재판관 3명으로 구성되는 지정재판부를 두어 헌법소원심판의 사전심사를 담당하게 할 수 있다.

(2) 결정유형(헌법재판소법 제72조, 제73조)

① **각하**: 3명 모두의 찬성으로 각하결정을 할 수 있다. 지정재판부는 헌법소원을 각하하거나 심판 회부결정을 한 때에는 그 결정일부터 14일 이내에 청구인 또는 그 대리인 및 피청구인에게 그 사실을 통지하여야 한다.

② **심판 회부결정**: 각하결정이 나오지 않는 한 전원재판부의 심판에 회부하는 결정을 한다.

③ **헌법소원심판청구 후 30일이 지날 때까지 각하결정이 없는 때**: 심판에 회부하는 결정이 있는 것으로 본다.

④ **지정재판부는 본안판단을 할 수 없다**: 지정재판부는 본안판단을 할 수 없으므로, 인용·기각결정을 할 수 없다. 다만, 지정재판부가 가처분 인용결정을 한 사례는 없으며, 적법요건 흠결 등을 이유로 헌법소원을 각하하는 경우 그에 부수된 가처분 신청에 대해서도 함께 기각결정을 하고 있다(헌재 2010. 7.6. 2010헌마324).

(3) 각하 및 심판회부결정의 통지

> **헌법재판소법 제73조【각하 및 심판회부결정의 통지】** ① 지정재판부는 헌법소원을 각하하거나 심판회부결정을 한 때에는 그 결정일부터 14일 이내에 청구인 또는 그 대리인 및 피청구인에게 그 사실을 통지하여야 한다. 제72조 제4항 후단의 경우에도 또한 같다.

2. 심리원칙

(1) 서면심리의 원칙(헌법재판소법 제30조 제2항)

위헌법률의 심판과 헌법소원에 관한 심판은 서면심리에 의한다. 다만, 재판부는 필요하다고 인정하는 경우에는 변론을 열어 당사자 · 이해관계인, 그 밖의 참고인의 진술을 들을 수 있다.

(2) 심사관점

헌법소원이 단지 주관적인 권리구제절차일 뿐이 아니라 객관적 헌법질서의 수호와 유지에 기여한다는 이중적 성격을 지니고 있으므로, 헌법재판소는 본안판단에 있어서 모든 헌법규범을 심사기준으로 삼음으로써 청구인이 주장한 기본권의 침해 여부에 관한 심사에 한정하지 아니하고 모든 헌법적 관점에서 심판대상의 위헌성을 심사한다. 따라서 헌법재판소법 제68조 제1항이 비록 청구인이 주장하는 기본권을 침해하지는 않지만, 헌법 제107조 및 제111조에 규정된 헌법재판소의 권한규범에 부분적으로 위반되는 위헌적인 규정이므로, 이 사건 헌법소원은 위에서 밝힌 이유에 따라 한정적으로 인용될 수 있는 것이다 (헌재 1997.12.24. 96헌마172 등).

3. 헌법소원심판의 결정유형

(1) 각하결정

① **개념**: 각하결정은 헌법소원심판의 대상이 되지 못하거나 청구요건을 갖추지 못하여 청구가 부적합한 경우에 내리는 결정이다.

② **각하결정의 사유**
- ㉠ 헌법소원의 대상성이 인정되지 않는 경우
- ㉡ 기본권 침해의 자기관련성, 직접성, 현재성이 없는 경우
- ㉢ 헌법소원이 보충성요건을 충족하지 못한 경우
- ㉣ 청구기간을 도과한 경우
- ㉤ 헌법소원이 권리보호의 이익이 없는 경우
- ㉥ 변호사(대리인)의 선임이 없는 경우

(2) 청구기각의 결정

기각결정은 인용결정과 함께 본안에 대한 결정으로 청구가 이유 없을 때 내리는 결정이다.

(3) 헌법소원의 인용결정

① **의의**: 인용결정은 공권력의 행사 또는 불행사로 청구인의 기본권이 침해되었음을 인정하는 결정유형이다.

② **인용결정정족수**: 재판관 6명 이상의 찬성이 있어야 한다.

③ **인용결정의 내용**

헌법재판소법 제75조 【인용결정】 ② 제68조 제1항에 따른 헌법소원을 인용할 때에는 인용결정서의 주문에 침해된 기본권과 침해의 원인이 된 공권력의 행사 또는 불행사를 특정하여야 한다.
③ 제2항의 경우에 헌법재판소는 기본권 침해의 원인이 된 공권력의 행사를 취소하거나 그 불행사가 위헌임을 확인할 수 있다.
⑤ 제2항의 경우에 **헌법재판소는 공권력의 행사 또는 불행사가 위헌인 법률 또는 법률의 조항에 기인한 것이라고 인정될 때에는 인용결정에서 해당 법률 또는 법률의 조항이 위헌임을 선고할 수 있다.**

---

④ 인용결정의 효과

헌법재판소법 제75조【인용결정】① 헌법소원의 인용결정은 모든 국가기관과 지방자치단체를 기속한다.
④ 헌법재판소가 공권력의 불행사에 대한 헌법소원을 인용하는 결정을 한 때에는 피청구인은 결정취지에 따라 새로운 처분을 하여야 한다.

(4) 심판절차 종료선언

① 의의: 헌법소원심판에서 이 사건 헌법소원심판은 종료되었다라고 선언하는 결정유형이다.
② 청구인의 사망으로 헌법소원심판을 수계할 자가 없는 경우(헌재 1994.12.29. 90헌바13)

⚖ 판례 | 담배사업법 위헌확인 ★★

청구인이 심판절차 계속 중 사망하여 심판절차 종료선언을 한 사례

청구인 조○행의 이 사건 심판청구의 요지는, 담배사업법이 위 청구인의 보건권, 생명권, 행복추구권, 인간다운 생활을 할 권리 등을 침해하였다는 것인데, 이러한 기본권은 성질상 일신전속적인 것으로 당사자가 사망한 경우 승계되거나 상속될 수 있는 것이 아니어서 이에 대한 심판절차 역시 수계될 수 없으므로, 청구인 조○행의 이 사건 심판청구는 위 청구인의 사망과 동시에 그 심판절차가 종료되었다(헌재 2015.4.30. 2012헌마38).

⚖ 판례 | 심판절차 종료 (헌재 2016.6.30. 2014헌바300)

1. 청구인의 사망 후 재심을 청구할 수 있는 그 배우자 및 직계비속은 수계의사가 없음을 통지하였고, 나아가 특별히 종국결정을 할 필요성도 인정되지 아니한다. 그러므로 이 사건 헌법소원심판절차는 청구인의 사망으로 종료되었다.
   참고 다만, 청구인이 사망했을지라도 사건이 수계할 수 있는 사건이고 수계자가 있는 경우라면 심판절차는 종료되지 아니한다. 따라서 본안판단을 할 수 있다.

2. 비법인사단은 그 해산 이후에도 청산사무가 완료될 때까지 청산의 목적범위 내에서 권리·의무의 주체가 되나, 이 사건 헌법소원심판청구는 청구인 ○○패의 청산목적과 관련되어 있다고 보기 어려우므로, 그 당사자능력을 인정할 수 없어 심판절차가 종료되었다(헌재 2020.12.23. 2017헌마416).

⚖ 판례 | '진실·화해를 위한 과거사정리 기본법'에 따른 진실규명사건의 피해자인 청구인이 심판절차 계속 중 사망하여, 청구인의 심판청구 중 관련 기본권의 성질상 승계되거나 상속될 수 없는 부분에 대하여 심판절차 종료선언을 한 사례

청구인 정○○은 이 사건 헌법소원심판절차가 계속 중이던 2021.3.29. 사망하였으므로, 청구인 정○○의 심판청구 중 관련 기본권의 성질상 승계가 허용되는 배상조치 부작위 부분의 심판절차는 그 배우자 및 자녀로서 수계를 신청한 상속인이자 공동청구인인 청구인들이 수계하고, 관련 기본권이 그 성질상 일신전속적인 것이어서 승계가 허용되지 아니하는 명예회복 부작위 및 화해권유 부작위 부분의 심판절차는 종료되었다(헌재 2021.9.30. 2016헌마1034).

③ 청구인이 헌법소원심판청구를 취하한 경우
   ㉠ 심판절차가 종료된다는 견해(헌법재판소 다수재판관): 청구인이 헌법소원청구를 취하하였으므로 민사소송법 제266조를 준용하여 심판절차를 종료한다.
   ㉡ 심판절차가 종료되지 않고 계속된다는 견해(반대의견): 청구인이 청구를 취하하였다하더라도 헌법질서 수호·유지를 위하여 중요한 의미를 가지는 경우에는 심판절차는 종료되지 않는다.

06 헌법재판소법 제68조 제2항의 헌법소원 **

> **헌법재판소법 제68조【청구사유】** ② 제41조 제1항에 따른 법률의 위헌여부심판의 제청신청이 기각된 때에는 그 신청을 한 당사자는 헌법재판소에 헌법소원심판을 청구할 수 있다. 이 경우 그 당사자는 당해 사건의 소송절차에서 동일한 사유를 이유로 다시 위헌여부심판의 제청을 신청할 수 없다.

1. 법적 성격

(1) 학설

헌법재판소법 제68조 제2항의 헌법소원의 법적 성격에 대해 헌법소원설과 위헌법률심판설이 있으나, 실질적으로 위헌법률심판에 해당한다는 것이 다수설이다.

(2) 헌법재판소 입장

헌법재판소는 동 조항의 헌법소원을 위헌소원이라고 하면서, 본질은 위헌법률심판이지만 그 존재형식은 위헌법률심판과는 구별되는 독자적인 것으로 보고 있다.

(3) 청구인

① 권리구제형 헌법소원과 달리 기본권 침해를 전제로 하지 않으므로 기본권 주체가 아닌 국가기관도 청구할 수 있다.

> ⚖️ **판례**
>
> 헌법재판소법 제68조 제2항에 의한 헌법소원심판은 구체적 규범통제의 헌법소원으로서 기본권의 침해가 있을 것을 그 요건으로 하고 있지 않을 뿐만 아니라 행정처분에 대한 소송절차에서는 그 근거법률의 헌법적합성까지도 심판대상으로 되는 것이므로, 행정처분의 주체인 행정청도 헌법의 최고규범력에 따른 구체적 규범통제를 위하여 근거법률의 위헌 여부에 대한 심판의 제청을 신청할 수 있고, 헌법재판소법 제68조 제2항의 헌법소원을 제기할 수 있다(헌재 2008.4.24. 2004헌바44).

② **보조참가인:** 헌법재판소법 제40조 제1항에 의해서 준용될 수 있는 민사소송법 제83조 제1항에 의해서 현재 계속 중인 헌법소원심판에 공동청구인으로서 참가를 하려면 그 청구기간 내에 참가신청을 하여야 하고, 헌법소원심판의 당사자적격을 갖춘 자들이 그 청구기간 내에 자신들을 청구인으로 추가하여 줄 것을 요청하는 내용의 '청구인추가신청서'를 제출한 경우, 이들에게도 사실상 위헌결정의 효력이 미친다면 합일확정의 필요가 인정되므로 적법한 공동심판참가신청으로 보아 허용할 수 있다. 한편 청구기간이 경과한 후에 이루어진 공동심판참가신청은 부적법하나, 국민의 기본권 보호를 목적으로 하는 헌법소원제도의 취지에 비추어 위헌결정의 효력이 미치는 범위에 있는 자들은 이 사건 헌법소원심판의 결과에 법률상 이해관계를 가지므로 보조참가인으로 보기로 한다(헌재 2008.2.28. 2005헌마872 등).

③ **당해 소송사건의 원고의 지위를 승계하지 아니한 청구인의 심판청구를 각하한 사례:** 헌법재판소법 제68조 제2항은 같은 법 제41조 제1항에 따른 법률의 위헌여부심판의 제청신청이 기각된 때에는 그 신청을 한 당사자는 헌법재판소에 헌법소원심판을 청구할 수 있다고 규정하고 있으므로, 제청신청을 하였다가 기각당한 당사자만 헌법소원심판을 청구할 수 있고, 이러한 요건을 갖추지 못한 사람은 헌법소원을 청구할 수 없다. 청구인 중 일부는 당해 소송사건에 소송 승계를 하여 원고의 지위를 승계하였다는 사정이 기록상 발견되지 아니하므로, 당해 사건에서 제청신청을 하였다가 기각당한 당사자가 아니어서 헌법재판소법 제68조 제2항의 헌법소원을 청구할 수 없고, 그 심판청구는 부적법하다(헌재 2019.12.27. 2018헌바109).

(4) 헌법재판소법 제68조 제1항의 헌법소원과의 관계

헌법재판소법 제68조 제1항 소정의 권리구제형 헌법소원과 같은 조 제2항 소정의 위헌심사형 헌법소원은 그 요건과 대상이 다르고 별개의 사건부호가 부여되는 등 법적 성격을 달리하므로 일사부재리 원칙에 저촉되는 동일한 사건에 해당하지 않는다.

> **판례**
>
> 헌법재판소법 제68조 제1항에 의한 헌법소원과 헌법재판소법 제68조 제2항에 의한 헌법소원은 비록 그 요건과 대상은 다르다고 하더라도 헌법재판소라는 동일한 기관에서 재판을 받고, 개인에 의한 심판청구라는 헌법소원의 측면에서는 그 성질이 동일한 점, 만약 이를 허용하지 않을 경우 당사자는 관련청구소송을 하나는 헌법재판소법 제68조 제1항에 의한 헌법소원으로, 다른 하나는 헌법재판소법 제68조 제2항에 의한 헌법소원으로 제기하여야 하는데 이는 소송경제에 반하는 점 등을 살펴볼 때, 하나의 헌법소원으로 헌법재판소법 제68조 제1항에 의한 청구와 헌법재판소법 제68조 제2항에 의한 청구를 함께 병합하여 제기함이 가능하다고 할 것이다(헌재 2010.3.25. 2007헌마933).

2. 위헌소원의 청구요건

위헌소원의 청구요건으로는 ① 위헌제청신청과 제청신청에 대한 ② 법원의 기각결정 또는 각하결정, ③ 재판의 전제성이다. 권리보호이익을 요건으로 보아 권리보호이익을 인정한다고 하면서 본안판단을 한 사례도 있다(헌재 1999.3.25. 98헌바2). 다만, 헌법재판소법 제68조 제2항 헌법소원에서는 재판의 전제성, 심판의 이익을 갖추고 있는 이상 기본권 침해의 직접성·현재성 및 자기관련성의 유무, 보충성요건은 심판청구의 직접 관계가 없다(헌재 1998.7.16. 95헌바19).

(1) 재판의 전제성

문제가 된 법률의 위헌 여부가 법원에 계속 중인 사건에 대한 재판의 전제가 되어야 한다.

(2) 제청신청과 기각

위헌소원은 당사자가 법원에 대하여 위헌법률심판을 제청신청하였고 또 그 신청이 기각 또는 각하되었을 때에 제기할 수 있다. 법원이 재판의 전제성이 없다고 하여 각하한 경우에도 헌법소원청구가 가능하다고, 헌법재판소는 재판의 전제성을 인정할 수도 있다.

(3) 심판의 대상

① **법률**: 법률과 동일한 효력을 갖는 긴급명령, 긴급재정·경제명령, 조약도 그 대상이 될 수 있다. 그러나 대통령령이나 조례와 같은 법률의 효력을 가지지 않는 법규명령은 대상이 될 수 없다. 또한 진정입법부작위는 심판대상이 되지 않는다.

> **판례 | 1945.8.9. 이후 성립된 거래를 전부 무효로 한 재조선미국육군사령부군정청 법령 제2호 제4조**
>
> 법률과 같은 효력을 가지는 것으로 폐지되었더라도 헌법재판소법 제68조 제2항의 헌법소원의 대상이 된다. 당시 군정장관이 제정한 법령 기타 법규의 공포방식에 관하여는 이를 규율하는 법규가 없었고, 그로 인하여 오늘날 법률로 제정되어야 할 사항 중 많은 부분이 '법령 기타 법규'의 형식으로 제정되었으며, 그 공표절차에 있어서는 관보게재의 방식에 의하거나 관보게재 외의 방식에 의하기도 하였다. '법령 기타 법규'의 형식을 가졌다고 하여 반드시 '법률'보다 하위의 규범인 것은 아니었고, 그 내용이 입법사항에 관한 것이라면 **법률과 같은 효력을 가지는 것으로 이해되었다.** 1945.8.9. 이후 성립된 거래를 전부 무효로 한 재조선미국육군사령부군정청 법령 제2호 제4조 본문과 1945.8.9. 이후 일본 국민이 소유하거나 관리하는 재산을 1945. 9. 25.자로 전부 미군정청이 취득하도록 정한 재조선미국육군사령부군정청 법령 제33호 제2조은 '구법령 정리

에 관한 특별조치법'에 따라 폐지된 조항이지만 계쟁 토지가 귀속재산인지 여부와 관련하여 현재까지도 여전히 유효한 재판규범으로서 적용되고 있고 그 위헌 여부가 당해 사건의 재판의 전제가 되어 있으므로 헌법소원의 대상이 된다(헌재 2021.1.28. 2018헌바88).

② 법원에 위헌법률심판제청신청을 했다가 기각당한 그 법률 또는 법률조항(법원에 위헌제청신청을 하지 않았고 위헌 여부에 대한 법원의 명시적 판단도 없는 법률조항을 헌법재판소법 제68조 제2항에 의한 헌법소원심판의 심판대상으로 삼은 사례): 헌법재판소법 제68조 제2항에 의한 헌법소원심판은 당해 사건 법원에 위헌제청신청을 하여 기각결정을 받은 법률조항에 대하여만 청구할 수 있는 것이 원칙이나, 위와 같은 절차를 거치지 않은 법률조항이라고 하더라도 당해 법원이 실질적으로 판단하였거나 명시적으로 위헌제청신청을 한 조항과 필연적 연관관계를 맺고 있어서 묵시적으로 판단한 것으로 볼 수 있는 경우에는 이러한 법률조항에 대한 심판청구도 예외적으로 허용된다. 위헌제청신청한 법률조항에 대한 당해 사건 법원의 판단에는 지방교육자치법 제50조에 대한 판단도 실질적으로 포함되어 있다고 보이고, 더욱이 지방교육자치법 제50조는 당해 사건 재판에 직접 적용되는 법률조항으로 재판의 전제성이 인정되므로 그 위헌 여부를 판단함이 타당하다(헌재 2014.7.24. 2013헌바69).

③ 한정위헌청구의 적법성에 관한 종래의 선례를 변경하여 원칙적으로 한정위헌청구가 적법하다고 결정한 사례: 법률의 의미는 결국 개별·구체화된 법률해석에 의해 확인되는 것이므로 법률과 법률의 해석을 구분할 수는 없고, 재판의 전제가 된 법률에 대한 규범통제는 해석에 의해 구체화된 법률의 의미와 내용에 대한 헌법적 통제로서 헌법재판소의 고유권한이며, 헌법합치적 법률해석의 원칙상 법률조항 중 위헌성이 있는 부분에 한정하여 위헌결정을 하는 것은 입법권에 대한 자제와 존중으로서 당연하고 불가피한 결론이므로, 이러한 한정위헌결정을 구하는 한정위헌청구는 원칙적으로 적법하다고 보아야 한다. 다만, 재판소원을 금지하는 헌법재판소법 제68조 제1항의 취지에 비추어, 개별·구체적 사건에서 단순히 법률 조항의 포섭이나 적용의 문제를 다투거나, 의미있는 헌법문제에 대한 주장없이 단지 재판 결과를 다투는 헌법소원심판청구는 여전히 허용되지 않는다(헌재 2012.12.27. 2011헌바117).

📖 판례 | 법률조항의 위헌 여부를 다투지 않고 법률 적용 여부를 다툰 경우

1. 법률조항의 위헌 여부를 다투지 않고 법률 적용 여부를 다툰 경우

이는 당해 사건재판의 기초가 된 사실관계의 인정과 평가 및 법률의 해석·적용에 관한 문제를 들어 법원의 재판 결과를 비난하는 것이므로, 헌법재판소의 심판사항이 될 수 없다(헌재 2000.8.31. 99헌바98).

2. 국가보안법 제2조 제1항의 반국가단체에 북한이 포함된다고 해석하는 것

반국가단체조항의 반국가단체에 북한이 포함된다고 해석하는 것이 헌법에 위반된다는 취지의 주장은 사실인정 내지 법률조항의 포섭·적용, 법원의 법률해석이나 재판 결과를 다투는 것에 불과하여 현행의 규범통제제도에 어긋나므로, 반국가단체조항에 대한 심판청구는 부적법하다(헌재 2015.4.30. 2012헌바95 등).

---

④ **심판대상 변경**: 청구인들이 심판을 요청한 법률(조항)은 재판의 전제성이 없고 다른 법률(조항)이 재판의 전제성을 충족하는 경우에는 헌법재판소가 직권으로 심판의 대상을 변경한다(헌재 1998.3.26. 93헌바12).

⚖ 판례 | 관습법

1. 상속에 관한 관습법 위헌소원 ★★ (헌재 2016.4.28. 2013헌바396 등)

> **<심판대상>**
> 이 사건 심판대상은 민법 시행 이전의 구 관습법 중 "여호주가 사망하거나 출가하여 호주상속인 없이 절가된 경우, 유산은 그 절가된 가(家)의 가족이 승계하고 가족이 없을 때는 출가녀(出家女)가 승계한다."라는 부분이 헌법에 위반되는지 여부이다.

① **민법 시행 이전에 상속 등을 규율하는 법률이 없는 상황에서 적용되던 이 사건 관습법이 헌법소원의 심판대상이 될 수 있는지 여부(적극):** 이 사건 관습법은 민법 시행 이전에 상속 등을 규율하는 법률이 없는 상황에서 절가된 가(家)의 재산분배에 관하여 적용된 규범으로서, 비록 형식적 의미의 법률은 아니지만 실질적으로는 법률과 같은 효력을 가지므로 이 사건 관습법도 헌법소원심판의 대상이 되고, 단지 형식적 의미의 법률이 아니라는 이유로 그 예외가 될 수는 없다.

② **이 사건 유산 승계에 관한 관습법이 평등원칙에 위반되는지 여부(소극):** 헌법 시행 이전에 성립된 평등원칙에 어긋나는 구 관습법이 헌법제정과 동시에 모두 위헌이 되고 소급하여 실효된다고 볼 수는 없다. 민법의 제정 및 시행으로 이미 폐지된 구 관습법에 대하여 역사적 평가를 넘어 현행헌법을 기준으로 소급적으로 그 효력을 모두 부인할 경우 이를 기초로 형성된 모든 법률관계가 한꺼번에 뒤집어져 엄청난 혼란을 일으킬 수 있다. 만약 헌법재판소의 재판부가 새로 구성될 때마다 구 관습법의 위헌성에 관하여 달리 판단한다면, 구 관습법의 적용을 기초로 순차 형성된 무수한 법률관계를 불안정하게 함으로써 국가 전체의 법적 안정성이 무너지는 결과를 초래할 수도 있다. 이상과 같은 사정을 종합하여 보면, 민법 시행으로 폐지된 이 사건 관습법이 절가된 가의 유산 귀속순위를 정함에 있어 합리적 이유 없이 출가한 여성을 그 가적에 남아 있는 가족과 차별하여 평등원칙에 위배되었다고 볼 수 없다.

2. 분묘기지권에 관한 관습법 중 "타인 소유의 토지에 소유자의 승낙 없이 분묘를 설치한 경우에는 20년간 평온·공연하게 그 분묘의 기지를 점유하면 지상권과 유사한 관습상의 물권인 분묘기지권을 시효로 취득하고, 이를 등기 없이 제3자에게 대항할 수 있다."라는 부분 및 "분묘기지권의 존속기간에 관하여 당사자 사이에 약정이 있는 등 특별한 사정이 없는 경우에는 권리자가 분묘의 수호와 봉사를 계속하는 한 그 분묘가 존속하고 있는 동안은 분묘기지권은 존속한다."라는 부분이 헌법소원심판의 대상에 해당하는지 여부(적극)
헌법 제111조 제1항 제1호·제5호 및 헌법재판소법 제41조 제1항, 제68조 제2항은 위헌심판의 대상을 '법률'이라고 규정하고 있는데, 여기서 '법률'이라고 함은 국회의 의결을 거친 형식적 의미의 법률뿐만 아니라 법률과 같은 효력을 갖는 조약 등도 포함되므로, 법률과 같은 효력을 가지는 이 사건 관습법도 헌법소원심판의 대상이 되고, 단지 형식적 의미의 법률이 아니라는 이유로 그 예외가 될 수는 없다(헌재 2020.10.29. 2017헌바208).

⚖ 판례 | 대상이 아닌 것

1. 헌법재판소법 제68조 제2항에 의한 헌법소원심판에서 입법부작위의 위헌만을 다투는 것이 허용되는지 여부(소극)
헌법재판소법 제68조 제2항에 의한 헌법소원은 '법률'의 위헌성을 적극적으로 다투는 제도이므로 '법률의 부존재' 즉, 입법부작위를 다투는 것은 그 자체로 허용되지 아니한다(헌재 2010.3.25. 2007헌마933).

2. 사업주와의 관계에서 사용종속관계가 인정되지 않는 노무제공자 중 이른바 '**특수형태근로종사자**'에 대하여 근로기준법상 근로자와 동일한 보호가 이루어져야 한다고 주장하는 내용의 헌법소원심판청구는 진정입법부작위를 다투는 것에 해당한다. 이 사건 심판청구는 헌법재판소법 제68조 제2항에 따른 헌법소원에서 진정입법부작위를 다투는 것으로써 모두 부적법하다(헌재 2016.11.24. 2015헌바413 등).

3. 수사기관에서 수사 중인 사건에 대하여 징계절차를 진행하지 아니함을 **징계혐의자인 지방공무원에게 통보하지 않아도 징계시효가 연장되는 것이 위헌이라는 주장**은, 지방공무원법에서 징계절차를 진행하지 아니함을 통보하지 아니한 경우에는 징계시효가 연장되지 않는다는 예외규정을 두지 아니한 입법의 불완전성·불충분성, 즉 부진정입법부작위의 위헌성을 다투는 것이므로 헌법재판소법 제68조 제2항의 헌법소원심판을 청구하는 것이 허용된다(헌재 2017.6.29. 2015헌바29).

4. **제청신청하지 않은 또는 제청신청 후 기각되지 않은 법률조항**

   헌법재판소법 제68조 제2항에 의한 헌법소원은 법원이 위헌여부심판의 제청신청을 각하 또는 기각한 경우에만 당사자가 직접 헌법재판소에 헌법소원의 형태로 심판청구를 할 수 있는 것이므로, 법원의 위헌제청신청 기각결정의 대상이 되지 아니한 규정에 대하여 헌법소원심판청구를 추가한 경우 그 부분에 대한 심판청구는 헌법재판소법 제68조 제2항에 의한 헌법소원심판의 대상이 되지 아니하여 부적법하다(헌재 2002.4.25. 2000헌바20).

5. **법원의 위헌제청신청 기각·각하결정**

   헌법재판소법 제68조 제2항의 규정에 의한 헌법소원심판청구는 법률이 헌법에 위반되는 여부가 재판의 전제가 되는 때에 당사자가 위헌제청신청을 하였음에도 불구하고 법원이 이를 배척하였을 경우에 법원의 제청에 갈음하여 당사자가 직접 헌법재판소에 헌법소원의 형태로서 심판청구를 하는 것이므로, 그 심판의 대상은 재판의 전제가 되는 법률이며 법원의 위헌제청신청 기각결정 등의 재판 자체는 될 수 없다(헌재 2002.6.27. 2001헌바100 등).

6. 헌법재판소법 제68조 제2항에 따른 헌법소원심판청구의 대상은 재판의 전제가 되는 형식적 의미의 법률 및 그와 동일한 효력을 가진 규범이므로, 구 치료감호법 **시행규칙** 제27조를 대상으로 한 헌법재판소법 제68조 제2항의 헌법소원심판청구는 부적법하다(헌재 2017.4.27. 2016헌바452).

7. 법무부령인 **검찰사건사무규칙** 조항을 대상으로 하고 있으므로 심판의 대상적격을 갖추지 못하여 부적법하다(헌재 2019.5.21. 2019헌바134).

8. 헌법재판소법 제68조 제2항에 의한 헌법소원심판청구에 있어 심판의 대상은 재판의 전제가 되는 '법률'이므로, 구 '게임산업진흥에 관한 법률 시행령'에 대한 심판청구는 부적법하다(헌재 2020.12.23. 2017헌바463 등).

(4) 헌법재판소법 제68조 제2항 제2문의 당해 사건의 소송절차의 의미

> **헌법재판소법 제68조 【청구사유】** ② 제41조 제1항에 따른 법률의 위헌여부심판의 제청신청이 기각된 때에는 그 신청을 한 당사자는 헌법재판소에 헌법소원심판을 청구할 수 있다. 이 경우 **그 당사자는 당해 사건의 소송절차에서 동일한 사유를 이유로 다시 위헌여부심판의 제청을 신청할 수 없다.**

① **대법원 판례:** 대법원은 당해 사건의 소송절차에서 동일한 사유로 다시 위헌제청신청을 할 수 없다는 의미를 동일한 심급의 소송절차뿐 아니라 상소심에서의 제청신청까지 포함되는 것으로 보고 있다(대결 2000.4.11. 98카기137).

② **헌법재판소 판례:** 항소심절차에서 위헌여부심판제청신청이 기각되었는데, 헌법소원심판을 청구하지 않고 있다가 같은 항소심절차에서 같은 법률조항에 관하여 동일한 사유로 위헌여부심판을 제청신청하였다가 법원이 기각하자 제68조 제2항에 따른 헌법소원을 청구하였는데, 이 청구는 헌법재판소법 제68조 제2항 후문의 규정에 위배되어 부적법하다(헌재 1994.4.28. 91헌바14). 당해 사건의 소송절차에 동일심급뿐 아니라 상소심절차도 포함된다.

⚖ **판례 | 헌법재판소법 제68조 제2항 후문의 '당해 사건의 소송절차'에 당해 사건의 상소심 소송절차가 포함되는지 여부** (헌재 2007.7.26. 2006헌바40)

1. **헌법재판소법 제68조 제2항 후문의 '당해 사건의 소송절차'에 당해 사건의 상소심 소송절차가 포함되는지 여부(적극)**

   헌법재판소법 제68조 제2항은 법률의 위헌여부심판의 제청신청이 기각된 때에는 그 신청을 한 당사자는 헌법재판소에 헌법소원심판을 청구할 수 있으나, 다만 이 경우 그 당사자는 당해 사건의 소송절차에서 동일한 사유를 이유로 다시 위헌여부심판의 제청을 신청할 수 없다고 규정하고 있는바, 이때 당해 사건의 소송절차란 당해 사건의 상소심 소송절차를 포함한다 할 것이다.

2. **항고심 소송절차에서 위헌법률심판제청신청을 하여 그 신청이 기각되었는데도 헌법소원심판을 청구하지 아니하고 있다가 그 재항고심 소송절차에서 같은 이유를 들어 위헌법률심판제청신청을 하여 그 신청이 기각되자 헌법소원심판청구를 한 경우에 헌법재판소법 제68조 제2항 후문에 위배되는지 여부(적극)**

   청구인들은 항고심 소송절차에서 위헌법률심판제청신청을 하여 그 신청이 기각되었는데도 이에 대하여 헌법소원심판을 청구하지 아니하고 있다가 다시 그 재항고심 소송절차에서 대법원에 같은 이유를 들어 위 법조항이 위헌이라고 주장하면서 위헌법률심판제청신청을 하였고, 그 신청이 기각되자, 헌법소원심판청구를 한 이 사건은 헌법재판소법 제68조 제2항 후문의 규정에 위배된 것으로서 부적법하다고 할 것이다.

⚖ **판례 | 파기환송되기 전 소송절차**

헌법재판소법 제68조 제2항 후문의 당해 사건의 소송절차에 파기환송되기 전후의 소송절차가 포함되는지 여부(적극)

헌법재판소법 제68조 제2항 후문은 당사자가 당해 사건의 소송절차에서 동일한 사유를 이유로 다시 위헌법률심판을 제청신청할 수 없다고 규정하고 있다. 여기서 당해 사건의 소송절차란 당해 사건의 상소심 소송절차는 물론 대법원에 의해 파기환송되기 전후의 소송절차를 모두 포함한다(헌재 2013.6.27. 2011헌바247).

3. 청구기간

헌법재판소법 제69조 【청구기간】 ② 제68조 제2항에 따른 헌법소원심판은 위헌여부심판의 제청신청을 기각하는 결정을 **통지받은 날부터 30일** 이내에 청구하여야 한다.

개정 전 조문인 14일 부분에 대해 헌법재판소는 재판청구권 침해로 보지 않았다.

4. 위헌소원의 심판절차 및 효과

(1) 청구의 효과

헌법재판소법 제41조의 위헌법률심판제청에서는 재판이 정지되나 제68조 제2항의 위헌소원의 청구로는 재판이 정지되지 아니한다.

(2) 결정의 유형

법률이 합헌일 경우 초기판례는 기각결정이었으나, 위헌소원은 본질적으로는 규범통제이므로 헌법에 위반되지 않는다는 합헌의견으로 주문형태가 변경되었다. 또한 변형결정도 하고 있다.

(3) 효력

위헌으로 결정된 법률은 당해 사건에 대한 적용만이 배제되는 것이 아니라 그 법률의 효력이 일반적으로 소멸된다.

(4) 재심청구

> **헌법재판소법 제75조【인용결정】** ⑦ 제68조 제2항에 따른 헌법소원이 인용된 경우에 해당 헌법소원과 관련된 소송사건이 이미 확정된 때에는 당사자는 재심을 청구할 수 있다.

① **재심을 청구할 수 있는 자**: 헌법재판소법 제68조 제2항의 헌법소원심판을 청구하여도 법원은 당해 사건의 재판을 진행할 수 있으므로 법원의 확정판결 후 헌법재판소가 청구된 법률조항에 대하여 위헌 결정한 경우 당사자는 법원에 재심을 청구할 수 있다. 다만, 같은 법 제68조 제2항의 헌법소원심판을 청구하지 아니한 자는 재심을 청구할 수 없다.

> **⚖️ 판례**
>
> 헌법재판소법 제75조 제7항이 헌법재판소법 제68조 제2항에 의한 헌법소원을 청구하여 인용결정을 받지 않은 사람에게는 재심의 기회를 부여하지 않는다고 하여 청구인의 재판청구권이나 평등권, 재산권과 행복추구권을 침해하였다고는 볼 수 없다(헌재 2000.6.29. 99헌바66).

② **헌법재판소법 제68조 제2항의 '인용'의 의미**: 대법원은 한정위헌결정은 인용에 해당하지 않는다 하여 인용의 의미를 위헌결정으로 한정해석하여 한정위헌결정이 난 경우 재심을 청구할 수 없다고 해석한 반면, 헌법재판소는 인용의 의미는 위헌결정뿐 아니라 변형결정도 포함된다고 보아 한정위헌결정이 난 경우 재심을 청구할 수 있다고 한다. 그러나 최근 대법원 판례는 일부위헌결정에 대해 기속력을 인정하면서 재심사유로 인정하였다.

> **⚖️ 판례 |** 헌법재판소가 2018.8.30. 선고한 구 민주화운동 관련자 명예회복 및 보상 등에 관한 법률 제18조 제2항의 민주화운동과 관련하여 입은 피해 중 불법행위로 인한 정신적 손해에 관한 부분은 헌법에 위반된다는 결정이 법원에 대하여 기속력이 있는지 여부(적극) 및 위 일부위헌결정이 선고된 사정이 그 결정 선고 전 헌법소원의 전제가 된 해당 소송사건에서 이미 확정된 판결에 대하여 헌법재판소법 제75조 제7항에서 정한 재심사유가 되는지 여부(적극)
>
> "이 법에 의한 보상금 등의 지급결정은 신청인이 동의한 때에는 민주화운동과 관련하여 입은 피해에 대하여 민사소송법의 규정에 의한 재판상 화해가 성립된 것으로 본다."라고 정하고 있는 민주화운동 관련자 명예회복 및 보상 등에 관한 법률에 대해 헌법재판소는 2018.8.30. 구 민주화보상법 제18조 제2항의 '민주화운동과 관련하여 입은 피해' 중 불법행위로 인한 정신적 손해에 관한 부분은 헌법에 위반된다는 결정(헌재 2018.8.30. 2014헌바180 등, 이하 '일부위헌결정'이라고 한다)을 선고하였다. 일부위헌결정은 위와 같이 '민주화운동과 관련하여 입은 피해' 중 일부인 '불법행위로 인한 정신적 손해' 부분을 위헌으로 선언함으로써 그 효력을 상실시켜 구 민주화보상법 제18조 제2항의 일부가 폐지되는 것과 같은 결과를 가져오는 결정으로서 법원에 대한 기속력이 있다. 일부위헌결정 선고 전에 헌법소원의 전제가 된 해당 소송사건에서 이미 확정된 판결에 대해서 일부위헌결정이 선고된 사정은 헌법재판소법 제75조 제7항에서 정한 재심사유가 된다(대판 2020.12.10. 2020다205455).

> **⚖ 판례 |** 헌법재판소법 제68조 제2항에 따른 헌법소원이 인용된 경우 당해 소송사건에만 재심을 허용하는 헌법재판소법 제75조 제7항, 비형벌조항에 대한 위헌결정의 효력을 장래효 원칙으로 정한 헌법재판소법 제75조 제6항 중 '제68조 제2항에 따른 헌법소원을 인용하는 경우 제47조를 준용'하는 부분이 '진실·화해를 위한 과거사정리 기본법' 제2조 제1항 제3호·제4호에 규정된 '민간인 집단희생사건'과 '중대한 인권 침해·조작의혹사건' 피해자의 유족의 재판청구권을 침해하는지 여부(소극)

헌법재판소법 제47조 제2항은 비형벌법규에 대한 위헌결정의 효력을 장래효원칙으로 하되, 구체적 타당성의 요청이 현저한 반면 소급효를 인정해도 법적 안정성을 침해하지 않는 경우 해석을 통해 예외적 소급효를 인정하는 규정이다. 이는 입법자가 '구체적 타당성 내지 정의의 요청'과 '법적 안정성 내지 신뢰보호의 요청'을 종합적으로 고려하여 양자를 조화시키기 위해 입법형성권을 행사한 결과라고 볼 수 있으므로, 이를 준용하는 장래효조항이 입법형성권의 한계를 일탈하였다고 보기 어렵다. 또한 비상적인 불복신청방법인 재심제도의 규범적 형성에 있어, 입법자는 확정판결을 유지할 수 없을 정도의 중대한 하자가 무엇인지를 구체적으로 가려야 한다. 이는 법치주의에 내재된 '법적 안정성'과 '구체적 정의의 실현'이라는 상반된 요청을 어떻게 조화시킬 것인가의 문제이므로, 입법형성의 자유가 넓게 인정되는 영역이다. 헌법재판소법은 형벌법규에 대한 위헌결정의 경우에는 소급효와 재심을 통한 구제를 허용하고 있으나, 비형벌법규에 대한 위헌결정의 경우에는 장래효를 원칙으로 하되 당해 소송사건에 한해서 재심을 허용함으로써, 법적 안정성과 구체적 정의의 실현을 조화시키고 있으므로, 재심사유조항 역시 입법형성권의 한계를 일탈한 것으로 보기 어렵다(헌재 2021. 11.25. 2020헌바401).

☑ 헌법재판소법 제68조 제2항 헌법소원과 제41조 제1항 위헌법률심판의 비교

구분	제68조 제2항 헌법소원	제41조 제1항 위헌법률심판
본질	규범통제	규범통제
형식	헌법소원	위헌법률심판
청구권 / 제청권	당사자	법원
청구효과 / 제청효과	재판 진행 ➡ 재심	재판 중지
심판대상	제청신청 ➡ 기각당한 법률	법률
지정재판부 사전심사	○	×
변호사 강제주의	○	×
결정유형	동일	동일

☑ 헌법재판소법 제68조 제2항의 헌법소원과 제68조 제1항의 헌법소원의 비교

구분	제68조 제2항 헌법소원	제68조 제1항 헌법소원
본질	규범통제	권리구제, 예외적 규범통제
기본권 침해 전제	×	
청구인	기본권 주체가 아닌 공법인도 가능	기본권 주체
대상	법률	공권력 행사·불행사
요건	재판의 전제성, 권리보호이익	보충성, 현재성, 직접성, 자기관련성
사전심사 / 변호사 강제주의	○	○
청구기간	30일	90일, 1년, 30일
결정유형	각하, 합헌, 위헌, 변형결정	각하, 기각, 인용결정(위헌·변형결정)

제6절 기관 간 권한쟁의심판

01 기관 간 권한쟁의심판의 의의

1. 개념

권한쟁의심판제도는 국가기관 사이나, 국가기관과 지방자치단체, 또는 지방자치단체 사이에 권한의 존부 또는 범위에 관하여 다툼이 발생한 경우에, 헌법재판소가 이를 심판함으로써 각 기관에게 주어진 권한을 보호하여 국가기능의 수행을 원활히 하고, 수평적, 수직적 권력 상호 간의 견제와 균형을 유지하려는 데 그 제도적 의의가 있다. [헌법재판실무제요]

2. 연혁

제2공화국 헌법에서도 권한쟁의에 대해 헌법재판소가 그 심판권을 가지고 있었다. 그러나 제2공화국 헌법의 권한쟁의제도가 국가기관 간의 권한쟁의심판만을 내용으로 한 것과는 달리, 현행헌법의 권한쟁의제도는 그 심판사항을 국가기관과 지방자치단체 간 및 지방자치단체 상호 간의 권한쟁의까지 포함시켜 제도적으로 보다 확대된 것이다. [허영]

3. 종류

> **헌법 제111조 【관장과 구성 등】** ① 헌법재판소는 다음 사항을 관장한다.
> 　4. 국가기관 상호 간, 국가기관과 지방자치단체 간 및 지방자치단체 상호 간의 권한쟁의에 관한 심판
> **헌법재판소법 제62조 【권한쟁의심판의 종류】** ① 권한쟁의심판의 종류는 다음 각 호와 같다.
> 　1. 국가기관 상호 간의 권한쟁의심판
> 　　국회, 정부, 법원 및 중앙선거관리위원회 상호 간의 권한쟁의심판
> 　2. 국가기관과 지방자치단체 간의 권한쟁의심판
> 　　가. 정부와 특별시·광역시·특별자치시·도 또는 특별자치도 간의 권한쟁의심판
> 　　나. 정부와 시·군 또는 지방자치단체인 구(이하 '자치구'라 한다) 간의 권한쟁의심판
> 　3. 지방자치단체 상호 간의 권한쟁의심판
> 　　가. 특별시·광역시·특별자치시·도 또는 특별자치도 상호 간의 권한쟁의심판
> 　　나. 시·군 또는 자치구 상호 간의 권한쟁의심판
> 　　다. 특별시·광역시·특별자치시·도 또는 특별자치도와 시·군 또는 자치구 간의 권한쟁의심판
> ② 권한쟁의가 지방교육자치에 관한 법률 제2조에 따른 교육·학예에 관한 지방자치단체의 사무에 관한 것인 경우에는 교육감이 제1항 제2호 및 제3호의 당사자가 된다.

02 기관 간 권한쟁의심판의 청구

1. 당사자능력

(1) 당사자능력 인정

　① **국가기관**: 헌법에 규정된 국가기관은 당사자능력이 있다.
　② **국회의원**: 구 판례(헌재 1995.2.23. 90헌라1)에서 헌법재판소는 국회의 구성원, 국회의원 등은 권한쟁의의 청구권자가 될 수 없다고 하였으나, 신 판례(헌재 1997.7.16. 96헌라2)에서는 종전의 견해를 바꾸어 국회의원과 국회의장은 청구인이 될 수 있다고 하였다.

③ **부분기관**: 독자적인 권한을 부여받고 있는 국회 상임위원회와 같은 부분기관도 당사자능력이 인정될 수 있다[허영, 헌법재판실무제요]. 다만, 보좌기관에 불과하거나 독자적 지위가 인정될 수 없는 경우에는 당사자능력이 부정된다.

④ **감사원**: 행정부에 소속되나 직무상 독립성이 보장되는 감사원의 경우에는 당사자능력이 인정될 수 있을 것이다. [헌법재판실무제요]

⑤ **구·시·군 선거관리위원회**: 중앙선거관리위원회 외에 각급 구·시·군 선거관리위원회도 헌법에 의하여 설치된 기관으로서 헌법과 법률에 의하여 독자적인 권한을 부여받은 기관에 해당하고, 따라서 피청구인 강남구 선거관리위원회도 당사자능력이 인정된다(헌재 2008.6.26. 2005헌라7).

⑥ **검사와 법무부장관**: '검사'는 헌법 제4장(정부)에서 명시적으로 그 설치가 규정되어 있지 아니하고, 헌법에 규정된 영장신청권자로서의 검사는 '검찰권을 행사하는 국가기관'으로서 일반적 의미의 검사를 의미하므로 '검찰청법상 검사'와 일치하는 것이 아닌 점을 고려하면, 검찰청법상 검사인 청구인은 당사자능력 인정의 전제인 '헌법에 의해 설치된 국가기관'에 해당되지 않는다고 판단할 여지도 있다. 다만, 헌법은 검찰청법상 검사의 경우 '검찰총장과 검사'로 구성된다는 조직법적 기초를 규정하는 것으로 해석할 여지가 있고(헌법 제89조 제16호), 수사기관이 국민의 신체의 자유와 주거의 자유를 제한하기 위해서는 '검찰권을 행사하는 국가기관'인 일반적 의미의 검사(검찰청법상 검사 포함)의 영장신청권의 통제를 받아야 한다는 기능법적 기초를 규정하는 것으로 해석할 여지가 있다는 점에서(헌법 제12조 제3항, 제16조), 검찰청법상 검사를 '헌법에 의해 설치된 국가기관'이 아니라고 단정하기 어려운 측면도 있다. 또한 검찰청법상 검사는 영장신청권을 행사하고(헌법 제12조 제3항, 제16조) 공익의 대표자로서 범죄수사, 공소제기 및 그 유지에 필요한 사항 등에 관한 직무를 담당하여(검찰청법 제4조 제1항) 헌법과 법률에 의해 독자적인 권한을 부여받고 있다. 그러므로 청구인 검사들에게도 일응 권한쟁의심판에서 일반적인 당사자능력을 인정할 수 있다. 따라서 청구인 **법무부장관**과 청구인 **검사들**은 권한쟁의심판에서 일반적인 당사자능력이 인정된다(헌재 2023.3.23. 2022헌라4).

(2) 당사자능력 부정

① 어느 누구도 자기사건에 대한 재판관이 될 수 없다는 법리에 따라 헌법재판소는 권한쟁의심판을 직접 행하는 재판기관이므로 권한쟁의심판의 당사자가 될 수 없다(헌재 1995.2.23. 90헌라1).

② **정당**: 우리나라는 정당이 국가기관이 아닌 사적 단체이므로 당사자능력이 인정되지 않는다.

⚖️판례 | 청구인 자유한국당의 승계인 미래통합당의 청구에 관한 판단 (헌재 2020.5.27. 2019헌라6 등)

1. 정당의 권한쟁의청구
정당은 현대의 대의제 민주주의에 없어서는 안 될 중요한 공적 기능을 수행하고 있으나, 정당은 국민의 자발적 조직으로, 그 법적 성격은 일반적으로 사적·정치적 결사 내지는 법인격 없는 사단인바, 공권력의 행사주체로서 국가기관의 지위를 갖는 것은 아니다. 따라서 정당은 특별한 사정이 없는 한 권한쟁의심판 절차의 당사자가 될 수는 없다.

2. 교섭단체의 권한쟁의청구
국회법 제33조 제1항 본문은 정당이 교섭단체가 될 수 있다고 규정하고 있다. 그러나 **헌법은 권한쟁의심판청구의 당사자로 국회의원들의 모임인 교섭단체에 대해서 규정하고 있지 않다**. 또한 교섭단체의 권한 침해는 교섭단체에 속한 국회의원 개개인의 심의·표결권 등 권한 침해로 이어질 가능성이 높은바, 교섭단체와 국회의장 등 사이에 쟁의가 발생하더라도 국회의원과 국회의장 등 사이의 권한쟁의심판으로 해결할 수 있어, 위와 같은 쟁의를 해결할 적당한 기관이나 방법이 없다고 할 수 없다. 이러한 점을 종합하면, 교섭단체는 그 권한 침해를 이유로 권한쟁의심판을 청구할 수 없다.

3. 결론

정당은 헌법 제111조 제1항 제4호 및 헌법재판소법 제62조 제1항 제1호의 '국가기관'에 해당한다고 볼 수 없으므로, 권한쟁의심판의 당사자능력이 인정되지 아니한다. 결국 청구인 자유한국당의 승계인 미래통합당의 심판청구는 청구인능력이 없는 자가 제기한 것으로서 모두 부적법하다.

③ **국가인권위원회**: 헌법상 국가에게 부여된 임무 또는 의무를 수행하고 그 독립성이 보장된 국가기관이라고 하더라도 오로지 법률에 설치근거를 둔 국가기관이라면 국회의 입법행위에 의하여 존폐 및 권한범위가 결정될 수 있으므로 이러한 국가기관은 '헌법에 의하여 설치되고 헌법과 법률에 의하여 독자적인 권한을 부여받은 국가기관'이라고 할 수 없다. 국회가 제정한 국가인권위원회법에 의하여 비로소 설립된 청구인은 국회의 위 법률 개정행위에 의하여 존폐 및 권한범위 등이 좌우되므로 헌법 제111조 제1항 제4호 소정의 헌법에 의하여 설치된 국가기관에 해당한다고 할 수 없다. 결국, 권한쟁의심판의 당사자능력은 헌법에 의하여 설치된 국가기관에 한정하여 인정하는 것이 타당하므로, 법률에 의하여 설치된 청구인에게는 권한쟁의심판의 당사자능력이 인정되지 아니한다(헌재 2010. 10.28. 2009헌라6).

> **유사** 국회가 제정한 경찰법에 의하여 비로소 설립된 국가경찰위원회는 국회의 경찰법 개정행위에 의하여 존폐 및 권한범위 등이 좌우되므로, 헌법 제111조 제1항 제4호 소정의 헌법에 의하여 설치된 국가기관에 해당한다고 할 수 없다. 국가경찰위원회 제도를 채택하느냐의 문제는 우리나라 치안여건의 실정이나 경찰권에 대한 민주적 통제의 필요성 등과 관련하여 입법정책적으로 결정되어야 할 사항이다. 권한쟁의심판의 당사자능력은 헌법에 의하여 설치된 국가기관에 한정하여 인정하는 것이 타당하므로, 법률에 의하여 설치된 청구인에게는 권한쟁의심판의 당사자능력이 인정되지 아니한다(헌재 2022.12.22. 2022헌라5).

⚖ 판례

국민권익위원회는 헌법상 기관이 아니므로 권한쟁의심판의 당사자가 될 수 없다(대판 2013.7.25. 2011두1214).

④ **국회 소위원회 위원장**: 헌법 제62조는 '국회의 위원회'를 명시하고 있으나 '국회의 소위원회'(이하 '소위원회'라 한다)는 명시하지 않고 있는 점, 국회법 제57조는 위원회로 하여금 소위원회를 둘 수 있도록 하고, 소위원회의 활동을 위원회가 의결로 정하는 범위로 한정하고 있으므로, 소위원회는 위원회의 의결에 따라 그 설치·폐지 및 권한이 결정될 뿐인 위원회의 부분기관에 불과한 점 등을 종합하면, 소위원회 및 그 위원장은 헌법에 의하여 설치된 국가기관에 해당한다고 볼 수 없다. 소위원회 위원장은 헌법 제111조 제1항 제4호 및 헌법재판소법 제62조 제1항 제1호의 '국가기관'에 해당한다고 볼 수 없으므로, 권한쟁의심판에서의 청구인능력이 인정되지 않는다(헌재 2020.5.27. 2019헌라4).

⚖ 판례 | 피청구인 안건조정위원장의 가결선포행위에 대한 청구의 적법 여부(소극)

안건조정위원회의 위원장은 국회법 제57조의 소위원회 위원장과 마찬가지로 헌법에 의하여 설치된 국가기관에 해당한다고 볼 수 없다. 안건조정위원회의 활동은 그 소속된 위원회 활동의 일부가 되는 것으로 그 권한이 위원회로부터 독자적인 것이라고 보기 어렵다. 소위원회 위원장과 그 위원인 국회의원 사이에 권한 분쟁이 생기는 경우 이는 상이한 권한주체 사이의 분쟁이 아니라 위원회 내부 기관들 사이의 분쟁으로서 위원회의 심사절차 내에서 해결할 수 있고, 해결이 안 되면 위원회의 위원장과 그 위원인 국회의원 사이의 권한쟁의심판으로 해결할 수 있어, 그 쟁의를 해결할 적당한 기관이나 방법이 없다고 할 수 없다. 국회법 제57조의 2에 근거한 안건조정위원회 위원장은 국회법상 소위원회의 위원장으로서 헌법 제111조 제1항 제4호 및 헌법재판소법 제62조 제1항 제1호의 '국가기관'에 해당한다고 볼 수 없으므로, 청구인들의 피청구인 조정위원장의 가결선포행위에 대한 청구는 권한쟁의심판의 당사자가 될 수 없는 피청구인을 대상으로 하는 청구로서 부적법하다(헌재 2020.5.27. 2019헌라5).

⑤ **국민**: 헌법재판소가 권한쟁의심판을 청구할 수 있는 국가기관의 종류와 범위에 관해 확립한 기준에 비추어 볼 때, '국민'인 청구인은 그 자체로는 헌법에 의하여 설치되고 헌법과 법률에 의하여 독자적인 권한을 부여받은 기관이라고 할 수 없으므로, '국민'인 청구인은 권한쟁의심판의 당사자가 되는 '국가기관'이 아니다(헌재 2017.5.25. 2016헌라2).

⑥ **지방의회 의원과 지방의회 의장**: 지방의회 의원과 지방의회 의장 사이의 내부적 분쟁은 권한쟁의심판의 범위에 속하지 않는다. 지방자치단체의 의결기관인 지방의회를 구성하는 지방의회 의원과 그 지방의회의 대표자인 지방의회 의장 간의 권한쟁의심판은 헌법 및 헌법재판소법에 의하여 헌법재판소가 관장하는 지방자치단체 상호 간의 권한쟁의심판의 범위에 속한다고 볼 수 없으므로 부적법하다(헌재 2010.4.29. 2009헌라11).

⑦ **지방자치단체의 장**: 지방자치단체의 장은 원칙적으로 권한쟁의심판청구의 당사자가 될 수 없다. 다만 ○○ 주식회사에 대한 피청구인 순천시장의 과세처분이 국가위임사무에 해당하고 피청구인 순천시장이 국가기관의 지위에서 이 사건 세금에 대한 부과처분을 한 것이라면, 이것은 지방자치단체와 국가기관 사이에 발생한 권한의 다툼으로 볼 수도 있을 것이다(헌재 2006.8.31. 2003헌라1).

⑧ **지방자치단체의 장과 지방의회**: 거제시 의회와 거제시장 간의 권한쟁의는 지방자치단체의 의결기관과 지방자치단체의 집행기관 사이의 내부적 분쟁이므로 헌법재판소가 관장하는 권한쟁의심판에 속하지 아니하여 부적법하다(헌재 2018.7.26. 2018헌라1).

⚖️**판례 Ⅰ 경상남도와 경상남도 교육감** (헌재 2016.6.30. 2014헌라1)

1. 지방자치단체 '상호 간'의 권한쟁의심판에서 말하는 '상호 간'이란 '서로 상이한 권리주체 간'을 의미한다.

2. 교육감을 지방자치단체 그 자체라거나 지방자치단체와 독립한 권리주체로 볼 수 없다. 따라서 교육감과 지방자치단체 상호 간의 권한쟁의심판은 '서로 상이한 권리주체 간'의 권한쟁의심판청구로 볼 수 없다.

3. 헌법은 국가기관과는 달리 지방자치단체의 경우에는 그 종류를 법률로 정하도록 규정하고 있으며, 지방자치법은 지방자치단체의 종류를 특별시, 광역시, 특별자치시, 도, 특별자치도와 시, 군, 구로 정하고 있으므로 헌법재판소가 헌법해석을 통하여 권한쟁의심판의 당사자가 될 지방자치단체의 범위를 새로이 확정하여야 할 필요가 없다.

4. '국가기관'의 경우에는 헌법 자체에 의하여 그 종류나 범위를 확정할 수 없고 달리 헌법이 법률로 정하도록 위임하지도 않았기 때문에 헌법재판소법 제62조 제1항 제1호가 규정하는 '국회, 정부, 법원 및 중앙선거관리위원회'를 국가기관의 예시에 불과한 것이라고 해석할 필요가 있었던 것과는 달리, '지방자치단체'의 경우에는 지방자치단체 상호 간의 권한쟁의심판을 규정하고 있는 헌법재판소법 **제62조 제1항 제3호**를 예시적으로 해석할 필요성 및 법적 근거가 없다.

5. 시·도의 교육·학예에 관한 집행기관인 교육감과 해당 지방자치단체 사이의 내부적 분쟁과 관련된 심판청구는 헌법재판소가 관장하는 권한쟁의심판에 속하지 아니한다.

---

2. 피청구인적격

(1) 법률제정·개정행위를 다투는 경우

법률의 제·개정행위를 다투는 권한쟁의심판의 경우에는 국회가 피청구인적격을 가지므로, 청구인들이 국회의장 및 기획재정위원회 위원장에 대하여 제기한 이 사건 국회법 개정행위에 대한 심판청구는 피청구인적격이 없는 자를 상대로 한 청구로서 부적법하다(헌재 2016.5.26. 2015헌라1).

(2) 국회가 국가기관과 지방자치단체 간 권한쟁의심판의 당사자가 될 수 있는지 여부

헌법재판소법 제62조 제1항 제2호는 국가기관과 지방자치단체 간의 권한쟁의심판에 대한 국가기관측 당사자로 '정부'만을 규정하고 있지만, 이 규정의 '정부'는 예시적인 것이므로 대통령이나 행정각부의 장 등과 같은 정부의 부분기관뿐 아니라 국회도 국가기관과 지방자치단체 간 권한쟁의심판의 당사자가 될 수 있다(헌재 2008.6.26. 2005헌라7).

(3) 국회 부의장의 가결선포행위를 다투는 경우

권한쟁의심판에서는 처분 또는 부작위를 야기한 기관으로서 법적 책임을 지는 기관만이 피청구인적격을 가지므로, 이 사건 심판은 의안의 상정·가결선포 등의 권한을 갖는 국회의장을 상대로 제기되어야 한다. 국회 부의장은 국회의장의 직무를 대리하여 법률안을 가결선포할 수 있을 뿐(국회법 제12조 제1항), 법률안 가결선포행위에 따른 법적 책임을 지는 주체가 될 수 없으므로, 국회 부의장에 대한 이 사건 심판청구는 피청구인적격이 인정되지 아니한 자를 상대로 제기되어 부적법하다(헌재 2009.10.29. 2009헌라8 등).

(4) 국회 상임위원회 위원장의 가결선포행위를 다투는 경우(헌재 2010.12.28. 2008헌라7 등)

① 국회 상임위원회가 그 소관에 속하는 의안, 청원 등을 심사하는 권한은 법률상 부여된 위원회의 고유한 권한이므로, 국회 상임위원회 위원장이 위원회를 대표해서 의안을 심사하는 권한이 국회의장으로부터 위임된 것임을 전제로 한 국회의장에 대한 이 사건 심판청구는 피청구인적격이 없는 자를 상대로 한 청구로서 부적법하다. 피청구인의 부작위에 의하여 청구인의 권한이 침해당하였다고 주장하는 권한쟁의심판은 피청구인에게 헌법상 또는 법률상 유래하는 작위의무가 있음에도 불구하고 피청구인이 그러한 의무를 다하지 아니한 경우에 허용된다. 이 사건 당일 국회의장에게 국회 외교통상통일위원회 전체회의가 원만히 이루어지도록 질서유지조치를 취할 구체적 작위의무가 있었다고 보기 어려우므로, 이를 전제로 한 국회의장에 대한 이 사건 심판청구는 피청구인적격이 인정되지 아니하여 부적법하다.

② 국회 상임위원회 위원장이 위원회 전체회의 개의 직전부터 회의가 종료될 때까지 회의장 출입문을 폐쇄하여 회의의 주체인 소수당 소속 상임위원회 위원들의 출입을 봉쇄한 상태에서 상임위원회 전체회의를 개의하여 안건을 상정한 행위 및 소위원회로 안건심사를 회부한 행위가 회의에 참석하지 못한 소수당 소속 상임위원회 위원들의 조약비준동의안에 대한 심의권을 침해한다.

(5) 태안군과 홍성군

태안군과 홍성군은 권한쟁의심판의 당사자능력이 있다. 태안군수의 어업면허처분으로 홍성군은 청구인적격이, 태안군은 피청구인적격이 인정된다.

3. 청구기간

헌법재판소법 제63조【청구기간】① 권한쟁의의 심판은 그 사유가 있음을 안 날부터 60일 이내에, 그 사유가 있은 날부터 180일 이내에 청구하여야 한다.
② 제1항의 기간은 불변기간으로 한다.

4. 심판청구의 적법요건

> 헌법재판소법 제61조【청구사유】① 국가기관 상호 간, 국가기관과 지방자치단체 간 및 지방자치단체 상호 간에 권한의 유무 또는 범위에 관하여 다툼이 있을 때에는 해당 국가기관 또는 지방자치단체는 헌법재판소에 권한쟁의심판을 청구할 수 있다.
> ② 제1항의 심판청구는 피청구인의 처분 또는 부작위(不作爲)가 **헌법 또는 법률에 의하여 부여받은 청구인의 권한을 침해하였거나 침해할 현저한 위험이 있는 경우에만 할 수 있다.**

(1) 피청구인의 처분 또는 부작위

처분은 모든 법적 행위뿐만 아니라 단순한 사실행위, 대외적인 행위뿐만 아니라 대내적인 행위, 그리고 개별적 결정뿐만 아니라 일반적 규범의 정립까지도 포함한다. 입법영역에서 처분은 법률의 제정과 관련된 행위, 예를 들어 국회의장의 법률안 가결·선포행위(헌재 1997.7.16. 96헌라2 - 법률안 변칙처리 사건)도 대상이 된다.

⚖판례

1. 법률개정행위

헌법재판소법 제61조 제2항에 따라 권한쟁의심판을 청구하려면 피청구인의 처분 또는 부작위가 존재하여야 한다. 여기서의 처분은 입법행위와 같은 법률의 제정과 관련된 권한의 존부 및 행사상의 다툼, 행정처분은 물론 행정입법과 같은 모든 행정작용 그리고 법원의 재판 및 사법행정작용 등을 포함하는 넓은 의미의 공권력처분을 의미하는 것으로 보아야 할 것이므로, 법률에 대한 권한쟁의심판도 허용된다고 봄이 일반적이다. 다만, 법률에 대한 권한쟁의심판은 '법률 그 자체'가 아니라 '법률제정행위'를 그 심판대상으로 하여야 할 것이다(헌재 2006.5.25. 2005헌라4). 청구인들은 이 사건 검찰청법과 이 사건 형사소송법 자체에 대해서도 심판청구를 하고 있다. 그러나 법률에 대한 권한쟁의심판은 '법률' 그 자체가 아니라 '법률의 제·개정행위'를 그 심판대상으로 하여야 한다. 그런데 법률의 제·개정행위의 주체는 국회이므로, 위 법률들의 개정행위는 피청구인 국회의장의 처분으로 볼 수 없다(헌재 2023.3.23. 2022헌라2).

2. 감사원은 이 사건 감사가 처분에 해당하지 아니하여 권한쟁의심판의 청구대상적격을 갖추지 못하였다고 주장하나, 이 사건 감사는 청구인들의 법적 지위에 구체적으로 영향을 미칠 가능성이 있는 법적 중요성 있는 행위라고 보이므로 권한쟁의심판의 대상이 되는 처분에 해당한다(헌재 2008.5.29. 2005헌라3).

---

(2) 부작위

피청구인의 부작위에 의하여 청구인의 권한이 침해당하였다고 주장하는 권한쟁의심판은 피청구인에게 헌법상 또는 법률상 유래하는 작위의무가 있음에도 불구하고 피청구인이 그러한 의무를 다하지 아니한 경우에 허용된다(헌재 1998.7.14. 98헌라3).

(3) 장래처분

청구인의 장래처분에 의해서 청구인의 권한 침해가 예상되는 경우에 청구인은 원칙적으로 이러한 장래처분이 행사되기를 기다린 이후에 이에 대한 권한쟁의심판청구를 통해서 침해된 권한의 구제를 받을 수 있으므로, 피청구인의 장래처분을 대상으로 하는 심판청구는 원칙적으로 허용되지 아니한다. 그러나 피청구인의 장래처분이 확실하게 예정되어 있고, 피청구인의 장래처분에 의해서 청구인의 권한이 침해될 위험성이 있어서 청구인의 권한을 사전에 보호해 주어야 할 필요성이 매우 큰 예외적인 경우에는 피청구인의 장래처분에 대해서도 헌법재판소법 제61조 제2항에 의거하여 권한쟁의심판을 청구할 수 있다(헌재 2009.7.30. 2005헌라2).

(4) 법률개정행위

법률개정행위는 청구인들 지방자치단체의 지방재정권에 중대한 영향을 미친다고 할 것이므로 헌법재판소법 제61조 제2항에서 규정하고 있는 '처분'에 해당된다고 할 것이다. 청구인 서울특별시 강남구의 법적 지위에 어떤 변화도 가져오지 않는 피청구인 강남구 선거관리위원회의 이 사건 통보행위는 권한쟁의심판의 대상이 되는 처분에 해당한다고 볼 수 없고, 청구인 서울특별시 강남구의 지방재정권을 침해하거나 침해할 가능성도 없다고 할 것이다(헌재 2008.6.26. 2005헌라7).

(5) 법률안을 제출하는 행위

권한쟁의심판을 청구하려면 피청구인의 처분 또는 부작위가 존재하여야 하고, 여기서 '처분'이란 법적 중요성을 지닌 것에 한하므로, 청구인의 법적 지위에 구체적으로 영향을 미칠 가능성이 없는 행위는 '처분'이라 할 수 없어 이를 대상으로 하는 권한쟁의심판청구는 허용되지 않는다. 정부가 법률안을 제출하였다 하더라도 그것이 법률로 성립되기 위해서는 국회의 많은 절차를 거쳐야 하고, 법률안을 받아들일지 여부는 전적으로 헌법상 입법권을 독점하고 있는 의회의 권한이다. 따라서 정부가 법률안을 제출하는 행위는 입법을 위한 하나의 사전준비행위에 불과하고, 권한쟁의심판의 독자적 대상이 되기 위한 법적 중요성을 지닌 행위로 볼 수 없다(헌재 2005.12.22. 2004헌라3).

(6) '권한'의 침해 또는 현저한 침해위험의 가능성

① **권한**: 이 요건을 충족하려면 적극적 권한쟁의에서는 피청구인의 처분 또는 부작위로 인해서 침해되는 청구인의 권한이 법적으로 존재하여야 한다. 여기에는 헌법뿐만 아니라 법률이 부여한 청구인의 권한도 해당된다(헌법재판소법 제61조 제2항).

⚖️ 판례

1. **국회의원의 법률안 심의·표결권**은 국민에 의하여 선출된 국가기관으로서 국회의원이 그 본질적 임무인 입법에 관한 직무를 수행하기 위하여 보유하는 권한으로서의 성격을 갖고 있으므로 국회의원의 개별적인 의사에 따라 포기할 수 있는 것은 아니다(헌재 2009.10.29. 2009헌라8 등).

2. 국회는 국민의 대표기관이자 입법기관으로서 폭넓은 자율권을 가지고 있다. 그러나 이 사건은 국회의장인 피청구인이 국회의원인 청구인의 헌법 및 법률상 보장된 법률안 심의·표결권을 침해하였다는 이유로 권한쟁의심판이 청구된 사건이므로, 피청구인의 이 사건 **사·보임행위**는 헌법재판소가 심사할 수 없는 국회내부의 자율에 관한 문제라고 할 수 없다(헌재 2003.10.30. 2002헌라1).

3. 권한쟁의심판에서 다툼의 대상이 되는 권한이란 헌법 또는 법률이 특정한 국가기관(이하 지방자치단체를 포함한다)에 대하여 부여한 독자적인 권능을 의미하는바, 각자의 국가기관이 권한쟁의심판을 통해 주장할 수 있는 권한은 일정한 한계 내에 제한된 범위를 가지는 것일 수밖에 없으므로, 국가기관의 모든 행위가 권한쟁의심판에서 의미하는 권한의 행사가 될 수는 없으며, 국가기관의 행위라 할지라도 **헌법과 법률에 의해 그 국가기관에게 부여된 독자적인 권능을 행사하는 경우가 아닌 때에는** 비록 국가기관의 행위가 제한을 받더라도 권한쟁의심판에서 말하는 권한이 침해될 가능성은 없는 것이다(헌재 2010. 7.29. 2010헌라1).

4. **자신이 취득하고 보유한 특정 정보를 인터넷 홈페이지에 게시하거나 언론에 알리는 것과 같은 행위는 헌법과 법률이 특별히 국회의원에게 부여한 국회의원의 독자적인 권능이라고 할 수 없다.**
   국회의원의 직무는 국정 전반에 걸치고 그 직무수행의 형태도 비전형적이고 매우 포괄적이므로 이 사건 가입현황을 인터넷에 공개하는 행위를 제한하는 것은 곧 국회의원의 직무를 침해하는 것이라고 주장하나, 국가기관의 행위라 할지라도 헌법과 법률이 그 국가기관에 독자적으로 부여한 권능을 행사하는 경우가 아니라면, 비록 그 행위가 제한된다 하더라도 권한쟁의심판에서 의미하는 권한이 침해된다고 할 수는 없는바, 자신이 취득하고 보유한 특정 정보를 인터넷 홈페이지에 게시하거나 언론에 알리는 것과 같은 행위는 헌법과 법률이 특별히 국회의원에게 부여한 국회의원의 독자적인 권능이라고 할 수 없고 국회의원 이외의 다른 국가기관은 물론 일반개인들도 누구든지 할 수 있는 행위로서, 그러한 행위가 제한된다고 해서 국회의원의 권한이 침해될 가능성은 없다(헌재 2010.7.29. 2010헌라1).

5. 국회의원의 심의권과 표결권

국회의원은 국민에 의하여 직접 선출되는 국민의 대표로서 헌법과 법률에 따라 여러 가지의 권한을 부여받는데, 그중에서도 가장 중요하고 본질적인 것은 입법에 대한 권한임은 두 말할 나위가 없고, 이러한 권한에는 법률안의 제출권(헌법 제52조) 및 심의·표결권이 포함된다. 국회의원의 법률안 심의·표결권은 의회민주주의의 원리, 입법권을 국회에 귀속시키고 있는 헌법 제40조, 국민에 의하여 선출되는 국회의원으로 국회를 구성한다고 규정한 헌법 제41조 제1항 및 국회의결에 관하여 규정한 헌법 제49조로부터 당연히 도출되는 헌법상의 권한이고, 이러한 국회의원의 법률안 심의·표결권은 헌법기관으로서의 국회의원 각자에게 모두 보장된다는 것 또한 의문의 여지가 없다(헌재 1997.7.16. 96헌라2).

6. 연동형 비례대표제 도입을 골자로 하는 공직선거법이 국회의원의 권한을 침해할 가능성이 있는지 여부(소극)

국회의 입법에 대한 권한쟁의심판이 적법하기 위해서는 이것이 청구인의 권한을 침해하였거나 침해할 현저한 위험성이 있어야 한다. 그런데 이 사건 공직선거법 개정행위로 개정된 공직선거법의 내용은 국회의원선거와 관련하여 부분적으로 준연동형 비례대표제를 도입하는 등 선거와 관련된 내용만을 담고 있어, 국회의원을 선출하는 방법과 관련될 뿐, 청구인 국회의원들이 침해되었다고 주장하는 법률안 심의·표결권과는 아무런 관련이 없다. 그렇다면 피청구인 국회의 이 사건 공직선거법 개정행위로 인하여 청구인 국회의원들의 법률안 심의·표결권이 침해될 가능성은 없다고 할 것이므로, 이 부분 심판청구는 부적법하다(헌재 2020.5.27. 2019헌라6 등).

7. 수사개시권을 제한하는 형사소송법과 검찰청법 개정행위에 대한 법무부장관의 권한쟁의심판청구

법무부장관은 헌법상 소관 사무에 관하여 부령을 발할 수 있고 정부조직법상 법무에 관한 사무를 관장하지만, 이 사건 법률개정행위는 이와 같은 법무부장관의 권한을 제한하지 아니한다. 물론 법무부장관은 일반적으로 검사를 지휘·감독하고 구체적 사건에 대하여는 검찰총장만을 지휘·감독할 권한이 있으나, 이 사건 법률개정행위가 이와 같은 법무부장관의 지휘·감독권한을 제한하는 것은 아니다. 따라서 법무부장관은 이 사건 법률개정행위에 대해 권한쟁의심판을 청구할 적절한 관련성이 인정되지 아니하므로, 청구인적격이 인정되지 아니한다(헌재 2023.3.23. 2022헌라4).

8. 검사가 수사를 개시할 수 있는 범죄의 범위를 부패범죄 및 경제범죄 등으로 축소하고, 검사는 자신이 수사 개시한 범죄에 대하여는 공소를 제기할 수 없도록 하는 검찰청법 개정행위와 사법경찰관으로부터 송치받은 사건에 관하여는 해당 사건과 동일성을 해치지 아니하는 범위 내에서 수사할 수 있도록 한 형사소송법 개정행위

국가기관의 '헌법상 권한'은 국회의 입법행위를 비롯한 다양한 국가기관의 행위로 침해될 수 있다. 그러나 국가기관의 '법률상 권한'은, 다른 국가기관의 행위로 침해될 수 있음은 별론으로 하고, 국회의 입법행위로는 침해될 수 없다. 국가기관의 '법률상 권한'은 국회의 입법행위에 의해 비로소 형성·부여된 권한일 뿐, 역으로 국회의 입법행위를 구속하는 기준이 될 수 없기 때문이다. 따라서 문제 된 침해의 원인이 '국회의 입법행위'인 경우에는 '법률상 권한'을 침해의 대상으로 삼는 심판청구는 권한침해가능성을 인정할 수 없다.

이 사건 법률개정행위는 검사의 수사권 및 소추권을 조정·배분하는 내용을 담고 있으므로, 해당 수사권 및 소추권이 검사의 '헌법상 권한'인지 아니면 '법률상 권한'인지 문제 된다. 수사 및 소추는 우리 헌법상 본질적으로 행정에 속하는 사무이므로, 특별한 사정이 없는 한 '대통령을 수반으로 하는 행정부'(헌법 제66조 제4항)에 부여된 '헌법상 권한'이다. 그러나 수사권 및 소추권이 행정부 중 어느 '특정 국가기관'에 전속적으로 부여된 것으로 해석할 헌법상 근거는 없다. 이에 헌법재판소는, 행정부 내에서 수사권 및 소추권의 구체적인 조정·배분은 헌법사항이 아닌 '입법사항'이므로, 헌법이 수사권 및 소추권을 행정부 내의 특정 국가기관에 독점적·배타적으로 부여한 것이 아님을 반복적으로 확인한 바 있다(94헌바2, 2007헌마1468, 2017헌바196, 2020헌마264 등). 같은 맥락에서 입법자는 검사·수사처검사·경찰·해양경찰·

군검사·군사경찰·특별검사와 같은 '대통령을 수반으로 하는 행정부' 내의 국가기관들에, 수사권 및 소추권을 구체적으로 조정·배분하고 있다.

헌법 제12조 제3항, 제16조는 검사의 영장신청권을 규정한다. 이에 헌법재판소는, 헌법상 영장신청권 조항은 수사과정에서 남용될 수 있는 다른 수사기관의 강제수사를 '법률전문가인 검사'가 합리적으로 '통제'하기 위한 취지에서 도입된 것임을 확인한 바 있다(헌재 1997.3.27. 96헌바28 등). 물론 헌법은 검사의 수사권에 대해 침묵하므로, 입법자로서는 영장신청권자인 검사에게 직접 수사권을 부여하는 방향으로 입법형성을 하여 영장신청의 신속성·효율성을 증진시킬 수 있다. 그러나 형사절차가 규문주의에서 탄핵주의로 이행되어 온 과정을 고려할 때, 수사기관이 자신의 수사대상에 대한 영장신청 여부를 스스로 결정하도록 하는 것은 객관성을 담보하기 어려운 구조라는 점도 부인하기 어렵다. 이에 영장신청의 신속성·효율성 측면이 아니라, 법률전문가이자 인권옹호기관인 검사로 하여금 제3자의 입장에서 수사기관의 강제수사 남용을 통제하는 취지에서 영장신청권이 헌법에 도입된 것으로 해석되므로, 헌법상 검사의 영장신청권 조항에서 '헌법상 검사의 수사권'까지 도출된다고 보기 어렵다. 결국 이 사건 법률개정행위는 검사의 '헌법상 권한'(영장신청권)을 제한하지 아니하고, 국회의 입법행위로 그 내용과 범위가 형성된 검사의 '법률상 권한'(수사권·소추권)이 법률개정행위로 침해될 가능성이 있다고 볼 수 없으므로, 권한 침해가능성이 인정되지 아니한다(헌재 2023.3.23. 2022헌라4).

② **소극적 쟁의**: 청구인이 권한이 있음을 주장하는 권한쟁의는 적극적 쟁의이나 권한이 없음을 주장하는 청구는 소극적 쟁의이다. 소극적 권한쟁의청구에 대해 헌법재판소는 부정적이다.

> **판례 |** 헌법재판소는 어업면허의 유효기간 연장 불허가처분에 따른 손실보상금의 지급사무에 대한 권한이 청구인(포항시) 또는 피청구인(정부) 중 누구에게 속하는가를 확정해 달라고 청구한 권한쟁의사건에서, 문제되는 다툼은 어업면허 유효기간 연장의 불허가처분으로 인한 손실

보상금 지급권한의 존부 및 범위 자체에 관한 청구인과 피청구인 사 이의 직접적인 다툼이 아니라, 그 손실보상금 채무를 둘러싸고 어업권자와 청구인, 어업권자와 피청구인 사이의 단순한 채권채무관계의 분쟁에 불과한 것으로 보인다고 판시하여 심판청구를 각하한 바 있다(헌재 1998.6.25. 94헌라1).

③ **주관적 권리**: 권한쟁의심판은 헌법상 또는 법률상 국가기관이나 지방자치단체의 권한 침해를 다투는 심판이므로 개인의 주관적 권리 침해를 이유로 권한쟁의심판을 청구할 수 없다.

④ **기관위임사무**: 기관위임사무는 지방자치단체의 권한이 아니므로 지방자치단체의 기관위임사무에 관한 권한 침해를 이유로 권한쟁의심판을 청구할 수 없다.

(7) 권한 침해가능성

헌법재판소법 제61조 제2항에서 '권한의 침해'란 피청구인의 처분 또는 부작위로 인한 청구인의 권한 침해가 과거에 발생하였거나 현재까지 지속되는 경우를 의미하며, '현저한 침해의 위험성'이란 아직 침해라고는 할 수 없으나 침해될 개연성이 상당히 높은 상황을 의미한다. 권한쟁의심판청구의 적법요건 단계에서 요구되는 권한 침해의 요건은, 청구인의 권한이 구체적으로 관련되어 이에 대한 침해가능성이 존재할 경우 충족된다(헌재 2009.11.26. 2008헌라3).

> **헌법재판소법 제61조【청구사유】** ① 국가기관 상호 간, 국가기관과 지방자치단체 간 및 지방자치단체 상호 간에 권한의 유무 또는 범위에 관하여 다툼이 있을 때에는 해당 국가기관 또는 지방자치단체는 헌법재판소에 권한쟁의심판을 청구할 수 있다.
> ② 제1항의 심판청구는 피청구인의 처분 또는 부작위(不作爲)가 헌법 또는 법률에 의하여 부여받은 청구인의 권한을 침해하였거나 침해할 현저한 위험이 있는 경우에만 할 수 있다.

권한 침해가능성 유무

1. 국가정책에 참고하기 위해 중앙행정기관장이 주민투표법 제8조의 주민투표를 요구하지 않은 경우 요구받지 않은 지방자치단체에게 주민투표 실시에 관한 권한을 침해할 가능성이 없다.

주민투표법 제8조는 중앙행정기관의 장은 지방자치단체의 폐치·분합 또는 구역변경, 주요시설의 설치 등 국가정책의 수립에 관하여 주민의 의견을 듣기 위하여 필요하다고 인정하는 때에는 주민투표의 실시구역을 정하여 관계 지방자치단체의 장에게 주민투표의 실시를 요구할 수 있도록 규정하고 있는바, 법 문언으로 볼 때 중앙행정기관의 장은 주민투표의 실시 여부 및 구체적 실시구역에 관해 상당한 범위의 재량을 가진다고 볼 수 있으므로, 중앙행정기관의 장으로부터 실시요구를 받은 지방자치단체 내지 지방자치단체장으로서는 주민투표 발의에 관한 결정권한, 의회의 의견표명을 비롯하여 투표 시행에 관련되는 권한을 가지게 된다고 하더라도, 나아가 지방자치단체가 중앙행정기관장으로부터 제8조의 주민투표 실시요구를 받지 않은 상태에서 일정한 경우 중앙행정기관에게 실시요구를 해 줄 것을 요구할 수 있는 권한까지 가지고 있다고 보기는 어렵다. 그렇다면 행정자치부장관이 청구인인 제주시 등에게 주민투표 실시요구를 하지 않은 상태에서 청구인들에게 실시권한이 발생하였다고 볼 수는 없으므로 그 권한의 발생을 전제로 하는 침해 여지도 없어서 이를 다투는 청구는 부적법하다(헌재 2005.12.22. 2005헌라5).

2. 관악구가 기존의 봉천 제1동이라는 행정동 명칭을 보라매동으로, 기존의 신림4동이라는 행정동 명칭을 신사동으로, 기존의 신림6·10동을 삼성동으로 각 변경하는 조례가 동작구 및 강남구의 행정동 명칭에 관한 권한을 침해할 가능성이 없다.

시와 구의 관할 구역 내에 있는 명소나 공공시설물, 도로의 명칭은 지방자치단체의 명칭과는 구분되는 것으로서, 그 명칭이 지방자치단체의 정체성과 불가분의 관계를 이루는 것이라고 보기 어렵고, 행정동의 명칭이 당해 지방자치단체의 동일성·정체성과 직접 연관되어 있다고 보기 어려울 뿐만 아니라, 행정동의 명칭변경이 공익에 미치는 영향도 상대적으로 미약하다. 또한 행정동 명칭의 변경은 지방자치단체의 자치사무에 속하는 것이므로 그 지방자치단체의 조례로 정할 수 있고, 관계 법령에 한계 또는 제한규정을 두고 있지도 아니한 점을 종합하면, 다른 지방자치단체의 관계에서 어느 지방자치단체가 특정한 행정동 명칭을 독점적·배타적으로 사용할 권한이 있다고 볼 수는 없으므로 위와 같은 조례의 개정으로 동작구 및 강남구의 행정동 명칭에 관한 권한이 침해될 가능성이 있다고 볼 수 없다(헌재 2009.11.26. 2008헌라3).

3. 해양수산부장관이 부산광역시와 경상남도 일대에 건설되는 신항만의 명칭을 신항으로 결정한 것이 경상남도와 경상남도 진해시의 자치권한을 침해할 가능성이 없다.

지방자치법 제11조에 의하면 지정항만에 관한 사무는 국가사무이므로 국가가 신항만을 지정항만의 하위항만으로 하기로 결정한 이상, 그 항만구역의 명칭을 무엇이라 할 것인지 역시 국가에게 결정할 권한이 있다고 할 것이다. 이에 위 신항만이 21세기를 대비한 동북아 물류 중심 항만을 만들기 위해 설치된 국가목적의 거대 항만인 점과 함께, 국가경쟁력, 국제적 인지도, 항만 이용자들의 선호도 등을 고려하여 피청구인 해양수산부장관이 그 소속 중앙항만정책심의회의 심의를 거친 후, 2005.12.19. 위 신항만을 지정항만인 부산항의 하위항만으로 두되, 무역항인 '부산항'의 명칭은 그대로 유지하면서, 신항만의 공식명칭을 '신항'(영문명칭: Busan New Port)으로 하기로 결정한 것은 경상남도와 진해시의 권한을 침해하였다거나 침해할 현저한 위험이 있다고 볼 수 없다(헌재 2008.3.27. 2006헌라1).

4. 지방자치단체인 청구인이 기관위임사무를 수행하면서 지출한 경비에 대하여 기획재정부장관인 피청구인에게 예산배정요청을 하였으나 피청구인이 이를 거부한 경우 위 거부처분으로 말미암아 자치재정권 등 헌법 또는 법률이 부여한 청구인의 권한이 침해될 가능성도 인정되지 아니한다.

국유지에 대한 관리권한이 수임관청인 청구인에게 있음은 법률상 명백하고, 국유지를 관리하면서 발생한 비용의 최종 부담자가 직접 관리행위를 한 청구인인지 아니면 그 권한을 위임한 피청구인인지의 문제는 주관적인 권리·의무에 관한 다툼, 즉 관리비용 부담을 둘러싼 청구인과 피청구인 사이의 단순한 채권채무관계에 관한 다툼에 불과하다고 할 것이어서, 위 거부처분에 관한 권한쟁의심판청구는 이 사건 토지에 대한 관리권한이나 자치재정권 등 권한의 존부 또는 범위에 관한 다툼이라고 할 수 없다. 또한 기관위임사무에 관한 경비는 이를 위임한 국가가 부담하고, 그 소요되는 경비 전부를 당해 지방자치단체에 교부하여야 하므로, 청구인이 자신의 비용으로 기관위임사무인 공사를 하였다면, 국가는 청구인에게 그 비용 상당의 교부금을 지급할 의무가 있고, 청구인은 공법상의 비용상환청구소송 등 소정의 권리구제절차를 통하여 국가로부터 이를 보전받을 수 있으므로 청구인이 그 비용을 최종적으로 부담하게 되는 것도 아니어서, 위 거부처분으로 말미암아 자치재정권 등 헌법 또는 법률이 부여한 청구인의 권한이 침해될 가능성도 인정되지 아니한다(헌재 2010.12.28. 2009헌라2).

5. **국가위임사무인 교육장 등에 대한 징계사무에 관하여 지방자치단체가 자치사무라고 주장하며 청구한 권한쟁의 심판청구는 지방자치단체의 권한을 침해하거나 침해할 현저한 위험이 없어 부적법하다.**

국가공무원법 등 관계 법령에 의하면 교육감 소속 교육장 등은 모두 국가공무원이고, 그 임용권자는 대통령 내지 교육부장관인 점, 국가공무원의 임용 등 신분에 관한 사항이 해당 지방자치단체의 특성을 반영하여 각기 다르게 처리된다면 국가공무원이라는 본래의 신분적 의미는 상당 부분 몰각될 수 있는 점 등에 비추어 보면, 국가공무원인 교육장 등에 대한 징계사무는 국가사무라고 보아야 하고, 징계의결요구 내지 그 신청사무 또한 징계사무의 일부로서 대통령, 교육부장관으로부터 교육감에게 위임된 국가위임사무이다. 국가사무인 교육장 등에 대한 징계사무에 관하여 지방자치단체가 청구한 권한쟁의심판청구는, 지방자치단체의 권한에 속하지 아니하는 사무에 관한 심판청구로서 청구인의 권한이 침해되거나 침해될 현저한 위험이 있다고 볼 수 없으므로 부적법하다(헌재 2013.12.26. 2012헌라3 등).

6. **피청구인 안전행정부장관의 대여용 차량에 대한 지방세(취득세) 과세권 귀속결정이 행정적 관여 내지 공적인 견해표명에 불과하여 법적 구속력이 없으므로 청구인 서울특별시의 자치재정권을 침해할 가능성이 없어 부적법하다.**

피청구인의 과세권 귀속결정의 근거가 되는 구 지방세기본법 제12조는 피청구인이 관계 지방자치단체의 장으로부터 과세권 귀속 여부에 대한 결정의 청구를 받았을 때 60일 이내에 결정하여 지체 없이 그 뜻을 관계 지방자치단체의 장에게 통지하여야 한다고 규정하고 있을 뿐, 그 결정을 통지받은 관계 지방자치단체의 장이 반드시 그 결정사항을 이행하여야 할 법적 의무를 부담하는지, 그 결정을 이행하지 아니하면 피청구인이 그 이행을 강제할 수 있는지, 그 결정에 대하여 관계 지방자치단체의 장이 불복할 수 있는지 등에 대해서는 아무런 규정을 두고 있지 않다. 또한 그 결정과정에서 지방자치법상의 분쟁조정제도에서와 같이 지방자치단체 중앙분쟁조정위원회나 지방자치단체지방분쟁조정위원회의 의결에 따르도록 하는 등의 절차적 보장에 대한 규정 역시 두고 있지 않다. 그렇다면 위 과세권 귀속결정은 지방세 과세권의 귀속 여부 등에 대하여 관계 지방자치단체의 장의 의견이 서로 다른 경우 피청구인의 행정적 관여 내지 공적인 견해표명에 불과할 뿐 그 결정에 법적 구속력이 있다고 보기 어려우므로, 청구인은 피청구인의 위 과세권 귀속결정에도 불구하고 과세처분을 할 수 있으며, 이미 한 과세처분의 효력에도 아무런 영향이 없다. 따라서 피청구인의 과세권 귀속결정으로 말미암아 청구인의 자치재정권 등 자치권한이 침해될 가능성이 없다(헌재 2014.3.27. 2012헌라4).

7. **국회의원은 해양경비안전본부를 포함하는 국민안전처 등을 세종시로 이전하는 내용의 행정자치부장관의 처분이 국회의 입법권을 침해하였음을 이유로 하여 권한쟁의심판을 청구할 수 없다.**

① 헌법재판소는 2015.11.26. 2013헌라3 결정에서, '권한쟁의심판에 있어 '제3자 소송담당'을 허용하는 명문의 규정이 없는 현행법 체계하에서 국회의 구성원인 국회의원이 국회의 권한 침해를 이유로 권한쟁의심판을 청구할 수 없다'고 판단한 바 있다. 조약 체결·비준에 대한 국회의 동의권이나 국회의 입법권이나 모두 국회의 권한인 점에서 동일하므로, 국회의원인 청구인들이 국민안전처 등을 세종시로 이전하는 내용의 행정자치부장관의 처분이 국회의 입법권을 침해하였음을 이유로 하여 권한쟁의심판을 청구할 수 없다(헌재 2016.4.28. 2015헌라5).

② 대통령의 국무총리서리 임명에 대한 국회의원의 권한쟁의심판청구는 부적법하다. 국무총리 임명동의안의 처리가 국회에서 무산된 후 대통령이 국회의 동의 없이 국무총리서리를 임명한 경우 다수당 소속 국회의원들은 국회 또는 자신들의 권한 침해를 주장하면서 권한쟁의심판을 청구할 수 없다(헌재 1998.7.14. 98헌라1).

8. 신속처리안건 지정동의안을 소관 위원회 위원장에게 제출하려면 소관 위원회 재적위원 과반수의 서명이 필요함에도 이를 갖추지 못한 신속처리안건 지정에 대해 위원장이 표결을 거부했다면 국회의원의 표결권을 침해하거나 침해할 위험성이 없다.

피청구인 기획재정위원회 위원장에게 신속처리대상안건 지정요건을 갖추지 못한 신속처리안건 지정동의에 대하여 표결을 실시할 의무가 발생하는 것은 아니므로 그 위헌 여부는 이 사건 표결실시거부행위의 효력에는 아무런 영향도 미칠 수 없다. 따라서 이 사건 표결실시거부행위에 대한 심판청구는 청구인 나○린의 신속처리안건 지정동의에 대한 표결권을 침해하거나 침해할 위험성이 없으므로 부적법하다(헌재 2016.5.26. 2015헌라1).

9. 국회의장이 천재지변, 전시·사변 또는 이에 준하는 국가비상사태가 아니라는 판단하에서 북한인권법안 등에 대해 위원회의 심사기간을 정하지 않은 국회의장의 행위(심사기간 지정거부행위)로 국회의원의 법률안 심의·표결권이 직접 침해될 가능성이 없다.

국회법 제85조 제1항 각 호의 심사기간 지정사유는 국회의장의 직권상정권한을 제한하는 역할을 할 뿐 국회의원의 법안에 대한 심의·표결권을 제한하는 내용을 담고 있지는 않다. 청구인들의 법안 심의·표결권에 대한 침해위험성은 해당 안건이 본회의에 상정되어야만 비로소 현실화되고 국회법 제85조 제1항의 지정사유가 있다 하더라도 국회의장은 직권상정권한을 행사하지 않을 수 있다. 따라서 이 사건 심사기간 지정거부행위로 말미암아 청구인들의 법률안 심의·표결권이 직접 침해당할 가능성은 없다(헌재 2016.5.26. 2015헌라1).

10. 국가사무가 지방자치단체의 장에 기관위임된 경우 지방자치단체의 권한은 침해될 가능성은 없다.

① 지방자치단체의 사무 중 국가가 지방자치단체의 장 등에게 위임한 기관위임사무는 그 처리의 효과가 국가에 귀속되는 국가의 사무로서 지방자치단체의 사무라 할 수 없고, 지방자치단체의 장은 기관위임사무의 집행권한과 관련된 범위에서는 그 사무를 위임한 국가기관의 지위에 서게 될 뿐 지방자치단체의 기관이 아니므로, 지방자치단체는 기관위임사무의 집행에 관한 권한의 존부 및 범위에 관한 권한분쟁을 이유로 기관위임사무를 집행하는 국가기관 또는 다른 지방자치단체의 장을 상대로 권한쟁의심판을 청구할 수 없다 할 것이다(헌재 2011.9.29. 2009헌라3).

② 지방자치단체인 청구인이 자신의 비용으로 기관위임사무인 안전시설공사를 하였는데 이후 국가가 이에 대한 예산배정요청을 거부한 경우, 공법상의 비용상환청구소송 등과는 별개로 자치재정권 침해를 이유로 한 권한쟁의심판청구가 허용될 수 없다: 청구인이 자신의 비용으로 기관위임사무인 이 사건 공사를 하였다면, 국가는 청구인에게 그 비용 상당의 교부금을 지급할 의무가 있고, 청구인은 공법상의 비용상환청구소송 등 소정의 권리구제절차를 통하여 국가로부터 이를 보전받을 수 있으므로 청구인이 그 비용을 최종적으로 부담하게 되는 것도 아니다. 따라서 이 사건 거부처분으로 말미암아 청구인의 자치재정권 등 헌법 또는 법률이 부여한 청구인의 권한이 침해될 가능성도 인정되지 아니한다. 결국, 이 사건 권한쟁의심판청구는 권한쟁의심판을 청구할 수 있는 요건을 갖추지 못한 것으로서 부적법하다(헌재 2004.10.28. 99헌바91).

③ 사립대학의 신설이나 학생정원 증원은 국가사무이므로, 교육과학기술부장관의 '수도권 사립대학 정원규제'는 경기도의 권한을 침해하거나 침해할 현저한 위험이 없다. 따라서 수도권 사립대학 정원규제 관련해서 교육과학기술부장관을 상대로 제기한 경기도의 권한쟁의심판청구는 부적법하다. '2011학년도 대학 및 산업대학 학생정원 조정계획'이 청구인의 자치권한을 침해하거나 침해할 현저한 위험이 없다는 이유로 이 사건 권한쟁의 심판청구를 부적법각하하는 내용의 결정을 선고하였다(헌재 2012.7.26. 2010헌라3).

④ 청구인인 화성시와 수원시 관할 구역에 걸쳐 있는 수원 군 공항에 대해, 피청구인인 국방부장관이 수원시장만의 이전건의에 기초하여 '군 공항 이전 및 지원에 관한 특별법' 제4조 제2항에 따라 2017.2.16. 화성시 우정읍에 있는 화옹지구일대를 이 사건 공항의 예비이전후보지로 선정한 것은 청구인의 자치권한을 침해할 가능성이 없다. 이 사건 공항의 예비이전후보지 선정사업은 국방에 관한 사무이므로 그 성격상 국가사무임이 분명하다. 군공항이전법도 이 사건 공항의 예비이전후보지 선정사업이 국가사무임을 전제로 하고 있다. 따라서 국가사무인 군 공항 이전사업이 청구인의 의사를 고려하지 않고 진행된다고 하더라도 이로써 지방자치단체인 청구인의 자치권한을 침해하였다거나 침해할 현저한 위험이 있다고 보기 어렵다(헌재 2017.12.28. 2017헌라2).

⑤ 도시계획사업실시계획인가사무는 지방자치단체의 기관위임사무로서 국가사무라고 할 수 있기 때문에 경기도지사의 도시계획사업실시계획인가처분에 대한 성남시의 당사자적격을 인정할 수 없다. 지방자치단체는 헌법 또는 법률에 의하여 부여받은 그의 권한, 즉 지방자치단체의 사무에 관한 권한이 침해되거

나 침해될 우려가 있는 때에 한하여 권한쟁의심판을 청구할 수 있다고 할 것인데, 도시계획사업실시계획인가사무는 건설교통부장관으로부터 시·도지사에게 위임되었고 다시 시장·군수에게 재위임된 기관위임사무로서 국가사무라고 할 것이므로, 청구인의 이 사건 심판청구 중 도시계획사업실시계획인가처분에 대한 부분은 지방자치단체의 권한에 속하지 아니하는 사무에 관한 것으로서 부적법하다고 할 것이다(헌재 1999.7.22. 98헌라4).

⑥ 국가하천의 유지·보수 역시 하천법 제27조 제5항 단서에 의거하면 국토해양부장관이 시행관리책임을 맡고 있는 '국가사무'로서 각 시·도지사에게 기관위임되어 있는 사무에 불과하므로 국토해양부장관이 낙동강 사업에 관한 포괄적 시행권을 대행계약형태로 경상남도지사에게 대행시킨 후 계약상 채무불이행을 이유로 위 대행계약을 해제하고 낙동강 사업의 시행권을 회수한 행위는 경상남도의 권한을 침해하였거나 침해할 현저한 위험이 존재하지 않는다(헌재 2011.8.30. 2011헌라1).

03 결정

1. 결정유형

각하, 인용, 기각결정이 있다. 7명 이상이 심리에 참여하여야 심리는 진행되고, 인용결정은 종국심리에 참여한 재판관 과반수의 찬성이 필요하다. 다만, 종래 헌법재판소의 헌법과 법률의 해석을 변경하려면 6명의 재판관의 찬성이 있어야 한다.

⚖ 판례 | 권한쟁의심판청구 취하 (헌재 2001.6.28. 2000헌라1) *심판절차 종료선언

1. 다수재판관 의견

권한쟁의심판이 개인의 주관적 권리구제를 목적으로 삼는 것이 아니라 헌법적 가치질서를 보호하는 객관적 기능을 수행하는 것이고, 특히 국회의원의 법률안에 대한 심의·표결권의 침해 여부가 다투어진 이 사건 권한쟁의심판의 경우에는 국회의원의 객관적 권한을 보호함으로써 헌법적 가치질서를 수호·유지하기 위한 쟁송으로서 공익적 성격이 강하다고는 할 것이다. 그러나 법률안에 대한 심의·표결권의 행사 여부가 국회의원 스스로의 판단에 맡겨져 있는 사항일 뿐만 아니라, 그러한 심의·표결권이 침해당한 경우에 권한쟁의심판을 청구할 것인지 여부도 국회의원의 판단에 맡겨져 있어서 심판청구의 자유가 인정되고 있는 만큼, 권한쟁의심판의 공익적 성격만을 이유로 이미 제기한 심판청구를 스스로의 의사에 기하여 자유롭게 철회할 수 있는 심판청구의 취하를 배제하는 것은 타당하지 않다.

2. 반대의견

이 사건 권한쟁의심판에 대하여는 이미 실체적 심리가 다 마쳐져 더 이상의 심리가 필요하지 아니한 단계에 이른 이후에야 비로소 이 사건 심판청구가 취하되었으며, 그때까지 심리한 내용만을 토대로 판단하더라도 이 사건 권한쟁의심판은 향후 우리나라 국회, 특히 상임위원회가 준수하여야 할 의사절차의 기준과 한계를 구체적으로 밝히는 것으로서 헌법질서의 수호·유지를 위하여 긴요한 사항일 뿐만 아니라, 그 해명이 헌법적으로 특히 중대한 의미를 지닌다고 하지 않을 수 없다. 그러므로 이 사건의 경우에는 비록 청구인들이 심판청구를 취하하였다 하더라도 소의 취하에 관한 민사소송법 제239조의 규정의 준용은 예외적으로 배제되어야 하고, 따라서 위 심판청구의 취하에도 불구하고 이 사건 심판절차는 종료되지 않는다고 보아야 한다.

---

2. 결정의 내용

(1) 권한 유무와 범위 판단

헌법재판소는 심판의 대상이 된 국가기관 또는 지방자치단체의 권한의 유무 또는 범위에 관하여 판단한다(헌법재판소법 제66조 제1항).

(2) 처분취소 · 무효

헌법재판소는 권한 침해의 원인이 된 피청구인의 처분을 취소하거나 그 무효를 확인할 수 있고, 헌법재판소가 부작위에 대한 심판청구를 인용하는 결정을 한 때에는 피청구인은 결정취지에 따른 처분을 하여야 한다(헌법재판소법 제66조 제2항). 헌법재판소는 권한의 유무와 범위에 관해서는 필요적으로 판단해야 하나 처분을 취소하거나, 부작위의 무효를 확인하는 것은 헌법재판소의 재량이다.

> **⚖ 판례**
>
> 자치사무에 관해 단체장이 행한 처분은 지방자치단체의 대표이자 집행기관인 단체장이 지방자치법 제9조 소정의 지방자치단체의 사무처리의 일환으로 당해 지방자치단체의 이름과 책임으로 행한 것이므로 지방자치단체를 피청구인으로 한 권한쟁의심판절차에서 단체장의 처분을 취소할 수 있다(헌재 2006.8.31. 2004헌라2).

3. 결정의 효력

> **헌법재판소법 제67조 【결정의 효력】** ① 헌법재판소의 권한쟁의심판의 결정은 모든 국가기관과 지방자치단체를 기속한다.
> **② 국가기관 또는 지방자치단체의 처분을 취소하는 결정은 그 처분의 상대방에 대하여 이미 생긴 효력에 영향을 미치지 아니한다.**

헌법소원심판에서는 인용결정만 기속력이 있으나(헌법재판소법 제75조 제1항), 권한쟁의심판에서는 인용결정뿐 아니라 기각결정도 기속력이 있다.

📖 판례정리

국회의원과 국회의장 간 권한쟁의

1. **국회의장의 날치기 법률안 가결선포** (헌재 1997.7.16. 96헌라2)
   ① 헌법 제111조 제1항 제4호는 권한쟁의심판의 당사자가 될 수 있는 국가기관의 종류와 범위에 관하여 법률에 위임하고 있지 아니하므로 입법자인 국회는 권한쟁의심판의 종류와 당사자를 제한할 입법형성의 자유가 있다고 할 수 없으므로 권한쟁의심판에 당사자가 될 수 있는 국가기관의 범위는 헌법해석을 통해 확정해야 할 문제이다.
   ② 국회의원과 국회의장은 헌법상 국가기관이므로 국회의원과 의장은 권한쟁의심판의 당사자가 될 수 있다.
   ③ 국회의원과 국회의장을 권한쟁의 당사자로서의 국가기관으로 열거하지 아니한 헌법재판소법 제62조 제1항 제1호의 규정은 한정적 열거조항이 아니라 예시조항으로 해석해야 한다.
   ④ 피청구인의 법률안 가결 · 선포행위는 청구인들의 법률안 심의 · 표결권한을 침해한 것이다. 그러나 법률안 가결 · 선포행위의 무효확인청구는 기각한다.

2. **'이의 없습니까'**라고 묻고 법률안 가결선포를 한 국회 부의장의 행위는 국회의원의 법률안 심의권 · 표결권 침해는 아니다(헌재 2000.2.24. 99헌라1).

3. **신문법과 방송법 날치기 법률안 가결선포** (헌재 2009.10.29. 2009헌라8 등)
   ① 국회의원의 법률안 심의 · 표결권을 국회의원의 개별적인 의사에 따라 포기할 수 있는 것은 아니다.
   ② 신문법 수정안에 대한 표결과정에 권한 없는 자에 의한 임의의 투표행위 등을 종합하면, 피청구인의 신문법안 가결선포행위는 헌법 제49조 및 국회법 제109조의 다수결원칙에 위배되어 청구인들의 표결권을 침해한 것이다.

③ 방송법 일부개정법률안의 가결선포행위에 대하여 표결절차에서 일사부재의의 원칙에 위배하여 국회의원의 심의·표결권을 침해하였는지 여부(적극)

④ 신문법안과 방송법안 가결선포행위에 대한 무효확인청구의 인용 여부(소극)

4. 신문법 날치기 법률안 가결선포의 표결권 침해결정 후 국회의장의 재표결부작위 (헌재 2010.1.25. 2009헌라12)

① 국회의원이 사망하면 권한쟁의심판절차는 종료된다.

② 헌법재판소가 국회의장의 법률안 가결선포행위가 법률안 심의·표결권을 침해했다고 확인했다면, 국회의장은 다시 법률안을 표결할 의무는 인정되지 않고 법안 재처리문제는 국회의 자율권의 문제라 하여 기각된 바 있다.

5. 2011년도 예산안, 국군부대의 아랍에미리트군 교육 훈련 지원 등에 관한 파견 동의안 외 4건의 법률안에 관하여 국회의장이 제18대 국회 제294회 제15차 국회 본회의에서 안건을 처리한 후 가결을 선포한 행위가 국회의원들이 헌법상 갖는 국회의원의 심의·표결권을 침해한 것인지 여부

법률안들에 대하여 심사기간을 지정하기 전에 교섭단체 대표의원과 전화통화를 하였고, 교섭단체 대표의원에게 의사일정안을 팩시밀리로 전달한 이상, 국회법 제85조, 제93조의2 제1항의 절차를 거치지 않았다고 할 수 없다. 또한 지정된 심사기간이 2시간 남짓이라는 사정만으로는 국회법 제85조의 취지에 반한다고 할 수도 없다. 의안들에 관한 제안자의 취지 설명 또는 심사보고가 컴퓨터 단말기로 대체되었다는 사정만으로는 국회법 제93조를 위반하였다고 할 수 없다. 의안들에 관하여 국회의안정보시스템을 통하여 조회가 가능하였던 점 등에 비추어 볼 때 국회의원들은 의안들에 대한 본회의 심의과정에서 미리 질의·토론을 신청할 수 있는 기회가 충분하였다고 보아야 할 것이므로 국회법 제93조에 위반된다고 볼 수 없다(헌재 2012.2.23. 2010헌라5 등).

6. 한미 FTA 관련 국회외교통상위원회 위원장의 날치기 가결 (헌재 2010.12.28. 2008헌라7 등)

① 국회상임위원회 위원장이 위원회를 대표해서 의안을 심의하는 권한이 국회의장으로부터 위임된 것이 아니어서 국회의장의 피청구인적격은 부정되고 국회외교통상위원회 위원장의 피청구인 적격은 인정된다.

② 한미 FTA 관련 국회외교통상위원회 위원장의 날치기 가결은 심의권과 표결권을 침해한다.

7. 국회의장의 상임위원회 사·보임행위 (헌재 2003.10.30. 2002헌라1)

① 국회보건복지위원회에서 사임시키고 환경노동위원회로 보임한 행위는 권한쟁의심판의 대상이 되는 처분이다.

② 청구인이 보건복지위원회에 다시 배정되었다 하더라도 이 사건 사·보임행위의 헌법위반행위는 헌법적으로 해명할 필요성이 있으므로 이 사건은 심판의 이익이 있다.

③ 이 사건 사·보임조치는 헌법상 용인될 수 있는 정당내부의 사실상 강제의 범위에 해당하므로 자유위임을 근본으로 하는 대의제 민주주의원리에 위반되지 아니한다. 청구인의 권한을 침해한 것으로 볼 수 없다.

8. 국회의장이 교섭단체 대표의원과 직접 협의하지 않고 **의사일정의 순서를 변경**한 것은 국회의원의 법률안 표결권 침해가 아니다(헌재 2008.4.24. 2006헌라2).

9. 사법개혁특별위원회 개선에 대해 다른 국회의원이 청구한 사건

사개특위 위원이 아닌 청구인들은 사개특위에서 이루어진 이 사건 각 개선행위에 의하여 그 권한을 침해받았거나 침해받을 현저한 위험성이 있다고 보기 어렵다. 사개특위 위원인 청구인들의 경우에도 이 사건 각 개선행위만으로는 권한의 침해나 침해의 위험성이 발생한다고 보기 어렵고, 사개특위가 개회되어 신속처리안건 지정동의안에 관한 심의·표결절차에 들어갔을 때 비로소 그 권한의 침해 또는 침해의 위험성이 존재한다. 이 부분 심판청구는 모두 부적법하다(헌재 2020.5.27. 2019헌라3 등).

국회의원과 다른 국가기관 간 권한쟁의

1. 대통령의 국회 동의 없는 조약체결에 대한 국회의원의 권한쟁의청구

① 헌법 제60조 제1항은 "국회는 … 국가나 국민에게 중대한 재정적 부담을 지우는 조약 또는 입법사항에 관한 조약의 체결·비준에 대한 동의권을 가진다."라고 규정하고 있으므로, 조약의 체결·비준에 대한 동의권은 국회에 속한다.

② **제3자 소송담당**: 법률에 규정이 있는 경우에 한해 인정된다.

③ 우리나라에서는 법률에 규정이 없으므로 제3자 소송담당은 인정되지 않는다. 따라서 국회의원은 국회의 조약에 대한 체결·비준동의권 침해를 이유로 권한쟁의심판을 청구할 수 없다.

④ 국회의원의 심의·표결권은 국회의 대내적인 관계에서 행사되고 침해될 수 있을 뿐 다른 국가기관과의 대외적인 관계에서는 침해될 수 없는 것이므로, 국회의원들 상호 간 또는 국회의원과 국회의장 사이와 같이 국회 내부적으로만 직접적인 법적 연관성을 발생시킬 수 있을 뿐이고 대통령 등 국회 이외의 국가기관과 사이에서는 권한 침해의 직접적인 법적 효과를 발생시키지 아니한다. 따라서 피청구인 대통령이 국회의 동의 없이 조약을 체결·비준하였다 하더라도 국회의 체결·비준동의권이 침해될 수는 있어도 국회의원인 청구인들의 심의·표결권이 침해될 가능성은 없다고 할 것이므로, 청구인들의 이 부분 심판청구 역시 부적법하다(헌재 2007.7.26. 2005헌라8).

⑤ 소수 교섭단체를 구성하는 국회의원집단에게 국회의 권한 침해를 이유로 한 권한쟁의심판청구를 허용하는 제3자 소송담당은 인정되지 않는다(헌재 2015.11.26. 2013헌라3).

⑥ 피청구인인 대통령이 국회의 체결·비준동의 없이 조약을 체결하거나, 전시 작전통제권의 전환일정을 연기하는 합의문을 작성한 행위가 국회의원인 청구인들의 조약 비준동의안에 대한 심의·표결권을 침해할 가능성이 있다고 할 수 없다(헌재 2011.8.30. 2011헌라2).

⑦ 외교통상부장관에게 위임하여 2006.1.19.경 워싱턴에서 미합중국 국무장관과 발표한 '동맹 동반자관계를 위한 전략대화 출범에 관한 공동성명'은 조약이 아니다(헌재 2008.3.27. 2006헌라4).

2. 국회의원과 행정안전부장관 간의 권한쟁의 (헌재 2016.4.28. 2015헌라5)

① 권한쟁의심판절차가 계속 중 국회의원직을 상실한 경우 심판절차는 승계되지 않는다.

② 국회의원의 심의·표결권은 국회의 대내적인 관계에서 행사되고 침해될 수 있을 뿐 다른 국가기관과의 대외적인 관계에서는 침해될 수 없으므로 행정안전부 고시로 중앙행정기관 등의 이전계획을 변경한 행위가 국회의 입법권, 국회의원인 청구인들의 법률안 심의·표결권을 침해할 가능성이 없다.

3. 국회의원과 법원 간의 권한쟁의 (헌재 2010.7.29. 2010헌라1)

① 국회의원이 교원들의 교원단체 가입현황을 자신의 인터넷 홈페이지에 게시하여 공개하려 하였으나, 법원이 그 공개로 인한 기본권 침해를 주장하는 교원들의 신청을 받아들여 그 공개의 금지를 명하는 가처분 및 그 가처분에 따른 의무이행을 위한 간접강제결정으로 국회의원이 권한을 침해받을 가능성이 없다.

② 특정 정보를 인터넷 홈페이지에 게시하거나 언론에 알리는 것과 같은 행위는 헌법과 법률이 특별히 국회의원에게 부여한 국회의원의 독자적인 권능이라고 할 수 없고 국회의원 이외의 다른 국가기관은 물론 일반 개인들도 누구든지 할 수 있는 행위로서, 그러한 행위가 제한된다고 해서 국회의원의 권한이 침해될 가능성은 없다.

판례정리

지방자치단체 권한쟁의

1. **지방공무원 시간외 근무수당** (헌재 2002.10.31. 2002헌라2)
   ① **대통령령으로써 지방자치단체장으로 하여금 그 소속 공무원들의 시간외 근무수당의 지급기준·지급방법 등을 행정자치부장관이 정하는 범위 안에서 정하도록 한 경우**: 헌법 제117조 제1항에서는 법령의 범위 안에서 자치에 관한 규정을 제정할 수 있다고 하였고, 그러한 법령에는 '법규명령으로 기능하는 행정규칙'도 포함된다. 그런데 지방공무원수당 등에 관한 규정 제15조 제4항은 '시간외 근무수당의 지급기준·지급방법 등에 관하여 필요한 사항은 행정자치부장관이 정하는 범위 안에서 지방자치단체의 장이 정한다'고 규정하고 있는바, 여기서 '행정자치부장관이 정하는 범위'라는 것은 '법규명령으로 기능하는 행정규칙에 의하여 정하여지는 범위'를 가리키는 것으로 해석된다. 그렇다면 위 조항은 법령에 의한 자치권의 제한 이상을 의미하는 것이 아니고, 따라서 이는 지방자치단체의 자치에 관한 법률상 권한을 침해하는 것으로 볼 수 없다.
   ② **지방공무원에 대하여 시간외 근무수당이 지급되는 시간 수의 계산과 관련하여 행정자치부장관이 지방공무원수당업무처리지침으로써 평일 1일 2시간 이상 시간외 근무한 경우에 2시간을 공제한 후 4시간 이내에서 합산하도록 정한 경우**: 지방공무원에 대하여 시간외 근무수당이 지급되는 시간 수의 계산과 관련하여 행정자치부장관은 지방공무원수당업무처리지침으로써 '평일 1일 2시간 이상 시간외 근무한 경우에 2시간을 공제한 후 4시간 이내에서 합산'하도록 정하고 있는바, 이는 대통령령인 지방공무원수당 등에 관한 규정 제15조 제4항의 위임을 받아 만들어진 것으로, 상위법령인 위 수당규정과 결합하여 대외적인 구속력을 갖는 법규명령으로서 기능한다. 그러므로 위 지침 부분은 '법령의 범위 안에서 자치에 관한 규정을 제정할 수 있다'고 한 헌법 제117조 제1항에 위배되지 않는다. 그리고 위 지침이 위와 같이 규정한 이유는 실제로 업무를 수행하는 것이 아닌 석식 및 휴게시간 등의 시간을 공제하여 지방공무원의 시간외 수당 지급시간 수를 실제에 근접시켜 계산하게 하기 위한 것으로, 그 합리성을 인정할 수 있으며, 그 내용상 예산편성과 재정지출에 대한 지방자치단체의 고유한 권한을 유명무실하게 할 정도의 지나친 규율이라고는 볼 수 없다. 따라서 위 지침 부분은 청구인의 자치권을 본질적으로 침해하는 것이 아니다.

2. **국토교통부장관의 천안아산역 명칭결정에 대한 아산시의 권한쟁의청구** (헌재 2006.3.30. 2003헌라2)
   ① 건설교통부장관이 경부고속철도 제4-1공구 역의 이름을 '천안아산역(온양온천)'으로 결정한 것은 권한쟁의 심판대상이 된다.
   ② 영토고권을 가지는 것과 마찬가지로 지방자치단체에게 자신의 관할 구역 내에 속하는 영토·영해·영공을 자유로이 관리하고 관할 구역 내의 사람과 물건을 독점적·배타적으로 지배할 수 있는 권리가 부여되어 있다고 할 수는 없으므로 아산시의 영토고권이 침해될 가능성은 없다.

3. 청구인은 공법상의 **비용상환청구소송** 등 소정의 권리구제절차를 통하여 국가로부터 이를 보전받을 수 있으므로 이 사건 거부처분으로 말미암아 청구인의 자치재정권 등 헌법 또는 법률이 부여한 청구인의 권한이 침해될 가능성도 인정되지 아니한다. 지방자치단체인 청구인이 기관위임사무를 수행하면서 지출한 경비에 대하여 기획재정부장관인 피청구인에게 예산배정요청을 하였으나 피청구인이 이를 거부한 경우 거부처분에 대한 권한쟁의청구는 부적법하다(헌재 2010.12.28. 2009헌라2).

4. **지방선거비용** (헌재 2008.6.26. 2005헌라7)
   ① 피청구인 강남구 선거관리위원회의 청구인 서울특별시 강남구에 대한 지방자치단체 선거관리경비 산출 통보행위는 강남구의 법적 지위에 어떤 변화도 가져온다고 볼 수 없으므로 권한쟁의심판대상이 되는 처분이 아니다.
   ② 공직선거법 제122조의2를 개정하여 지방선거비용을 해당 지방자치단체에게 부담시킨 행위는 지방자치권 침해가 아니다.

5. **국가사무**인 이 사건 **계쟁지역의 지번부여 및 토지등록사무**에 관한 권한의 존부 및 범위에 관한 다툼이므로 인천광역시 중구가 인천광역시를 상대로 인천경제자유구역 송도지구 제9공구 매립지 중 일부에 대하여 관할권한의 확인을 구하는 심판청구는 부적법하다(헌재 2011.9.29. 2009헌라3).

6. 법원에 의해 **자율형 사립고 지정 · 고시취소처분이 취소된 후,** 교육부장관의 전라북도 교육감에 대한 자율형 사립고 지정 · 고시취소 시정명령에 대한 권한쟁의심판청구는 부적법하다(헌재 2011.8.30. 2010헌라4).

7. **교육과학기술부장관과 서울특별시교육감 간의 권한쟁의** (헌재 2013.9.26. 2012헌라1)
   ① 교육 · 학예에 관한 시 · 도의회의 의결사항에 대하여 서울특별시교육감이 재의요구를 하였다가 철회한 것이, 교육부장관의 재의요구 요청권한을 침해했다고 할 수 없다.
   ② 서울특별시교육감이 조례안 재의요구를 철회하자, 조례안을 이송받고 20일이 경과한 이후 교육부장관이 조례안 재의요구 요청을 한 경우, 서울특별시교육감이 재의요구를 하지 않은 부작위, 서울특별시교육감이 조례를 공포한 행위가 교육부장관의 재의요구 요청권한을 침해하지 아니한다.

8. **경기도 성남시 등과 보건복지부 장관 등 간의 권한쟁의** (헌재 2018.7.26. 2015헌라4)
   ① **사회보장위원회가 2015.8.11. '지방자치단체 유사 · 중복 사회보장사업 정비 추진방안'을 의결한 행위에 대한 심판청구가 적법한지 여부(소극):** 이 사건 의결행위는 보건복지부장관이 광역지방자치단체의 장에게 통보한 '지방자치단체 유사 · 중복 사회보장사업 정비지침'의 근거가 되는 '지방자치단체 유사 · 중복 사회보장사업 정비 추진방안'을 사회보장위원회가 내부적으로 의결한 행위에 불과하므로, 이 사건 의결행위가 청구인들의 법적 지위에 직접 영향을 미친다고 보기 어렵다. 따라서 이 사건 의결행위는 권한쟁의심판의 대상이 되는 '처분'이라고 볼 수 없으므로, 이 부분 심판청구는 부적법하다.
   ② **보건복지부장관이 2015.8.13. 광역지방자치단체의 장에게 '지방자치단체 유사 · 중복 사회보장사업 정비지침'에 따라 정비를 추진하고 정비계획(실적) 등을 제출해주기 바란다는 취지의 통보를 한 행위에 대한 심판청구가 적법한지 여부(소극):** 이 사건 통보행위를 강제하기 위한 권력적 · 규제적인 후속조치가 예정되어 있지 않고, 이 사건 통보행위에 따르지 않은 지방자치단체에 대하여 이를 강제하거나 불이익을 준 사례도 없다. 따라서 이 사건 통보행위는 권한쟁의심판의 대상이 되는 '처분'이라고 볼 수 없으므로, 이 부분 심판청구는 부적법하다.

9. **홍성군과 태안군 등 간의 권한쟁의** (헌재 2015.7.30. 2010헌라2)
   ① 홍성군수와 태안군수는 지방자치단체가 아니므로 홍성군과 태안군이 당사자적격을 가진다.
   ② 어업면허사무는 지방자치단체의 사무에 해당하고, 만약 이 사건 쟁송해역에 대한 헌법 및 법률상의 자치권한이 청구인에게 있음이 인정된다면 태안군수의 어업면허처분은 청구인의 자치권한을 침해하게 될 가능성이 있다.
   ③ **국가기본도상의 해상경계선은** 국토지리정보원이 국가기본도상 도서 등의 소속을 명시할 필요가 있는 경우 해당 행정구역과 관련하여 표시한 선으로서, 여러 도서 사이의 적당한 위치에 각 소속이 인지될 수 있도록 실지측량 없이 표시한 것에 불과하므로, 이 해상경계선을 공유수면에 대한 불문법상 행정구역에 경계로 인정해 온 종전의 결정은 이 결정의 견해와 저촉되는 범위 내에서 이를 변경하기로 한다.
   ④ 쟁송해역의 해상경계선은 청구인과 피청구인의 육상지역과 죽도, 안면도, 황도의 각 현행법상 해안선(약 최고고조면 기준)만을 고려하여 **등거리 중간선 원칙에 따라** 획정한 선으로 함이 타당하다.
   ⑤ 태안군수의 어업면허처분 중 청구인의 관할 권한에 속하는 구역에 대해서 이루어진 부분은 청구인의 지방자치권을 침해하여 권한이 없는 자에 의하여 이루어진 것이므로 그 효력이 없다.

10. **고창군과 부안군 간의 권한쟁의 등** (헌재 2019.4.11. 2016헌라8 등)
    ① **불문법상 해상경계의 성립기준 및 쟁송해역에서 불문법상 해상경계의 성립을 부인한 사례:** 지방자치단체 사이의 불문법상 해상경계가 성립하기 위해서는 관계 지방자치단체 · 주민들 사이에 해상경계에 관한 일정한 관행이 존재하고, 그 해상경계에 관한 관행이 장기간 반복되어야 하며, 그 해상경계에 관한 **관행을 법규범이라고 인식하는 관계 지방자치단체 · 주민들의 법적 확신이 있어야 한다.** 그러나 기록에 의하면 쟁송해역이 청구인 겸 피청구인(이하 '청구인'이라 한다) 또는 피청구인 겸 청구인(이하 '피청구인'이라 한다)의 관할 구역에 속한다는 점에 관한 양 지방자치단체 · 주민들 사이의 장기간 반복된 관행과 법적 확신이 존재한다고 볼 수 없으므로, 제출된 자료만으로는 쟁송해역에 불문법상 해상경계가 성립되어 있다고 볼 수 없다.

② 쟁송해역에서 제반 사정을 종합적으로 고려하여 형평의 원칙에 따라 해상경계선을 획정한 사례(청구인의 관할 권한을 침해한 피청구인의 공유수면 점용·사용료 부과처분의 일부 무효를 확인한 사례): 청구인과 피청구인 사이에 불문법상 해상경계가 존재하지 않으므로 헌법재판소로서는 형평의 원칙에 따라 합리적이고 공평하게 해상경계선을 획정할 수밖에 없다. 쟁송해역을 둘러싼 지리상의 자연적 조건, 관련 법령의 현황, 연혁적인 상황, 행정권한 행사 내용, 사무처리의 실상, 주민들의 사회·경제적 편익 등을 종합하여 보면, 가막도를 포함한 고창군과 부안군의 육지, 유인도인 죽도·대죽도·위도·식도·정금도·거륜도·상왕등도·하왕등도, 무인도인 소죽도·딴시름도·도제암도·임수도·소외치도·외치도·토끼섬·개섬·소리·소여·솔섬의 각 현행법상 해안선을 기점으로 한 등거리 중간선으로 획정하되, 곰소만 갯골 남쪽 갯벌에 해당하는 죽도 서쪽 공유수면은 간조시 갯벌을 형성하여 청구인의 육지에만 연결되어 있을 뿐 피청구인의 육지와는 갯골로 분리되어 있어 청구인 소속 주민들에게 **필요불가결한 생활터전이 되고 있으므로 등거리 중간선의 예외로서 청구인의 관할 권한에 포함시키도록 획정함이 상당하다.** 따라서 [별지1] 도면 표시 1 부터 477 사이의 각 점을 차례로 연결한 해상경계선의 아래쪽(남쪽)은 청구인의 관할권한에 속하고, 위 선의 위쪽(북쪽)은 피청구인의 관할 권한에 속한다.

11. 경상남도 사천시(청구인)와 경상남도 고성군(피청구인) 간의 권한쟁의 (헌재 2019.4.11. 2015헌라2) *각하결정

> **<청구인(사천시)의 주장>**
> 공유수면이 매립되는 경우 그 매립지에 대한 관할권은 매립 전 공유수면을 관할하던 지방자치단체에 귀속되는데, 조선총독부 임시토지조사국이 1918년 편찬 제판하여 1921년 발행한 지형도, 국토지리원이 1973년 편집하여 1979년 발행한 국가기본도에는 청구인과 피청구인 사이의 해상경계선이 표시되어 있다. 이를 기준으로 서쪽은 청구인, 동쪽은 피청구인의 관할 구역이므로, 그 해상경계선의 서쪽에 위치한 공유수면을 매립한 이 사건 쟁송매립지는 청구인의 관할에 속한다.

① **장래처분에 대한 권한쟁의청구:** 피청구인의 장래처분을 대상으로 하는 심판청구 역시 원칙적으로 허용되지 아니한다. 다만, 피청구인의 장래처분이 확실하게 예정되어 있고, 피청구인의 장래처분에 의해서 청구인의 권한이 침해될 위험성이 있어서 청구인의 권한을 사전에 보호해 주어야 할 필요성이 매우 큰 **예외적인 경우에는** 피청구인의 장래처분에 대해서도 권한쟁의심판을 청구할 수 있다. 장래처분에 의한 권한침해 위험성이 발생하는 경우에는 장래처분이 내려지지 않은 상태이므로 **청구기간의 제한이 없다.**

② **공유수면에 대한 지방자치단체의 관할 구역 경계획정원리:** 공유수면 매립지에 대한 지방자치단체의 관할 구역 경계 역시 위와 같은 기준에 따라 1948.8.15. 당시 존재하던 경계가 먼저 확인되어야 할 것인데, 이에 관한 명시적인 법령상의 규정이 있으면 이에 따르고, 법령상의 규정이 존재하지 않는다면 불문법에 따라야 한다. 그런데 공유수면 매립지의 경계에 관한 불문법마저 존재하지 않는 경우에는, 주민, 구역과 자치권을 구성요소로 하는 지방자치단체의 본질에 비추어 지방자치단체의 관할 구역에 경계가 없는 부분이 있다는 것은 상정할 수 없으므로, 권한쟁의심판권을 가지고 있는 헌법재판소로서는 공유수면의 매립 목적, 그 사업목적의 효과적 달성, 매립지와 인근 지방자치단체의 교통관계나 외부로부터의 접근성 등 지리상의 조건, 행정권한의 행사 내용, 사무처리의 실상, 매립 전 공유수면에 대한 행정권한의 행사 연혁이나, 주민들의 사회적·경제적 편익 등을 모두 종합하여 형평의 원칙에 따라 합리적이고 공평하게 그 경계를 획정할 수밖에 없다.

③ **매립지에 대한 지방자치단체의 관할 구역 경계 및 그 기준과 매립 전 공유수면의 해상경계선을 매립지의 관할구역 경계선으로 보아온 선례를 변경한 사례:** 공유수면의 매립은 막대한 사업비와 장기간의 시간 등이 투입될 뿐 아니라 해당 해안지역의 갯벌 등 가치 있는 자연자원의 상실 내지 환경의 파괴를 동반하는 등 국가 전체적으로 중대한 영향을 미치는 사업이다. 그러한 사업으로 새로이 확보된 매립지는 그 본래 사업목적에 적합하도록 최선의 활용계획을 세워 잘 이용될 수 있도록 하여야 할 것이어서, 매립지의 귀속주체 내지 행정관할 등을 획정함에 있어서도 사업목적의 효과적 달성이 우선적으로 고려되어야 한다. 인접 지방자치단체가 매립 전 해상에서 누렸던 관할 권한과 관련하여서는 매립절차를 진행하는 과정에서 충분히 보상될 필요가 있지만, 매립 전 공유수면을 청구인이 관할하였다 하여 매립지에 대한 관할 권한을 인정하여야 한다고 볼 수는 없다. 이에 헌법재판소가 이 결정과 견해를 달리하여, 이미 소멸되어 사라진 종전 공유수면의 해상경계선을 매립지의 관할 경계선으로 인정해 온 2011.9.29. 2009헌라3 결정

등은 이 결정의 견해와 저촉되는 범위 내에서 이를 변경하기로 한다.

④ **기각결정**: 이 사건 쟁송매립지는 삼천포화력발전소 부지조성 및 진입도로 축조사업의 일환으로 매립, 형성되었고, 위 발전소의 운행과정에서 필연적으로 생성되는 부산물 처리를 위한 화력발전소 회처리장과 이에 통하는 도로 중 일부로서 다른 목적으로는 사용되지 않고 있으며, 향후에도 위 발전소가 폐쇄되지 않는 한 그러한 사정이 달라질 가능성은 없다. 청구인 관할 구역에서 피청구인 관할 구역을 거치지 않고는 이 사건 쟁송매립지로의 접근이 어렵다. 이상의 사정들을 종합하면, 쟁송매립지에 대한 관할 권한이 청구인에게 귀속된다고 볼 수 없고, 따라서 피청구인이 이 사건 쟁송매립지에서 행사할 장래처분으로 인하여 헌법상 및 법률상 부여받은 청구인의 자치권한이 침해될 현저한 위험성이 존재한다고 볼 수 없다.

12. 충청남도, 아산시, 당진시와 평택시, 행정안전부장관, 국토부장관 등 간의 권한쟁의

<**심판대상**>
심판대상은, ① 이 사건 등록 매립지에 관한 자치권한이 청구인 충청남도와 청구인 당진시에 속하고, 이 사건 미등록 매립지에 관한 자치권한이 청구인 충청남도와 청구인 아산시에 속하는지 여부, ② 피청구인 행정안전부장관의 2015.5.4.자 '매립지 등이 속할 지방자치단체 결정(이하 '이 사건 결정'이라 한다)'이 청구인들의 자치권한을 침해한 것으로서 무효인지 여부, ③ 피청구인 평택시가 이 사건 매립지에서 행사할 장래처분(이하 '이 사건 장래처분'이라 한다)이 청구인들의 자치권한을 침해하거나 침해할 위험성이 있는지 여부, ④ 피청구인 국토교통부장관의 이 사건 매립지에 대한 2015.5.8.자 토지대장 변경등록(이하 '이 사건 변경등록'이라 한다)이 청구인들의 자치권한을 침해한 것으로서 무효인지 여부이다. 관련조항의 내용은 다음과 같다.

<**관련조항**>
지방자치법(2009.4.1. 법률 제9577호로 개정된 것) **제4조 【지방자치단체의 명칭과 구역】** ① 지방자치단체의 명칭과 구역은 종전과 같이 하고, 명칭과 구역을 바꾸거나 지방자치단체를 폐지하거나 설치하거나 나누거나 합칠 때에는 법률로 정한다. 다만, 지방자치단체의 관할 구역 경계변경과 한자 명칭의 변경은 대통령령으로 정한다.

구 지방자치법(2009.4.1. 법률 제9577호로 개정되고, 2010.4.15. 법률 제10272호로 개정되기 전의 것) **제4조 【지방자치단체의 명칭과 구역】** ③ 제1항에도 불구하고 다음 각 호의 지역이 속할 지방자치단체는 제4항부터 제7항까지의 규정에 따라 행정안전부장관이 결정한다.
  1. 공유수면매립법에 따른 매립지

<**주문**>
이 사건 심판청구를 모두 각하한다.

매립 전 공유수면에 대한 관할권을 가졌던 청구인들이 새로이 형성된 공유수면 매립지와 관련하여 청구한 권한쟁의심판에서 청구인들의 자치권한이 침해되거나 침해될 현저한 위험이 인정되는지 여부(소극)

헌법 제117조 제1항은 '지방자치단체는 주민의 복리에 관한 사무를 처리하고 재산을 관리하며, 법령의 범위 안에서 자치에 관한 규정을 제정할 수 있다'고 규정하여 지방자치제도의 보장과 지방자치단체의 자치권을 규정하고 있다. 지방자치단체의 관할 구역은 인적요건으로서의 주민 및 자치를 위한 권능으로서 자치권한과 더불어 지방자치의 3요소를 이루는 것으로, '지방자치단체가 자치권한을 행사할 수 있는 장소적 범위'를 뜻한다. **헌법 제118조 제2항은 지방자치단체의 조직과 운영에 관한 사항을 법률로 정하도록 하고 있는바, 이에는 지방자치단체의 관할 구역이 포함된다.** 2009년 개정 지방자치법에서는 제4조 제3항을 신설하여 공유수면 매립지가 속할 지방자치단체를 행정안전부장관이 결정하도록 하고, 이러한 결정을 위한 신청을 의무로 규정하며, 개정 지방자치법 시행 전에 이미 준공검사를 받은 매립지라 하더라도 법 시행 후에 지적공부에 등록하려면 그 전에 행정안전부장관에의 신청 및 결정절차를 반드시 거치도록 하였다. 한편, 공유수면의 매립은 막대한 사업비와 장기간의 시간 등이 투입될 뿐 아니라 해당 해안지역의 갯벌 등 가치 있는 자연자원의 상실 내지 환경의 파괴를 동반하는 등 국가 전체적으로 중대한 영향을 미치는 사업이고, 일반적으로 공유수면은 인근 어민의 어업활동에 이용되는 반면, 매립지는 주체와 목적이 명확하게 정해져 있어 매립지의 이용은 그 구체적인 내용에 있어서도 상당히 다르다. 따라서 **공유수면의 경계를 그대로 매립지의 종전 경계**

로 **인정하기는 어렵다.** 헌법재판소 역시 2015.7.30. 2010헌라2 결정을 통하여 국가기본도상의 해상경계선을 공유수면의 불문법상 해상경계선으로 인정해 온 헌법재판소의 기존법리(헌재 2004.9.23. 2000헌라2 등)를 변경하고, 2019.4.11. 2015헌라2 결정을 통하여는 공유수면의 해상경계선을 매립지의 관할 경계선으로 인정해 온 헌법재판소의 기존법리(헌재 2011.9.29. 2009헌라3 등)를 변경하여, 기존의 해상경계선에 따른 공유수면의 경계기준을 매립지에까지 그대로 적용할 수는 없고, 여러 가지 요소를 종합하여 형평의 원칙에 따라 합리적이고 공평하게 매립지의 경계를 획정하여야 한다고 보았다. 이와 같이 개정 지방자치법의 취지와 공유수면과 매립지의 성질상 차이 등을 종합하여 볼 때, 신생 매립지는 개정 지방자치법 제4조 제3항에 따라 같은 조 제1항이 처음부터 배제되어 종전의 관할 구역과의 연관성이 단절되고, 행정안전부장관의 결정이 확정됨으로써 비로소 관할 지방자치단체가 정해지며, 그 전까지 해당 매립지는 어느 지방자치단체에도 속하지 않는다 할 것이다. 그렇다면 이 사건 매립지의 매립 전 공유수면에 대한 관할권을 가졌을 뿐인 청구인들이, 그 후 새로이 형성된 이 사건 매립지에 대해서까지 어떠한 권한을 보유하고 있다고 볼 수 없으므로, 이 사건에서 청구인들의 자치권한이 침해되거나 침해될 현저한 위험이 있다고 보기는 어렵다(헌재 2020.7.16. 2015헌라3).

> **재판관 이선애, 재판관 이영진의 반대의견**
>
> 공유수면이나 공유수면 매립지에는 지방자치단체의 관할 구역 경계가 존재하며, 그 경계가 불분명하여 분쟁이 발생한 때에는 지방자치법 제4조 제1항의 실체법적 기준에 의한 확인이 요청된다. 지방자치법 제4조 제3항은 관할권 확인처분의 형식을 정한 것일 뿐, 지방자치법 제4조 제1항이 규정하는 '종전'에 따른 경계가 존재하는 공유수면과 바로 그 매립지를 완전히 단절시켜 관할권 진공상태에서 행정안전부장관이 관할권을 창설하도록 한 것이 아니다. 지방자치법 제4조 제3항 소정의 행정안전부장관의 결정은 공유수면 관할 경계상 매립지에 대하여 관할 구역 경계의 존재 및 그 구체적인 형태에 대한 확인을 통해 매립지의 전부 또는 일부가 연접하여 위치한 지방자치단체들 중 어느 지방자치단체에는 속하고, 어느 지방자치단체에는 속하지 않는지를 확인하는 처분에 불과하다. 공유수면에 대하여 자치권을 행사해 온 지방자치단체는 행정안전부장관의 결정과 관련하여 공유수면 매립지의 전부 또는 일부에 대하여 자치권을 보유한 지방자치단체로 확인받기를 기대하는 중대한 이해를 가진 당사자에 해당한다. 이 사건에서 공유수면 매립지의 전부 또는 일부가 청구인들 또는 피청구인 평택시 중 어느 편의 관할 구역에 속하는지는 본안판단 단계에서 확정되어야 할 것이고, 이 사건 심판청구의 적법요건 충족 여부를 판단하는 단계에서는 이 사건 매립지에 대한 자치권한이 어느 일방에 부여될 수 있는 가능성이 존재하면 족하다. 청구인들이 기존의 공유수면에 연접한 지방자치단체들로서 매립 전 공유수면에 관하여 자치권한을 가지고 있었던 이상 청구인들이 이 사건 매립지의 전부 또는 일부에 대한 헌법상 및 법률상 자치권한을 가질 수 있는 가능성은 충분히 인정된다고 할 것이므로 매립 전 공유수면에 관하여 관할권을 가진 청구인들의 이 사건 매립지에 대한 관할 권한확인청구, 이 사건 미등록 매립지에 대한 관할 권한확인청구 및 피청구인 행정안전부장관의 이 사건 결정을 다투는 심판청구는 모두 권한 침해의 가능성이 인정되는 경우로서 적법하다.

13. 남양주시와 경기도 간의 권한쟁의 (헌재 2022.8.31. 2021헌라1)

> **<참조조문>**
> 구 지방자치법(2017.7.26. 법률 제14839호로 개정되고 2021.1.12. 법률 제17893호로 전부개정되기 전의 것)
> **제171조【지방자치단체의 자치사무에 대한 감사】** ① 행정안전부장관이나 시·도지사는 지방자치단체의 자치사무에 관하여 보고를 받거나 서류·장부 또는 회계를 감사할 수 있다. 이 경우 감사는 법령 위반사항에 대하여만 실시한다.
> ② 행정안전부장관 또는 시·도지사는 제1항에 따라 감사를 실시하기 전에 해당 사무의 처리가 법령에 위반되는지 여부 등을 확인하여야 한다.

① **주문**: 피청구인이 2021.4.1. 청구인에게 통보한 '경기도 종합감사(남양주시) 실시계획 알림'(경기도 감사담당관 - 3234)에 따른 [별지 1] 자료 요구서식에 의한 자료제출요구 중, 피청구인이 2021.4.30. 청구인에게 통보한 '경기도 종합감사(남양주시) 사전조사 자료 재요구'(경기도 감사담당관 - 4352)에서 특정한 자치사무에 관한 [별지 2] '사전조사 자료 재요청 목록' 기재 항목에 해당하는 부분은 헌법 및 지방자치법에 의하여 부여된 청구인의 지방자치권을 침해한 것이다.

② **판시사항**
　㉠ 청구인의 자료제출 거부로 인하여 사전조사 및 감사 절차 진행이 중단된 경우, 자료제출요구에 대한 심판청구의 이익을 인정할 수 있는지 여부(적극)
　㉡ 피청구인이 2021.4.1. 청구인에 통보한 종합감사 실시계획에 따른 자료제출요구 중, 자치사무에 관한 부분이 헌법 및 지방자치법에 의하여 부여된 남양주의 지방자치권을 침해하는지 여부(적극)

③ **결정요지**
　㉠ 피청구인은 이 사건 감사계획에 의한 이 사건 자료제출요구, 사전조사 및 감사를 중단하였으나, 그 절차의 재개될 가능성을 배제할 수 없으며, 피청구인이 청구인을 비롯한 산하 시·군에 대하여 주기적으로 종합감사를 실시하므로 같은 유형의 침해행위가 앞으로도 반복될 위험이 있고, 특별한 제한이 없는 자료제출요구를 통하여 감사대상을 특정하는 행위가 헌법상 허용되는지 여부에 관한 헌법적 해명이 필요하므로 예외적으로 심판청구의 이익을 인정할 수 있다.
　㉡ 이 사건 자료제출요구는 ⓐ 피청구인의 청구인에 대한 종합감사계획에 포함되어, 사전조사 및 감사 절차 직전에 오로지 사전조사 및 감사 대상을 특정하기 위한 목적으로 이루어진 것이고, ⓑ 청구인의 자치사무 전 분야에 걸쳐 그 구체적인 업무처리 내용을 압축적으로 요약하는 형식으로 제출할 것을 요구하는 것으로서 내용적으로 사전적·일반적인 자료 요청이며, ⓒ 피청구인의 청구인에 대한 마지막 종합감사 이후 현재까지의 기간 동안에 수행된 업무 내용을 포괄하는 것으로 시기적으로도 정기적인 자료요청에 해당한다. 이러한 점을 종합적으로 고려할 때, 이 사건 자료제출요구는 피청구인의 청구인에 대한 감사절차의 일환으로서 청구인의 자치사무 전반에 대한 사전적·일반적 자료제출요청이고, 피청구인은 이를 통하여 청구인의 자치사무 처리와 관련된 문제점을 발견하거나 취약 분야를 확인하여 감사대상을 발굴할 목적이 있었음을 인정할 수 있다.
　　이 사건 자료제출요구는 그 목적이나 범위에서 감독관청의 일상적인 감독권 행사를 벗어난 것으로 구 지방자치법 제171조 제1항 전문 전단에서 예정하고 있는 보고수령권한의 한계를 준수하였다고 볼 수 없으며, 사전조사 업무에 대한 수권조항인 구 '지방자치단체에 대한 행정감사규정' 제7조 제2항 제3호를 근거로 적법하다고 볼 여지도 없다.
　　지방자치단체의 자치권 보장을 위하여 자치사무에 대한 감사는 합법성 감사로 제한되어야 하는바, 포괄적·사전적 일반감사나 법령 위반사항을 적발하기 위한 감사는 합목적성 감사에 해당하므로 구 지방자치법 제171조 제1항 후문상 허용되지 않는다는 점은 헌법재판소가 2009.5.28. 2006헌라6 결정에서 확인한 바 있다. 이 사건 자료제출요구는 헌법재판소가 위 결정에서 허용될 수 없다고 확인한 자치사무에 대한 포괄적·사전적 감사나 법령 위반사항을 적발하기 위한 감사 절차와 그 양태나 효과가 동일하고, 감사자료가 아닌 사전조사자료 명목으로 해당 자료를 요청하였다고 하여 그 성질이 달라진다고 볼 수 없다. 따라서 이 사건 자료제출요구는 합법성 감사로 제한되는 자치사무에 대한 감사의 한계를 벗어난 것으로서 헌법상 청구인에게 보장된 지방자치권을 침해한다.

14. 남양주시와 경기도 간의 권한쟁의 (헌재 2022.12.22. 2020헌라3)
① **심판대상**: 이 사건 심판대상은 피청구인이 2020.6.4. 청구인을 특별조정교부금 배분에서 제외한 행위가 헌법 및 법률에 의하여 부여된 청구인의 지방자치권을 침해한 것인지 여부이다.
② **이유의 요지**
　㉠ 이 사건 특별조정교부금 배분은, 피청구인이 지역화폐로 재난기본소득을 지급하는 '경기도형 재난기본소득 사업'에 동참한 시·군에 대하여 일정 금액의 특별조정교부금을 우선적으로 지원한 것인바, 청구인은 지역화폐가 아닌 현금으로 재난기본소득을 지급하였으므로 위 우선지급대상자에 해당하지 않는다.
　㉡ 지방재정법 관련 규정의 문언과 특별조정교부금제도의 취지를 고려할 때, 청구인이 특별조정교부금을 신청하였다고 하여 피청구인이 이를 반드시 배분하여야 한다고 해석할 수 없고, 피청구인이 광역행정 정책인 '경기도형 재난기본소득 사업'에 동참하지 않은 청구인에게 이 사건 특별조정교부금을 지급하지 않았다고 하여 곧바로 청구인의 자치재정권에 대한 침해가 있었다고 단정할 수 없다.
　㉢ 피청구인이 지역화폐의 경기부양 효과 등을 고려하여 지역화폐 형태의 재난기본소득 지급을 유도하기 위하여 이를 특별조정교부금 우선 배분의 기준으로 정한 것이 객관적으로 명백히 부당하거나 현저하게 자의적이라고 볼 수 없다.

ㄹ 또한 이 사건 배분 제외행위로 인하여 청구인의 재정자주도가 큰 타격을 입었다고 보기도 어려우며, 청구인도 지역화폐 형태의 재난기본소득 지급이 이 사건 특별조정교부금 배분의 요건임을 인식하고 있었다고 볼 수 있다.

ㅁ 따라서 피청구인이 청구인을 이 사건 특별조정교부금 배분에서 제외한 행위가 청구인의 지방재정권을 침해한 것이라고 볼 수 없다.

15. 남양주시와 경기도 간의 권한쟁의 (헌재 2023.3.23. 2020헌라5)

> **<참조조문>**
> 구 지방자치법 제190조 【지방자치단체의 자치사무에 대한 감사】 ① 행정안전부장관이나 시·도지사는 지방자치단체의 자치사무에 관하여 보고를 받거나 서류·장부 또는 회계를 감사할 수 있다. 이 경우 감사는 법령 위반사항에 대해서만 한다.
> ② 행정안전부장관 또는 시·도지사는 제1항에 따라 감사를 하기 전에 해당 사무의 처리가 법령에 위반되는지 등을 확인하여야 한다.

① **시·도지사의 지방자치단체의 자치사무 감사의 범위:** 지방자치단체의 자치사무에 관한 한 기초지방자치단체는 광역지방자치단체와 대등하고 상이한 권리주체에 해당하고, 광역지방자치단체의 기초지방자치단체에 대한 감사는 상이한 법인격주체 사이의 감독권의 행사로서 외부적 효과를 가지는 통제에 해당한다고 보아야 한다. 따라서 중앙행정기관에 의한 통제나 상급지방자치단체에 의한 통제는 그 내용에 있어서 차이가 있다고 할 수 없는데, 구 지방자치법 제171조도 시·도지사의 지방자치단체의 자치사무에 대한 감사권을 법령 위반사항으로 제한하여 상급지방자치단체에 의한 자치사무 감사 또한 중앙행정기관의 감독권과 마찬가지로 그 대상과 범위가 한정적인 감사임을 명시하고 있다.

따라서 헌법재판소 2006헌라6 결정의 내용은 광역지방자치단체의 기초지방자치단체의 자치사무에 대한 감사에 대해서도 그대로 적용되어야 할 것으로, 광역지방자치단체가 기초지방자치단체의 자치사무에 대한 감사에 착수하기 위해서는 자치사무에 관하여 특정한 법령위반행위가 확인되었거나 위법행위가 있었으리라는 합리적 의심이 가능한 경우이어야 하고 그 감사대상을 특정하여야 하며, 위법사항을 특정하지 않고 개시하는 감사 또는 법령 위반사항을 적발하기 위한 감사는 허용될 수 없다.

② **감사가 이미 종료된 경우에도 심판청구의 이익을 인정할 수 있는지 여부(적극):** 피청구인이 청구인에 대하여 이 사건 감사의 종료를 통보하면서 '이번에 진행하지 못한 사항에 대하여는 향후 별도계획을 수립하여 추진할 예정'임을 밝히고 있어 앞으로 같은 유형의 침해행위가 반복될 위험이 있다. 또한 이 사건에서 문제가 된 감사대상 통보의무의 유무, 감사대상의 특정과 관련하여 감사개시 이후 감사대상의 확장이나 추가 가능 여부, 감사개시 전 위법성의 확인 방법 및 정도 등에 대한 해명이 필요하므로 예외적으로 심판청구의 이익을 인정할 수 있다.

③ **광역지방자치단체가 기초지방자치단체의 자치사무에 대하여 실시하는 감사 중 연간 감사계획에 포함되지 아니하고 사전조사도 수행되지 아니한 감사의 경우 감사대상의 사전 통보가 감사의 개시요건인지 여부(소극)**

ㄱ 피청구인은 이 사건 감사에 착수하기 전인 2020.11.11. 청구인에게 이 사건 조사개시 통보를 하면서 조사내용을 '언론보도 의혹사항, 주민감사청구 및 익명제보사항 등'으로 밝혔을 뿐 내부적으로 특정한 감사대상을 통보하지 않았다. 피청구인이 청구인에게 통보한 위와 같은 내용은 매우 추상적이고 포괄적이어서 감사대상이 특정되어 통보되었다고 보기 어렵다. 여기서 사전에 감사대상 지방자치단체에게 특정된 감사대상을 통보하는 것이 감사의 개시요건인지 여부가 문제된다.

ㄴ 행정감사규정 제5조에 의하면 시·도지사 등은 연간 감사계획의 주요 내용을 매년 1월 31일까지 감사대상 지방자치단체의 장에게 통보하여야 하고(제1항 본문), 연간 감사계획을 통보한 후 이를 변경하였을 경우에는 지체 없이 그 내용을 감사대상 지방자치단체의 장에게 통보하여야 하는데(제2항 본문), 이 사건 감사와 같이 연간 감사계획에 포함되지 아니한 감사의 경우 감사대상이나 내용을 통보할 것을 요구하는 명시적인 규정을 발견할 수 없다.

한편, 구 행정감사규정(2017.7.26. 대통령령 제28211호로 개정되고, 2021.12.16. 대통령령 제32223호로 개정되기 전의 것, 이하 '구 행정감사규정'이라 한다)은 제7조 제2항에서 행정안전부장관 또는 시·도지사는 지방자치단체의 자치사무에 대한 감사를 실시하기 전에 해당 지방자치단체의 자치사무 처리가 법령에 위반되는지 여부 등을 확인하기 위하여 필요하다고 인정되는 경우에는 사전조사 업무를 수행할 수 있다고 규정하면서, 같은 조 제3항에서 행정안전부장관 또는 시·도지사는 사전조사 업무를 수행한 결과 해당 지방자치단체의 자치사무 처리가 법령을 위반하였거나 위반한 것으로 의심할 만한 상당한 이유가 있으면 그 사무를 감사대상으로 특정하여 미리 감사일정 등을 해당 지방자치단체의 장에게 통보하여야 한다고 규정하고 있다. 구 행정감사규정 제7조 제3항을 시·도지사 등에게 감사대상 통보의무를 부과하는 조항으로 보더라도, 위 조항의 문언에 따르면 그러한 의무는 같은 조 제2항에 따라 사전조사 업무를 수행한 경우에만 인정되는 것으로 봄이 타당하다고 할 것이다. 그런데 사전조사 업무 수행은 의무사항이 아닌 재량사항이고 피청구인은 이 사건 감사를 실시하면서 사전조사 업무를 수행하지 않았으므로, 위 규정이 이 사건 감사에 적용된다고 볼 수 없다.

ⓒ 청구인은 '공공감사에 관한 법률' 제24조를 근거로 감사대상이 특정되었다고 하기 위해서는 감사대상 지방자치단체에게 사전에 특정된 감사대상이 통지되어야 한다고도 주장한다.

'공공감사에 관한 법률' 제24조 제1항은 "중앙행정기관등의 장은 특정사건에 대한 조사를 개시한 때와 이를 종료한 때에는 10일 이내에 자체감사 대상기관의 장에게 그 사실을 통보하여야 한다."라고 규정하고 있다. 그러나 '공공감사에 관한 법률'은 원칙적으로 지방자치단체의 장이 그 소속되어 있는 기관(그 소속 기관 및 소관 단체를 포함한다) 및 그 기관에 속한 자의 업무와 활동을 감사하는 '자체감사'에 적용되는 법으로서(제3조 제1항, 제2조 제1호), 구 지방자치법 제171조에 따른 자치사무의 감사에 대하여는 '공공감사에 관한 법률'의 규정 중 제33조(중복감사 금지), 제34조(감사계획 협의), 제36조 제2항(감사정보시스템)이 적용될 뿐 제24조 제1항은 적용되지 않는다(제3조 제2항). 그뿐만 아니라 위 제24조 제1항의 통보는 특정사건에 대하여 조사를 개시하고 종료할 때 감사 대상기관의 장에게 이를 통보하여 조사기간 동안 해당 사건에 대한 징계 또는 문책 절차의 진행을 중단하도록 함으로써 감사의 실효성을 확보하고, 동시에 징계 또는 문책 사유의 시효정지를 위한 것으로서 감사의 개시요건을 규정한 것이라고 보기는 어렵다.

ⓓ 이상의 사정을 종합하면, 광역지방자치단체가 기초지방자치단체의 자치사무에 대한 감사에 착수하기 위해서는 감사대상을 특정하여야 하나, 이에 더하여 감사대상 지방자치단체에게 특정된 감사대상을 사전에 통보할 것까지 요구된다고 볼 수는 없다. 따라서 피청구인이 이 사건 조사개시 통보를 하면서 내부적으로 특정한 감사대상을 통보하지 않았다고 하더라도, 그러한 사정만으로는 이 사건 감사가 위법하다고 할 수 없다.

따라서 연간 감사계획에 포함되지 아니하고 사전조사가 수행되지 아니한 감사의 경우 지방자치법에 따른 감사의 절차와 방법 등에 관한 사항을 규정하는 '지방자치단체에 대한 행정감사규정' 등 관련 법령에서 감사대상이나 내용을 통보할 것을 요구하는 명시적인 규정이 없다. 광역지방자치단체가 자치사무에 대한 감사에 착수하기 위해서는 감사대상을 특정하여야 하나, 특정된 감사대상을 사전에 통보할 것까지 요구된다고 볼 수는 없다.

④ **감사 진행 중에 감사대상을 확장 내지 추가하는 것이 허용되는지 여부(적극) 및 그 요건**

ⓐ **심사기준**: 감사대상의 특정은 지방자치단체의 자치사무에 대한 감사의 개시요건이다. 중앙행정기관 및 광역지방자치단체의 지방자치단체의 자치사무에 대한 감사권을 사전적·일반적인 포괄감사권이 아닌 그 대상과 범위가 한정된 감사권으로 보는 이상, 자치사무에 대한 감사에 착수하기 위해서는 감사대상이 특정되어야 함은 당연하다고 할 것이다.

2) 이처럼 감사대상은 감사에 착수하기 전에 특정되어야 하는데, 피청구인은 이 사건 감사를 개시한 이후 당초 감사대상으로 특정하지 않았던 사항에 대해서도 감사를 실시하였는바, 이와 같이 감사개시 이후에 감사대상을 확장하거나 추가하는 것이 허용되는지가 문제된다.

ⓑ **판단**: 지방자치단체의 자치사무에 대한 무분별한 감사권의 행사는 헌법상 보장된 지방자치권을 침해할 가능성이 크므로, 원칙적으로 감사과정에서 사전에 감사대상으로 특정되지 아니한 사항에 관하여 위법사실이 발견되었다고 하더라도 감사대상을 확장하거나 추가하는 것은 허용되지 않는다. 다만, 자치사무의 합법성 통제라는 감사의 목적이나 감사의 효율성 측면을 고려할 때, 당초 특정된 감사대상과 관련성이 인정되는 것으로서 당해 절차에서 함께 감사를 진행하더라도 감사대상 지방자치단체가 절차적인 불이익을 받을 우려가 없고, 해당 감사대상을 적발하기 위한 목적으로 감사가 진행된 것으

로 볼 수 없는 사항에 대하여는 감사대상의 확장 내지 추가가 허용된다.

⑤ **감사를 개시하기 위하여 요구되는 위법성 확인의 방법과 확인의 정도**: 구 지방자치법 제171조 제2항은 감사를 실시하기 전에 해당 사무의 처리가 법령에 위반되는지 여부 등을 확인하여야 한다고 규정하고 있는데, 구체적으로 어떠한 방법으로 어느 범위까지 위법성의 확인이 필요한지는 규정하고 있지 않다.

구 행정감사규정 제7조 제2항은 자치사무에 대한 감사를 위한 사전조사를 규정하면서, 자치사무 처리가 법령에 위반되는지 여부 등을 확인하기 위하여 필요하다고 인정되는 경우에는 사실관계를 파악하기 위한 서류나 장부 등의 확인을 할 수 있다고 규정하고 있으나, 이는 감사기관의 필요에 따라 선택할 수 있는 임의적인 절차로 봄이 타당하므로, 시·도지사 등은 사전조사 외에 다양한 방법으로 법령 위반 여부를 확인할 수 있다고 할 것이다.

나아가 구 지방자치법 제171조가 규정하는 지방자치단체의 자치사무에 대한 감사는 법령 위반사항에 대한 감사로서 시·도지사 등이 감사를 통해 구체적인 법령 위반사항을 확인하고 필요한 조치를 취함으로써 자치사무의 합법성을 보장함을 그 목적으로 하는 점, 자치사무의 위법성은 궁극적으로 감사라는 조사절차를 통해 확인할 수 있는 점 등을 고려하면, 감사개시 전 단계에서 위법이 의심되는 사항에 대하여 엄격한 의미의 위법성 확인이 필요하다고 볼 경우에는 감사제도의 존재가 무의미해질 우려가 있다. 헌법재판소 2006헌라6 결정이 '특정한 법령 위반행위가 확인되었거나 위법행위가 있었으리라는 합리적 의심이 가능한 경우'에 감사에 착수할 수 있다고 판시한 것도 이러한 사정을 고려한 것으로 볼 수 있다.

따라서 시·도지사 등이 제보나 언론보도 등을 통해 감사대상 지방자치단체의 자치사무의 위법성에 관한 정보를 수집하고, 객관적인 자료에 근거하여 해당 정보가 믿을만하다고 판단함으로써 위법행위가 있었으리라는 합리적 의심이 가능한 경우라면, 의혹이 제기된 사실관계가 존재하지 않거나 위법성이 문제되지 않는다는 점이 명백하지 아니한 이상 감사를 개시할 수 있을 정도의 위법성 확인은 있었다고 봄이 타당하다. 시·도지사 등이 제보나 언론보도 등을 통해 감사대상 지방자치단체의 자치사무의 위법성에 관한 정보를 수집하고, 객관적인 자료에 근거하여 해당 정보가 믿을만하다고 판단함으로써 위법행위가 있었으리라는 합리적 의심이 가능한 경우라면, 의혹이 제기된 사실관계가 존재하지 않거나 위법성이 문제되지 않는다는 점이 명백하지 아니한 이상 감사를 개시할 수 있을 정도의 위법성 확인은 있었다고 봄이 타당하다.

⑥ **피청구인이 2020.11.16.부터 2020.12.7.까지 청구인에 대하여 실시한 감사가 헌법 및 지방자치법에 의하여 부여된 청구인의 지방자치권을 침해한 것인지 여부(일부 적극)**: 이 사건 감사 중 [별지 1] 목록 순번 1 내지 8 기재 각 항목에 대한 감사는 감사착수시에 감사대상이 특정되고 감사개시에 필요한 정도의 법령 위반 여부 확인도 있어 감사의 개시요건을 갖추었으나, 같은 목록 순번 9 내지 14 기재 각 항목에 대한 감사는 감사대상이 특정되지 않거나 당초 특정된 감사대상과의 관련성이 인정되지 않아 감사의 개시요건을 갖추지 못하였다.

⑦ **감사항목 중 일부에 대한 인용이 가능한지 여부(적극) 및 그 요건**: 이 사건 감사 중 [별지 1] 목록 순번 9 내지 14 기재 각 항목에 대해서만 감사의 개시요건을 갖추지 못하였는바, 위 항목들에 대한 감사가 이 사건 감사의 주된 목적이고 같은 목록 순번 1 내지 8 기재 각 항목에 대한 감사는 부수적인 것에 불과하다는 등의 특별한 사정이 없는 이상 같은 목록 순번 9 내지 14 기재 각 항목에 대한 감사에 한정해서 위법한 감사로 봄이 타당하다.

판례색인

대법원 판례

MEMO

MEMO

MEMO

2024 대비 최신개정판

해커스공무원
황남기
헌법 기본서 | 2권

개정 2판 2쇄 발행 2024년 7월 17일
개정 2판 1쇄 발행 2023년 8월 25일

지은이	황남기 편저
펴낸곳	해커스패스
펴낸이	해커스공무원 출판팀

주소	서울특별시 강남구 강남대로 428 해커스공무원
고객센터	1588-4055
교재 관련 문의	gosi@hackerspass.com
	해커스공무원 사이트(gosi.Hackers.com) 교재 Q&A 게시판
	카카오톡 플러스 친구 [해커스공무원 노량진캠퍼스]
학원 강의 및 동영상강의	gosi.Hackers.com

ISBN	979-11-6999-480-4 (13360)
Serial Number	02-02-01

공무원 교육 1위,
해커스공무원 gosi.Hackers.com

해커스공무원

· **해커스공무원 학원 및 인강**(교재 내 인강 할인쿠폰 수록)
· 해커스 스타강사의 **공무원 헌법 무료 동영상강의**
· 시험 전 실력 체크로 약점 보완이 가능한 **합격예측 모의고사**(교재 내 응시권 및 해설강의 수강권 수록)
· '회독'의 방법과 공부 습관을 제시하는 **해커스 회독증강 콘텐츠**(교재 내 할인쿠폰 수록)